LE FLAMBEUR

La vraie vie de Bernard Tapie

DU MÊME AUTEUR

Airy Routier :

La République des loups, Calmann-Lévy, 1989. Prix du meilleur livre financier; prix de *la Vie catholique*.

VALÉRIE LECASBLE *et* AIRY ROUTIER

LE FLAMBEUR

La vraie vie de Bernard Tapie

BERNARD GRASSET
PARIS

A nos fils

Avant-propos

Écrire un nouveau livre sur Tapie? Mais c'est déjà lui faire trop d'honneur! Tout au long de notre enquête, cette phrase est revenue comme une litanie. Plus rarement, on nous a dit : cessez donc de hurler avec les loups, d'autres ont fait bien pire que lui! Mais toujours, la question abrupte : d'abord, êtes-vous pour ou êtes-vous contre?

Comme s'il n'était pas possible, s'agissant de ce personnage hors du commun, de garder son sang-froid, de faire la part des choses. De débusquer sous l'enflure de ses phrases à l'emporte-pièce, derrière sa formidable présence médiatique, la réalité souvent contradictoire d'un menteur au parler vrai, tour à tour inaltérable et angoissé, riche et pauvre, chaleureux et glacial, spontané et calculateur, avare et joueur, libre et « tenu » par ses amis encombrants. Telle est pourtant notre démarche.

Quand nous avons entamé cette enquête, nous connaissions à peine Bernard Tapie. Vu de loin, nous n'étions ni époustouflés, ni choqués par son parcours hors normes. Entre lui et nous, aucune relation privilégiée, mais pas le moindre cadavre non plus. Aucun combat à mener, ni dans un sens ni dans l'autre. Au milieu du tohu-bohu, partant d'une page blanche, nous avons seulement voulu prendre du recul. Éclairer les zones d'ombre d'un passé reconstruit. Et sans a priori, tenter de reconstituer, morceau par morceau, le puzzle de sa vie. Dire, raconter, simplement, comment tout s'est passé. Comment le gamin du Bourget est devenu homme d'affaires, vedette de télévision, dirigeant comblé d'équipes sportives, député, ministre et candidat déclaré à la mairie de Marseille, voire à la présidence de la République. Comment il est devenu l'ami de Pierre Bérégovoy, le protégé de François Mitterrand et l'interlocuteur d'Édouard Balladur. Mais comment, en même temps, il n'a cessé de détruire ce qu'il a touché et de brûler toutes les terres qu'il a foulées. Comment il se retrouve aux abois, chassé, traqué, discrédité et condamné, alors même qu'il s'est présenté six fois devant les électeurs en moins de sept ans – dont cinq fois avec succès. Alors qu'un Français sur huit a voté pour lui en juin 1994!

Ce personnage romanesque, dont l'invraisemblable parcours donne le vertige, ne laisse plus personne indifférent : par ce qu'il est, autant que par ce qu'il révèle de la société française. A son égard, les opinions sont souvent tranchées. Pas la peine d'en rajouter? Voilà pourquoi nous nous sommes contentés de rechercher tous les éléments de sa vie, vérifiés et recoupés. Nous avons fouillé dans les livres, compulsé les documents et interrogé, parfois longuement, plus de 150 personnes. La plupart d'entre elles ont bien voulu sortir leurs agendas, transcrire des dialogues et débusquer au fond de leur mémoire les anecdotes piquantes ou significatives. Certaines ont accepté d'être citées, d'autres pas. Ou bien ont demandé qu'on ouvre les guillemets sur un point, pas sur un autre. Nous avons donc pris le parti de n'en ouvrir aucun, pour privilégier le récit où chaque scène a été reconstituée, au plus près de la réalité, avec des dialogues authentiques *.

Seule exception : quelques phrases, savoureuses, de Bernard Tapie lui-même, qui nous a invités à sa table, enquête terminée. Sans doute pour voir, physiquement, à qui il avait à faire. Jusque-là, Noëlle Bellone, sa directrice de la communication, à qui nous demandions au moins de nous donner la version officielle, avait opposé une fin de non-recevoir à toutes nos demandes d'entretien. Sans même faire part de notre démarche à l'intéressé. Tout au long de notre enquête, nous nous sommes d'ailleurs rendu compte, avec surprise, à quel point Bernard Tapie, en dehors de sa famille, était isolé. Pendant des mois, ceux qui se disent ses amis nous ont reçus et parlé longuement. Nous pensions qu'il leur avait donné un feu vert, au moins qu'il était prévenu. Mais aucun de nos interlocuteurs ne lui a jamais fait part de notre projet. Il l'a découvert, sans plaisir, le jour où nous l'avons appelé!

V.L. et A.R.

---

* Ces dialogues ont été le plus souvent rapportés par leurs auteurs ou par des témoins directs. Mais un tout petit nombre d'entre eux ont été reconstitués à partir du récit qu'en ont fait, à chaud, les protagonistes auprès de leur entourage.

PROLOGUE

CHAPITRE 1

« *Le plus beau jour de ma vie* »

> « Les hommes politiques sont pour moi des gens détestables. Ils sont beaucoup plus voyous, plus truands, plus méchants, plus hypocrites, plus ambitieux (...). Ce qui me déplaît fortement chez les hommes politiques, c'est la capacité d'être le contraire de leur apparence. »
>
> *L'Économie*, février 1983.

Encore raté !

Alors qu'à droite les Premiers ministres se débrouillent toujours pour annoncer la composition de leurs gouvernements avant le journal télévisé de 20 heures, Pierre Bérégovoy, une fois de plus, a loupé la grand-messe, comme Pierre Mauroy, Laurent Fabius, Michel Rocard et Édith Cresson avant lui. La nuit est même tombée depuis longtemps le jeudi 2 avril 1992, à 22 h 40 quand – juste à temps pour le dernier journal – Hubert Védrine lit la liste depuis le perron de l'Élysée sur un ton monocorde, en commençant par les ministres d'État pour arriver aux grands ministères techniques :

– Ministre de l'Équipement, du Logement et des Transports, M. Jean-Louis Bianco ; ministre de la Ville, M. Bernard Tapie ; ministre de...

Retenant son souffle, Védrine a pris grand soin de ne changer ni d'intonation, ni de rythme. Mais, autour de lui, il voit bien que tout chavire. Les radios reporters s'agitent. Personne ne l'écoute plus. Il aura suffi que de sa bouche sortent, accolés, les mots « Tapie » et « ministre » pour provoquer une mini-tornade dans le monde politique français.

Le suspense a duré jusqu'à la dernière minute. Depuis quelques jours, la rumeur avait couru mais personne n'y croyait vraiment. Après le désastre que fut l'installation d'Édith Cresson à Matignon, le président n'allait pas commettre cette nouvelle erreur. Il n'oserait pas. Eh bien, il a osé. Dans le terne gouvernement de Pierre Bérégovoy – un gouvernement de fin de règne – la présence de Tapie apporte un peu de piment. Même si elle s'accompagne d'une odeur de soufre.

Bernard Tapie, lui, ne touche plus terre. Son premier commentaire, rigolard, est, comme d'habitude, pris au premier degré : « C'est le plus beau jour de ma vie. Je vais enfin pouvoir garer ma voiture sur le trottoir ! » Comme si ça l'avait jamais gêné ! Cette fois, il dit vrai. Ce jour-là est vraiment le plus beau de sa vie. Rue des Saints-Pères, dans son immense hôtel particulier, le téléphone n'arrête pas de sonner. Mais ce sont surtout les journalistes qui appellent. Les hommes politiques se font plus discrets. Sauf Bernard Kouchner, promu ministre de la Santé et de l'Action humanitaire, qui n'a pas de ces pudeurs. Il s'enflamme :

– C'est génial ! On va faire un boulot super. Et en plus, tu vas voir, on va s'éclater !

Jean-Louis Bianco appelle aussi, à peine plus réservé. Tout comme Élisabeth Guigou, ministre des Affaires européennes. Ces trois ministres, jeunes protégés du président, resteront (avec Marie-Noëlle Lienemann au Logement), les seuls soutiens de Tapie, les seuls de la nouvelle équipe avec lesquels il pourra travailler. Et plaisanter pendant et après le Conseil des ministres, où d'autres éminences se débrouilleront pour ne jamais adresser la parole au ministre de la Ville. Car partout ailleurs, à droite comme à gauche, quel tollé ! La droite se déchaîne. Quand Bérégovoy prononcera à l'Assemblée son discours d'investiture, curieusement axé sur la lutte anti-corruption, les députés RPR et UDF auront beau jeu de scander en rigolant : « Tapie, Tapie. » A gauche, la pilule passe tout aussi mal. Mais à l'exception de quelques francs-tireurs – pour la plupart déçus de n'avoir pas été du voyage gouvernemental – on met son poing dans sa poche. Laurent Fabius pourtant marque sa réprobation – lui qui est généralement toujours si prudent et si attentif aux souhaits du président. Il fait savoir qu'il a tenté son possible pour s'opposer à cette nomination.

De toutes ces réticences, Tapie, bien sûr, n'a « rien à battre ». Il savoure cet instant. Comme toujours, dans les circonstances exceptionnelles, le cercle familial se resserre. Dans son appartement du « Chambord », Raymonde Tapie, 72 ans, fond en larmes. A ses côtés, Jean-Louis Levreau, vice-président de l'Olympique de Marseille et plusieurs joueurs applaudissent à tout rompre. Tous sont logés à « La Cadenelle », l'une des résidences les plus huppées de Marseille que le club de football met à la disposition des parents et des amis. A Cognac où il est venu assister au Festival du film policier, Stéphane Tapie, 22 ans, apprend la nouvelle aux informations de minuit. Dans sa chambre d'hôtel, il ouvre une bouteille avec ses copains de TF1 : « C'est génial ! Je suis hyper content pour lui. » Le lendemain, à 7 heures du matin, la grand-mère du nouveau ministre de la Ville est encore incrédule. Elle l'appelle :

– Le Tapie qui devient ministre, c'est bien toi ?

C'est bien lui. Celui que Rocard avait écarté, en 1988, laissant dire qu'il « ne voulait pas de Stavisky dans son gouvernement ». Celui qui, depuis quinze ans, fait la une des journaux pour le meilleur et pour le pire. Celui qui a tenté de dépouiller l'ex-empereur Bokassa de ses châteaux et qui a fait disparaître ses voitures et ses meubles dans des conditions extravagantes. Celui qui a fait fortune en rachetant des entreprises en faillite, en licenciant leur personnel et en les revendant au plus offrant. Celui qui a ressuscité Bernard Hinault et a gagné (avec lui, tout de même !) le Tour de France. Celui qui a porté l'Olympique de Marseille vers les sommets. Celui qui s'est fait élire à Marseille dans une circonscription perdue d'avance. Celui qui...

Cette fois, « ils » n'ont pu se passer de lui. Le mois dernier, aux élections régionales, Tapie a été la seule tête de liste de la majorité présidentielle à réaliser un score supérieur à celui du PS en 1986. La gauche est en capilotade. L'Élysée cherche des candidats d'ouverture à présenter aux prochaines législatives qui s'annoncent catastrophiques pour les socialistes. Tapie doit en être le chef de file. Le ministre de la Ville envisage même de se retrouver à la tête d'une quarantaine de députés. De quoi former un groupe à l'Assemblée et peut-être... D'ici là, on va voir ce qu'on va voir. Tapie va s'attaquer enfin au problème lancinant des banlieues. Il a le contact, il a le courage physique : il fait rêver les jeunes...

Alors pourquoi pas?

Savourer l'instant. A 49 ans, le gosse du Bourget dont la seule idole était Raymond Kopa, le buteur du stade de Reims, se retrouve soudain, dans les palais dorés de la République. Forcément, ça fait un choc. Prenant possession des locaux somptueux qui lui ont été attribués, avec ce mélange de naïveté et de décontraction qui le caractérise, il prononcera cette phrase inouïe : « Pas mal, mais c'est encore plus beau chez moi ! » Il vivra pourtant, là, cinquante-deux jours de rêve. Cinquante-deux jours seulement.

Trop riche, trop vulgaire, trop dérangeant, Bernard Tapie devient tout d'un coup trop puissant. Trop dangereux. On fermait les yeux sur les zones d'ombre du personnage. On ne lui passera plus rien. A partir de ce 2 avril 1992 le député de Marseille focalisera sur lui les critiques. Plus rien ne sera pardonné à celui qui, jusque-là, avait bénéficié d'incroyables passe-droits. A la veille d'être mis en examen, le ministre de la Ville, en larmes, devra démissionner le samedi 23 mai dans la soirée, à 21 h 20. A la demande de celui-là même qui l'avait nommé, Pierre Bérégovoy. « C'est Béré qui, sans le savoir, va me donner le coup de grâce. Il va faire exploser mes relations avec les médias. Mes rapports avec les journalistes vont s'en trouver profondément modifiés. Ma position de ministre, ma gouaille, mes coups, l'OM, mes bagnoles, mon hôtel particulier, ils ne peuvent plus supporter [1] », dira Tapie quelque temps plus tard. Finalement peu reconnaissant envers celui qui lui a fait la courte échelle pendant des années. Et oublieux, comme toujours, de ses propres responsabilités.

CHAPITRE 2

Le protecteur

« J'avais avec Béré des relations franchement sympathiques. »

A Nevers, le 13 janvier 1994.

– J'ai décidé de prendre Tapie dans mon gouvernement. Qu'en pensez-vous ?

– Tapie ? Mais...

– J'ai l'accord du président. Je connais les réticences du parti. Mais il a eu le courage d'affronter Le Pen. C'est le seul.

Pierre Bérégovoy a mangé du lion en cette fin d'après-midi du jeudi 2 avril 1992. Il est gonflé d'orgueil. Dans la soirée, il va être officiellement nommé Premier ministre. Enfin ! Il boucle ses cartons dans l'impressionnant immeuble d'acier et de verre qui enjambe le quai de Bercy, à la sortie Est de Paris, où, quelques années plus tôt, il avait décidé de transférer le tout-puissant ministère de l'Économie et des Finances. Son heure, enfin, est venue. Depuis la fenêtre de ce bureau, pendant quatre ans, il a regardé couler la Seine, rongeant son frein en attendant d'être appelé à Matignon. C'était le dernier train. Il ne l'a pas loupé. Béré a convoqué quatre de ses collaborateurs. Les plus fidèles. Il y a là Hervé Hanoun, son directeur de cabinet. Des trois qu'il a eus, c'est le seul qui n'a jamais été mis en examen (à la différence de Jean-Charles Naouri et d'Alain Boublil, qui sera même condamné à deux ans de prison, dont un ferme, pour délit d'initié *). Il y a aussi André Gauron, le vrai numéro un, le politique, qui depuis dix ans l'a conseillé dans la négociation des affaires les plus délicates, se chargeant de distiller les informations opportunes auprès des journalistes. Le seul du cabinet qui n'a pas fait l'ENA. Béré veut discuter avec ces hommes de confiance de ce qui peut faire problème dans son gouvernement. A commencer par la nomination de Bernard Tapie. Pour les convaincre, il va devoir discuter pied à pied. Peut-être hausser le ton, comme lorsqu'il veut clouer le bec à ses interlocuteurs en se dressant sur ses ergots. Car au sein

* Un pourvoi en cassation a été interjeté.

même de sa petite équipe, les avis sont partagés, plutôt négatifs. Tapie est incontrôlable. Où emmènera-t-il Béré?

Des rumeurs alarmantes courent sur la façon dont le président de l'OM a géré le club :

– Les procédures ont été gelées. Mais, tôt ou tard, il finira devant les tribunaux, se risque un conseiller.

– Ça fait dix ans que j'entends les gens bien informés m'annoncer la chute imminente de Tapie!

Pierre Bérégovoy assure qu'il a plusieurs fois discuté de l'OM avec Michel Charasse, le ministre du Budget, dont le bureau se trouve à une encablure du sien, dans ce même paquebot de Bercy. Conduits par leurs fonctions réciproques à travailler souvent ensemble, les deux hommes ne s'apprécient guère. Exécuteur des basses œuvres de François Mitterrand, Michel Charasse affiche un cynisme qui heurte Béré. Comment le président, qui lui mesure sa confiance, peut-il si facilement l'accorder à un tel personnage? Charasse, lui, tient Béré pour un brave exécutant. Sans relief ni malice. Un peu trop fasciné par l'establishment des affaires qui le flatte sans vergogne. Charasse cherche la moindre occasion pour critiquer la politique du franc fort, sur laquelle le ministre des Finances s'est arc-bouté depuis qu'il est à Bercy. Pourtant, malgré leurs dissensions, Béré fait confiance à Charasse, s'agissant de Tapie. N'est-il pas, avec sa double casquette de ministre du Budget et de conseiller à l'Élysée, l'un des hommes les mieux informés de la République? De plus, Charasse connaît Tapie depuis longtemps. Bien qu'il déteste ce sport, il a été chargé, au sein du gouvernement, de suivre les affaires de football, par-dessus la tête du ministre de la Jeunesse et des Sports.

Pour vaincre la réticence de ses collaborateurs, Béré appelle donc Charasse à la rescousse. Comme prévu, celui-ci brosse un tableau très édulcoré de la situation : « Les poursuites concernant l'OM se résument à des affaires fiscales, comme en ont tous les clubs de football professionnel. Tout ça n'ira pas loin. » La cause est entendue. Quels arguments les conseillers de Bérégovoy pourraient-ils lui opposer, eux qui ne connaissent rien au foot? L'un d'entre eux attaque sur un autre terrain. Il a lu dans les journaux une bien curieuse histoire. Dans le cadre d'un différend commercial, le député RPR Georges Tranchant accuse Bernard Tapie de l'avoir arnaqué de 13 millions de francs lors de la cession d'une société détenue en commun qui distribue les produits Toshiba en France. Tranchant a mauvaise réputation. C'est ainsi qu'une grosse plaisanterie, inventée, dit-on, par Jacques Toubon, a longtemps couru au RPR :

– Savez-vous pourquoi Tapie est un escroc?

– ...

– Parce qu'il fait des affaires avec Tranchant!

On découvrira tardivement que Georges Tranchant est propriétaire de plusieurs casinos, tout en important en France les machines à sous, ces bandits-manchots qui font exploser les chiffres d'affaires des établissements autorisés à les installer. Élu à Asnières, Tranchant est alors un proche de Charles Pasqua, sénateur RPR des Hauts-de-Seine. Hervé Hanoun s'interroge :

– Tranchant ne pourrait-il pas utiliser ses démêlés avec Tapie pour nuire au gouvernement ?

– C'est une affaire totalement privée, rétorque, un brin agacé, Pierre Bérégovoy.

– Et s'il est inculpé ?

– Il n'y a aucune raison qu'il le soit. On avisera. Si c'est le cas, il démissionnera. Mais tant qu'on n'est pas coupable, on est présumé innocent.

Pierre Bérégovoy argumente, mais aucun de ses collaborateurs ne se fait d'illusions. Il y a belle lurette qu'il a pris sa décision. Béré est d'ailleurs si content de son choix que Tapie est le seul ministre pressenti – avec René Teulade, vieux militant socialiste, président de la Mutualité française – qu'il convoquera à Bercy, un peu plus tard dans la soirée. Pour avoir le plaisir de lui annoncer en tête à tête la nouvelle.

Bérégovoy connaissait parfaitement l'affaire Tranchant. Trois mois plus tôt, le 7 janvier 1992, le député RPR avait porté plainte contre Tapie. Et immédiatement communiqué copie de cette plainte à Henri Nallet, garde des Sceaux du gouvernement d'Édith Cresson. Le procureur général de Paris, dont Nallet avait sollicité l'avis, lui avait répondu, un rien désabusé : « C'est une histoire de voyous qui se terminera entre voyous, par un arrangement. » Pourtant, Nallet avait pris l'affaire plus au sérieux. A la veille du changement de gouvernement, il avait tenu à prévenir le futur Premier ministre. Il lui avait remis une note restée secrète, dont le double a été transmis à Charasse. Cette note mentionne deux affaires pour lesquelles Tapie risque fort d'être mis en examen : Tranchant et l'OM. Mais Béré restera sourd à cette mise en garde. Elle est pour lui la manifestation d'un déchaînement de malveillance contre un fils du peuple. Il ne veut rien entendre et surtout pas les rumeurs qui commencent à courir, en plus, sur Testut et Adidas...

Entre Pierre Bérégovoy et Bernard Tapie, s'est établie une vraie relation qui dépasse la connivence entre deux prolétaires sortis de leur condition à la force du poignet et qui ont, vis-à-vis de leur réussite personnelle, la même admiration béate et narcissique. En apparence, pourtant, tout les oppose. Le premier, tourneur-ajusteur devenu gazier, est aussi discret et renfermé que le second est exubérant et ouvert. Béré a toujours vécu simplement et s'il s'est offert, au soir de sa vie, un appartement de 100 m^2 rue des Belles-Feuilles, dans le seizième arrondissement à Paris, c'est bien parce que sa femme et ses filles l'ont poussé, in fine, à participer – bien modestement ! – au festin. Tapie, lui, aime étaler la fortune qu'on lui prête. Il adore tout ce qui brille. Lorsqu'il a installé ses locaux professionnels avenue de Friedland, il a demandé à son décorateur « du cuir et de la moquette jusque sur les murs ». Hôtel particulier, Rolls-Royce et Ferrari, jet privé, voilier de 73 mètres, il n'a jamais fait dans la dentelle.

Béré, lui, a choisi la voie politique, l'engagement au Parti socialiste et la fidélité à un homme, François Mitterrand. Peu à peu, à l'ancienneté, il est arrivé au sommet. Secrétaire général du gouvernement, ministre des Affaires sociales, ministre des Finances et enfin Premier ministre. Il a côtoyé les puissants de ce monde, les banquiers, les chefs d'entreprise, les financiers de haut vol, il a défendu le franc fort jusqu'à se caraméliser sur son image de Pinay de gauche. Mais il sait mieux que quiconque qu'un fossé, social et culturel, le séparera toujours de ces gens-là. Et notamment du premier d'entre eux : le chef de l'État. Il sait qu'il a été appelé à Matignon en ultime recours. Après Rocard, choisi pour ses capacités supposées à réussir l'ouverture au centre, après Cresson qui avait pour elle d'être une femme et de n'être fidèle qu'au chef de l'État, après... une année terrible où le discrédit jeté sur la gestion des socialistes rendait pratiquement impossible tout rétablissement de la situation avant les élections de 1993. Béré a le sentiment profond – et finalement justifié – de n'avoir jamais été vraiment accepté, quoi qu'il ait pu faire, quels qu'aient été les gages donnés. Ses pairs lui reprochent d'avoir succombé aux sirènes des énarques. Quant à ceux-ci, ils l'ont constamment mis sous surveillance.

Tapie, lui, est carrément en marge de la Nomenklatura française, mais il a le vrai courage d'assumer ses origines, d'en rajouter parfois et d'envoyer promener l'establishment en affichant glorieusement cette fortune que Bérégovoy, secrètement, lui envie. « Quand on a fait comme moi, finalement, qu'est-ce qu'on obtient ? » répétait l'ex-Premier ministre, quelques semaines avant de se donner la mort. Tapie révèle la face cachée de Béré : ce culot qu'il n'a pas, cette assurance vis-à-vis de l'argent qui lui manque tant. Pierre Bérégovoy le sent bien. Si son chemin et celui de Tapie n'ont cessé de diverger, s'ils n'ont en commun ni le caractère, ni la méthode, ni l'éducation, la solitude des déracinés les rapproche. Ce n'est pas par hasard qu'ils se sont, chacun à leur manière, repliés sur le petit noyau familial. Leurs vrais amis se comptent sur les doigts de la main...

Ils se sont connus neuf années plus tôt et depuis n'ont cessé de se rendre des services. Pierre Bérégovoy vient d'être élu maire de Nevers. Aux municipales de mars 1983, Mitterrand l'a intronisé dans son fief : la Nièvre. Mais le siège de ce parachuté est mal assuré. D'autant qu'une entreprise de la ville est, en juillet 1983, au bord du dépôt de bilan. Spécialisée dans la fabrication de skis et de fixations, Look perd 53 millions de francs pour un chiffre d'affaires de 153 millions.

Pour Pierre Bérégovoy, le risque est important : 400 personnes sur le carreau lui feraient perdre trois fois plus d'électeurs. Au moins... Ministre des Affaires sociales, il demande conseil à son directeur de cabinet, Jean-Charles Naouri. Celui-ci connaît comme sa poche tous les arcanes de la reprise des sociétés en difficulté. Il a été en 1981 secrétaire général de plusieurs organismes spécialisés dans ce domaine (CODIS, CIDISE et FSAI). Quand son ministre lui fait part de ses soucis concernant l'avenir de Look, c'est tout naturellement que Naouri lui désignera le Zorro des repreneurs : Bernard Tapie.

Appelé à la rescousse, Tapie réussit son coup. Il redressera Look en quelques années, avant de la revendre avec l'aide de Bérégovoy. Mais pour l'instant, c'est une sacrée épine qu'il lui a enlevée du pied. Un peu plus tard, il en sortira une seconde. Didier Calmels, un jeune syndic de faillite qui refera parler de lui, propose à Tapie de reprendre Soubitez, une petite entreprise qui fabrique des phares de vélo.

– Des phares de vélo, tu te fous de ma gueule?

– Écoute, Bernard, tu as déjà pris Look pour aider Bérégovoy. Soubitez est à Nevers. Si tu reprends cette boîte, tu t'ouvres une voie royale...

La conquête de Béré par Tapie s'est faite progressivement, presque timidement. Mais tout a basculé à la veille des élections cantonales de 1985. En mars, dans *le Jeu de la vérité*, sur TF1, une émission théoriquement non politique, Tapie lève le pouce : « Bérégovoy, il est comme ça! » Malgré ce soutien, Béré est en ballottage difficile. Entre les deux tours, à Nevers, Tapie donne une conférence de presse avec le ministre-candidat. L'homme d'affaires s'engage à ouvrir une usine de chaussures et... un centre de formation. Béré devancera son challenger de six petites voix. Le soutien de Tapie a été déterminant. Béré lui dit :

– Merci, Bernard, je n'oublierai pas.

Il n'a pas oublié.

A partir d'une simple convergence d'intérêts, Bérégovoy et Tapie se découvrent rapidement quelque chose qui ressemble à une amitié, nourrie par une passion commune : le vélo. Le ministre des Affaires sociales adore le Tour de France. Et Tapie, lui, vient d'investir sur Bernard Hinault. Il a juré de faire remonter au firmament ce champion déchu. Cette relation se cimentera peu à peu, à mesure que Tapie augmentera son emprise sur un Bérégovoy dont on ne découvrira la fragilité qu'à l'heure de son suicide. A mesure que Béré rejoindra Tapie dans son rejet de classe vis-à-vis des petits marquis du pouvoir. Avant même son arrivée à Matignon, Bérégovoy est désabusé. La composition du Parti socialiste, pense-t-il, a bien changé depuis ce temps, il y a quarante-cinq ans, où il avait commencé à militer dans son camp. Les énarques, la technostructure ont investi tous les lieux de pouvoir. Béré est de plus en plus agacé par cette haute administration qui n'en fait qu'à sa tête, bien faite, toujours sur le même moule, celui de l'ENA. Alors, un peu de provocation n'est pas pour lui déplaire. Nommer Bernard Tapie, finalement, ça l'amuse. Même si ce n'est pas lui qui en a eu l'idée. Même si c'était le passage obligé que lui avait imposé le président pour que lui, Béré, puisse accéder à Matignon...

Il aura fallu une année de désorganisation totale de l'État pour que

François Mitterrand se résolve enfin à prendre une décision qui lui déchire le cœur : sacrifier sa protégée, Édith Cresson qui a accumulé les maladresses et introduit Raspoutine – son conseiller spécial Abel Farnoux – au cœur du pouvoir. La mort dans l'âme, le chef de l'État fait le compte des jokers qui lui restent. Jean-Louis Bianco? Secrétaire général hors pair de l'Élysée, il s'est révélé un bien médiocre ministre des Affaires sociales. Jack Lang ? Le plus populaire des ministres du gouvernement est aussi l'un de ceux auxquels les juges, devenus incontrôlables, pourraient bien s'intéresser de plus près s'il accédait à de si hautes fonctions. Reste l'incontournable Pierre Bérégovoy. Sérieux, issu du peuple et reconnu à l'étranger pour sa gestion rigoureuse, dans le respect de l'ordre établi. Mitterrand aurait pu faire appel à lui depuis longtemps, si ce pauvre Béré, avec ses chiffres et son franc fort, ne l'ennuyait tant...

Comme à l'accoutumée, Mitterrand laissera planer le doute jusqu'au dernier moment. Le lundi 30 mars au matin, il convoque Béré à l'Élysée. Premier ministre ? Bérégovoy en rêve depuis si longtemps qu'il n'ose même plus l'espérer.

– Vous devriez me faire une liste.

Une liste pour constituer un nouveau gouvernement ? Ou bien pour l'aider à remanier en profondeur celui que dirige Cresson ? Pierre Bérégovoy n'ose pas poser la question. Il comprend qu'il n'aura rien sans donner de gages. Rendez-vous est pris pour l'après-midi. Il arrive muni d'une liste, sa liste qu'il a préparée à la hâte. Mais Mitterrand ne la lui demande pas. On parle de choses et d'autres et le chef de l'État lâche, en passant :

– Avez-vous pensé à Bernard Tapie?

– Oui, bien sûr, Monsieur le président, mais ne serait-ce pas perçu comme une provocation par le PS et le noyau dur de nos électeurs?

– C'est vrai qu'il est très critiqué, sans doute à juste titre. Mais son élection à Marseille prouve que le courant passe entre lui et le pays. C'est un homme courageux qui a osé affronter Le Pen à la télévision et qui l'a battu sur le terrain. Tout le monde ne peut pas en dire autant.

– Mais n'y a-t-il pas d'autres risques ?

– Sans doute. On m'a montré des dossiers, mais il a du punch et sa présence donnerait au gouvernement de l'allure et de l'allant. Cela dit, je ne vous cache pas qu'il ne faut pas manquer de courage pour prendre quelqu'un comme Bernard Tapie. Un courage que Michel Rocard n'a pas eu...

Voilà tout l'art de Mitterrand. L'allusion, l'équivoque. Il n'impose rien. Il joue avec l'interlocuteur. Bérégovoy a décodé le message. S'il veut avoir une chance d'être enfin nommé Premier ministre, il doit, à la différence de Rocard, faire la preuve de son « courage » et se montrer digne de la charge que le président envisage de lui confier. Il doit inscrire Tapie sur sa liste.

Cela suffira-t-il? Mardi matin, François Mitterrand reçoit à nouveau

Pierre Bérégovoy. Il ne lui parle toujours pas de sa liste – que le ministre de l'Économie et des Finances a pourtant peaufinée toute une partie de la nuit et qu'il garde pliée dans sa poche. Au contraire, le président, avec une manière de perversité appuyée, lui vante les qualités, personnelles et politiques, d'Édith.

Bérégovoy acquiesce, nuance à peine. Jusqu'à ce que Mitterrand laisse tomber, l'air navré :

– Il est dommage qu'on ne puisse avoir deux Premiers ministres...

Bérégovoy a compris. Le président a hésité, puis a tranché. Il ne sera jamais Premier ministre de la France. De retour à Bercy, il appelle immédiatement sa femme au téléphone :

– C'est fichu. Il garde Édith.

– Il te l'a dit?

– Non, mais il me l'a clairement fait comprendre. Je dois le revoir en fin d'après-midi.

Bérégovoy a un nouveau rendez-vous à l'Élysée à 18 heures. Alors que tout Paris bruisse de son imminente nomination, lui se prépare au pire. Il est sûr que tout est perdu lorsque, à 17 h 45, l'Élysée le joint pour lui annoncer le report de sa rencontre, à 22 h 30, rue de Bièvre. Après le dîner. Car jamais François Mitterrand n'invitait Pierre Bérégovoy à sa table privée, au grand désespoir de ce dernier. Béré bout d'impatience. Il regarde les journaux télévisés, se fait servir une collation au ministère et se rend à l'heure dite au domicile du chef de l'État. Et voilà que soudain, dans son grand bureau-bibliothèque, après quelques banalités, le président lui demande de lui « montrer sa liste ». Béré s'exécute. Le président chausse alors ses lunettes et, sans un mot, commence à barrer des noms. Bérégovoy a compris. Il est prêt à tout avaler. Pourtant, timidement, il prend la défense de Jean Poperen :

– C'est un ami, un fidèle.

– Il a fait son temps.

Le président s'arrête un instant sur le nom de Bernard Tapie, à qui Bérégovoy propose de confier le ministère de la Ville et dit, comme en passant :

– C'est une très bonne idée.

Voilà comment Pierre Bérégovoy a décroché son entrée à Matignon. A la suite d'un subtil jeu de billard où il aura dû assumer l'entrée de Tapie dans son gouvernement. Une fois de plus, le chef de l'État a montré son art de la manipulation. Comme si la vie politique n'était qu'un jeu et ses protagonistes des pantins articulés, pendus au bout de ficelles que tire le président.

CHAPITRE 3

Le marionnettiste

« Les hommes du président étaient convaincus que la politique avait besoin de quelqu'un de nouveau. Et moi, j'avais besoin de politique. »

L'Événement du Jeudi, 7 juillet 1985.

Délicieuse saveur des mensonges officiels ! Dans le genre cynique et patelin, les propos ciselés que tient François Mitterrand, le mercredi 14 Juillet 1993, lors de son traditionnel entretien télévisé face à Patrick Poivre d'Arvor et Paul Amar, sont à graver dans le marbre. On parle évidemment de Bernard Tapie qui, depuis un mois, fait l'ouverture des journaux télévisés de 20 heures et les unes des grands quotidiens. Le patron de l'Olympique de Marseille est soupçonné d'avoir donné ordre de corrompre trois joueurs de Valenciennes, quelques jours avant la finale de la Coupe d'Europe des champions qui l'oppose au Milan AC de Silvio Berlusconi. Tapie, de plus, est accusé de subornation de témoins. Le chef de l'État commence par botter en touche en se défaussant sur Pierre Bérégovoy, son ex-Premier ministre qui s'est donné la mort deux mois et demi plus tôt, au bord d'un canal : « Je connaissais très peu Bernard Tapie avant que Pierre Bérégovoy ne me soumette son nom dans la liste de son gouvernement, affirme François Mitterrand. Je l'ai accepté. Je n'avais pas de raison, d'ailleurs, de le refuser. Il s'est révélé un excellent ministre à mes yeux. Donc, a priori, je n'ai pas de raison de dire que Bernard Tapie n'aurait pas dû être là. »

Béré a bon dos. En réalité, François Mitterrand et Bernard Tapie, on va le voir, se rencontrent en secret, se cherchent et se séduisent l'un l'autre depuis au moins dix ans ! Il y a quelques mois, Tapie est même entré dans le tout petit cercle de ceux qui voient le président ou lui téléphonent quand ils le veulent. Mais les Français n'en savent rien. Ils sont, en revanche, sidérés par l'hommage appuyé rendu par le chef de l'État à un homme que les juges soupçonnent d'être truqueur, menteur et falsificateur. D'autant que Mitterrand paraît avoir suivi l'affaire de près.

« Comme président de l'OM, il semble qu'il ait bien réussi. C'est une intelligence et une énergie. Très bien. Alors pourquoi le mêler, pour l'instant, à cette affaire [Valenciennes-Olympique de Marseille], alors qu'à ma connaissance, (...) le nom de Bernard Tapie n'a pas encore été prononcé, en tout cas dans les instances de la justice? On doit se méfier des pratiques dangereuses. (...) Moi, l'OM, je l'aime bien. C'est quand même une grande équipe qui doit, en effet, beaucoup à Bernard Tapie. »

Quel hommage! Quel réconfort! Mais cela ne suffit pas. Dans la société cathodique, les mots s'envolent. Seules les images ont un sens. La machine de l'Élysée s'est donc mise en branle pour que le message soit bien compris. Tout a été organisé dans le moindre détail. Un proche de Mitterrand a appelé Tapie la veille :

– Tu viens à la garden-party avec Dominique?

– Tu sais bien que ce n'est pas mon truc.

– Viens, sois à 16 heures sur la pelouse.

Tapie n'a pas besoin qu'on lui fasse un dessin. Il a compris. A l'heure dite, bronzé et ragaillardi, il sera sur la pelouse, au milieu de la foule des journalistes et des curieux. Le président est en retard, comme à son habitude. Harcelé, Tapie s'énerve. Mais soudain, voilà que Mitterrand fend la foule, ignorant superbement camarades, ministres et éminences. Il se dirige vers Tapie. Les nuées de caméras qui suivent l'un et l'autre font leur jonction, non sans heurts. Les journalistes se bousculent. On se serre la main. C'est le camp du Drap d'Or! De cette rencontre, fugace mais historique, les journaux télévisés feront leurs choux gras. Pour François Mitterrand, c'est une habitude. Déjà, quelques années plus tôt, il avait tenu à se montrer sur la même pelouse, aux côtés de Christian Nucci, exministre de la Coopération, confondu dans l'affaire du Carrefour du Développement, qui lui avait permis de mener grand train avec l'argent public. A nouveau, le chef de l'État affiche son indéfectible fidélité, son mépris pour tout ce qui s'apparente à un lynchage, mais aussi son curieux penchant à préférer les voleurs aux gendarmes, dès lors qu'ils font partie de ses amis. Ou de son camp.

Mais peut-être a-t-il, cette fois-ci, poussé le bouchon un peu loin. Car le soufflé de l'affaire OM-Valenciennes ne retombe pas. Dopé par le soutien du président, Tapie dérape dès le lendemain. Il compare les juges à la Gestapo. Ses alibis s'effondrent. D'autres affaires sortent. Aussi, cédant à l'insistance de Jacques Pilhan, son conseiller en communication, François Mitterrand, bien plus tard, consentira à nuancer ses propos. Le lundi 25 octobre 1993, il est invité à *l'Heure de Vérité* sur France 2. Pour l'occasion, l'émission a été déplacée à 20 h 30, une heure de plus grande écoute. Le président a fait savoir qu'il souhaiterait que François-Henri de Virieu lui pose d'emblée une question sur Bernard Tapie. Marché conclu : « J'ai dit le 14 Juillet, répond alors le chef de l'État, que Bernard Tapie était un bon ministre et il me semble – parce que je ne suis pas très compétent – que c'est un bon patron de l'Olympique de Marseille. L'OM est un grand club; pour le reste, les affaires judiciaires, je n'y connais rien. »

Mitterrand s'est couvert au cas où l'affaire VA-OM tournerait mal. Mais il a fait le strict minimum. D'ailleurs, si la première intervention du chef de l'État est restée gravée dans les mémoires, la seconde est passée inaperçue. L'important a eu lieu le 14 Juillet 1993. Les Français ont enfin appris ce jour-là ce que les hommes politiques savaient depuis longtemps : dans le théâtre que dirige Mitterrand, Bernard Tapie est devenu une marionnette importante. On découvrira même plus tard, lorsqu'il faudra éliminer Michel Rocard de la course à l'élection présidentielle, qu'elle était essentielle.

Marionnette? Drôle de marionnette. Jusqu'à présent, Bernard Tapie s'est toujours servi de ceux – les innocents! – qui croyaient se servir de lui. En sera-t-il de même avec François Mitterrand? Les deux hommes forment un couple bien étrange. Apparemment, tout les éloigne. A commencer par l'âge. Une génération les sépare, et même un peu plus. Il y a la guerre, qui donne aux hommes politiques le sens du destin et conduit la plupart de ceux qui l'ont vécue à relativiser tout le reste. Entre le cœur et la raison, Vichy et la Résistance, François Mitterrand a vécu une guerre compliquée comme l'a si bien décrit Pierre Péan [1]. Tapie, lui, n'a jamais eu à connaître ce drame de l'engagement. A quelques mois près, il a même évité l'Algérie qui aurait peut-être pu lui donner un embryon de conscience politique.

Les sépare aussi le gouffre des origines sociales. Quoi de commun entre ce grand bourgeois provincial et ce banlieusard hâbleur? L'un a longtemps masqué sa distinction naturelle, l'autre affiche sa vulgarité. Or Mitterrand, tout socialiste qu'il fût, n'a jamais complètement mélangé les torchons et les serviettes. Pierre Bérégovoy en avait conscience mieux que personne, lui qui se plaignait souvent à ses rares amis de ne pas faire partie du cercle des intimes, pour cette seule raison-là. Sur ce point, Béré se trompait : le président évitait sa compagnie non parce qu'il n'était pas de son monde, mais parce qu'il le trouvait tout simplement ennuyeux. Les origines ouvrières de Roger-Patrice Pelat ne l'ont jamais gêné. Vieille complicité soudée par d'anciennes rigolades et des secrets partagés. Pelat amusait le président qui le trouvait canaille. Comme Tapie.

Choc des cultures, enfin. Détachement aristocratique d'un côté, engagement prolétaire de l'autre. Le président est un rural, qui aime les longues marches dans la nature, vit au rythme des saisons, donne du temps au temps, alors que Tapie est un être urbain, pressé et incapable de rester inactif, ne serait-ce que quelques minutes. L'un est réfléchi, l'autre est impulsif. L'un garde toujours de la distance vis-à-vis de lui-même, l'autre vit dans une paranoïa permanente. L'un est invulnérable à l'échec, l'autre ne le supporte pas.

Et pourtant, ces deux hommes si dissemblables vont devenir proches, presque intimes. Beaucoup plus proches que ne l'est le président de la plupart des dirigeants socialistes, à l'exception de Laurent Fabius. Et encore! François Mitterrand et Bernard Tapie vont cultiver une relation perverse et ambiguë, à la fois sincère et intéressée, où chacun donne une part de lui-même pour mieux instrumentaliser l'autre. Pour le président, Tapie est un peu comme la jeune maîtresse que le patriarche couche au dernier moment sur son testament pour le seul plaisir, une fois les masques tombés, de voir le désarroi et la haine déchirer la famille trop avide et trop pressée de se partager sa dépouille. Pour Tapie, le président est l'homme qui a fait sa carrière politique, qui le soutient et le protège contre tous les autres. Celui sans lequel il ne serait rien. Celui qui aura le bon goût de s'effacer au moment où il pourrait devenir encombrant.

Avant de se trouver, les deux hommes n'ont cessé de se chercher, de se séduire, de s'éloigner et de se rapprocher, dans une étrange danse d'amour qui a duré près de dix ans. La version officielle veut que Tapie et Mitterrand aient fait connaissance sur le plateau de TF1, le 28 avril 1985, à l'occasion d'une émission d'Yves Mourousi : « Ça nous intéresse, monsieur le président. » Tapie y est invité comme symbole de « la France qui gagne ». Ils ont, au vu de tous, échangé quelques mots en coulisses : « J'aime ce que vous faites pour la France », lui aurait lancé le chef de l'État. Et depuis, il ne se serait pratiquement rien passé. « Je le connais à peine, je n'ai vu Tapie que trois ou quatre fois », a même dit un jour François Mitterrand à Laurent Fabius en lui affirmant n'avoir aucune stratégie dans laquelle il aurait un rôle...

Mais en 1985, Mitterrand et Tapie étaient loin d'être des inconnus l'un pour l'autre. Leurs premiers contacts sont plus anciens et n'ont jamais rien eu de fortuit. Tapie, qui avait ses petites entrées à l'Élysée sous Giscard, n'a eu de cesse de se faire ouvrir la porte du nouveau chef de l'État qui ne lui a jamais opposé qu'un semblant de résistance.

Bernard Tapie aurait pu rencontrer François Mitterrand à la fin des années soixante-dix, lorsqu'il exerçait la profession d'agent immobilier. Il aurait en effet été chargé par Jean-Pierre François de négocier la vente de son hôtel particulier du 15 de l'avenue Léopold-II, à Paris. Jean-Pierre François, banquier suisse d'origine française, est un ami très discret du chef de l'État. Un ami du genre de Pelat. A la fin des années soixante-dix, Tapie – qui ne déclarait aucun revenu en France – avait investi dans différentes sociétés suisses, à Genève et à Neuchâtel. Jean-Pierre François, de son côté, détenait des intérêts dans Mediaconsult, une société de conseil logée dans les locaux du Crédit immobilier suisse. Rien ne permet d'affirmer, quoi qu'en disent certains proches de Tapie à cette époque, qu'il ait alors rencontré François Mitterrand par l'intermédiaire de son ami banquier. En revanche, il est fort vraisemblable que Tapie ait été très tôt au courant de certains aspects de la vie cachée de François Mitterrand, en particulier de son goût pour l'argent secret, que découvriront peu à peu les Français, effarés, depuis l'affaire Pechiney, la mort de Roger-Patrice Pelat, le suicide de François de Grossouvre et les révélations du juge Jean-Pierre, relayées par Jean Montaldo [2].

Mais s'il veut rencontrer le président, Tapie devra, à partir de 1981, passer par les voies officielles. Tout au début, pour s'approcher du Saint des Saints, il a entrepris Christian Pierret, député PS des Vosges, la seule personnalité socialiste qu'il connaissait, pour avoir fait quelques affaires avec lui. Sans résultat. Ensuite, il jette son dévolu sur Max Gallo, porte-parole du gouvernement, qui transmet au président, fin 1983, sa première note concernant Tapie. La gauche rompt, dans la douleur, avec les mirages de « l'autre politique ». C'est le début des années fric. Gallo a déjeuné avec l'homme d'affaires, comme il le fait régulièrement avec les personnalités les plus diverses, pour « mieux sentir le pouls du pays ». Tapie subjugue l'idéologue évanescent qui voit en lui le symbole de ces nouveaux patrons qui vont permettre aux socialistes de faire entrer la France dans l'ère moderne, telle qu'il l'imagine, au moment même où le président, à la télévision, réhabilite l'entreprise et le profit. « Vous pourriez rencontrer Bernard Tapie. Il peut accompagner le mouvement, combiner l'entreprise et le social. C'est un bon représentant de l'évolution du patronat », écrit Gallo dans cette note.

Officiellement, François Mitterrand ne donne pas suite. Ils seront nombreux, à partir de cette date, à revendiquer la paternité de la première rencontre Tapie-Mitterrand. Pour l'un, c'est le couple des « communicants » de l'Élysée (Jacques Pilhan et Gérard Collé) qui pousse le président sur un thème général : Tapie nous sera utile pour réconcilier la gauche avec l'entreprise, avec les jeunes et peut nous aider à soutenir l'emploi. Pour l'autre, c'est le secrétaire général de l'Élysée, Jean-Louis Bianco qui, n'ayant jamais adhéré au Parti socialiste, cherche en permanence à élargir la base électorale du président. Bianco poussera ainsi Mitterrand à s'ouvrir à la société civile, des écologistes (Brice Lalonde) à SOS-Racisme (Harlem Désir, Julien Dray) en passant par... Bernard Tapie. Mais tout cela ne débouchera que beaucoup plus tard, et encore! Les premiers contacts entre Mitterrand et Tapie ne sont établis ni par Pilhan ni par Collé ni par Bianco.

Qui en est l'initiateur? Le publicitaire Jacques Séguéla est convaincu que c'est lui. Tapie lui a été présenté, en 1982, par Georges Falconnet, directeur commercial de Citroën. Responsable de la pub de cette marque, Séguéla est aussi l'inventeur du slogan *la force tranquille*, qui, pense-t-il, n'a pas été étranger à l'élection de François Mitterrand.

Entre Séguéla et Tapie, c'est le coup de foudre. A la fin du repas, Tapie dit au publicitaire : « Tu seras mon homme de communication. » De ce jour, Séguéla n'aura de cesse de présenter Tapie à Mitterrand.

Il y parviendra au hasard d'un voyage au Maroc. Tapie est venu tout spécialement de Paris. Séguéla, à Marrakech, accroche François Mitterrand :

– Monsieur le président, Bernard Tapie, dont je vous ai souvent parlé, est là. Accepteriez-vous de le rencontrer?

– Votre Tapie, je lui donne dix minutes.

L'entrevue a duré une heure. A la sortie, le président était souriant.

Mais la rencontre décisive, au cours de laquelle Mitterrand a vu pour la première fois que son interlocuteur était un vrai politique et non un simple homme d'argent plus flamboyant que les autres, a eu lieu en février 1984. L'intermédiaire est inattendu : il s'agit de Guy Sorman, intellectuel ultra-libéral, dont le président apprécie les analyses décapantes. A cette époque, Guy Sorman côtoie deux fois par semaine Jacques Attali, le conseiller spécial du président, avec qui il s'occupe d'une organisation humanitaire. Guy Sorman connaît Bernard Tapie de longue date. Un de ses cousins, Georges Zaidman, étalagiste dans la boutique de ses parents à Sartrouville était devenu, à 18 ans, ami de l'homme d'affaires en herbe qu'il avait rencontré dans un club de vélo de banlieue. C'est Zaidman qui, plus tard, décorera les premiers appartements et les bureaux de Tapie. Sorman est en outre un vieux copain de Nicolas Crespelle, que Tapie vient de débaucher de chez Publicis pour qu'il l'introduise dans le monde politique et fasse de lui un possible président – il le lui a dit ouvertement.

Tapie et Crespelle font le siège de Sorman pour qu'il organise une rencontre avec Attali. Mais Sorman s'y refuse, de peur de se déconsidérer. Non pas à cause du passé de Tapie – il ne le connaît pas – mais parce qu'il le juge complètement imprévisible. Il l'a entendu proférer des propos antisémites devant lui, qui est juif, et tenir des raisonnements proches de l'extrême droite, s'agissant notamment de l'immigration. Sa femme en avait été outrée. Sorman, lui, avait deviné que Tapie, au fond, n'était ni antisémite ni raciste. Mais que son absence de sens des convenances sociales et de savoir-vivre, associée à sa décontraction vis-à-vis de ce genre de sujet qui inhibe souvent les intellectuels, le rendait capable de dire tout ce qui lui passait par la tête, même les pires horreurs. Par provocation. Jacques Attali sera-t-il capable de le décoder?

Un jour, Guy Sorman se jette à l'eau :

– Tu sais, Tapie, celui des châteaux de Bokassa qui rachète des boîtes. Eh bien, je le connais. C'est un type complètement hors normes. Il est même incroyable. Tu devrais le rencontrer.

– Pourquoi pas?

Contrairement à ce que craignait Sorman, Attali a réagi au quart de tour. Voilà donc Bernard Tapie invité avec Guy Sorman, en février 1984, à prendre un petit déjeuner dans le bureau d'Attali à l'Élysée. Il se montre grand séducteur, fait un fabuleux numéro d'homme d'affaires, parle d'OPA, de cash-flow, de rachat d'entreprises. Sorman et Attali écoutent sans trop comprendre, jusqu'à ce que Tapie se dise capable de sauver Boussac, qui menace de jeter des milliers de personnes sur le carreau. L'œil d'Attali s'allume. Il appelle François Mitterrand. Le chef de l'État invite les convives à pénétrer dans son bureau qui jouxte celui de son conseiller. Là, Tapie se remet à parler de Boussac. Mitterrand l'interrompt :

– Qui souhaiteriez-vous comme Premier ministre?

Tapie ne se démonte pas. Il plonge :

– Pour les chefs d'entreprise de la nouvelle génération, l'homme que l'on respecte et qu'on voudrait voir au gouvernement, c'est Laurent Fabius.

Tapie a dit cela au bluff. Mais il a touché juste. Car Mitterrand avait déjà secrètement sacrifié Pierre Mauroy pour mettre Laurent Fabius à sa place. La conversation s'est poursuivie quelque temps, mais le président n'écoutait plus : il regardait Tapie.

Leurs relations connaîtront alors, pendant plusieurs années, des hauts et des bas. Fin 1985, Bernard Tapie déjeune pour la première fois à l'Élysée avec François Mitterrand, Jacques Attali et Jean-Louis Bianco, les deux plus proches conseillers du président. On parle de politique, d'affaires et de sport, de tout et de rien. Un peu de Marseille, puisque Tapie s'apprête à reprendre l'OM. Les participants gardent de ce déjeuner un souvenir mitigé. Tapie, qui cherchait à plaire, en a trop fait. Hâbleur, il s'est mis en avant, a raconté ses exploits, s'est projeté dans l'avenir. Il n'était pas dans le ton. Mitterrand l'a pourtant écouté d'un air amusé et indulgent.

Mais Tapie sent que se profile la défaite de la gauche en 1986. Il active ses contacts avec l'opposition, fait le siège d'Olivier Guichard et de Jacques Chirac au RPR, mais surtout il se rapproche des jeunes libéraux, anciens du mouvement étudiant d'extrême droite Occident : Gérard Longuet et Alain Madelin. Mitterrand accepte mal cette trahison. Il apprend que Tapie a même été soutenir Philippe Vasseur, rédacteur en chef du *Figaro*, candidat PR, à l'un de ses meetings électoraux dans le Pas-de-Calais *. Et n'apprécie guère. Tapie avait vu juste : la droite gagne haut la main les élections législatives. Et pourtant, très vite, la cohabitation tourne en faveur du président qui dégonfle peu à peu Jacques Chirac sous ses coups d'épingle répétés.

Tapie est à découvert. Lui qui a fait le siège d'Edgar Faure en 1983, espérant devenir son poulain dans le Doubs, applique alors à la lettre sa

* Ce jour-là, dans un débat avec François Léotard, Bernard Tapie s'était montré nettement plus libéral que lui!

fameuse maxime : « Ce ne sont pas les girouettes qui tournent, c'est le vent. » Début 1987, il fait à nouveau le forcing auprès de Jacques Séguéla : « Je veux entrer en politique. Il faut que tu me fasses déjeuner avec Valéry Giscard d'Estaing et François Mitterrand. »

Mais le chef de l'État, cette fois, refuse de le recevoir. Tapie peut attendre. Il n'attendra pas longtemps. Car il a pris du poids à la tête de l'Olympique de Marseille, en pleine renaissance. Or le président craint que Robert Vigouroux, devenu maire après la mort de Gaston Defferre, ne puisse tenir seul le choc des municipales de 1989. Marseille peut tomber à droite. Gaston n'a pas mérité ça. Séguéla revient donc à la charge avec l'argument qui porte : « Tapie ira en politique. C'est très risqué de l'avoir avec soi. Mais c'est pire de l'avoir en face. »

Mitterrand se laisse convaincre. Il sait qu'il aura besoin de toutes les forces vives du pays pour se faire réélire. Il va pêcher ses voix au centre, à droite et dans la société civile. Un nouveau déjeuner est organisé à l'Élysée. Un déjeuner de réconciliation. Mitterrand apprécie comme il se doit le retour du fils prodigue. Quel beau pied de nez à Madelin, Vasseur et autres libéraux, si la gauche pouvait récupérer ce patron hypermédiatisé ! Tapie, lui, est plus séducteur que jamais. Il porte quelques jugements définitifs sur la machine gouvernementale : « Si les entreprises marchaient comme les ministères, on serait déjà tous en faillite, nous les patrons. C'est pourquoi l'État est foutu. Il faut y introduire les règles du management. Motiver les gens. C'est la seule façon de régler la question du chômage. » L'analyse est rustique, mais Mitterrand l'écoute avec un intérêt marqué. Comme à chaque fois qu'il cherche à attirer une nouvelle proie, le chef de l'État déploie, lui aussi, tout son charme pendant ce repas qui se déroule – on l'imagine volontiers – merveilleusement bien.

Tapie est séduit. Il ne respecte que les caïds – ou bien, comme il dit, « les cadors ». Le « taulier », à l'évidence, est un « cador » : c'est le seul homme politique qui l'impressionne vraiment. Rien à voir avec Valéry Giscard d'Estaing avec qui il a déjeuné quelques semaines plus tôt et qu'il a trouvé terne, vieilli et démodé.

Entre les deux présidents vivants de la Cinquième République, le gamin du Bourget a fini par faire son choix, un peu comme au supermarché ! Son camp, son ancrage et son tremplin politiques seront à gauche, au moins pour les années qui viennent. Quelques jours après ce déjeuner, Tapie appelle Bianco :

– Jean-Louis, c'est décidé. Je veux me faire élire à Marseille. Pour le président, dans le cadre de sa majorité.

L'élection de Tapie à Marseille, en janvier 1989, dans une circonscription législative où le score du chef de l'État n'avait pas dépassé 27 % au premier tour, suivie d'un débat mémorable avec Jean-Marie Le Pen à la télévision où Tapie clouera le bec à son adversaire sur son propre terrain – la violence verbale –, tout cela changera définitivement la nature de leurs relations. A compter de ce jour, Mitterrand, qui a le respect des urnes, considérera Tapie comme un grand de la politique. Et lui dégagera la route avec constance, détermination et doigté. Leurs contacts deviendront permanents. C'est François Mitterrand qui conseillera à Tapie de s'appuyer sur un parti politique et qui lui préparera le terrain chez les radicaux de gauche. Il saura le convaincre – non sans mal – de ne pas y réclamer le poste de président, pour en être seulement la locomotive. A midi, la veille du congrès du MRG du 19 juin 1993, alors que couve l'affaire VA-OM, le président appellera Tapie au téléphone et prendra soin de décortiquer, pour lui, le rôle et le poids de chacun des dirigeants de ce parti, sur qui il peut compter, de qui il doit se méfier, quel ton adopter, quelle tactique suivre :

– Soyez vous-même et tout se passera bien, lui glissera le chef de l'État.

Mitterrand n'aurait-il tenu la main de Tapie que pour nuire à Rocard et ridiculiser les socialistes parricides, comme on l'a vu à la veille des élections européennes? Sans doute, mais pas seulement. Car le président semble éprouver pour le député de Gardanne des sentiments plus forts que ceux dictés par la seule opportunité politique. Au-delà de leurs différences apparentes, les deux hommes se sont découvert, au fond d'eux-mêmes, d'étranges points communs.

A commencer par ce sentiment qui les porte, tous les deux, à se considérer comme au-dessus du lot commun et à réduire les autres à de simples instruments de leur pouvoir. Tous deux ont reçu du ciel cette même capacité à dominer autrui, cette faculté à être aimé sans aimer, à être adoré en n'aimant qu'un peu, à susciter des vocations d'un regard, d'un compliment ou d'un bon mot, à subjuguer les esprits faibles, à provoquer d'épouvantables jalousies quand leur attention se porte sur un autre. Pendant des années, le président a laissé son ancien confident François de Grossouvre, dépositaire de ses secrets d'alcôve, distiller contre lui son poison de vérité, comme on se montre indulgent avec une vieille maîtresse éconduite. Son suicide, comme celui de Bérégovoy, sont aussi des cris d'amour bafoué. Tapie n'en est pas là. Il est trop pressé pour mijoter ce genre de brouet. Ceux qui le servent, il les jette tout de suite après usage. Mais ce zappeur a les mêmes potentialités que le président. Tous ceux qu'il a emportés dans son tourbillon, qu'il a flattés et parfois compromis se sont retrouvés pantelants et malheureux, parfois brisés.

Tous deux ont vis-à-vis de la mort une relation très forte, même s'ils l'expriment de façon opposée. Mitterrand l'intègre à chaque acte de sa vie. « Il ne peut pas vivre sans elle. D'où la relation suivie qu'il entretient, depuis longtemps avec les cimetières, écrit Franz-Olivier Giesbert [3]. Sa fringale mortuaire n'est jamais assouvie. Il mène toujours, en silence, quelque deuil obscur et secret. » Depuis quelques mois, loin des socialistes et des Français, il ne parle d'ailleurs plus qu'à la gueuse, dans une ultime et terrible confession. La mort obsède elle aussi Bernard Tapie, mais lui, la fuit sans cesse. C'est un grand hypocondriaque, obnubilé par sa santé, qui s'invente des maladies imaginaires et s'affole pour un rien. Longtemps, Mitterrand a cru qu'il mourrait jeune, d'un trouble circulatoire ou d'une attaque cardiaque. Comme Tapie. L'un tutoie la mort pour mieux l'apprivoiser, l'autre l'exorcise, mais elle est bien leur obsession commune.

Pour tous deux, la fin justifie absolument les moyens. La façon dont le chef de l'État a suscité le phénomène Le Pen, l'a régulièrement nourri pour diviser la droite et garder son pouvoir restera comme un modèle de cynisme politique. Sur ce plan-là, en affaires comme en sport ou en politique, Tapie n'a pas grand-chose à lui envier. Rien d'étonnant à cela, les deux hommes ont la même vision pessimiste du monde, marquée au sceau du dix-neuvième siècle : l'homme étant par nature lâche et corrompu, il convient de vivre avec et de s'en servir. Tout se vaut. Il n'est de destin qu'individuel. Quant à l'économie, elle est pourrie dans son essence, sous toutes ses formes : elle repose sur la cupidité des hommes. Alors, entre un marchand de biens et un industriel, quelle différence? Mitterrand faisait mine de mettre sur un pied d'égalité ses deux amis Roger-Patrice Pelat et Jean Riboud. L'un était son affairiste de cour, l'autre était président de Schlumberger. Qu'importe? Pour Mitterrand, Tapie a été un patron comme les autres, juste un peu plus malin. Tapie partage entièrement ce point de vue.

Quant aux côtés sulfureux du personnage Tapie, ne comptez pas sur François Mitterrand pour s'en offusquer! A-t-on oublié qu'Alain Savary, le prédécesseur de François Mitterrand à la tête des socialistes, considérait ce dernier comme un « aventurier sans scrupules », indigne d'occuper quelque poste que ce soit? Lorsqu'il s'est présenté contre le général de Gaulle, en 1965, prenant de vitesse les caciques de la SFIO, sa réputation valait bien celle de Tapie aujourd'hui, en tout cas dans les milieux informés. Catherine Nay a parfaitement raconté [4] de quelle obscure manière François Mitterrand avait acheté, au lendemain de la guerre, un appartement rue Guynemer, en bordure du jardin du Luxembourg. Le Vatican, qui en était propriétaire, voulait récupérer ce bien occupé par une association de femmes déportées. Mitterrand avait pris leur défense, en tant qu'avocat. Mais l'association de femmes déportées avait dû s'en aller. Avant de découvrir, six mois plus tard, que François Mitterrand, leur avocat, était devenu le nouveau propriétaire des lieux! Plus fort que l'achat et la revente d'entreprises en difficulté...

Et que pèsent les achats présumés de matchs de football et les tentatives de subornation de témoins par rapport au faux attentat de l'Observatoire, monté de toutes pièces par François Mitterrand pour asseoir sa notoriété politique face aux gaullistes revenus au pouvoir? En pleine guerre d'Algérie, l'ancien garde des Sceaux, devenu simple élu (Gauche

Démocratique) de la Nièvre, saute de sa voiture en marche, roule derrière un bosquet et ainsi caché, fait tirer sur son propre véhicule par un ex-député poujadiste, Robert Pesquet. Mitterrand porte plainte et dénonce publiquement cet attentat, imputé à l'OAS. Quelques jours plus tard, on apprend de la bouche même du tireur, preuves à l'appui, que l'attentat bidon avait été organisé par Mitterrand lui-même. Celui-ci est aussitôt inculpé d'outrage à magistrats. La presse se déchaîne, il est cloué au pilori, sa carrière est finie... Mais la versatilité des Français et les 45 % des voix qu'il obtiendra au second tour de l'élection présidentielle de 1965 effaceront l'affaire de l'Observatoire de la mémoire collective.

Et si trente-cinq ans après, dans un tout autre contexte, le scénario se répétait ? François Mitterrand, qui se souviendra toujours des attaques de la presse contre lui, lorsqu'il fut démasqué, a horreur des lynchages médiatiques. Il a flairé en Bernard Tapie sa propre odeur, celle des grands fauves. Il veut le protéger des chasseurs, juges et journalistes. Il y mettra tout son poids. Il a trouvé en ce lion rugissant son fils spirituel. Bernard Tapie, lui, a trouvé en Mitterrand un modèle et un père. Le père qu'il n'a jamais eu, jamais connu, ou jamais voulu rencontrer.

PREMIÈRE PARTIE

L'enfance de l'art : Tapie avant Tapie

CHAPITRE I

Tremblement de père

« Pour le restant de mes jours, je serai un déraciné, un itinérant. »

A Marie-Claire, janvier 1991.

Pas de père? Allons donc! Bernard Tapie est bien né le 26 janvier 1943, de Jean Tapie, ajusteur, et Raymonde Nodot, aide-soignante. L'accouchement a eu lieu à Paris, dans une clinique du vingtième arrondissement, à deux pas du petit logement de Mme Nodot mère, veuve d'un fougueux sapeur tombé vingt-cinq ans plus tôt au champ d'honneur du côté de Verdun.

L'enfant est un prématuré de sept mois et demi, mais n'est pas du tout chétif. Au contraire. En ces temps de privations, le bambin est bien portant et même plutôt dodu. Rien d'étonnant à cela : tout le monde imagine alors que Jean et Raymonde, qui s'étaient connus dans un bal popu, ont mis, comme on disait alors, la charrue avant les bœufs et se sont empressés de régulariser leur situation, comme il convenait à l'époque. Ils se sont mariés pendant l'été 42, en juillet. Mariage aussi rapidement décidé que vite interrompu. Deux mois plus tard, alors qu'il vient d'avoir 22 ans, Jean Tapie part en Allemagne pour le Service du travail obligatoire (STO) comme de nombreux jeunes ouvriers communistes parmi lesquels Georges Marchais. Bernard a plus de trois mois lorsque son père revient en France pour la première fois, au printemps 1943.

En apparence, tout paraît clair, comme dans un film de Jean Renoir. Le petit Tapie est né dans une famille ouvrière sans histoires. Comme *Citizen Kane*, Bernard Tapie a pourtant son *Rosebud*. Au gré de ses déclarations aux journalistes et des confidences distillées ici ou là à ses proches, lui-même fera longtemps planer sur sa naissance comme un halo de mystère. D'abord, il n'a jamais cessé de se rajeunir. D'un an lorsqu'il a 25 ans, puis de deux ans entre 30 et 45 ans. A tout le monde, il dit alors qu'il est né le 26 janvier 1945. A longueur de colonnes, des milliers d'articles de presse, en France comme à l'étranger, reprendront cette fausse information, jamais démentie. Et quand son mensonge sera découvert, en 1988, par Jeanne Villeneuve [1], Bernard, d'abord, ne dira mot puis s'en tirera, plus tard, par une pauvre pirouette : « On a confondu ma date de naissance – 1943 – avec mon âge – 43 ans [2] », répondra-t-il en 1994 à Guillaume Durand dans une émission taillée à sa mesure. Durand ne relèvera pas...

Cette petite tricherie n'aurait-elle été qu'un enfantillage? Une coquetterie de cocotte? Une fantaisie de julot hypocondriaque et maladivement soucieux de son apparence physique, pris au fil des ans au piège de son propre mensonge? Peut-être. Mais il y a sans doute autre chose. Tout laisse à penser qu'en se rajeunissant de deux ans, Bernard Tapie a délibérément cherché à escamoter deux années de sa vie – celles dont il ne se vante pas, à la fin des années soixante – tout en jetant un rideau de fumée sur l'été 42, Paris et l'Occupation. Allez savoir pourquoi! Tapie, en tout cas, a préféré renaître à la Libération. Ayant du passé fait table rase. Prêt à enfourcher sans plus de complexes les Trente Glorieuses.

Et encore, s'il n'y avait que cette curieuse histoire de date de naissance glissante! Tapie fera plus. Il entretiendra longtemps un flou artistique sur ses origines mêmes. A un ami juif, il dira un jour qu'il est, lui aussi, « un peu juif ». Un autre copain né en Algérie croira longtemps que Bernard, comme lui, est pied-noir. A Marseille, à Montfermeil et dans d'autres banlieues, le ministre de la Ville a même dit à de jeunes beurs qu'il avait, lui aussi, du sang étranger dans les veines! Tapie adore brouiller les pistes. Il brode, il enjolive, parfois il s'invente carrément une autre jeunesse. A 33 ans, invité à dîner chez Alain Aubry, le président du Club français du livre, il fait ses premiers pas dans le grand monde. Plusieurs convives se souviennent d'une histoire à la Cosette qui leur avait presque tiré des larmes. Tapie, qui était venu en Rolls, avait focalisé sur lui l'attention de tous. Il leur avait raconté qu'il était né en Ariège de paysans très pauvres; qu'il n'avait pas de quoi vivre, à peine de quoi manger; que, fils unique, il avait passé son enfance dans un village sans pratiquement aller à l'école. Repéré par un prêtre il avait alors pu faire de brillantes études, jusqu'à obtenir un diplôme de l'École supérieure de commerce – Sup de Co – de Paris. Puis, très vite, il avait fait fortune en touchant une importante commission sur la vente de Château-Margaux...

Totalement inventée, cette histoire pourtant n'est pas dénuée d'intérêt, du moins d'un point de vue psychanalytique. Hormis les études fictives, elle condense en effet en une génération – celle de Bernard – ce qui a été accompli en deux. Ce faisant, elle efface gentiment toute une vie, celle d'un père avec lequel Bernard n'a pas fini de régler son complexe d'Œdipe. Car tout oppose Bernard et Jean Tapie. Les deux hommes se sont côtoyés, se sont heurtés, et peut-être même se sont-ils aimés, mais jamais ils n'ont vécu sur la même planète. La planète de Jean Tapie est restée celle de son enfance. La France de l'entre-deux-guerres. Un monde rural découvrant par la force des choses la culture ouvrière sans renoncer à ses rudes valeurs paysannes : ces hommes-là ont souffert dans leur chair et dans leur âme. A l'usine comme aux champs ils sont durs à la tâche et placent au-dessus de tout le sens de la famille et du devoir. L'angoisse du lendemain, le sens des responsabilités, les étouffent. Ils vivent dans un univers clos, ont gardé leurs repères éternels – ceux d'avant la grande boucherie – et sont encore pétris de certitudes. Une population coupée de ses racines, en désarroi, terreau rêvé pour toutes les idéologies rassurantes et globalisantes, fascisme et Révolution nationale d'un côté, communisme de l'autre.

Jean Tapie est l'homme de cette génération-là. Il est né le 18 juillet 1920 à Niaux, en Ariège, d'une famille paysanne pauvre. Tapie, qui vient de l'espagnol tapiès, veut dire « mur en torchis ». Grâce à Jules Ferry, son père – le grand-père de Bernard – a pu accéder au savoir minimal et devenir cheminot... Un vrai métier qui lui permet de quitter cette terre aride et honnie pour rejoindre la ville et ses lumières : en 1923, la famille débarquera au Blanc-Mesnil, dans la banlieue nord de Paris, à proximité de la grande gare de triage, alors que Jean Tapie n'est encore qu'un bébé.

Il commencera à travailler en usine dès 14 ans, avant de passer son CAP de tourneur-ajusteur, comme Pierre Bérégovoy. Plus tard, il deviendra ouvrier frigoriste, c'est-à-dire plombier spécialisé dans les systèmes de réfrigération. Bon ouvrier, bon communiste, Jean Tapie sera un bon contremaître et un bon chef d'atelier. Cursus classique qui lui permettra enfin, dans les années soixante, de se mettre à son compte pour devenir patron de PME. Personne, aujourd'hui, ne peut imaginer la somme d'efforts et de privations que nécessite ce genre d'ascension sociale, aussi modeste qu'elle puisse apparaître pour ceux qui sont nés coiffés. Jean Tapie est un fou de labeur. A la SATAM, une entreprise de La Courneuve, il travaille onze heures par jour, six jours sur sept. Chaque fois qu'il le peut, il fait des heures supplémentaires. De plus, deux fois par semaine, il va à Paris, à l'École des Arts et Métiers où il suit des cours du soir. Quand il rentre, il est brisé de fatigue. Ce fils que lui a donné Raymonde, autant dire qu'il ne le voit jamais. « Communiste à 100 %, absent à 100 % », résume un ami de la famille. Quand Bernard se lève pour aller à l'école, son père est déjà parti au travail, avec sa salopette bleue et sa petite sacoche. Quand il se couche, il n'est pas rentré. Et quand ils se rencontrent, le courant ne passe guère. Autant le fils est exubérant et fantasque, autant le père est sentencieux et renfermé. « Ses paroles comme ses actes étaient toujours empreints de cette gravité un peu austère qui est la marque de ceux pour qui la vie est avant tout un devoir à remplir avec le plus grand sérieux. Dans le milieu où il a grandi, les manifestations d'affection ne pesaient pas bien lourd à côté de celles de responsabilité et de mérite », dira bien plus tard Bernard Tapie dans *Gagner*, un livre écrit en 1986, en collaboration avec le journaliste André Bercoff. Livre étonnant, fantaisiste, truffé d'erreurs et de mensonges, dégoulinant de fausse modestie, mais en même temps plein de fulgurances et de sincérités. Les pages sur ses rapports avec son père sont de cette veine-là. Il n'y élude même pas les sentiments de jalousie qui le taraudent vis-à-vis de son frère Jean-Claude : « De quatre ans mon cadet, il a hérité davantage que moi de son tempérament, si bien qu'il s'est assez vite créé entre eux de profondes affinités. Moi je me faisais l'effet du canard sauvage. De nature plutôt exubérante, j'avais tendance à prendre la réserve de mon père pour de l'indifférence. »

Vis-à-vis de son fils aîné, Jean Tapie a longtemps eu l'indifférence rugueuse. Chaque incartade – et Dieu sait s'il y en a eu – est sanctionnée de taloches sèches, méchantes. Il le frappe à 3 ans, il le frappe à 10 ans, il le frappe à 17 ans. Bernard, dans *Gagner*, raconte lui-même cette ultime dérouillée, avec un détachement feint. A l'époque, il séchait les cours de l'École d'électricité industrielle de Paris où il avait atterri après une série d'échecs scolaires. A l'aise, il fabriquait lui-même ses petits mots d'absence. Un jour, le pot aux roses est découvert : « Je me rappellerai toute ma vie le soir où mon père est rentré (...); lentement, sans rien dire, il a sorti un à un les mots d'absence de sa poche et, pour chacun, il me mettait une taloche, nette, forte. Il m'a dit à la fin : " Si je travaille comme un dingue, si je me défonce, si je me casse le cul à vous faire vivre, c'est pour que tu ailles à l'école, pour que tu apprennes, pour que tu aies ton instruction et pas pour que tu manques tes cours. " »

Des gifles lourdes, qui font mal. Des gifles que Bernard Tapie, quoi qu'il en dise aujourd'hui, n'a jamais oubliées, jamais pardonnées. Circonstance aggravante : Jean Tapie est aussi dur avec Bernard qu'il est soumis à toute autorité, quelle qu'elle soit. A l'époque, les ouvriers n'ont pas voix au chapitre. Méprisés, ignorés, ils s'enferment dans une contre-culture de classe. A la maison, on lit *l'Humanité* – qui découpée en lamelles, sert de papier toilette – mais on respecte l'ordre établi. Tout dévoué à son patron, Jean Tapie est gris de terreur devant le premier flic venu. Bernard se souvient comme si c'était hier du jour où son père, arrêté dans un banal contrôle routier, s'est laissé tutoyer sans broncher, en cherchant fébrilement ses papiers et en bégayant sa bonne foi. A l'arrière, l'adolescent bouillait sur place, de honte et de dépit. Est-ce ce jour-là que Bernard Tapie a basculé dans la rébellion vis-à-vis des pouvoirs établis? Jamais plus, en tout cas, il n'acceptera de se soumettre à quiconque. C'est une obsession : « Personne ne me mettra le collier » dira-t-il en 1994. Il ne supporte pas la vue du moindre uniforme et sera, d'ailleurs, plusieurs fois condamné pour outrage à agents de la force publique. S'est-il souvenu de cet innocent contrôle routier lorsque, devenu patron d'une entreprise papetière, il a pris à bras-le-corps et éjecté de son bureau un inspecteur des douanes venu l'interroger sur un transfert illicite de fonds vers la Suisse? Ou lorsque, le mercredi 29 juin 1994, à 6 h 10 du matin, cueilli dans son lit comme un vulgaire malfaiteur, le député de

Marseille a traité de tous les noms d'oiseaux la brigade de policiers venus l'interpeller à son domicile pour le conduire dans le bureau du juge Eva Joly?

Bref : depuis sa plus tendre enfance, Bernard Tapie entretient avec son père des rapports d'amour et de haine que le temps n'effacera jamais. Là est son moteur, là est sa faille. Il ne s'en cache d'ailleurs pas le moins du monde : « La seule personne dont je voulais être reconnu et aimé, c'était mon père. La seule entreprise qui m'importât, durant toute mon adolescence, était la reconquête du marché paternel [3]. » Durant son adolescence et bien au-delà... A plusieurs reprises, dans ses moments de déprime, Tapie lâchera, devant témoins, cette phrase terrible : « Mon père ne m'a jamais aimé. » A un proche, il confiera encore, en 1992, alors qu'il est ministre, au faîte de la gloire et de la richesse : « Quoi que je dise, quoi que je fasse, ce sera toujours Jean-Claude que mon père préférera. » C'est d'ailleurs Jean-Claude, avec ses moyens intellectuels plus limités et son look rustique, que Jean Tapie choisira pour lui passer le flambeau de la PME familiale. Pourtant, Bernard a tout fait pour séduire son père. Parfois, avec maladresse. Dès qu'il a eu de l'argent, il lui a acheté la Mercedes de ses rêves. Et puis une autre et encore une autre. Il lui a payé des voyages aux quatre coins du monde, l'a installé à Marseille, dans un bel appartement. Sur le *Phocéa*, il était chez lui. Pourtant, rien n'y fait. Les deux hommes plaisantent, rient parfois, mais leurs rapports semblent toujours un peu forcés. Entre Bernard et Jean Tapie, le courant ne passe toujours pas. De nombreux témoins, hommes politiques, journalistes, invités de tous bords au stade-vélodrome, à l'occasion des grands matchs de l'OM, du temps de sa splendeur, ont d'ailleurs été frappés par un rituel étrange et immuable. Éclairé par les lasers, sous les acclamations, Tapie entre dans sa loge où l'attend sa famille réunie. Il embrasse les enfants, les petits-enfants, Dominique – son épouse – et Raymonde – sa mère. Et s'assoit entre les deux femmes, généralement sans un signe pour son père. Comme s'il ne supportait pas le regard que celui-ci porte sur sa réussite...

Bernard Tapie est bien trop intelligent pour n'avoir pas mesuré à quel point il a forgé sa personnalité en opposition à l'homme qui lui a donné son nom. Ce conflit, il ne le nie ni ne l'occulte. Le journaliste Serge Raffy révélera que Tapie est « un adepte de la dynamique de groupe, une vieille habitude qu'il a gardée de son adolescence quand il s'intéressait de près à la psychanalyse, au cri primal qu'il pratiquait et à l'œuvre de Georg Groddeck, fondateur de la médecine psychosomatique [4] ». Plus tard, en 1985, pour dépasser son terrible complexe d'Œdipe, il décidera même de se lancer dans une analyse lourde. Expérience douloureuse et rapidement interrompue. Mais Tapie continuera de consulter des psychanalystes, tout en dévorant des ouvrages freudiens – lui qui déteste lire ! Le sujet l'habite. Un jour de 1985, alors qu'il planche devant 5 000 étudiants, un Africain prend le micro :

– Bernard, pour faire comme Tapie, faut-il tuer Tapie?

– Avez-vous lu cet ouvrage d'un élève de Freud qui a écrit *la Maladie, l'Art et le Symbole*? Eh bien, le mélange haine-amour, il l'a décrit. Et il a dit : « Si ton envie c'est de tuer ton père, fais-le! »

Bernard Tapie reviendra d'ailleurs de lui-même sur le sujet quelques mois plus tard, dans une interview : « Si tu veux ne devenir que ton père, tue ton père, disent (à peu près) les disciples de Freud. Moi, je dis [à mon fils] : aie envie de me dépasser et j'essayerai de me défendre. Pour ça, je te remercierai [5]. » Si Tapie a voulu tuer son père – symboliquement, bien entendu – ce jour-là appartient au passé. Phantasme de faible. Son ambition va bien au-delà. Tapie, explique un grand psychanalyste, se voit comme « le fils de son œuvre ». C'est ainsi que le grand Sigmund se définissait lui-même. Façon de revendiquer la propre paternité de tout ce qu'il entreprenait. Tapie, il faut le savoir, est donc né de lui-même. Plus freudien, tu meurs!

CHAPITRE 2

Le Petit Chose

« Déjà, à quatorze ans, j'allais toutes les semaines au Louvre. »

Journal du Dimanche, 31 juillet 1994.

Heureusement, Raymonde est là, qui couve et protège son fils aîné, l'aide à s'épanouir, lui fait confiance et lui pardonne tout. Les copains de l'époque en témoignent. Bernard avait une maman de roman-photo. Jolie, souriante, douce et affectueuse. L'intéressé l'avoue d'ailleurs volontiers : « Moi, ma mère, elle m'a nourri au sein jusqu'à 26 mois. Elle m'a fait des câlins sur les genoux jusqu'à 17 ans [1]. » Jusqu'à 17 ans les gifles du père ont été compensées par les caresses de la mère... Entre Raymonde et Bernard s'est épanouie une relation d'une rare intensité. Leur complicité est absolue. Un lien plus fort, plus intime qu'entre les autres membres de la famille, pourtant unie jusqu'à paraître parfois un peu trop repliée sur elle-même. Comme si la mère et son fils, en secret, faisaient corps contre le père.

Grâce à Raymonde, présente, aimante et dévouée du matin jusqu'au soir, Bernard Tapie bénéficiera en tout cas d'une enfance heureuse dans les 20 m^2 que la famille occupe au premier étage d'un minuscule immeuble, 11, avenue Baudouin, au Bourget, à cinq kilomètres au nord de Paris. Cet immeuble, c'est un peu la cour des Miracles. Six familles y vivent entassées sur deux niveaux, parmi lesquelles une voisine éthylique et agitée à qui il arrive de chanter – ou de hurler, c'est selon – toute la nuit. Il y a aussi, sur le même palier, le frère et la belle-sœur de Raymonde, qui ne s'entendent guère avec les Tapie et dont le fils – cousin germain et compagnon de jeu de Bernard – sera plus tard assassiné au cours d'une rixe à Aubervilliers.

Mais qu'on ne s'y trompe pas : ce n'est pas la zone, loin de là ! L'endroit – qui n'a pas changé – est même agréable, du moins lorsque le soleil est au rendez-vous. Devant le bâtiment adossé à ce qui a dû être un atelier, une grille s'ouvre sur un petit jardin de quelques mètres de profondeur qui court sur toute la longueur de l'immeuble. A l'époque, chaque famille y cultivait ses salades et ses choux-fleurs. Pour accéder au premier étage, il faut emprunter un escalier en bois, étroit, coincé entre deux murs. Dix marches, un palier, deux portes, face à face. Celle de gauche s'ouvre vers ce qui fut l'appartement des Tapie. Directement derrière, sans entrée, se trouve l'ancienne cuisine : 3 mètres de profondeur sur 1,50 mètre de largeur. En enfilade, une deuxième porte donne accès à une autre pièce tout aussi minuscule : l'ancienne chambre de Bernard et de Jean-Claude. Au fond enfin, la chambre des parents, de trois mètres sur trois. C'est là que se réunissait la famille, autour du poste de radio, pour écouter *La Famille Duraton* ou bien *Signé Furax*, le feuilleton de Pierre Dac et Francis Blanche.

Un havre fort honorable à une époque où sévit, de façon suraiguë, la crise du logement. Bien sûr, l'appartement est petit et sans le moindre sanitaire. Mais personne n'en avait! Seule nouveauté, aujourd'hui, par rapport aux années cinquante : l'eau chaude arrive sur l'évier. L'ensemble, en tout cas, n'est ni triste ni oppressant. Rien à voir avec les appartements sinistres des cités, avec les barres de HLM dont pourtant rêvait la famille Tapie. Le soleil pénètre à flots dans les trois petites pièces. En face, la vue est agréable : des pavillons calmes, entourés de petits jardins, bien entretenus. C'est justement là qu'habitait la famille Luce, père cheminot, sept enfants dont Fredy et Guy, les deux meilleurs copains du petit Bernard. Les enfants couraient en liberté. Car l'avenue Baudouin est une impasse. Face à l'immeuble des Tapie, les voitures n'ont même pas accès. Aujourd'hui, on dirait que c'est une rue piétonnière. Un peu plus loin, il y avait les jardins ouvriers, des bois, et même encore des champs. Les gamins étaient livrés à eux-mêmes, se baladaient en culottes courtes avec leurs chaussettes tirebouchonnées sur leurs galoches, vivaient dans la rue, mais ne s'aventuraient que très rarement les uns chez les autres.

Tout était à portée de main, de vélo... ou de patins à roulettes. Le plus loin, c'était encore l'école, à dix minutes à pied. Il fallait traverser l'ancienne route de Flandres, bordée de platanes qui, depuis, ont tous été rasés. En revanche, contigus à l'immeuble des Tapie, se trouvaient la piscine (aujourd'hui détruite) et le stade municipal, avec sa pelouse impeccable et sa piste de cendrée. Accompagné de sa bande, le jeune Bernard y allait presque tous les jours. Les enfants couraient, enfourchaient leur vélo, jouaient au foot, grimpaient aux arbres, se défonçaient, rentraient crevés. Et dormaient comme des anges. Le manque de place n'avait aucune importance. On était toujours dehors.

Le Bourget, dans la banlieue parisienne, faisait figure d'exception. C'était la seule commune de la *ceinture rouge* où l'on votait à droite, même immédiatement après la guerre. On se serait cru dans un village de province. Seule la route des Flandres était goudronnée, dans un bourg aux rues grossièrement pavées, ou même en terre battue. Mais Le Bourget est en même temps une ville moderne. Son nom est associé à l'aviation naissante : c'est en effet là, à quelques centaines de mètres du logement des Tapie, qu'a été construit le premier grand aéroport de Paris où, le 22 mai 1927, Charles Lindbergh a posé le *Spirit of Saint Louis* après avoir traversé, pour la première fois, l'Atlantique sans escale. Orly ne verra le jour qu'à l'aube des années soixante. Aujourd'hui l'autoroute du Nord forme une tranchée infranchissable, mais, à l'époque, les enfants allaient volontiers voir décoller les DC3 de l'Aéropostale et les Constellations d'Air France – sans jamais imaginer qu'un jour, ils pourraient être du voyage. Elle est loin, cette époque révolue où toutes les célébrités prenaient la pose, en sortant de la carlingue, pour les photographes groupés en bas de l'échelle; où les cortèges officiels de chefs d'État, en voitures découvertes, étaient encore bon enfant; où l'on pouvait voir les princes et les vedettes et presque les toucher. Les mômes du Bourget étaient toujours au spectacle.

Autant dire que la famille a eu la main heureuse lorsque au sortir de la guerre elle a cherché un logement pas trop éloigné de la SATAM, l'entreprise où Jean Tapie retrouvait son emploi. Raymonde avait obtenu ce qu'elle souhaitait : la tranquillité familiale dans un univers presque petit-bourgeois. A côté du stade et de la piscine, au milieu des pavillons, pendant des années, la vie se déroulera sans heurts, paisiblement. D'ailleurs, les parents Tapie ne se résoudront à quitter le 11 de l'avenue Baudouin qu'en 1960, pour acheter un pavillon à Champigny-sur-Marne où ils habiteront jusqu'en 1991.

Au Bourget, Raymonde Tapie n'aura de cesse d'élargir l'horizon de ses deux garçons. Elle les inscrit à des cours de musique. Chez les Ribeyre, à deux pas de chez eux, Bernard apprendra le violon et Jean-Claude le piano. A la différence de son frère, Bernard a des dons. S'il ne travaille guère, il a l'oreille musicale, le sens du rythme et celui du spectacle. Il obtiendra, en 1957, un accessit au concours de fin d'études qu'organise le couple, devant les parents attendris. Mais Paulette Ribeyre ne l'apprécie pas outre mesure. Peu à peu Bernard est devenu roublard et insolent. « Il n'avait pas peur de mon mari, confie-t-elle à Christophe Bouchet. Celui-ci pourtant se fâchait fort quand les enfants n'avaient pas travaillé et ses colères étaient redoutées par tous les gamins qui s'effondraient souvent en larmes *(sic)*. Bernard, lui, n'y prêtait pas attention. Il ne pleurait jamais. Il n'oubliait pas, en revanche, de claquer la porte, ce qui mettait mon mari en rage [2]. »

Quoi que Bernard Tapie ait pu inventer par la suite, dans ce petit univers, sa famille fait figure de privilégiée. Bien sûr, ce n'est pas l'opulence, mais rien ne manque. Le père a une sainte aversion pour le crédit, « une invention diabolique, dit-il, qui peut conduire à la ruine ». Bernard ne comprendra jamais qu'on puisse être aussi étriqué... Mais l'argent rentre doucement. La mère fait des piqûres à domicile pour arrondir les fins de mois. Le salaire du père s'améliore à mesure qu'il prend du galon à l'usine. La famille dépense peu et épargne. Ce qui permet, dès 1952, à Jean Tapie d'acheter sa première voiture, une Mona-4 Renault qui sera bientôt suivie par une superbe Traction noire. Et pas n'importe laquelle : il s'agit d'une « 15 » équipée d'un moteur de six cylindres, ce que Citroën fait alors de mieux, avant la sortie de la DS 19 sur laquelle, un peu plus tard, Jean Tapie jettera aussi son dévolu. Il faut, pour mesurer ce que cela signifie, se replonger dans l'atmosphère du début des années cinquante, quand l'abbé Pierre commençait à crier son indignation devant la misère ambiante. Les classes moyennes accédaient tout juste aux 2 CV Citroën et aux 4 CV Renault. Seuls les riches possédaient des grosses voitures. Les riches et les Tapie. Tout le monde, au Bourget, se souvient de la voiture des Tapie. Voilà qui fait litière des descriptions, toujours un peu misérabilistes, de l'homme d'affaires à propos de son enfance de fils d'ouvrier de La Courneuve ou d'Aubervilliers... Cette voiture n'est pas seulement le signe d'une aisance matérielle. Elle offre aux enfants une chance inestimable : la possibilité de s'échapper d'un univers étriqué. La famille ne s'en prive pas. Le dimanche, Raymonde prépare le pique-nique et les Tapie s'en vont en forêt à Senlis ou à Compiègne. Là-bas, un jour, Bernard recueillera un renardeau qui, forcément, baptisé *Goupil,* logé sur le palier puis dans le jardinet, animera pendant des années tout le quartier par ses fantaisies, ses glapissements et son... odeur.

Surtout, les Tapie ont la chance de partir en vacances, avec leur voiture, ensemble, tout l'été. Bien sûr, ils n'ont ni les moyens ni l'envie d'aller à l'hôtel ou de louer quoi que ce soit. On campe, un peu n'importe où, au gré des circonstances, du temps et des paysages, comme on pouvait le faire à l'époque. Camping sauvage, certes. Mais, Raymonde veille au grain, toujours soucieuse qu'elle est d'élargir l'horizon de ses deux garçons. On part donc trois semaines à la découverte d'un coin de France, *Guide vert* à la main. Le périple se termine généralement sur la Côte d'Azur, où l'on passe la dernière semaine. Les vacances, pour Raymonde, Bernard et Jean-Claude, ne sont pas pour autant terminées. Jusqu'à la rentrée scolaire, les Tapie plantent leur tente le long de la Marne, au bord d'une plage, à proximité d'une guinguette. Jean revient tous les soirs dormir sous la toile. La journée se déroule doucement. On déjeune sur l'herbe. Renoir, encore. Lumière. Culture prolétaire. Accent titi. Raymonde, c'est Simone Signoret dans *Casque d'or.* Bonheur intense de ces chaudes fins d'été. « Mes enfants, sur le bateau, dans les plus beaux endroits du monde, passent très vraisemblablement des vacances moins heureuses que les miennes [3] », reconnaîtra bien plus tard Bernard Tapie. Pourquoi, alors, cette gêne à parler du Bourget et surtout à y retourner? Pendant des années, le jet personnel de Bernard Tapie a été parqué à deux pas, dans la zone d'aviation d'affaires de l'aéroport. Mais jamais, en sortant, il n'a tourné à gauche sur le rond-point au lieu de prendre directement la bretelle de l'autoroute vers Paris. Jamais, il n'a éprouvé le besoin de revoir Le Bourget, son quartier, de faire un tour dans les bistrots, aux portes du stade, pour voir les anciens copains ou simplement humer l'air et faire remonter quelques vieux souvenirs. Tapie balaye tout d'un revers de la main : « Ceci est sans intérêt, nous a-t-il déclaré ce jour de juin 1994 où il nous a invités à sa table. Et surtout méfiez-vous des témoignages. Tous sont reconstruits a posteriori. Il y a des tas de gamins avec qui j'étais en classe et à qui je n'ai jamais adressé la parole. Mettez-vous à leur place. Vous vous imaginez disant à tout le monde : " J'étais en classe avec Tapie mais nous ne nous sommes jamais parlé? " Allons donc! Alors on invente, un peu beaucoup et puis on se met à y croire! »

Curieuse réaction. Pourquoi vouloir déconsidérer les braves témoins de sa propre enfance? Nous avons retrouvé plusieurs de ceux qui ont usé leurs culottes sur les mêmes bancs que Bernard Tapie au Bourget. Aucun ne semble atteint du mal que décrit le député. Ils sont devenus marchands d'art, petits commerçants, dessinateurs industriels ou chômeurs, mais ne sombrent ni dans la vénération ni dans le dénigrement ricaneur. Bien sûr, certains d'entre eux, frappés comme tout le monde par le blues de la cinquantaine, trouvent dans la « réussite » de Tapie de quoi nourrir leur sentiment d'échec. Mais peu troqueraient leur vie contre la sienne... Leurs témoignages, en tout cas, concordent : enfant, il était déjà chef de bande, à la fois secret et bruyant. Sage par-devant, truqueur par-derrière. Sportif, enthousiaste, un rien frimeur mais finalement plutôt sympa. Mais en même temps peu sensible et incapable de se livrer. Il jouait de sa séduction sans jamais donner de signes d'affection, hormis avec sa mère. Il avait, à l'évidence, un jardin secret. Jamais il ne parlait de son père. Mais il était craint et respecté et personne ne l'ennuyait avec ça. D'ailleurs, la plupart des gamins avaient chacun leurs galères.

Le seul goût amer qu'ils gardent à la bouche date d'une émission de télé qui, trente ans plus tard, réunira la plupart d'entre eux. Le 3 février 1989, TF1 diffuse un *Avis de recherche* consacré à Bernard Tapie. Le héros fait un tabac. Chaleureux, ému de retrouver ses anciens camarades de l'école de garçons du Bourget, il joue la surprise, tutoie tout le monde, tombe dans les bras des uns et des autres et essuie discrètement sa larme à l'œil quand il retrouve ses anciens professeurs. Bref, il en fait des tonnes dans le genre retour aux sources et émotion contenue. Comme à son habitude, il crève l'écran.

L'envers du décor est moins gai. Les camarades d'école qui avaient dû poireauter depuis 17 heures s'attendaient au moins à aller boire un verre pour évoquer les après-midi au stade avec Paul André, ce bénévole, employé à la Monnaie de Paris, qui s'occupait d'eux et les a initiés, au handball, au foot, à l'athlétisme, à la natation et au vélo. Ou bien pour parler des profs, en particulier de Duduche, le prof de maths, dont Tapie assure qu'il était « une franche ordure » parce qu'il leur cognait dessus, à coups de gifles, à coups de règle et à coups de pied. Alors que les autres ne se souviennent pas d'avoir fréquenté pareil tortionnaire. On aurait pu parler de ça et de bien d'autres choses. Mais Tapie était pressé. Prétextant, sans rire, une obligation à l'Assemblée nationale, où il ne mettait pourtant jamais les pieds, il est parti au bout de cinq minutes, les laissant avec Dominique, sa seconde femme, totalement étrangère au Bourget et qu'ils n'avaient jamais vue de leur vie. Dominique a parfaitement rempli ses obligations officielles, comme une future grande dame de France. Elle leur a dit : « Vous viendrez dîner à la maison, ce sera sympa pour Bernard de vous retrouver. » C'était en effet une bonne idée. Des numéros de téléphone ont été échangés. Mais ni Bernard, ni Dominique n'ont jamais appelé quiconque.

Curieusement, Bernard Tapie ne figure pas sur la photo qui sert de document de base à l'émission, celle de la classe de troisième de l'école de garçons du Bourget. Pour justifier cette étrange absence, Patrick Sabatier, le producteur et présentateur d'*Avis de recherche*, expliquera que le héros, ce jour-là, avait séché les cours. Pieux mensonge! Tapie n'était pas là, tout simplement parce qu'il avait dû quitter l'école à la fin de sa quatrième, en raison de ses trop mauvaises notes. Il n'avait même pas su saisir sa chance, lors de l'examen de rattrapage en septembre, organisé tout spécialement pour lui et un de ses camarades. Grâce à Christophe Bouchet, qui a fait la tournée de tous ses anciens profs et épluché les tableaux d'honneur, on sait que Bernard Tapie a complètement raté sa scolarité. Bons au début, lorsqu'il est encore dans les jupes de sa mère, ses résultats ne cesseront de se dégrader au fil des ans. Il obtient son certificat d'études et entre de justesse en sixième en 1954, mais s'enfonce alors dans les profondeurs des classements. Il est absent sans raison, fait preuve d'impertinence, jusqu'à cette fin de quatrième où on lui demande d'aller finir ses études ailleurs, au collège technique d'Aubervilliers, devenu collège Diderot, où il aurait obtenu son BEPC. Information qu'il donnera plus tard à ses employeurs, mais qu'il est impossible de vérifier, les archives du collège Diderot ayant disparu et l'Éducation nationale se refusant à donner ce type de renseignements. A Aubervilliers, en tout cas, Tapie a laissé plus de souvenirs sur les terrains de handball * que sur les bancs du collège technique... Où va-t-il ensuite? A l'École d'électricité industrielle de Paris (qu'il situe, dans *Gagner*, porte de Clignancourt, mais qui est à l'époque sise au n° 1, passage Duhesme, dans le dix-huitième arrondissement, près de la porte de la Chapelle). C'est ce qu'il indiquera dans plusieurs formulaires

* Il est un des meilleurs éléments du Club municipal d'Aubervilliers (CMA) auquel il fait adhérer ses amis du Bourget. Tapie et Jean Leclerc sont présélectionnés pour l'équipe de France junior. Mais ils se feront virer par l'entraîneur au cours du stage : Tapie voulait – déjà – imposer ses vues... Il n'a jamais été international.

d'embauche. Précédemment appelée école Charliat, transférée à Beauvais puis à Rouen, aujourd'hui disparue, cette école préparait à la fois à des CAP et à des bacs techniques. Un bac que Tapie n'obtiendra jamais, quoi qu'il ait pu dire par la suite. Lui-même reconnaîtra, un peu plus tard, qu'il a échoué au « bac TA ». En réalité, tout laisse croire qu'il ne l'a jamais présenté. Car s'il s'est inscrit dans cette école à la demande de son père, il n'y mettra pratiquement pas les pieds, préférant revendre ses tickets-restaurant pour aller jouer au flipper dans les bistrots de la porte de la Villette, faire du handball à Aubervilliers. Et draguer les shampouineuses d'un salon de coiffure sur le canal de l'Ourcq.

Que Bernard Tapie ait cherché à noircir son enfance et à enjoliver son parcours scolaire, nul, au fond, ne peut lui en faire grief. Qui n'a jamais pris ce genre de libertés? D'autres personnalités installées, parfois, tirent publiquement gloire de leurs échecs scolaires. Mais c'est une autre façon de dire la même chose. Et ceux-là sont généralement mieux nés et plus âgés que ne l'était Tapie lorsqu'il s'est enfermé dans ses petits mensonges. Par-delà ces détails, il reste que l'échec scolaire de Bernard Tapie est révélateur. Déjà, à l'époque il lui suffisait de lire un texte pour s'en souvenir, affirment ses camarades. On sait aujourd'hui à quel point, pour le meilleur ou pour le pire, cet homme est intelligent, curieux et rapide. On connaît sa capacité à absorber toutes les informations et à les traiter dans l'instant. On a pu mesurer comment, tout seul, il a su, à de nombreuses reprises, rouler dans la farine des escouades d'énarques et leurs équipes. Doué comme il l'était, si Tapie s'est révélé tellement allergique aux études, c'est parce qu'il ne supportait pas la hiérarchie, les blouses grises, les notes, les profs. Il n'acceptait pas l'idée même d'être dominé par quiconque mais n'avait pas, à l'époque, les moyens de l'exprimer. A l'aube des années soixante, on ne se révoltait pas encore contre l'école, dont le cadre était devenu trop rigide pour ceux qui rêvaient de nouveaux horizons. On s'en échappait. Il faudra attendre Mai 1968 pour que beaucoup de cancres de cette génération, rétrospectivement, commencent enfin à déculpabiliser...

CHAPITRE 3

Le tombeur

« Je ne suis pas maniaque, mais je déteste les bavures. Si on prépare un pique-nique et qu'on oublie les gourdes, je ne comprends pas. »

Télé 7 Jours, le 9 mars 1985.

Dès l'âge de 14 ans, Bernard Tapie commence à se rendre compte qu'il plaît aux filles. Il a de l'assurance. C'est déjà un petit homme. Et les jeunes créatures du Bourget sont tout émoustillées lorsqu'il arrive avec sa belle gueule, son culot et son bagout. Il n'a pas mis longtemps à faire ses gammes. Bien plus rigolo que les cours de violon de cette vieille sorcière de Paulette Ribeyre. Avec le sport, la drague deviendra son activité principale. Il les drague toutes, petites ou grandes, brunes ou blondes, avec leurs choucroutes sur la tête et leurs robes sacs. Il drague pour lui et pour les copains, mais surtout pour le plaisir de draguer. Cela avait commencé gentiment, à la piscine du Bourget où il gagnait tous les concours de flirt. Le jeu n'était pas compliqué. Il consistait à embrasser le plus de filles possible sur la bouche, en un après-midi. Là-bas, il était le roi. Musclé, soigné, le sexe bien moulé dans son bikini, il nageait et plongeait mieux que personne. Surtout, il avait le contrôle de la situation. Il était là en voisin et, sous prétexte de donner un coup de main au vestiaire, ne payait pas son entrée.

Cette capacité à « lever » tout ce qui bouge renforce son ascendant acquis, grâce au sport, sur les autres garçons de sa bande. Car les filles, c'est connu, se baladent toujours au moins deux par deux. Être aux côtés de Bernard, c'était avoir l'assurance de récupérer la copine qui, si elle n'est pas toujours la plus jolie, n'est pas forcément la plus farouche...

Plus le temps passe et plus le jeune coq du Bourget plaît aux poulettes du coin. Avec lui pour un rien, elles caquettent. A 16 ans, il lui suffit d'un sourire un peu appuyé, d'une plaisanterie de garçon de bain et hop ! – c'est emballé. Selon ses copains, il est d'ailleurs l'un des seuls à mettre alors, de temps à autre « la viande dans le torchon » – c'est-à-dire à coucher. Une « performance » pas si fréquente à une époque où, la pilule n'existant pas, la sainte trouille de « tomber enceinte » retient les filles, même délurées, d'aller « jusqu'au bout ». Mais pour Bernard, parfois, elles chavirent.

Lui ne se laisse pas griser. Trop facile. Aussi, très vite, cherchera-t-il à corser les difficultés, lui qui, ivre de ses dons, n'aura de cesse, toute sa vie, de repousser des limites que personne, jamais, ne lui fixera. Un jour où sa bande jouait au flipper dans un bistrot de la porte de la Villette, tout d'un coup on manque de cigarettes. Qui va acheter le paquet? A ce moment-là, une grande fille un peu forte jaillit de la bouche du métro :

– Attendez, vous allez voir!

Bernard sort illico du café, se précipite vers la demoiselle et la baratine devant les copains médusés. Deux minutes plus tard, il revient avec un paquet de cigarettes américaines entier, immédiatement distribué. La fille leur a fait un petit signe de la main en se marrant. Sacré Bernard! Il suffisait souvent que quelqu'un dise qu'une fille était jolie pour qu'il parte en chasse et revienne avec. Il n'y avait plus qu'à la tenir au chaud! Comment posséder de tels dons sans s'en servir et, plus tard, sans en abuser?

A l'époque, tous les garçons de son milieu ont un peigne niché dans la poche revolver de leur pantalon qu'ils utilisent à la moindre occasion pour se recoiffer, en se regardant dans les vitrines. Mais Bernard ne se plie pas à ce rituel. Il est pourtant toujours parfaitement peigné, comme les jeunes gens qu'on voit alors dans les publicités, au volant des Aronde et des Dauphine, prêts à conquérir le monde. Ses amis découvriront un beau jour son secret. C'est une jeune coiffeuse qui, gratuitement et en douce, s'occupe de lui tous les jours... Ah, les coiffeuses! Il y avait ainsi, sur le canal de l'Ourcq, un salon sur lequel la bande avait jeté son dévolu. On ne s'ennuyait pas. Tout le monde, semble-t-il, en a profité.

C'est en Vendée que Tapie donnera la pleine mesure de ses talents de séducteur. Fini le camping sauvage avec papa, maman et Jean-Claude. A 14 ans, il quitte pour la première fois le giron familial et va passer ses vacances d'été à Saint-Jean-de-Monts. Les parents de Jean-René Martin, le fils du charcutier, son meilleur copain, possèdent une petite maison en bordure du bois, le long de la mer, là où se trouve aujourd'hui le golf. A l'époque, Saint-Jean-de-Monts n'a pas encore été défiguré par les constructions bon marché. Jean Leclerc, Robert Legouge et Bernard Tapie plantent leur tente dans le jardin. Ils ne passent pas inaperçus. En quelques jours, Bernard devient la coqueluche des filles dans cette station balnéaire familiale, où tout le monde se connaît depuis l'enfance. Alors que lui n'y a jamais mis les pieds! Il est invité à toutes les fêtes. Bronzette et drague sur la plage, golf miniature, virées à Notre-Dame-de-Monts, où l'on écoute des disques sur le juke-box d'un café à la mode, suffisent à remplir les journées. D'autant que les quatre sociétaires du club de handball d'Aubervilliers font volontiers des démonstrations de leurs talents, parfois sur la plage, parfois au cours de matchs avec des équipes locales. Matchs amicaux mais que Tapie n'aime pas perdre. Christophe Bouchet [1] a raconté comment, en finale d'un tournoi, ayant perdu face à une équipe nantaise et s'estimant volé par l'arbitre, il s'était débrouillé pour escamoter la coupe avant la remise des prix.

Le soir, c'est à la Pastourelle qu'on s'éclate. L'entrée de ce casino-dancing coûte 2,5 F en semaine, 5 F le week-end. Mais pas plus qu'à la piscine du Bourget, Tapie ne paye son ticket. Les premiers jours il se fait inviter, avec les trois autres, par des boudins dragués sur la plage. Et très vite, il y est comme chez lui. Le patron a donné des consignes. Il entre à son gré. Il est vrai que Bernard est mignon, drôle et enjoué. Il danse le tango, la valse et le paso doble. Un peu le rock, aussi. Il ne rate pas les slows, lançant des œillades par-dessus l'épaule de sa cavalière en pâmoison. Tapie danse, chante, amuse les filles, fait venir du monde. Lui et ses copains sont sobres et gardent en permanence le contrôle de la situation. Avec cette bande-là, jamais de violence, jamais de salades. Ce ne sont pas des blousons noirs.

Car les jeunes, à cette époque, se divisent en deux catégories bien distinctes. En Angleterre, les « rockers » et les « mods » s'affrontent parfois violemment. En France, il y a d'un côté les blousons noirs et de l'autre, ces jeunes gens bien habillés, qui se baladent en costume-cravate le dimanche et boivent des diabolo-menthe ou des lait-fraise, en singeant les bourgeois des beaux quartiers. Ceux qui – déjà – affichent leur révolte contre le système et ceux qui rêvent d'en profiter. C'est bien sûr à cette deuxième catégorie qu'appartient Tapie qui préfère Sacha Distel, crooner national, valeur installée, à Johnny Hallyday, aux Chaussettes noires ou à Dick Rivers qui débutent au Golf-Drouot. Pas de drogue, pas de joints – ça n'existe pas – et si on se balade avec des paquets de cigarettes dans la poche de sa chemise, c'est pour la frime. Bernard Tapie fume alors très peu – il se rattrapera par la suite. Seule originalité : ces jeunes gens-là ont le culte de leur condition physique – bien avant que cela devienne une mode.

A la Pastourelle, il fera ses premiers pas de chanteur. En 1959, au cours d'un radio-crochet, il se lance avec une chanson de Sacha Distel : *Mon Beau Chapeau.* Bernard Tapie n'a que seize ans. Mais il chante juste. Il a une voix belle et bien posée, il a du coffre. Et assez de groupies dans la salle pour emporter le concours, à l'applaudimètre. Les leçons de violon de Paulette Ribeyre n'ont pas été inutiles. Aussi, le patron du dancing le met-il en rapport avec un musicien, Lucien Attard qui l'emmènera pendant le reste de ses vacances faire la tournée des bals.

Tapie ne retournera cependant pas à Saint-Jean-de-Monts l'année suivante, en raison du décès de la mère de Jean-René Martin. Il ira, cette fois, passer ses vacances... à Munster, en Alsace, où il traîne Jean

Leclerc. Bernard, qui a pris un peu plus d'assurance, voulait retrouver là une jeune fille partie dans une colo de l'EDF et avait convaincu les parents de son ami de le laisser l'y accompagner. Ceux-ci étaient réticents, mais Bernard s'était montré si persuasif que le père de Leclerc avait fini par dire à son fils : « Ton copain, Tapie, tu verras, c'est le premier d'entre vous qui aura une voiture. »

Le brave homme ne croyait pas si bien dire. A Munster, un soir, arrive Bernard Tapie au volant d'une voiture, dans un crissement de pneus. Jean Leclerc est sidéré.

– Tu l'as prise où?

– T'occupe, viens, on va au cinéma.

Nul ne saura jamais d'où venait cette voiture. L'avait-il « empruntée »? En tout cas Bernard Tapie, alors âgé de 17 ans – la scène se déroule en août 1960 –, ne pouvait avoir son permis de conduire... D'un côté aux marges de la délinquance, il est, de l'autre, fort soucieux du respect de ses biens. Car, au même moment, il n'hésite pas à se ruer à la gendarmerie et à y faire un souk terrible dès qu'il s'aperçoit qu'on lui a volé son poste de radio dans sa tente. Il a, ce jour-là, tellement fait rire les gendarmes que ceux-ci sont devenus ses copains pendant tout le reste du séjour!

Paradoxe d'adolescent. Bernard Tapie est alors en situation de rupture. La famille quitte Le Bourget pour Champigny-sur-Marne, où Jean Tapie a acheté un pavillon et se met enfin à son compte. Son père a perdu toute illusion. Il sait pertinemment que Bernard ne met plus les pieds dans son école professionnelle. Entre le père et le fils, les confrontations sont violentes. Jean exige que Bernard trouve du travail avant de partir à l'armée. Mais il ne lui propose pas de venir travailler chez lui, dans la PME familiale. D'ailleurs, Bernard n'aurait pas voulu. Raymonde, pourtant, aimerait que son fils aîné poursuive des études, au moins pour obtenir un report d'incorporation, voire un sursis. La guerre d'Algérie fait rage. Nul ne sait quand elle se terminera. D'où deux années d'un parcours erratique, qui se terminera par son incorporation, en juillet 1962, après les accords d'Évian qui marquent la fin de la guerre.

En juillet 1960, Bernard Tapie est moniteur de handball à la colo de l'école patronale laïque d'Aubervilliers. Retour d'Alsace, il s'inscrit à l'école Bréguet, rue Falguière à Paris. C'est une école privée, aujourd'hui disparue, qui délivrait des brevets techniques supérieurs dans les métiers de l'aéronautique. Mais, décidément allergique à tout enseignement, Bernard n'y restera que jusqu'en décembre. On perd alors sa trace pendant quatre mois, jusqu'à son embauche, le 2 mai 1961, à la succursale Victor-Hugo de la firme automobile Panhard comme « employé aux services commerciaux ». Bernard Tapie est prospecteur : il doit trouver des clients et préparer la tâche des vendeurs. Christophe Bouchet a écrit que Tapie « n'avait pas quitté Panhard la tête haute [2] ». Le jeune prospecteur est effectivement licencié fin septembre 1961, en raison de son absence depuis le 4 du mois. Mais on ne lui reproche, officiellement, que « des horaires non respectés, des absences non motivées » ainsi que sa... « tenue négligée ». Tapie aurait, de plus, été pris à recopier l'annuaire du téléphone alors qu'on lui demandait de trouver de nouveaux prospects. Rien de bien méchant, finalement, venant d'un garçon de 18 ans, plein de fougue et de tempérament, allergique à toute autorité, lorsqu'on sait quel était, en 1961, l'archaïsme des relations humaines au sein d'une société comme Panhard, en pleine déliquescence au point d'avoir dû se vendre, peu de temps après, à Citroën.

Dans cette affaire, Tapie a sans doute été victime, a posteriori, de son rejet par l'establishment. Apprenant que l'entreprise familiale l'avait jadis employé, Jean Panhard, oisif depuis trop longtemps, semble à l'origine de quelques rumeurs. Comme s'il avait pu connaître personnellement ce petit employé, éphémère prospecteur dans une succursale! Mais Tapie a surtout été victime de lui-même. Et de ses propres mensonges. Dans *Gagner*, comme dans la biographie transmise au *Who's Who*, il a écrit qu'il avait été « ingénieur au bureau d'études de Panhard, de 1963 à 1965 ». Or, il est avéré qu'il n'a jamais été autre que prospecteur dans cette firme automobile, quelques mois seulement, pendant l'été 1961.

Qu'a-t-il fait ensuite? On perd à nouveau sa trace. Il semble qu'après Panhard il ait vendu des Volkswagen. Il est d'ailleurs venu plusieurs fois au Bourget au volant d'une Coccinelle, faisant croire qu'elle était à lui, alors qu'il s'agissait plus vraisemblablement d'une voiture de service. Et il se serait, là encore, fait virer au bout de quelques mois. Il se retrouve donc sans travail, seul chez ses parents à Champigny-sur-Marne, où il a enfin sa chambre à lui, lorsqu'il ouvre la porte à un jeune démarcheur qui essaye de vendre des téléviseurs. Tapie a raconté cent fois la scène. Le démarcheur, comme lui, n'a pas vingt ans. Il lui propose d'installer un téléviseur dans le pavillon pendant quelques jours. Tapie refuse, mais engage la conversation. Le vendeur lui avoue que ça ne marche pas fort : il n'a vendu que deux téléviseurs depuis le début de la semaine. Bernard – c'est du moins lui qui le dit – propose alors de l'accompagner dans sa tournée. Mais il ne fait pas mieux. « La méfiance l'emportait sur mes arguments, raconte Tapie. Je décidai de m'y prendre tout autrement. Je sonne à une nouvelle porte. Le battant s'ouvre à demi [...] :

« – Bonjour, madame. Nous représentons un organisme de sondages. Nous aimerions connaître votre avis sur les programmes de la télévision française.

« – Je vous aiderais volontiers, mais nous n'avons pas la télévision.

« – Nous avons prévu cette éventualité. Notre organisme vous prête un téléviseur pendant une semaine. Ainsi vous pourrez regarder les programmes à loisir. Dans huit jours, nous repasserons vous voir; vous nous donnerez votre impression, celle de votre mari et de vos enfants [3]. »

Affaire conclue. Tapie est embauché sur-le-champ. Grâce à ce stratagème, il touchera près de 600 F par jour, plus que n'en a jamais gagné son père. A la veille de satisfaire, comme on dit, à ses obligations militaires, Bernard Tapie a enfin trouvé un métier qui lui rapporte de l'argent et qui l'amuse. Il a aussi trouvé une « fiancée », une vraie. Un an plus tôt, un samedi soir, Jean-René Martin et lui avaient été au bal de l'hôtel de ville du Bourget. Les deux garçons y avaient dragué deux filles de gardes mobiles, qui logeaient à la caserne voisine, au 212 rue de Flandres. La plus belle s'appelait Michelle L... Une Bretonne, très différente des shampouineuses du canal de l'Ourcq. Une fille aux cheveux châtain clair mi-longs avec un regard angélique. Elle avait un petit genre Françoise Hardy, idole des années soixante, nettement plus mystérieuse que ne l'était sa concurrente Sylvie Vartan, avec son casque blond et ses jupes vaporeuses. Michelle était superbement balancée, dansait le rock à merveille mais s'habillait strictement. Froid dehors, chaud dedans. Elle étudiait la sténo-dactylo pour devenir secrétaire. Elle était douce et admirative. Des filles comme ça, Bernard n'en avait jamais vu. Il l'a fait danser, est sorti avec elle et en est tombé amoureux. Jusqu'à son service militaire, ils ne se sont plus quittés.

Bref, l'adolescent difficile semble enfin stabilisé. Il rêve encore ouvertement d'être « chanteur ou pilote de Formule 1 » mais ses parents et ses copains n'y font plus trop attention. Ce n'est à ce moment-là qu'un beau gosse encore mal dégrossi, malin et hâbleur, un peu plouc, qui cache ses complexes sous une assurance de façade. Un fils de prolo dont la vie se chargera vite de raboter les ambitions démesurées.

CHAPITRE 4

Le meneur

« Brusquement, l'armée nous a rasés, nous a habillés, identifiés pareils. Et là, en doublant tout le monde, je deviens officier. Je deviens à la mode. »

Libération, 5 janvier 1984.

Pour le jeune Tapie, qui n'a évidemment droit à aucun sursis, le moment est venu de « faire son régiment ». Il mesure sa chance : il n'ira pas, comme tant d'autres avant lui, passer deux ans et demi sur un piton, à traquer les fellaghas, la peur au ventre, au milieu des harkis dont on ne sait jamais si l'un d'entre eux ne va pas venir vous égorger la nuit avant de rejoindre le maquis. Ni dans ces petites villes de garnison où, entre gens de bonne compagnie, on fait mine de ne pas entendre les cris des prisonniers, travaillés à la gégène. Il ne connaîtra pas les « corvées de bois » qu'ont pratiquées, quelques années plus tôt, d'autres jeunes appelés, broyés par la guerre. Une sale guerre. Les accords d'Évian ont été signés le 18 mars 1962. Le 3 juillet, jour de l'incorporation de Bernard Tapie, est justement celui où la France reconnaît l'indépendance de l'Algérie. Une guerre qui ne l'a concerné que dans la mesure où il craignait d'y aller.

Au Bourget, comme partout en métropole, en tout cas dans les milieux populaires, on pense généralement qu'il s'agit d'une affaire entre Arabes et pieds-noirs dans laquelle Guy Mollet et les hommes politiques de la Quatrième République finissante ont engagé bien trop légèrement des millions de jeunes Français. Comme les communistes, Tapie voyait alors en de Gaulle « un grand homme qui avait sauvé la France » mais qui, surtout, avait mis un terme à ce gâchis. On n'allait guère plus loin. Premiers concernés, les jeunes Français, hormis les intellectuels, s'intéressaient alors très peu à la politique : leurs conversations tournaient surtout autour des filles, des buts marqués par Raymond Kopa ou Just Fontaine, du duel Anquetil-Poulidor, ou des performances de Michel Jazy en demi-fond.

Les hasards du calendrier permettront à Bernard Tapie de garder, sous les drapeaux, cette joyeuse insouciance. La guerre est finie. Les soubresauts de l'histoire, les attentats de l'OAS à laquelle participe activement un jeune Oranais du nom de Paul Bénatar – qui deviendra plus tard son ami très discret –, tout cela ne le concerne pas.

Il intègre le camp de Frileuse, près de Versailles. Ce n'est pas le luxe, mais il y a là des équipements sportifs, un terrain de foot, une piste d'athlétisme. Pour lui, le service militaire s'annonce comme une fête. Un lieu où il va enfin pouvoir montrer ce dont il est capable. Où il va s'épanouir, car cette armée, frustrée et divisée, reporte son intérêt sur le sport. Elle adorera ces jeunes gens vigoureux et mal dégrossis, au caractère trempé, prêts à se lancer dans toutes les compétitions, à relever tous les défis. Arrivé quelques jours en retard, Bernard Tapie prend aussitôt le leader-ship de sa chambrée, puis de sa compagnie.

A plusieurs reprises, Tapie racontera plus tard que sa vie a basculé au service militaire. Cette machine à abolir les différences lui fait porter un regard nouveau sur ses « petits camarades de l'École d'électricité industrielle de Paris » dont on sait qu'il ne les a vus que de loin. « Les futurs cadres, écrit-il dans *Gagner*, portaient des costumes bien taillés, des chaussures à la dernière mode (...). Mais moi, j'avais sur le dos un manteau “ made in Aubervilliers ”. Et croyez-moi, quand on est môme, un manteau bien coupé, ça vous change la vie. » Comme souvent, Tapie en rajoute. Il en rajoute même beaucoup puisqu'ils n'étaient pas nombreux, en 1962, même parmi les étudiants sursitaires, ceux qui se rendaient à la caserne avec leur propre voiture. Or Tapie, à cette époque, roule en Coccinelle ! On l'imagine d'ailleurs bien mal dans ces terribles manteaux « made in Aubervilliers » puisque tous ses copains d'alors se souviennent de lui comme d'un jeune homme élégant, toujours tiré à quatre épingles !

Il est vrai qu'il ne porte pas ses insuffisances en bandoulière. Son univers reste limité à sa mère et à ses copains (il ne parle à personne de son frère, qui travaille désormais avec son père). Ses ambitions sont circonscrites à l'exploitation de petits talents qu'il se découvre. Surtout, il côtoie pour la première fois de vrais bourgeois, bien nés, bien éduqués et bien habillés. Ils sont plus nombreux que d'habitude et plus âgés que lui. La raison en est simple : avec la fin de la guerre, les sursitaires d'opportunité rentrent tous dans le rang. Il découvre qu'ils ont une autre façon de parler, une autre façon de marcher que lui. Que certains d'entre eux sont snobs, alors qu'ils n'ont pas un sou. Que d'autres tiennent les sports d'équipe pour un divertissement un peu canaille. Avec quelques-uns enfin, il se sent immédiatement sur la même longueur d'onde. Comme avec Marcel Feldmann, presque aussi bon que lui sur le parcours du combattant. De six ans son aîné, il a fini son droit et s'apprête à devenir avocat. Son premier client sera... Bernard Tapie. Revêtus du même uniforme et soumis au même régime que lui, tous ces jeunes gens se ressemblent. Tapie se débrouille même plutôt mieux qu'eux. En particulier pendant les longues heures de marche, la nuit, avec un lourd paquetage sur le dos. A chacune de ces dures épreuves, il s'aperçoit qu'il est capable de les devancer, réalisant des performances au moins égales aux leurs. Le plus étrange est que devant l'autorité des gradés Tapie ne se révolte pas. On sait ce que signifie pour un jeune appelé qui fait ses classes, la pression des sous-off aigris par tant de guerres coloniales et tant de défaites. Pour la première fois, il adhère pleinement au système. Une épreuve, par exemple, est fort prisée par les petits chefs. Il s'agit de faire une course avec un sac de vingt kilos de cailloux sur le dos. Le premier arrivé s'arrête, les autres recommencent, jusqu'au dernier. Un minimum de solidarité exigerait que les plus vigoureux, de temps en temps, laissent gagner les plus faibles. Ne comptez pas sur Tapie pour entrer dans ce petit jeu dont personne n'est dupe : il arrive le premier et que les autres se débrouillent ! Ses camarades mettront cette docilité envers les supérieurs, aussi bornés soient-ils, cette soumission à l'ordre établi, sur le compte de sa volonté irrépressible d'être sélectionné pour les écoles des officiers de réserve, les EOR. Mais ils ne lui en veulent pas. Car Tapie sait en même temps se montrer bon camarade. Il égaye la chambrée, fait l'imbécile, anime un orchestre et chante, de sa belle voix de basse, les tubes du moment. Il est curieux de tout. Chef de bande au Bourget, il est devenu leader à Frileuse.

Le jeune appelé paraît plutôt conventionnel. Deux de ses camarades, Breton et Stock, sont passés par le séminaire et lisent l'Évangile. Tapie se montre intéressé. Il leur pose des questions sur la religion, un domaine qui lui est alors complètement étranger. Il dit être tenté de découvrir avec eux les chemins de la foi. Tapie parle très peu de lui, mais écrit à sa mère et à Michelle, sa petite amie, tous les deux ou trois jours. Il laisse planer le mystère. Ses camarades sont étonnés par sa connaissance des milieux artistiques, du cinéma et du show-business. Actif, ouvert, positif, drôle, sage : à l'armée, Bernard Tapie aura montré son meilleur profil.

Ses efforts sont récompensés. Classé premier de sa compagnie, il part au bout de quelques mois pour Montpellier où il est confronté aux plus doués, venus des différents camps français. L'EOR, enfin ! Pourtant, il manque de bagage intellectuel. Malgré des efforts assidus, il ne sortira que sous-officier. Sergent. Ayant effectué ses dix mois de classes, il retournera à Frileuse. Mais du bon côté de la barrière. Là où il y a un mess. Et le chauffage central.

C'est là, un beau matin, en faisant son footing qu'il tombe sur son ami de toujours, celui du Bourget et de Saint-Jean-de-Monts : Jean-René Martin, le fils du charcutier qui, lui, s'est arrêté après le certificat d'études pour aider au magasin. Martin vient d'arriver. Il est deuxième classe. Tapie est ravi de le voir là et de lui montrer le chemin parcouru sous l'uniforme. A la moindre occasion, il passe le chercher : « J'ai besoin d'un homme de corvée. » Il l'emmène pour un oui ou pour un non au mess des officiers. Ce qui est interdit. Sûr de lui, Tapie prend Martin sous son aile. Il se rend au bar :

– J'amène mon 2e classe. Servez-nous deux cafés.

Martin est dans ses petits souliers. Mais jamais le barman ne bronchera. Un jour, un remplaçant risque une question. La réponse fuse :

– Pas de problème, nous attendons le capitaine.

Tapie en fait des tonnes. Comme s'il était en train de sortir de lui-même. La chenille est devenue papillon. Il racontera ce « formidable apprentissage initiatique » dans *Gagner*. « Après le stade [le service militaire] a ancré en moi la conviction que ce qui compte en l'homme, c'est l'homme lui-même et non pas ses origines sociales, la fortune de son papa ou les cadeaux qu'il a pu obtenir d'un État-providence (...). Je me suis vite rendu compte que j'étais largement aussi à l'aise dans toutes les situations qui se présentaient que bien des jeunes qui ne s'étaient donné que la peine de naître. Savoir se débrouiller, affirmer sa personnalité, avoir le sens de l'initiative, tout cela n'a rien à voir avec le milieu social ou culturel dans lequel on évolue (...). Un voile s'est alors déchiré : le sentiment d'infériorité ancré en beaucoup d'êtres issus des milieux populaires et qu'un anthropologue mexicain décrira sous le nom de “ culture de la pauvreté ”, la conviction que partout et toujours nous devons nous plier aux diktats des corps constitués et épouser leurs convictions, autant de notions qui ont définitivement volé en éclats pendant que j'étais sous les drapeaux. » Tapie affirme, avec un rien de narcissisme, qu'il a « entrevu le champ de [ses] possibilités ». Il va désormais « travailler à élargir au maximum [son] univers et (...) rechercher des limites dont je savais désormais qu'elles étaient plus éloignées que je ne l'imaginais ».

Trente-deux ans plus tard, Bernard Tapie fera l'objet d'un remarquable « portrait philosophique » dans l'austère revue *Commentaires* [1]. Henri Hude (c'est un pseudonyme) y décrira ce que représenta l'armée pour celui qui était « déjà une puissance, un être de nature, mauvais élève, turbulent, insolent, frondeur, insoumis (...) mais aussi très tôt, comédien, porté vers le spectacle, avec de l'aplomb, de l'expression, de la conviction et, au fond, du talent (...) Il découvre consciemment son pouvoir sur les autres. Il peut se faire écouter, se faire croire, se faire suivre et l'emporter. C'est une révélation. Il commence à se dire, encore avec quelques doutes : “ je suis le meilleur ” et nous avoue qu'il se disait auparavant : “ je suis nul. ” Renversement du tout au tout. Ce garçon se découvre comme puissance. Mais que cherche cette puissance? Rien. Elle ne cherche rien parce qu'elle ne réfléchit pas. Ce n'est qu'une puissance qui se déploie. Pouvoir faire et réussir à faire. Mais pouvoir quoi et pour faire quoi? Rien d'autre que pouvoir pouvoir, produire des effets, renverser des obstacles, vaincre des rivaux, dominer les autres, exister puissant : gagner. La puissance est à elle-même sa propre fin (...). Cet homme cherche sa vocation, comme par essais et erreurs. Il ne réfléchit pas, ou pas assez. Il marche. Il est séduit, il fonce. Finira-t-il par trouver ? »

Il n'y a pas grand-chose à ajouter à cette analyse. Bernard Tapie, au sortir de l'armée, s'est découvert comme une puissance que rien ne pourra plus brider. Son ambition est infinie, comme celle d'un enfant, dont il gardera toujours le charme, la violence et la perversité. Et pour déployer sa puissance, c'est vrai qu'il va multiplier les essais. Et surtout les erreurs.

CHAPITRE 5

Vedette ou voyou?

> « Les autographes dans les supermarchés, les galas dans les petites boîtes de province, c'est monstrueux, beurk! Quand on est une star, ça doit être chouette, mais au début quel calvaire! »
>
> *Signature*, mai 1984.

Dès qu'il est libéré, fin 1963, Tapie retourne voir le marchand de télés de Ménilmontant qui l'avait fait travailler quelques mois. Son copain démarcheur n'est plus là. Raymond Ortmann a ouvert, entretemps, boulevard de Charonne, un petit magasin à l'enseigne de Téléconfiance. Il embauche Tapie qui sillonne Paris à tombeau ouvert en... 2 CV camionnette. Un jour, racontera Ortmann au cours d'une émission de télé, il est même parvenu à vendre un poste aux agents qui s'apprêtaient à le verbaliser! Pourtant, l'association ne durera pas longtemps et se terminera mal. Ils se quitteront fâchés, pour des raisons professionnelles et personnelles. Tapie aurait pris certaines libertés dépassant largement le cadre de son statut de salarié. Difficile d'en savoir plus, d'autant que Raymond Ortmann, qui vendait encore des télévisions en 1991, s'est, depuis, mis aux abonnés absents...

Bernard Tapie se met à son tour à son compte et ouvre un petit commerce d'électroménager, au 164 de la rue du Faubourg-Saint-Martin, à deux pas de la gare de l'Est. Il va enfin pouvoir voler de ses propres ailes! Tout va bien. Quelques mois plus tôt, le 8 février 1964, il s'est marié à Rosny-sous-Bois avec la belle Michelle, la fille du garde républicain du Bourget qui lui donnera, quelques mois plus tard, son premier enfant : Nathalie. Pour se marier, Bernard n'aura pas besoin de demander une autorisation parentale : il a eu 21 ans quinze jours plus tôt. Il est majeur. Majeur mais immature. Tout va s'écrouler, vite. La gestion de TV-Est se révélera être un désastre. Tapie s'ennuie à périr dans son magasin à attendre les clients et à tenter de les convaincre. Heureusement, les copains du Bourget viennent encore le voir. Devant eux, il frime. A un client qui tergiverse, il lance, brutalement :

– Attends ! De toute façon, t'as pas le premier rond pour me la payer, cette télé...

Le client ébahi sort une liasse de sa poche et part avec le premier téléviseur venu.

Mais quand il se retrouve seul, avec Michelle à la caisse, Bernard broie du noir. La simple idée de vieillir entre ces quatre murs, dans cet univers clos et médiocre le rend fou. Le jeune marié devient violent, nerveux et irascible. Au volant, c'est un vrai malade. Il s'est acheté une Triumph TR4 blanche, décapotable et sillonne Paris, le soir, avec Michelle, les cheveux au vent. Il grille les feux rouges, prend les sens interdits, se gare sur les trottoirs. C'est sa façon, puérile, de défier l'autorité, dont il ne parviendra jamais à se débarrasser complètement. Lorsqu'un agent de police l'arrête, s'il est de bonne humeur, il cherche à le séduire. Souvent il y parvient. Mais s'il est dans un mauvais jour – il y en a de plus en plus –, alors il l'insulte. Plusieurs fois l'altercation s'est même terminée devant les tribunaux par des condamnations pour « outrage à agents » et « injures publiques ». Tapie n'a pas encore le bras assez long pour interrompre à temps ce genre de procédure. Le charmant jeune homme ne s'en prend pas qu'aux policiers. Mieux vaut ne pas lui conseiller d'aller faire ses rodéos ailleurs. « Je suis d'un tempérament un peu caractériel, dira-t-il un jour. L'automobiliste qui baisse sa vitre pour m'insulter court des risques [1]. » Serait-il du genre à sortir avec la manivelle à la main ? Au volant, c'est en tout cas la part de lui-même la plus bornée et la plus macho qui s'exprime. A 20 ans, au cœur des années soixante, alors que, sur les routes, la vitesse n'est pas limitée et que la voiture est, dans la pub, présentée comme un objet sexuel, ces excès peuvent encore se comprendre. Plus tard, non. Faute d'avoir évolué avec son temps, Tapie, en voiture, ressemblera bientôt à un « beauf » de Cabu *.

* C'est à propos des voitures qu'il proférera quelques-uns de ses mensonges les plus éhontés. A Isabelle Musnik (*Tapie, les secrets de sa réussite*), Tapie affirme : « J'ai fait deux saisons de monoplace en Formule 3, une année de courses de côte. Je n'étais pas dans les meilleurs mais je me débrouillais. Il ne s'agissait là que d'un hobby, mais il m'apportait beaucoup de plaisir et aussi une satisfaction dont j'avais besoin. » En 1989, TF1 (*Avis de recherche*, 3 février) diffuse un petit film en noir et blanc montrant Tapie tout jeune, un casque à la main, dans un stand, à côté d'une Formule 3 que l'on a vue tourner auparavant sur un circuit. Tapie parle alors de Servoz-Gavin et de Pescarolo, pilotes Matra, et affirme : « Ils me mettaient deux secondes au tour. On changeait de bagnole, ils me remettaient deux secondes au tour. » Mais Tapie n'a jamais couru chez Matra, pas plus que dans aucune autre écurie de Formule 3. Il a tout simplement tourné un clip pour sa promotion en tant que chanteur, dans la voiture de Claude Vigereux (volant Shell 1965) qui s'est plus tard tué en moto. Il a fait un tour de circuit, moteur coupé : il était tiré par une autre voiture où avait pris place un cameraman !

Dans le magasin aussi, Tapie transgresse un peu trop la loi. Ce qui lui vaudra, toujours en 1965, une condamnation pour infraction sur l'affichage des prix. Rien de bien méchant. Mais c'est au moins un signe. Tapie explose et cherche par tous les moyens à sortir de son carcan. Il voit d'autres horizons. Il rêve toujours d'être un artiste. Il a vaguement tâté du théâtre et du cinéma, sous le nom de Bernard Pascal, mais ça n'a rien donné. Il veut devenir chanteur. En 1965, beaucoup de jeunes ont, comme lui, le sentiment diffus de rater les bons trains qui partent. La société reste verrouillée, alors qu'elle explose déjà dans le domaine artistique. Les Beatles ont fait des émules partout. La vague yé-yé déferle sur la France. Chaque semaine se découvrent de nouveaux talents, souvent éphémères. Un tube et on s'en va. D'autres, comme Johnny, occupent en quelques semaines le haut de l'affiche pour ne plus la quitter.

Dans son magasin, Bernard Tapie se sait plus doué que beaucoup de ces étoiles filantes dont les disques sont promus à *Salut les copains*, en fin d'après-midi sur Europe 1. Pourquoi ne serait-il pas de la fête? Après son service, il n'a jamais cessé d'écumer les bals de banlieue, le samedi soir. Il chante, à la demande, pour les danseurs. Dans la tradition plus que dans la nouveauté. Michelle l'accompagne. La jeune fille châtain au maintien strict est devenue blonde et s'habille de façon extravagante. Françoise Hardy s'est transformée en Sylvie Vartan. Mais elle semble paumée, malheureuse. Elle l'est. Déjà le couple se déchire. Bernard écrase Michelle de sa personnalité envahissante. Il lui semble qu'elle étouffe. Mais elle est incapable de lui opposer la moindre résistance. Ce désastre conjugal transparaît dans ses premières chansons : La première a pour titre : *Je ne crois plus aux filles.* La deuxième : *Le Retour.* Son refrain :

Lorsque ce soir je suis rentré
Toute ma vie s'est écroulée
Et là, j'ai vu la vérité
Avant d'entrer, j'aurais dû frapper...

Certes, mais Bernard Tapie n'a jamais été du genre qui frappe avant d'entrer. D'ailleurs, lorsque au printemps 1966 il passe enfin la porte de la maison de disques RCA, la directrice, Éliette de Rieux, est bluffée par son culot. Tapie se comporte comme en terrain conquis. Il a raison. Sa détermination fait mouche. On lui signe un contrat en vertu duquel lui, le fils de coco, chantera *Passeport pour le soleil*, version française de la *Ballad of Green Berets.* Il s'agit de la musique du film *Les Bérets verts*, réalisé à la gloire de la politique américaine au Viêt-nam et qui provoque alors de violentes polémiques... Bernard prendra le nom de Bernard Tapy, comme Richard Anthony (lui aussi spécialiste des adaptations de tubes américains). Et pour faire encore plus conquête de l'Ouest, on prononcera Ta-paille!

Bernard Tapy enregistrera trois disques entre mai et décembre 1966.

Pour les promouvoir, il passe à la télé, avec Jacqueline Joubert et Michèle Arnaud, alors stars du petit écran. Il y est à l'aise. Que n'a-t-on écrit sur cet épisode glorieux de la vie du héros ! Évoquant le « succès » de *Passeport pour le soleil*, Tapie lui-même ira jusqu'à affirmer : « On en a même vendu un million aux États-Unis. Mais après trois passages à la télé, j'en ai eu marre [2]. » Vite blasé, le bougre ! Neuf ans plus tôt, Tapie avait pourtant avancé une tout autre explication, genre chanteur engagé, victime du show-biz [3] : « J'étais dans une maison de disques qui voulait absolument me faire chanter des chansons auxquelles je ne croyais pas. En ce domaine, je ne voulais absolument pas transiger. » Terrible viol. En réalité, parmi les douze chansons enregistrées (sur trois disques), une seule n'est pas de lui ! Il s'agit justement de la mauvaise adaptation de *la Ballade des Bérets verts* que RCA est finalement parvenue à arracher à Louis Amade, le parolier de Gilbert Bécaud depuis longtemps hors de forme.

Assez de faux-semblants ! Aucun des trois 45 tours de Bernard Tapy ne connaîtra le moindre succès. *Passeport pour le soleil* n'a pas été vendu à un million d'exemplaires, ni même à cent mille, comme Tapie l'écrit dans *Gagner*. On en placera moins de dix mille. Le score des deux autres, dont Bernard Tapy est auteur-compositeur-interprète, sera pire encore. Aujourd'hui, les collectionneurs se les disputent, mais, à l'époque, personne n'en voulait. Bernard Tapy, au demeurant, n'y est pour rien. Il aurait pu percer. Il n'a pas froid aux yeux *. Il a un physique avantageux et ses chansons valent bien celles des autres. Qui ne se souvient, par exemple, de *Panne d'essence* où Franky Jordan dialoguait avec une ingénue au souffle de voix acidulé, qui laissait mal augurer de sa future carrière ? Pourtant Sylvie Vartan a tenu la distance. Pas Jordan. Sheila aligne tube sur tube. Comme Richard Anthony qui entendra longtemps *Siffler le train*. Alors que Bernard Lavilliers, au même moment, ne passe pas la rampe. Il devra attendre quinze ans pour que son talent

* Le texte, pour une large part écrit de sa main, qui figure sur la pochette de son premier disque est un morceau de bravoure. Le voici : « Bernard Tapy, vingt-deux ans, fils de Ménilmontant, est un personnage hors série. Enfant du peuple, il garde de ses origines une gouaille bien sympathique et le sourire plein de charme du titi parisien. Parti de peu, Bernard Tapy a monté une affaire industrielle qui marche très fort et possède le don particulier de réussir tout ce qu'il touche. Jeune, beau, sportif (il participe à des courses automobiles et a été international de handball), il plaît aux publics les plus divers. L'inspiration de Bernard Tapy est dans la tradition de la chanson française actuelle. Il rappelle Gilbert Bécaud car, comme lui, il a mûri longuement son talent sur les scènes de Paris et de province. Mais il se distingue par une personnalité très typée, un punch, une force expressive qui font toute sa valeur et toute son originalité. » Il y a dans ce texte au moins trois mensonges : Tapie n'a jamais été international de handball ; il n'a pas monté d'affaire industrielle et n'a pas 22, mais 23 ans. Que ne ferait-on pas pour la promotion ! Mais c'est la première fois que Tapie triche sur son âge, d'une seule année pour commencer.

soit reconnu. Bernard Tapy, lui, n'est qu'un chanteur qui déchante. Pour promouvoir son disque, il est venu se produire au Bourget. Il croit qu'au moins là, il trouvera son public. Au contraire, c'est un désastre. Il n'y a pas un chat, l'ambiance est lugubre. Il n'est pas applaudi et ne sera même pas payé. Au Bourget! Il a perdu la face devant quelques-uns de ses ex-copains du Café des Sports qui s'étaient tout de même déplacés. Il est furieux, parle de guet-apens. Michelle est toujours avec lui mais semble détachée. Loin.

Bernard Tapy s'accrochera six mois, puis renoncera, balayé par Jacques Dutronc *(Crac! Boom! Hue!)* et par les *Élucubrations* d'Antoine. Par la chanson, il avait espéré sortir de sa condition. Il lui faudra trouver autre chose. Il garde un goût amer de ses tournées dans les bals de banlieue et du contact avec le public qui, alors, le stresse! Mais la télé l'a fasciné. Il a côtoyé pour la première fois des vedettes, riches et adulées. Le retour entre les quatre murs de TV-Est lui sera insupportable.

Bernard Tapie n'admet pas ce revers comme il n'admettra pas les autres, plus tard. Déjà, son besoin narcissique de réussir ne s'accommode pas du moindre retour en arrière, voire de la moindre pause. C'est, pour lui, un signe de mort. Le jeune homme a enfourché un drôle de vélo : s'il s'arrête, il tombe. Il y a, affirme les psychanalystes, dans cette fuite en avant permanente, les signes d'une conduite d'échec. Celle d'un grand masochiste.

Le retour de Bernard Tapie entre les quatre murs de TV-Est se passe très mal. Il s'y rend le moins possible. La comptabilité n'est pas tenue. Un beau jour, le CETELEM, un organisme de crédit à la consommation, découvre des anomalies. Un grand nombre de dossiers établis dans ce magasin lui reviennent. Des clients ont reçu de l'argent pour acheter des télévisions mais ont disparu dans la nature. Il semble même que plusieurs d'entre eux n'aient jamais existé. Les dirigeants du CETELEM soupçonnent Bernard Tapie d'avoir fait preuve, pour le moins, de légèreté dans la constitution des dossiers. Mais le CETELEM ne portera pas plainte. A ce moment-là, le crédit à la consommation connaît un tel boom qu'il n'est pas question de perdre son temps dans les prétoires. La procédure, dans de telles circonstances, est toujours la même : on retire simplement son agrément au commerçant concerné et on le signale aux autres organismes de crédit concurrents... C'est très exactement ce qui arrive à TV-Est. C'est bien sûr un désastre puisque la majorité des clients achète à crédit. Pas de crédit, pas de vente. Tout ira alors très vite. Les incidents de paiement se multiplient. Les fournisseurs retiennent la marchandise. L'affaire périclite. TV-Est sera déclarée en règlement judiciaire le 20 avril 1967. Et Bernard Tapie sera obligé de revendre la société, en septembre 1968.

Entre-temps, le chanteur s'est découvert une nouvelle passion, qui le brûlera pendant dix ans : le jeu. Il joue au casino d'Enghien et dans les cercles parisiens. Il joue à la roulette, au black jack et surtout au poker. Il joue gros et il perd beaucoup. On dirait qu'il veut brûler ses vaisseaux. A plusieurs reprises, il évoquera ouvertement cette passion. « Les affaires, c'est comme au casino, dira-t-il un jour dans une interview. Vous jouez, vous avez un tas de plaques devant le nez, et puis si vous restez longtemps, pfuit ! tout disparaît. Moi, je veux partir avant, c'est tout simple [4]. »

La fréquentation assidue des cercles de jeu a tout de même un avantage, lorsqu'on est jeune et ambitieux : elle vous permet de rencontrer des personnalités de tous milieux. De se faire des relations. Autour d'une table de poker, chacun se jauge en effet, non sur l'origine sociale, mais sur le sang-froid, la puissance, le courage, la façon de transgresser certaines règles et d'en respecter d'autres. Comme au service militaire, d'une certaine manière, on est tout nu. Il se crée, dans cette ambiance tendue et excitante, des liens souvent très forts entre des personnes qui n'auraient jamais eu, sans cette passion commune, la moindre chance de se rencontrer. Dans les cercles parisiens, le flambeur rencontrera des hommes d'affaires importants, dont certains lui mettront le pied à l'étrier. Mais il côtoiera aussi des acteurs célèbres, des cinéastes connus, une belle brochette de juifs pieds-noirs, ainsi que la bande des *Yougo*, ces Yougoslaves qui défraieront la chronique au moment de l'affaire Markovic. C'est aussi là qu'il fait connaissance avec le Milieu et quelques-uns de ses plus grands caïds. Qui ont vu, bien avant tout le monde, dans ce jeune homme séduisant, une valeur montante. C'est aussi à cette époque, dans ce contexte, qu'il rencontrera l'inquiétant Paul Bénatar. Pendant longtemps Tapie ne lui refusera rien. Et l'autre, au bon moment, sera toujours là pour lui rendre service.

Bernard Tapie, pendant ces années-là, mène une double vie. D'un côté il flambe dans les casinos et multiplie les conquêtes féminines, tout en montant d'étranges affaires. De l'autre, il continue de vivre avec Michelle et Nathalie – sa « petite puce » – en sauvegardant les apparences d'un couple uni. En 1969, accompagné de sa femme et de sa fille, il rend même une visite surprise à Jean-René Martin dans sa charcuterie du Bourget, pour lui montrer la Ferrari Lusso qu'il vient d'acheter...

Il a de plus en plus de culot et de moins en moins de complexes. En témoigne cette anecdote : Michelle passe ses vacances à Morzine, dans une pension de famille avec Nathalie. Elle a dîné toute la semaine à la table d'un homme chic, aujourd'hui conseiller référendaire à la Cour des comptes. Tapie arrive le week-end, un peu agacé :

– Vous êtes très aimable, Monsieur, de vous être ainsi occupé de ma femme et de ma fille. Dînons ensemble.

La conversation s'oriente sur la musique car Tapie est chanteur, tandis que le futur conseiller est mélomane. Il lui parle d'Herbert von Karajan.

– Karajan? Qui c'est, celui-là? Je n'en ai jamais entendu parler!

Le monsieur chic est un peu gêné. Tapie, pas le moins du monde. Il se retourne et prend la salle à témoin :

– Quelqu'un, ici, connaît Karajan?

Une partie des clients plonge le nez dans son assiette tandis que l'autre fait les yeux ronds.

– Vous voyez, personne ne le connaît, ce Karajan, sauf vous!

CHAPITRE 6

Faillite...

« J'avais passé toute ma vie personnelle sans apercevoir un juge d'instruction. Ce qui n'est plus le cas depuis l'arrivée de la droite au pouvoir. »

RFO, le 14 mai 1994, après les plaintes déposées contre lui par l'administration fiscale à propos du *Phocéa*.

Mai 68. Les étudiants occupent la Sorbonne et manifestent par milliers chaque jour dans les rues. Ils montent des barricades, jettent des pavés sur les CRS. Jean-Paul Sartre retrouve une nouvelle jeunesse. Toute une génération se met à rêver d'une société libérée de ses carcans. Pas Bernard Tapie. Il a le même âge que les manifestants, mais ne se reconnaît pas le moins du monde dans leur révolte. Même longtemps après, il ne cherchera pas à donner le change : « Mai 1968 a contribué à foutre les valeurs en l'air, dira-t-il en 1986. Toute une génération est partie à la dérive, avec l'épouvante de l'inconnu et de l'avenir [1]. »

Comment aurait-il pu en être autrement? En mai 1968, Bernard Tapie est déjà marié depuis quatre ans et père de famille depuis trois. C'est un habitué des cercles de jeu où il rencontre des vedettes, des patrons ainsi que des personnages en costume rayé et chaussures bicolores. Encore imprégné de culture communiste, c'est en même temps un individualiste forcené. Il tient une boutique et vénère les voitures comme des objets sacrés. Daniel Cohn-Bendit, connais pas.

Sa logique est diamétralement opposée. Il ne comprend pas ces étudiants qui brûlent les voitures et lancent des pavés sur les vitrines. Ces jeunes bourgeois qui dénoncent la société de consommation, dont il a rêvé pendant des années et dont il entend bien profiter au maximum. Il se fait discret avec sa Ferrari Lusso rouge et ferme soigneusement les volets de sa boutique. Bernard Tapie a d'autres soucis. TV-Est a été déclarée en redressement judiciaire après de nombreux incidents de paiement. Lui-même vient d'être condamné pour émissions de chèques sans provision, mais il compte bien se refaire en montant de nouvelles affaires, beaucoup plus ambitieuses.

Tapie a fondé un an plus tôt deux associations à but non lucratif mais dont il espère bien qu'elles lui rapporteront de l'argent : le Cercle nº 1 et le Club Bleu. Elles sont toutes deux nées de sa réflexion concernant les changements de méthodes de distribution en France. Depuis le milieu des années soixante, les grandes surfaces envahissent la périphérie des villes. La France se couvre d'hypermarchés. Les ménagères poussent désormais leurs caddies en cherchant le meilleur rapport qualité-prix dans les usines à vendre. Sensible à cette évolution qui signe la mort du petit commerce, Tapie a l'idée d'offrir aux clients la possibilité de se fournir auprès de grands entrepôts, à un coût minimum. Ses deux associations de consommateurs sont à l'avant-garde de ce que deviendront plus tard des groupes comme Métro ou Cash and Carry. Jusque-là, les centrales d'achat étaient strictement réservées à des catégories bien particulières – commerçants, restaurateurs, membres d'associations. Il va donc créer un système où tous ceux qui le souhaitent peuvent venir s'abonner à l'un des clubs, en s'acquittant d'une somme forfaitaire de 40 F. L'idée est bonne. Tapie pense disposer de trésorerie (les cotisations sont payées d'avance) et compte gagner de l'argent grâce aux ristournes que lui consentiront les fournisseurs.

Rue Saint-Senoch à Paris, le Cercle nº 1, dont il se nomme secrétaire général, est spécialisé dans la vente de matériel d'équipement de l'habitat. Son président est un certain Alain Gambier qui possède plusieurs usines de meubles. Grâce au Cercle nº 1, Gambier peut écouler sans frais le surplus qu'il n'a pas pu vendre par les voies traditionnelles. Bernard Tapie, lui, récolte l'argent des abonnés et prend ses commissions. Un système, alors inusité en France, qui dérange les habitudes. En 1975, les revendeurs indépendants de meubles adresseront une sévère mise en garde à Alain Gambier par l'intermédiaire des Maîtres meubliers, le groupement qui les représente.

Rue Taitbout, toujours à Paris, le Club Bleu est une affaire de plus grande envergure, dont Tapie dira simplement qu'elle « a connu un certain succès [2] ». Fondé la même année, le Club Bleu fonctionne comme le Cercle nº 1, mais propose de l'équipement ménager. Au début, il se fournit auprès de plusieurs fabricants et revendeurs qui acceptent de faire du discount. La mayonnaise commence à monter. Mais Tapie ne touche que les cotisations des abonnés et des commissions. L'idée lui vient alors de créer son propre entrepôt, dans lequel les clients-adhérents iraient se servir. C'est lui qui fournirait les téléviseurs, les machines à laver et autres articles sur lesquels les Français se ruent alors sans retenue. Mais c'est une opération lourde, qui nécessite une mise de fonds importante. Or, même s'il mène grand train, Tapie n'a pas un sou vaillant. Tout ce qu'il gagne, il le joue.

Comme chaque fois qu'il se sent pris dans la nasse, c'est auprès d'un homme bien plus âgé que lui que Tapie va chercher les clés d'un nouvel avenir. Le père, toujours. Celui qu'il trouve, en cette année 1969, s'appelle Marcel Loichot. Il s'agit d'un personnage hors normes. Son intelligence est brillante, mais ses mécanismes de pensée échappent à la logique habituelle. C'est un financier respecté sur la place de Paris. Il est étrange, imprévisible. Sa personnalité est multiple. Fils d'instituteur, né en Algérie, ce polytechnicien, gaulliste de gauche, est devenu un conseiller discret mais écouté du Général. C'est lui qui a inventé l'une de ses grandes idées : l'association capital-travail. Membre du comité directeur de l'UNR-UDR (le parti gaulliste), il est l'un des meilleurs spécialistes des problèmes sociaux.

C'est aussi un véritable inventeur et un remarquable chef d'entreprise. En 1958, au moment même du retour aux affaires du général de Gaulle, avec le soutien de la Banque de Paris et des Pays-Bas (devenue Paribas), il a créé deux sociétés dont la réussite sera phénoménale : la SOFRES, aujourd'hui premier institut de sondage en France; et la société d'études et de mathématiques appliquées (SEMA), une de ces fameuses sociétés de services informatiques qui, à partir des années soixante-dix, permettront à la France de disposer d'une vraie supériorité sur les États-Unis (fournisseurs dominants de matériel) dans le domaine des logiciels.

Voilà pour le bon profil. Mais il y en a un autre. Marcel Loichot adore l'argent, autant pour ce qu'il apporte que pour le plaisir de rouler les autres et de leur montrer sa supériorité. C'est un joueur impénitent, qui aime le risque. Et qui adore monter les affaires les plus tordues, du moment qu'elles rapportent. Il est le prototype de ces hommes d'affaires qui profitent, à la fin des années soixante, du retard de la réglementation financière en France. A cette époque, le délit d'initié, cette information privilégiée que l'on récolte au hasard d'un déjeuner et que l'on utilise pour faire un bon coup de Bourse, n'est pas encore une infraction à la loi. C'est au contraire le signe d'une dextérité recherchée. On se refile les « bons tuyaux » entre amis, dans les cercles les plus huppés du monde des affaires parisien, mais aussi autour des tapis verts. Marcel Loichot est un ami de Jean Reyre, alors PDG de Paribas. Reyre est un expert en la matière. Pendant les années soixante et même un peu plus tard Paribas est réputée pour être la grande spécialiste du mélange des genres. Ses pratiques sont de celles qui, selon les critères d'aujourd'hui, vous conduiraient tout de suite en prison. De toutes les banques d'affaires françaises, Paribas est la plus sulfureuse. Spécialisée dans les grands délits d'initiés, dans le financement des hommes politiques, elle est aussi, à cette époque, la championne des transferts illicites de fonds à l'étranger, de l'arnaque des actionnaires minoritaires et de la confusion des intérêts de la banque avec ceux de ses administrateurs ou de ses dirigeants. Ceux-ci reçoivent même des rémunérations occultes, calculées en fonction des « coups » qu'ils permettent à la banque de réaliser. Sans compter les petites affaires qu'ils montent en parallèle, avec leur carnet d'adresses et leurs informations privilégiées. En cette fin des années soixante, Paribas n'a pas encore rompu avec le capitalisme tel qu'on le pratiquait au XIXe siècle.

Marcel Loichot évolue joyeusement au milieu de ces contradictions, qui lui ont permis de faire fortune, de devenir membre de l'establishment, tout en se forgeant une réputation d'homme de gauche. Mais cet homme intelligent est en même temps timide et renfermé. Il souffre d'un handicap, qui lui interdit toute carrière politique : il a du mal à s'exprimer. Aligner dix mots de suite est pour lui une épreuve insurmontable. Aussi est-il subjugué par le bagout, le culot et la force de Bernard Tapie. Celui-ci laisse entendre qu'il aurait connu Loichot alors qu'il travaillait à la SEMA. Mais Tapie n'a pas laissé la moindre trace dans cette entreprise, en tout cas comme salarié. Plus vraisemblablement, les deux hommes se seraient plutôt rencontrés dans des lieux plus discrets. Quoi qu'il en soit, le courant passe. Loichot est flatté par l'intérêt que Tapie lui porte, sur un plan personnel. Tapie lui rappelle sa jeunesse, l'époque où ses origines sociales ne lui avaient pas encore permis d'intégrer la haute société française. Loichot sent en Tapie cette intelligence instinctive, ce même goût du risque, ce même appât du gain. Ils feront affaire ensemble. C'est avec Marcel Loichot que Tapie apprendra les ficelles du métier. Comment ouvrir des comptes à l'étranger. Comment éviter les réglementations tatillonnes. Comment se cacher derrière des sociétés-écrans. Comment utiliser tous les effets de levier financiers qui permettent de devenir capitaliste sans capitaux. Comment marginaliser les actionnaires minoritaires. Comment... Pour Tapie, c'est une révélation. Il découvre que certains banquiers ayant pignon sur rue transgressent la loi à grande échelle sans jamais être inquiétés. Mais il apprendra plus tard, à ses dépens, qu'on n'entre pas si facilement dans le club des grands où ceux qui savent rester discrets, bénéficient d'une impunité absolue. Bernard Tapie affirmera plus tard que « Marcel Loichot contribuera beaucoup – à divers titres – à [sa] formation [3] ». C'est une litote.

C'est Tapie qui va donner à Loichot l'idée de racheter le « Grand Dépôt », un magasin de 900 m^2, situé rue Drouot, dans le neuvième arrondissement de Paris. « Pourquoi ne s'associerait-on pas? Ce serait formidable. » Avec enthousiasme et détermination, Tapie vend son projet à son mentor. C'est le seul homme qu'il connaisse, assez riche et assez fou pour lui apporter les fonds qui lui manquent. Loichot, lui, décide de jouer le coup.

Marché conclu. Marcel Loichot devient actionnaire majoritaire du « Grand Dépôt », mais n'apparaît nulle part. Il n'est même pas administrateur. Actionnaire très minoritaire, Tapie n'exerce pas non plus de fonction officielle, mais il est dirigeant de fait. Il ne perd pas de temps. Acheté aux Porcelaines de Limoges, le magasin est entièrement chamboulé. Les belles assiettes et les vases ciselés cèdent la place à un fatras de radios, de téléviseurs et de chaînes hi-fi. Le succès est au rendez-vous. Les clients se précipitent au « Grand Dépôt » et s'arrachent la marchandise. L'argent entre dans les caisses.

Ce succès, pourtant, sera de courte durée. Loichot remarque quelques bizarreries. Les rentrées d'argent ne lui semblent pas à la mesure du chiffre d'affaires réalisé. Pour exercer un contrôle plus strict, Loichot décide d'informatiser le « Grand Dépôt » qui, selon Tapie, fonctionnait beaucoup mieux à la bonne franquette. Il fait entrer des hommes à lui et met en place un contrôle de gestion. Les coûts de revient grimpent. Or, au même moment, Tapie commence à se désintéresser de son bébé. C'est son habitude. La gestion des affaires l'ennuie à périr. L'idée lancée, il pense à autre chose. Il pense à Dominique. Le jeune homme volage est tombé amoureux. Une passion folle : pendant plus d'un an, il ne mettra pratiquement pas le nez dehors.

Est-ce à cause de Marcel ou de Dominique ? Rapidement, en tout cas, le « Grand Dépôt » périclite. Tapie tente l'impossible pour garder la tête hors de l'eau. Mais Loichot a pris la décision d'arrêter les frais. Il sent l'affaire poisseuse. Mieux vaut, pense-t-il, prononcer tout de suite le dépôt de bilan. Le flambeur tentera en vain de s'y opposer. Le 16 novembre 1972, le « Grand Dépôt » est donc mis en règlement judiciaire. Fâcheux, mais Tapie ne s'en inquiète pas outre mesure.

Pourtant, cette procédure judiciaire – au départ classique – va déboucher sur sa mise en cause personnelle. Saisie par le tribunal, la brigade financière mène l'enquête. Elle conclut que Tapie, par des abus de biens sociaux, a contribué à la chute du « Grand Dépôt ». Les policiers se sont aperçus qu'il a demandé à des menuisiers de la société de lui fabriquer des meubles de cuisine. « En y regardant de plus près, les Sherlock Holmes de la brigade financière, au bout de six mois d'enquête et de soixante interrogatoires serrés de différents témoins, avaient découvert aussi que le gardien du Grand Dépôt était de temps en temps utilisé à faire du jardinage dans ma maison personnelle, écrit Tapie. Cela méritait bien une condamnation en première instance à trois mois de prison avec sursis et la déchéance intégrale de tous mes droits civiques et à l'interdiction à jamais de pouvoir diriger une entreprise [4] !! » Ces « détournements d'actifs » justifiant sa condamnation, Tapie les évalue à environ... 20 000 francs. Pourtant un de ses amis – le garagiste Pierre Landereau – se souvient que, pour régler une dette de 10 000 francs, il lui avait dit d'aller se servir en se recommandant de lui au « Grand Dépôt » en emportant deux télés et un réfrigérateur. Tapie serait-il passé, par-derrière, pour régulariser la situation ?

Condamné, déclaré en faillite personnelle, Bernard Tapie devient personnellement redevable des dettes de la société, pour 1,252 million de francs. Il fait immédiatement appel, espérant qu'entre-temps la vente du « Grand Dépôt » permettra de rembourser les créanciers et que le tribunal passera alors l'éponge. Car, pour lui, le passif de la société (1,2 million de francs) est nettement inférieur à son actif que Tapie évalue ainsi : « 1,2 million de francs de droit au bail payé dix-huit mois plus tôt, plus 500 000 de travaux de rénovation du magasin, sans compter 1 million de francs d'appareils neufs encore dans leurs cartons d'origine [5]. » Largement de quoi rembourser les créanciers et partir vers de nouvelles aventures...

Quelle désillusion! Bernard Tapie tombe des nues dans un monde qu'il ne connaît pas : celui des mandataires de justice. En vertu de la liquidation de biens prononcée le 5 janvier 1974 par le tribunal de commerce de Paris, les actifs du « Grand Dépôt » sont vendus à l'encan. Le résultat est catastrophique. A en croire Tapie, cette vente ne rapportera pas plus de... 300 000 F! 200 000 F pour le droit au bail et 100 000 F pour le stock. Tapie a le sentiment de s'être fait voler comme au coin du bois par ces mandataires de justice dont il découvre qu'ils se payent sur la bête. Il apprend à ses dépens leur surnom : les coyotes.

Tapie est coincé. Il n'a plus qu'un espoir : Marcel Loichot qui, sentant le vent tourner, est parti se mettre au vert dans sa propriété de Cannes. Dans cette affaire, il n'a perdu que sa mise initiale. Au volant de la Lamborghini Miura qu'il vient d'acheter à Pierre Landereau, Michelle à ses côtés, Bernard descend dans le Midi à tombeau ouvert. Six heures de route pendant lesquels il espère que Loichot, au nom de leur amitié, le sauvera du naufrage. Arrivé à Cannes, c'est le désastre. Loichot se montre compatissant mais inflexible. « Ma notoriété est acquise. Je suis chevalier de la Légion d'honneur. Je ne donnerai pas un centime [6] », lui aurait-il répondu. Super-Tapie se rend compte qu'il n'a jamais été autre chose qu'un porte-coton.

Le retour est un vrai cauchemar. Tapie craque. Pleure. Trépigne d'angoisse et de fureur. Loichot s'en tirera sans une égratignure. Alors que lui, s'il ne parvient pas à trouver le 1,25 million réclamé, restera en faillite personnelle. Il ne voit pas d'autre solution que de se rendre insolvable, de partir à l'étranger, de disparaître.

C'est une femme qui va lui sauver la mise. Une avocate. Éliette Lascar. Elle le met en garde. Il n'a que 25 ans. S'il ne sort pas de sa faillite personnelle, sa vie est foutue. Il faut se battre, faire feu de tout bois. Alors Tapie reprend espoir. Et, pendant des semaines, il va se démener pour éponger sa dette. D'abord, il va aller voir, un à un, chacun des créanciers du « Grand Dépôt » et obtenir d'eux une renégociation de leurs créances. C'est la seule façon, leur explique-t-il, de récupérer au moins une partie de leur dû. La plupart acceptent et accordent même des facilités de paiement. Mais il lui faut encore trouver du cash. « J'ai donc hypothéqué mon seul bien du moment, ma maison de Cormeilles-en-Parisis [7] », affirme-t-il. Étrange, alors que cette maison ne lui appartient pas : elle est en effet détenue par une société civile immobilière dont son frère Jean-Claude possède 70 % des parts. C'est auprès de ses amis les plus discrets que Bernard Tapie trouvera l'argent qui lui manque. Parmi eux, Paul Bénatar, ce personnage aux costumes trop voyants, qui lui aurait prêté 200 000 F pour l'aider à surmonter cette passe difficile. Tapie est sauvé. Le 2 mai 1977, le tribunal de commerce, en appel, prononce la clôture de la liquidation des biens, après extinction du passif. Bernard Tapie retrouve la plénitude de ses droits civiques. Il pourra à nouveau être président de société. Avec une pugnacité nouvelle. Son aversion pour les notables se trouve renforcée. Il a découvert le monde des mandataires de justice. Désormais, le coyote, ce sera lui. Et à grande échelle. La leçon de l'histoire, c'est lui qui la donne : « Si vous voulez vous offrir une faillite en toute impunité, attendez d'être notable et surtout qu'elle soit bien importante [8]. » Peut-être ne dirait-il plus cela dans les mêmes termes aujourd'hui...

CHAPITRE 7

Passion

« Ma femme Dominique, c'est une super-soupape, un euphorisant. »

Télé 7 Jours, mars 1985.

Bernard Tapie raconte volontiers le terrible sentiment d'injustice ressenti à la suite de la faillite du « Grand Dépôt », mais il n'explique guère les causes de cet échec. « Je préfère par pudeur ne pas décrire l'état dans lequel je me trouvais lorsque [Marcel Loichot] me déclara qu'il n'entendait plus financer les besoins en fonds propres justifiés par une croissance trop rapide de l'entreprise [1]. » On peut cependant deviner pourquoi Marcel Loichot a décidé de jeter le gant. Il a constaté des bizarreries dans la gestion du magasin; il s'est inquiété de voir son associé, gérant de fait, dépenser dans les salles de jeu plus d'argent qu'il n'en avait; et quand, en plus, il l'a vu partir dans la nature et disparaître des semaines entières...

Malheureux au jeu, heureux en amour. La vie sentimentale de Tapie a basculé en cette année 1969. Lui qui n'a jamais traîné dans les bureaux, le voilà qui s'attarde au Club Bleu, attiré comme un aimant par une jeune fille, la secrétaire du directeur commercial de l'association. Elle s'appelle Dominique Mialet-Damianos, du sang grec coule dans ses veines et elle est ravissante. Elle n'a pas 20 ans, de longs cheveux bruns, des yeux noisette, rieurs et malicieux. Elle est gaie, pleine d'entrain et d'énergie. C'est une petite-bourgeoise bien-comme-il-faut qui vit encore chez sa grand-mère, boulevard Pereire, à Paris. Elle a perdu son père à l'âge de 2 ans. Et sa mère qui n'a jamais travaillé s'est remariée avec un président de société. Toute sa jeunesse, elle l'a passée chez les bonnes sœurs. Elle est bien élevée, du genre un peu coincée. Mais ce n'est pas une oie blanche. Elle a un petit ami et n'oublie pas de rappeler à Bernard qu'elle est fiancée.

Celui-ci tourne autour, s'assoit sur son bureau, la regarde d'une façon un peu trop appuyée, s'attarde sur ses jambes :

– Pourquoi vous habillez-vous toujours aussi long?

Dominique rosit. Elle trouve « un peu trop intime » ce genre de question, posée par un patron à une secrétaire. Mais elle n'a pas pour habitude de garder sa langue dans sa poche :

– Et vous, pourquoi roulez-vous en Ferrari?

Bernard se marre. Lui qui rit, crie, plaisante, hurle parfois, qui mélange allègrement son travail et sa vie privée, fait pendant quelques semaines preuve vis-à-vis de Dominique d'une surprenante retenue. Elle est bluffée par son allant, même s'il est toujours un peu trop titi parisien à son goût. Ils ne sont pas du même milieu. Et pourtant, jour après jour, elle a de plus en plus de mal à se persuader que Bernard Tapie n'est pas du tout son style. Peu à peu, elle devient sa confidente. Il lui parle de son couple déchiré, mais aussi de ses conquêtes féminines, dont ils font joyeusement, ensemble, la longue comptabilité. Plus aucune question n'est trop intime...

Bernard joue sur deux tableaux, provoquant chez la jeune fille un sentiment mêlé d'admiration et de tendresse. Elle est époustouflée par cette belle gueule, cette boule d'énergie qui fonctionne à deux cents à l'heure. « Il avait l'air du jeune homme qui vient d'arriver. Il roulait en Ferrari. Plein de choses me déplaisaient en lui, mais beaucoup d'autres me plaisaient, racontera-t-elle un jour. Il disait des gros mots ! Je n'étais pas habituée à ça. J'étais du genre trop classique, (...) pas coincée mais quand même très petite-bourgeoise. (...) Chaque jour, vingt, trente personnes défilaient : des démarcheurs qu'il gonflait à bloc et envoyait le lendemain sillonner Paris. » Mais en même temps elle découvre en lui « une sensibilité que l'on a du mal à imaginer. C'est ça qui m'a fait craquer [2] ».

Elle craque. Ni l'un ni l'autre à cet instant, ne peut penser que leur liaison clandestine sera durable. Elle commence dans des conditions pour le moins délicates. La jeune secrétaire a plongé pour un homme, son patron, dont la femme légitime est sur le point d'accoucher. Le 8 août 1969, Michelle Tapie donne en effet naissance à un petit garçon, Stéphane. Depuis leur mariage, il y a cinq ans, les relations de Bernard et de Michelle sont passées par des hauts et des bas. A plusieurs reprises, le couple est tombé en ruine, comme c'est souvent le cas avec les amours de jeunesse, lorsqu'ils sont trop rapidement enfermés dans les convenances sociales. La fille du garde mobile était trop jeune et trop fragile pour se laisser emporter dans le tourbillon de Bernard Tapie sans y perdre son identité et son âme. Ils s'étaient mariés un mois après son retour du service militaire. Quelque temps plus tard, naissait Nathalie. Au début, ils avaient été heureux. Joli couple, beau bébé et belles voitures, joyeuse insouciance. Mais sans doute, Michelle aurait-elle aimé en rester là. Quand Bernard avait voulu être chanteur, elle avait fait des efforts, essayé de se mettre au diapason. Sans y arriver. Ensuite, le fossé n'a cessé de s'élargir. Et puis elle a cherché à se rassurer, à sa manière, quand son mari a commencé à sortir des nuits entières et à lui raconter des histoires auxquelles elle ne comprenait plus rien. Sa force l'avait rassurée, sa folie l'angoissait. Il n'a pas supporté qu'elle s'éloigne de lui. Disputes terribles, violence physique. Bernard Tapie dans ces moments-là, s'est révélé d'une jalousie effrayante.

Mais il y a eu aussi des hauts. Parce que Bernard, à plusieurs reprises, a essayé de redonner vie à son couple. Par amour peut-être, par orgueil sans doute, mais aussi par conformisme social et familial. « Dans ma famille, explique-t-il, le fait de ne plus aimer sa femme n'avait aucune espèce d'importance. Le petit bonheur personnel ne pèse qu'une goutte d'eau dans l'océan des responsabilités [3]. » Chez ces gens-là, on ne divorce pas. « Du côté de ma mère on remonte à six générations avant de trouver un divorce et du côté de mon père à sept [4] », expliquera-t-il même un jour se découvrant soudain spécialiste en arbres généalogiques... Pour les Tapie, la famille est ce qu'il y a de plus sacré. On peut avoir des relations de travail, des copains d'enfance ou de sport. Mais pas de vrais amis. En cas de coup dur, on ne peut compter que sur le cercle familial. Les parents, les enfants, mais aussi les frères, les oncles sont les vraies racines du clan. Plus tard, en juin 1994, lorsque la police viendra le chercher à 6 heures du matin à son domicile où il est seul, sa famille entière, femme, enfants, parents, frère arriveront par le premier avion. Il n'a compté, ce jour-là, que sur eux. Chez les Tapie, seuls les liens familiaux sont indestructibles. Quitter sa femme ou ses enfants, c'est laisser une part de soi-même sur le bord du chemin. C'est mourir un peu.

Bernard Tapie ne saurait s'y résoudre. Alors, tant bien que mal, il se débrouille dans les contradictions. Jaloux de sa femme, dont il voudrait qu'elle ressemble à sa mère, c'est en même temps un coureur, qui n'entend rendre de comptes à personne. Avec ses copains yougoslaves, il accumule les conquêtes féminines. Autre contradiction : bien que vivant, plus tard, avec Dominique, sous le même toit, Bernard gardera longtemps la fiction de son premier couple, en tout cas vis-à-vis de l'extérieur. Un grand patron du secteur de la communication se souvient ainsi d'avoir dîné avec lui et sa première femme, en 1977... Il est vrai qu'à cette époque, tout est peu à peu rentré dans l'ordre. Bernard a même installé Michelle près de Cormeilles-en-Parisis. Pourtant, la séparation a été douloureuse. Lettres et témoignages : c'est à l'époque le passage obligé, puisque le divorce par consentement mutuel n'existe pas. Le divorce est prononcé le 12 juin 1975, six ans après le début de la liaison de Bernard et de Dominique. Entre-temps, ceux-ci ont eu un fils : Laurent. Michelle obtient la garde de Nathalie et Stéphane, les deux premiers enfants de Bernard Tapie. Longtemps plus tard, cette période restera gravée comme l'une des plus douloureuses dans sa mémoire : « Un jour, en avion, j'ai dû me cacher sous ma couverture pour qu'on ne me voie pas pleurer en regardant *Kramer contre Kramer* [5]. »

Malgré la naissance de Stéphane, Bernard Tapie et Dominique, dès qu'ils se sont connus ne se sont plus jamais quittés. Dominique finira d'ailleurs par le reconnaître : « Au début, dira-t-elle un jour, nous avons eu une relation complètement clandestine [6]. » Elle se souvient de cette période avec émotion : « Quand je l'ai connu il était volage. Il vivait à fond. On a eu cette belle histoire ensemble, très passionnelle. Pendant un an, il a arrêté de travailler et moi aussi. On vivait vingt-quatre heures sur vingt-quatre sans se quitter, c'était l'amour fou. Rien ne comptait plus que nous. C'était délirant. Il faisait la cuisine parce que je ne savais pas cuisiner. On faisait absolument tout ensemble. On habitait un petit studio. Au milieu de cette tornade, il y avait des hauts et des bas. Il est arrivé qu'il attrape mes affaires et qu'il les jette par la fenêtre et que moi, je lui casse sa voiture [7]. » Dominique l'avoue volontiers : « On était jaloux, parce qu'on était trop possessifs, trop dépendants l'un de l'autre (...). Bernard avait quand même des phases de dépression parce qu'il était en train de se séparer de sa femme. Il ne voyait ses enfants que le week-end. Le petit Stéphane ne voulait pas quitter sa mère. Bernard en était malheureux [8]. »

Au tout début, Bernard et Dominique se rencontrent, en cachette, dans un hôtel près de la Bourse. Ils vivent une passion, physique, totale, qui les bouleverse. Et qui ne cessera jamais d'être tumultueuse. Ils s'aiment follement, se déchirent souvent. Mais toujours se réconcilient. Leurs relations sont entières, parfois très tendres, parfois très dures. Jamais indifférentes. Un jour, dans la maison de Cormeilles-en-Parisis où ils finiront par s'installer, un de leurs amis débarquera en pleine scène de ménage. Bernard, qui fait sauter des gambas pour une paella (sa spécialité), reproche violemment à Dominique sa conduite. Ils sont au paroxysme d'une de ces crises de jalousie dont il a le secret. Ils s'insultent copieusement. Soudain, hors d'elle, Dominique lui lance à la figure :

– Tu es aussi taré que ton pseudo-père !

Bernard a rugi, puis s'est précipité, sa fourchette en avant. L'ami s'est interposé. Bernard a hurlé :

– Tu montes dans ta chambre !

Puis il a entraîné son ami pour une partie de tennis. Il a tapé dans la balle avec une rage animale.

Une autre fois, alors que le couple à la Virginia Woolf a déménagé Villa Saïd, dans un renfoncement de l'avenue Foch, un autre de leurs amis verra, de ses yeux, Dominique attaquer par la face avant la Rolls de Bernard avec une petite Austin. Ces deux-là, nul n'en doute, ont du tempérament. Ils semblent faits l'un pour l'autre. Leur vigoureuse relation apparaîtra étonnamment durable et solide. Leur entente est parfaite. C'est Bernard Tapie lui-même qui le dit. L'interview est torride : « Dominique me satisfait sur tous les plans. Elle est la femme-femme que j'attendais. Celle qui s'occupe des enfants, sans s'aider d'une nourrice... Bref, bonne mère et jolie femme, Dominique est aussi ma maîtresse préférée. Il ne faut surtout pas se leurrer sur ce point. Les hommes infidèles recherchent à l'extérieur ce qu'ils ne trouvent pas à la maison. C'est très souvent une affaire de sexualité... Sans être pervers, un homme a besoin de quelqu'un qui réponde à ses envies [9]. » Dominique apporte, avec délicatesse, sa petite touche : « Heureusement, j'y réponds. Je suis responsable à 50 % de la réussite de Bernard. »

A la différence de Michelle, dont il n'a jamais pu être complice, Dominique devient peu à peu indispensable à Bernard. Elle devance ses pensées. Le pousse dans son ambition. Elle anticipe le moindre de ses gestes et ne manque jamais de lui donner son avis. Qu'il le sollicite ou non. Elle le conseille sur tout. Et lui qui n'a jamais écouté personne... suit la plupart de ses recommandations.

Très présente en privé, elle n'intervient pas en public. C'est une carpe. Souriante, elle écoute Bernard et le laisse parler. Elle a compris son besoin de toujours se mettre en avant, d'être reconnu comme le meilleur. Elle peut passer un repas entier sans ouvrir la bouche. Au point que ses hôtes en sont gênés. Leurs sorties sont rares. Jamais ils n'assistent à un cocktail, jamais ils n'acceptent un dîner à plus de six et à condition qu'il n'y ait pas d'invité surprise. Bernard et Dominique ont horreur des mondanités et n'aspirent qu'à se retrouver en tête à tête à la maison. C'est dans l'intimité de leurs soirées qu'ils se soutiennent, s'épaulent et se façonnent.

Elle a commencé par le faire changer de look. Elle avait horreur de sa manière de s'habiller. Le trouvait vulgaire avec ses pantalons mal coupés, ses chemises trop cintrées et ses vestes au revers démodé. Elle l'a pris par la main et l'a emmené dans les meilleures boutiques. Au début, elle lui choisissait tous ses vêtements. « Une des premières choses que j'ai souhaitées, c'était de lui donner un style différent. J'avais envie qu'il corresponde à mes manières [10]. »

Dominique, surtout, va pousser Bernard à se ranger un peu sur le plan professionnel, après le naufrage du « Grand Dépôt ». Serge Lier, directeur d'ASCO, une société de conseils, avait été roulé par Tapie à cette occasion. Mais au lieu de lui faire, comme d'autres, un procès, il l'engage comme consultant pour des missions de développement et de marketing. Pas fou : les capacités de vendeur de Tapie sont toujours aussi exceptionnelles. Avec lui, il se lance dans la création d'un club d'un nouveau genre : le Club Nature. Il forme un réseau de femmes qui seront chargées de vendre de l'avoine complète et du miel sans adjuvant... Retour aux sources dans cette période écolo où Tapie est, plus que jamais, préoccupé par sa forme physique. C'est encore un échec, mais sans conséquences financières pour lui. Notre « consultant » s'investit alors dans une activité en vogue à l'époque et tombée en déshérence depuis : la vente de semaines de vacances à différents clients à qui on peut placer ainsi le même appartement plusieurs fois. Tapie fait ainsi la promotion de la multipropriété sur les résidences hôtelières françaises

(RHF), pour la Banque coopérative du bâtiment et des travaux publics (BCBTP). « Sa méthode était infaillible, racontera Isabelle Musnik. Il arrivait dans un endroit, passait une annonce, louait une salle dans un grand hôtel local et embauchait 50 vendeurs. Il ratissait ainsi toute la ville et ne ratait pas une vente [11]. »

Mais Bernard Tapie n'aime pas être éloigné de Dominique plus de deux ou trois jours. Chaque soir, s'il le peut, il reprend le volant et avale les kilomètres pour rentrer chez lui. Quand il est vraiment trop tard, il lui téléphone longuement. Il lui raconte sa journée. Elle le conseille, elle le rassure, elle l'encourage parfois. Ce métier lui rapporte gros. Mais en même temps, il continue à « faire des affaires », toujours comme intermédiaire. Nulle part, en effet, il ne peut apparaître à visage découvert. Car – faut-il le rappeler? – il est alors sous le coup d'une faillite personnelle. Depuis 1967, sa signature a été écartée du réescompte à la Banque de France. Elle ne sera rétablie qu'en juillet 1977 ! Bernard Tapie et Dominique Mialet-Damianos vivent dans une totale illégalité. Non pas parce qu'ils ne sont pas mariés, mais parce que ni l'un ni l'autre ne paie le moindre impôt. Ils ne déclarent aucun revenu, n'ont ni carte bleue, ni carnet de chèques. Officiellement, ils ne possèdent rien.

Alors, forcément, il n'est pas toujours facile pour Bernard Tapie de toucher les commissions promises dans les affaires qu'il fait aboutir. Commissions non déclarées, versées à des prête-noms, en France ou à l'étranger? Tapie lui-même se plaindra d'avoir été privé de sa commission, en 1975, lors du rachat du Comptoir des Entrepreneurs – et du grand cru Château-Margaux – par la chaîne de magasins Félix Potin, propriété de la famille Mentzelopoulos. A cette occasion, pourtant, via Corinne Mentzelopoulos et son mari Hubert Leven, il fera la connaissance d'un certain Gustave Leven. Un homme d'affaires, qui présidera Perrier et s'illustrera, en 1988, dans l'affaire de la Société Générale. Son sens aigu de la voltige financière dépassera de loin celui d'un Marcel Loichot. La fortune de Gustave Leven, amassée au fil des ans, est pour une grande part abritée à Genève. Une ville où Bernard Tapie commence à se rendre de plus en plus régulièrement.

CHAPITRE 8

Atout cœur

« Ce qui ne m'empêche pas de considérer Cœur Assistance, aujourd'hui encore, comme l'idée dont je suis le plus fier, je crois que je n'en aurai jamais d'aussi bonne. »

Gagner.

L'ambulance roule à tombeau ouvert, toutes sirènes hurlantes, dans les rues de Paris. Une voiture la suit, conduite par le docteur Antoine Nabhan. A l'intérieur, Bernard Tapie est en larmes. La naissance de Laurent, le 20 octobre 1974, s'est déroulée dans le drame. A l'Hôpital américain de Neuilly, dans le confort douillet des nantis, Tapie était pourtant arrivé fou de joie. Après la douleur de la séparation d'avec Michelle, ce troisième enfant, c'était la première pierre de sa nouvelle famille ! Mais le nourrisson est malade. Il souffre d'un ictère prolongé, cette jaunisse du nouveau-né qui peut se révéler fatale. Le bébé est donc transféré de toute urgence à l'hôpital Tenon dans le vingtième arrondissement, dans un service de réanimation spécialisé. Tard dans la nuit, Tapie se rend au domicile de son ami, le docteur Nabhan. Tapie est effondré :

– Tout est foutu. Dominique ne s'en remettra pas et moi non plus. Ma vie est finie. J'ai tout raté. Je suis une merde. Je ne m'en sortirai jamais.

– Arrête tes conneries, Bernard. Ton gamin va s'en tirer. Tout va bien se passer.

– Non Tony, tu le sais bien. Je fais semblant, mais je suis nul. Avec Michelle, je n'ai fait que des conneries. Je vois à peine Nathalie et mon petit Stéphane. Et puis maintenant, Laurent...

– Reprends-toi, Bernard, je t'en prie.

– S'ils le sauvent, promets-le-moi, tu seras le parrain.

– D'accord.

Ils discuteront ainsi jusqu'à 4 heures du matin.

Une semaine plus tard le petit Laurent Tapie sort de réanimation.

Antoine Nabhan en sera bien le parrain. Et Tapie sera témoin au mariage de Nabhan. Pourtant, Tapie se brouillera avec son ami, comme avec pratiquement tous ses associés dont beaucoup ne se remettront jamais d'avoir été aussi brutalement séduits, utilisés puis abandonnés.

Entre Tapie et Nabhan, l'association devait être exemplaire. Les deux hommes avaient monté Cœur Assistance, une organisation originale qui aurait pu être une réussite, mais se révélera un désastre. L'idée est de ficher tous les cardiaques à risques, de leur faire régulièrement un électrocardiogramme et un check-up pour constituer un dossier médical. Les clients appelleraient un numéro de téléphone au moindre signal inquiétant. La rapidité d'intervention du médecin, assortie d'une identification immédiate de la maladie, devrait permettre de sauver des centaines de vies... Cette idée – que Tapie a toujours revendiquée – a germé, en fait, dans l'esprit d'Antoine Nabhan en une belle journée de l'été 1971. Il a 27 ans. Il est en vacances à Fréjus-plage. En fin d'après-midi, il trouve son père, âgé de 57 ans, allongé sur le canapé du salon, en nage. Fiévreux et oppressé : c'est un début d'infarctus. Rapidement, Antoine Nabhan prodigue au malade les premiers soins. S'il n'avait été là, son père serait mort.

Après un inventaire méticuleux de la structure d'intervention (nombre d'ambulances, lits nécessaires en réanimation, systèmes de contrôle), le jeune docteur s'apprête à envoyer son dossier tout ficelé au ministère des Affaires sociales. Mais, pour financer le projet, Nabhan a besoin d'un million de francs. Il fait le tour des fournisseurs et des financiers potentiels jusqu'au jour où un de ses malades l'appelle à son chevet. C'est un banquier, séduit par cette idée. « Je vais vous aider. Je vais demander à ma banque, la Banque coopérative du bâtiment et des travaux publics (BCBTP), si elle veut bien vous donner un coup de main. » Rendez-vous est pris en ce mois de novembre 1973 entre Antoine Nabhan, son malade et un « conseiller » de la BCBTP. Arrive alors un jeune homme fringant, costume trois-pièces, crinière de lion au vent, qui leur serre la main d'une poignée franche : c'est Bernard Tapie. Plus de deux heures durant, le jeune docteur expose son projet. Il décrit avec minutie les mécanismes de l'infarctus et la meilleure façon de le prévenir.

Tapie reste bouche bée. Totalement silencieux. La médecine l'obsède depuis longtemps. Depuis ce jour où un de ses oncles a succombé à une crise cardiaque, égaré, dit-on, dans les bras d'une sauvageonne bien plus jeune que lui. Tapie guette la moindre défaillance de son organisme. Il se repose. Dort huit heures chaque nuit. S'il est fatigué, il se fait faire un check-up. Et si, par hasard, il est pris d'un malaise, il convoque dans l'instant tout le corps médical à son chevet. Le week-end du 17 juin 1994, à Marseille, au lendemain de l'élection européenne, Bernard Tapie sera pris d'une douleur à la base du cou. Tout de suite, il y voit les symptômes d'un infarctus et imagine sa fin prochaine. Il appellera alors plusieurs médecins, et se fera faire des électrocardiogrammes. Un de ses amis en rigole encore : « Pour un peu, il aurait fait venir Robert Vigouroux * lui-même! » C'était, en fait une simple douleur psychosomatique...

A combien de fausses alertes s'est-il ainsi laissé prendre? Combien de fois s'est-il imaginé gravement malade, voire à l'article de la mort? Pour exorciser sans doute ses maladies imaginaires, il en étudie tous les symptômes et dévore les livres de médecine. La crise cardiaque, soudaine, brutale et inattendue est celle qu'il redoute le plus. Dans *Gagner*, il en décrit par le menu le processus et la thérapie qu'il faut lui appliquer. Les cardiologues en souriront longtemps...

Tapie est donc emballé quand Antoine Nabhan termine son exposé, en cette fin 1973 : « Votre projet, je le prends à 200 %. Personne d'autre ne s'en occupera. Topons là! » Nabhan est conquis, convaincu d'être tombé sur un missionnaire décidé à éradiquer de France le fléau de la crise cardiaque... Dès janvier 1974, Bernard Tapie invite son nouvel ami aux Ménuires. Ils sont installés au Crêt-Volant, une des résidences hôtelières que vend Tapie, qui se montre drôle, enjoué, chaleureux et attentionné. En parallèle, pour animer la station, Tapie assure la promotion de l'équipe de France de ski. Il tient le micro, ameute la population, fait durer le suspense. Dans ce rôle inattendu de maître de cérémonies et de commentateur sportif, il bluffe tout le monde. A commencer par son alter ego, Bob Beate, une vedette de la télé américaine, capable de débiter six cents mots à la minute!

L'été suivant, les deux compères remettent ça. Cette fois, c'est Antoine Nabhan qui invite Bernard Tapie à le rejoindre au mois d'août, à Fréjus-plage. Tapie descend en Lamborghini jaune. Dans la journée, il continue de vendre des résidences hôtelières. Mais en fin d'après-midi, les deux amis jouent ensemble au tennis. Ils sont de plus en plus proches, se font confiance et se livrent à des confidences. Tapie fait preuve, cette année-là, d'une vraie chaleur humaine et d'une incroyable rage de vivre. « Tu sais, Tony, dit-il un jour, quand on est comme moi, on se balade sur la crête. Si on tombe d'un côté, on peut devenir truand, escroc, ou héros, ou tout ça à la fois. Si on tombe de l'autre, on devient un martyr. Jamais je ne tomberai du côté des martyrs. »

Ensemble, ils vont connaître les déboires de jeunes francs-tireurs qui cherchent à se battre contre ce que l'establishment compte de plus organisé et de plus immuable : le Conseil de l'Ordre des médecins. Afin d'en savoir un peu plus sur Cœur Assistance qui bouleverse la rente de situation des cardiologues parisiens et pose effectivement toute une série de problèmes déontologiques, le Conseil convoque Antoine Nabhan. L'AUMP (Association pour les urgences médicales de Paris) a suscité un article défavorable sur Cœur Assistance dans *Le Monde*. Bernard Tapie est inquiet.

---

* Avant d'être maire de Marseille, Robert Vigouroux était un chirurgien réputé...

– Je t'accompagne, tu ne t'en sortiras pas tout seul.

– Mais, c'est moi qu'ils veulent voir. Tu n'as aucune compétence pour leur répondre.

– Ça fait rien. Je resterai derrière la porte.

Voilà donc le jeune Nabhan, la gorge sèche, qui se rend à la convocation d'un aréopage de dix-neuf personnes... Il y a là des représentants syndicaux et quelques membres du Conseil de l'Ordre.

– Comment, vous, médecin, osez-vous demander de l'argent aux malades ?

– En dessous de 5 000 francs par mois de revenus, on ne leur fait rien payer. C'est gratuit.

– La médecine ne peut pas être gratuite. Et elle ne peut pas se payer d'avance. C'est anti-confraternel. Vous rendez-vous compte ? Tous les cardiaques vont plonger à pieds joints dans Cœur Assistance. Et nous, on va perdre des malades...

Antoine Nabhan s'attendait à une telle réaction de caste. Mais pas aussi directe. On était en train de lui expliquer que son idée était bonne pour les cardiaques, mais dangereuse pour les médecins ! Nabhan n'est pas un orateur. Il est acculé. Il demande à faire entrer Tapie.

– Mais, il n'est pas médecin !

Non seulement Tapie n'est pas médecin, mais de plus, il n'apparaît pas officiellement dans Cœur Assistance. Tout est au nom de Dominique...

– Oui, mais il est derrière la porte et brûle de faire valoir son avis.

Tapie est autorisé à entrer.

Pendant une bonne heure, il démontre, il explique, parle de 5 000 adhérents, de 100 ingénieurs-conseils qui ont étudié le projet sous tous ses aspects. Trouve les arguments qui portent. Non, les médecins n'en souffriront pas. Au contraire. Ils ont tout à gagner à ce que se développe en France une nouvelle organisation des urgences, ciblée pour les maladies cardio-vasculaires.

Miracle ! On décide de se revoir. « Ce n'est pas la peine que tu viennes, dit Tapie à Nabhan. J'en fais mon affaire. » Il y aura d'autres rencontres. Un beau jour, Tapie arrive triomphant, une lettre à la main :

– Regarde, Tony : contre le versement d'un million et demi de francs pour leurs bonnes œuvres – tu vois ce que je veux dire –, ils s'engagent à pousser le dossier auprès de Simone Veil... T'as vu tes copains ? Joli monde !

Antoine n'en revient pas. Mais il s'affole :

– Bernard, tu es fou. Qui va payer ce million et demi ? On n'a pas le premier sou. Avec nos 300 000 mailings, on a tout dépensé.

– Ne t'inquiète pas. On ne leur paiera pas un centime. Avec cette lettre, on les tient. Ils sont coincés. Ils vont nous manger dans la main !

Et c'est exactement ce qui se passera, du moins dans un premier temps. Le dossier est transmis, les autorisations accordées. Tapie et Nabhan ne se doutent pas encore qu'ils ont remporté une victoire à la Pyrrhus. L'establishment médical n'aura de cesse de détruire Cœur Assistance, comme il essayera longtemps de le faire avec SOS-Médecins. La tâche, il est vrai, lui sera facilitée par la fragilité de Tapie et de son montage.

Tapie est encore sous le coup d'une procédure pour faillite frauduleuse après l'effondrement du « Grand Dépôt ». C'est donc en utilisant des prête-noms que sont montées deux sociétés : Cœur Assistance et Cœur Assistance Distribution dont les fondements sont jetés au mois de mars 1975. Le président est une potiche. Les actions de Tapie sont au nom de Dominique Mialet-Damianos. Pour compléter le tour de table, il trouve un pigeon : Sydney Bogobza, étrange homme d'affaires, exégète talmudique qui signera plus tard un pamphlet économico-politico-philosophique, sous le nom de Sydney Nata et financera *l'Idiot international*, le journal de Jean-Edern Hallier, dans son combat contre Tapie. La clinique Ambroise-Paré de Neuilly accepte d'héberger l'organisation lorsqu'elle sera opérationnelle. Désormais, il s'agit d'attirer des cardiologues acceptant de travailler pour Cœur Assistance, prêts à intervenir en urgence absolue. Bernard Tapie s'en charge. Proche de Claude Lelouch, il lui demande de lui prêter le « Club 13 », une salle de cinéma privée, à deux pas de l'Étoile. Les pontes de la médecine cardiaque de l'époque sont invités à assister à la projection d'un film de Claude Chabrol. Avant la séance, Tapie fait son numéro. Il présente Cœur Assistance comme un projet fabuleux qui va faire faire un bond de géant à la médecine. Il en décrit l'organisation dans le moindre détail et, comme à son accoutumée, il bluffe... « L'économie du système est simple : on demande un forfait de 800 F à chaque malade. Plus 980 F par an pour un bilan complet. Une centaine d'ingénieurs-conseils ont travaillé pendant des mois pour en étudier la faisabilité. Toutes les éventualités ont été listées. Rien n'a été laissé à l'improvisation. »

Sitôt le numéro terminé, Nabhan, furieux, prend Tapie à part :

– Tu es fou. Tu ne leur as raconté que des bobards! De quoi va-t-on avoir l'air?

– Arrête... Si j'avais dit à tous ces barbots que c'était toi, un blanc-bec de 28 ans, qui as eu, tout seul, cette idée, on était fusillés.

Antoine Nabhan commence à se demander dans quelle galère il s'est embarqué. Mais peut-être Tapie a-t-il finalement raison? Son inquiétude se confirme pourtant dès le mois suivant. Tapie a organisé en grande pompe une conférence de presse boulevard la Tour-Maubourg, à la Domus Medica, le siège du Conseil de l'Ordre des médecins à Paris. La veille, il avait réussi à faire passer un sujet, sur la première chaîne. Et là, au premier rang, se trouve assis Pierre Accoce, un journaliste de *l'Express* qui a prévu de consacrer un long papier à Cœur Assistance.

Derrière lui, le professeur Cara, le précurseur en France de la médecine d'urgence. Dans la cour, une moto et une Renault 5 sont censées être un échantillon de la flotte spécialisée prête à bondir au premier appel. En réalité, il n'y a pas d'autres véhicules et leur matériel médical est prêté. Il n'a même pas été branché !

Tapie affronte seul tous ces médecins costumés et cravatés qu'il sent pour le moins réservés et dont il n'apprécie guère la suffisance. Mais il est en même temps impressionné par la somme de connaissance accumulée dans cette salle, lui qui s'est fait sur le tas en feuilletant quelques livres de vulgarisation. Il en rajoute une louche : « Nous avons déjà 5 000 abonnés et avons passé un accord avec une grande compagnie d'assurances. »

Antoine Nabhan, assis dans la salle, a les mains moites. Il sait pertinemment qu'il n'y a pas un mot de vrai dans ce que dit Tapie. Cœur Assistance n'est pour l'instant qu'un ramassis d'idées couchées sur quelques feuilles de papier. Et pourtant, les chèques des cardiaques arrivent tous les matins au courrier. Si l'un d'eux a un infarctus, c'est le drame. Tout d'un coup, il prend conscience qu'il est en train de jouer sa carrière. Lui-même est directeur médical et à ce titre responsable des relations avec le Conseil de l'Ordre. Si ça continue, il va se faire radier...

– On n'a pas le droit de faire ça ! J'appelle Pierre Accoce. Je lui lâche le morceau. Je vais lui raconter que tu dis n'importe quoi.

Tapie s'énerve.

– Ne fais surtout pas ça, Tony. Tu me laisses gérer le commercial. Sinon, on va se fâcher.

Mais Antoine ne cède pas.

– Tu n'as pas le droit d'encaisser tous ces chèques ! Rien n'est encore en place. Tu trompes les malades !

– T'inquiète pas, on va leur envoyer une lettre circulaire et leur expliquer qu'on commencera à intervenir à une date ultérieure.

– Mais on n'a pas le droit de prendre l'argent, alors qu'on est incapable de les soigner. D'ailleurs, je te signale que j'ai déjà renvoyé un chèque, en écrivant qu'on n'était pas prêt. J'ai demandé qu'on prévienne tous les clients. Tu ne peux pas les berner ainsi.

– Je t'interdis de faire ça. Tu n'as rien à dire. Le patron, ici, c'est moi !

Fou de rage, Tapie saute par-dessus le bureau. Il attrape par le col la chemise de Nabhan qui se lève et prend à son tour Tapie au col. Nabhan mesure un mètre quatre-vingt-cinq, il est sportif lui aussi. Tapie a toujours su évaluer les rapports de forces physiques. C'est l'école de la rue. On menace pour se faire respecter, mais si on peut éviter de se battre... Le joueur se calme brutalement et repasse de l'autre côté du bureau. Sa voix est douce et apaisée :

– Il faut que tu comprennes, Tony, ce que c'est que le marketing.

– Bernard, il faut que tu comprennes ce que c'est que la médecine.

En cette fin de printemps 1975, la rupture n'est pas loin d'être consommée entre Bernard Tapie et Antoine Nabhan. L'affrontement dépasse celui, normal, entre un commerçant qui cherche à faire entrer de l'argent dans les caisses, et le médecin qui mesure les dangers de susciter de faux espoirs. Tapie a poussé le bouchon vraiment trop loin. Pour tenter de calmer le jeu, il fait quelques concessions de façade. Les médecins sont convoqués. Un tableau de garde est établi. Mais, derrière le dos de Nabhan, Tapie prend contact avec Marcel Lascar, le fondateur de SOS-Médecins qu'il a connu grâce à sa femme, Éliette, l'avocate qui l'a conseillé dans l'affaire du « Grand Dépôt » : en cas d'urgence, les médecins de SOS-Médecins remplaceront ceux de Cœur Assistance ! Au même moment, Bernard cède ses actions à Sydney Bogobza, en encaissant au passage une belle plus-value.

Sorti de Cœur Assistance, muni de son accord avec Marcel Lascar, Bernard Tapie refuse de signer, la semaine suivante, les contrats avec les médecins. Il les juge trop chers ! Nabhan comprend que tout ça risque de tourner au vinaigre : 100 clients sont déjà abonnés à Cœur Assistance. Il décide de mettre Tapie au pied du mur. Celui-ci le prend de haut :

– Si t'es pas content, tu pars !

– Je suis actionnaire. Je vais demander la convocation de l'assemblée générale.

– J'en ai rien à foutre. C'est moi le patron.

On est au mois de juin 1975. Tapie s'apprête à sacrifier sur l'autel de ses sulfureuses affaires son fidèle compagnon, le parrain de son fils, celui à qui, au cours d'une nuit d'angoisse, il a dit l'indicible ! Nabhan lui écrit alors une lettre de neuf pages dans laquelle il le prévient que si, à son retour de vacances le 9 août, la structure d'intervention de Cœur Assistance ne s'est pas mise en place, il se retournera contre lui. Tapie n'en a cure. Le 3 septembre, Nabhan poste une lettre recommandée. Et quitte la société.

Cœur Assistance fonctionne encore, mais a besoin de fonds. En novembre 1975, elle convoque une assemblée générale extraordinaire. Parmi les nouveaux actionnaires potentiels, un simili-promoteur immobilier, plus extravagant encore que Sydney Bogobza. Il a un accent pied-noir prononcé. Il a des airs de parrain. C'est Paul Bénatar. Mais Bénatar n'aura pas le temps de sauver, une nouvelle fois, la mise à son ami Tapie. Car à partir du mois de décembre 1975, l'entreprise fait eau de toutes parts. Les médecins ont, l'un après l'autre, rendu leur tablier. Il a fallu parer au plus pressé. En cas d'urgence, la consigne est de prévenir une clinique affiliée. Le drame se noue en janvier 1976. Coup de fil d'une jeune femme angoissée, dans le seizième arrondissement. Son compagnon a eu une crise. Elle a trouvé la carte de Cœur Assistance dans son portefeuille. Une voiture est immédiatement dépêchée, avec du matériel. Le malade est nu dans la salle de bains. La femme, à ses côtés, s'affole :

– Qu'attendez-vous ? Branchez le défibrillateur.

– Je ne peux pas. Je ne suis pas médecin. Il va venir.

Il est venu, mais vingt minutes plus tard. Le malade était mort. Les radios sont prévenues. Tapie, pourtant, évitera le pire. A un journaliste d'Europe 1 qui le joint à l'Alpe-d'Huez où il est en vacances en famille, Tapie dément catégoriquement toute l'histoire. Et noie le poisson à sa manière : brillante.

Plus tard, il dira qu'il n'y a jamais eu de plainte de malade déposée contre Cœur Assistance. C'est exact. Car Jacques P., décédé dans sa salle de bains, était en instance de divorce. Ni sa femme ni sa maîtresse n'ont souhaité remuer la boue. Tapie ne s'en tirera pourtant pas indemne. Au bout d'une seule année d'exercice, Cœur Assistance a déjà perdu 530 000 F. Deux ans plus tard, elle sera contrainte de déposer son bilan. Et Bernard Tapie sera inculpé, ainsi que dix autres personnes, après cinq années d'une procédure conduite par Bernard Peyrat, juge d'instruction à Paris pour « publicité mensongère et infraction à la loi sur les sociétés ». C'est le seul chef d'inculpation que le juge a pu trouver au terme de cette longue enquête... Sur une publicité de Cœur Assistance dans *l'Express*, il y avait davantage de voitures d'intervention que la société n'en possédait.

Mais Tapie sait qu'il risque gros. A la veille de son passage en correctionnelle, en 1981, il téléphone à Nabhan – préalablement contacté par Dominique. Le médecin est appelé à la barre et Tapie se méfie de son témoignage. Peut-être s'en méfie-t-il d'autant plus qu'il s'est passé, entre-temps, quelque chose de terrible. Un an après leur séparation, Grégory, le fils d'Antoine Nabhan, s'étouffe en avalant son biberon. Le lait est passé dans les poumons. La nurse a paré au plus pressé. Mais l'enfant a besoin d'être ventilé. Nabhan téléphone à la clinique de Passy, à quelques mètres de chez lui, où a été transféré Cœur Assistance, que dirige toujours Bernard Tapie. Nabhan sait qu'ils ont sous la main le matériel nécessaire. Au bout du fil, un médecin lui demande de patienter quelques instants. Il lui faut un feu vert. Puis il le rappelle, l'air gêné :

– Désolé, il n'est pas question qu'on se déplace.

Nabhan appelle alors le SAMU qui arrivera quelques minutes plus tard et emmènera Grégory à l'hôpital Necker. Son fils est sauf. Il n'aura pas de séquelles. Mais, en ramenant Grégory à la maison, Nabhan a des envies de meurtre. Il est alors convaincu que Tapie a refusé son aide lorsqu'il s'est agi de sauver Grégory. Pour un simple différend professionnel ! Plus tard cependant, le doute s'instillera dans l'esprit du médecin. Tapie a beaucoup de défauts, mais tout de même... Et si le médecin de garde avait pris lui-même la décision de ne pas intervenir ?

En tout cas, Tapie semble presque enjoué lorsqu'il appelle Nabhan, qu'il n'a pas vu depuis cinq ans.

– Salut Tony, c'est Bernard !

– ...

– Il faut qu'on se voie, c'est important.

– ...

– L'eau a coulé sous les ponts, Tony. C'est un vrai complot. C'est à cause de Giscard et des diamants de Bokassa. Je suis au courant de trop de trucs.

– Écoute, Bernard, je veux bien te voir, mais ne me gonfle pas avec tes histoires de Giscard et de diamants.

Le déjeuner a lieu au Lord Byron, à Paris. Comme d'habitude, Tapie n'a pas un sou sur lui. Nabhan devra payer la note.

– Écoute, tu sais qu'il n'y a pas de délit. Ces histoires de publicité mensongère, c'est de la foutaise. Quand la gendarmerie recrute, elle montre bien un gendarme sur un fond de ciel bleu. Dis, Tony, le ciel, il est toujours bleu en France?

A la suite d'un déjeuner, au cours duquel Tapie lui jure qu'il n'a jamais entendu parler de l'accident de Grégory, les deux anciens complices décident d'en rester au statu quo. Ni l'un ni l'autre ne feront état de leurs dissensions devant le tribunal. Aussi, Nabhan tombe-t-il de haut lorsque l'avocat de Tapie le charge durement à l'audience. Ulcéré, le médecin se constituera immédiatement partie civile. Le procureur requiert treize mois de prison ferme. Tapie récolte douze mois avec sursis. Et fait immédiatement appel.

Mais on est au mois de juillet 1981 et François Mitterrand vient d'être élu président de la République. Il prononce une amnistie pour tous les délits encourant une peine inférieure à treize mois de prison avec sursis. Le cas de Bernard Tapie entre dans ce cadre. L'amnistie prononcée, Tapie renonce à son appel avant même d'avoir eu le temps de le déposer. De l'affaire Cœur Assistance, ne resteront plus que quelques articles dans les journaux, un mort dans une salle de bains et, pour Tapie, une casserole et une déchirure de plus.

CHAPITRE 9

Le réveil du fisc

« Ma passion du jeu, je l'ai donc mise tout entière dans mes affaires. »

A Isabelle Musnik, *les Secrets de sa réussite.*

En cette matinée ensoleillée du printemps 1977, Bernard Tapie roule, décontracté, au volant de sa Lamborghini jaune. Tout va bien pour lui. Il vit avec une jolie femme avec laquelle il n'a pas le temps de s'ennuyer. La naissance difficile de Laurent, il y a bientôt trois ans, a soudé leur couple. Et puis Nathalie et Stéphane habitent maintenant plus souvent sous son toit. Les relations avec Michelle se sont apaisées. Dominique y a mis du sien. Il a pris une décision importante, cédant aux demandes insistantes de sa compagne, traumatisée par l'histoire de son grand-père, ruiné au jeu : il a déposé une demande d'exclusion volontaire des salles de jeu. L'entrée de tous les casinos de France lui est désormais interdite. Il ne lui restera que les parties de poker entre amis...

Il avait hésité de longues années avant de se résoudre à une telle extrémité. Au casino d'Enghien, Bernard Tapie jouait toutes les nuits. Pour tenir le coup, il prenait un somnifère à 10 heures du soir, dormait trois heures, puis à 1 heure du matin, rasé et pomponné, s'asseyait aux tables. Une fois, il avait gagné un million de centimes en une seule soirée. Dominique avait pris l'argent et l'avait enfermé dans un coffre. Tous les soirs, pendant six mois, Tapie flambe et... gagne. Un jour, à Monte-Carlo, au black jack, le flambeur a même ramassé 50 millions de centimes!

Tapie se dirige vers la caisse. Le directeur l'aborde, obséquieux, du genre avec-un-tel-gain-vous-devriez-miser-encore-vous-avez-la-chance-avec-vous... Mais le joueur n'est pas du genre à se laisser influencer par un directeur de casino. Il partira avec ses 500 000 F en poche.

Revenu à Enghien, le jeune homme continuera à flamber. Mais cette fois, il va perdre. Pendant six mois, sans rémission. Des fortunes. Un soir plus lugubre que les autres, il se retrouve à une table du « Cercle », un club proche de l'Étoile à Paris, assis en face d'un vieux croupier, sage de sa longue expérience :

– Monsieur Tapie, regardez bien tous ces gens. Si vous continuez comme ça, dans dix ans, vous serez comme eux.

A l'orée du jour, Tapie était rentré chez lui, poisseux et dégrisé. Il avait pris sa décision : plus jamais il n'irait perdre ses nuits dans les casinos. Depuis, il ne joue plus qu'une fois par an, dans des parties privées, à Monte-Carlo.

Comblé, assagi, Bernard Tapie est bien loin du Bourget. Il vit dans l'opulence. Même si, officiellement, il ne possède rien, il ne lui manque aucun des attributs de la richesse. Dominique roule en Porsche. Ils ont des domestiques et résident à Cormeilles-en-Parisis, dans une maison style manoir normand, avec piscine et tennis, qui appartenait à Georges Cziffra, un pianiste d'origine hongroise, interprète inspiré de Franz Liszt.

Mais Tapie, surtout, entrevoit la fin d'un tunnel de dix ans pendant lesquels il n'a pu faire des affaires et gagner de l'argent que dans l'illégalité. Quelques jours plus tôt, le 2 mai, constatant que tous les créanciers avaient été remboursés, le tribunal de commerce de Paris a clos la liquidation de biens du « Grand Dépôt », « après comblement du passif ». Le jeune entrepreneur a payé. Il va retrouver la plénitude de ses droits civiques. Enfin, il lui sera possible d'acquérir des entreprises et de les diriger à visage découvert !

Tapie va ainsi pouvoir passer par pertes et profits sa succession de dépôts de bilan, de faillites et de condamnations. Il va pouvoir ouvrir des comptes bancaires en France, payer par chèque ou par carte de crédit. Repartir de zéro. Et faire rapidement fortune. Tout redevient possible. Il a différentes hypothèses en tête. Il pense notamment à un petit casino, à Luc-sur-Mer, qui pourrait se révéler une affaire très juteuse, à condition d'être prise en main par des gens comme lui, qui connaissent le milieu du jeu. Et qui ont aussi leurs petites entrées dans le Milieu, le vrai. Ce casino a fait l'objet d'une fermeture administrative et la commune cherche un repreneur. La mairie a fait paraître une petite annonce. Tapie a été alerté par ses propres informateurs. Il s'est fait interdire l'entrée des casinos, mais rien ne l'empêchera, pense-t-il, d'en exploiter un. S'il se débrouille bien...

Soudain, un gendarme, surgi de nulle part, lui fait signe d'arrêter sa Lamborghini sur le bord de la route.

– Vos papiers, s'il vous plaît.

– Mais... je n'ai pas commis d'infraction.

– Vos papiers.

Ces flics, il ne s'y fera jamais. Il sort ses papiers de la boîte à gants.

– Votre vignette ?

La tuile ! Il n'en a pas. Tapie est comme ça : il ne paie jamais rien – surtout pas à l'État – avant d'y être contraint. Il va donc devoir régler deux fois le prix de sa vignette – soit 12 000 F ! Agaçant, mais bon... Au moment où il reprend la route, il n'imagine pas une seconde que ce contrôle inopiné va lui coûter, pour commencer, plus d'un million de francs. Ce défaut de vignette sera un grain de sable dans son système bien huilé. Car l'infraction est de nature fiscale. Or, jusque-là, Tapie est inconnu du fisc : il ne fait, tout simplement, pas de déclaration d'impôts ! A sa décharge, si l'on peut dire, il n'avait alors aucun revenu régulier officiel. Aurait-il toujours été payé au noir ou à l'étranger ? Les inspecteurs du fisc, à qui le procès-verbal a été transmis, relèvent « les incohérences ressortant des déclarations faites par l'intéressé ». La brigade locale entreprend donc une enquête complémentaire qui se conclut par « l'opportunité d'engager une vérification ».

Celle-ci ne sera pas facile. D'abord parce que Tapie fait le mort lorsqu'il reçoit à son domicile, le 7 juin 1977, son premier avis de vérification approfondie de sa situation fiscale, la fameuse « VASFE » qui terrifie tant les contribuables fortunés. Il refuse ensuite d'aller retirer les lettres recommandées. Il ne répond à aucune des démarches du fisc qui lui demande la source de ses revenus et quelle est sa situation patrimoniale. Il cherche à gagner du temps. Ce qui, bien sûr, n'empêche pas le lancement de l'enquête fiscale. Portant sur les années 1973 à 1976 (la prescription joue pour les années précédentes) elle conclura que « M. Tapie Bernard avait organisé son invisibilité fiscale et par cela même son insolvabilité en recourant à l'utilisation de prête-noms ou de sociétés-écrans ». Ceci, ajoute l'administration, « bien antérieurement à la période vérifiée ». Le fisc, de ce fait, transmettra à la justice une proposition « d'engagement de poursuites correctionnelles » exactement comme elle le fera par la suite, à plusieurs reprises, jusqu'en juin 1994.

Bernard Tapie n'ira même pas retirer la notification officielle de redressement qui lui sera adressée, le 28 juin 1978, au titre des années 1974 à 1976. Et pourtant, il a de la chance.

L'administration fiscale n'est pas bien méchante avec lui. Elle évaluera ses revenus à 252 000 F en 1973, à 238 700 F en 1974 et à 272 200 F en 1975 et 1976. Elle fait même preuve, à son égard, d'une grande mansuétude : Bernard Tapie, en effet, avouera lui-même « avoir gagné plus de deux millions de francs d'honoraires en 1976 [1] ! ». Sept fois plus que l'évaluation du fisc... Le montant des impôts réclamés s'élève donc à 396 823 F, à quoi s'ajoutent 616 463 F demandés à Dominique Mialet-Damianos résultant, selon le fisc « de l'imposition de crédits représentant, selon toute vraisemblance, des revenus réalisés en fait par M. Tapie ».

Tapie ne se réveillera que le 13 septembre 1978, et encore passe-t-il par l'intermédiaire d'un « conseil en relations publiques », pour entamer une négociation. Il utilisera alors tous les moyens pour ne pas payer au fisc cet arriéré d'impôt. Le 27 octobre 1982, alors que la gauche est au pouvoir, il écrira même une lettre au directeur de cabinet d'Henri Emmanuelli, secrétaire d'État au Budget, qui lui a demandé de lui « résumer les éléments du litige ». Dans cette lettre, celui qui est devenu le patron du Groupe Bernard Tapie se fait tout petit : « Je ne saurais trop insister pour vous dire à quel point je suis affecté par cette situation, alors que pour moi ce contrôle devait tout naturellement éclaircir mon horizon et me permettre de tourner définitivement une page. C'est en 1977 que j'ai décidé de changer radicalement de vie et, devenant mon propre entrepreneur, de mettre fin à la situation professionnelle et civique dans laquelle j'évoluais antérieurement, qui ne me semblait pas à l'abri de toute critique. »

Avec des hauts et des bas, le dossier fiscal de Bernard Tapie ne cessera de s'alourdir. En mai 1983, les policiers des renseignements généraux transmettront au gouvernement une fiche dans laquelle ils affirment que « Bernard Tapie aurait à la direction générale des impôts un contentieux estimé à 10 millions de francs environ provenant de divers redressements fiscaux, portant sur une période de huit ans pour ce qui concerne ses affaires et celles de sa concubine, Mlle Damianos ».

Ce sont donc les fonctionnaires du Val-d'Oise, à cause d'un simple contrôle routier, qui ont ouvert le premier dossier fiscal au nom de ce curieux Tapie Bernard, qui roule en Lamborghini, habite une maison de grand luxe et ne déclare aucun revenu. Un dossier fiscal qui ne cessera de prospérer et fera l'objet de multiples interventions, au plus haut niveau. En juin 1994, il sera même étalé à la une des journaux. Et fera l'objet d'un vote à l'Assemblée nationale. Où Bernard Tapie ira jusqu'à dire, du haut de la tribune, avec son bon sourire et l'accent de la vérité : « Jamais on ne m'a fait aucun reproche sur mes déclarations d'impôts personnelles... »

Le conducteur pressé de la Lamborghini jaune ne pouvait évidemment imaginer les conséquences de son défaut de vignette, en ce printemps de 1977 Déjà, il se croit au-dessus des lois. Il est tout entier habité par sa volonté de devenir un patron. Fils de communiste, il a toujours eu sur cette fonction un regard un rien stéréotypé. Aussi, vient-il d'acheter une Rolls-Royce Silver Shadow tout en conservant sa Lamborghini, pour le plaisir de la vitesse. La Rolls lui semble l'attribut normal d'un PDG digne de ce nom. C'est donc au volant de sa Rolls qu'il débarquera, quelques semaines plus tard, à Luc-sur-Mer. Le conseil municipal, comme le personnel du casino, est immédiatement subjugué. Le repreneur parle net, s'assoit sur les marches, annonce qu'il veut installer une discothèque, fait état de ses relations, de sa fortune. Il parle de tout et de rien, trouve le mot juste avec chacun, jaugé en trente secondes. Il obtient sans tarder la concession.

Ce casino de Luc-sur-Mer est la première entreprise en difficulté que reprend Bernard Tapie. Il en rachètera une quarantaine d'autres par la suite, sans doute le double si l'on prend en compte ses allers retours en quelques semaines, parfois en quelques heures, sur des petites affaires juteuses qui n'ont jamais fait l'objet du moindre communiqué. Chaque fois, la méthode sera la même. Tapie suscite la sympathie immédiate de tous, des patrons aux salariés. Son dynamisme et sa franchise impressionnent. Les dames se pâment et les messieurs aussi. Chef de bande, sergent ou repreneur, vedette de télé ou homme politique, Bernard Tapie restera toujours un immense séducteur de l'instant.

Pourtant, le casino de Luc-sur-Mer lui échappera. Le service des Courses et Jeux, qui dépend de la brigade mondaine au ministère de l'Intérieur, refuse son agrément à Bernard Tapie qui a fait l'objet, à la suite de sa demande d'exclusion des salles de jeu, d'une enquête approfondie. Tapie n'insiste pas. Il revendra ses parts à un groupe d'actionnaires non identifié * avec, semble-t-il, une très modeste plus-value. De cette affaire, il ne parlera plus. D'ailleurs, ce n'est pas en rachetant des casinos qu'il peut rompre avec son passé et entrer dans l'establishment des affaires par la grande porte. Or c'est cela qu'il cherche. Instinctivement, il a compris que c'était la seule voie. Réussir, grimper l'échelle sociale et gagner de l'argent sans plus jamais être importuné, comme Marcel Loichot ou Gustave Leven.

* Le casino de Luc-sur-Mer est aujourd'hui sous le contrôle de Georges Tranchant, ex-député RPR des Hauts-de-Seine, avec lequel Tapie sera longtemps associé.

DEUXIÈME PARTIE

Portrait du sauveur en prédateur

CHAPITRE 1

Passeport pour la fortune

> « J'ai même remonté une affaire de poupées gonflables en la diversifiant dans la vente par correspondance de pommade virilisante. »
>
> Au *Matin*, 2 février 1980.

– Maître...

– Laissons les maîtres...

– Voilà mon problème. J'ai un train de vie important, mais je n'ai pas d'argent. Je veux donc devenir industriel pour assurer l'avenir de ma femme et de mes enfants.

Tapie était arrivé en Rolls, cravaté, mais en jean et veste de tweed, au siège de la Société fiduciaire de France, spécialisée dans les montages financiers et le droit des sociétés. A l'époque, sa longue crinière lui tombait encore sur le front. Tranquille et conquérant, il voulait tout simplement, sans mise de fonds initiale, prendre le contrôle d'une vraie entreprise. Quelle qu'elle soit. Il avait souhaité rencontrer Claude Colombani, alors directeur du service financier et juridique de la Fiduciaire de France, qui détenait la clé de ce paradis-là. Autodidacte, membre national du PSU, ami de quelques éléphants socialistes, vieux compagnon de Max Théret * et ancien trotskiste comme lui, financier du « milliardaire rouge » Jean-Baptiste Doumeng, Colombani est un personnage séduisant, mais étrange et controversé. Le militant est devenu esthète des sociétés-écrans, virtuose des montages financiers les plus scabreux. Au point que les fonctionnaires du Comité interministériel de redressement industriel (CIRI) ont fini par écarter d'emblée les dossiers auxquels il était mêlé. Colombani est un instinctif. Il a tout de suite repéré les ongles rongés de

* Fondateur de la FNAC, initié primesautier de l'affaire Pechiney, Max Théret a été garde du corps de Trotski lorsqu'il s'était réfugié à Barbizon. Il a fait fortune en achetant des terrains aux Baléares pendant la guerre d'Espagne, alors qu'il combattait dans l'Armée républicaine, pour les revendre plus tard à Carrefour....

son interlocuteur qui grille cigarette sur cigarette. Signe, pense-t-il, d'une très grande anxiété. Mais il est immédiatement séduit par ce mélange de culot, de détermination, de naïveté et de charme : en cinquante-quatre ans d'une vie bien remplie, Colombani a vu défiler de drôles de pistolets. Mais des Tapie, jamais il n'en avait croisé.

– Je veux bien vous aider. Mais d'abord, il faut que je vous explique les fondements de la reprise des sociétés en difficulté.

– Je ne veux pas d'une entreprise en difficulté. Je veux une entreprise qui marche et qui gagne de l'argent.

– Écoutez-moi.

Et voilà Colombani lancé dans un cours de troisième année de gestion dans une université, lui qui n'a jamais été au-delà du certificat d'études. Il explique d'abord à Tapie que, sans argent, il ne peut reprendre qu'une entreprise malade. C'est un passage obligé, un préalable. En cas de redressement, on peut toucher le jack-pot. Encore doit-elle être bien choisie. « Il faut d'abord, explique-t-il, qu'elle soit connue et ciblée sur des marchés porteurs et des produits grand public. Ensuite, ses difficultés doivent résulter d'une mauvaise gestion, liée à un homme, à une querelle de famille ou à un problème de transmission d'héritage. Enfin, elle doit détenir des actifs faciles à revendre. » Mais la cible étant identifiée, comment se porter acquéreur, sans argent et sans garanties bancaires? Colombani n'a pas besoin d'expliquer deux fois la solution à Tapie pour que celui-ci comprenne.

C'est Isabelle Musnik qui a montré la première [1] comment Claude Colombani et Bernard Tapie vont passer aux travaux pratiques avec le rachat de deux sociétés papetières, Duverger et Diguet-Denis. Tapie aurait-il triché, fait appel à de discrets « amis » pour prendre le contrôle d'une entreprise prospère sans débourser un centime? Jusque-là, c'était plutôt un spécialiste des coups foireux réalisés en marge de la loi, quand ce n'était pas carrément à côté. Eh bien, cette fois, non : l'acte fondamental, à l'origine de son envol, de sa fortune et de tous ses succès ultérieurs s'est effectué en toute légalité. Il s'agit d'un cas d'école qui pourrait être enseigné sous le chapitre : miracle du capitalisme.

Explication en forme de leçon de choses. Colombani a désigné une cible de qualité : les papeteries Duverger, petite entreprise à bonne rentabilité disposant d'actifs importants, dont il est le conseiller. Pendant trois mois, Bernard Tapie fait le siège du propriétaire, un certain Kantor qui hésite, réclame des garanties. Les négociations traînent. Mais voilà que Kantor meurt d'une crise cardiaque. Pour Tapie, c'est un formidable coup de chance. Son premier dans ce dossier. Il en aura d'autres. La veuve et sa fille sont désemparées : que faire de cette PME, située à Alfortville qui emploie une quinzaine de personnes? « Si vous ne la vendez pas tout de suite, la valeur du fonds de commerce va s'effondrer », leur explique Tapie. Elles en conviennent, mais réclament 9 millions de francs ! Comment fera le flambeur qui a les dents longues mais pas un sou vaillant ?

« J'avais huit cent mille francs d'économies, j'en ai emprunté cinq cent mille en hypothéquant ma maison, et j'ai obtenu un crédit vendeur sur deux ans pour la somme restante [2] », explique Bernard Tapie. Poésie pure. D'où sortent ces 800 000 F, lui qui reconnaît avoir, en 1976, tout perdu au jeu et qui dépense plus qu'il ne gagne ? Quant à sa maison, on sait qu'elle n'est pas à lui. Pourquoi chercher des faux-semblants ? De toute façon, là n'est pas l'important. Ce sont 9 millions qu'il lui faut débourser. Il les trouvera, tout simplement, dans l'entreprise qu'il vise. Pourquoi Tapie ne se vante-t-il pas plutôt de ce coup, sans doute le plus élégant de sa carrière ?

Avec Colombani, il a passé au scanner le bilan de Duverger. Il y a une perle : un immeuble à Paris, estimé à 5 millions de francs. Un acheteur normal aurait pris le tout et revendu l'immeuble avec une forte plus-value. Comme Tapie n'a pas d'argent, il fait exactement le contraire : « Cédez-moi l'usine, je vous laisserai l'immeuble », propose-t-il aux deux héritières. Celles-ci, aussi bien que Tapie, savent que l'immeuble, sous-évalué dans le bilan pour des raisons fiscales, vaut beaucoup plus que 5 millions. Elles sont ferrées. Pour acquérir l'usine, restent 4 millions à trouver.

Tapie ne déboursera que 1 F. Le prix payé pour acquérir une autre société, Diguet-Denis, deuxième société française de reliure et de brochage qui ne vaut rien car elle est en faillite. Ses 170 employés occupent l'usine à Breteuil-sur-Iton, dans l'Eure. Le passif est égal au chiffre d'affaires. Ses dirigeants estiment s'en tirer à bon compte s'ils évitent d'avoir à payer les dettes en vendant l'entreprise pour 1 F. Tapie se retrouve donc propriétaire d'une entreprise pourrie. A quoi cela peut-il bien lui servir puisque c'est Duverger, plus petite mais très rentable, qu'il vise ?

Eh bien, c'est justement le but de la manœuvre. Il va se servir de Diguet-Denis comme levier pour acheter Duverger. Avec le concours de Pierre Despessailles, un banquier compréhensif que Tapie a connu en traînant dans un garage pour voitures de luxe, son passe-temps favori. Tapie et Colombani se rendent à la Société de banque et de crédit, ex-banque George, dont Despessailles est le directeur général. Tapie ne perd pas de temps :

– Je vous propose d'acheter Diguet-Denis pour 2,5 millions de francs, payables immédiatement.

– Amusant. Une société en faillite que vous venez d'acquérir pour 1 F seulement !

– Ne vous inquiétez pas : le jour même, je vous la rachèterai 2,8 millions. Sans risques, vous aurez fait une plus-value de 300 000 F...

Le banquier fait l'ange. Il a très bien compris l'astuce. Rendez-vous est pris. Tout se déroulera bien en une seule journée. Le matin, Despessailles signe un chèque de 2,5 millions à Bernard Tapie contre l'acte de propriété de Diguet-Denis. Chèque que Tapie porte sur-le-champ aux deux propriétaires de Duverger. Avec les 5 millions de l'immeuble, elles ont donc touché 7,5 millions de francs sur les 9 millions réclamés. Reste 1,5 million, pour lequel elles acceptent de faire crédit à Tapie, trop contentes d'avoir réussi à vendre leur affaire vite et à bon prix. Tapie se retrouve donc enfin propriétaire de Duverger. L'après-midi, il retourne voir le banquier. Comme promis, il lui rachète immédiatement Diguet-Denis pour 2,8 millions de francs. Le chèque est signé Duverger. La boucle est bouclée. A l'arrivée, Tapie a acheté Duverger avec l'argent de Duverger. Il se retrouve propriétaire de deux entreprises, dont celle qu'il convoitait. Le banquier a réalisé une plus-value sans risque de 300 000 F en quelques heures par un simple jeu d'écriture. Et Claude Colombani s'est bien amusé. Que demande le peuple?

Tapie a eu de la chance : des banquiers aussi confiants que Pierre Despessailles ne se trouvent pas sous le sabot d'un cheval. Car Claude Colombani, son conseil, n'a pas la meilleure réputation. Quant à Bernard Tapie, il aurait aussi bien pu s'envoler avec son chèque de 2,5 millions. Il n'offre aucune garantie sérieuse. Il est inconnu sur la place de Paris. Il est même sous le coup d'une condamnation à titre personnel pour la faillite du « Grand Dépôt ». Tapie aurait caché ce détail aux deux autres. Mais on voit mal comment Pierre Despessailles ne l'aurait pas su puisque ce banquier a la particularité d'être en même temps président de chambre au tribunal de commerce de Paris, dont Tapie a été un client assidu. Cette double casquette lui permet de connaître tous les arcanes des faillites et des reprises de sociétés en difficulté, et d'en profiter en tant que banquier. C'est un coyote parmi les coyotes.

Lorsqu'il rencontre Tapie pour la première fois, Despessailles dirige une toute petite banque. Mais celle-ci sera bientôt rachetée par le Crédit Lyonnais puis fusionnée, quatre années plus tard, à la Banque occidentale pour l'industrie et le commerce, qui appartient au groupe Générale Occidentale du financier franco-britannique Jimmy Goldsmith. Celui-ci vend en effet tous ses actifs en France (sauf *l'Express*) lors de l'avènement au pouvoir de François Mitterrand. Dénommée SDBO, la nouvelle banque deviendra le banquier principal de Bernard Tapie. En 1993, ayant racheté ses dettes à d'autres établissements financiers, elle restera même sa seule banque.

Au départ, Pierre Despessailles est un patron de banque sans envergure. Son père était ingénieur. Droit, Sciences-Po, après une scolarité sans histoire au lycée Ledru-Rollin. Mais, peu à peu, ce banquier à l'ancienne va sortir des sentiers battus. En mêlant un peu trop les genres. Avec Didier Calmels, quelques autres syndics ambitieux et des clients comme Bernard Tapie, c'est un véritable réseau qu'il monte autour des tribunaux de commerce. La SDBO se spécialise aussi dans une autre activité chère à Bernard Tapie : le marché de l'art. Elle finance les commissaires-priseurs, les galeries et surtout les antiquaires, dont Bernard Steinitz qui deviendra l'un des meilleurs amis – et le fournisseur attitré – de l'homme d'affaires.

« Sous l'impulsion de Pierre Despessailles, la SDBO était devenue un haut lieu, discret et feutré, de la spéculation parisienne. C'est dans cette banque (...) qu'on pouvait avoir accès, avec un minimum de formalités, de garanties et de fonds propres, sans coup férir (mais à un coût élevé), aux surfinancements, aux avances sur ventes et autres montages (...) résumera, en juin 1994, la commission d'enquête parlementaire chargée d'éclaircir les causes des déboires du Crédit Lyonnais. Aujourd'hui, la SDBO paie le prix de ses imprudences, de son irresponsabilité et d'une certaine outrecuidance. »

Pierre Despessailles se laissera peu à peu subjuguer par Bernard Tapie. Jamais les deux hommes ne se tutoieront – c'est une incongruité dans l'univers tapiesque – mais ils entretiendront des relations intimes. Le banquier est sous influence. Certains témoins affirment même qu'il était « comme amoureux de son client ». La commission d'enquête parlementaire se contentera d'évoquer discrètement le « réseau de relations [de Pierre Despessailles] dans des secteurs à la réputation financière discutée, ses rapports trop personnalisés avec des clients importants qui ne pouvaient qu'apprécier sa disponibilité ».

En réalité, tout le monde a fermé les yeux pendant des années sur tous les débordements du directeur général de la SDBO. Inspecteur des finances, Michel Gallot, qui préside la banque, coiffe surtout toutes les activités immobilières du Crédit Lyonnais. A la SDBO, il n'a jamais eu voix au chapitre. Ce personnage falot n'en prend d'ailleurs pas ombrage. Quant aux présidents successifs du Crédit Lyonnais, ils laisseront la bride sur le cou à la SDBO. La banque rapporte de l'argent et mieux vaut ne pas trop mettre son nez dans ces histoires de tribunaux de commerce. Elle fait ce que le Lyonnais n'ose ou ne peut pas faire...

Grâce à Despessailles, voilà donc Tapie propriétaire de deux entreprises. Seul problème : la bonne (Duverger) est plombée par la mauvaise (Diguet-Denis). Pour redresser cette dernière, Tapie va se servir de la méthode utilisée pour se sortir du guêpier du « Grand Dépôt ». Il va voir, un à un, les principaux fournisseurs et leur propose de leur racheter leurs créances à 10 %, 20 % ou 30 % de leur valeur, faute de quoi il liquidera la société, dont le passif dépasse largement l'actif. Pour ne pas tout perdre, les créanciers signent. Tapie devient donc lui-même créancier de l'entreprise qu'il dirige. Il propose alors un concordat très favorable... aux créanciers. Telle est sa martingale, qui lui permet de gagner des millions par de simples jeux d'écriture. Il appauvrit l'entreprise en s'enrichissant personnellement. Car Tapie emprunte – bon marché – pour acheter les créances, tandis que l'entreprise s'endette à des taux élevés, auprès du même banquier : Pierre Despessailles. Encore faut-il redresser Diguet-Denis pour éviter que tout ne s'écroule. Tapie expérimentera là les méthodes dont il usera ensuite – longtemps avec succès – tout au long de sa carrière de repreneur. Il arrive à Breteuil-sur-Iton en Rolls et en queue-de-pie au milieu des ouvriers qui occupent l'usine, réunit tout le monde et... traîne dans la boue le précédent propriétaire, en sa présence. Il a fait venir Bernard Agasse, un ancien de Duverger qu'il cherchait à réembaucher. « Viens avec moi, lui avait-il dit, tu jouiras plus qu'avec n'importe quelle nana [3]. » Sans prévenir Agasse, il le présente à tous comme le nouveau directeur commercial ! L'autre n'a plus qu'à s'exécuter, ce qu'il fait d'ailleurs de bon cœur. Tapie souffle le chaud et le froid, réunit les meilleurs ouvriers, les traite de « cons », menace de les virer avant de se reprendre aussitôt : « Allez, vous bossez bien et vous êtes sympas, je vous garde. » Son humeur est imprévisible. Il distribue les bons et les mauvais points. Le dimanche matin, il vient même jouer au foot avec l'équipe de l'entreprise...

Pour les salariés comme pour les clients, qu'il trimbale en avion et en hélicoptère, le cinéma est permanent. Mais il n'y a pas que le cinéma. Chez Diguet-Denis, pour la seule fois de sa vie, Tapie va s'impliquer dans une entreprise qu'il a achetée. Pour la redresser. Diguet-Denis n'est pas fondamentalement malsaine. Elle est certes en faillite, mais un peu par malchance. Elle a réalisé, pendant des années, les trois quarts de son chiffre d'affaires avec un seul client : Hachette, qu'à gauche on surnomme alors « la pieuvre verte », tant sa position est dominante. Or, Hachette a décidé du jour au lendemain de laisser tomber Diguet-Denis pour fabriquer et brocher ses reliures elle-même. Diguet-Denis, évidemment, s'effondre. Seule solution : vendre à Hachette qui n'en veut pas.

Tapie bénéficiera de deux énormes coups de chance, deux de plus. La réforme Haby (ministre de l'Éducation nationale) oblige à rééditer tous les manuels scolaires, dont les reliures sont la spécialité de Diguet-Denis. Ensuite, l'usine de son principal concurrent européen, Mame, prend feu. Tapie jurera longtemps qu'il n'y était pour rien. Qui en a douté ? Mais les résultats sont là. Diguet-Denis passe en quelques semaines du désœuvrement absolu à l'activité fébrile, avec des prix en forte hausse. Pendant deux ans, Tapie va se défoncer dans son nouveau métier. Il reprendra plusieurs autres entreprises papetières, comme Brochage-Express et les papeteries Laroche-Joubert, selon des méthodes plus traditionnelles. Il achète en bloc et revend par appartements. C'est avec Laroche-Joubert qu'il fera sa première grosse plus-value. En redressement judiciaire, cette société appartient à la famille de Jacqueline Joubert, la première speakerine de l'ORTF, qui, devenue producteur et présentatrice, lui a fait faire sa première télé, du temps où il se faisait appeler Tapy. Le groupe possède des filiales et une dizaine d'hôtels particuliers, rue Saint-Didier, dans le seizième arrondissement à Paris. Grâce, une fois encore, aux bons offices de Claude Colombani, c'est Bernard Tapie qui récupère la société, ses filiales et... ses immeubles. Avec ceux-ci, il dégagera tout de suite une plus-value de 6 millions de francs. En 1981, Tapie revendra ses trois sociétés et récoltera 26 millions de francs. L'acheteur de Diguet-Denis (pour 6 millions) est Fabien Domergue, un collaborateur sans envergure, là encore fourni par Claude Colombani. Domergue connaîtra une célébrité fugace lorsqu'en 1985, au cours de l'émission de télé *le Jeu de la vérité*, Tapie dira qu'il lui a « donné une de ses sociétés (...) tellement il travaillait bien ». Il le désignera du doigt au milieu de l'assistance et, comme le Christ devant le tombeau de Lazare, dira : « Lève-toi, Fabien. »

Aujourd'hui, Fabien Domergue est toujours président de Diguet-Denis qui est à nouveau en situation financière désespérée... Quinze ans dans le papier : très exactement le piège dans lequel ne voulait pas tomber Tapie. Pas question de rester petit patron de PME. Déjà, en 1978, il vise beaucoup plus haut. Il vient d'acheter au milliardaire saoudien d'origine syrienne Akkram Ojjeh sa Rolls-Royce Corniche décapotable, la voiture la plus chère du monde. Il n'a aucune intention de s'enfermer à Breteuil-sur-Iton : « Quand on veut faire ce que je veux faire, on va à l'Étoile ». Après un court passage à Ménilmontant, dans les bureaux de Brochage-Express, il s'installera donc au 24 de l'avenue de Friedland, dans un appartement que lui a déniché Claude Colombani. Encore lui. Mais avec Tapie et Colombani, rien n'est jamais simple : Tapie ne paye pas de pas-de-porte, mais laisse en contrepartie une pièce aux propriétaires, deux agents immobiliers en faillite. Jamais il ne rompra le pacte. Ceux-ci, aujourd'hui encore, sont dans ses meubles...

Une Rolls Corniche, des entreprises, des bureaux à l'Étoile et des revenus importants : le gamin du Bourget, l'habitué des salles de jeu et des tribunaux a désormais pignon sur rue. Paris est à lui.

CHAPITRE 2

Comme une araignée dans sa toile

« Personne ne m'a jamais aidé. Jamais un coup de main, une recommandation. »

Au *Matin*, décembre 1985.

Au volant de sa Porsche, Dominique Mialet-Damianos a avalé le feu rouge comme une pastille Valda. Le policier de Cormeilles-en-Parisis a levé le bras, elle a fait mine de ne pas le voir. Ils se sont mis à deux pour siffler, elle n'a rien entendu. Alors, ils ont lancé un appel radio. Tous les policiers des environs se sont mis à chercher la Porsche. Ils l'ont finalement coincée à un barrage. Elle n'était pas volée. Mais Dominique s'est débattue, a insulté les agents. Ceux-ci l'ont conduite au poste pour qu'elle se calme. Et pour qu'elle y passe la nuit, au minimum.

Bernard Tapie a été prévenu. A 19 h 30, il appelle Gabriel Farkas, journaliste économique à *France-Soir*, que lui a présenté Claude Colombani. Les deux hommes sont amis. Leurs compagnes sont sœurs. Farkas est d'origine hongroise et, comme Colombani, a eu une vie bien remplie, à commencer par la guerre qu'il a faite sous l'uniforme de l'Armée rouge.

– Écoute, Gaby, il faut absolument que tu sortes Dominique de là. Elle est au commissariat de Cormeilles. Ils lui ont collé toute une série de contraventions pour non-respect des feux de signalisation, délit de fuite et rébellion à agent. Ils l'ont mise au trou. Ils veulent la garder. Ce n'est pas possible! Tu connais du monde. Appelle quelqu'un.

Les journalistes économiques ne sont pas les mieux armés pour résoudre ce genre de problèmes. Les flics, ce n'est pas leur rayon. Aussi Farkas appelle-t-il d'emblée le cabinet de Raymond Barre, Premier ministre. Le « permanent » s'appelle Philippe Massoni, futur préfet de Paris. Tout va s'arranger. Tapie rappelle un peu plus tard :

– Alors?

– T'inquiète pas, ta femme sera libre dans un quart d'heure.

Mais à 21 heures, Dominique n'a toujours pas été libérée. Le préfet en herbe avait confondu Cormeilles (Val-d'Oise) et Corbeil (Essonne).

Immédiatement alerté, le ministère de l'Intérieur a lancé un appel général. Plan ORSEC. Dominique a enfin été localisée. Le commissaire s'était déjà couché. Il a fallu le réveiller. Enfin libérée, Dominique tombe dans les bras de Bernard, venu la chercher en Rolls. Vers 23 heures, le calme était revenu dans le paisible commissariat de police de Cormeilles-en-Parisis...

Morale de l'histoire : en 1977, le couple Tapie est toujours fâché avec les flics et le Code de la route, mais Bernard s'est déjà fait quelques relations dans la Nomenklatura française, de celles qui facilitent la vie. Dès qu'il devient patron de ses entreprises papetières, dès qu'il acquiert un semblant de respectabilité, Tapie va chercher sans répit à changer de peau, à se forger de nouveaux réseaux et à se faire de nouveaux amis. Jusqu'à présent, il est surtout connu, dans les milieux de l'imprimerie, pour ses excellents contacts avec la CGT et le Parti communiste. Il en fait son affaire. Il vire qui il veut, comme il veut, quand il veut. Il demande les « autorisations » à la CGT et les obtient en trois jours. Comment ? Lui-même affirme alors, à qui veut l'entendre, qu'il a ses entrées, au niveau national, auprès de René Le Guen, responsable des cadres CGT. Ce qu'un leader du Syndicat du Livre parisien confirme aujourd'hui. Il semblerait en réalité que, pendant une période de deux ou trois ans, Tapie ait eu un accès facile à tout l'état-major de la CGT – y compris Georges Séguy et Henri Krasucki. Ceux-ci auraient, eux aussi, été séduits par ce jeune homme flamboyant et habile. Pendant longtemps, les renseignements généraux inonderont le gouvernement de notes où sont mis en exergue les liens de Tapie avec le Parti communiste. On y lit que Tapie est en contact avec Jean-Baptiste Doumeng et Claude Colombani et qu'il a un compte à la Banque commerciale de l'Europe du Nord, la banque soviétique en France. Celle-ci lui a accordé effectivement un prêt à Brochage-Express et Tapie restera longtemps ami de son patron, Gilbert Lasfargues. Mais tout cela manque de preuves et de consistance. Doumeng est un stalinien pur jus alors que Colombani est trotskiste ; et si les clients de la BCEN évoluent souvent dans les secteurs économiques qui intéressent le PC – l'imprimerie est de ceux-là – tous n'appartiennent pas au KGB ! Il est vrai, en revanche, que la culture familiale de Tapie, à la différence de celle des jeunes patrons de l'époque, le porte à négocier directement avec la CGT, le seul syndicat qui compte à ses yeux et celui-ci, sans doute, lui en sait gré. Tapie aura toujours des rapports beaucoup plus difficiles avec Force Ouvrière. Quant à la CFDT, il ne connaît pas. Telle est sa culture : déjà, en mai 1968, il tenait les manifestants pour des « illuminés ».

Tapie a aussi ses petites et ses grandes entrées dans les tribunaux de commerce et les services fiscaux, ce qui aide à comprendre comment il a pu parvenir à ne jamais payer d'impôts et, lorsque le pot aux roses sera découvert, à obtenir des délais et des arrangements invraisemblables.

Devant témoins, déjà à cette époque, il se vante de pouvoir, soit séduire, soit acheter tout le monde, y compris les juges du tribunal de commerce, les syndicats, les agents du fisc et... les banquiers. C'est en tout cas ce qu'il affirmera, un jour, au cours d'un dîner organisé par un des clients de Diguet-Denis, l'éditeur Alain Aubry (Grand Livre du mois, Club français du livre). Il est venu avec Michelle, dont il a divorcé, et non avec Dominique, qu'il ne sortait pas encore « dans le monde ». Tapie, à la surprise générale, raconte à la cantonade qu'il est le deuxième contribuable de France. Peut-être comptabilise-t-il l'ensemble de ses arriérés sur une seule année ? Il assure connaître le détail des chiffres par un de ses amis, haut responsable des services fiscaux, qui ne lui cache rien. Il a accès, dit-il, aux revenus et aux situations fiscales de ses concurrents, des sociétés en difficulté qu'il vise, et de leurs dirigeants. Michelle n'a pas dit un mot. Certains, au cours de ce dîner, ont pris Tapie pour un mythomane sympathique, drôle, mais « sévèrement burné », comme disent les Guignols de Canal Plus. D'autres, en revanche, ont pu vérifier, plus tard, qu'il avait dit vrai, du moins en partie : Tapie disposait d'un réseau d'informateurs au sein des services fiscaux, ainsi qu'au tribunal de commerce.

Le jeune patron au passé chargé dispose sans doute d'autres sources d'information, soit chez les policiers, soit chez les malfrats. Des informations parfois fort utiles. C'est ainsi qu'il a pu revendre le fichier de Cœur Assistance – du vent – à la SOVAC, un organisme de crédit. Il avait appris qu'un des administrateurs, ayant pignon sur rue, avait touché 7 millions de francs d'une compagnie d'assurances en s'inventant un accident bidon. La négociation s'en était trouvée facilitée.

Tout ça, bien entendu, n'est pas à la mesure des ambitions du joueur qui, très vite, va élargir son horizon. Il se lie d'amitié avec Guy Drut, fils d'ouvrier comme lui, recordman du monde du 110 m haies et médaille d'argent aux jeux Olympiques de Montréal, en 1976, qui lui fait rencontrer Serge Lama. On le voit même dans la bande d'Eddie Barclay. Il lance ses filets partout, avec une prédilection pour les milieux politiques, la presse et la communication. Comme repreneur d'entreprises en difficulté, il se fait connaître du Comité interministériel de redressement industriel (CIRI), qui dépend directement de Matignon. Il a demandé à Gabriel Farkas de l'introduire auprès de Raymond Barre. En vain. Il aura plus de succès à l'Élysée, où il se lie d'amitié avec Hubert Bassot, conseiller de Valéry Giscard d'Estaing, plus spécialement chargé de... l'organisation des voyages officiels. Bassot est député de l'Orne et Tapie lui a fait miroiter la reprise d'une usine dans sa circonscription. L'affaire n'a pas abouti, mais Tapie a trouvé un contact qui lui permet d'accéder au château où l'on ne ferme pas la porte à ce jeune repreneur ambitieux, qui pourra rendre d'autres services. Tapie découvre là un monde inconnu qui le fascine. Celui du pouvoir. L'homme d'affaires est stendhalien. Il porte sur le monde politique un regard du XIXe siècle qui se révélera finalement très moderne. Lui qui n'a jamais lu *Lucien Leuwen*, tient pour évident que le vrai pouvoir se situe quelque part dans le triangle que forment le banquier véreux, le politicien corrompu et le juge complaisant ou servile. Avec des valises d'argent liquide en prime. Un monde tenu par les juifs et les francs-maçons. Ne manquent au tableau – et d'ailleurs est-ce si sûr? – que le journaliste acheté, la prostituée et le maquereau maître-chanteur. Les financements occultes, les circuits parallèles l'excitent. Aussi, fait-il des pieds et des mains pour entrer en contact avec Victor Chapot, le grand argentier de Giscard. En parallèle, dès 1978, il demande à Claude Colombani de lui faire rencontrer Christian Pierret, député des Vosges, membre de la commission des finances à l'Assemblée nationale, dont on parle comme éventuel ministre des Finances, en cas de victoire de François Mitterrand. Un déjeuner est organisé au Récamier, dans le Quartier latin. Plusieurs autres suivront. Pierret et Tapie feront affaire ensemble. Christian Pierret sera d'ailleurs l'un des rares hommes politiques à avoir bénéficié des largesses de Bernard Tapie pour sa campagne électorale. Mais très vite, Tapie apprendra à dire non. Lui qui, depuis 1974, affiche régulièrement auprès de ses proches, quand il se laisse aller, son intention de devenir... président de la République, n'est pas là pour faire le lit des autres. De même, Pierret cherchera, à deux reprises, à l'impliquer dans des entreprises vosgiennes en difficulté : Lin-Vosges à Gérardmer et Ancel à Grange-sur-Vologne. En vain.

Tapie fait à cette époque le tour des banques, mais ne se présente pas en demandeur. Un jour, par l'intermédiaire de Claude Richard, alors conseiller juridique à la Compagnie Financière Edmond de Rothschild, Tapie obtient un rendez-vous avec les dirigeants de la banque. Il cherche un soutien financier. Mais la discussion ne se déroule pas comme il l'attendait. Soudain, Tapie s'emporte et frappe la table d'une main puissante, énorme :

– Vous ne dites que des conneries!

Puis il se lève et part. Les dirigeants de la Compagnie Financière sont abasourdis. Jamais, on ne leur avait fait un coup pareil. Ils demanderont à Claude Richard de ne plus leur présenter de gens aussi mal élevés!

Alors inconnu, Tapie cherche déjà à s'introduire dans les milieux de la presse et de la communication. Plus tard, à ceux qui lui reprocheront de trop se montrer, il pourra dire que ce n'est pas lui qui sollicite les interviews. A l'époque, Farkas lui a dressé une petite liste des journalistes économiques qui comptent. Tapie les appellera tous et jettera en priorité son dévolu sur Emmanuel de La Taille, le chroniqueur de TF1.

Lui, qui affirmait alors « disposer d'un crédit illimité pour reprendre les entreprises de son choix » sera même tenté, en 1979, de prendre le contrôle d'un journal. Roland Dana, un homme d'affaires de la même génération que lui, a fait une folie. Il a lancé un quotidien économique :

Forum International. Évidemment, le gouffre se creuse plus rapidement que prévu. Français résidant en Suisse, Dana a un copain qui vient de passer des vacances avec Tapie dans un hôtel italien. Il appelle le jeune loup, lui raconte ce qu'est *Forum International*, mais n'a pas le temps de poursuivre :

– Comment t'as financé tout ça?

– Avec mon propre fric. J'ai mis 20 plaques.

– Ah ouais? Allez, salut.

Investir 20 millions de francs sur ses propres deniers, à 35 ans, dans un journal? Dana réalise que Tapie ne l'a pas cru. Il l'a pris pour un mythomane, parmi les dizaines qui le sollicitent. Trois jours après, pourtant, le P-DG de Diguet-Denis débarque à l'improviste. Il visite les locaux, s'attarde dans la salle de rédaction. Et s'installe dans le bureau du directeur. Pour une longue conversation. Pas fou, Tapie n'a pas mis un sou en capital dans *Forum International*. Il s'est contenté de prêter de l'argent à Dana à des taux que celui-ci qualifie d'usuraires. Et quand Dana ne respectait pas ses échéances, Tapie hurlait, venait lui-même chercher son argent. Qu'importe? Entre le débiteur et le créancier, le courant passe. Et quand il n'y a pas de courts-circuits, il peut aller loin, à la vitesse de la lumière : patron de journaux automobiles et du SITEV, un salon d'équipements automobiles à Genève, Roland Dana présentera Tapie à Georges Falconnet, directeur commercial de Citroën, qui lui fera rencontrer Jacques Séguéla, président de l'agence de publicité RSCG lequel, in fine, l'introduira auprès de François Mitterrand!

Tapie et Dana feront de fructueuses affaires, mais se brouilleront à mort début 1988. Alors, Dana ira même jusqu'à faire campagne contre Tapie lors de sa première candidature à Marseille, en 1988. Mais ils se réconcilieront par la suite, à l'initiative de leurs femmes. Et lorsque Tapie cherchera, en juin 1994, à échapper à sa mise en examen en préparant un voyage au Rwanda, c'est à Ibiza, chez Roland Dana, que Dominique ira se mettre au vert : Tapie craignait que le juge Eva Joly ne l'incarcère à sa place.

Un éditeur, quelques journalistes, le patron d'un petit journal éphémère – *Forum International* cessera de paraître le 25 mai 1980 – ne forment pas un réseau. Bernard Tapie a repéré un beaucoup plus gros poisson, qu'il cherchera à appâter pendant plusieurs années : Maurice Lévy, alors directeur de Publicis. C'est Alain Aubry qui les a mis en contact. Toujours à l'affût des nouveautés – c'est son métier – Maurice Lévy est immédiatement fasciné par cette boule d'énergie, cette volonté de gagner, cette soif de revanche. Tapie donne l'impression, à chaque instant, de défendre sa peau.

Tapie parle à Lévy de Draeger, une société sous administration provisoire, qui possède deux hectares de terrain à Montrouge, en bordure de Paris, le long du périphérique sud, et qui fabrique des billets de banque pour le compte de plusieurs pays étrangers. Il lui propose de reprendre l'affaire à trois, avec Alain Aubry. En assurant l'impression du Grand Livre du mois et des affiches de Publicis, Draeger aurait un chiffre d'affaires garanti :

– Tu te rends compte, Maurice, on fera un pognon fou ! Ça sera génial. On reprend pour des clopinettes, on déménage en province, les ouvriers ne suivront pas, on revend les terrains qui sont constructibles. On peut gagner 20 millions de francs comme ça ! Et en plus, ils fabriquent de la monnaie, pour la Hongrie, la Bulgarie, et aussi pour des pays de la zone franc comme la Côte d'Ivoire, le Sénégal et je sais pas qui encore !

– Attends, Bernard, tu veux dire quoi, là ?

– Mais rêve un peu, bon sang !

– Tu ne veux pas dire que tu comptes tripoter les billets ?

– Mais non, imbécile ! Ne t'inquiète pas. Ça veut dire que, quand on fabrique des billets, on a des contacts au plus haut niveau avec les gouvernements, avec les chefs d'État africains, ça veut dire qu'on peut faire d'autres affaires...

Protégé de Marcel Bleustein-Blanchet, le fondateur de Publicis, Maurice Lévy refusera de participer au tour de table. Il se contente de garantir à Tapie, s'il reprend Draeger, un chiffre d'affaires minimum sur l'impression des affiches.

– T'es nul, Maurice. Avec Marcel, tu ne seras jamais un homme riche.

Pour circonvenir Maurice Lévy, Tapie ne désarmera pas. Il essayera à plusieurs reprises de l'attirer à ses côtés. Il lui proposera la présidence de son groupe, « avec un salaire défiscalisé ». Lévy n'aurait rien investi et se serait retrouvé, comme par enchantement, détenteur de parts logées en Suisse. Plus tard, il lui proposera même de prendre 51 % de Terraillon sans débourser un franc. Tapie avait une solution à tout. Lévy pouvait quitter Publicis, mais il pouvait aussi venir chez Tapie en parallèle, et pourquoi pas en douce... Plus tard encore, alors que de mauvais dossiers commenceront à sortir, Tapie demandera à Maurice Lévy qu'il s'occupe de ses relations avec la presse. Il lui offrira son budget publicitaire de La Vie claire. Mais Lévy est un homme prudent. Il refusera toutes les propositions.

Un homme, pourtant, quittera Publicis pour rejoindre le staff de Bernard Tapie : Nicolas Crespelle. Alors qu'il était directeur du développement de Publicis, Tapie, à l'insu, croit-il, de Maurice Lévy, lui propose de venir avec lui. Crespelle refuse. Il lui offre alors de mener les deux activités de front, met à sa disposition une BMW série 3, mais ne le rémunère pas. Au bout de quelques mois Tapie soumet à Crespelle un pacte faustien :

– Tu n'es qu'une poule de luxe. Un salarié. Tu ne sais pas ce que c'est que les affaires. Viens avec moi, je te nomme patron des sociétés que je rachète avant de les confier à des spécialistes. En plus, tu t'occupes des relations extérieures du groupe et tu te débrouilles pour me faire rencontrer les cadors de l'establishment qui ne veulent pas me recevoir. Donne-moi accès aux hommes politiques et aux grands patrons. Je veux devenir un jour président de la République.

Plaisantait-il? Pas vraiment. Cette phrase, il l'a dite trop souvent, depuis trop longtemps, à trop de gens * pour qu'elle ne traduise pas sa vraie, sa folle ambition.

Crespelle sautera le pas, pour son malheur. Tapie n'attendra pas longtemps pour en faire de la chair à saucisses. Dès qu'il paye quelqu'un, le charme est rompu. Le salarié qui fait preuve de la moindre autonomie de jugement, d'une quelconque initiative est immédiatement moqué, déconsidéré, écrasé. Crespelle sera viré brutalement, accusé des pires vilenies. Tapie a su, longtemps, s'entourer de conseillers avisés et parfois écoutés. Mais ses collaborateurs rémunérés sont en général de petite force d'âme. Beaucoup de ceux qui sont restés aux côtés du carnassier forment une brochette de bas morceaux. Lui-même le reconnaît volontiers : « Ils sont médiocres et cupides. Beaucoup n'ont pensé qu'à se faire du pognon sur mon dos [1]. »

Maurice Lévy ayant su rester libre, Tapie et lui demeureront longtemps en bons termes. Un secret les lie. Tapie connaissait à peine Lévy qu'il lui demandait de l'aider dans une affaire judiciaire difficile. Et restée inconnue. Par l'entremise de Lévy, Bernard Tapie aurait désintéressé le plaignant. Mais Lévy apprendra aussi, incidemment que Tapie, à cette occasion, a rémunéré un journaliste éminent et toujours respecté. Afin d'acheter son silence.

Pour reprendre Draeger, l'imprimerie qui fabrique des billets de banque, Tapie essayera de monter un autre tour de table avec des partenaires plus présentables que lui. En vain. Il achètera alors lui-même les actions de la société, dont il deviendra le propriétaire effectif. Mais il n'obtiendra pas l'autorisation de reprendre l'affaire. Comme pour le casino de Luc-sur-Mer, l'administration s'y est opposée, de peur que l'idée ne lui vienne de faire marcher la planche à billets pour lui, ou pour quelque roi nègre. Tapie appelle en désespoir de cause Gabriel Farkas :

– Toi qui connais les gens des Finances, essaye de faire quelque chose.

Farkas se renseigne à la direction du Trésor, rue de Rivoli. Il se heurte à un veto, en raison, lui dit-on « des mauvais renseignements recueillis sur Bernard Tapie ». Paradoxe de l'histoire : le chef de service des affaires internationales à la direction du Trésor s'appelle alors... Jean-Yves Haberer qui, devenu bien plus tard président du Crédit Lyonnais,

* Dès 1975, se promenant dans une avenue de Neuilly avec Sidney Bogobza, alias Nata, actionnaire de Cœur Assistance, qui lui demandait jusqu'où aller, Tapie lui avait répondu : « jusqu'à l'Élysée ».

ménagera tellement peu son soutien au même Tapie qu'il en perdra son fauteuil!

L'imprimerie Draeger lui échappe? Qu'importe! Il fera comme si elle était à lui. Il a besoin de cette carte de visite. En plus de ses propres affaires, il est devenu un intermédiaire discret auprès de potentats africains soucieux de placer en lieu sûr, tout en la faisant fructifier, leur petite tirelire. A 36 ans, Tapie est de tous les coups. De lui, on ne voit que l'écume. Dans les affaires, il a tout fait. Son train de vie est considérable, son abattage impressionnant mais c'est un chiffonnier de l'économie qui fait les poubelles des tribunaux de commerce. Il est beau et jeune, son magnétisme est extraordinaire, mais il est encore cantonné dans les petits rôles, alors qu'il veut occuper le haut de l'affiche, en lettres d'or.

Soudain, l'occasion se présente. Un après-midi, Tapie appelle Farkas :

– Gaby, tu sais, Bokassa.

– Oui...

– ... Eh bien, ses châteaux, je vais aller les acheter.

CHAPITRE 3

Haro sur Bokassa!

« J'ai fait cela pour venir en aide aux orphelins. »

A Europe 1, en 1985.

– Vous voulez manger la nappe?

Tapie est resté interloqué :

– Pourquoi vous dites ça?

– Ça fait une heure que vous ne parlez que de vous, de vos voitures, de vos succès. On peut pas en placer une, on dirait que les verres sont à vous...

– Ça va pas?

– Désolé, mon vieux, mais je n'aime pas perdre mon temps. Salut.

Et voilà Daniel Vauvilliers, même âge, même mégalo que Tapie, qui se lève et le plante là, en plein milieu du repas. Tapie, pour une fois, est resté sans voix. Ce coup-là, jamais on ne le lui avait fait. Jamais il ne s'était fait contrer aussi sèchement et de plus, sur un ton et avec des mots qui auraient pu être les siens! Lui qui était habitué à subjuguer des interlocuteurs de gros calibre, venait de se faire renvoyer dans ses buts par un obscur directeur commercial.

Par l'entremise d'un avocat, Tapie avait réuni ce jour-là dans un restaurant parisien quelques personnalités montantes du monde de l'automobile. Vauvilliers avait trouvé le jeune coq insupportable, mais il l'avait surtout pris pour un fou, lorsqu'il s'était rendu compte qu'il voulait racheter les filiales européennes de Chrysler que la firme automobile américaine, alors en pleine déconfiture, cherchait à vendre en urgence. Chrysler-Europe gérait plusieurs marques – dont Simca, qui deviendra Talbot – et fabriquait plus de 500 000 voitures par an dans ses usines françaises (à Poissy), britanniques et espagnoles. Une énorme affaire victime de sous-investissement chronique. L'idée, en théorie, n'était pas sotte. L'acheteur de Chrysler-Europe pouvait imaginer une revente rapide, en bloc ou en morceaux, aux constructeurs automobiles japonais, certainement prêts à payer le prix fort pour s'implanter dans plusieurs pays européens dont les portes leur étaient encore fermées. S'il l'avait réussi, le coup eût été beaucoup plus gros que le rachat d'Adidas, dix ans plus tard. Mais il était impossible. Tapie n'est alors qu'un patron de PME au passé chargé, soutenu par une banque de quartier parce que son directeur, Pierre Despessailles, est sous son charme. Jamais, Tapie n'aurait pu financer une telle acquisition. De plus, jamais Renault et Peugeot ne l'auraient laissé faire le lit des Japonais. C'est d'ailleurs Peugeot qui rachètera les filiales européennes de Chrysler, pour son malheur. Cet épisode, resté inconnu, en dit long sur l'état d'esprit de Bernard Tapie en 1979. Rien ne le retient, rien ne l'effraie, rien ne lui fait peur. Il croit déjà que l'univers est à lui. Il se voit l'égal des grands patrons de l'automobile mondiale. Les Iraniens retiennent en otages les fonctionnaires de l'ambassade américaine? Voilà qu'il déboule avenue de Friedland tout excité : « On arrête tout, je vais aller me poser en médiateur. » Plus tard, chez Terraillon, s'apercevant qu'un concours offre comme premier prix une Citroën BX, il se fâchera : « C'est complètement ringard, ça fait rêver personne. Il faut offrir au gagnant un voyage dans la navette spatiale. » Ses collaborateurs croiront qu'il plaisante. Mais ce n'est pas le cas. Il leur faudra appeler la NASA. Après de multiples sollicitations, celle-ci répondra officiellement que les places dans la navette ne seront jamais à vendre. Alors seulement Tapie renoncera à son idée.

Aucun but ne lui paraît hors de portée. Il peut décrocher la lune. Et surtout il arrive à le faire croire aux autres. Cette capacité d'embarquer ses interlocuteurs dans un monde irréel lui donne un pouvoir dont il ne cessera d'user et d'abuser. Plusieurs de ses collaborateurs parleront d'une « secte » dont Tapie était le gourou. On entendra même, en juin 1994, un journaliste longtemps très proche de Tapie refuser d'aller à l'un de ses meetings électoraux « de peur, dira-t-il, de replonger ». Comme si c'était une drogue!

« Tapie est une puissance juvénile, avec l'irrationalité, l'affabulation, le ludique, les espérances folles, l'immoralité, la cruauté mais aussi parfois la naïveté de l'enfant [1] », écrit justement la revue *Commentaires*. Cette puissance juvénile, qui ne tutoie le réel que de loin, est l'élément essentiel de la séduction de Bernard Tapie auprès des esprits faibles et des vieux messieurs fatigués. Son comportement de pré-adolescent réveille chez beaucoup de ses interlocuteurs mâles le souvenir de cette période fugace et bénie où tout paraît possible, où l'on peut être chanteur de charme aussi bien qu'empereur, où l'on croit qu'on peut voler, à la seule condition d'y penser très fort... C'est sans doute cette capacité à redonner vie au jeune garçon que tout homme garde en soi qui explique pourquoi Bernard Tapie séduit plus les hommes que les femmes, dont l'adolescence est généralement vécue de façon plus concrète.

Pour s'échapper de son passé trouble, Bernard Tapie, à la fin des années soixante-dix, se voit déjà comme un redresseur de torts. Planétaire, bien sûr, puisqu'il ne fera plus jamais rien dans la demi-mesure. C'est un contexte qu'il faut avoir à l'esprit pour comprendre son comportement dans la rocambolesque affaire des châteaux de Bokassa qui, en octobre 1979, le jettera sur une scène médiatique dont il ne voudra plus jamais redescendre. Les faits sont connus. Bernard Tapie, accompagné de trois collaborateurs, débarque à Abidjan le 1er octobre. Jean-Bedel Bokassa, dit Papa Bok, ancien sergent de l'armée française, qui s'est fait couronner à grands frais et en grande pompe empereur du Centrafrique, a été renversé quelques jours plus tôt de son pauvre trône avec l'aide peu discrète des services secrets français. A la demande du président de la République française, Valéry Giscard d'Estaing, Félix Houphouët-Boigny, le vieux sage qui préside la Côte d'Ivoire, lui a accordé l'hospitalité, en résidence très surveillée. Les Anglais viennent tout juste, eux, de se débarrasser d'Idi Amin Dada, qui jouait les Ubu en Ouganda. Papa Bok faisait désordre dans le paysage de la coopération française, d'autant que *le Canard enchaîné* rappelait alors régulièrement que Giscard s'était longtemps plu en sa compagnie, dès lors qu'il pouvait tirer sur les grands fauves et autres espèces protégées comme sur des lapins dans un champ de luzerne. Les Français s'amusaient de ce pitre africain qui, neuf ans plus tôt, avait débarqué en larmes à Paris, sitôt connue la mort du général de Gaulle, en criant : « Papa, mon papa. » Jusqu'au jour où, un peu plus éméché que d'habitude, il avait noyé dans le sang une manifestation d'étudiants.

Sa destitution, décidée à Paris, avait été précédée d'une forte campagne de désinformation, touchant indirectement Giscard. En quelques semaines Papa Bok, à qui on attribuait déjà tous les vices, était devenu... cannibale ! Si l'empereur tuait les enfants, affirmaient doctement les journaux, c'était pour les manger. Pourtant, les troupes françaises dépêchées à Bangui après sa destitution n'avaient trouvé dans les réfrigérateurs impériaux que des boîtes de Ronron pour nourrir les chats de l'impératrice Catherine. Sans doute le monstre avait-il fini les restes avant de partir en exil à Abidjan... Bref : chauffée à blanc, l'opinion publique française aimerait bien que, faute de pouvoir lui couper le cou, on puisse au moins confisquer à Papa Bok ses nombreuses propriétés en France, dont plusieurs châteaux *, acquises avec l'argent que les Français lui ont donné et avec celui qu'il avait volé à son peuple.

Nul ne saura jamais si Papa Bok a consommé de la chair humaine au nom de quelque magie. En revanche, son penchant pour la bouteille ne fait aucun doute : il boit le Pernod au goulot. Sans eau. C'est donc un alcoolique, isolé du monde par 300 hommes en armes, que Tapie, à peine

* Il s'agit d'appartements à Paris, d'une villa à Nice, de propriétés en Sologne, d'une ferme rénovée à la Selles-Saint-Denis, du château d'Hardricourt (Yvelines), d'un autre à Neuvy-sur-Barangeon, d'un troisième à Neung-sur-Beuvron et d'un restaurant dans le même village.

débarqué de l'avion, est autorisé à rencontrer, alors que toute visite lui est théoriquement interdite. Mais pour celui qui se présente comme le patron de l'imprimerie Draeger – qui semble tant intéresser les chefs d'État africains – Houphouët a donné son feu vert.

Surprise : Tapie et Bokassa ont l'air de se connaître de longue date. Tapie attaque bille en tête :

– Les Français veulent ta peau et de toute façon ils vont te confisquer tes châteaux.

– Mais non, ils n'ont pas le droit!

– Tu rigoles! Tu n'es plus rien, ils ne vont pas se gêner.

Tapie sort alors de sa poche une prétendue proposition de loi, imputée au RPR, demandant la nationalisation de tous ses biens. Bokassa ne sait pas que les propositions de loi, présentées par les députés, sont d'usage médiatique et électoral : elles sont rarement débattues, encore moins votées.

– Tu dois me les vendre, Papa Bok, avant la décision du Parlement. C'est toujours ça que tu récupéreras. Giscard et Houphouët sont d'accord. T'as pas le choix.

– Et si je refuse?

– Tu seras expulsé de Côte d'Ivoire vers le Centrafrique, au mieux vers un autre pays africain où on te confisquera tout et où tu risques d'être tué.

Facile de négocier avec un empereur comme celui-là! Tapie a généralement en face de lui des interlocuteurs plus coriaces que ce pauvre type déchu, condamné à mort dans son pays, rongé de stress, imbibé d'alcool et coupé de toute information. « Je n'ai pas eu beaucoup de difficultés à trouver les arguments pour le convaincre », reconnaîtra-t-il d'ailleurs lui-même.

Le plus incroyable, dans cette histoire, c'est que sept ans après, quand il écrira *Gagner*, Bernard Tapie n'exprimera pas le moindre regret, ne prendra pas la moindre distance vis-à-vis de cette sombre négociation où il a toutes les cartes en main face à un prisonnier qui n'en a plus aucune, quels qu'aient été ses forfaits antérieurs. On a longtemps reproché à Christine Ockrent d'avoir interviewé dans sa cellule le premier ministre du shah d'Iran, la veille de son exécution par les ayatollahs. Au moins lui permettait-elle de s'exprimer. Mais là, c'est de vol et de chantage qu'il s'agit.

Bernard Tapie téléphone alors à Me Francis Lafond, un notaire d'Angoulême avec qui il était entré en contact quelques jours plus tôt pour reprendre une entreprise charentaise. Me Lafond ne connaît rien à l'Afrique et n'a toujours pas compris, aujourd'hui, ce qu'il avait été faire dans cette galère. Il débarque à Abidjan le 5 octobre et, une heure après, se retrouve face à Bokassa. Tapie a juste eu le temps de lui dire qu'il était là pour mettre en conformité les accords qui allaient être signés, sous l'autorité de Me Daniel Kouakou Konan, le notaire personnel de Félix Houphouët-Boigny. L'accord est signé. Bokassa a l'air d'un chien battu. Il pleurniche. Il faut qu'il inscrive son métier :

– Qu'est-ce que j'écris?

Tapie se marre :

– Marque donc : empereur, sans profession.

Le lendemain, la petite équipe se rend au ministère de la Justice ivoirien pour formaliser l'acte. Toutes les propriétés situées en France sont vendues à Bernard Tapie pour 12,54 millions de francs français. Le dixième de leur valeur. Le contrat n'évoque ni le mobilier des châteaux, ni les nombreuses voitures de luxe – Rolls Royce, Mercedes blindée, Cadillac – qui dorment dans chacune de ces propriétés, mais aussi dans deux garages parisiens. Une quarantaine, en tout. Elles sont toutes, ainsi que le mobilier, inclus dans la transaction. En tout cas du point de vue de l'acquéreur.

Tapie retourne voir Bokassa. Il lui demande une procuration en blanc et un reçu pour l'argent de la « vente » qu'il n'a, bien entendu, pas encore touché. Bokassa n'a pas le choix. Il fait confiance à Tapie qui s'est engagé à lui verser son dû sur un de ses comptes en Suisse, là où le gouvernement français ne risque pas de le confisquer.

Voilà donc Tapie propriétaire virtuel de plusieurs superbes propriétés, de tableaux, de meubles de prix et d'une quarantaine de voitures de luxe, tout cela pour 12,54 millions dont il a bien l'intention de ne jamais payer le premier franc. Il l'avouera lui-même plus tard, avec un cynisme absolu. Et surtout une totale inconscience. Au repos dans une clinique de Neuilly, l'impératrice Catherine reçoit la visite de René Journiac, conseiller de Valéry Giscard d'Estaing pour les affaires africaines, qui tombe du ciel quand elle lui parle du chantage à la nationalisation. Et lui dit qu'il n'en a jamais été question. Journiac parti, elle appelle Bokassa :

– Papa, j'ai une bonne nouvelle pour toi. Giscard ne veut pas te prendre ton bien.

L'empereur déchu rappelle immédiatement celui qu'il tient encore pour son sauveur :

– Tapie, on peut tout annuler, Catherine me l'a dit : j'ai la tranquillité, on ne va pas nationaliser mes biens.

– Papa Bok, c'est trop tard; moi je savais qu'on ne pouvait pas te les prendre officiellement et c'est pour cela que je l'ai fait!

Tapie prendra grand soin de faire passer cette dernière phrase à la postérité, puisqu'il la reproduira textuellement dans *Gagner*. Nul besoin de décodeur : cela signifie qu'en 1986, alors qu'il est déjà célèbre et qu'il commence à afficher ses ambitions politiques, Tapie se vante ouvertement d'avoir roulé un homme qui était privé de sa liberté et de ses capacités de jugement...

Cette affaire minable se terminera en jus de boudin. La presse se passionne alors pour l'affaire des diamants. *Le Canard enchaîné* a révélé que Giscard a reçu de Bokassa, à plusieurs reprises, des plaquettes de diamants qu'il a gardées pour lui. Le président de la République se défend mal, fait pression sur les journaux, s'enferre. Il traînera ses brillants comme autant de boulets, jusqu'à sa défaite, en 1981. A la mi-octobre 1979, tout ce qui touche au Centrafrique, à Giscard et à Bokassa est immédiatement monté en épingle dans les journaux. Et voilà que l'achat des châteaux de Bokassa par Bernard Tapie est révélé à la une du *New York Times*, en quelques lignes. Cela suffit. Du jour au lendemain, Tapie devient une célébrité. Problème : son dossier est glauque du début à la fin. Comment va-t-il s'en tirer? A sa manière, flambarde. En choisissant lui-même son terrain pour reprendre l'initiative. Homme d'affaires secret des rois nègres corrompus, il se transfigure soudain en redresseur des torts faits aux pauvres et aux orphelins. Le 24 octobre, il écrit en urgence à Pierre Labouisse, directeur général de l'UNICEF, l'organisme dépendant de l'ONU qui s'occupe de l'enfance malheureuse : « L'éthique humanitaire la plus élémentaire me guidait pour réussir dans cette entreprise dont le seul but était d'en assurer la dévotion à votre organisation. » Il s'agissait donc d'éthique! Que ne l'avait-on deviné? Tapie fait le tour des rédactions – trop contentes de pouvoir l'entendre et le citer – en leur assurant que tout s'est déroulé exactement comme il l'avait prévu au départ : il va revendre les châteaux du tyran aux enchères et versera à l'UNICEF l'argent ainsi gagné.

Mais le seul cadeau que fait Tapie à l'UNICEF, c'est la lettre qu'il a envoyée à son directeur. Car la vente à Tapie des châteaux de Bokassa sera sept mois plus tard annulée par le tribunal d'Abidjan, qui affirmera dans son jugement que le consentement de Papa Bok « a été vicié par les violences et manœuvres dolosives * utilisées par Tapie ». Il accuse ce dernier d'avoir « essayé de s'approprier les biens de Bokassa en exploitant la situation, alors même que celui-ci n'était pas vendeur. » Le tribunal d'Abidjan ajoute que « le sieur Tapie a menti à propos de la société Draeger. En outre, il a utilisé des noms de personnalités ivoiriennes pour faire croire à son influence (...) Il s'agit de comportements malhonnêtes, déloyaux, pour extorquer le consentement de son interlocuteur ».

Pour ces raisons, dans son jugement du 22 mai 1980, le tribunal d'Abidjan condamnera Tapie à verser 100 000 F de dommages et intérêts à Bokassa. Tapie refusera de payer, accusera la justice ivoirienne de l'avoir empêché de faire appel. Mais le 10 décembre 1981, le tribunal de Paris validera le jugement de celui d'Abidjan.

Passons sur les leçons « politiques » que tirera Tapie de cette triste histoire : « J'ai vu l'arrivée des douanes et du fisc; des présidents de banques nationalisées affirmer ne plus jamais accepter de travailler avec moi; j'ai vu circuler une fiche rédigée par des inspecteurs des renseigne-

---

* Dol : manœuvre frauduleuse destinée à tromper pour amener quelqu'un à accomplir un acte juridique.

ments généraux qui faisait état de pas moins de dix-sept condamnations, de trente-deux faillites, de chèques sans provision [2] ! » La vérité est tout autre. Le fisc s'intéresse à lui parce qu'il a travaillé au noir sans payer d'impôts pendant des années ; ses voyages fréquents en Suisse, à Genève et à Neuchâtel, justifient amplement l'intérêt des gabelous ; quant aux accusations concernant les banques nationalisées, le soutien inouï qu'il recevra pendant des années du Crédit Lyonnais en fera litière. Sa fiche de renseignements généraux, enfin, n'a jamais fait état de trente-deux faillites et de dix-sept condamnations : elle se contente de reprendre chronologiquement tous les actes de procédures engagées contre Tapie. Les mêmes affaires y sont donc citées à plusieurs reprises.

Demeure un seul mystère : qu'allait faire Tapie à Abidjan, accompagné de trois collaborateurs, dont son directeur financier Fabien Domergue, et comment ont-ils eu accès à Papa Bok ? Tapie a raconté que Dominique « s'était liée d'amitié avec Thérèse Houphouët-Boigny, l'épouse du président de Côte d'Ivoire, qu'elle avait rencontrée lors d'une cure à Eugénie-les-Bains, chez Michel Guérard. Peu de temps après, écrit-il, Mme Houphouët-Boigny me demande de me rendre dans son pays pour la conseiller dans une affaire personnelle [3] ». Quelle affaire personnelle ? Tout au plus peut-on dire qu'elle a un rapport avec des francs CFA, des banques suisses et l'imprimerie Draeger, qui achève et découpe les billets de la Côte d'Ivoire et dont Bernard Tapie se dit à l'époque le patron, alors que cette société est gérée par un syndic et que Tapie n'a pas reçu l'autorisation d'y mettre le nez. Il est établi, en revanche, que Tapie, ayant séduit le vieux lion d'Abidjan, lui a demandé de rencontrer Bokassa dont tout laisse à penser qu'il était déjà en affaires avec lui. Bokassa, à plusieurs reprises, a d'ailleurs parlé de Tapie comme de « son homme d'affaires ». Celui-ci s'est ensuite présenté tour à tour, selon ses interlocuteurs, comme officieusement mandaté soit par l'Élysée, soit par le chef de l'État ivoirien. C'est ce dernier, et non Valéry Giscard d'Estaing, qui a conseillé à Bokassa de porter plainte contre Tapie et qui a diligenté la justice ivoirienne. Houphouët-Boigny n'a-t-il pas supporté qu'on utilise son nom et son sens de l'hospitalité pour voler son hôte ? Aurait-il cherché un moment à récupérer les propriétés de Bokassa à son profit ? Le secret dort sous la basilique de Yamassoukro, protégé par les génies de la brousse.

Tapie, lui, s'en est très bien tiré. Les otages américains en Iran occupent l'actualité : les différentes condamnations de l'homme d'affaires n'intéresseront plus personne. Et s'il n'a pas pu récupérer les châteaux, il lui reste les meubles, les tableaux et les voitures, dont il semble connaître parfaitement l'inventaire et la localisation, alors qu'il n'en a jamais parlé à Abidjan. Tapie prend soin, fin octobre, depuis New York, de faire nommer un administrateur provisoire qui posera des scellés sur les différentes propriétés « de manière qu'aucune contestation ne soit possible ni sur le contenu, ni sur le contenant ».

Plus de contestation possible? Quelques jours plus tôt, une étrange faune de ferrailleurs et de demi-sel était venue, nuitamment le plus souvent, déménager meubles et œuvres d'art dans trois des propriétés de Bokassa. Ces objets ont été dans un premier temps déposés chez un garde-meubles connu de Bernard Tapie. Quant aux voitures de luxe, un grand nombre d'entre elles ont été rapidement revendues. Pierre Landereau, le garagiste ami de Tapie, qui avait écoulé quelque temps plus tôt sept Golf GTI utilisées auparavant par les vendeurs de Diguet-Denis, se souvient cette fois-là d'en avoir vu passer une dizaine entre ses mains. Comment Bokassa, en résidence surveillée à Abidjan, aurait-il pu se plaindre? D'autant qu'en matière de mobilier, la loi française est claire : possession vaut titre de propriété. Quant aux voitures escamotées, la plupart d'entre elles avaient été acquises au nom de Bokassa, par des intermédiaires, dans des conditions peu claires. Personne n'est jamais venu les réclamer.

Que valent voitures, meubles et tableaux de récupération face à la célébrité? Bernard Tapie, dans cette affaire, a été projeté sur le devant de la scène. Il y a ressenti, là-haut, un sentiment délicieux. Lui, le failli de Cœur Assistance, contre lequel les journalistes s'étaient déchaînés – c'est du moins ainsi qu'il l'a vécu – a de nouveau ses entrées dans toutes les rédactions. On veut savoir qui il est, raconter sa vie, ses succès. Ses méthodes, son secret. Les journalistes ont soif de vécu et d'émotion? Il va leur en donner jusqu'à satiété : pendant dix ans, Bernard Tapie bâtira une légende en trompe l'œil sous le regard complice et dupe des médias. Le seul qui le fasse jouir.

CHAPITRE 4

Naufrage à Manufrance

« Quoi qu'il arrive, je ferai renaître Manufrance. »

Figaro Magazine, 25 octobre 1980.

C'est donc pour la gloire, plus que pour l'argent, que Bernard Tapie se précipitera sur Manufrance, une société en coma dépassé dont on a du mal à réaliser aujourd'hui qu'elle ait pu, pendant sept ans, mobiliser à ce point les journaux et les télévisions, mais aussi les syndicats et les hommes politiques, ainsi qu'une pléiade sans précédent d'affairistes et de Diafoirus. En 1979, Manufrance ne compte plus que 2 000 salariés. Leur emploi est certes menacé, mais la France n'est pas encore trop affectée par le chômage. Pourtant, comme Lip quelques années plus tôt, Manufrance deviendra un immense symbole. Parce que c'est un fief CGT. Parce qu'il s'agit d'un des premiers grands sinistres de l'industrie française d'après guerre. Peut-être aussi parce que l'entreprise, qui fut la première société française de vente par correspondance, garde une image très forte – quoique désuète : le Catalogue de la Manufacture des armes et cycles de Saint-Étienne a trôné pendant près d'un siècle dans tous les foyers français. Le contexte politique, surtout, est empoisonné. Aux élections municipales de 1977, c'est un communiste, Joseph Sanguedolce, qui a ravi la mairie de Saint-Étienne à Michel Durafour, un giscardien. Aussi Matignon et l'Élysée pratiqueront-ils, sur ce dossier, un incroyable double langage. Par-devant, on promet – foi de démocrate-chrétien – que tout sera tenté pour sauver Manufrance. René Monory, ministre des Finances, se dit prêt à débloquer 150 millions de francs. Mais par-derrière, on brûle de voir crever l'abcès de cette entreprise-phare de la CGT et qu'il en sorte un maximum de jus. Car tout ce qui conforte Manufrance améliore la position de Joseph Sanguedolce, du PC, de la CGT, estime Valéry Giscard d'Estaing. Insupportable, à deux ans d'une élection présidentielle difficile.

Joseph Sanguedolce s'est fait élire sur un programme simple : « Ni licenciements, ni démantèlement. » Il est communiste, un rien sectaire.

Mais il est surtout complètement dépassé et incapable de faire preuve d'une quelconque autonomie : il se laissera manipuler par la frange la plus dure de la CGT locale, en pleine dérive, qui vivait sur la bête et conduira Manufrance à sa perte. Peu de temps après l'élection du maire, un groupe de vente par correspondance propose d'injecter des fonds dans la société, tout en reprenant le passif – et les 4 000 employés –, mais à condition que la mairie ne suive pas l'augmentation de capital et accepte donc, en devenant très minoritaire de perdre voix au chapitre. Refus de la CGT et donc de Sanguedolce. En vertu de quoi, Manufrance, deux ans après, a déjà perdu la moitié de ses emplois, tandis que la droite reprendra la mairie aux élections suivantes.

Les présidents défilent, mais Manufrance n'a plus de patron depuis longtemps. Les deux fondateurs avaient légué leurs titres en partie à la municipalité, en partie aux hospices civils de Saint-Étienne. Funeste idée. Après des années de laisser-aller sans la moindre initiative, sans investissements, sans aucune politique commerciale, ni gestion du personnel, Manufrance est devenu un monstre ingérable. Chacun se sert et toute la ville en profite. La fauche est un complément de salaire. Sous l'œil attendri de la CGT, les bicyclettes, fusils, et autres machines à coudre sortent par pleins camions. Au point qu'un des repreneurs pressentis, Lucien Pfeiffer, avait été jusqu'à faire signer à la CGT un document dans lequel le syndicat s'engageait à ne pas déclencher de grève si l'on arrêtait des voleurs !

Impossible d'entrer dans le détail de toutes les péripéties judiciaires de ce dossier : un livre n'y suffirait pas. Il faut simplement savoir que Manufrance ayant déposé son bilan, une « Société Nouvelle Manufrance » (SNM) est créée avec pour actionnaires la MACIF, une mutuelle d'assurances, le Comité d'expansion de la Loire et une société suisse, paravent du milliardaire rouge Jean-Baptiste Doumeng. Les camarades ne sont pas loin. La SNM emploie le personnel restant et doit verser des royalties à la vieille société Manufrance, qui conserve les actifs – en particulier les terrains et les nombreux immeubles. Mais la SNM menace à son tour de déposer son bilan. Même cause, mêmes effets : dès qu'un patron veut faire travailler un ouvrier, tout le monde s'en va en cortège se plaindre à la mairie. Effrayés par ce qu'ils voient, les administrateurs démissionnent les uns après les autres, de peur d'être tenus pour responsables sur leurs biens personnels par un tribunal de commerce qui ne sait plus où donner de la tête.

Le syndic de l'affaire, qui avait connu Bernard Tapie quelques mois plus tôt dans une entreprise de découpe de viande de porc *, le met en contact avec la MACIF qui lui demandera un audit, ainsi qu'à Lucien Pfeiffer.

---

* Omniviandes à Couzon-au-Mont-d'Or (Rhône).

Ancien banquier, inventeur du crédit-bail, dépouillé de ses entreprises sur ordre de Giscard qui le poursuivait de sa vindicte en raison de son engagement en faveur de Mitterrand en 1974, Pfeiffer imagine un système où les 1 200 ouvriers en surnombre (sur 2 000!) seraient regroupés dans une société financée par l'État, en attendant que la machine reparte. Tapie, lui, ne donne pas suite. Ce genre de montage, politique, lui semble fantaisiste. Le dossier, selon lui, n'est pas mûr.

Il reviendra en 1980, quand la situation se sera dégradée encore davantage. Dans des circonstances rocambolesques. Pour susciter des repreneurs, la CGT et le PC sortent de leur chapeau Jean-Claude Dumas, un « industriel » au passé peu brillant. Celui-ci assure, le jeudi 25 septembre, qu'il apportera 300 millions de francs le lundi suivant à la Société Nouvelle Manufrance, venant de commanditaires suisses. Mais Tapie lui vole la vedette : le lundi, il s'envole vers Lyon, achète trois actions (minimum pour être administrateur) et se fait nommer président de Manufrance. Grâce au soutien de René Le Guen, le responsable des cadres CGT. Il a convaincu directement la CGT nationale que lui seul pouvait l'aider à se sortir de ce dossier inextricable, dans lequel s'était ligoté un Joseph Sanguedolce complètement dépassé. Le même jour, Jean-Claude Dumas fait mine de dévoiler l'identité des deux sociétés suisses : il est administrateur-délégué de l'une et se refuse à désigner les actionnaires de l'autre! La presse ne s'en émeut guère, mais Tapie comprend tout de suite que tout est bidon. Ce n'est pas à lui qu'on peut faire le coup du repreneur exotique inespéré. Ce genre de fantaisies, c'est son terrain, qu'on ne vienne pas l'y déranger! Il lui faut des preuves de la vacuité du projet Dumas. Il en obtiendra, au prix d'une opération digne du plus incroyable des romans d'espionnage. Tapie appelle en Normandie son nouveau collaborateur Michel Hopé :

– Dumas bluffe, il faut qu'on le coince.

– Comment?

– Tu vas l'appeler en te faisant passer pour le mandataire d'un groupe d'investisseurs arabes. Tu vas voir, il va tomber dans le panneau.

Hopé s'exécute et appelle Dumas sous un faux nom : François Talbet. Tapie avait vu juste. Rendez-vous est pris au Sofitel de Roissy. Face à celui qu'il croit être le représentant d'investisseurs arabes désireux de remplacer ses très évanescents financiers suisses, Jean-Claude Dumas reconnaît volontiers en privé que ces derniers ont été inventés de toutes pièces par la CGT. Lui-même dit n'être intéressé que par les commissions promises et les plus-values à réaliser sur les terrains et les immeubles. Rien n'interdit donc de s'entendre. « Vous pourrez faire ce que vous voulez, dit Dumas au mystificateur. Le maire est dans ma poche, j'ai l'appui des syndicats et le soutien du président du tribunal de commerce. » Imprudent! Un magnétophone enregistre tout. Venu un quart d'heure avant le rendez-vous, Michel Hopé l'avait tranquillement installé sous la table...

Mais le meilleur, si l'on peut dire, est à venir. Dumas veut être sûr que ses faux Suisses seront remplacés par de vrais Arabes. Rendez-vous est pris, le lendemain, dans une banque koweitienne de la rue Auber. Si Isabelle Musnik [1] n'avait pas recueilli les aveux détaillés de Michel Hopé lui-même, personne ne pourrait croire ce qui va suivre. Hopé raconte : « J'arrive un quart d'heure avant la rencontre. Je tourne un moment dans le hall et je vais voir l'appariteur : “ Je suis M. Talbet, on va me demander. Pourriez-vous m'appeler ? ” Cinq minutes plus tard, méfiant, Dumas téléphone. Mais (...) c'est un autre appariteur qui répond et affirme qu'il ne me connaît pas. Heureusement, j'entends la conversation. Je prends donc l'appareil et feins le plus profond courroux : “ Comment, je vous avais demandé d'être discret, vous allez tout faire rater. ” Bref, je me crédibilise complètement. Il tombe dans le panneau. Une dernière rencontre a lieu. Dumas signe finalement un document précisant tout ce dont nous avons déjà parlé. Je le communique aussitôt au *Matin* et à *Minute* qui publient cette lettre, ainsi qu'un extrait des bandes. La supercherie est dévoilée. » Exit Dumas.

« Ma force, c'est de faire des trucs que les autres n'osent pas se permettre, dira Tapie un peu plus tard. Ni Riboud ni Gandois ne peuvent demander à leurs cadres supérieurs de se déguiser en pères franciscains pour vérifier si un mec est bidon [2]. » Ni faire chanter la CGT ! Car Michel Hopé a enjolivé au moins la fin de cette histoire ahurissante. Le *Matin* et *Minute* n'ont eu que des bribes d'information. Tapie préfère garder les meilleures pour les exploiter lui-même. Fort des aveux de Jean-Claude Dumas, il appelle René Le Guen et lui met le marché en main : « Soit on fait Manufrance ensemble, soit je balance toute votre machination, du début à la fin. Vous ne vous en relèverez pas. » Tapie a gagné : la CGT parisienne lui laissera désormais les mains libres. Dès la liquidation de biens prononcée, Tapie va multiplier les procès contre la CGT locale. Il obtient du tribunal un arrêt d'expulsion des ouvriers – qui ne sera pas exécuté. Il écrit à Joseph Sanguedolce, qu'il accuse d'avoir « encouragé les solutions fumeuses ». Il assigne en justice la société coopérative ouvrière fondée par René Le Guen pour « appropriation abusive du nom et de la marque Manufrance ». Il gagne mais aussitôt propose un accord avec cette même coopérative. La CGT encaisse sans broncher. Cette modeste concession de Tapie est bien accueillie : Henri Krasucki et René Le Guen se disent ravis que « Tapie et les syndics de l'entreprise se soient montrés favorables à l'ouverture de pourparlers. » Finalement Manufrance (que préside Tapie) sera autorisée à conclure un contrat de location-gérance avec la coopérative ouvrière, qui sera, plus tard, l'objet d'autres procès que Tapie gagnera encore.

Bernard Tapie annonce alors qu'il veut « valoriser les actifs corporels et incorporels » de Manufrance. Amusant : quand il achète, il « prend ». Mais s'il décide de dépecer et de vendre par appartements, il emploie alors, pour endormir, la langue de bois patronale la plus obscure et la plus éculée, de peur, sans doute de réveiller le prolétaire qui sommeille toujours en lui. Manufrance finira en catimini. Tapie fera traîner cinq ans la liquidation de biens, prononcée le 19 février 1986. Même la presse locale n'en parlera pas. Elle sera connue, par hasard, quelques jours après. Tapie vendra donc, une à une, toutes les activités de Manufrance. Jusqu'à présent, cette affaire lui a apporté de la notoriété, mais pas d'argent. Il espère au moins récupérer un magazine à succès, propriété du groupe : *le Chasseur français*. Mais étant président de Manufrance, sous la surveillance du tribunal, il lui est évidemment interdit de l'acheter lui-même. C'est alors qu'intervient Bernard Arnault, un fils de famille du Nord qui dirige le groupe immobilier Ferret-Savinel : Arnault lui offre de faire du portage, c'est-à-dire d'acheter provisoirement, à bas prix, *le Chasseur français*, pour lui revendre plus tard, au prix d'achat majoré des seuls « frais de portage ». Tapie accepte. Déposée en lieu sûr, chez un intermédiaire, une convention précise les modalités de l'accord. La belle affaire ! Tapie, ce jour-là, s'est fait rouler par plus fort que lui. Car l'intermédiaire a « perdu » cette convention et Bernard Arnault a gardé *le Chasseur français*. Leurs chemins se croiseront à nouveau sur le dossier Boussac et à nouveau Arnault ne fera qu'une bouchée de Tapie. Sans jamais maculer son petit costume. Depuis, Tapie voue une haine féroce, irrépressible au jeune homme bien né, toujours tiré à quatre épingles, aux allures si convenables, devenu par des jongleries financières inouïes le président de LVMH, le premier groupe de luxe du monde : « Il a fait fortune avec des subventions publiques. De lui on accepte tout. A lui on pardonne tout. Alors qu'on me montre toujours du doigt, moi qui n'ai pas fait le dixième de ce qu'il a fait [3]. »

Mais peut-être Tapie s'est-il « rattrapé » avec la vente des quarante magasins de Manufrance, bien situés au cœur des grandes villes françaises. Ils seront cédés à Ségéro-Dolle, une société civile aux actionnaires mystérieux. Elle aurait appartenu dans un premier temps au Crédit Lyonnais, là aussi dans une optique de portage pour le compte de Tapie. Celui-ci aurait ensuite racheté une partie des parts avant que le tout soit revendu aux petites-filles de Jean Prouvost (une autre grande famille du Nord) avec une plus-value que le Lyonnais et Tapie se seraient équitablement partagée. On remarquera d'ailleurs en passant que l'histoire du Lyonnais et de Tapie est plus ancienne et plus complexe qu'on ne le croit généralement. Car Michel Hopé, patron de La Vie claire, celui-là même que Tapie a envoyé sous un faux nom piéger Jean-Claude Dumas dans les hôtels et les halls de banques *, est le propre frère de Maurice Hopé, qui

* Michel Hopé ne sera pas payé de retour. Tapie lui offrira un bureau au ministère de la Ville. Mais en janvier 93, un mois avant de prendre sa retraite, Hopé souhaitera voir Tapie, qui ne trouvera pas le temps de le recevoir. Michel Hopé en a, paraît-il, pleuré.

était le conseiller du président du Crédit Lyonnais de l'époque, Claude Pierre-Brossolette... Comme avec Papa Bok, Tapie ne reculera, chez Manufrance, devant aucun moyen pour parvenir à ses fins. Et pourtant, il en sortira finalement gagnant.

Car le dossier traîne depuis si longtemps, il est si pourri et si compliqué que l'opinion publique ne retiendra de ce triste épisode qu'un simple fait : Bernard Tapie s'est battu comme un beau diable pour sauver la vieille dame de Saint-Étienne. Et s'il n'y est pas parvenu, comment lui en faire le reproche?

CHAPITRE 5

De La Vie claire à Terraillon

« Il faut se battre de toutes ses forces pour récupérer les effectifs. Pour moi, c'est une question de principe autant que d'honneur. »

Gagner.

Mai 1981. François Mitterrand est au Panthéon. Seul avec l'histoire... et une caméra, il chemine de galeries en cryptes, se recueillant longuement devant chacune des dépouilles des grandes gloires de la gauche française. Il s'est rendu à pied dans ce haut lieu de l'histoire où, sans doute, il espère reposer un jour. Il a remonté la rue Soufflot, au coude à coude avec son vieil ami Roger-Patrice Pelat, par un bel après-midi ensoleillé, au milieu d'une foule en liesse. Au terme d'une campagne acharnée, face à un Valéry Giscard d'Estaing qui n'est plus que l'ombre de lui-même, François Mitterrand vient d'être élu président de la République. Sur le parvis, perdu au milieu de la foule des nouveaux courtisans, Mendès France est ému jusqu'aux larmes lorsqu'il reçoit l'accolade du président qu'il a toujours tenu pour un dangereux opportuniste dénué de scrupules. Le Panthéon n'est distant des jardins de l'Observatoire que de quelques centaines de mètres mais, ce jour-là, il en est à mille lieues ! Le temps a fait son œuvre et le vote populaire a balayé les ultimes réticences des grandes consciences de gauche, d'autant plus aisément que nul ne connaît alors le tropisme du nouveau président pour Vichy, son amitié pour René Bousquet, non plus que les impénétrables arrangements financiers qu'a tissés, pendant des années, l'intransigeant leader de la gauche avec ses deux vieux amis, Roger-Patrice Pelat et Jean-Pierre François, le banquier suisse que Bernard Tapie aurait connu à l'occasion de la vente de son hôtel particulier parisien. Jean-Pierre François qui, depuis Genève, Paris ou Washington, gère, entre autres, des appartements de rapport, détenus par de discrètes sociétés civiles immobilières aux actionnaires inconnus. C'est aussi ce que fait Tapie, à une plus petite échelle. Par l'intermédiaire de la société en nom collectif Tapie et Compagnie, l'homme d'affaires a lui aussi pris 30 % d'un programme immobilier à Genève *.

On croit François Mitterrand bien loin de toutes ces contingences. Aussitôt élu, alors qu'il fera état d'un patrimoine personnel modeste dont personne n'oserait mettre en doute la véracité, le président prend d'ailleurs soin de dresser un mur infranchissable entre l'argent et lui : la rente annuelle que lui accordait Roger-Patrice Pelat, via sa société Vibrachoc, est, par exemple, aussitôt transférée à son fils Gilbert, enseignant et député socialiste de la Gironde, qui facturera des prestations mensuelles fictives de 7 500 F hors taxe par mois à cette entreprise spécialisée dans les pièces antivibratoires. La ficelle est un peu grosse : « Il s'agissait là d'un moyen détourné pour assurer une rente amicale de Roger-Patrice Pelat à M. Mitterrand », affirmera plus tard Michel Guénot, le directeur financier de Vibrachoc, au juge Thierry Jean-Pierre.

Mais le peuple, à cette époque, ne se soucie guère de la cassette du Prince, qui occupe tout le terrain politique. Dans la foulée de son élection, les législatives ont porté au pouvoir une vague rose, dont l'ambition affichée est un brin ambitieuse. Il s'agit, tout simplement, de « changer la vie ». Bernard Tapie ne participe en rien à cette éruption de romantisme, qu'il trouve dérisoire. Cette victoire n'est pas la sienne. Il n'a même pas voté, ne s'étant jamais inscrit sur une liste électorale, après avoir retrouvé la jouissance de ses droits civiques... Il n'apprécie alors la situation politique qu'en fonction de son intérêt personnel. De ce point de vue, le départ de Giscard l'arrange car il sait que le président sortant ne lui pardonnera jamais son barouf autour des châteaux de Bokassa. Il va lui falloir reconstituer ses réseaux à gauche, moins pour faire de la politique que pour régler en douceur ses problèmes fiscaux et s'assurer qu'on ne lui mettra pas de bâtons dans les roues. Il n'a aucun contact de ce côté, à l'exception de Christian Pierret. Celui-ci a beau être rapporteur du budget à la commission des finances de l'Assemblée nationale et affirmer partout qu'il est le sixième personnage de l'État, Tapie aura vite l'occasion de comprendre qu'en Mitterrandie, celui-là compte pour du beurre **. Homme d'affaires avant d'être homme politique, Pierret a un peu trop visiblement mélangé les genres, ce qui l'empêchera d'être ministre. Il est aujourd'hui à la direction du groupe Accor, où il s'occupe de lobbying, une activité qui lui convient mieux.

---

* Tapie et Compagnie exerce une activité de marchand de biens. Cette société, aujourd'hui disparue, achète aux enchères des villas et appartements sur saisies qu'elle retape et qu'elle revend.

** La rupture avec Pierret sera brutale. Devant un témoin, Tapie appelle le député : « Je vais installer une usine dans ton petit bled pourri. » Pierret lui demande alors de venir le voir. Tapie, soudain, éclate de rire : « Fume, c'est du belge. Je ne ferai pas mon usine chez toi. »

Sur le fond, l'arrivée de la gauche indiffère Bernard Tapie qui affiche des opinions tranchées, poujadistes, en particulier sur la liberté d'entreprendre, les impôts ou l'immigration et qui affecte de mépriser les politiques, « juste bons à brider l'initiative individuelle ». Mais il ne se laisse pas emporter. Il a toutes les peines du monde à convaincre Guy Drut que le nouveau président « n'est pas un bolchevique », selon l'une de ses expressions favorites. Ce n'est donc pas, comme tant d'autres, par peur d'être spolié qu'il revendra toutes ses activités papetières, en 1981. Mais parce qu'il s'est lassé. Il en a fait le tour et surtout, elles ne lui permettent plus de gagner assez d'argent. Pour avoir un peu trop tiré sur la corde, il sera d'ailleurs condamné par le tribunal de commerce de Paris, en février 1982, à payer 500 000 F d'amendes.

Tapie a voulu être patron, se stabiliser. Il est patron, mais il s'ennuie. Son obsession, désormais, est ailleurs : il veut devenir plus riche que Crésus. C'est un délire de parvenu qu'il exprime sans la moindre pudeur, notamment dans une mémorable interview accordée au *Matin de Paris*, un journal de gauche [1] : « C'est bon, le fric, que tu le veuilles ou non. Avec du fric, tout va vachement mieux! Trois jours à Rio, c'est autre chose qu'un week-end au Blanc-Mesnil, non? (...) De temps en temps je m'offre un week-end de milliardaire avec ma Rolls à Monte-Carlo. Je m'éclate comme un fou et je flambe comme un malade. Une vraie bête, j'en mets partout. (...) Au fond, je suis un prolo et je resterai toujours un prolo. »

Pour pouvoir « en mettre partout », Bernard Tapie, forcément, doit se remplir les poches. Son expérience à la tête de ses sociétés papetières lui a montré que gérer une entreprise en conformité avec la loi rapportait beaucoup moins que de faire des aller-retour. Pendant toutes les années quatre-vingt, il va donc acheter des entreprises et en vendre. Une quarantaine connues ont ainsi passé entre ses mains. Mais il y en a d'autres, minuscules ou éphémères, qu'il garde quelques semaines et dont il ne parlera pas. Elles lui permettent de gagner deux millions ici, trois millions là. Rachat après rachat, sa méthode s'est rodée : quand intervient le dépôt de bilan d'une société, il va voir les créanciers, leur propose de reprendre lui-même à sa charge les créances, mais il ne leur en règle qu'une infime partie. Selon la bonne vieille maxime : un bon tiens vaut mieux que deux tu l'auras, ceux-ci sont ravis de toucher tout de suite une part, même faible, de leur mise plutôt que d'attendre un remboursement aléatoire, dix années plus tard. La société ainsi rachetée à bon compte, Tapie constitue alors un concordat et récupère... 100 % de la créance.

A cela s'ajoutent ses talents particuliers. Lorsqu'il reprend une boîte, il en découvre vite les petits secrets. L'utilisation abusive des voitures, les avantages en nature non déclarés, etc. C'est d'ailleurs ce genre de choses qu'il demande à ses limiers de débusquer en priorité. Après quoi, les anciens propriétaires sont coincés. Ceux-si savent bien que Tapie-la-balance n'hésitera pas à les faire plonger, dans la réprobation générale, s'ils ne se plient pas à ses volontés.

Pourtant, dans son délire de richesse, prélude et condition, selon lui, à l'intégration dans l'establishment et à la conquête du pouvoir, Bernard Tapie est confronté à une contradiction : il veut être en même temps reconnu comme un véritable industriel. La mode est aux grands patrons conquérants, qui prospèrent sur les « grandes filières » en créant des richesses et des emplois. Tapie souhaite entrer dans la catégorie de ces nouveaux *condottiere* dont chacun sent qu'ils vont bientôt remplacer les Trigano (Club Med), Riboud (BSN-Danone) ou Lagardère (Matra).

Aussi, parallèlement à ses petites affaires lucratives, va-t-il prendre, à quelques mois d'intervalle, le contrôle de deux entreprises sur lesquelles il fondera une grande partie de son mythe : celui d'un industriel dynamique, bon vendeur et meneur d'hommes, celui d'un gestionnaire exemplaire. Pendant des années, il citera La Vie claire et Terraillon à tous ses auditoires, comme les exemples les plus achevés de sa réussite. Ces deux entreprises méritent donc un regard particulier, d'autant que, n'ayant jamais pu les revendre, il en sera le seul responsable, pendant treize ans, jusqu'à ce que le Crédit Lyonnais les lui confisque. C'est donc à travers La Vie claire et Terraillon que l'on peut le mieux porter un diagnostic incontestable sur ce que fut réellement la gestion de Bernard Tapie.

Il y a un mystère La Vie claire. Était-ce parce qu'il était convaincu « qu'on creuse sa tombe avec ses dents » que Tapie a repris cette entreprise bizarre, à l'image ringarde, peu de temps après son équipée en Côte d'Ivoire, au moment même où il jette son dévolu sur Manufrance ? Peut-être, encore que Tapie, à cette époque, fume comme un sapeur, boive et mange normalement. Qu'importe, au fond ! Seule évidence : sauf pour lui pomper ses maigres liquidités, Tapie ne s'est jamais occupé de La Vie claire, qui va lui coller pendant quatorze ans aux doigts, comme un bout de sparadrap à ceux du capitaine Haddock [2]. Popularisée par les victoires de Bernard Hinault dans le Tour de France cycliste, La Vie claire est une bien curieuse entreprise-secte, créée avec un statut de coopérative ouvrière. A travers un réseau de deux cents magasins franchisés, où l'on prône un mode de vie strictement végétarien, elle vend des produits diététiques. Elle a été fondée par une sorte de gourou, Raymond Geffroy * qui, gazé pendant la Première Guerre mondiale, a cru que sa survie n'était due qu'au régime alimentaire dément auquel il s'était astreint. Cet ancien journaliste devenu chantre des produits naturels et pourfendeur de toute nourriture d'origine animale, y compris le fromage et les œufs, avait publié une revue et créé une chaîne de magasins spécialisés, gérés par

* Tapie, dans *Gagner*, l'appelle Charles-Henri ou Henri-Charles...

d'intraitables militants de l'eau de riz, du jus de carotte et de la décoction de figue.

Très marqué par l'idéologie naturiste des années cinquante – celle qui a accompagné la naissance du Club Med – La Vie claire n'a jamais évolué et a même loupé la grande période *baba-cool* des années soixante et soixante-dix. Avec un peu de marketing et quelques horribles compromissions – pourquoi pas un peu de fromage de brebis du Larzac ? – elle aurait pourtant pu renouer le contact avec les hippies et autres nouveaux adeptes de la laine écrue. Il n'en est pas question. En conséquence de quoi, en 1980, lorsque intervient Tapie, La Vie claire est en règlement judiciaire depuis deux ans, tandis que Raymond Geffroy, 85 ans, est inculpé. Lui qui ne voulait pas de fromages dans ses magasins, il en avait fait des officines d'appel public à l'épargne, en s'affranchissant de toute obligation légale !

Hubert Lafont, syndic désigné, est parvenu à relancer l'affaire. Il cherche un repreneur. Plusieurs grands de l'agro-alimentaire sont sur les rangs. Mais la famille fondatrice n'a pas dit son dernier mot. Brouillé avec son père, Henri Geffroy s'était exilé à Tahiti, dix ans auparavant, pour un tout autre genre de retour à la nature. Il revient et envisage de reprendre lui-même les rênes de l'entreprise familiale. Jusqu'au jour où Lafont l'appelle :

– J'ai un repreneur à vous présenter, il n'a rien de commun avec les autres.

– Qui ?

– Vous ne le connaissez probablement pas. C'est un type étonnant. Il s'appelle Tapie. Bernard Tapie.

– Tapie ? J'ai lu quelque chose sur lui à Tahiti. Dans *Paris-Match*. Il parlait du respect de la culture des entreprises qu'il reprend. Organisez-moi un rendez-vous avec lui.

La rencontre a lieu, le lendemain, avenue de Friedland. Au premier serrement de main, la messe est dite. Henri Geffroy est subjugué par l'animal. Au bout d'une heure et demie où l'on n'a parlé de rien, tout le monde va déjeuner. Tapie prend alors Geffroy par le bras. Bras dessus, bras dessous, ils commenceront à tourner autour du pâté de maisons, suivis par Me Lafont et le directeur de La Vie claire. Un tour, deux tours, trois tours, comme des jeunes écolières qui se raccompagnent indéfiniment. Tapie accepte toutes les conditions posées par le syndic. En plus, il prend à sa charge le passif fiscal du fondateur, lui conserve un siège au conseil d'administration, lui octroie une rente jusqu'à la fin de sa vie et le loge gratuitement *. Il s'engage surtout à laisser à la famille 25 % du capital. Et comme une cerise sur le gâteau, Tapie propose à Henri Gef-

* Raymond Geffroy ayant 85 ans et sa femme 81, Tapie limite les risques.

froy, pour la famille, 7 millions de francs « défiscalisés » *, exactement la somme que celui-ci avait demandée un peu plus tôt à un autre repreneur qui l'avait immédiatement dénoncé au syndic comme un triste maître-chanteur végétarien. Ce coup-ci c'est Henri Geffroy qui, magnanime, rejette la proposition [3] :

– Monsieur Tapie, je ne vois pas pourquoi je maintiendrais une telle exigence alors que vous m'avez accordé tout ce que je souhaitais.

Grâce à sa bonne mine et à sa franche poignée de main, Tapie vient de gagner 7 millions « défiscalisés ». Tout sourire, il se retourne vers les deux suiveurs :

– Maintenant, on peut aller déjeuner, l'affaire est réglée.

Un obstacle reste pourtant à surmonter : le repreneur devra être adoubé par l'assemblée des actionnaires, au nombre de 14 000 – ce sont pour la plupart des propriétaires de magasins La Vie claire ou des clients assidus qui ont été démarchés pour devenir actionnaires. Or, Tapie rappelle lui-même que « son image de marque, pour le moins trouble, ne supportait pas la comparaison avec les vitraux de la cathédrale de Chartres [4] ». Pourtant, le carnassier va croquer d'un seul coup de dent les végétariens : il recueillera 13 200 voix en sa faveur.

Au fil des ans, Tapie racontera cette histoire en l'enjolivant, comme si le plébiscite d'une assemblée de vieux croûtons macrobiotiques préfigurait son contact futur avec le suffrage populaire! Il est vrai qu'il est apparu ce jour-là beau comme une saucisse de soja et a fait un plaidoyer émouvant en faveur de l'hygiène de vie, du sport et des aliments sains. Tandis que son challenger, patron de Bongrain, a commis l'erreur de parler du *Caprice des dieux* fait maison. Un fromage, ou prétendu tel? Horrible! En réalité, tout était joué d'avance. La famille Geffroy, par le jeu des pouvoirs en blanc, détenait la clé du scrutin. Ainsi La Vie claire, dont nul colorant, conservateur ou additif chimique ne devait jamais franchir le seuil d'un seul magasin, ouvrira grand ses portes à Bernard Tapie.

Celui-ci, un court moment, semble se prendre au jeu macrobiotique : dans la foulée, il rachètera L'Arche de Vie, qui fabrique des produits diététiques; Soleillou, qui commercialise des produits d'épicerie fine; ainsi que L'Herbier de Provence, une entreprise artisanale productrice d'huiles aromatiques, dont le passif était deux fois plus élevé que le chiffre d'affaires. L'une des seules qu'il ait jamais reprise en location-gérance. Comme s'il voulait créer une filière industrielle de l'aliment naturel... Pour un peu, le gosse du Bourget n'aurait plus qu'à s'installer au pied du Lubéron pour y vendre les produits de sa ferme, accompagné de Dominique avec son macramé!

---

* Dans le vocabulaire très codé de Tapie, « argent défiscalisé » signifie argent noir versé en liquide ou à l'étranger. Il l'emploie lorsqu'il s'adresse à des interlocuteurs non affranchis ou qu'il veut mettre à l'aise. Avec les autres, il parle tout simplement de « black ».

Mais ce n'est pas du tout le genre du loustic. En 1981, il est déjà parti pour la gloire. Un soir de mai, il dîne chez Claude Colombani. Au dessert, comme une boutade, il lui lance :

– Claude, j'ai décidé de ne plus te payer d'honoraires, compte tenu de la publicité que tu te fais en travaillant avec moi *.

Colombani ne se démonte pas :

– C'est drôle : je pensais te les doubler pour tout l'argent que je t'ai fait gagner et pour l'honneur que tu as de travailler avec moi !

Ainsi prendra fin la fructueuse collaboration entre Claude Colombani et Bernard Tapie. Jamais cependant les deux hommes ne se brouilleront. Une génération les sépare. Tapie sait bien que Colombani ne lui fera pas d'ombre. Il lui écrira d'ailleurs une longue lettre – c'est un privilège extrêmement rare – où il reconnaît n'avoir existé que grâce à lui. Plus tard, au moment de l'affaire Boussac, Colombani essayera même de donner un coup de main à Tapie, ce qui lui vaudra de faire un petit tour en prison !

Tapie a lâché Colombani pour un jeune avocat ambitieux, encore inconnu, avec lequel il va travailler dix ans et qu'il retrouvera, le 20 mai 1993 lors d'un match de sinistre mémoire entre l'Olympique de Marseille et Valenciennes : Jean-Louis Borloo. A l'époque, il est l'un des meilleurs spécialistes du droit des sociétés. Profitant des failles de la réglementation française, c'est Borloo qui a mis au point la nouvelle méthode de reprise des entreprises en difficulté que pratiquera, entre autres, Bernard Tapie. Il a vite fait école et a monté le plus gros cabinet d'avocats d'affaires français. En même temps, avec plus de discrétion que son principal client, il a appliqué pour lui-même sa façon de faire et se retrouve à la tête d'un groupe industriel fort rentable. Il est devenu président du club de football de Valenciennes, puis député-maire de cette commune, en 1989. Sa virtuosité financière est telle que le juge Beffy, en juillet 1994, cherchait toujours à comprendre pourquoi le maire de Valenciennes s'était pendant des années appauvri pour enrichir son club de foot. Comme s'il ne parvenait pas à croire que Borloo est un grand mécène désintéressé... C'est en tout cas un homme politique inclassable, brillant et fantasque. Un type capable de se lever au radar, à midi parce qu'il a refait le monde toute la nuit avec des copains.

Jean-Louis Borloo est l'un des seuls collaborateurs de Tapie qui ne se soit jamais laissé dominer. Peut-être parce qu'aussi drôle, plus charmeur,

* C'est une méthode qu'il emploiera souvent, notamment avec ses conseils. Une fois, il avait fait travailler pendant des semaines un jeune avocat marseillais sur un dossier difficile. Le jour où celui-ci lui a présenté la note, Tapie a éclaté de rire : « On t'a vu plusieurs fois au 20 heures et en plus tu voudrais que je te paye? » Il n'a rien voulu savoir et a transmis le dossier tout ficelé à un ténor du barreau qui l'a repris sans hésitation...

il est sans doute plus malin que lui. Il s'en est d'ailleurs séparé au bon moment. Borloo, c'est du vif-argent, que personne ne peut saisir.

L'avocat va donc aider son célèbre client à reprendre toute une série d'entreprises au cours de la décennie quatre-vingt, à commencer par Terraillon. Cette société d'Annemasse dépose son bilan le 25 juin 1981. C'est un cas d'école. Créée en 1942 par Paul Terraillon, sa production atteint vingt ans plus tard le million d'appareils et les deux millions en 1978. Elle a couvert jusqu'à 70 % du marché français des pèse-personnes et 80 % de celui des balances de ménage. En 1980, son chiffre d'affaires progresse encore de 20 % pour atteindre 150 millions de francs. Paul Terraillon embauche à tour de bras et pratique une politique sociale généreuse. Son fils Marc le met en garde. Le vieux patron se brouille avec lui. Il ne veut pas voir la crise – provoquée par une saturation du marché, un renouveau de la concurrence et une baisse des prix – qui ne tarde pas à le rattraper : les ventes s'effondrent et les pertes s'accumulent. Au moment de son dépôt de bilan, Terraillon affiche 70 millions de francs de passif. Le volume de production a diminué d'un tiers en cinq ans.

Marc Terraillon reprend alors les rênes de l'entreprise, mais voit toutes les portes se fermer. Il craint de ne pouvoir éviter la faillite lorsque le syndic de l'affaire, Me Rossignol, lui conseille de contacter Bernard Tapie. Tous deux ont déjà fait affaire sur Omniviandes et Manufrance, situées, comme Terraillon, dans la région Rhône-Alpes. Terraillon prendra langue avec Jean-Louis Borloo. C'est l'avocat qui va évaluer l'affaire en restant un mois à Annemasse. Sa conclusion est claire. Terraillon garde une très bonne image et possède plusieurs truffes : des bâtiments et 15 hectares de terrains aux portes de Genève; ses services de recherche ont mis au point une « jauge de contrainte » brevetée, qui permet de peser en continu le linge d'une machine ou un rôti en cours de cuisson. Les applications potentielles sont infinies. Autre avantage, aux yeux des repreneurs : la proximité de la Suisse, accueillante, et l'aéroport de Genève où Bernard Tapie pose si fréquemment son avion.

Mais Paul Terraillon ne veut rien entendre : il considère Tapie comme un faiseur. Tapie, Borloo et Me Rossignol feront alors une pression terrible sur la famille, assurant à chacun qu'il sera ruiné en cas de liquidation de biens. Marc Terraillon craque et se rend. Tapie a fixé ses conditions : rachat de 60 % du capital pour 1 franc, avec une reprise des cautions personnelles de la famille, qui atteignent 4 millions de francs.

Devenu ainsi, pour 1 franc, le leader français de la balance, Tapie rachètera progressivement les 40 % restants aux mains de la famille. Mais il n'attendra pas pour se venger de la résistance que lui a opposée le fondateur. Le jour même où il prend possession des lieux à Annemasse, il le traînera publiquement dans la boue, avant de lui interdire de partir au volant de sa Citroën SM, qui appartenait à la société.

Pendant treize ans, La Vie claire et Terraillon, grâce à Tapie, vont faire la une de l'actualité plus souvent qu'à leur tour. Jamais, sans doute, deux petites entreprises aux performances moyennes n'auront autant fait parler d'elles. Terraillon, que Tapie fera introduire en 1985 au second marché de la Bourse de Lyon – l'occasion pour le Crédit Lyonnais de se servir grassement au passage – sera même pendant quelques années la coqueluche des boursicoteurs. Mise en vente à 205 francs, l'action est montée jusqu'à 1 250 francs en 1987 avant de s'écrouler, pour être finalement retirée du marché fin 1993 au prix de 40 francs. Sans doute ces deux sociétés ont-elles permis à leur propriétaire de gagner beaucoup d'argent, par le jeu des facturations internes. Mais au bout du compte, loin des péripéties de l'écume médiatique, le bilan de leur gestion est accablant pour Bernard Tapie. Comme marchand de légumes secs, passe encore, mais comme industriel, il est terrible.

S'agissant de La Vie claire, le principal reproche que l'on puisse faire à Bernard Tapie c'est... qu'il n'en a rien fait. Depuis treize ans, tout est resté en l'état. La société continue à vendre ses produits diététiques, dans un environnement toujours aussi tristounet. Toutes les grandes idées de développement dans le monde du sport, longtemps exprimées par Bernard Tapie, sont restées à l'état de projet. Au moins La Vie claire équilibre-t-elle à peu près ses comptes. Mais sa valeur, estimée à 80 millions de francs environ, n'existe que dans la mesure où elle contrôle un réseau de magasins, souvent bien placés en centre-ville. A deux reprises, La Vie claire a été vendue et deux fois, après inventaire, les acheteurs, s'estimant trompés sur la marchandise, ont fait valoir les clauses qui leur permettaient le retour à l'envoyeur. Depuis, plus personne ne semble intéressé.

Pour Terraillon, qui fut le fleuron du groupe Tapie, le résultat est tout simplement désastreux. La situation financière est désespérée. Avec tout autre que Tapie, le bilan aurait été déposé depuis bien longtemps *. L'usine d'Annemasse a baissé le rideau à la fin de 1993. Les quinze hectares de terrain et les bâtiments vont être mis en vente. Le siège social a été déplacé pendant les vacances d'août 1993 d'Annemasse à Chatou, dans les Yvelines. Le flamboyant repreneur avait annoncé qu'il garderait 500 emplois sur 550 mais qu'il porterait plus tard les effectifs à 2 000 personnes. Or tout le monde a été licencié, par petits paquets, en dessous des seuils de contrainte légaux, dans la tradition du patronat le plus dur. Tapie s'est dit acculé à délocaliser la production en Irlande et en Malaisie pour réduire les coûts. Évidemment : les vieilles machines,

* Selon un rapport secret de la Cour des comptes, « le découvert, plafonné à 10 millions de francs, atteignait 142 millions en novembre 1992 ». Malgré l'octroi de prêts relais de la SDBO, il atteint encore 82,5 millions de francs au 30 juin 1993. « Au terme de cette évolution, l'endettement global de Terraillon auprès de la seule SDBO (113 millions de francs) ne pourra être couvert par la valeur actuelle de revente de la société (comprise entre 25 et 110 millions de francs). »

installées par Marc Terraillon en 1956, n'ont jamais été remplacées! Tapie, là comme ailleurs, s'est refusé à faire quelque investissement que ce soit. Un rapport remis au comité d'entreprise faisait état de la construction en Malaisie d'une usine ultra-moderne employant 160 personnes. Mais à l'endroit indiqué, il n'y a jamais eu qu'un vieux hangar... En réalité, Tapie s'est contenté de sortir la SCAIME, détentrice des brevets, du périmètre de Terraillon et de se l'attribuer personnellement. Puis il a laissé dépérir l'entreprise, en vivant sur la bête. Chacun de ses déplacements à Annemasse était facturé 350 000 F à la société. En 1985, Tapie a fait payer par Terraillon pour 1,8 million de francs de billets de train pour l'équipe cycliste La Vie claire de Bernard Hinault : la seule contrepartie était un minuscule Terraillon qui apparaissait sur le cuissard des coureurs. Commentaire en forme d'épitaphe d'Élisabeth Lavy, 20 ans chez Terraillon, déléguée CGT licenciée fin 1993 : « La CGT avait vu arriver un Zorro de gauche, chevauchant un gouvernement de gauche (...). Nous avons eu tort de nous accrocher à notre entreprise, de croire en Bernard Tapie. Nous aurions dû partir, trouver un autre travail alors qu'il était encore temps. Mais nous devions devenir les n° 1 du pesage en Europe! (...) Aujourd'hui il ne nous reste que des rancœurs et le sentiment humiliant d'avoir été floués [5]. »

CHAPITRE 6

Du Club Méditerranée au Phocéa

« Je ne veux pas que les clients de La Vie claire croient que j'ai payé mon bateau avec leur argent. »

– Teura, réveille-toi. Reviens à Tahiti, il y a quelqu'un pour le bateau.

Quelqu'un pour le bateau? Ce coup de fil de Claude Girard, l'avocat de son mari disparu, qui l'appelle depuis Papeete, n'a rien pour enchanter Teura Colas. Elle a été se mettre au vert à Hawaï justement pour ne plus entendre parler du bateau, des dettes qui s'accumulent et des repreneurs américains bidons qu'on lui présente et qui n'ont qu'une idée en tête : la sauter! Et aussi pour mettre un océan Pacifique entre elle et Tahiti où, jeune et jolie, elle avait été adulée et jalousée lorsqu'elle était la femme d'Alain Colas, puis rejetée après la mort en forme de suicide du navigateur solitaire, en novembre 1978, pendant la Route du Rhum. Alain était parti alors que la coque en aluminium de son vieux *Manuréva* était à la limite de la rupture. Alain Colas ne s'était jamais rétabli, ni physiquement, ni mentalement, de sa blessure au pied, scié à hauteur de la cheville par la chaîne de l'ancre du même *Manuréva* en 1975. Teura Colas * était restée avec trois enfants, dont des petits jumeaux, pour payer la note. Toutes les notes.

– Qui c'est, celui-là?

– C'est Bernard Tapie.

– C'est encore un bullshit, ton Teepee?

Derrière le téléphone, Teura sent comme un vrombissement de Boeing 747. A l'écouteur, Bernard s'agite, furieux que la petite Tahi-

* Son vrai nom est Marcha Krause! Le grand-père paternel de Teura Colas était en effet originaire de Prusse-Orientale. Il avait fait souche dans des contrées plus hospitalières...

tienne ne connaisse même pas son nom * : « Qu'est-ce que ça veut dire, Boulechite? » Pressé par Tapie, l'avocat a fait l'erreur de lui traduire littéralement l'expression. Tapie, très premier degré, n'a pas vraiment aimé se faire traiter de « merde de taureau ». Il prend le téléphone des mains de l'avocat :

– T'arrêtes tout, tu viens, tu prends l'avion!

– Comment vous parlez, vous... Je n'ai pas d'argent.

– Je t'envoie un billet.

– Il m'en faut deux, je viens avec mon ami.

– Non, tu viens toute seule.

– Non, monsieur. Je viens avec mon « mari Martell » ou je ne viens pas.

Finalement Tapie fait parvenir les deux billets. Dès que Teura Colas est rentrée à Papeete, il la prend, bille en tête.

– Ta société, c'est de la merde. C'est moins que zéro. Tu vas me la vendre sinon tu auras beaucoup d'ennuis.

C'est ainsi que s'engagea une négociation truculente et animée, au cours de laquelle Tapie donnera le meilleur de lui-même, depuis le Maeva Beach Hôtel, dont il a fait son quartier général. Se sentant hors du coup, un matin, « mari Martell » a attendu Bernard pour lui faire une tête au carré. Mais dans le hall de l'hôtel, Tapie l'a défié :

– Je n'ai pas peur de toi!

« Mari Martell » a remis son poing dans sa poche. L'après-midi, à l'aéroport, Bernard est arrivé avec un collier de perles noires qu'il a donné, devant tout le monde, à Dominique. Le Tout-Papeete était ravi de cette joyeuse animation.

Comment Bernard Tapie a-t-il su qu'à l'autre bout de la terre dormait le plus grand voilier du monde et qu'il suffisait d'aller l'y chercher? Officiellement, c'est au cours d'une pêche au gros aux Caraïbes, en juin 1982, que Bernard énervé par l'exiguïté de la cabine aurait délicatement demandé à son hôte : « Pourquoi on ne fait pas de bateaux plus confortables [1]? » Celui-ci lui aurait alors signalé l'existence d'un voilier de 72 mètres, ayant appartenu à Alain Colas, qui pourrissait à Papeete.

La vérité est tout autre. Bernard Tapie a entendu parler de ce bateau mythique quelques mois plus tôt, de la bouche de... Gaston Defferre, le maire de Marseille, dont la légende dira pourtant qu'il ne l'a connu qu'en 1985, peu avant la reprise de l'OM! Gaston Defferre, grand amateur de régates, lui-même propriétaire d'un superbe voilier, *Palidonie*, était en effet très lié à Alain Colas. Le navigateur l'avait choisi comme parrain de son fils Torea, l'un des jumeaux – l'autre s'appelle Tereva – qu'il avait eu avec Teura, la petite Tahitienne. Après la mort

* Tapie, dès cette époque, ne supporte plus de ne pas être reconnu. Ce mal ira en grandissant. Un jour, à l'entrée du Stade vélodrome, à un gardien qui lui barrait la route, il lâchera, tout rouge : « Je te donne dix secondes pour me reconnaître, ou bien tu vas apprendre à me connaître. » Terrifié, l'autre lui a laissé immédiatement le passage...

d'Alain, Gaston avait essayé de monter un tour de table avec la famille Colas pour racheter son bateau. La création d'une société avec des actions de 1 000 F avait été envisagée, mais le projet n'avait pas abouti. D'autant qu'après Alain, son père, sa mère et l'un de ses frères étaient décédés. Une hécatombe que les Tahitiens ont imputée à l'influence néfaste des tupapahus, ces esprits malins qu'ils craignent tant.

Bref, ce bateau avait le mauvais œil. Alain Colas avait décidé de le faire construire le 27 juin 1972, lorsqu'il s'était fait rattraper au milieu de l'Atlantique par Jean-Yves Terlain sur son *Vendredi 13*, monocoque géant, dans la transat en solitaire qu'il avait néanmoins gagnée. Pour la transat suivante, Colas voulait le plus grand voilier du monde, de 72 mètres de long, avec 4 000 m^2 de voiles, susceptible d'être barré par un homme seul. C'est déjà Gaston Defferre, dès cette époque, qui avait permis de faire aboutir ce projet fou. Propriétaire de plusieurs journaux de province, dont *le Provençal*, il convainc le syndicat national de la presse régionale d'aider Alain Colas. Les journaux affiliés offrent des pages de publicité que Colas négociera auprès de ses fournisseurs en guise de paiement [2]. Second sponsor, le Club Méditerranée est seul à apporter de l'argent frais. Il donne son nom au bateau et bénéficie, lui aussi, de pages de publicité gratuites dans les journaux régionaux. Le bateau sera construit dans l'arsenal militaire de Toulon. Sa quille de 60 tonnes est en uranium et sa coque est faite du même acier Usinor de 7 mm d'épaisseur que celle des sous-marins nucléaires ! Il sera mis à l'eau le 15 février 1976. Mais la transat se passe mal. Les énormes voiles de *Club Méditerranée* cèdent, tombent à la mer. Colas doit relâcher à Terre-Neuve. Il est battu par Tabarly, s'emporte, attaque son adversaire et se brouille avec tout le monde. Le mauvais œil.

En 1982, Bernard Tapie n'a peur de rien, en tout cas pas des tupapahus, dont il ne soupçonne peut-être même pas l'existence. Dès qu'il a entendu parler du bateau, Tapie a appelé Henri Geffroy, qui venait de lui offrir La Vie claire sur un plateau :

– Henri, toi qui as habité dix ans à Tahiti, tu dois connaître *le Club Méditerranée*. Prends deux billets d'avion, on va le chercher.

C'est ainsi que La Vie claire payera ce premier voyage. Pour le voilier d'Alain Colas, elle payera beaucoup. Pourquoi les amateurs de grain d'orge n'aimeraient-ils pas les bateaux ?

Tapie arrive à Papeete comme un ouragan tropical. Coup de chance : il ne va pas acheter un bateau mais une entreprise en difficulté. Il est donc sur son terrain. *Le Club Méditerranée* appartient à une société en règlement judiciaire, Alain Colas Tahiti (ACT), dont Teura Colas et ses enfants ont hérité. Aménagé sommairement, le bateau effectue des croisières entre les îles Sous-le-Vent pour les GM (gentils membres) du Club Med – ce qui justifiait son inscription comme « navire marchand » – mais le prix de location était bien loin de couvrir les frais d'entretien. En quelques jours, Tapie jauge la situation, met le juge de tutelle des enfants d'Alain Colas – une Antillaise – dans... sa poche, trouve les arguments pour convaincre le gourou de Teura Colas et, surtout, subjugue le tribunal de commerce local. A la veuve du navigateur, il propose de reprendre 90 % d'Alain Colas Tahiti pour 1 franc et de lui en laisser 10 %. Il s'engage à lui verser une rente de 5 000 F par mois, jusqu'à la majorité de ses jumeaux, qui ont alors deux ans *. Comme souvent, Bernard a trouvé intuitivement l'argument décisif. Teura Colas, qui a les charmes et les défauts d'un oiseau des îles, est convaincue qu'elle assure ainsi l'avenir de ses enfants.

De toute façon, c'est à prendre ou à laisser. Bernard, un matin, l'a prévenue : « Ou bien tu signes, ou bien tu gardes ton rafiot sur le dos, avec les dettes et tu seras à la rue. Si tu ne signes pas, c'est pas grave. Je prends mon avion ce soir et je ne reviens plus. Tu ne me reverras plus. » Teura, bien sûr, a signé.

Devenu propriétaire d'Alain Colas Tahiti, Bernard Tapie, comme d'habitude, s'est empressé d'aller voir les fournisseurs non payés – des PME et artisans locaux – pour leur racheter leurs créances au quart de leur valeur. Mais le plus gros créancier en sera totalement pour ses frais. Il s'agit de la Marine nationale, avec qui Alain Colas travaillait en confiance. La Marine avait continué d'assurer l'entretien du *Club Méditerranée*. « Avez-vous les bons de commande? » a demandé le repreneur à la Marine. Sans bon de commande, pas de facture qui vaille : le contribuable a laissé dans cette affaire près de 10 millions de francs...

La République est bonne fille : comme Tapie a insisté pour laisser le *Phocéa* sous pavillon français, il est soumis au régime social des navires de commerce **. Et voilà que les Affaires maritimes lui attribuent d'autorité un équipage de 18 hommes, issus des écoles de la Marine marchande! Tapie, pour trois francs six sous, a récupéré un bateau exceptionnel, qui avait coûté 10 millions de francs à Alain Colas. Un voilier dont l'équipage ne lui revient pas cher et qui est beaucoup moins pourri qu'il ne l'a dit. Deux mois après l'achat, il partait d'ailleurs par ses propres moyens pour Marseille où, rebaptisé *La Vie claire*, il est arrivé en février 1983, les voiles en lambeaux, le pont éclaté, dans un état lamentable. Les

---

* Bernard Tapie rachètera plus tard à Teura Colas ses 10 % d'ACT pour 330 000 F. Il a souvent dit qu'il versait une rente de 5 000 F par mois pour chacun des trois enfants de Teura Colas (qui est mère d'une fille, Vohimiti, de quatre ans plus âgée que les jumeaux). C'est en réalité 5 000 F pour les trois. Cette somme est indexée. Elle approche aujourd'hui les 7 500 F. Ceux-ci ont été payés régulièrement, sauf depuis quelques mois où Teura Colas a dû secouer un peu le cocotier, avenue de Friedland, pour obtenir son dû.

** Le *Phocéa* restera homologué Marine marchande, ce qui suscitera de nombreuses polémiques ultérieures. Quand Tapie a racheté la société Alain Colas Tahiti, il s'est contenté de faire prolonger le livret (bleu) du *Club Méditerranée* attestant l'immatriculation du bateau en tant que navire de commerce. Le fisc et les douanes considéreront que l'homme d'affaires utilise le *Phocéa* à son seul profit et qu'il aurait donc dû le déclarer comme navire de plaisance et recevoir un livret (orange) de francisation. Ce faisant, il aurait dû payer la TVA sur les travaux de réfection, les taxes sur le gazole et le droit annuel de francisation (60 000 F environ).

mauvaises langues prétendent qu'à l'escale de New York, il aurait été travaillé à la hache...

Les travaux dureront quatre ans et coûteront près de 60 millions de francs. Michel Bigoin, l'architecte marseillais qui a conçu le navire, en est chargé. Rebaptisé *Phocéa* au moment de sa remise à l'eau alors que Tapie est devenu président de l'OM, le bateau a gagné en splendeur et en luxe. Il est plus long de deux mètres et les trois premiers mâts ont été rehaussés de six mètres. Le pont a été complètement redessiné, 80 tonnes d'aménagements ajoutés, dix cabines de grand luxe décorées de soie, de daim, de marbre et d'or ont été installées. Le *Phocéa* est surtout devenu un monstre de technologie, avec un moteur Rolls-Royce de 700 chevaux et un système original de commande des voiles par vérins. Le quatre-mâts peut être dirigé par un homme seul : en appuyant sur des boutons. Il dispose en outre d'un équipement complet de transmission téléphone/fax par satellite.

Tapie suit les travaux au jour le jour, depuis son bureau de l'avenue de Friedland. Au moins une fois par semaine, il descend d'un coup d'aile à Marseille pour en contrôler l'avancement. Ce qu'il demande est sans précédent. Rien à voir avec les yachts de princes arabes, ou de parvenus du genre Robert Maxwell, qui se traînent sous le poids de leurs équipements et de leurs ors. Tapie a voulu que *le Club Méditerranée* devienne un navire de croisière, pour y vivre et y inviter ses hôtes de marque, dans un luxe et un confort total. Mais en même temps, lui qui ne connaît rien à la mer, a souhaité qu'il reste aussi performant que du temps d'Alain Colas, quand c'était un voilier de course complètement dépouillé. Curieusement, Tapie va projeter sur ce bateau une sorte de délire d'absolu : il ne transigera sur rien. Quoi qu'il en coûte. Les salles de bains de chaque cabine sont en vrai marbre, mais de 3 mm d'épaisseur, collé sur des structures en nid d'abeille ultralégères, empruntées à la technologie des navettes spatiales!

Un jour, Tapie découvre que le roof (toit de la cabine) est trop élevé par rapport au niveau du pont, ce qui alourdit la ligne générale :

– C'est horrible, Michel, on ne peut pas laisser ça comme ça!

– Mais c'est trop tard, on ne peut plus rien changer, répond l'architecte.

– T'occupe, c'est mon problème. On casse tout, on recommence. On va gagner dans la hauteur sous plafond du carré. Mon bateau doit être fin, il doit être beau. Je veux le plus beau bateau du monde!

Ce supplément de travaux coûtera près de 10 millions de francs. Mais Tapie a le sens de l'esthétique. Pour le *Phocéa*, l'argent coule à flots. C'est un désir d'enfant. Voilà pourquoi ce bateau n'a pas de prix. Unique au monde, il est trop fin pour plaire aux acheteurs traditionnels de yachts de plaisance, qui n'ont que faire d'un voilier à quatre mâts; il est en même temps trop cher et trop sophistiqué, avec son moteur, ses équipements électroniques et ses cabines luxueuses, pour les fanatiques de voile.

Bernard Tapie dépense d'autant plus facilement l'argent pour le *Phocéa* que ce n'est pas lui qui paye, mais La Vie claire dont il porte alors le nom. L'idée est de lui faire gagner le record de vitesse de la traversée de l'Atlantique, ce qui justifierait que la chaîne de magasins macrobiotiques règle le marbre sur nid d'abeilles. La première tentative, lors du voyage Tahiti-Marseille, s'était soldée par un échec. En 1983, le fisc avait d'ailleurs jugé abusif le financement par une filiale de La Vie claire de 7,5 millions de francs de travaux sur le bateau. Il notait : « Les versements sont notoirement excessifs. Le programme de modification des structures du bateau dépasse le cadre de sa préparation sportive. » L'administration fiscale s'était alors contentée de notifier un redressement, annulé quelque temps plus tard : Bernard Tapie avait alors racheté Look et Pierre Bérégovoy l'avait déjà pris sous son aile...

Dans un premier temps, Tapie utilisera le *Phocéa* comme outil de relations publiques. Il le mouillera dans le Vieux Port, en face de l'hôtel de ville d'où aurait pu le regarder Gaston. Mais, quand le *Phocéa* arrivera, Gaston Defferre ne sera plus là pour le voir. En 1986, Tapie parraine le « concours de la performance féminine » organisé par le magazine *Elle* et l'émission *Contacts* de Jacques Pradel sur France Inter. Douze femmes dynamiques et créatrices ont été récompensées. Le 1er prix est un ordinateur et... une croisière de 10 jours sur le yacht de Bernard Tapie, en sa compagnie !

Peu à peu, le flambeur va faire du *Phocéa* le lieu de son bonheur exclusif. C'est à son bord qu'il passera ses vacances, au large de la Grèce, de la Sardaigne, ou de la Corse, dans la baie de Figari, en face de la maison de Bernard Kouchner et de Christine Ockrent, au cœur du Medialand. Il continuera à y inviter des relations professionnelles, des hommes politiques, dont beaucoup, attendus, se défileront au dernier moment. A ses hôtes, il fait toujours visiter les cabines de l'équipage : « Vous allez voir qu'on ne les a pas oubliées, aucun bateau n'en a de plus belles. » Mais Tapie se replie et s'isole de plus en plus fréquemment sur le *Phocéa* au fil des années. C'est devenu son cocon, son fœtus, son monde protégé, où il se réfugie, face à la horde des juges et des journalistes. *Paris-Match*, qui entretient pourtant de bonnes relations avec Tapie, n'obtiendra jamais l'autorisation de faire des photos de ses aménagements intérieurs. Les portraits de Tapie lui-même ou les enregistrements télé doivent être cadrés de telle sorte qu'on ne puisse discerner les nombreux meubles de style et les tableaux de maître – ce ne sont, en fait, que des reproductions –, présents dans chaque carré et dans chaque cabine.

Un jour, en 1987, alors qu'il y a invité Hervé Bourges, président d'Antenne 2, Bernard Tapie le prend à part, le visage crispé : « Je ne veux pas que les journalistes montent sur mon bateau, lui a-t-il dit. Je ne veux pas qu'ils en parlent ».

S'il avait su...

CHAPITRE 7

De Toshiba à Testut

« Vous les journalistes, vous passez votre temps à vous branler. Vous vous prenez au sérieux, alors que vous êtes aux ordres de vos patrons. »

A Jeanne Villeneuve, 5 février 1987.

– Quand verrons-nous Bernard Tapie? Où est-il?

– Ne vous inquiétez pas, il passera sûrement dîner avec vous, la semaine prochaine.

Ils sont douze journalistes spécialisés dans les nouvelles technologies, la hifi et la vidéo qui commencent à perdre sérieusement patience à la veille de ce week-end de novembre 1982. Ils ont pris trois jours plus tôt l'avion de Paris à Tokyo, se rendant à l'invitation de Bernard Tapie qui s'est associé au mois de juin précédent avec le député RPR Georges Tranchant au sein de NAVS (Nippon Audio Video System), une société qui détient l'exclusivité de la distribution des téléviseurs, magnétoscopes et autres chaînes hifi du Japonais Toshiba en France.

Ces journalistes économiques sont des habitués des voyages professionnels au cours desquels les entreprises jouent le jeu de la transparence et leur ouvrent leurs portes tandis qu'ils cherchent à apprécier la façon dont elles sont gérées. Évidemment, Tapie n'est pas un patron comme les autres. Il s'est déjà illustré avec le faux rachat des châteaux de Bokassa et la reprise spectaculaire de Manufrance. Il fait parler de lui, à la télé et dans la grande presse. Mais il n'a encore aucune crédibilité auprès des journaux sérieux – *Le Monde*, *Les Échos*, *Le Nouvel Économiste*, etc. –, en tant que chef d'entreprise. C'est l'occasion, pensent les reporters qui ont accepté l'invitation, de voir réellement ce qu'il a dans le ventre. Ce voyage aurait pu être, pour Tapie, une consécration. Cc sera un fiasco qui pèsera lourd, longtemps, dans les milieux « qui comptent ». Car Tapie a planté tous ses invités.

Pas de patron à l'horizon. Pas la moindre personne de son entourage pour les renseigner. Le week-end passé, on ira bien les chercher, le lundi matin, pour la tournée des usines de Toshiba dans le Grand Tokyo. Mais dans des conditions absurdes : croyant avoir affaire à de dociles invités, les représentants de Toshiba masqueront mal leur étonnement de recevoir des journalistes. Ceux-ci leur posent des questions... auxquelles, non préparés, les Japonais sont incapables de répondre. Enfin, au bout de huit jours de temps perdu, le groupe de reporters aura l'honneur de rejoindre un soir la table de Bernard Tapie. Assise à ses côtés, Dominique est muette comme une carpe. Bernard va-t-il s'excuser de s'être comporté en mufle? Pas du tout. Il est en pétard : il vient de lire dans *le Nouvel Économiste* un article à son sujet qui ne lui a pas plu. Péremptoire, agressif, Tapie distribue à chacun les mauvais points. Excédée, la représentante du *Monde* quittera la table avant la fin du repas et les autres, se demandant ce qu'ils sont venus faire dans cette galère, regretteront de ne pas avoir eu le courage d'en faire autant. On l'a compris. Bernard Tapie se moquait de l'invitation comme de son premier compte en Suisse. Il n'avait convié les journalistes français que pour montrer aux Japonais à quel point il était un patron important, capable de déplacer, sur son seul nom, douze professionnels reconnus de la presse écrite parisienne. Furieux de n'avoir rien vu, rien appris et d'avoir servi de faire-valoir, les journalistes, à leur retour à Paris, en feront le minimum. Résultat : l'acquisition par Bernard Tapie de 50,1 % de la distribution de Toshiba en France, en association avec l'homme d'affaires-député Georges Tranchant, passera à peu près inaperçue. Personne n'imaginait alors que, dix années plus tard, sa revente allait entraîner la première inculpation d'un ministre en exercice sous la Cinquième République...

C'est Georges Tranchant qui a l'idée de proposer cette association à Bernard Tapie. Sa société, Investold, qui importe les produits Toshiba en France, connaît des difficultés financières. Tapie n'hésite pas. Il a remarqué que Jacky Setton, un jeune loup ambitieux, a fait fortune en important des autoradios Pioneer. Pourquoi pas lui? En outre, c'est l'occasion rêvée de prendre pied au Japon, le seul pays qui le fascine hors de la France. Il s'y rend régulièrement. C'est là-bas, pense-t-il, que se situe la clé de la société moderne. Il se décrit lui-même comme un chef de guerre. Son discours est truffé de références à des ouvrages japonais, style *le Traité des cinq anneaux* du samouraï Myamoto Musachi. Vis-à-vis de Tranchant pourtant si controversé, il n'a aucune réticence. C'est un autodidacte comme lui. Fils d'horloger des Ardennes, il a débuté sa carrière comme dépanneur de radios au BHV. Depuis, il a fait fortune en francisant les produits électroniques importés des États-Unis, dont Dassault avait besoin pour fabriquer ses Mirage, puis en vendant des appareils photo, des téléviseurs et des magnétoscopes « made in Japan » qui sont à l'époque commercialisés à bas prix, et inondent l'Occident. Pourtant, Bernard Tapie ne réussira pas à profiter de cette manne. Le Français

Thomson tient encore fermement son marché national de postes de télévision. Et le ministre du Commerce extérieur, Michel Jobert, comme Charles Martel face aux Sarrasins, bloque les magnétoscopes japonais à Poitiers. Après trois années d'une association infructueuse, Tapie et Tranchant décident donc de céder le fonds de commerce de NAVS à Toshiba qui souhaite s'implanter directement en France.

Curieusement, Georges Tranchant accepte la vente de NAVS pour 1,8 million de francs à répartir à égalité entre les deux actionnaires, Tapie et lui. Le prix semble faible, même pour une société déficitaire. Il est vrai qu'en sous-main, Bernard Tapie conduit une négociation secrète et parallèle avec les Japonais qui promet de se révéler beaucoup plus fructueuse. Au terme d'un mémorandum confidentiel signé le 3 septembre 1985, Toshiba, en plus de 1,8 million de francs, s'engage à payer à Bernard Tapie 13 millions d'indemnité de résiliation et 16,74 millions de participation pour frais de publicité *(sic)* du bateau *La Vie claire* qui deviendra le *Phocéa.* Tout cela à l'insu de Georges Tranchant. Le député RPR ne découvrira que beaucoup plus tard, par hasard, qu'il a été roulé.

Sur le coup, il n'y voit que du feu. Deux semaines après la signature de l'accord secret, le 16 septembre, Bernard Tapie approuve dans une lettre la « cession projetée de NAVS pour 1,8 million de francs ». Peu de temps après, Georges Tranchant dissout sa société Investold qui sera radiée d'office, trois années plus tard, le 11 janvier 1989.

Comment Bernard Tapie a-t-il pu escamoter l'argent qui aurait dû être également réparti entre les deux actionnaires? Qu'a-t-il fait des 13 millions de francs volés à son associé? Une première piste est fournie par une dépêche AFP du mois d'octobre 1985 : Tapie et Toshiba vont renforcer leurs liens financiers et étudier ensemble l'implantation d'une usine en France. « Notre but est de devenir le numéro un des fours à micro-ondes pour toute l'Europe. Nous détiendrons 51 % de l'opération. Le démarrage devrait avoir lieu en mars 1987 », rêve alors, dithyrambique, Gilbert Delhorbe, le directeur financier du groupe Tapie [1].

Du vent. L'usine de fours à micro-ondes ne verra jamais le jour. On est à quelques mois des élections législatives de mars 1986. En virant, le 31 décembre 1985, les 13 millions de francs à Bernard Tapie, via la SDBO, le Japonais Toshiba a-t-il en réalité payé à qui de droit son ticket d'entrée sur le marché français? L'argent n'aurait-il que transité dans les mains de Tapie? Et pour le compte de qui? La question reste posée.

Il est en tout cas étrange de constater que Tapie, toujours prompt à parler avec emphase de la moindre de ses micro-entreprises, restera toujours très discret sur ses relations avec Toshiba. Celles-ci ne seront projetées sur la scène publique qu'en janvier 1992, lorsque Georges Tranchant déposera une plainte contre son ancien associé, devenu ministre de la Ville. Pour l'instant, Bernard Tapie est en pleine phase ascendante.

Pourtant, comme Toshiba, une des glorieuses opérations qu'il réussit au même moment lui reviendra en pleine figure dix ans plus tard, provoquant cette fois-ci sa première levée d'immunité parlementaire. Au départ, cependant, l'idée était bonne. On l'accusait de n'être qu'un repreneur, un coyote. Il allait devenir le roi de la balance! Possédant déjà Terraillon, il se porte en effet acquéreur, en 1983, de Testut, une entreprise de pesage industriel fondée au XIXe siècle. L'ingénieur Pierre-Alexandre Taittinger débarque dans le grand monde en épousant Caroline Testut, l'héritière des balances du même nom. La société est performante, tout comme sa filiale Trayvou qui fabrique des capteurs électroniques. Mais, peu à peu, tout se dégrade. Le 9 novembre 1982, Jacques Marchal est nommé président. Testut peine à faire face à la concurrence qui s'intensifie. Dès son arrivée, le nouveau patron a été averti : « Attention, il y a un type bizarre qui veut nous racheter, il s'appelle Bernard Tapie. Surtout, ne le rencontrez pas. C'est quelqu'un de très louche, il achète les fonctionnaires et leur offre des filles [2]! » La rumeur est ancienne et récurrente. Elle date du temps où Tapie passait sa vie dans les cercles de jeu, du temps où il menait une vie de patachon. Mais les filles de Tapie, personne ne les a plus vues depuis fort longtemps! La situation de Testut se détériore de plus en plus : la société perd 82 millions de francs pour 300 millions de chiffre d'affaires! Inquiète, la SOFARIS, un organisme de crédits aux entreprises, ne cautionne que la moitié des prêts prévus. Le 10 janvier 1983, Testut est présentée au CIRI. Et quelque temps plus tard, un mandataire est nommé. Comme par hasard, c'est Me Lafont, celui qui s'est occupé de *La Vie claire*, qui récupère le dossier... Lafont à qui Tapie décernera un encombrant satisfecit : « Un homme parfaitement intègre. Je tiens à le souligner, car ce n'est malheureusement pas toujours le cas [3]. »

Deux autres entreprises, Lutrana et Mors, sont sur les rangs pour la reprise de Testut. Mais Bernard Tapie présente l'avantage de ne solliciter aucune aide de l'État et les synergies industrielles avec Terraillon, qu'il détient déjà, sont évidentes. En outre, il fait désormais valoir un atout essentiel : toutes les sociétés en difficulté qu'il a reprises jusqu'à présent se portent bien. A l'occasion d'un comité interministériel qui se tient à Matignon, le Premier ministre, Pierre Mauroy, maire de Lille et parrain de la région Nord-Pas-de-Calais, se prononce donc en personne en faveur d'une reprise de Testut par Bernard Tapie. Cette décision est avalisée le 23 mars 1983 par le tribunal de commerce qui a fait déposer le bilan de l'entreprise. Tapie récupère 70 % de Testut pour 1 franc symbolique!

Ce nouveau succès lui donne des ailes. Tapie annonce qu'il va constituer un vaste pôle de pesage, capable de concurrencer les plus grands du secteur. La Bourse salue l'opération. Le titre Testut s'était effondré. Il retrouve son cours d'autrefois en quelques séances. Trois ans après, il sera multiplié par dix! Mais les boursiers ne savent pas encore qu'en transférant immédiatement la fabrication des capteurs électroniques de Trayvou à la Scaime, un département de Terraillon filialisé et qui appartient en propre à Bernard Tapie, celui-ci a ôté à Testut son plus beau fleuron. Bien sûr, la fusion annoncée des activités de pesage n'aura jamais lieu. Tapie n'a que faire d'une grande société de pesage, leader en Europe. Il préfère de beaucoup conserver leur indépendance juridique à chacune de ses entreprises, afin de pouvoir faire passer l'argent de l'une à l'autre, chaque fois qu'il a un trou à boucher quelque part. Ces cessions se font à des prix arbitraires et variables, selon l'intérêt personnel du seul propriétaire. Ces méthodes que la loi qualifie d'abus de biens sociaux dès lors qu'elles nuisent à l'intérêt social des entreprises concernées ou qu'elles les appauvrissent, conduiront dix années plus tard, le 7 décembre 1993, à la première levée d'immunité parlementaire de Bernard Tapie.

Toutes ces jongleries financières n'apparaissent cependant pas encore au grand jour en ce début des années quatre-vingt, où les capitaines d'industrie sont à la mode. L'ambition de Tapie est d'être assimilé à l'un d'entre eux, à l'image de Jean-Luc Lagardère qui dirige Matra, un des leaders français de l'électronique, et s'intéresse comme lui, au football et à la télévision. Pourtant, Lagardère a été intronisé dans le monde des affaires par son père spirituel, Sylvain Floirat. Bernard Tapie, lui, s'est fait tout seul et l'establishment politique et financier ne se fait guère d'illusions sur ses méthodes. Sans en connaître alors le détail. Il ne faut pas être grand clerc pour savoir que son train de vie de milliardaire ne correspond absolument pas à celui que peut assumer un patron de plusieurs grosses PME, dans le strict respect de la loi. Ceux qui, tout au long des années quatre-vingt, établiront avec Tapie des relations suivies, se rendront à ses invitations sur le *Phocéa*, ou prendront place dans son avion pour aller assister aux matchs de l'OM, ne peuvent faire semblant, aujourd'hui, de ne pas l'avoir su.

Pendant longtemps, la classe politique et la justice laisseront Tapie faire joujou avec ses entreprises. Mais on lui fixe des bornes non écrites. Il peut constituer avec le Japonais Toshiba une petite filiale destinée à fabriquer des fours à micro-ondes, activité inexistante en France ou se porter acquéreur de sociétés de balances et de pesage, secteur non stratégique et dominé par la concurrence allemande. Mais les grands dossiers ne sont pas pour lui. Pas encore.

CHAPITRE 8

La petite reine

« Pourquoi pensez-vous que j'ai recruté Bernard Hinault si ce n'est pas pour recréer une véritable industrie du cycle à partir de Saint-Étienne? »

Devant l'assemblée des actionnaires de Manufrance.

Bernard Tapie est-il délibérément entré dans le sport pour préparer sa future carrière politique? Ou bien s'est-il contenté de pousser une nouvelle porte, pour tester sa résistance et voir ce qu'il y avait derrière, avant de se prendre au jeu? Comme souvent avec lui, les témoignages divergent : beaucoup sont convaincus qu'il improvise au feeling, sa principale force étant son absence de scrupules et sa rapidité de décision; mais d'autres vous démontrent par a plus b que Tapie brille surtout par ses capacités d'anticipation. Comme un grand joueur d'échecs, il ne cesserait de jeter des leurres, en préparant le coup d'après. Spontané ou calculateur? Ou bien les deux à la fois?

Instinctivement, Bernard Tapie est certain, en 1983, qu'il va exploser dans le cœur des Français. Il ne sait pas comment, ni à quelle occasion, mais il n'en doute pas. S'il a la prudence de ne pas le dire – sauf en confidence ou, plus souvent, sous forme de boutade – il est même convaincu que les choses vont aller très vite. En 1983, il pense pouvoir jouer un rôle important dès l'élection présidentielle de 1988. C'est un peu plus tard, au contact de François Mitterrand, qu'il mesurera peu à peu que le temps de la politique n'a pas la même densité que celui des affaires. Que c'est un monde où l'on se méfie des météores.

Cette même année, lorsque Tapie décide de faire exploser le petit monde du cyclisme professionnel, la préméditation est avérée. Il veut devenir populaire, modifier son image de repreneur d'entreprises en difficulté pour ajouter une nouvelle corde à son arc. Il jette son dévolu sur le vélo, après une analyse sommaire mais juste. C'est un sport populaire, sans chichis, où l'effort individuel est sublimé. Mais c'est surtout un sport vieillot, aux mains de managers à l'ancienne, où le ticket d'entrée n'est pas cher. Les sponsors sont peu nombreux : le GAN, Bic et Merlin. Pourquoi? Le vélo attire la foule, mais une foule de gens simples et peu fortunés. Au sein de l'élite de cette société de castes qu'est la France, il est de bon ton de se moquer de ces « mimiles » avec visière Ricard, qui se postent tout au long de la route pour encourager les coureurs, souvent issus du même milieu qu'eux. Rien à voir avec les jeunes loups dynamiques, chéris des publicitaires et des annonceurs qui préfèrent investir dans des sports plus haut de gamme, comme le tennis, la voile, bientôt le golf.

De ce genre de préjugés, Tapie – c'est un de ses mérites et c'est sa force – n'a « rien à battre ». Il n'a jamais renié ses origines sociales. Mieux : il les revendique bruyamment. Il n'a pas sur le monde du vélo le regard condescendant du Tout-Paris. Pierre Bérégovoy, lui aussi de culture populaire, qu'il voit régulièrement depuis qu'il a repris Look à Nevers, a pour la petite reine le même attachement sentimental.

Tapie a choisi sa proie. Arrêté depuis près de six mois pour une douleur persistante – les médecins ont diagnostiqué « un nodule derrière le genou » – Bernard Hinault lève le voile au cours de l'émission Stade 2, le dimanche 25 septembre 1983 : « C'est une bonne nouvelle. Je vais rester en France et travailler avec Bernard Tapie. Je veux le remercier. Malgré mon accident au genou, il a cru en moi. (...) Avec lui, le courant est passé. » Pour les Français qui aiment le vélo et ses champions, c'est effectivement une bonne nouvelle. Ancien champion du monde professionnel sur route, seul Français avec Jacques Anquetil à avoir réussi – en 1981 – le doublé Giro d'Italia et Tour de France, Hinault est une immense vedette qui, pourtant, depuis plus de six mois, n'enchante plus les foules. Après plusieurs pénibles abandons et quelques déclarations intempestives, le « blaireau » a fini par ranger son vélo. Entre lui et les Français, il y a comme l'amorce d'un désamour. Il a dû rompre avec l'équipe Renault-Gitanes après avoir, en vain, réclamé la tête de son directeur sportif, Cyrille Guimard. Sans Renault et sans Guimard, pourtant, il n'aurait jamais remporté quatre fois le Tour de France, en 1978, 1979, 1981 et 1982. Hinault a bien annoncé son intention de former sa propre équipe, mais le projet paraît fumeux. On le croit même dégoûté de la France et des Français, prêt à terminer sa carrière en Italie. C'est alors qu'apparaissent ses défauts, masqués ou tolérés quand il dominait le cyclisme mondial. Hinault est un type impossible, buté, agressif, une caricature de paysan breton qui semble se complaire dans les conflits qu'il provoque pour y puiser sa motivation. Un personnage complexe et complexé, orgueilleux et timide, courageux et susceptible. Un faux dur qui, dans l'exploit et la douleur, a cherché à stabiliser sa personnalité trop fragile.

Bernard Tapie, évidemment, n'en fait qu'une bouchée. Il l'a entendu, sur Europe 1, annoncer son intention de créer sa propre équipe où les relations entre coureurs et employeurs seront d'un nouveau type. Tapie est un homme d'ordre. Pour lui, l'employeur emploie et le coureur court. Mais il adore les idéalistes. Il en fait ce qu'il veut. Il appelle aussitôt Hinault, lui dit tout ce qu'il souhaite entendre, lui promet d'investir 10 millions de francs dans la nouvelle équipe *. Un détail : celle-ci appartiendra bien sûr à Tapie, pas à Hinault ! Qu'importe puisque, là encore, Tapie a trouvé l'argument qui fait mouche : il promet à Hinault de le prendre à ses côtés comme « promoteur des produits La Vie claire » et comme « associé au développement des produits Look ». Tapie a toujours eu le chic pour sortir de son chapeau les titres ronflants qui n'engagent à rien. Mais Hinault croit qu'il va lui garantir une reconversion à ses côtés, si par malheur il ne pouvait remonter sur un vélo. Rasséréné, le blaireau – à qui on n'avait jamais demandé autre chose que de pédaler plus vite et plus longtemps –, est surtout flatté. Et maté. Le rebelle a trouvé son maître.

La conférence de presse organisée le mardi suivant à l'hôtel Hilton-Suffren réunit près de deux cents journalistes, au lieu des vingt rubricards habituels : voilà un Tourmalet que Bernard Hinault n'arrivera jamais à grimper. Il en oubliera même de citer le Tour de France dans le calendrier des grandes courses de la saison ! La vedette, de toute façon, c'est Tapie **. Il explique sa démarche aux journalistes : « Ça n'a pas d'importance qu'Hinault coure ou non, qu'il gagne ou pas... [puisqu'il est] un élément moteur pour faire connaître nos produits et donc de les faire vendre, et en plus, de les améliorer. Hinault est crédible. Je compte sur lui pour nous gagner de l'argent. Ma vérité est de gagner le plus possible d'argent. C'est le seul critère de la réussite. » Les journalistes sportifs n'en reviennent pas : jamais ils n'ont entendu parler aussi crûment d'argent. Mais loin d'avoir une réaction de rejet, ils sont conquis. Au moins ce langage nouveau a-t-il le mérite de rompre avec l'hypocrisie ambiante...

Comme il le fera souvent par la suite lorsqu'il découvrira une nouvelle activité, Tapie commence par s'informer, tout en mettant les journalistes dans sa poche. Il se fait faire une liste d'une dizaine de personnes compétentes pour apprendre les clés du milieu cycliste. Dans sa nouvelle maison, Villa Saïd, sur l'avenue Foch, il invite à déjeuner, un à un, les meilleurs journalistes qui suivent la petite reine. Noël Couedel, alors en charge du vélo à *l'Équipe*, est de ceux-là. Au milieu des

---

* Les budgets annuels étaient alors de 5 millions de francs. Le promoteur Guy Merlin, roi des clapiers de loisir, voulait monter l'affaire pour 7,5 millions de francs avec Bernard Hinault. Il a été pris de vitesse.

** Le 2 février 1984, Tapie présente l'équipe La Vie claire au Crazy Horse, devant 300 journalistes. Pour Bernard Hinault, ce sera l'Aubisque...

meubles Boulle que Tapie commence à accumuler, on grignote très simplement de la salade et du jambon. Tapie demande des conseils, cherche à savoir quel est le rôle exact d'un directeur sportif, qui détient le vrai pouvoir, quelles sont les règles non dites du système. Et chacun repart flatté de participer à l'œuvre de rénovation du cyclisme et convaincu de la qualité de la relation, confiante et durable, qui s'est établie avec le jeune milliardaire, si facile d'accès et si curieux d'apprendre. Mais gare à celui qui, plus tard, osera s'en démarquer ou seulement chercher la vérité ! Tapie joue alors le grand air de l'amitié trahie, menace et, bien pire, exclut l'impertinent, privé de toute relation et de toute information.

Vis-à-vis des journalistes, beaucoup de leaders – patrons, sportifs, hommes politiques – pratiquent avec succès cette méthode, mais aucun ne la domine avec la maestria de Bernard Tapie, qui a le don inouï de faire croire que son affection n'est pas feinte. Beaucoup – même dûment prévenus – s'y sont laissés prendre. Le réveil, au bout de deux jours ou de cinq ans, n'en est que plus douloureux. On a vu ainsi Tapie donner pendant des années des gages de confiance à certains journalistes, mais aussi à des avocats ou même à des « amis » et la leur retirer du jour au lendemain. Jamais par foucade, toujours en fonction de son intérêt du moment ou pour marquer un rapport de forces.

L'ascendant psychologique de Bernard Tapie sur la plupart de ses interlocuteurs est souvent sidérant. C'est la clé de son succès, auprès des filles du Bourget comme des patrons faillis ou des électeurs de Marseille. Ce don aux multiples facettes est fondé sur sa capacité à susciter la sympathie sans rien livrer de lui-même. Dans sa façon d'être chaleureux, spontané, convaincant ou flatteur, il y a toujours une part de calcul. C'est le renard de la fable, qui joue avec tous les corbeaux. Cette relation dissymétrique – plaire sans se livrer – lui laisse tout le temps et le loisir d'observer son interlocuteur pour mieux le séduire ou le réduire. Gare à celui qui, dans la chaleur du moment, confiera à son « ami » qu'il a un jour trompé sa femme ou fumé des pétards à la sortie de son lycée ! Tapie a une mémoire en forme de fiche de police. Il n'oublie rien et, surtout, est capable de vous rappeler vos confidences dans un contexte tout à fait différent. Et bien plus dangereux.

Tapie exerce sur certains hommes, dont il a su mieux que personne discerner les failles secrètes, une véritable emprise. Un pouvoir absolu, dont il n'hésite pas à user, parfois à abuser. Comme le gourou d'une secte. Pour le meilleur et parfois pour le pire, selon son bon plaisir. Avec Bernard Hinault, ce sera pour le meilleur. Il permettra à cet athlète physiquement et mentalement brisé de remonter sur son vélo et d'emporter, en 1985, son cinquième Tour de France, égalant les records de Jacques Anquetil et d'Eddy Merckx. Il parviendra même à le rendre sympathique.

Selon la légende, remake du « lève-toi et marche » de Jésus à Lazare, Tapie aurait dit à Hinault, accord conclu : « À propos, tu oublies tes béquilles. » Et l'autre s'était levé. Il est vrai que la foi soulève les montagnes et qu'en matière médicale Bernard Tapie peut être un excellent placebo. Son magnétisme fait des miracles. Sa violence aussi, comme lorsqu'il obligera Basile Boli blessé à tenir sa place à l'OM, en le menaçant de l'exclure de l'équipe s'il se dérobait [1].

Mais en l'occurrence, Tapie a mis la science de son côté. Il a demandé à Hinault son dossier médical complet, s'est renseigné sur la nature des médicaments utilisés par les coureurs en chaque circonstance, comme sur la réalité, l'ampleur et les conséquences du dopage. Des médecins, spécialistes du sport, ont fait, pour lui, la synthèse de l'ensemble des renseignements recueillis. Diagnostic favorable. Le corps de Bernard Hinault est épuisé par les années Guimard. Mais il pourra encore servir.

Une équipe, baptisée La Vie claire, est donc mise sur pied. Son maillot tranche avec le tout-venant. C'est la reproduction d'un tableau du peintre hollandais Piet Mondrian : *Composition en rouge, jaune et bleu*, peint en 1928. Formé de rectangles colorés, elle se prête à un graphisme éclaté. On peut ainsi incruster le sigle de Radar dans le rouge, celui de Wonder dans le jaune, de La Vie claire dans le blanc, sans oublier Terraillon. Toutes les sociétés de Tapie sont, en effet, mises à contribution, alors qu'elles sont toutes en règlement judiciaire ! A l'exception de la chaîne de magasins Radar, aucun sponsor ne viendra en effet apporter sa dîme, contrairement aux espoirs et aux promesses d'Hinault. Ce sont les sociétés du Groupe Tapie qui payeront, non pour leur propre notoriété, mais pour l'image du patron. Un juge aurait pu trouver là des éléments constitutifs d'abus de biens sociaux. A l'époque nul n'y songe. D'abord, parce que Tapie, déjà, est intouchable. Mais surtout, parce que ces pratiques sont alors fréquentes. Les années quatre-vingt sont celles de l'explosion du sponsoring. Le fisc mettra longtemps à comprendre que cette activité, en apparence noble, ouvre la voie à tous les transferts de capitaux possibles entre la caisse d'une entreprise et celle de ses dirigeants, en toute légalité. Des syndicalistes de Terraillon s'étonneront ainsi que leur entreprise participe à hauteur de 40 % au budget vélo de La Vie claire, sans contreparties réelles. Mais personne ne les écoutera. Quant aux « augmentations de 28 % du chiffre d'affaires » de La Vie claire annoncées par Tapie comme justification de ses efforts, elles n'existeront que dans son imagination.

Le succès va tarder à venir et Tapie s'en inquiète. Au point qu'il commence à préparer sa position de repli : « Je pense que Hinault, tel qu'il est actuellement, remplit son contrat (...). Dans le milieu des affaires, on apprend à accepter les échecs *. Les refuser, c'est aussi refuser les tentatives. » Pressentant la défaite face à Laurent Fignon, Parisien binoclard et longiligne, nouveau poulain de Cyrille Guimard, Tapie change les règles du jeu alors que le Tour vient à peine de commencer. Il ne dit plus courir après la victoire mais se présente comme l'homme généreux qui a tendu la main au champion déchu : « Hinault m'avait confié qu'il n'avait qu'une chance sur deux de remonter un jour sur un vélo, aujourd'hui, il fait partie des trois vainqueurs possibles du Tour (...); mais il n'est pas question de minimiser l'exploit de Fignon. » Qui aurait pu y songer? A ce petit jeu médiatique, Cyrille Guimard et Michel Rolland (responsable des relations publiques de Renault) ne font pas le poids. Guimard va d'ailleurs vivre l'enfer. Pour exister, Tapie a besoin d'ennemis. Plus tard, dans le foot, Jean Fournet-Fayard, président de la Fédération française, Claude Bez, patron des Girondins de Bordeaux, ou Jean-Claude Darmon, le grand argentier, lui serviront de punching-ball. En 1983, c'est Cyrille Guimard, le patron de la plus grosse équipe française que Tapie va diaboliser, en toute occasion.

Laurent Fignon gagne le Tour. Mais, grâce à Tapie, le héros est Hinault qui termine deuxième, à plus de dix minutes. Mal à l'aise dans son habit de Poulidor, le blaireau s'est battu tous les jours, à tort et à travers. Les spécialistes ont ricané mais le public a adoré. Tapie, avec son extraordinaire aplomb, résume fièrement ce Tour : « J'aurais été désolé qu'il termine deuxième derrière Fignon à deux minutes (*sic*). (...) Il est apparu beaucoup plus humain au public. Nous avons réussi à changer son image de marque, c'est bien. »

Tapie n'est pas qu'un bateleur cynique. Ce serait trop simple. Cette défaite, il l'a prise en pleine figure. Le jour où Bernard Hinault, dans la montée de l'Alpe-d'Huez, s'est fait décrocher mètre après mètre par Laurent Fignon, il l'a encouragé depuis sa voiture. Et puis, quand il a compris que l'autre n'y pouvait rien, il s'est recroquevillé sur son siège. De grosses larmes coulaient sur ses joues. Tapie, à ce moment-là, avait une tête de gosse au rêve brisé. A l'arrivée, rien n'y paraissait plus. Les médias n'ont rien vu.

Pas question de rester sur une défaite. Le patron de l'équipe La Vie claire va alors changer de braquet. Il a été battu à la régulière sur le terrain de Cyrille Guimard? Guimard n'aura plus de terrain. Tapie, en quelques mois, va pulvériser le petit monde fermé du vélo.

---

* A l'inverse, Tapie justifiera à maintes reprises ses échecs dans les affaires par l'expérience sportive. C'est une règle de communication. Pendant toutes les années où il mènera de front ses activités à la tête des entreprises, dans le sport et dans la politique, il ne cessera de légitimer les unes par les autres. S'adressant à des publics spécialisés, il se construira ainsi une image de compétence universelle.

Pendant ce Tour 1984, Tapie s'est fait expliquer tous les petits secrets du peloton, les tactiques, les rapports entre les coureurs. Avant même que la boucle soit bouclée, il bâtit l'équipe de l'année suivante. Aux côtés de Bernard Hinault, peut-être pour le remplacer, il veut Greg LeMond, un jeune champion américain du Nevada, coéquipier de Fignon, que Cyrille Guimard a découvert et qui est sous contrat chez Renault-Gitanes *. Pour l'attirer, il lui propose un million de dollars sur trois ans (2 millions de francs par an, sans les à-côtés : 8 aller-retour France-USA, une Renault sur les deux rives de l'Atlantique, avec essence gratuite) soit deux fois et demie le salaire de Bernard Hinault qui, on s'en doute, est piqué au vif. LeMond résiste, puis cède. Tapie a extorqué le meilleur élément de Guimard, qui ne se remettra jamais d'avoir été jeté dans le fossé. Il attendra plusieurs années et s'assurera que Tapie est bien à terre, pendant l'été 1994, pour lui porter le coup de grâce : « [Dans le vélo] Tapie a laissé des ruines. Idem pour le football. Où est l'OM ? En deuxième division. Après Tapie il a fallu que nous, tous les autres directeurs sportifs, on rebâtisse sur des ruines. (...) Il a laissé le vélo dans une totale déconfiture. (...) Il a fait de la surenchère qui n'a touché que les grandes vedettes, tout en traitant de cons tous les autres [2]. »

Guimard est d'autant plus nettement battu par Tapie que Laurent Fignon, à son tour victime d'ennuis de santé – les soins, toujours les soins ! – doit renoncer au Tour de France en 1985. La voie est ouverte pour Hinault et LeMond. Tapie veut mettre tous les atouts de son côté. Rompant avec la loi du milieu, il dévoile le montant du contrat de LeMond. Toutes les autres équipes sont déstabilisées. Des équipiers, jusque-là payés à peine au-dessus du SMIC, réclament aussitôt 50 000 F par mois, que leurs employeurs sont dans l'incapacité de leur accorder.

Le coup de pied dans la fourmilière fait partie de la stratégie Tapie. Selon une méthode qu'il utilisera souvent par la suite, il se pose en s'opposant : « Le vélo est un milieu qui vit en osmose; trop renfermé sur lui-même. Mais il va évoluer [3]. » A cause de qui ? De Tapie, bien sûr ! Un soir il lâche à la télé : « Il y a quatre types qui pourrissent tout le peloton avec le dopage, tout le monde les connaît. » Plus tard, il affirmera avoir joué les balances : « Je voyais circuler autour des coureurs des types avec des mallettes et des seringues. Je les ai dénoncés, certains sont aujourd'hui en prison [4]... » En dénonçant le dopage, Tapie s'en exonère à bon compte. Ce fléau du cyclisme, aussi vieux que ce sport inhumain, existait avant et continuera après lui. D'autres que lui l'ont combattu, beaucoup plus sérieusement. Mais la stratégie est

---

* Renault, engagé à l'époque dans la conquête du marché automobile américain, souhaitait soutenir un champion local pour y asseoir sa notoriété.

claire. C'est celle du préau d'école : celui qui dénonce les petits copains jouit d'un préjugé favorable auprès de la directrice.

Tapie terrorise ouvertement l'adversaire. Pendant le Giro de 1985, la RAI italienne a été accusée de favoriser les coureurs italiens, son hélicoptère gênant, de son souffle, les échappées dangereuses pour eux. Un soir, au cours d'une conférence de presse, Tapie ne se démonte pas : « Je vais venir avec mon avion pour lui mettre une roquette, à cet hélicoptère ! » Les journalistes italiens sont les premiers à se marrer. L'effet est pourtant garanti : on ne reverra plus l'hélicoptère de la RAI brasser l'air devant les coureurs français échappés... Et Hinault terminera premier.

Le Tour de France 1985 consacre le triomphe des deux Bernard. Greg LeMond aurait sans doute pu le gagner. Il a été tenté de porter l'estocade à son coéquipier vieillissant. Mais Tapie le lui a interdit. Le mythe du retour au sommet du champion déchu était beaucoup plus porteur, pour le patron de l'équipe, que la première victoire du jeune Américain. C'est ainsi que Tapie façonne l'histoire. Et qu'il bâtit sa propre légende. Le mythe fonctionne à plein. Le jour où Tapie accueillera Hinault sur les Champs-Élysées et où les deux Bernard se donneront l'accolade, celui qu'on appelait l'homme d'affaires entrera dans le cœur de nombreux Français pour ne plus en sortir.

L'année suivante, rebelote. Cette fois, LeMond est en tête. En dépit d'un pacte de non-agression, Hinault fait la guerre à LeMond. En quelques étapes, où il étale ses haines recuites et affiche son manque d'élégance, le blaireau ruine l'image que lui avait construite Tapie depuis deux ans. Le patron sera obligé de venir sur place jouer les pompiers. Comme d'habitude, il fait merveille. En quelques heures, il convainc Hinault d'accepter sa défaite et LeMond de ne pas humilier le vaincu. Au premier, il a parlé sentiments, au second argent. A l'Alpe-d'Huez, les deux coureurs passeront l'arrivée la main dans la main et s'enlaceront dès la ligne franchie. Exactement ce qu'attendaient les Français. Tapie a inventé toute la scène, quelques heures plus tôt, mais sans doute l'a-t-il déjà oublié. Ou alors, il joue merveilleusement la comédie. Car il a, comme tout le monde, les larmes aux yeux. Cette belle aventure se terminera en queue de poisson. Bernard Hinault prend sa retraite. Aux États-Unis, Greg LeMond est victime d'un terrible accident de chasse. Il a le corps truffé de plombs, au point, en 1994, d'être victime d'une intoxication... Tapie, qui avait déjà l'intention de mettre les pouces, en profite pour se retirer discrètement, en demandant à son partenaire Toshiba, de prendre le relais. Sans toutefois oublier de dire que LeMond, sur le plan sportif, « a du plomb dans l'aile ». Coup de pied de l'âne inutile au champion américain qu'il n'a jamais encaissé, n'ayant jamais pu totalement le dominer.

CHAPITRE 9

Les copains d'abord

> « Chaque mois, je paye 65 millions de centimes à des syndics pour une dizaine de mes sociétés. J'ai enquêté : ils ne consacrent pas plus d'une demi-heure de travail par mois à chacune de ces boîtes. »
>
> Au *Canard enchaîné*, le 3 octobre 1984.

Pour faire de bonnes affaires, il faut de bons amis. Bien placés. De qui a besoin quelqu'un comme Bernard Tapie, repreneur d'entreprises en difficulté? D'un banquier complaisant, d'un tribunal de commerce bien disposé à son égard et – pourquoi pas? – d'un notaire en Suisse. Le banquier est bien entendu Pierre Despessailles, directeur général de la SDBO, ancien président de chambre au tribunal de commerce de Paris, celui-là même qui lui a permis de réaliser le premier tour de passe-passe sur les papeteries Duverger et Diguet-Denis. Au fil des ans, les deux hommes entretiennent des relations de plus en plus intimes et de plus en plus fructueuses. On part en vacances ensemble, on se fait des cadeaux. Mais Despessailles n'est plus juge consulaire. Tapie a besoin d'un correspondant solide et compréhensif dans ce milieu. Son futur auxiliaire de justice personnel sera Didier Calmels, alors le plus jeune syndic de France, qui exercera ce métier dix ans. En 1983, Didier Calmels a 31 ans, des tics et de grandes dents. Sa femme Dominique, de deux ans plus âgée que lui, est une avocate brillante. Il l'a rencontrée à la fac de droit, alors qu'il n'avait que 19 ans. Elle n'a cessé de s'occuper de sa carrière. Présente, attentive, belle et réservée, elle l'a introduit dans le milieu des magistrats. Calmels est pugnace et dénué de complexes. Les portes s'ouvrent devant lui. Il devient peu à peu une coqueluche du Tout-Paris, à l'aube des années-fric. A la chancellerie, on le consulte sur les réformes à apporter à la loi sur les faillites. Il a ses entrées chez Robert Badinter, au ministère de la Justice, comme à Matignon.

C'est en tant qu'adjoint de Gourdin, le syndic de Cœur Assistance, que Calmels a rencontré Tapie pour la première fois : « Je me souviens de la hargne de ce jeune homme inconnu qui avait décidé de redresser la tête. Je m'étais dit qu'il en sortirait et que celui qui aurait raison de lui n'était pas encore né [1] », dira-t-il plus tard. Mais c'est là une reconstruction a posteriori. Car Tapie et Calmels se sont durement frictionnés pendant Cœur Assistance et sont restés ensuite en mauvais termes, jusqu'à ce que Roland Dana, l'ancien patron de *Forum International*, organise à Djerba une week-end de réconciliation, à la demande de Tapie. Pourquoi se faire du mal quand on a tout intérêt à s'épauler, dans ce monde cruel? Tapie déploie tout son charme. Le couple Calmels est subjugué. On va faire de grandes choses ensemble. A commencer par partir à Ibiza, où Roland Dana est propriétaire d'une immense maison blanche, de style mauresque, perchée au sommet d'une colline. Tapie et Calmels ont loué chacun une maison voisine. Qui invite-t-on pour que le tableau soit complet? Pierre Despessailles, bien entendu, qui habitera chez Calmels. Les quatre couples passeront ainsi plusieurs années de suite leur été à Ibiza, jusqu'à ce que le *Phocéa* devienne le lieu privilégié de leurs agapes. A Ibiza, sur les collines, ce n'est pas l'ambiance Saint-Tropez. Didier Calmels fera de ses séjours avec Tapie une description idyllique. Et cruelle, quand on connaît la suite. « Il faut à Bernard un cadre familial très rigide, expliquera-t-il en 1986 à Isabelle Musnik. Ses véritables amis, et il en a peu, ont tous le même profil : des rêves un peu fous, une famille très solide et une vie privée irréprochable. Ainsi, l'été dernier à Ibiza nous étions trois ou quatre couples avec une douzaine de gosses autour de nous. Bernard faisait la cuisine, on jouait au ballon. Pas de sorties habillées dans les hôtels *in*, juste de véritables vacances familiales [2]. »

Troisième personnage essentiel, à l'époque, dans la galaxie Tapie : le notaire suisse. Il est nettement moins famille-famille. Lui aussi s'appelle Didier, est jeune et en vue. Didier Tornare est une figure de proue de la communauté catholique genevoise (souvent d'origine italienne), qui commence à bousculer les vieilles habitudes puritaines de la ville de Calvin. Sa famille compte des recteurs de l'université de Genève et son frère a été président socialiste du conseil municipal de la ville. Depuis la première crise pétrolière, les capitaux arabes affluent à Genève et Tornare en fait le meilleur usage. Il s'occupe par exemple des intérêts de l'homme d'affaire Akkram Ojjeh, grand ami de la France *. A quoi s'ajoute, en particulier depuis mai 1981, l'argent que les Français fortunés mettent à l'abri sur leurs comptes en Suisse. Lorsqu'il se rend à Genève – ses voyages sont fréquents – Bernard Tapie habite chez lui, dans sa superbe propriété de Meinier. Didier Tornare aime les jolies femmes mais c'est un second couteau de la séduction. Sensible à la flatterie, il est subjugué par l'abattage de Tapie qui, vis-à-vis de lui, en fait des tonnes. Cet étrange

* Son fils Mansour possède l'écurie de Formule 1 Mac Laren.

notaire a pour amis ou clients Sophia Loren, Carlo Ponti, Melina Mercouri, Mireille Darc et Alain Prost, mais aussi le financier pakistanais en fuite Abas Gokal, considéré comme l'artisan de l'énorme banqueroute de la banque britannique BCCI. Touché par la folie des grandeurs, Tornare s'est fait construire à Ramatuelle une villa avec héliport et salle de musculation, voisine de celle de son mentor Carlo Lavizzari, le président du club de foot genevois de Servette, toujours bien placé dans le championnat suisse *. Tornare deviendra lui-même vice-président de ce club où son père avait été jadis un trésorier peu regardant. Pour lui, le foot est l'occasion d'acquérir une visibilité sociale qu'il n'a pu obtenir par le notariat et la politique.

C'est dans sa propriété de Ramatuelle, que fréquente la *jet-set* tropézienne, que le notaire Tornare organisera en 1985 une énorme fête, pour les 40 ans de Tapie – en réalité, il avait 42 ans ! Les Gipsy Kings assurent gratuitement l'animation. Sans Tornare, il est vrai qu'ils ne seraient encore qu'un groupe de Gitans illettrés chantant dans les *bodegas*, pendant la féria de Nîmes. Didier Tornare, qui les a découverts dans ces circonstances, est devenu leur imprésario. Il leur fera enregistrer à Genève leur premier grand tube : *Bamboléo.* Didier Tornare a enfin, comme Tapie, été touché par le virus de la politique. En 1985, il essaye de regrouper dans une formation poujado-péroniste à la sauce helvète les entrepreneurs, commerçants et artisans, face à l'État et à la droite classique. Une expérience sans lendemain. Touche-à-tout, Tornare est d'abord un notaire approximatif, sans scrupules, connu pour être capable d'arranger tous les coups et de faciliter n'importe quelle transaction.

Avec des gens comme Despessailles, Calmels ou Tornare, tout est possible. Et même l'invraisemblable. Les exemples foisonnent d'affaires que Tapie a réalisées et dont on se demande, avec le recul, comment un tribunal français – fût-il de commerce – a pu les avaliser. Une des plus étonnantes est celle de la reprise de la société Orama, au cours de laquelle 1 603 balances, d'une valeur de 7,5 millions de francs, ont été purement et simplement escamotées.

Orama fabrique à Noisy-le-Grand, dans une usine moderne, des balances qu'elle vend sous son nom à l'étranger et en France sous le nom d'Amap et de Léonard, deux filiales commerciales. Felice Dal-Dan, le P-DG propriétaire des trois entités, décide de vendre, pour 1 franc, 66 % d'Amap et de Léonard à Bernard Tapie, alors que son groupe, en 1983, a perdu moins de 2 millions de francs pour un chiffre d'affaires de 35 millions. Première décision curieuse. Tapie achète donc les balances fabriquées par Orama, pour les vendre sous les marques Amap et Léonard.

* Tapie entretiendra toujours d'excellentes relations avec les dirigeants de Servette. Lorsqu'il se retrouvera en difficulté, interdit de recrutement, après l'affaire OM-Valenciennes, il obtiendra de ceux-ci qu'ils lui « louent » le jeune joueur brésilien Sony Anderson, dans des conditions qui n'ont jamais été éclaircies.

Deuxième surprise : ces deux sociétés, propriété de Tapie, ne payent pas les balances livrées. Elles doivent, fin 1983, près de 14 millions à Orama, soit le tiers de son chiffre d'affaires ! Troisième incongruité : Felice Dal-Dan, loin d'obliger Tapie à payer ses factures, constate ses difficultés de trésorerie et fait appel à lui comme... repreneur. Devant les délégués syndicaux, Dal-Dan reconnaît que Tapie lui a « donné » 7,5 millions de francs : c'est le quatrième sujet d'étonnement. Le 24 juillet 1984, alors qu'Omara appartient toujours, en théorie, à Felice Dal-Dan, une assemblée générale décide, à la sauvette, de transférer le siège social à Neuilly-sur-Seine, dans les locaux de la société de prêt-à-porter Mic-Mac, elle aussi reprise par Tapie. Il n'y a évidemment pas la moindre synergie entre les balances de charcuterie et les petites robes d'été. Pourtant ce transfert, effectif le 27 juillet, ne surprend que les naïfs : Neuilly dépend du tribunal de commerce de Nanterre où officie Didier Calmels : « Ce tribunal est l'un des plus performants de France », dira Tapie. S'il le dit ! Cinquième curiosité : le 31 juillet, Felice Dal-Dan vend Omara à Bernard Tapie, pour la somme dérisoire de 1,86 million de francs, alors que la société possède, entre autres, un immeuble de 5 millions ! Le jour même, la société change de nom et devient la Société industrielle de balances poids-prix (SIBPP). Fabien Domergue, le bras droit de Tapie, est nommé gérant. Pendant tout le mois d'août, la SIBPP, ex-Omara, passe des commandes et se fait livrer. Puis, sans prévenir, se déclare en cessation de paiement au tribunal de commerce de Nanterre. Celui-ci – sixième bizarrerie – reconnaît dans son jugement que l'actif dépasse le passif mais relève que la société « ne peut plus assurer sa trésorerie ni payer son personnel ». Le syndic désigné pour prendre en charge l'entreprise est Didier Calmels. Là, au moins, il n'y a pas de surprise.

Ce qui se passe ensuite défie l'entendement. Des camions chargent les stocks, l'outillage et les pièces détachées et les emportent à Béthune, chez Testut. Partent aussi, sans tambours ni trompettes, 1 603 balances, dont la valeur est supérieure à 7,5 millions de francs. Les ouvriers s'affolent et interrogent la nouvelle direction, le 10 septembre, en comité d'entreprise. La réponse de Tapie est brutale. Il licencie 84 des 115 salariés ! Licenciements pris en charge par le système d'assurance générale des salariés (c'est-à-dire par les autres entreprises), car il n'y a, officiellement, pas un sou en caisse. Pourtant, un peu plus tard, lorsque les licenciements auront été payés, Didier Calmels annoncera qu'au cours des quatre derniers mois de l'année la société a gagné 900 000 F. Les salariés demandent des explications sur le déménagement à Béthune. Tapie les envoie balader. Quant à Didier Calmels, il indiquera simplement qu'il en a informé « oralement » le tribunal.

De fait, le 11 décembre, celui-ci entérinera une convention de sous-traitance entre la SIBPP et Testut, pour le transfert des matières premières et des produits semi-finis. Petit problème : étant finies, les

1 603 balances n'entrent pas dans cette convention. Deuxième petit problème : ce stock de balances n'a pas été inclus dans le bilan présenté au tribunal pour justifier la cessation de paiement. Si ces 1 603 balances avaient été déclarées, le bilan n'aurait pu être déposé et, en tout cas, leur vente aurait permis de payer les licenciements.

Mais on n'a pas tout vu : sous la rigoureuse surveillance de Didier Calmels, la SIBPP accorde d'incroyables facilités de paiement à Amap et Léonard, les sociétés qui appartiennent en propre à Bernard Tapie. Christophe Bouchet, qui a parfaitement décortiqué cette affaire invraisemblable [3] relèvera en outre qu'entre les comptes officiels de la SIBPP, ex-Omara, et ceux d'Amap et de Léonard, il y a un « trou » de 3 492 000 F. Où est passé cet argent? Didier Calmels donnera au président du tribunal de commerce une explication très langue de bois : « Les différences entre ces deux montants s'expliqueraient (...) par la procédure différente suivie dans l'enregistrement des écritures comptables par ces sociétés lors des opérations d'inventaires. » Évidemment, cette réponse ne veut rien dire, mais le tribunal ne bronchera pas : Tapie est confirmé comme repreneur « sérieux et raisonnable ». Ce n'est pas une plaisanterie! Pourtant, après deux autres changements de siège social, il fera disparaître l'ex-société Omara, avec ses 115 salariés. Seul reste l'immeuble, occupé par Testut.

Toute cette affaire pue, du début jusqu'à la fin. Pourquoi et comment le propriétaire d'Omara s'est-il laissé dépouiller par Bernard Tapie? A-t-il reçu, en France ou à l'étranger, des contreparties? Si oui, lesquelles? De ce cloaque, émergent au moins deux évidences :

– L'opération a été montée de toutes pièces. Omara a été tuée délibérément, alors qu'elle était en bonne santé. Le dépôt de bilan soudain, après des prises de commandes importantes, en témoigne, comme le changement de nom et de siège social à la veille des vacances *.

– L'objectif était de faire traiter le dossier par le tribunal de commerce de Nanterre, avec pour syndic Didier Calmels. Nul besoin de s'étendre sur la complaisance de l'un et de l'autre vis-à-vis de Tapie, sur ce dossier : ce sont là des pratiques de République bananière. Comment reprocher aux hommes d'affaires de manquer de vertu dans un pays où la justice – fût-elle commerciale – en est tout aussi dépourvue?

Des coups comme celui-là, Tapie et Calmels en monteront plusieurs ensemble. Tous ne réussiront pas. Lors du règlement judiciaire de Dunlop-France, Tapie ne pourra faire le poids face au Japonais Sumitomo. Et Calmels devra se contenter de toucher ses 3,3 millions de francs d'honoraires. Ensuite, la source se tarit quelque peu. Après le vote de la loi

* Comme tous les patrons de combat, Bernard Tapie adore faire ses coups à la veille des vacances ou pendant celles-ci. Car elles permettent aussi d'égarer les créanciers qui ont un mois pour se faire connaître lors d'un dépôt de bilan. Alors quand tout se passe au mois d'août, que la société change de nom et de siège social...

Badinter en 1985 * Didier Calmels abandonnera la profession de syndic pour se mettre à son compte comme conseiller et *lobbyiste* auprès des tribunaux de commerce, à qui il « suggère » le nom des meilleurs repreneurs. Son taux de réussite est alors voisin de 100 %. Comme si les tribunaux de commerce ne voulaient toujours rien lui refuser!

Grâce à ses compétences toutes particulières, Didier Calmels mène grand train. En 1985, il achète un appartement de 500 m^2 avenue Henri-Martin, dans le seizième arrondissement à Paris puis, en 1987, s'associe avec l'ancien coureur Gérard Larrousse pour former l'écurie de Formule 1 Larrousse-Calmels. Cela lui permet de se montrer dans les paddocks et de faire la nouba autour des circuits. A l'époque, Tapie est tenté lui aussi de se lancer dans la F1. Son copain garagiste Pierre Landereau l'a emmené avec Jacques Lafitte sur plusieurs grands prix. L'Élysée, via Michel Charasse, lui fait des appels du pied pour qu'il l'épaule, puis rachète l'écurie Guy Ligier. Celle-ci doit tout au président, tandis que Mitterrand doit beaucoup... à Guy Ligier. A quelques mois près, Tapie aurait pu plonger. Mais il a repris l'OM et il lui semble financièrement impossible – et idiot sur le plan de l'image – de mener les deux activités de front.

Cette amitié fructueuse entre les deux jeunes loups affamés sera brisée un soir de 1989. Le 28 février, Didier Calmels tue sa femme Dominique d'une décharge de fusil de chasse en pleine poitrine. Elle décédera à 2 h 45 au bloc opératoire de l'hôpital de la Pitié-Salpêtrière.

Pour une banale histoire d'adultère. Dans une soirée, quelques mois auparavant, Dominique a rencontré Frédéric Mey, 32 ans, un graphiste à queue de cheval. Ils échangent des lettres pendant les vacances par l'intermédiaire d'une soubrette. Calmels apprend cette liaison le 30 août. A la manière de Tapie, il ne manquait jamais une occasion de faire état de la solidité de son ménage, même quand on ne lui demandait rien. Calmels, à qui tout avait toujours souri, est complètement déstabilisé. Il cherche à reconquérir Dominique, comme s'il s'agissait d'un juge consulaire : il l'emmène aux Seychelles, à Venise et à Disneyworld (en Floride), avec leurs quatre enfants. Il parle de son problème à tout le monde, en particulier... à sa belle-mère. Celle-ci quitte le couple, le jour du drame,

* La loi Badinter sépare le métier d'administrateur judiciaire (payé en fonction du redressement de l'entreprise) de celui de liquidateur judiciaire (payé sur la bête, en pourcentage sur la vente des actifs). Car la coexistence de ces deux fonctions, souvent antinomiques, conduisait certains syndics à liquider des entreprises viables, sans égard pour les salariés dont ils avaient la charge, simplement pour gagner plus d'argent. Certains, en jouant sur les deux tableaux, ont fait des fortunes. Mais la loi a été tournée. Des administrateurs judiciaires connus se font encore rémunérer de façon occulte et parfois importante par l'entreprise en difficulté dont ils ont la charge. Il suffit, par exemple, de commander des audits et des études à des sociétés de complaisance, qui reversent l'argent au syndic ou à son entourage. Ces pratiques sont connues, mais à ce jour non sanctionnées.

après une discussion de trois heures. Didier et Dominique se retrouvent seuls. Il menace de se suicider. Ne supportant plus ses enfantillages, elle le nargue :

– T'es pas capable!

Calmels va chercher son fusil de chasse, revient, s'assoit, dirige l'arme contre lui. Elle le défie :

– T'as l'air de quoi? D'un imbécile!

Il retourne l'arme vers elle. Elle ne s'affole pas :

– Si tu veux du courage, je l'ai revu aujourd'hui.

Calmels tire. Puis il appelle le SAMU, sa sœur et plusieurs personnalités amies, dont Tapie. Il est hébété : « Ma vie est fichue », répète-t-il alors. Il faudra attendre vingt-quatre heures avant que la police puisse l'interroger.

Sa belle-mère ne réclamera pas vengeance. Ayant la garde des quatre enfants, elle les conduira régulièrement à Fresnes où Didier Calmels ne restera que trois ans. Tapie et sa femme ne le laissent pas tomber. Il apparaît amaigri de six kilos à son procès, en mars 1990. Me Georges Kiejman, ami du président, futur ministre délégué à la Justice, dira pour sa défense, que Calmels était un « petit garçon dans sa vie conjugale ». Verdict : six ans de réclusion criminelle au lieu des dix réclamés.

Didier Tornare, le notaire genevois, sera, lui, arrêté en septembre 1992 aux Bahamas, où il s'était enfui, après avoir demandé – en vain – la protection de Tapie. Extradé en Suisse, inculpé « d'abus de confiance qualifié, de gestion déloyale et d'escroquerie » pour un montant estimé de 15 millions de francs suisses, il restera un an à la prison de Champ-Dollon. Mais la plupart de ses clients, par souci de discrétion, ne porteront pas plainte, préférant faire une croix sur les capitaux qu'ils lui ont confiés. Quant aux Gipsy Kings, ils se retourneront plus tard contre le notaire pour lui réclamer 8,5 millions de francs suisses de cachets qu'il aurait, selon eux, détournés.

En revanche, Didier Tornare ne sera pas inculpé dans la sordide affaire Canson. Suzanne de Canson, riche héritière, propriétaire de tableaux, avait été séquestrée, affamée et rançonnée par sa « dame de compagnie » Joëlle Pesnel, qui sera condamnée à treize ans de réclusion criminelle. Or c'est Didier Tornare qui avait authentifié les différents actes permettant l'escroquerie. A la demande de Me Paul Lombard, ténor du barreau marseillais, le notaire avait été chargé de vérifier auprès de Suzanne de Canson s'il était exact qu'elle avait donné son héritage à une certaine Jeanne Chappuis (morte à Genève dans le plus grand dénuement). Il avait rédigé ensuite une convention attestant que Joëlle Pesnel était bien la seule héritière de cette dernière. Lorsque Me Lombard sera inquiété par la justice française, c'est Tornare qui se portera témoin de moralité!

Les amis sont parfois encombrants, lorsqu'ils trébuchent. Mais au début des années quatre-vingt, personne n'a encore vu le défaut de la cuirasse de ces jeunes gens. Tapie gagne tout l'argent qu'il veut. Il se sent plus fort que tous les autres. Il lui reste à se faire adopter par le grand establishment de la politique et des affaires. Il va tout faire pour y parvenir.

CHAPITRE 10

Wonder Kid

« On va créer des entreprises dans des secteurs qui ne marchent pas bien : l'auto, la mécanique, les meubles. Durant les deux premières années, pour créer 2 000 à 3 000 emplois nouveaux par an. »

Au *Monde,* le 23 novembre 1984.

Roi de la télévision, capable d'appeler n'importe qui pour n'importe quoi, de retourner une salle hostile, des délégués syndicaux ou des tribunaux de commerce, Bernard Tapie est encore tout petit face aux grands de la politique et du monde des affaires. Il cherche désespérément un homme politique important et âgé, dont il pourrait être le dauphin. Déjà, il vise du côté des radicaux, de gauche ou de droite. Il fait des avances à Maurice Faure, puis jette son dévolu sur Edgar Faure, dont on disait alors qu'il cherchait un successeur dans le Jura. Fin 1983, Nicolas Crespelle lui a organisé un contact. Tapie fait chou blanc. Edgar Faure ne s'est pas montré intéressé par le personnage. Toujours très sûr de lui, le monument politique a dit à Crespelle :

– Je n'aime que les gens très intelligents. Or votre Tapie, il n'est qu'à moitié intelligent.

En réalité, Tapie avait cru bluffer Edgar Faure avec son sens des affaires, mais il était tombé sur plus habile que lui. Mélanger la politique et les affaires, c'était bien un domaine où Edgar Faure n'avait besoin de personne ! De toute façon, il parlait tout le temps et n'écoutait que lui. Avec Tapie, ça ne pouvait pas coller.

Devant les gros poissons, le repreneur n'a pas encore l'assurance qu'on lui connaîtra plus tard. Il est inhibé. Et même timide. Un jour, alors que Tapie possédait Terraillon et les « produits bruns » (télévisions, magnétoscopes, etc.) de Toshiba, Nicolas Crespelle organise un voyage de prestige en Irlande avec soixante-dix patrons de la grande distribution et leurs épouses. Avion et hélicoptères, piscine au bord de mer, bateaux de pêche, cheval, golf, balade dans de vieilles voitures de collection avec des Irlandais : les invités sont reçus royalement. Or, pendant ces deux jours Bernard s'est caché ! Il a serré les mains puis est resté avec Dominique dans sa chambre. Le soir, au cours du dîner, il a refusé de répondre au discours du ministre irlandais. Crespelle a dû le faire à sa place ! Il est parti le lendemain avant tout le monde. Il était tout simplement intimidé par les Mulliez, les Leclerc et autres, dont beaucoup avaient garé leurs jets personnels à côté du sien. Lui qui croquait volontiers de l'énarque se retrouvait comme un petit garçon face à ces vrais grands patrons privés, tous propriétaires de leurs boîtes, qu'ils avaient, pour la plupart, construites eux-mêmes.

C'est avec la reprise de Wonder, une société en perdition, mais qui a encore un nom, que Tapie va se libérer de ses derniers complexes. Il va, en effet, boxer dans une nouvelle catégorie : Wonder est une vraie entreprise et non une PME ; il ne la rachète pas pour 1 franc, mais pour 30 millions ; il devra fermer des usines et licencier du personnel, une tâche dont il s'acquittera sans autres états d'âme que médiatiques ; il devra définir une politique industrielle. Pour fusionner Wonder avec Saft, son concurrent français (sous la marque Mazda), pour porter l'entreprise, il saura se faire connaître et accepter par plusieurs « cadors » du patronat, genre Georges Pébereau, Ambroise Roux ou Francis Bouygues. Deux ans plus tard, il revendra la société avec une plus-value phénoménale : il multiplie la mise par 35 !

L'affaire lui a été proposée sur un plateau :

– Bernard Tapie ?

– Oui.

– Maître Sonier à l'appareil. Je suis l'avocat des propriétaires de Wonder. Vous savez sans doute que cette entreprise traverse de sérieuses difficultés. Philippe Brouillet, le président de Wonder, qui contrôle 37 % du capital, souhaiterait vous rencontrer...

– Vous tombez bien, vous. Ce dossier, je l'attends depuis plus de deux ans !

Tapie, en effet, avait depuis longtemps été prévenu par Pierre Despessailles que Wonder allait tomber. Il indique d'ailleurs sans la moindre gêne à l'avocat avoir déjà placé chez Wonder une « taupe » qui l'informe de la situation réelle. Est-ce un de ces coups de bluff dont il est coutumier ? Pas si sûr. Car, au cours du dîner qui va suivre, il impressionnera Philippe Brouillet par sa connaissance de tous les petits secrets de Wonder.

Wonder est un exemple parfait de la grandeur et de la décadence du capitalisme familial à la française. Jadis prospère et dotée d'une excellente image – grâce au vieux slogan publicitaire : « La pile Wonder ne s'use que si l'on s'en sert » – la société est en pleine déliquescence, ruinée par l'incompétence de ses dirigeants, issus de la famille fondatrice, qui s'entre-déchirent. Alors que sont engagées des diversifications fumeuses, personne n'anticipe le virage vers la pile alcaline, de plus longue durée. Sur le plan commercial, c'est du délire. Wonder préfère la savane à Auchan : elle refuse de se commettre dans la grande distribution, mais s'attaque à l'Afrique noire comme si c'était le marché américain ! Quant aux sureffectifs, ils sont massifs : un salarié de Wonder produit 200 000 piles par an contre 500 000 chez l'Américain Duracell, n° 1 mondial. En 1984, les pertes atteignent 10 % du chiffre d'affaires et la société a 500 millions de francs de dettes. La base s'attend au pire, surtout lorsqu'elle apprend que l'heure de la réunion du comité central d'entreprise est repoussée, à deux reprises, ce 17 septembre 1984. Finalement, la réunion commence. Arrive un beau gosse, tout sourire, clope au bec :

– Salut les gars, je suis Bernard Tapie. C'est moi votre nouveau patron.

Un grand frisson traverse l'assistance. Tapie. Celui de la télé. Les questions fusent. Le nouveau patron est chaleureux, précis, rassurant. Il flatte les uns, dénigre les autres, repère et isole les meneurs. Du grand art. Soudain, il se lève :

– Allez, on va se revoir souvent, on va remonter nos manches !

Il se dirige vers la porte, s'arrête, se retourne et lance :

– Ouais, les gars. J'ai oublié de vous dire un truc. Il va falloir déposer le bilan, avec toutes les conneries qui ont été faites. Mais ce n'est pas grave. Allez, salut !

C'est au cours de la nuit précédente que Tapie a acheté 37 % des actions détenues par la famille, au prix de 100 F par titre. Là encore, l'argument décisif a été le culot. Car la famille avait déjà cédé à la banque Worms 38 % du capital, avec une option sur le reste. Il était donc interdit à Philippe Brouillet de vendre à Tapie. Mais celui-ci le rassure : un droit de préemption n'est pas opposable à un tiers. En clair, si la famille vend ses actions à Tapie, celui-ci en sera propriétaire. Le seul risque est que Worms fasse un procès. Si tel était le cas, Tapie s'engage à payer lui-même le montant du préjudice.

Tapie est tranquille. Il sait bien que la banque Worms, filiale de l'UAP, entreprise nationale sous la tutelle directe de Pierre Bérégovoy, nouveau ministre des Finances, n'a qu'une marge de manœuvre limitée. D'autant que Didier Renaudin, son directeur général est vulnérable et... facile à convaincre. Worms donnera cependant le change, en présentant un autre repreneur, Bertrand Warnod * et en demandant un arbitrage. Le bilan est déposé par Tapie auprès du tribunal de commerce de Paris qui prononce le règlement judiciaire quatre jours plus tard. Les deux repreneurs potentiels planchent devant l'intersyndicale : Warnod annonce 1 050 licenciements et la fermeture des usines de Saint-Ouen et de Lou-

* Ancien patron des antivols Neiman, Bertrand Warnod est un faire-valoir de Tapie. Les deux hommes se retrouveront face à face pour la reprise de Tournus et de Vivalp. Mais c'est Terraillon (Tapie) qui l'emportera.

viers; Tapie se limite à 550 licenciements, et les emplois seront recréés dès 1986, puisque Wonder regagnera de l'argent dès 1985!

Pour convaincre les syndicats et le tribunal de commerce de le choisir, Tapie utilise tous les moyens, avouables ou non. Il va faire chercher des délégués syndicaux Force Ouvrière dans le Sud-Ouest avec son avion personnel. Leur vote acquis, il les renverra en train. Plus tard, le comité d'entreprise recevra la facture du vol en Falcon 20! Il s'agite, fait des déclarations, voit beaucoup de monde. Tout cela sent la gesticulation. Les journaux croient au suspense, mais Tapie est tranquille : comme il s'y attendait, le 6 novembre 1984, le tribunal de commerce lui donne Wonder. « C'est le plus beau jour de ma vie », dit-il devant les micros. Des « plus beaux jours... » comme celui-là, il y en aura beaucoup d'autres.

Tapie était-il de connivence avec Didier Renaudin? La banque Worms a-t-elle pensé que la vedette des médias serait plus à même qu'elle de sabrer dans les effectifs? Qu'avec Tapie, les cours de la Bourse allaient suffisamment monter pour qu'elle puisse revendre sans perte? Ou bien, plus crûment, Tapie a-t-il payé qui de droit? Le mystère demeure. Il n'est pas possible de donner la véritable raison pour laquelle Wonder est tombé, sans coup férir, dans les mains de Bernard Tapie.

Le morceau n'est-il pas trop gros pour lui? Très vite, Tapie va s'affoler. Les comptes 1984 dépassent tout ce qui était prévu : Wonder a perdu 195,7 millions de francs. Alors, le repreneur va se déchaîner. Parlant des anciens propriétaires, il dit, en plein comité d'entreprise : « Face à la concurrence, ils ont retiré leur ceinture. Ensuite, ils ont baissé leur pantalon. Enfin, ils se sont fait mettre, bien profond. » Vis-à-vis des syndicats, il montre son vrai visage. Il fait faire des fiches, achète les uns, menace les autres et retourne comme des crêpes la plupart des délégués. Interdiction absolue de parler aux médias, sous peine de renvoi. Des primes sont supprimées « car l'intersyndicale a envoyé un communiqué à l'AFP [1] ». Tapie contourne les syndicats. Il va sur les chaînes : « Vous ne gagnez pas assez, dit-il à une ouvrière. Dans quelques mois, on en reparlera. » Ou bien : « Appelez-moi chez moi, si vous avez un problème. »

Les promesses de Tapie n'engagent que ceux qui y croient, ce qui n'est sans doute pas le cas du tribunal de commerce. Un an après la mise à l'écart de Bertrand Warnod avec ses 1 050 licenciements, Tapie a déjà lancé deux charrettes de 733 et 519 personnes. La moitié des salariés sont partis. Rayée, l'usine de Lisieux dont Tapie avait promis qu'elle « ne serait jamais fermée ». Plus tard, ce sont le siège et les locaux de Saint-Ouen qui seront liquidés, au profit de Tapie lui-même. Le choix des personnes licenciées s'est fait dans des conditions ignobles. Tapie a demandé à tous ceux qui ont des problèmes particuliers de se faire connaître auprès de l'assistante sociale. « Les cas de désespoir, a-t-il ajouté, peuvent me téléphoner directement [2]. » Les syndicats se méfient. Ils mettent en garde le personnel. Peine perdue. C'était un piège. L'« assistante sociale » était la directrice du personnel de Terraillon. La plupart des cas sociaux, des malades chroniques, des alcooliques, des mères célibataires, ainsi identifiés, feront partie de la première charrette. Il y aura des suicides...

Tout cela n'est pas suffisant. D'autant que Tapie apprend que la toute-puissante Compagnie générale d'électricité (CGE) négocie la vente de sa filiale Saft (marque Mazda) à Philips. Si Wonder reste isolée, elle est morte. Et Tapie avec. Il cherche donc à rencontrer Georges Pébereau, le flamboyant président de la CGE. Mais il est éconduit. En ultime recours, comme lorsqu'il s'agissait de sortir Dominique du commissariat, il appelle Gabriel Farkas :

– Tu connais Georges Pébereau? Présente-le-moi. Ça urge.

Farkas lui assure qu'il n'a pas intérêt à contourner le patron de Saft.

– Non, non. Il faut Pébereau. Obtiens-moi un rendez-vous. A toi, il ne le refusera pas.

Farkas appelle Pébereau, un vendredi après-midi, pour lui transmettre la demande de Tapie.

– Désolé, Gabriel, mais je pars dimanche en Chine. Demain, je suis invisible. Qu'il téléphone à mon secrétariat : je veux bien le voir à mon retour.

Farkas rappelle Tapie, qui est effondré :

– C'est foutu. Ils vont signer la semaine prochaine. Essaye encore.

Farkas rappelle Pébereau, qui consent à recevoir Tapie le dimanche matin, à son domicile, dans le Marais. Mais il pose deux conditions au journaliste économique de *France-Soir* :

– Soyez là, car il a trop mauvaise réputation pour que je le rencontre seul. Et venez dix minutes plus tôt pour m'expliquer le personnage.

Quand Tapie arrive, Pébereau affiche ostensiblement sa méfiance. Tapie n'en a cure. Il fait, ce jour-là, un des plus beaux numéros de sa carrière. Le marché de la pile est décortiqué en quelques minutes. Tapie est un vulgarisateur-né. Il explique à Pébereau qu'une vente de Saft à Philips entraînerait la fermeture de Wonder, avec juste ce qu'il faut de menace suggérée, s'adressant à un patron d'entreprise nationale. Sa proposition de rechange : racheter Saft-Mazda ! Georges Pébereau, qui est lui-même un immense négociateur *, commence à poser des questions. Tapie comprend immédiatement que c'est gagné. Les deux hommes conversent dix minutes. Pébereau est beaucoup plus chaleureux. Mais l'avion n'attend pas :

– Désolé, je vais devoir vous mettre à la porte.

Devant Tapie, il appelle Philippe Dargenton, son directeur de la stratégie :

– Je viens de conclure un accord de principe avec Bernard Tapie sur

---

* C'est lui qui négocie en 1986 le rachat des filiales européennes de l'américain ITT, faisant de la CGE – qui deviendra Alcatel-Alsthom – le leader mondial du téléphone.

Saft-Mazda. On discute avec lui. A conditions égales et avec garanties, on fait affaire avec lui. Reçois-le.

En sortant, Tapie a les larmes aux yeux. Il dit à Farkas :

– Qu'est-ce que je te dois?

– Tu rigoles...

– Qu'est-ce que tu veux?

– Je veux que tu me dises gentiment merci.

– T'es fou, il y a des commissions à prendre, c'est normal.

– Va te faire foutre, je suis journaliste. Je t'ai rendu service par amitié.

Tapie n'a pas compris. Les journalistes sont vraiment bizarres. Il n'a pas insisté.

A son retour de Chine, Pébereau apprend que l'accord avec Philips a bien été gelé, mais que personne n'a appelé Tapie. Il en parle en comité exécutif :

– Il faut vendre Saft à Tapie.

La semaine suivante, toujours rien. Pébereau demande ce qu'il en est à François de Laage de Meux, son directeur général :

– Alors, Tapie?

– C'est sérieux? On croyait que vous plaisantiez...

– Je ne plaisantais pas.

En privé, de Laage de Meux dit à Pébereau :

– Tapie n'est pas de notre monde. Comment et où le rencontrer? On ne peut pas le faire venir à la CGE!

– Allez au bistrot, si vous voulez, mais allez-y, bon sang!

L'affaire est conclue. Wonder devra payer Saft 320 millions de francs, dont 100 millions au 1er juillet 1985. Tapie n'a pas un sou. La SDBO – une fois n'est pas coutume – ne peut pas lui prêter. Jean Deflassieux, président du Crédit Lyonnais, qui vient de découvrir que sa filiale est engagée à hauteur de 250 millions de francs sur Tapie, a décidé de fermer le robinet. Mais Deflassieux est un vieux malin. Il fait faire une étude, favorable, sur la solvabilité du groupe Tapie et organise des fuites : c'est la meilleure manière de se débarrasser d'une patate chaude! La banque Worms, qui s'était fait souffler Wonder, est rassurée. Didier Renaudin décide d'aider Tapie. Mais Yvette Chassagne, présidente de l'UAP, sa maison mère, lui interdit de signer. Malgré la petite manip de Deflassieux, elle estime que Tapie est beaucoup trop fragile. C'est Pébereau qui va le sortir de ce mauvais pas. Il prend rendez-vous avec la présidente de l'UAP. Celle-ci finit par accepter, mais à condition que Tapie trouve un partenaire solide.

– Vous avez une idée? lui demande Pébereau.

– Oui. Bouygues.

Pébereau appelle Tapie devant Dargenton et de Laage de Meux, en lui donnant, pour voir leur tête, du « mon cher président » :

– Il faut vous associer avec Bouygues pour faire l'opération.

– OK, Georges. Mais je ne connais pas Francis Bouygues. Que me conseillez-vous pour le convaincre?

– Je crois qu'il sera sensible au fait que vous montiez cette opération dans mon dos, avec lui et contre moi...

Ah, l'ego des présidents! Le lendemain, le tour était joué. Bouygues et Tapie s'associent à 49 %-51 % dans un nouvel ensemble Wonder-Saft-Mazda. Le hasard a bien fait les choses. Rien ne rapprochait Bernard Tapie de Francis Bouygues, si ce n'est le même goût pour les montages financiers sophistiqués et une absence de scrupules qui permet de s'enrichir plus vite que les autres. Or, Monique Bouygues venait justement de voir Tapie au *Jeu de la vérité*, sur TF1. Le soir, elle avait dit à Francis :

– Tu connais Bernard Tapie?

– Je n'en ai jamais entendu parler. Ça s'écrit comment?

– Tu devrais le rencontrer. Il a l'air intéressant.

Quelques semaines plus tard, Bouygues dira à sa femme :

– J'ai suivi tes conseils. Je me suis fait présenter *ton* Tapie.

Les deux hommes scelleront leur accord à la fin du mois d'août 1985. Bernard, vis-à-vis de Francis, a joué le rôle du fils admiratif. Francis, celui du père indulgent. Mais il n'est pas tombé de la dernière pluie. Bouygues prévient son directeur financier :

– Tapie n'a pas droit à la signature. Surveillez-le de près. S'il tente de signer des chèques, prévenez-moi.

Un jour, à 7 h 30 du matin, Francis Bouygues est chez lui, en train de se raser, son téléphone sonne. C'est le directeur financier :

– Tapie vient de tirer un chèque d'un million. Qu'est-ce qu'on fait?

– Mettez-y un holà, sinon je vous vire.

C'est le début d'une alliance vigilante, mais prometteuse. En janvier 1989, Tapie et Bouygues revendront Wonder-Mazda plus d'un milliard de francs à l'Américain Ucar. Pour Tapie, qui a acheté la société 30 millions, la plus-value atteint 470 millions de francs, sans compter les à-côtés.

Du grand art. A cette époque, Tapie gagne le Tour de France par Hinault et Greg LeMond interposés, envahit la télévision et le voilà qui réussit dans les affaires avec les plus grands noms du patronat. C'est à ce moment-là que l'homme d'affaires va véritablement exploser, non plus seulement dans les médias, mais auprès des gens qui comptent, dans le monde des affaires. Son association avec Francis Bouygues va lui servir de sésame. Les filets qu'il a lancés, avec Jacques Séguéla, Nicolas Crespelle, Gabriel Farkas, Anne Sinclair et beaucoup d'autres, lui ramènent soudain du poisson. On accepte, au moins, de le rencontrer. Parfois, ça ne va pas bien loin, comme avec Marc Viénot. Tapie ayant beaucoup insisté pour rencontrer le futur président de la Société Générale, il obtient un rendez-vous et fait au Buster Keaton de la banque son grand numéro de charme. Au journaliste qui avait joué les intermédiaires, Viénot lâchera simplement, quelques jours plus tard :

– Votre petit gars, il est amusant.

Mais jamais, il ne lui accordera un sou de crédit.

Avec Ambroise Roux, ancien président de la Compagnie générale d'électricité et « parrain » des grands patrons français *, ce sera en revanche le coup de foudre. Comment le vrai patron des patrons français et le chien fou, sans cesse montré du doigt, ont-ils pu se rencontrer et se trouver? Tout simplement. Tapie déjeune avec Gabriel Farkas chez Pierre, place Gaillon. Solange Stricker, qui dirige une entreprise de communication est à la table voisine avec un client. Celui-ci parti, on boit le café à trois. Solange a pour époux Willy, homme de confiance d'Ambroise Roux, qui, plus tard, deviendra le patron de *l'Express*. Informé de cette rencontre fortuite, Willy Stricker demande à Roux si ça l'intéresserait d'être présenté à l'homme d'affaires hors normes, rejeté par les bien-pensants du patronat. Ambroise n'hésite pas. Ce jouisseur, féru d'ésotérisme, qui a du monde une vision esthétique et traite les plus grands patrons français comme autant de petits poulets de grain, est depuis longtemps débarrassé de toute convenance sociale. D'autant que les patrons conventionnels, genre énarques calibrés qui ont toujours tout compris et se trompent tout le temps, Roux, au soir de sa vie, ne les supporte plus guère. Il aime découvrir les nouveaux talents. Flairer les futurs grands prédateurs.

Solange et Willy organisent un dîner dans leur petite villa de Montmartre. Il y a là Jacques et Irène Darmon, Ambroise et Françoise Roux, Bernard et Dominique Tapie. Celui-ci ne dit pas un mot, observant chacun. Soudain, au milieu du repas, il se met à parler. Un numéro éblouissant, par sa connaissance du monde des affaires et de ses acteurs, par son humour et sa décontraction. Ambroise Roux, qui en a pourtant vu d'autres, est subjugué. Au point que le lendemain, sans autre raison que l'envie de lui faire plaisir, Ambroise Roux, ce monument du patronat, écrira à Bernard Tapie – qui se plaindra toujours de n'être pas reconnu par l'establishment – une lettre chaleureuse dans laquelle il lui assure entre autres gracieusetés qu'il « fait partie de la relève de ce pays ».

Vis-à-vis de Roux, Tapie va cultiver pendant quelques années une relation très proche de celle qu'il entretiendra avec François Mitterrand. Avec ces personnalités fortes et indépendantes, que l'âge a totalement libérées, Tapie redevient un petit garçon attentif, prévenant, aimant. En quête, toujours, d'un père mythique.

---

* Ambroise Roux préside l'Association française des entreprises privées (AFEP) qui regroupe les plus grandes entreprises privées, prépare et contrôle des projets de loi et fait un lobbying patronal intense auprès des pouvoirs publics et de Bruxelles à la place d'un CNPF devenu évanescent.

CHAPITRE 11

Les coups fourrés du Petit Prince

« A compétences égales, j'engage toujours la secrétaire la plus jolie. »

A *Match*, le 21 octobre 1983.

La salle est chauffée à blanc. Selon les bonnes vieilles méthodes, 15 000 invitations ont été lancées alors que le grand auditorium du Palais des Congrès, porte Maillot, n'a que 2 000 places. Ils sont plus de 3 000 à attendre dehors le deuxième show. Bernard Tapie planche à l'invitation des étudiants de l'École supérieure des dirigeants d'entreprise. Les visages sont projetés en gros plan sur un écran géant. Anne Sinclair a été choisie comme faire-valoir. Elle a des étoiles dans les yeux :

– Comment en êtes-vous arrivé là, monsieur Tapie?

– Parce que je m'aime!

– Vous embauchez des femmes dans votre staff?

– Ça dépend de leurs mensurations, mais je change souvent de secrétaire.

Si Tapie en avait dit le quart, ce 30 avril 1985, à Antoinette Fouque, qu'il prendra neuf ans plus tard comme colistière sur sa liste Énergie radicale pour l'élection européenne de juin 1994, peut-être aurait-il été châtré dans l'heure? Antoinette, en pointe du mouvement féministe français, tenait alors d'une main de fer la Librairie des femmes, au cœur de Saint-Germain-des-Prés. Gare aux machos qui s'y frottaient! En revanche, Anne Sinclair est tout miel. Et même coquine :

– Monsieur Tapie, poseriez-vous nu dans un magazine?

– Si vous le faites, je le fais...

– Il y a peu de chances!

– Alors ce sera pareil pour moi. Entre hommes et femmes, c'est le langage du cœur qui compte. Il vaut mieux s'arranger pour avoir un peu de charme. Moi, je suis sûr que vos yeux ont compté pour votre carrière.

Applaudissements.

Anne Sinclair acquiesce de la tête en baissant pudiquement ses yeux si fameux :

– Je ne me pose pas la question.

– Vous voyez!

– Ça devient glissant...

– C'est de votre faute!

Ce grand show, Bernard Tapie l'avait voulu. Pour rectifier son image, qui lui échappe. Au cours de chaque émission de radio ou de télé à laquelle il participe, il faut désormais filtrer les appels en provenance des régions d'Annemasse ou de Lisieux, comme de tous les endroits où Tapie a des usines. Les ouvriers licenciés téléphonent pour donner leur point de vue, qui ne correspond guère à la version officielle. Le vrai danger, pour Tapie, ne vient pourtant pas de ce côté, mais de l'autre. Ses méthodes, notamment chez Wonder, séduisent beaucoup de jeunes, futurs cadres, déjà aliénés, portés par la vague d'individualisme. Le licenciement sec est devenu le nec plus ultra des écoles de gestion. Ils en redemandent. Pour la génération des années quatre-vingt, Tapie peut devenir le symbole du nouvel homme fort.

Mais lui n'a aucune envie de se faire enfermer dans un personnage de repreneur d'entreprises et de sabreur sans âme. Car il a décidé de faire de la politique, pour devenir, tout simplement... président de la République. Il ne s'agit plus de confidences distillées ici ou là, à des amis sûrs, d'un ton badin, mais d'une ambition affichée. Treize jours plus tôt, Tapie était l'invité du *Club de la presse* d'Europe 1. Il y a violemment attaqué Michel Tardieu, qui lui avait posé des questions financières un peu trop précises, qualifiant le directeur de la rédaction du *Nouvel Économiste*, de « méchant et d'incompétent ». La dernière question – dite à moitié sur le ton de la plaisanterie – est posée par Gérard Carreyrou :

– Serez-vous un jour candidat à la présidence de la République?

Tapie, lui, avait soigneusement préparé sa réponse :

– Si, dans dix ans, il m'apparaissait trois choses : que j'ai les hommes pour le faire, parce que, président de la République, il faut avoir quelques hommes avec soi; que les problèmes posés sont de nature à être résolus par moi tel que je le sens; qu'il y a vraiment une volonté populaire à ce que je le sois, je serais vraiment le roi des couillons à ne pas accepter de l'être.

C'est clair. Tapie pose ses conditions. Il sera candidat s'il est soutenu par un parti, sur son propre programme et s'il a des chances de faire un score. Pourtant, alors que chaque propos de Tapie fait l'objet de nombreux commentaires, cette déclaration de candidature passe curieusement inaperçue. Tout le monde pense qu'il s'agit d'une boutade. Pourquoi Tapie, qui n'est même pas encore un homme politique, serait-il un jour candidat à la présidence de la République? Une tartarinade. La presse passera donc, le lendemain, cette déclaration presque sous silence. Pour l'instant, Tapie est le seul à croire en sa destinée. Car, il s'agit bien, pour lui, de propos calculés, traduisant une décision mûrement réfléchie. C'est à ce moment-là qu'il demande à André Bercoff de l'aider à rédiger un livre autobiographique, *Gagner*, pour valoriser son personnage et en effacer les zones d'ombre. Tous ses actes publics s'inscriront, à partir du printemps 1985, dans une stratégie de conquête du pouvoir suprême. Ce qui ne peut surprendre, voyant d'où il vient, où il est arrivé, et sachant la haute idée qu'il a de lui-même.

En effet, devant les étudiants Anne Sinclair lui demande quelles sont ses idoles. Il hésite, puis ose :

– Ma mère, parce qu'elle m'a fait et qu'elle ne s'est pas trompée ce jour-là !

Mais Tapie n'est pas devant ces jeunes gens seulement pour plaisanter et marivauder. Il est venu pour délivrer un message politique clair. La question d'un blondinet d'une vingtaine d'années lui fournira l'occasion de l'exprimer :

– Bernard, j'ai une devise qui fait peur à certains, mais tant pis, bégaie le jeune homme devant les caméras qui se braquent sur lui. Je pense que, dans la vie, il y a deux sortes de gens, les dominants et les dominés. Personnellement, je préfère être parmi les dominants que dans le troupeau des dominés. Que penses-tu de ma formule?

– Arrête! Il n'y a pas, et heureusement, les dominants et les dominés. Il ne faut pas mélanger les genres. Il ne s'agit pas de dominer les autres, mais soi-même et son sujet. Les inégalités existent sur le plan de l'argent, du pouvoir, de l'intelligence, de l'esthétique, mais elles disparaissent devant l'amour et le bonheur; aucune victoire ne s'obtient au détriment des autres; si tu marches sur les têtes pour y arriver, tu arriveras peut-être, mais dans quel état! Il n'y aura autour de toi que des cadavres et l'on n'est jamais heureux dans la galaxie des tombes.

C'est du Victor Hugo! Reproduites – et un brin réécrites – dans le prologue de *Gagner*, cette question et cette réponse fourniront à Bernard Tapie le prétexte pour « écrire » son livre : « Il faut absolument éviter le cliché du cynisme impitoyable considéré comme une vertu cardinale (...). Ce que les médias en mal de stars appellent " l'effet Tapie " pourrait être à la source d'un gigantesque malentendu. »

Bernard Tapie a sans doute mesuré que le culte des forts et de l'argent-roi ne durera pas éternellement et surtout, ne concerne finalement qu'une frange étroite de la population. Il n'a pas encore choisi son camp politique, mais sait qu'il doit, au préalable, donner de lui une image de générosité. Aucune victoire ne s'obtient au détriment des autres? Puisqu'il peut dire cela sans faire rire; puisqu'il sait si bien convaincre; puisque la parole est son alliée, pourquoi se priverait-il de proférer des énormités? Et pourquoi changerait-il de mode de vie?

En cette année 1985, où tout lui sourit, Bernard Tapie continue d'avoir une vie secrète, moins brillante que celle qu'on lit dans les journaux. Lui qui s'enrichit à toute vitesse, qui brasse des centaines de millions, qui aspire au pouvoir suprême, considère par exemple toujours comme un scandale de devoir payer des impôts et comme une insupportable atteinte à sa liberté qu'on l'empêche de mettre un peu d'argent à l'abri, à l'étranger. Pour éviter de se soumettre à la règle commune, il utilisera tous les moyens. Avant même que Pierre Bérégovoy – qui ne lui refusera rien – ne prenne le ministère des Finances, Tapie a déjà suffisamment d'appuis pour obtenir un traitement tout particulier sur le plan fiscal.

Il faudra attendre dix ans pour que Catherine Delsol révèle [1] le contenu d'une « fiche d'information » sur la « situation fiscale du Groupe Bernard Tapie », adressée le 1er août 1984 au secrétaire d'État au Budget, Henri Emmanuelli, émanant du service du contrôle et du recouvrement, signée du directeur général adjoint des impôts. Après une mise en cause de la « solidité économique et financière » du groupe « très hétérogène dans ses activités », elle relève que la seule habileté de Tapie « semble se situer dans sa capacité à utiliser à son profit les textes réglementant la liquidation judiciaire des sociétés (...). Il n'est pas certain que l'ensemble du groupe résiste à la déconfiture d'un de ses éléments ». En effet, « la société holding du groupe, la SNC Bernard Tapie, s'est portée garante de cautions pour ses filiales pour des montants qui excèdent, semble-t-il largement, ses propres capacités d'autofinancement (...). La structure financière du groupe repose donc en grande partie sur des créances qu'il détient sur lui-même ». En clair, le gouvernement, via Henri Emmanuelli, est informé dès 1984 par l'administration fiscale que les sociétés de Bernard Tapie font de la cavalerie.

Mais le plus croustillant concerne « la situation personnelle de M. Bernard Tapie au regard de ses obligations fiscales ». On lit qu'à la fin des années soixante-dix, l'homme d'affaires et « sa concubine » se sont vu infliger des redressements « très conséquents ». « Certains errements ont pu être constatés » lors de la prise de participation dans une de ses sociétés rachetées. L'administration a même relevé « un cas flagrant d'abus de biens sociaux ».

Tapie continue à ne pas faire ses déclarations de revenus en temps voulu. Il faut lui envoyer plusieurs mises en demeure pour qu'il s'exécute. Surtout, « l'examen des déclarations déposées fait apparaître certaines incohérences eu égard notamment au train de vie du contribuable et à l'activité qu'il développe dans plusieurs sociétés ». « L'ensemble de ces éléments (...) justifie qu'une vérification approfondie soit envisagée », conclut le rapport qui propose de l'entreprendre au début de 1985, « sauf avis du ministre ».

Datée du 7 août 1984 et signée Alain Font, la réponse du cabinet d'Henri Emmanuelli montre l'indulgence dont bénéficie toujours le futur ministre : « Il est évident que M. Tapie et son " look " appellent des suspicions de la part d'administrations rigoureuses comme la Direction générale des impôts (...). La note adressée laisse penser que le groupe BT est une coquille vide. Je n'en suis pas aussi sûr (...) Je me demande s'il est opportun d'engager à nouveau des contrôles (...) Je suis plutôt enclin à patienter jusqu'à fin 1986 pour juger des engagements de moralité fiscale que M. Tapie a pris en 1984 (...) Je suggère d'en informer Matignon. » Bref, c'est une fin de non-recevoir sur le mode moqueur. Alors que...

Tous les dossiers fiscaux de Tapie seront ainsi enterrés pendant les années quatre-vingt. L'homme d'affaires subira parfois des redressements, mais ses fausses déclarations ne donneront jamais lieu à des amendes. Pas une seule fois, jusqu'en 1994, le fisc ne transmettra à la justice pour enquête les dossiers d'abus de biens sociaux que ses fonctionnaires croient découvrir dans la galaxie du Groupe Tapie, qui change sans cesse de statut ou d'organigramme, parfois deux fois par an. Pour mieux brouiller les pistes. Les fonctionnaires rongent leur frein. Certains constatent même que les dossiers qu'ils constituent se retrouvent sous la pile, dépassent les délais de prescription ou bien, parfois, disparaissent mystérieusement. Celui des abus de biens sociaux concernant le *Phocéa*, sur lequel Tapie sera mis en examen en juin 1994, avait d'ailleurs été caché pour échapper à la vigilance des protecteurs du député au sein même de l'administration fiscale...

C'est aussi l'indiscrétion d'un fonctionnaire choqué de voir qu'on allait enterrer un dossier de transfert illicite de capitaux en Suisse qui a, en plein Tour de France, levé un coin du voile sur les pratiques de Bernard Tapie, au moment même où celui-ci s'efforçait de changer son image. Le 12 juillet 1985, l'AFP signale que le patron de Wonder et de Bernard Hinault est accusé d'infraction à la législation sur le contrôle des changes. Par le biais de contrats souscrits auprès de Jassica – une société d'assurances fictive, située en Suisse –, il a transféré 1,5 million de francs entre 1978 et 1980 *.

L'après-midi, trois journalistes du *Nouvel Observateur* sont dans son bureau. Le téléphone sonne. Au bout du fil, Pierre Bérégovoy, devenu ministre de l'Économie et des Finances. Tapie, c'est une vilaine habitude, branche le haut-parleur :

– Je suis désolé de n'avoir pu m'opposer à cette inculpation, lui dit Bérégovoy. Je vais immédiatement ordonner une enquête pour savoir d'où viennent les fuites.

---

* Le vendredi 27 octobre 1983, Carole Barbey, juge d'instruction à Genève, a fait incarcérer Charles Craissati, administrateur de Jassica. Cet homme d'affaires libanais, résidant à Genève, faisait commerce du placement de fonds étrangers en Suisse. Il était le correspondant de Bernard Tapie. Le même Craissati, à l'initiative de Claude Colombani qui l'avait fait venir au comité interministériel pour la reconversion industrielle (CIRI), avait été contraint pour éviter des poursuites d'engager ses fonds dans le sauvetage d'une usine vosgienne, chère à Christian Pierret, au début des années quatre-vingt.

Dans l'après-midi, le patron de Wonder fera un barouf d'enfer : « Bérégovoy vient de m'appeler, c'est un coup de l'administration des douanes », dit-il à tout le monde. Il se fait passer pour un martyr : « Les socialistes veulent ma peau. » Mais tout cela va s'essouffler dans la chaleur de l'été. Les Français préfèrent vibrer aux exploits d'Hinault, qui s'apprête à gagner le Tour. Le calme revenu, début septembre, Tapie acceptera discrètement une transaction : il lui en coûtera un million de francs d'amende.

Avec tous les soutiens occultes dont il dispose, avec celui, avéré, de Pierre Bérégovoy et d'une partie du gouvernement, comment Tapie a-t-il pu rater la reprise de Boussac? C'est une affaire en or pour un repreneur.

Jadis propriété de Marcel Boussac, patron de droit divin, Boussac risque la faillite pour des raisons strictement politiques. La frange la plus bornée et la plus à droite du patronat bancaire, avec Jean-Maxime Lévêque à sa tête, a été ravie de mettre le gouvernement socialiste dans l'embarras, avec 30 000 emplois en péril, notamment dans les usines textiles des Vosges. Mais le groupe recèle de nombreux trésors : Peau Douce, La Belle Jardinière, le Bon Marché, Conforama et... Christian Dior. Tapie en rêve, mais Bernard Arnault, 34 ans, qui lui avait déjà soufflé *le Chasseur français* lors du démantèlement de Manufrance, l'a encore doublé : il signe, le 16 novembre 1984, un accord pour la reprise aux quatre frères Willot, Jean-Pierre, Antoine, Bernard et Régis (surnommés les Dalton) de la Société foncière et financière Agache-Willot (SFFAW), holding qui contrôle l'empire Boussac.

Pour éviter la plus grosse faillite de l'après-guerre, les pouvoirs publics sont mobilisés : à l'Industrie, comme à Matignon et à l'Élysée, chacun a son candidat. Les repreneurs se battent : on ne parle que du drame de Boussac, mais tous les coyotes ont compris qu'il y a des milliards à gagner pour qui vendra par appartements. Mais avant, il faut donner le change. Bernard Tapie pense avoir encore ses chances face au PDG, glacial et autoritaire, du groupe immobilier Férinel, inconnu dans le monde des affaires. C'est Claude Colombani qui a repris du service et a mis Tapie sur le coup. Les deux hommes ont imaginé un montage compliqué qui peut permettre à Tapie de reprendre l'avantage. La cible, c'est la Belle Jardinière qui possède 18,5 % des actions de la SFFAW. Colombani connaît Jean Lemonnier, son président. Ensemble, ils ont préparé une contre-offensive. Le 30 novembre, à Lille, se tient l'assemblée générale de la SFFAW. Lemonnier doit proposer la création d'un directoire et d'un conseil de surveillance à la tête de la holding. Il tentera ensuite d'obtenir la présidence du conseil de surveillance, Colombani entrant au directoire avec Bernard Tapie à ses côtés. Pour que ce projet aboutisse, il faut l'aval des frères Willot, déchus, montrés du doigt, mais toujours actionnaires majoritaires.

Claude Colombani organise un rendez-vous entre Jean-Pierre Willot,

Antoine Willot, René Mayer, directeur général, et Bernard Tapie au domicile de ce dernier, Villa Saïd.

Tapie, d'emblée, ne mollit pas :

– Je suis fier de vous rencontrer.

Les frères Willot, à qui Pierre Dreyfus, ministre de l'Industrie de Pierre Mauroy, voulait « faire rendre gorge », n'ont rien entendu de tel depuis des lustres.

La conversation est constructive. René Mayer risque même, à la fin :

– Monsieur Tapie, il faut que je vous dise... Il faut penser à moi.

Grand seigneur, Tapie rétorque :

– Vous connaissez ma réputation : je garde tout le monde, même les plus mauvais. Vous avez toutes vos chances !

Et pourtant, sans prévenir, les frères Willot vont signer avec... Bernard Arnault ! Il est vrai que Jean-Pierre est le parrain d'un de ses fils. La bourgeoisie du Nord...

Mais Tapie a encore un espoir. L'accord sera annulé si le gouvernement s'y oppose. Il contre-attaque violemment, par voie de presse. « La mise de fonds de 400 millions de francs que propose Bernard Arnault est insuffisante. C'est 1,5 milliard qu'il faut remettre dans Boussac [2] ! » Comme par hasard, Tapie est soutenu dans son offensive par les syndicats, en particulier par la CGT qui tire à boulets rouges sur Bernard Arnault, soupçonné de vouloir démanteler le groupe. Tandis que Tapie...

Malgré les syndicats, malgré le soutien de Jacques Attali à l'Élysée, malgré les efforts en sa faveur d'Yvette Chassagne, présidente de l'UAP, malgré les fortes réticences d'une partie de la classe politique envers Bernard Arnault, Tapie, pourtant, ne décrochera pas Boussac. Laurent Fabius, nommé Premier ministre en juillet 1984, lui est farouchement opposé. Mais est-ce la seule raison ?

Une dernière tentative rocambolesque – qui montre bien à quel point, face à Arnault, Tapie ne faisait pas le poids – échouera lamentablement. Pour emporter définitivement la SFFAW, Arnault doit recevoir l'aval d'une assemblée générale, convoquée le 24 mai 1985 à Lille. Pour s'y opposer, Colombani a monté une cabale de petits actionnaires. Sa présence à l'assemblée générale, les motions qu'il entend faire voter peuvent faire capoter les plans de Bernard Arnault. Mais Colombani ne sera pas à Lille. Le jour de l'assemblée, il est en garde à vue, sans ceinture ni lacets, à la Conciergerie. Dans la cellule qu'avait occupée sa propre fille, en mai 1968. Il a été arrêté l'avant-veille à Orly, alors qu'il se rendait à Marseille en compagnie d'Édith Cresson, ministre de l'Industrie. Hugues de Lasteyrie du Saillant, bras droit de Bernard Arnault, avait en effet porté plainte contre lui, quatre jours plus tôt pour « tentative d'extorsion de fonds et de signature » pour un montant de 1,5 million de francs [3]. Plainte déposée le vendredi, enregistrée le lundi. Garde à vue demandée par Pierre Lyon-Caen, procureur à Nanterre, ancien du cabinet de

Robert Badinter, et prolongée par le juge Michaud. Le conseiller juridique de Bernard Tapie sera libéré et blanchi à la fin de sa garde à vue, quelques heures après l'assemblée générale qui consacre la prise de pouvoir de Bernard Arnault dans le groupe Boussac. Avec les excuses du procureur! Tapie, qui est à Tokyo, apprendra toute l'histoire à son retour.

En reniant un à un tous ses engagements, sur les décombres du groupe Boussac, Bernard Arnault va devenir en quelques années l'un des plus grands capitalistes français. Sans autre mise initiale que les subventions que lui a données le gouvernement socialiste. Pour Tapie, c'est un échec cuisant. Parce qu'il n'a pas voulu entrer, comme il le dit, dans le jeu des subventions publiques dont on reverse en douce une partie à qui de droit? A-t-il refusé d'arroser, ou bien a-t-il arrosé les mauvaises pelouses? Ou alors, plus simplement, les promesses de Bernard Tapie ont-elles été jugées moins crédibles que celles du propret Bernard Arnault, qui avait pour lui l'avantage de la virginité? Tapie va effacer Boussac de sa mémoire. Mais la haine qu'il porte à Bernard Arnault deviendra obsessionnelle. Sans doute parce qu'il a trouvé plus cynique et plus malin que lui. En beaucoup plus chic!

CHAPITRE 12

OPA sur l'OM

« Le football, ce n'est pas mon job. Je ne peux pas être le Marcel Leclerc de l'Olympique de Marseille. »

Conférence de presse, au moment de la reprise de l'OM.

Mikhaïl Gorbatchev est en visite officielle à Paris en cet automne 1985. Le monde entier vénère l'inventeur de la perestroïka qui doit conduire l'URSS sur le chemin de la modernité – communiste bien entendu. Le 4 octobre, dans les locaux monumentaux en béton grisâtre de l'ambassade, boulevard Lannes à Paris, Gorbatchev a organisé un dîner en l'honneur de François Mitterrand. Assis à l'une des tables, beau comme Michel Strogoff, un homme ne dit mot. Sa voisine a-t-elle cru qu'il faisait partie de la délégation soviétique et ne parlait pas français? Il a fallu attendre le dessert pour que l'homme enfin ouvre la bouche. C'était Tapie. Avec Edmonde Charles-Roux, l'épouse de Gaston Defferre, le maire de Marseille, la conversation bifurque rapidement sur le football. L'un des sujets favoris de Tapie, à l'époque :

– J'aimerais bien m'occuper d'un club. Je songe à Auxerre, Nancy ou Saint-Étienne.

– Pourquoi pas l'Olympique de Marseille?

L'OM? Tapie sourit. Edmonde Charles-Roux vient de dire exactement ce qu'il voulait entendre. Il n'y a, en France, pas de plus beau club de foot que l'OM, avec son fabuleux Stade vélodrome aux murs roses de 52 000 places, vestige de l'architecture mussolinienne épargné par les bombardements de la Seconde Guerre mondiale. Fondé au début du siècle, c'est l'un des plus anciens clubs français qui, malgré des hauts et des bas, n'a jamais cessé d'enfiévrer Marseille. Treize années plus tôt, en 1972, l'OM avait gagné la Coupe de France et le Championnat, grâce à ses deux magnifiques buteurs étrangers, Magnusson et Skoblar. En quelques heures, une nuée de Marseillais, tout habillés de bleu et blanc, avaient envahi le Vieux Port, se transformant en une seule et vaste banderole. Pour Bernard Tapie, la proposition est inespérée.

– Mais, madame, l'OM a déjà un président.

– C'est vrai. Mais il n'est pas bon. Je vais en parler à mon mari. Il est temps de mettre de l'ordre dans tout cela.

Edmonde Charles-Roux a gardé la nostalgie du temps où Gaston ne ratait pas une occasion de monter, avec les joueurs, sur le camion qui déambulait dans les rues de la ville, pour recueillir les ovations, les soirs de victoire. Mais après avoir poussé l'OM vers les sommets, Marcel Leclerc avait fini par être limogé pour malversations. Peut-être le club de football ne s'était-il pas remis du départ précipité de son président. Ni de l'éviction peu de temps après de Paulo Cesar, le Brésilien, parti en laissant une note de téléphone de 800 000 F. Le club s'était peu à peu délité. En 1981, il était même tombé en deuxième division. Soudain, l'ambiance était devenue épouvantable. Faute de dribbler et de marquer, les joueurs en venaient aux mains. Et la situation financière s'aggravait, à cause des ponctions du Milieu qui dictait sa loi.

Bernard Tapie aurait-il le charisme nécessaire et les reins suffisamment solides pour lui faire remonter la pente? Rentrée le soir, dans leur appartement parisien de la rue des Saints-Pères, entre la Seine et le boulevard Saint-Germain, Edmonde pose la question à Gaston : et si c'était Tapie qu'il fallait pour l'OM? Dans les yeux de son mari, Edmonde voit passer ce petit éclair de malice qui lui est si familier. Il surgit dans son regard à chaque fois qu'il lui cache une idée.

Edmonde, à l'en croire, ne connaissait pas Tapie. Gaston, si. Il l'avait même rencontré à plusieurs reprises. Depuis longtemps, un navigateur solitaire disparu en mer et un quatre-mâts les avaient réunis. Cette relation, par bateau interposé, ajoutée aux succès de Bernard Tapie dans les affaires, amplement relayés par les journaux, avait donné à Gaston l'idée de faire appel à lui. Un homme riche qui a ressuscité Bernard Hinault, qui aime la mer et François Mitterrand, ne peut pas être tout à fait mauvais. Or, depuis quelque temps, l'OM a un criant besoin d'être renfloué. Et Defferre pense que les médiocres performances du club ont joué contre lui aux dernières municipales de 1983, qu'il a failli perdre au profit de son rival Jean-Claude Gaudin. Il faut absolument redorer son image. Mais il est ministre d'État et sa décision aura immanquablement une résonance politique. Depuis quelques semaines, il a donc lancé un ballon d'essai. Il a demandé son avis à Pierre Bérégovoy. Il en a même glissé un mot à François Mitterrand. Pas d'objection. Au contraire. Les deux hommes se sont montrés favorables à la venue de Bernard Tapie à la tête de l'OM.

Quand sa femme lui souffle la même idée, après le dîner à l'ambassade soviétique, Gaston Defferre décide sur-le-champ de mettre son projet à exécution. Dès le lendemain, il appelle Tapie :

– Edmonde m'a dit que vous seriez intéressé par l'OM. Pouvez-vous venir me voir, cette semaine, à Marseille?

Dans la foulée, Gaston Defferre passe un deuxième coup de fil à Jean-Louis Levreau, le rédacteur en chef du *Provençal* :

– Vous devez rencontrer Tapie tout de suite. Il faut organiser sa venue à l'OM et le rapprocher de Michel Hidalgo. Ne vous occupez plus que de cela.

Bernard Tapie débarquera trois jours plus tard à la mairie de Marseille, sur le Vieux Port. Tapie est charmé par cet homme déjà âgé, réservé au premier abord, mais dont l'œil clair et rieur pétille de malice. Drôle et volubile, le maire lui dresse les grandes lignes de son projet. Il va falloir engager de nouveaux joueurs, réintégrer la tête du classement et contenir les appétits du Milieu qui depuis quelque temps en prend un peu trop à son aise. Le pari n'est pas facile à gagner, mais il vaut le coup d'être tenté.

– A vous de jouer. Je vais vous apporter mon soutien. Mais je n'ai pas le pouvoir de vous offrir l'OM sur un plateau. Vous devrez convaincre le président, Jean Carrieu.

En sortant du bureau de Gaston Defferre, Bernard Tapie est saisi par l'odeur épicée du Vieux Port. Il flâne quelques instants devant les bateaux en pensant à son quatre-mâts, s'offre un verre dans un bistrot. Cette ville, brouillonne et cosmopolite, en cours de restauration, l'attire. S'il parvenait à remonter le club de foot, il gagnerait à coup sûr le cœur des Marseillais, eux qui depuis des siècles se sentent rejetés par Paris comme lui-même par l'establishment. Et si... Sa décision est prise : il va tenter sa chance. Il ne sait pas encore combien elle sera difficile à saisir.

Au départ, tout paraît se passer calmement. Bien sûr, Jean Carrieu n'est pas favorable à la venue de Tapie à l'OM : il y voit, à juste titre, un rival en puissance. Mais la première rencontre entre les deux hommes se passe plutôt bien. Tapie assure à Carrieu qu'il apportera son argent et ses connaissances, mais qu'il ne briguera pas la présidence. Carrieu tombe sous le charme. Pendant quatre mois, ils se revoient, négocient leur association et, comme l'avait prévu Defferre, prennent contact avec Michel Hidalgo. Ces discussions se scellent le 18 février 1986 par un accord sur cinq ans : à Tapie le pouvoir économique dans l'OM, à Hidalgo le pouvoir sportif. Carrieu reste président.

Mais voilà que l'OM connaît de nouveaux déboires. Le club risque de retomber en deuxième division. Dans un bel ensemble, la presse marseillaise (propriété de Gaston) se déchaîne. Elle ne cherche pas loin le responsable : c'est Jean Carrieu ! Bernard Tapie saisit la balle au bond et annonce, cette fois, franchement la couleur : désormais, il veut tout le pouvoir et tout de suite. Acculé, Carrieu rend les armes, du moins en apparence : il convoque une assemblée générale qui doit consacrer l'intronisation de Bernard Tapie comme président de l'OM.

En réalité, Carrieu est décidé à conserver son pouvoir. En sous-main, il organise la résistance. Il va voir Jean-Claude Gaudin, le leader de la droite marseillaise et tente une ultime conspiration pour barrer la route à

Tapie. Celui-ci avait pris un risque considérable. Il avait annoncé dans la presse que la succession de Carrieu à la présidence de l'OM devait être réglée dans les quinze jours.... Sinon, il jetterait l'éponge et laisserait définitivement tomber le club. Pour Carrieu, l'occasion de contrer Tapie est trop belle. Il se met d'accord avec le vice-président et le trésorier de l'OM, tous deux marseillais : les trois dirigeants boycotteront l'assemblée générale. Ainsi, le quorum n'étant pas atteint, elle sera reportée. Pour ne pas se déjuger, Tapie sera alors contraint de renoncer... C'est du moins ce qu'ils imaginent !

Leur plan sera réduit en charpie par la volonté d'un homme : Marc Fratani, qui deviendra et restera jusqu'en août 1994 le plus proche collaborateur de Bernard Tapie. Son homme de confiance. C'est lui qui lui fait connaître Marseille. C'est lui qui le guide tout au long de ses nombreuses campagnes électorales. Qui l'introduit dans le Milieu et lui enseigne les règles non dites de la politique dans cette ville, tellement différentes de celles en vigueur dans le reste de la France. Il lui sert de chauffeur et d'attaché parlementaire. Mais surtout, Fratani est l'homme de main de Tapie. Se trouve-t-il dans une situation difficile? Fratani intervient. Comme il le fera à la veille de l'élection européenne de juin 1994, lorsque Jacques Pélissier, le président des supporters de l'OM, déclarera à la radio qu'il faut remplacer Tapie à la tête du club. Ce jour-là, Fratani appellera l'impudent et trouvera les mots qu'il faut pour qu'il envoie immédiatement un démenti à l'AFP. Pélissier, qui tient à son bar, s'exécutera dans l'heure.

Pendant huit ans, auprès de Tapie, Marc Fratani se rendra indispensable. Marseille est une ville qu'il connaît comme sa poche. Il est né aux Catalans, près de la plage du vallon des Auffes, en 1945, de parents corses. Son père, électricien, travaillait à la mairie de Marseille et militait à la SFIO. Pendant les campagnes électorales, il collait des affiches pour Gaston Defferre. Il participait aux bagarres de rue qui opposaient violemment, dans les années cinquante, les socialistes aux communistes. Fratani part à l'armée, à l'âge de vingt ans, sans avoir fait d'études, et sans idées politiques très structurées. Mais en 1965, il se marie avec une jeune sympathisante du PC qui milite au mouvement de la Paix. Peu à peu, il s'engage et intègre, en 1967, les Jeunesses communistes révolutionnaires (JCR). Le mouvement trotskiste, dirigé par Alain Krivine, prône la révolution permanente. En mai 1968, Marc Fratani s'occupe de l'organisation des manifestations et dirige le service d'ordre. Fratani n'est pas un costaud. Il est même plutôt fluet. Mais il doit ce poste à l'expérience que lui a léguée son père : depuis sa plus tendre enfance, il connaît tout ce que Marseille compte de truands et gros bras, prêts à aller à la castagne à la moindre occasion. Les cocktails Molotov, les bagarres contre les CRS ne lui font pas peur. Il devient l'un des principaux dirigeants marseillais de la Ligue communiste, au lendemain de son premier congrès en Allemagne. En cheville avec l'ETA militaire et les branches internationales du guévarisme, les militants de la Ligue distribuent des tracts dès l'aube à l'entrée des usines, contrôlent les 2 500 employés de La Ciotat et s'affrontent régulièrement avec les adhérents du SAC et du Parti communiste...

En 1973, Marc Fratani se présente aux élections législatives à La Ciotat et recueille... 2,5 % des voix. Mais une année plus tard, après deux mois de clandestinité et la dissolution de la Ligue reconstituée en Ligue communiste révolutionnaire (LCR), Fratani décide de jeter l'éponge. Il ne parvient plus, dit-il, à concilier sa vie de militant et ses activités professionnelles. Que devient-il ensuite? Mystère. On sait simplement qu'il prendra des cartes dans tous les partis, du PC au RPR, et continuera de s'intéresser de près aux affaires marseillaises. Y compris celles des bas-fonds.

En 1986, quand Tapie tente de récupérer la présidence de l'OM, Marc Fratani est dans l'entourage du club. Il en connaît tous les dirigeants. Il a toujours été passionné de foot et, avec une caméra vidéo, il filme les matchs, les joueurs et les spectateurs de renom. Ensuite, il vend ses cassettes.

La déconfiture de l'OM le désespère : elle nuit à son petit business. De plus, il n'aime pas Jean Carrieu qui s'est opposé à la venue à Marseille de son ami, Rolland Courbis, l'entraîneur du club toulonnais *. Or, Fratani, en cette fin du mois de février 1986, a eu vent du complot que concocte Carrieu pour sauver, une fois encore, son poste. Il décide de le déjouer. Il contacte donc Jean-Louis Levreau, le rédacteur en chef du *Provençal*, et lui raconte toute l'histoire. En échange, il monnaye la création d'une société de vidéo, soutenue par l'OM.

Levreau appelle immédiatement ses copains du *Méridional*. Le lendemain, le journal dévoile en une le coup monté par Carrieu et ses amis. En même temps, Levreau a passé un deuxième coup de fil, à Gaston Defferre. Celui-ci intime l'ordre à Carrieu de se présenter en personne à l'assemblée générale de l'OM. Lui-même, dit-il, s'y rendra exceptionnellement.

Voilà l'élection de Tapie à la présidence de l'OM assurée. Plus rien ni personne ne peut plus l'empêcher de prendre la tête du club. Son objectif atteint, Fratani cherche pourtant à aller plus loin. Au sein du comité directeur qui désigne le comité de gestion de l'OM, par où passent toutes les grosses sommes d'argent, Tapie n'est pas assuré d'avoir la majorité. Voilà une nouvelle tâche dont va s'acquitter celui qui, dans les faits, est déjà devenu l'homme de main du futur président. Il joint les quatre personnes clés du comité et se charge de les convaincre que, désormais, leur intérêt

* Courbis sera, plus tard, incarcéré cent jours pour des malversations, en tant que manager du club de football professionnel de Toulon. Il sera en revanche relaxé du délit de « baronnage » pour lequel il a été jugé en juin 1994. Les policiers avaient estimé qu'avec sa maîtresse, la comtesse italienne Maria-Luisa Rizzoli (héritière du premier éditeur de la Péninsule), Courbis gagnait un peu facilement dans les casinos de la Côte d'Azur. Mais les juges ont estimé les charges trop légères.

est lié à celui de Bernard Tapie. Pour être sûr de ne pas être pris en flagrant délit d'intimidation, Fratani ne leur indique pas le lieu où ils ont rendez-vous, le lendemain matin à 8 heures... Il s'agit du Palm Beach, l'hôtel où Bernard Tapie est descendu et où il les recevra une heure durant...

Réglée comme un métronome, l'assemblée générale de l'OM se déroule comme Fratani l'avait prévu. Le 13 mars 1986, Jean Carrieu démissionne de la présidence du club. A peu près au même moment, le contrat de 10 millions de francs que son entreprise de terrassement avait obtenu en Algérie pour le compte du groupe Bouygues, partenaire de Bernard Tapie lors de l'acquisition de Wonder, est annulé. Jean Carrieu se suicidera deux années plus tard, au bord d'une falaise de Cassis. Les enquêteurs retrouveront un petit carnet où il avait écrit avant de se tirer une balle dans la tête : « Ma vie était devenue un enfer. Pardon à tous. »

Bernard Tapie a enfin les mains libres. Il est le président sans partage de l'Olympique de Marseille. Pour lui, avant toute perspective de tremplin politique local, c'est une consécration : lui qui ne sait pas gérer les entreprises, sinon en les dépouillant, qui s'est révélé incapable de constituer un groupe industriel digne de ce nom, se sent, par la magie du foot, l'égal de ces grands capitaines d'industrie que sont Jean-Luc Lagardère, patron de Matra, d'Hachette et du Matra-Racing; Giovanni Agnelli, propriétaire de Fiat et de la Juventus de Turin; ou de l'étoile montante, Silvio Berlusconi, président du Milan AC, qui dépasse de la tête et des épaules tous les autres clubs européens. Déjà, il s'identifie à *Sua Emittenza* (jeu de mots, à mi-chemin entre « son éminence » et « son émetteur ») qui s'est bâti un immense groupe dans l'immobilier, la presse et surtout les télévisions privées, avec l'appui constant d'une classe politique corrompue. Et qui défie Agnelli chaque semaine, par *Calcio* interposé.

Les premières décisions de Tapie sont commerciales. Il veut en finir avec la profusion de panneaux publicitaires hétéroclites, pour ne vendre qu'une seule marque par match, à prix variable, en fonction de l'importance de la rencontre et de sa couverture télévisée. Et cette publicité sera commercialisée directement. Tapie élimine ainsi du jeu le tout-puissant Jean-Claude Darmon, l'intermédiaire privilégié des clubs et des sponsors. Entre les deux hommes, va commencer une lutte à mort qui se terminera, après la garde à vue de Darmon qui sera ensuite mis hors de cause, par un pacte de non-agression. « Monsieur foot » et Bernard Tapie, qui en savent sans doute assez l'un sur l'autre pour se faire beaucoup de tort, ont convenu de se taire. De toute façon, l'idée de Tapie se révélera être un fiasco : à l'exception de Georges Falconnet, le directeur commercial de Citroën – celui-ci entretient depuis longtemps des relations plus qu'amicales avec Tapie –, qui décorera une fois le Stade vélodrome aux couleurs de la marque aux chevrons, aucun vrai client n'accepte d'entrer dans le système Tapie, qui sera vite abandonné.

Sur le plan sportif, Tapie s'assure la caution de Michel Hidalgo, qui a entraîné l'équipe de 1976 à 1984, au bon vieux temps des Platini, Giresse ou Tigana et qui a conduit les Bleus à la victoire du Championnat d'Europe en 1984, la première de la France dans une compétition internationale ! Hidalgo porte volontiers le short et les sandalettes, ce qui lui donne des allures de gardien de camping. A cause de son palmarès, mais aussi de son air à pousser le caddie chez Carrefour, il jouit en France d'une énorme popularité. En 1986, directeur technique national de la Fédération française de football (FFF), il a refusé toutes les offres qui lui ont été faites : par le PSG et le Matra-Racing, par plusieurs fédérations étrangères, dont celle des Émirats arabes unis, qui lui offraient un pont d'or. Il n'a même pas voulu du poste de ministre des Sports, que lui proposait Laurent Fabius dans la foulée de la victoire de l'équipe de France à l'Euro 84. Qui pouvait le convaincre? Tapie, évidemment. Il a immédiatement pris la mesure de ce personnage, qui ne veut quitter ni la France ni le milieu du foot, mais souhaite un statut social. Et aime l'argent plus qu'il ne le laisse croire. Tapie va le séduire comme il sait le faire, en le flattant, en évoquant avec lui leur origine sociale modeste et surtout en influençant sa femme, à laquelle Hidalgo obéit au doigt et à l'œil. La séduction de Tapie ne se met pas en équations. Il dit à Hidalgo : « Allez, on va faire la fête, ça sera génial, on va tout gagner. » Et Hidalgo n'a qu'une envie : y aller. Il est nommé directeur général de l'OM. Le titre est fictif mais il le gardera, en avalant couleuvre sur couleuvre, jusqu'en 1991.

Tapie a de la chance. Le club se qualifie en mai 1986 pour la finale de la Coupe de France, à laquelle assiste, traditionnellement, le chef de l'État. A un moment où les Français se passionnent, plus que d'habitude encore, pour le ballon rond. Le mois suivant commence en effet la Coupe du monde, où la France, pour une fois qualifiée, a des chances de créer la surprise. L'OM est battu ce jour-là, mais Tapie a, pour le moment, d'autres priorités : Hinault ou LeMond s'apprêtent à gagner une nouvelle fois le Tour de France sous ses couleurs. En foot, c'est au cours de la saison 1986-1987 qu'il va montrer ce dont il est capable. Il prend comme entraîneur Gérard Banide, le préparateur physique de l'équipe de France. Banide et Hidalgo auront cette année-là – ce sera la seule ! – carte blanche pour constituer la nouvelle équipe. La consigne : « embaucher les meilleurs, à n'importe quel prix ». Comme dans le vélo, trois ans auparavant. Hidalgo ramassera dans ses filets l'Allemand Karl-Heinz Förster, une ligne Siegfried à lui tout seul, le Yougoslave Blaz Sliskovic, par dérogation au règlement de sa fédération, et le Bordelais Alain Giresse, petite anguille teigneuse qui a vu l'occasion de finir, doré sur tranche, sa carrière à Marseille. C'est en revanche Bernard Tapie, tout seul, qui demandera qu'on achète un jeune attaquant venu du Nord, mal dégrossi, oreilles décollées et idées simples, sous contrat à Monaco : Jean-Pierre Papin.

La première rencontre de la saison 1986-1987 oppose l'OM à Monaco, dans un Stade vélodrome presque comble. L'OM gagne, mais là n'est pas l'essentiel : ce jour-là, le football français vient de basculer sur une autre planète. Le Tout-Paris descend à Marseille par Air Inter et quelques privilégiés dans le nouveau Falcon 20 du président de l'OM. Tapie a longtemps possédé une Corvette, mais est passé au niveau supérieur en rachetant l'avion de Giovanni Agnelli, le président de Fiat, qu'il a transformé en bonbonnière. Au sol, une épaisse moquette. Sur les fauteuils, les accoudoirs et l'habillage de l'habitacle, de la peau retournée beige clair, presque blanche. Bar, cendriers dorés, comme les pieds de lampe fixés sur les petites tables basses. Une platine laser encastrée diffuse *Thriller* de Michaël Jackson. Depuis le poste de pilotage, Tapie demande délicatement aux invités de « faire attention aux cigarettes et de pas mettre du gras ». Il est souvent aux commandes, à la place du commandant de bord. « Je pilote moi-même mon Falcon, affirme-t-il alors, pour descendre à Marseille. J'ai fait de la voltige sur un 400 [1]. » Pourtant, Tapie n'a aucun droit de s'asseoir dans le cockpit * alors qu'on le voit piloter depuis 1983 ! Mais ses invités ne le savent pas et ils s'en moquent.

Ils sont venus pour le spectacle. Et le spectacle est grandiose. Au Stade vélodrome inondé de lumières, les joueurs, parfaitement alignés, entrent sur la pelouse dans un tonnerre de décibels digne des grands concerts rock. Des écrans géants, de part et d'autre, permettent aux spectateurs de voir les gros plans et les ralentis. Il y a des feux de Bengale, une ambiance de fête. Tapie est aux côtés d'Edmonde Charles-Roux, qu'il embrasse aux yeux de tous dans la tribune officielle. Des costauds, munis de talkies-walkies, judicieusement répartis dans le stade, organisent une ovation à l'américaine : « Ta-pie-Mar-seille ! » Sur la pelouse, une reproduction géante du visage du nouveau président. C'est trop. Très vite, Tapie se montrera plus discret. Il n'empêche : Robert Vigouroux a compris. Le maire de Marseille ne fera aucun cadeau au président de l'OM.

* Tapie ne possède qu'une licence de pilote privé passée en 1985 sur Cessna, à Ajaccio, où il avait fait venir son propre instructeur. Ce qui lui interdit de piloter un jet. Il n'a aucune qualification de vols aux instruments. N'ayant jamais fait revalider son brevet, il n'a même pas le droit de piloter, sauf comme élève pilote avec un instructeur à côté et en l'absence de tout passager.

CHAPITRE 13

Le sorcier du petit écran

> « Si un jour je suis amené à jouer un rôle dans le groupe Bouygues (...) je ne m'impliquerai pas dans TF1, car cela ne m'intéresse pas. »
>
> Au *Figaro,* octobre 1988.

La Ferrari noire est engluée place de l'Étoile puis descend au ralenti les Champs-Élysées, en direction du tribunal de commerce. Les badauds s'arrêtent et regardent à l'intérieur : « Vous avez vu, c'est Tapie ! » Celui-ci, au volant, n'en revient pas.

– Tu vois, Jean-Louis, ils me reconnaissent !

– C'est normal, ils t'ont vu hier soir à la télé.

Bernard Tapie est comme transfiguré. La veille, il n'était encore qu'un patron, certes plus médiatique que les autres, mais peu connu du grand public. Et voilà que les gens s'arrêtent sur son passage, comme pour la star de cinéma qu'adolescent il avait rêvé d'être ! Assis à ses côtés, son avocat et ami, Jean-Louis Borloo, l'observe, amusé, sentant bien qu'entre la télé et Bernard il vient de se passer quelque chose de décisif. Tapie est euphorique. Déjà, en revenant de Toulouse, il ne lui avait parlé que de son émission, la deuxième d'une série commencée un mois et demi plus tôt sous un nom évocateur : *Ambitions.*

– Tu ne trouves pas que j'ai été bon ? Tu vas voir, je vais devenir célèbre.

Borloo n'a rien répondu. Enfantillages, pense-t-il. Bien que tenté lui-même par la chose publique et sensible au regard des médias, il comprend mal la fascination soudaine et irrationnelle de son ami vis-à-vis de la télé. Depuis des années, ils avaient monté ensemble de splendides affaires, organisé les coups financiers les plus sophistiqués, invraisemblables, confinant à l'esthétisme. Et voilà que Tapie, comme un vulgaire Patrick Sabatier, ne s'intéresse plus qu'à l'audimat de ses émissions de télévision ! Il est vrai qu'à Toulouse il a réalisé un score encore impressionnant : 30 % d'auditeurs, soit presque autant que les 34 % atteints lors de la première émission, à Bercy, le 28 février précédent. Mais, avec ses airs parfois farfelus d'étudiant attardé, Borloo garde toujours les pieds sur terre. Les succès télévisés de Bernard Tapie ne vont pas changer la face du monde!

Peut-être pas, mais celle de Tapie, à coup sûr. Borloo le découvrira en arrivant, en cette matinée d'avril 1986, devant les portes du tribunal. Sans hésiter, les policiers de service ouvrent les barrières du parking à la Ferrari et l'un d'entre eux désigne respectueusement à son conducteur la seule place libre. Celle du président du tribunal!

– T'as vu, Jean-Louis! Maintenant, même les flics sont à mes bottes.

– Oui, Bernard, c'est géant.

Borloo connaît son bonhomme. Pas le moment de briser son rêve. Mais une bouffée de tristesse l'envahit. « Cette fois, c'est fini, pense-t-il. Il a vraiment déjanté. » L'avocat a compris, à ce moment, que leurs chemins allaient diverger. Les bonnes affaires se font loin des projecteurs qui, toujours, brûlent ceux qui ne savent pas garder leurs distances. Que pourra-t-il faire, à l'avenir, avec ce bonimenteur qui, hier comme l'autre soir, n'a pas hésité à dire n'importe quoi pour séduire son public?

Déjà, Bernard Tapie est ailleurs. Ce contact direct avec les Français, cette notoriété cathodique, il l'a recherchée avec sa force et son avidité coutumières. Il s'est peu à peu convaincu que c'était la seule façon de violer un establishment qu'il croit hostile pour arriver plus vite à ses fins. Pour quoi faire? Des affaires mais aussi de la politique, bien sûr. Tapie n'en parle pas en public, mais ne s'en cache guère en privé. Pour ses amis, c'est un secret de Polichinelle. Mais beaucoup pensent qu'il divague. Sur ce sujet, Tapie dit d'ailleurs tout et son contraire. Il marche à l'instinct. Il brûle de devenir célèbre. Pour le reste, on verra.

Pour passer à la télé, tous les moyens sont bons. Tapie n'a aucun sens du ridicule. C'est une force. Déjà, quatre ans plus tôt, le dimanche matin, il levait la patte en compagnie de Véronique et Davina. Le culte du corps et de la forme physique est alors en vogue. Les deux jeunes femmes, l'une blonde, l'autre brune, moulées dans leurs justaucorps fluo, donnent des cours d'aérobic à la télévision. A leurs côtés, en short et débardeur, Bernard Tapie fait des pompes, sautille, fait rouler ses épaules, montre ses pectoraux et sa belle gueule...

Il fallait oser. Pas question cependant de s'enfermer dans ces pitreries pour qui veut imposer une image de chef d'entreprise dynamique et décomplexé, mais en même temps sérieux. Il apparaît donc, en août 1983, dans *les Faiseurs de fric*, sur Antenne 2. On le voit... aux commandes de son avion. Tout au long du générique défilent des images flatteuses, tandis que, sur la bande son, on entend un texte hallucinant, marqué au sceau des années-fric, tout à la gloire de Tapie et des nouveaux chefs d'entreprise : « Si vous êtes séduisant et en bonne santé; impulsif, mais pas trop; plus pragmatique que cérébral; plus autodidacte que bardé de diplômes; plus intuitif que cartésien; si comme Bernard Tapie vous pilotez votre propre avion; si vous êtes, encore, plus casse-cou que timoré; plus cynique qu'idéaliste. Bref, si vous avez un tempérament d'aventurier et si vous êtes capable de tout risquer, pour tout gagner, alors vous êtes peut-être déjà, ou vous serez peut-être un jour, un vrai faiseur de fric [1]. » Le ridicule de la forme et l'indigence du fond ne l'effleurent pas. Pas plus, d'ailleurs, qu'une majorité de téléspectateurs. Entre eux et Tapie, c'est le coup de foudre. Ce premier essai donnera le coup d'envoi à une série d'émissions, toutes construites à sa mesure. Sur les ondes, à la télévision, on commence à l'entendre et à le voir partout. Il participe au *Club de la presse* sur Europe 1, est l'invité de Michel Drucker, passe chez Bernard Pivot, Jacques Chancel et Yves Mourousi et se prête même aux plaisanteries graveleuses des *Grosses Têtes*, chez Philippe Bouvard, sur RTL. A ceux qui lui reprochent de sortir de son rôle, et de perdre son temps à faire des pitreries au lieu d'assumer ses responsabilités de chef d'entreprise, il rétorque : « Je ne vois pas en quoi je dérange qui que ce soit. J'enregistre quatre émissions d'un coup, de 20 heures à 23 heures, le soir, à l'heure où les gens rentrent chez eux, s'assoient devant leur télé et s'ennuient ! Puisque cela ne gêne absolument pas mes affaires, pourquoi me priverais-je de faire quelque chose qui me plaît [2] ? »

L'image de Tapie explose au moment où la gauche a réconcilié les Français avec l'entreprise. Ce jeune carnassier sympathique symbolise la rupture avec une période révolue où les salariés s'opposaient d'autant plus radicalement à leurs patrons qu'ils ne les connaissaient pas. Ces êtres intouchables dirigeaient depuis leurs bureaux auxquels personne, hormis la garde rapprochée, n'avait accès. Tapie n'est pas le premier patron médiatique. Jean-Luc Lagardère et quelques autres l'avaient été bien avant lui. Mais jamais personne n'avait été si loin que Tapie dans la mise en scène personnelle. Alors même que son groupe n'est qu'un ramassis hétéroclite de PME branlantes. Son exemple, en tout cas, fait tache d'huile. Si tous les grands patrons français ne vont pas comme Tapie faire le clown à la télé *, tous engageront des directeurs de communication pour mieux se faire connaître du grand public.

Le premier grand succès audiovisuel de Tapie date du 15 mars 1985. Patrick Sabatier l'invite à participer au *Jeu de la vérité*, sur TF1. Tapie y fait un malheur. L'audimat est excellent et, fait rarissime, il grimpe en

---

* N'est pas Tapie qui veut. Le coup d'arrêt à cette dérive a été donné en 1989, quand Jean-René Fourtou, président de Rhône-Poulenc, s'est retrouvé sur une scène coiffé d'une perruque et entouré de marquises au cul nu. Plusieurs patrons invités sont partis outrés. L'idée en revenait à Jean-Louis Servan-Schreiber (*l'Expansion*) et à Thierry Ardisson (A2). En dépit de l'heure tardive et de l'audience ridicule de cette émission, Fourtou verra le lendemain et les jours suivants les syndicalistes lui faire des haies d'honneur en esquissant quelques pas de menuet...

cours d'émission, passant de 37 points au début, à... 45 points à la fin! Il s'est passé ce soir-là quelque chose d'incroyable. Les jours suivants, TF1, *Télé 7 jours* et tous les journaux de télé, y compris *Télérama* sont inondés de courrier. La nouvelle star a chaviré le cœur des téléspectatrices.

Tapie s'est révélé à la télé tel qu'il est : le meilleur. Meilleur que les patrons, meilleur que les hommes politiques et plus à l'aise que la plupart des journalistes de télévision eux-mêmes. Il crève l'écran de sincérité, de vivacité et d'émotion contenue. Son visage est expressif, son élocution claire, son langage simple. Avec l'emploi d'un nombre de mots limité et une syntaxe sommaire, il est compris de tous. Y compris des exclus. De tous ceux qui ont décroché depuis que les énarques ont pris le pouvoir et la parole. Mais la grande force de Tapie, c'est qu'il n'a peur de rien ni de personne. Or, à la télé, l'expression d'un doute, d'une nuance, d'une hésitation ou d'une réserve est rédhibitoire face à celui qui impose sa vérité. Tapie écrase ses interlocuteurs et, sûr de ne pas être contredit, profère avec une égale conviction vérités et gros mensonges. Tout passe si bien derrière son bon sourire...

La star n'a pas eu besoin qu'on lui enseigne les ficelles de l'expression audiovisuelle. Les *media training*, ces séances au cours desquelles des journalistes, moyennant finance, entraînent les personnalités à passer à la télévision, ce n'est pas pour lui. Nul besoin de potion magique : tout petit, il est tombé dedans. Tapie ne peut se satisfaire d'être seulement invité. Il lui faut son émission. Il déjeune avec Jacques Séguéla au Napoléon, un restaurant proche de l'Étoile. Tapie attaque d'emblée :

– Jacques, j'ai besoin de toi. Je veux avoir une émission, sur TF1, à 20 h 30, à l'heure de grande écoute.

– Tu n'y penses pas! Un *prime time*? Tu devras faire tes preuves avant. Il faut dix ans de boulot pour décrocher une émission pareille.

– Tu connais Marie-France Brière?

– Un peu.

– Il faut que je la rencontre.

En cette fin 1985, Marie-France Brière est la reine des variétés sur TF1. Les attentes du grand public sont alors en phase avec sa sensibilité. Elle est devenue incontournable. Elle le sait, elle en profite. Petite bonne femme teigneuse, aimable avec les forts, désagréable avec ceux dont elle n'attend rien, elle est l'archétype des « valeurs » de l'époque. Séguéla décroche un rendez-vous. Marie-France connaît Tapie. Elle s'est rendue quelques mois plus tôt, par hasard, au Palais des Congrès où il faisait son show époustouflant devant les étudiants, tenus en haleine toute la soirée.

Marie-France avait compris, ce jour-là, que Tapie était une bête de scène. En quelques minutes, elle est convaincue. Ensemble, ils feront *Ambitions*. Mais il y a des réticences. Daniel Karlin, membre communiste de la Haute Autorité, est scandalisé par le projet. Il redoute que cette émission ne donne l'occasion à Bernard Tapie de faire sa publicité personnelle. Il est soutenu par Michèle Cotta, la présidente de la Haute Autorité, qui adresse, au mois de janvier 1986, une lettre à Hervé Bourges s'inquiétant d'un « mélange des genres ». Le PDG de TF1 la renvoie dans ses buts en dénonçant cette « conception passéiste et étriquée du service public ».

Marie-France Brière n'est pas au bout de ses peines. De toutes parts, les protestations fusent. *Ambitions* ne serait qu'un plagiat de projets d'émissions proposés par d'autres à TF1 et dûment déposés. François Lejour et Dominique Rigal demanderont même en référé au tribunal de grande instance de Paris, le 26 février 1986, l'interdiction de l'émission dont ils affirment avoir eu l'idée au mois d'avril 1985 sous le titre *Entreprises*. Ils sont déboutés, comme toujours. Face au pot de fer TF1, les pots de terre n'ont aucune chance. Ce tintamarre n'aura finalement servi qu'à faire la publicité d'*Ambitions*. C'est une énorme machine. L'émission se déroule en direct, dans une salle où ont pris place plusieurs milliers de spectateurs.

Dans les coulisses, l'homme d'affaires se prépare. Jacques Séguéla lui a écrit le petit texte de lancement qui donne le ton. Tapie doit le lire sur un prompteur défilant devant ses yeux. Au dernier moment, il accroche Séguéla :

– Ce prompteur, je ne le sens pas. Passe-moi ton papier.

Tapie se met à lire. Une fois, à haute voix. Puis il relit une seconde fois. Il le rend à Séguéla plutôt inquiet :

– T'occupe !

Une demi-heure plus tard, au top départ, il dira son texte sans notes, sans repères et sans prompteur, en marchant dans le couloir qui le conduit sur la scène du Palais des Sports de la porte de Bercy, les yeux fixés sur la caméra. Le timing est parfait. Tapie n'a pas omis un seul mot !

Devant son écran, Michel Drucker est sidéré. Au cours d'un voyage, un an auparavant, il avait parlé avec Tapie d'une émission de télé idéale; il s'aperçoit que tous les bons professionnels qu'il avait cités se retrouvent au générique de l'émission. Tapie n'en a oublié aucun !

Le succès est immense. Tapie ne touche plus terre : « Je vous ai tous baisés, vous les journalistes, parce qu'il n'y a plus eu d'intermédiaire entre moi et les Français. Personne pour m'analyser, commenter ce que je disais ou ce que je faisais. J'ai pu dialoguer en direct avec les gens et ils m'ont cru. Ils m'ont compris [3]. » Tapie fait de la provocation, mais il a raison. En cassant toutes les barrières, en contournant tous les intermédiaires et les relais d'opinion, le tribun s'adresse pour la première fois directement aux Français. La Haute Autorité est en retard d'une bataille. Elle cherche à contrôler les débordements de l'homme d'affaires. Lui, joue déjà un coup plus loin : il prépare son entrée en politique. Il a mis en place les fondements du populisme à la française.

L'effet de surprise passé, les taux d'audience d'*Ambitions* vont décliner jusqu'à tomber à 24,7 points, le 3 décembre 1986 à Grenoble. La cinquième émission sera la dernière. Qu'importe. En cette fin d'année 1986, Tapie a atteint son objectif : il est devenu célèbre. Il a compris de quel formidable pouvoir disposent ceux qui contrôlent le plus populaire des médias : la télévision. Mais le statut de vedette est fragile. Tapie veut plus. Il n'aura dès lors de cesse d'acquérir une vraie position de force dans une grande chaîne française. C'est Francis Bouygues, son associé dans Wonder, qui va lui en fournir l'occasion.

Aux législatives de mars 1986, la gauche est battue à plate couture. Au ministère de l'Économie et des Finances, Édouard Balladur entame le grand programme de la législature : les privatisations. Saint-Gobain, la Société Générale, la CGE sont vendues aux Français qui se précipitent. Les ultra-libéraux du gouvernement veulent aller plus loin. Leur chef de file François Léotard est ministre de la Communication. C'est donc une entreprise dépendant de son ministère qui sera la privatisation-symbole, celle qui marquera une vraie rupture idéologique avec les années Mitterrand : TF1.

Très vite, les candidats se lancent dans la course. Jean-Luc Lagardère, dont le groupe Matra-Hachette est présent dans le téléphone, l'électronique et les satellites, et qui est propriétaire de plusieurs journaux en province ainsi que de la radio Europe 1, rêve depuis longtemps de s'offrir une chaîne de télévision. Il n'est pas le seul. Le 31 juillet 1986, au journal de 20 heures de TF1, Bernard Tapie annonce qu'avec son partenaire Francis Bouygues il pense « être en mesure de faire une proposition » pour la reprise de TF1. « Un groupe de travail s'est constitué dans ce but. » Mais encore faut-il trouver l'argent pour l'achat de la chaîne qui s'annonce hors de prix : 3 milliards de francs pour l'opérateur et principal actionnaire, personne ne pouvant, selon la loi, contrôler plus de 25 % de la chaîne. Pour Tapie, TF1 devient la priorité des priorités. Dès le mois d'octobre, Tapie annonce qu'en 1988 il aura « vendu toutes ses sociétés ». En attendant, il va transformer le Groupe Bernard Tapie, une société en nom collectif qui lui appartient intégralement, en société anonyme. Il espère que cette opération lui rapportera 200 millions de francs, grâce à la cession de 20 % de son groupe à des actionnaires minoritaires. Le 20 décembre, il enfonce à nouveau le clou : « Je veux vraiment participer à la reprise de TF1. Je considérerais comme un échec total et personnel si je n'y étais pas. Quelle que soit l'opération, je veux être dedans. Si l'on m'empêche, je serai très polluant... »

Polluant? A qui s'adresse cette menace? A François Léotard avec qui il entretient de bonnes relations depuis un certain temps? Ou à Alain Madelin, le ministre de l'Industrie, fils d'ouvrier comme lui, qui est devenu un de ses proches...

Les libéraux sont-ils intervenus pour pousser Bernard Tapie? Ou bien est-ce Francis Bouygues, lui-même qui a fait appel à lui? En tout cas, il sera présent dans le tour de table élaboré par Patrick Le Lay, responsable de la diversification dans le groupe Bouygues, et dans lequel entreront également, le 2 février 1987, la GMF (Garantie mutuelle des fonctionnaires), les Éditions Mondiales, quelques banques et Jacques Duquesne, le directeur du *Point*. Last but not least, le magnat britannique, Robert Maxwell, apportera son renfort.

Le temps presse. Il ne reste que deux mois avant que la Commission nationale de la communication et des libertés (CNCL) qui a remplacé la Haute Autorité ne choisisse le candidat retenu pour reprendre TF1. Jean-Luc Lagardère est le grand favori. Il passe pour avoir le soutien de Jacques Chirac et d'Édouard Balladur. Et puis, n'excelle-t-il pas dans l'art et la manière de s'attirer les faveurs des pouvoirs politiques en place? Il a toujours un poste dans son entreprise pour recueillir un haut fonctionnaire qui traverse une passe difficile. Il sait concilier ses amitiés de gauche, comme celles de droite. Au sein de sa garde rapprochée, ses conseillers actionnent leurs puissants réseaux. Lagardère obtiendra d'ailleurs d'Édouard Balladur la privatisation de Matra, au rabais, juste avant l'élection présidentielle de 1988, après le krach boursier d'octobre 1987.

L'équipe de Francis Bouygues, pourtant, ne désarme pas. Bernard Tapie accompagne le PDG du groupe de BTP dans sa tournée des ministères. Tous les soirs, entre 18 heures et 20 heures, le staff rapproché de Bouygues élabore la stratégie de reprise de la première chaîne de télévision. Il y a là Francis Bouygues et sa fille Corinne, Patrick Le Lay, Pierre Barret, Évelyne Prouvost et Jacques Duquesne, des grandes figures de la presse. Sans oublier Robert Maxwell, l'un des principaux actionnaires. Au milieu de tout ce monde, Bernard Tapie, accompagné de son conseiller en communication Jacques Séguéla, joue le trublion. Un soir, le découragement gagne l'équipe. Tout Paris bruit de la même rumeur : c'est Jean-Luc Lagardère qui va l'emporter. A quoi bon s'entêter puisque Francis Bouygues n'a aucune chance? Quelqu'un autour de la table exprime le sentiment général :

– Il vaut mieux renoncer. Un échec sera mauvais pour le groupe. Il laissera trop de cicatrices.

Francis Bouygues écoute les avis des uns et des autres, pèse les enjeux financiers et d'image pour son entreprise et lâche :

– Vous avez raison, mieux vaut renoncer.

Au bout de la table, Bernard Tapie est resté silencieux, écoutant, comme souvent, l'avis des autres avant d'exprimer sa propre opinion. Tout à coup, il se lève :

– Vous êtes complètement fous. Vous n'avez pas le droit de penser comme ça. Vous êtes intoxiqués par la presse. Moi, j'ai eu des contacts avec la CNCL. Ses membres ne nous sont pas du tout hostiles. Nous avons toutes nos chances. Au contraire, maintenant, il faut se mobiliser. Faites-moi confiance.

Assis au milieu de la table, Francis Bouygues, médusé, a écouté Bernard Tapie. Au bout d'un moment, il se lève, prend sa fille Corinne par la main, et sans un mot, va s'asseoir à côté de lui. La messe était dite. Tapie part alors en campagne. La rumeur susurre qu'il a discuté avec chacun des membres de la CNCL. Elle dit même, la rumeur, que le vote de deux d'entre eux aurait été acheté. Leurs noms circulent. Tapie les a-t-il seulement rencontrés ? Que se sont-ils dit ? Le mystère demeure. Tapie, en tout cas, n'est pas le seul à se défoncer. La cafétéria du siège de Bouygues à Clamart est réquisitionnée. Lors des ultimes répétitions avant l'audition publique à la suite de laquelle la CNCL se prononcera en faveur de l'un ou l'autre des repreneurs, les caméras sont en place, les tables disposées dans la même configuration que rue Jacob, où aura lieu l'examen de passage. Patrick Le Lay retouche vingt fois son texte d'introduction. Tapie et Maxwell répètent leurs rôles.

Ce fameux 3 avril 1987 est une journée historique pour la télévision française. L'équipe de Jean-Luc Lagardère assistée de Christine Ockrent est convoquée la première, dans la matinée. Elle est si sûre de son fait, tellement persuadée d'avoir gagné d'avance qu'elle défend mal son dossier. Le ton est terne, le cœur n'y est pas. Et puis, pour boucler son tour de table, Lagardère a fait appel à des sociétés proches du pouvoir. La candidature semble téléguidée de Matignon. Bouygues a d'ailleurs dénoncé ce fait et brandi des menaces au cas où...

Dans l'après-midi, de 14 heures à 20 heures, c'est un tout autre attelage qui se présente devant la CNCL. Moins professionnel, mais celui-là entièrement privé. Francis Bouygues, Patrick Le Lay, Robert Maxwell et Bernard Tapie sont gonflés à bloc. Constituée de bric et de broc, l'équipe semble surgie de nulle part. Mais elle a beaucoup travaillé. Son patron, c'est Le Lay. Tout de suite, il remet Tapie à sa place. Quand celui-ci tente de s'asseoir à côté de Francis Bouygues, il lui désigne le bout de la table [4] :

– Tu te mets là, c'est moi qui parle.

Six heures durant Le Lay et les autres vont plaider en faveur d'une nécessaire impartialité de TF1. En jouant sur la corde sensible des membres de la CNCL, là où ils sont systématiquement attaqués : leur indépendance à l'égard du pouvoir politique. Et c'est vrai que sur ce plan-là, Lagardère a beaucoup à se faire pardonner... Le lendemain, 4 avril, c'est un coup de tonnerre dans le microcosme médiatico-politique : contre toute attente, pour reprendre TF1, la CNCL a choisi... Francis Bouygues. Tapie explose. Avec une mise de 100 millions de francs, il détient 1,7 % de la plus grande chaîne de télévision française. Avec l'espoir de devenir un proche conseiller de son président. La Haute Autorité de l'audiovisuel a-t-elle voulu ainsi prouver son indépendance ? Avait-elle déjà été convaincue avant l'audience par les arguments de Bernard Tapie ? Ou bien s'est-elle plus simplement rangée du côté de l'équipe qui lui a paru la plus persuasive ?

Toutes ces questions seront vite oubliées. Dès le dimanche soir, 12 avril, un somptueux dîner réunit au Ritz les anciens et les nouveaux actionnaires de TF1. Il y a là quantité de personnalités, dont Stéphane Collaro et Marie-France Brière. Le roi du béton, Francis Bouygues, assisté de son adjoint Patrick Le Lay sont visiblement impressionnés par toutes ces vedettes du show-biz et de la télévision. Un peu à l'écart, les deux businessmen semblent sur une autre planète. Tandis que le « star system » de la télévision s'est déjà mis inexorablement en branle, ils commencent à compter. Pour eux, le plus dur reste à faire : il va falloir rentabiliser le chèque faramineux qu'ils brandissent fièrement devant leurs invités.

CHAPITRE 14

La dolce vita

« Le *Phocéa* ne va pas devenir un promène-couillons. »

Au *Matin de Paris*, le 25 décembre 1983.

« Silencieux dans la nuit bleutée, le *Phocéa* fend de sa coque féline les eaux calmes de la mer Ionienne. Sur le pont arrière, les bouchons sautent. Champagne pour tout le monde. Le pope orthodoxe, embarqué à Corfou pour bénir la cérémonie, n'est pas le dernier à trinquer. Ce soir, Dominique et Bernard Tapie fêtent leur quinzième anniversaire de mariage. Au large de cette Grèce, dont Madame est originaire (...). Vers minuit, la dizaine de couples d'amis français invités aux agapes regagnent leurs cabines. Bernard et Dominique restent seuls, debout, dans le loin avec la lune pour témoin. Elle, drapée dans une robe à la Messaline, mettant en relief sa silhouette, lui, smoking sombre et pochette rouge. Appuyés sur le bastingage, les yeux dans les yeux, la main dans la main. Baisers furtifs. Instant d'éternité. Un vrai voyage de noces. » Ce texte d'anthologie, publié dans *Télé 7 jours* [1] est titré « Bernard Tapie : " un enfant pour nos quinze ans de mariage " » et illustré d'une photo où tous deux posent sur le pont arrière du bateau. Les cheveux de Dominique sont noués en tresse avec un ruban blanc qui tombe sur son épaule découverte. Elle porte une robe de Madame Grès. Au loin, on discerne la côte du Péloponnèse.

C'est beau comme de l'antique. Tout est vrai, à un détail près. Sur le *Phocéa*, au large d'Athènes, en mai 1987, Bernard et Dominique ne fêtent pas leurs quinze ans de mariage, mais leur mariage tout court! Dominique va avoir un second enfant et Bernard – dont ce sera le quatrième – a finalement accepté de l'épouser *.

* Non seulement Tapie triche de quinze ans sur la date de son mariage, mais à cette époque, il se rajeunit encore de deux ans. *Télé 7 Jours* écrit : « Bernard espère que naîtra, le 26 janvier, jour de ses quarante-trois ans, un quatrième héritier. » Le 26 janvier 1988, Bernard Tapie aura 45 ans.

Une si longue attente méritait bien une fête exceptionnelle. Dominique ne sera pas déçue. La transformation du *Phocéa* vient d'être achevée : ce sera sa première vraie croisière. Pas un bouton de guêtre ne doit manquer. Tapie a fait appel aux meilleurs traiteurs. Les chocolats viennent de chez Pierre Belin, à Albi, une maison que seuls les initiés connaissent et où Dominique s'approvisionnera régulièrement par la suite. Le propriétaire a viré son équipage initial de « voileux » aux cheveux longs – il les appelait mes « beatniks » – fourni par la Marine marchande, pour embaucher une équipe d'anciens plongeurs militaires dont certains appartenaient à la DGSE et qui avaient travaillé pour une société de déminage à l'étranger. Tapie voulait des jeunes gens discrets, obéissants, actifs et surtout au look impeccable, cheveux courts et rasés de frais, deux fois par jour. Aucune aspérité ne devait être visible dans le décor de carte postale. Le capitaine du navire, patron de cette équipe de professionnels, sera Jean-Luc Pinon, jeune militaire à l'ancienne, officier de marine très règlement-règlement, catholique traditionaliste et sympathisant du Front national, tendance vieille France. Tapie l'a choisi lui-même, en toute connaissance de cause.

Par rapport à un bateau normal, yacht traditionnel ou voilier, le travail est multiplié par trois et exige de larges compétences. Il faut en effet maîtriser la technicité d'un paquebot – y compris la climatisation, les moteurs, l'électricité – tout en étant un bon skipper, pour tenir la barre et régler les voiles. Sans oublier, bien sûr l'astiquage quotidien et complet, extérieur et intérieur, des chromes, des cuirs et des parquets!

Sur le *Phocéa*, plus encore qu'avenue de Friedland, Tapie surveille tout, exige de ses employés une disponibilité totale, nuit et jour. Sur son nouveau jouet, Bernard Tapie dépense une énergie inconsidérée. Il change de vêtements cinq fois par jour, arbore des tenues d'apparat en toute occasion, comme un capitaine d'opérette, parle fort, s'agite, surveille les cuisines, fait des blagues. A une réserve près : il se baigne le moins possible et laisse les planches à voile à ses invités. L'équipage se rendra compte peu à peu que Tapie, que l'on dit si sportif, qui disputait jadis le cent mètres crawl dans la piscine municipale du Bourget et qui vient de se faire construire le plus beau bateau du monde, a tout simplement peur de la mer. Il déteste s'y tremper. Quant à la pêche sous-marine, n'en parlons pas. Tapie n'a jamais voulu mettre des palmes et un tuba, ni bien entendu des bouteilles. Il a même fallu que Jean-Luc Pinon insiste pour acheter du matériel de plongée, indispensable pour vérifier la coque ou dégager l'hélice. Et pour faire plaisir aux invités.

Mais à bord et au port, Tapie frime comme un fou. Son plus grand plaisir est de sortir un hors-bord, en pleine mer, par forte brise et d'accompagner le *Phocéa*, qui file toutes voiles dehors, en se plaçant sous le vent. Tous ceux qui ont vu sous cet angle cet immense quatre-mâts fendre l'eau en ont eu le souffle coupé. Tapie, lui est en transe.

Son autre grand plaisir est de donner des rendez-vous en mer à d'autres grands navires. Jacky Setton, le richissime importateur de Pioneer, se prête volontiers à ce petit jeu. Les deux hommes admirent alors réciproquement leurs jouets respectifs, symbole de leur réussite. Avec le bateau de Setton, avec celui de Samir Traboulsi ou de Nelson Peltz, protagonistes de l'affaire Pechiney, avec bien d'autres, on mouille en baie de Figari, dans ce lieu qu'on appelle Medialand parce que des vedettes de la télévision et de la publicité y ont leur maison; ou bien en Sardaigne, en face du domaine de l'Aga Khan. Bref, on s'amuse. À bord, Bernard Tapie a le comportement d'un chef de village du Club Med. Il tutoie bien entendu les hommes d'équipage, exigeant à la fois du style et de la familiarité. Jean-Luc Pinon, le capitaine, s'en tiendra au style. Il interdira aux marins de tutoyer le propriétaire, et même de l'appeler par son prénom. Tant qu'il sera là, ce sera : « Monsieur Tapie ». Lui-même se fera toujours vouvoyer. Le capitaine voulait bien commander le *Phocéa*, mais pas se commettre avec son propriétaire. Car, autant le dire tout net, aux yeux d'un Jean-Luc Pinon comme de la plupart de ses marins, Tapie, avec ses plaisanteries de garçon de bains, sa manière de toujours trop en faire, de vouloir en jeter plein la vue à ses invités, est, sur son bateau, furieusement plouc.

Et terriblement seul. Il n'arrête pas de lancer des invitations aux grands de ce monde, mais essuie de multiples refus. Les hommes politiques français veulent bien se montrer dans la loge présidentielle du Stade vélodrome ou lors des grands matchs de l'OM en Coupe d'Europe, mais évitent le *Phocéa.* Parfois, certains promettent de venir et se dérobent au dernier moment. Ainsi, pendu au téléphone, Tapie attendra longtemps Michel Rocard ou Laurent Fabius, faisant mine de croire à leurs empêchements diplomatiques. Un jour, à Monaco, Giovanni Agnelli, le président de Fiat, est monté à bord. Le flamboyant septuagénaire a regardé tout ça de très haut, puis il est parti, s'en retournant chez les vrais riches...

Il y a cependant des habitués et les obligés. Patrick Le Lay vient très régulièrement, en famille. Tout comme Jacques Fayard, président des activités grand public de Thomson ou Bernard Steinitz, son ami antiquaire. Ou bien encore ce couple de marchands de tapis belge, qui séjourne avec ses deux jeunes filles que Tapie honore tandis qu'il traite les parents plus bas que terre, dans une étrange relation de domination. Il invitera même Jean-Louis Servan-Schreiber, alors patron du groupe Expansion. En la circonstance, on ne sait pas quel était le plus maso des deux puisque, au cours d'une *Heure de vérité*, JLSS, tout gonflé de mépris, avait durement attaqué Tapie. Mais celui-ci l'avait mis en pièces et renvoyé dans ses buts. Ce qui n'avait pas empêché Tapie d'inviter Jean-Louis ni celui-ci, en compagnie de sa femme Perla, d'accepter l'invitation de son bourreau et de rire à gorge déployée à ses fines plaisanteries. A l'époque, la préférée de Tapie est la suivante : « As-tu des photos pornos de ta femme? Non? Ce n'est pas grave, je peux t'en prêter... » Pour remplir les trous, Tapie invite quelques-uns de ses amis journalistes, comme André Bercoff, avec qui il a écrit *Gagner*, Maurice Szafran, de l'*Événement du jeudi*, Michel Gonod, de *Paris-Match*, ou Guy Sitbon, correspondant à Moscou du *Nouvel Observateur*. Ou bien des fouteux, comme Michel Platini ou Michel Hidalgo. Les invitations se déroulent sur quatre jours. Tapie envoie prendre ses invités à Paris, dans son Falcon 20. Des limousines les conduisent de l'aéroport le plus proche jusqu'au port, sur la Côte d'Azur, en Corse, aux Baléares, en Sardaigne ou en Grèce. Tapie vient alors les chercher avec une des deux vedettes, au milieu de la foule venue observer le manège. On distribue les cabines et vogue la galère. Parfois, les invités de marque, comme Jacques Pilhan, le conseiller en communication de François Mitterrand, ont droit à deux rotations. Ils restent huit jours à bord.

Beaucoup de monde et peu d'amis. Tapie, au printemps 1987, est milliardaire, adulé par les médias et les hommes politiques. Il fait rêver la France entière. Or, qui invite-t-il à son mariage? Il y a là, avec leurs épouses, Roland Dana, l'ancien patron de *Forum International*, avec qui Tapie se brouillera à mort quelques mois plus tard avant de se réconcilier en 1994. Il y a l'inévitable Bernard Steinitz, l'antiquaire; Michel Bigoin, l'architecte naval du *Phocéa*; Jean Duby, alors médecin de Peugeot-Talbot Sports et de l'OM, grand rouleur de mécaniques, dont la présence rassure le maître des lieux. Il y a Jean-Marc Durafour, patron de l'Herbier de Provence, filiale de La Vie claire; Gilles Pernet, journaliste à l'*Équipe*, futur chef adjoint du service des sports de TF1, avec qui Tapie fait du vélo; il y a Sylvain Ferdman, le témoin de Dominique, que Tapie a rencontré au Club Méditerranée et avec qui il s'est lié d'amitié *. Il y a encore Didier Tornare, le notaire suisse aux pratiques peu conventionnelles, chez qui Tapie habite quand il se rend à Genève. Il y a enfin Pierre Despessailles, le sulfureux directeur général de la SDBO, filiale du Crédit Lyonnais, l'homme sans lequel Tapie ne serait rien. Sans lequel il n'aurait jamais pu posséder le *Phocéa*.

Ce n'est pas le gratin, mais tout le monde rigole bien. On fait un pastiche de l'émission *Ambitions*, chacun jouant un rôle à contre-emploi. Un film est même tourné, réservé aux seuls invités, dans lequel on voit Despessailles, une perruque sur la tête, imiter Anne Sinclair. Les vingt invités reçoivent en cadeau des cendriers peints sur lesquels a été gravée la date du mariage.

---

* Sylvain Ferdman a travaillé à la Bank of World Commerce à Nassau (Bahamas), soupçonnée par le FBI de blanchir l'argent de la drogue et de la pègre. Cette banque selon *Life Magazine* aurait été liée à Jimmy Hoffa, président maffieux de « Teamsters » le syndicat des camionneurs. Elle payait les cautions de ces messieurs...

Bernard Tapie peut bien inviter son banquier favori et bientôt exclusif à son mariage sur le *Phocéa*, le déguiser en Anne Sinclair et lui offrir un cendrier. Car Pierre Despessailles vient de lui accorder un prêt de 42 millions de francs pour acheter l'hôtel de Cavoye, rue des Saints-Pères. Un prêt dont Tapie ne remboursera jamais ni le principal, ni les intérêts * sans que jamais son aimable banquier ne lui en fasse le moindre reproche !

Car toute la famille vient d'emménager dans cet hôtel particulier de 1 852 m^2 habitables, auxquels s'ajoutent 750 m^2 de jardin, au cœur de Paris. Il faut bien ça pour loger la famille qui s'agrandit. D'autant plus que Nathalie, la fille aînée, vient de donner naissance à un petit Rodolphe : Bernard Tapie est grand-père !

Mariage, mise à l'eau du *Phocéa*, conception d'un quatrième enfant, déménagement dans l'immense hôtel particulier : dix ans tout juste après cette année 1977 où il s'était acheté une conduite et fait interdire de casino pour devenir un vrai patron, 1987 est à nouveau pour Bernard Tapie l'année des grands bouleversements. Et aussi des grandes résolutions. Première d'entre elles : il arrête brutalement de fumer, lui qui grillait jusqu'à soixante blondes par jour. Cette décision, maintes fois reportée, lui coûtera beaucoup. Il va devenir irascible, parfois odieux avec son entourage. Et surtout va se mettre à grossir, ce qu'il ne supportera pas. Au moindre stress, il prend cinq kilos, qu'il s'efforce de reperdre au plus vite, dans les instituts de thalassothérapie.

Deuxième résolution : au moment même où Bouygues, un peu grâce à lui, vient d'obtenir TF1, Tapie, qui affirme contrôler 3,4 % du capital de la chaîne ** décide d'arrêter *Ambitions*. C'est une décision réfléchie : pour maintenir le taux d'écoute, il en a rajouté dans la démagogie et les promesses intenables. Dans le Var, il s'est engagé à créer 7 000 emplois. Dangereux pour sa carrière politique future. Il sait qu'il risque de se ringardiser dans ce rôle de M. Loyal des affaires. L'une des grandes forces du fauve est de ne jamais se laisser enfermer : il « ne se montrera plus qu'une fois par trimestre pour des soirées-événements ». En réalité, il n'y en aura qu'une, le 18 septembre, à l'occasion du deux millième numéro de *Match* que fête TF1. Tapie y invitera Jacques Chirac, alors Premier ministre qui reconnaîtra à cette occasion être « tombé sous le charme » de Bernard Tapie. De toute façon, à la télé, Tapie vise désormais ce qu'il croit être la réalité du pouvoir. La semaine précédant son mariage, il s'est fait nommer « président du comité stratégique de TF1 ». Il lui faudra quelques mois pour se rendre compte que ce comité est une chimère.

---

* Les intérêts versés de 1986, date de l'achat, à 1988, soit 9 millions de francs seront même rétrocédés à Tapie !

** En réalité, Tapie ne possédera jamais que 1,7 % de TF1. Mais peut-être a-t-il détenu des titres en « portage » pour le compte de Bouygues, limité par la loi à ne détenir officiellement que 25 % du capital.

Troisième résolution : Tapie met de l'ordre dans ses affaires. Le 25 septembre, une semaine après le show de TF1 au Zénith, il annonce la création d'une nouvelle société anonyme qui coiffera toutes ses activités industrielles. Au capital de cette société participeront des actionnaires en apparence fort convenables. Flle s'appelle Bernard Tapie Finance. L'homme d'affaires en contrôlera toujours la majorité (57 %), mais des grands noms ont accepté de le soutenir. En effet, à ses côtés, on trouve notamment Worms, les AGF, la SDBO (Crédit Lyonnais), la BNP et le Crédit Agricole *... Bernard Tapie entre enfin dans le grand establishment financier français qu'il critique et vénère à la fois. Curieusement, c'est à cette occasion qu'il se montrera en public sous son jour le plus vulgaire. La conférence de presse au cours de laquelle il présente son nouveau bébé restera dans les mémoires des journalistes présents. L'opération est compliquée et bien peu transparente. Il apparaît que Tapie, pour obtenir 57 % du capital de la nouvelle entité, a fait apport de plusieurs de ses sociétés, dont la valeur semble avoir été largement surévaluée, à 470 millions de francs. Tandis que les « grands partenaires » ont investi 300 millions d'argent frais. En clair : ils apportent l'argent et Tapie son entregent. Mais le flambeur élude les questions et assure que BT Finance ira en Bourse l'an prochain « pour que ceux qui m'aiment puissent être mes actionnaires ». Tout d'un coup, il se met à déraper : « Les copines de ma femme, je leur avais conseillé d'acheter du Wonder, parce que ça allait monter, elles ont pu se payer des studios avec leurs gains. » En pleine conférence de presse, en plus des copines, Tapie citera même le nom de François Simonnet, numéro deux des AGF comme ayant bénéficié de ses conseils d'initié. Mais la COB baissera pudiquement les yeux, comme à son habitude s'agissant de Tapie.

L'homme d'affaires croit en avoir fini, mais les questions se font plus précises. Thierry Philippon, grand échalas fort distingué, alors journaliste à *Libération* demande :

– Combien cette opération vous rapporte-t-elle en plus-values potentielles?

– Et vous, combien vous gagnez? rétorque hargneusement le patron.

Philippon, que rien ne démonte, n'hésite pas un instant :

– 14 800 F bruts par mois environ. Alors, vous répondez? Ça vous rapporte combien?

Tapie sort un stylo, fait semblant de gribouiller et annonce, au flan :

– Dans les 370 millions de francs, mais j'y ai mis dix ans. Et l'an dernier, j'ai gagné 100 millions en vendant une partie de La Vie claire. Ça te paraît assez?

Si Tapie n'a pas dit « pauvre type, t'en palperas jamais autant » c'est

* La répartition du capital est la suivante : Worms : 12 %; AGF : 10 %; SDBO (Crédit Lyonnais) : 5 %; BNP : 5 %; Crédit Agricole : 5 %; Frandev (Pierre Moussa) : 2 % : Puget (agent de change) : 2 %; Magis, société de capital risque : 2 %.

que les caméras étaient là et que quatre-vingts stylos étaient en l'air. Mais c'est exactement ce qu'il pense en regardant fixement ce journaliste, fils de banquier qui, paradoxe de l'histoire, aura le privilège d'entendre alors qu'il a rejoint *le Nouvel Observateur* Tapie lui dire, pendant l'été 1993 : « J'ai évité la prison, pas la ruine. »

Il ne suffit pas d'avoir fait entrer des banquiers dans son capital pour être un gentleman. Sur son bateau comme face à des interlocuteurs pour qui la fortune, héritée ou acquise, n'est qu'un terreau sur lequel doit se cultiver l'élégance de l'âme, Bernard Tapie, en 1987, a encore beaucoup à apprendre. En aura-t-il le temps?

TROISIÈME PARTIE

Apothéose par les urnes

CHAPITRE 1

A l'assaut de Marseille

« Il faut laisser la politique aux politiques (...). Franchement, vous nous voyez, Montand ou moi, nous lancer dans l'arène? Ce serait à mourir de rire! »

13 décembre 1985.

– Il va falloir partir en campagne. Barrer la route à Jean-Marie Le Pen et attirer les suffrages des exclus de la société. Vous êtes un des meilleurs représentants de la nouvelle société civile. Je compte sur vous.

Nous sommes le samedi qui précède le premier tour de l'élection présidentielle de 1988, au terme d'une campagne plutôt calme, mais néanmoins épuisante pour le président sortant. La clameur s'est tue. C'est l'œil du cyclone. Qui François Mitterrand reçoit-il en ce moment privilégié, lorsque l'actualité se met en veilleuse, jusqu'au dépouillement des premiers bulletins? Bernard Tapie! C'est la cinquième fois qu'il vient à l'Élysée depuis le début de l'année. Les deux hommes devaient se voir à 10 heures, ce matin-là. Mais le chef de l'État avait dû reporter le rendez-vous. Ils se sont donc retrouvés pour le déjeuner, dans la petite salle à manger que le président réserve à ses repas intimes.

Depuis sept ans le vieux renard est installé dans son terrier. A 71 ans, il brigue un deuxième mandat. D'un coup de patte, il a éliminé Michel Rocard, cet impudent qui avait voulu postuler à sa place aux plus hautes fonctions de l'État. Quant à Jacques Chirac, son principal adversaire, il en a fait son affaire pendant les deux années où le leader du RPR s'est installé à Matignon. François Mitterrand sait qu'il a de bonnes chances d'être réélu. Déjà, il prépare la suite. Il n'annoncera pas sa décision de dissoudre l'Assemblée nationale, comme en 1981. Cette fois-ci, le Parti socialiste risque de ne pas être assez fort pour obtenir à lui seul la majorité des députés. Surtout, il lui faut laisser planer le doute pour susciter d'éventuels ralliements centristes. Et, en tout cas, favoriser l'émergence de candidats d'ouverture. Pourquoi Bernard Tapie n'en serait-il pas le fer de lance? Lui au moins représente une vraie force, pas seulement médiatique. Avec lui, pas d'incessants états d'âme comme avec ces centristes qui, à l'instar de l'insipide démocrate-chrétien Pierre Méhaignerie – surnommé Caprice des dieux –, flirtent à gauche pour grappiller quelque influence – et se retrouvent toujours dans le camp de la droite, là où sont leurs électeurs.

Assis en face de François Mitterrand, Tapie boit du petit-lait. Voilà enfin le jour qu'il attendait! Depuis des mois, il fait le siège de Jean-Louis Bianco, le secrétaire général de l'Élysée : « Je veux aller me présenter à Marseille. » Il est devenu président de l'OM deux années plus tôt, faisant remonter le club de la 17e à la première place du Championnat et a pris position il y a un an dans le tour de table de TF1. Il s'estime prêt à se lancer en politique.

Au cours de ce déjeuner, François Mitterrand ne lui donne cependant aucune garantie. C'est son habitude : il ne se dévoile jamais mais tient ses affidés sous sa coupe, pour s'en servir le jour où il aura vraiment besoin d'eux. Au fil de leurs entrevues, Tapie a appris à décoder les messages du chef de l'État. Aujourd'hui, il sent que son heure pourrait être proche. Il se met à rêver : et si on lui offrait une circonscription aux prochaines législatives... Il pourrait briguer un mandat de député et, s'il était élu, pourquoi pas, il aurait même une chance d'être un jour ministre. Et plus tard...

Tapie est donc au mieux de sa forme quand la semaine suivante, le 1er mai, il est l'invité d'Anne Sinclair à *7 sur 7*, sur TF1. Il est ravi de son coup. Il a réussi le tour de force de se faire convier, alors qu'entre les deux tours de l'élection présidentielle aucune personnalité proche d'un des deux candidats encore en lice (François Mitterrand et Jacques Chirac) n'a en principe le droit d'apparaître à la télévision en dehors des créneaux horaires réservés à la campagne officielle... Anne Sinclair est une excellente journaliste, l'une des meilleures de la chaîne. Mais elle a pour Bernard Tapie, depuis trois ans, une indulgence surprenante. A *7 sur 7*, où il reviendra plus souvent qu'à son tour, il se sentira vite chez lui. Même quand ce n'est pas lui l'invité : au printemps 1994, après une attaque de Martine Aubry à son endroit, Tapie appellera tout de suite Anne Sinclair en lui reprochant vertement de n'avoir pas pris assez vigoureusement sa défense!

Le 1er mai 1988, entre les deux tours de la présidentielle, Bernard Tapie parle ouvertement politique. « Je suis prêt à aider ceux qui sont décidés à faire face à Jean-Marie Le Pen... Moi vivant, il ne sera jamais maire de Marseille », scande Tapie devant son interlocutrice envahie de bonheur. Exactement ce que le chef de l'État souhaitait l'entendre dire... Le 8 mai, François Mitterrand est réélu avec 54 % des voix, contre 46 % pour Jacques Chirac.

Embobiné par les sous-entendus du président de la République,

Bernard Tapie devra vite déchanter. Michel Rocard est appelé à Matignon. Mitterrand n'a jamais porté dans son cœur ce rival qui a des ambitions présidentielles. Mais il est le mieux placé pour réussir une ouverture au centre. Et puis, sous la Cinquième République, jamais les Premiers ministres de début de septennat ne sont parvenus à transformer l'essai. Rocard jouera son rôle et se laissera vite cannibaliser, estime Mitterrand qui pense à scier les pattes de son Premier ministre au moment même où il le nomme ! Depuis quelques jours, Paris bruit de rumeurs : Bernard Tapie pourrait récupérer l'Industrie ou, son rêve, la Formation professionnelle. Il attend le coup de téléphone du nouveau Premier ministre, tout en s'occupant à renforcer les effectifs de l'OM. Le 10 mai, il déjeune avec Éric Cantona, un jeune joueur marseillais bourré de talent et de fougue, qu'il souffle à Jean-Luc Lagardère, patron du Matra-Racing, pour 22 millions de francs. A Lagardère ! Tapie est sur un petit nuage rose. Il tombe donc de très haut, le lendemain, quand il entend au bout du fil la voix de Michel Rocard lui dire, sur un ton distant :

– Désolé, mais je ne vous prendrai pas dans mon gouvernement.

– Mais... pourquoi ?

Pour une fois, Tapie est resté coi. François Mitterrand, il le sait, avait constitué une liste sur laquelle figuraient les noms de ceux qu'il souhaitait voir intégrer le gouvernement. Il y avait là Jacques Mellick, protégé de Laurent Fabius dans le Pas-de-Calais qui servira cinq années plus tard d'alibi à Tapie dans l'affaire VA-OM. Mais aussi... Bernard Tapie. Pourquoi Rocard refuse-t-il d'appliquer les consignes du chef de l'État ?

C'est un choix politique. Dans la matinée, le Premier ministre avait réuni ses deux plus proches collaborateurs : Jean-Paul Huchon, son directeur de cabinet et Tony Dreyfus, son porte-flingue, chargé des relations avec les milieux d'affaires, qu'il nommera secrétaire d'État sans attribution précise auprès de lui. Il leur soumet les souhaits de Mitterrand. « Je ne veux pas de Stavisky au gouvernement » : devenue célèbre, cette phrase sera attribuée plus tard à Michel Rocard. Mais Tony Dreyfus en assume la paternité. Le résultat est le même : Tapie ne sera pas ministre. Pour Tony Dreyfus, un avocat d'affaires réputé sur la place de Paris, ce n'est évidemment pas une question de morale publique. Mais surtout de stratégie politique. Car lui et Rocard auront moins de scrupules concernant Jean-Michel Boucheron : alors qu'ils connaissent parfaitement les accusations de corruption portées sur le député d'Angoulême, ils le nommeront sans sourciller secrétaire d'État aux Collectivités locales ! Plus tard, Boucheron sera contraint de s'enfuir en Argentine pour échapper à la justice qui le condamnera par défaut, en juillet 1994, à 5 ans de prison.

Bernard Tapie est fou de rage. Il saute dans le premier Concorde pour New York où le *Phocéa* est à quai, prêt à battre le record du monde de traversée de l'Atlantique. Patrick Le Lay a appelé Alain Chaillou, correspondant de TF1 aux États-Unis, pour qu'il s'occupe de lui. En débarquant, Tapie est de meilleure humeur. Il ne connaît pas Chaillou mais l'aborde comme un ami de trente ans :

– Salut Alain, comment tu vas !

– Bien Bernard, et toi ? répond Alain que rien ne démonte.

– T'as une bagnole ? Je cherche pour mon nouveau salon, rue des Saints-Pères, un tapis de 10 mètres sur 12. En France, je n'en ai pas trouvé. Ici, j'ai deux adresses.

Voici donc Bernard Tapie, flanqué du correspondant de TF1, transformé en chauffeur-traducteur, déboulant dans un magasin huppé de Manhattan. Tapie ne parle pas dix mots d'anglais, juste *big*, *small*, *good*, *bad* et surtout *too much*. Malgré ce handicap, au bout de vingt minutes, il est entouré d'une nuée de vendeuses pliées de rire : sur un immense tapis qu'il a fait dérouler, il sautille en rigolant, avec la mèche tombante au milieu du front, une main dans son gilet et l'autre dans le dos. Finalement, Napoléon partira sans rien acheter.

Mais le soir, depuis le *Phocéa*, il rappelle Matignon : « Je représente une force. Le président le souhaite. Je dois être ministre. » Il est nerveux, irascible, reçoit de nombreux coups de fil, dont un de Bérégovoy qui lui dit : « Je ne te laisserai pas tomber. » Peine perdue. D'autant que le 14 mai, le Parti socialiste scelle sa rupture avec son fondateur : à 2 heures du matin, après une soirée de palabres, Pierre Mauroy bat Laurent Fabius par 63 voix contre 54. Le nouveau Premier secrétaire est proche de Michel Rocard. Le PS affiche ainsi ostensiblement, pour la première fois, son indépendance vis-à-vis du chef de l'État... Il le paiera cher.

Mitterrand est furieux. Comme Tapie sur un autre registre, il raisonne en *parrain*. Malheur à celui qui lui *manque* ! Fort de sa réélection, il donnera aux socialistes une leçon de politique. Dès le lendemain, il reprend l'initiative et annonce la dissolution de l'Assemblée nationale. Les cartes sont dans ses mains : entre le PS et lui, on verra bien qui aura le dernier mot pour le choix des candidats de la majorité présidentielle aux élections législatives.

Bernard Tapie comprend tout de suite le signal. Illico, il plante sur place le *Phocéa*, ses marins et ses invités et rentre en Concorde à Paris. C'est enfin l'occasion qu'il attendait : il sera candidat à Marseille, dans la huitième circonscription des Bouches-du-Rhône, face à Jean-Marie Le Pen.

Mais dans cette ville, la deuxième de France, Paris ne dicte pas sa loi. Les Marseillais savent que les deux forts qui gardent l'entrée du port ont été jadis orientés vers la ville et non vers l'extérieur, pour la contrôler et non pour la défendre. Marseille n'est pas ce cloaque qu'imagine parfois le reste de la France. C'est l'une des seules villes au monde sans banlieue. Quartiers riches et pauvres s'entremêlent comme autant de villages séparés par des collines. La violence? En mai 1968, pas une vitre n'a été cassée. Le Milieu? Il n'est pas plus puissant qu'à Grenoble ou qu'à Toulon. On y déplore un taux de chômage élevé, mais c'est aussi là qu'on vend le plus de voitures de luxe par tête d'habitant. Au Sud, la mer est une barrière moins infranchissable que le mur d'incompréhension dressé, au Nord, par le pouvoir central. C'est du moins ce que croient les Marseillais. Que peuvent comprendre les Parisiens à cette cité cosmopolite où Arméniens, Turcs et Grecs se côtoient en bonne intelligence, où les Juifs sépharades jouent à la pétanque avec les Algériens, les Tunisiens et les Marocains de leur enfance?

Qu'on parachute à Marseille ce parigot de Tapie, passe encore. Il a fait vibrer les spectateurs du Stade vélodrome et a permis à l'OM de remporter de nombreuses victoires. Mais qu'il ne se croie pas chez lui, en terrain conquis, lui qui ne vient à Marseille, épisodiquement, que depuis deux ans!

Michel Pezet, chef de file socialiste appelle Philippe Sanmarco, le Saint-Just local :

– T'es assis?

– Quoi?

– Tapie est candidat. L'Élysée veut qu'il soit face à Le Pen.

– Non!

– On n'a pas le choix. Soit on dit non, c'est la guerre avec l'Élysée, soit on le met ailleurs.

– C'est dément!

– Calme-toi, viens me rejoindre. Mieux vaut l'avoir avec nous que contre nous.

La huitième circonscription est la chasse gardée de Marius Masse, un socialiste implanté de longue date dans la ville. C'est le fils de Jean Masse qui fut pendant vingt ans l'adjoint de Defferre, et c'est à lui, et à lui seul, que revient le privilège d'affronter Jean-Marie Le Pen. Car les socialistes veulent exorciser eux-mêmes le diable : l'adversaire de Le Pen sera valorisé sans courir de véritable danger. L'avoir en face de soi est même la meilleure façon de recueillir les voix de la droite modérée au second tour... Tapie, bien sûr, a fait le même raisonnement.

Michel Pezet ne cédera pas. Tapie n'ira pas dans la huitième. Les militants socialistes de la sixième circonscription recevront donc, le jeudi 19 mai, un coup de fil de Paris. René Olmetta et Gérard Bismuth tous deux en piste doivent remballer leurs prétentions : ils devront s'écarter devant le candidat d'ouverture. Pour Tapie, cette circonscription n'est pas un cadeau. Au premier tour de l'élection présidentielle, François Mitterrand n'y a recueilli que 27 % des voix; Le Pen, Chirac et Barre y ont frisé ensemble la barre des 60 %. Tapie s'en moque. Il brûle de se jeter dans l'arène. Marseille la rebelle, l'insoumise, va trouver son dompteur. Déjà, il fait claquer les premiers coups de son fouet. Il a prévenu Jean-Louis Levreau *, le rédacteur en chef du *Provençal* qui l'a aidé à obtenir la présidence de l'OM.

– J'arrive demain à Marignane. Envoie un photographe.

– Pourquoi, qui t'accompagne?

– Tu verras. Soyez là. Vous verrez.

A l'heure dite, le lendemain, Tapie débarque de son Falcon 20 avec à ses côtés Jacques Pilhan, le conseiller en communication de François Mitterrand. La photo, bien sûr, fera la une du *Provençal*. Pilhan a joué le manipulateur manipulé. Tapie l'aurait piégé. Mais cette connivence délicatement affichée entre l'Élysée et Tapie correspond très exactement aux souhaits du président. De toute façon, le résultat est là : le gagnant de cette partie de billard à trois bandes, c'est Tapie.

Joli coup. A Marseille, Tapie ne connaît pas grand monde. Aussi, l'appui indirect donné par Mitterrand est-il fort bienvenu pour rallier à ses côtés quelques notables locaux. Son principal soutien sera Charles-Émile Loo. Ce militant de la première heure surnommé Milou a été le plus fidèle compagnon de route de Gaston Defferre depuis cette année 1936 où il avait adhéré à la SFIO. Engagé avec Defferre dans la Résistance, il est à ses côtés à la Libération lorsqu'ils prennent avec une poignée de camarades *le Provençal*, les armes à la main. Anticommuniste farouche, il se sépare de Gaston aux municipales de 1983, lorsque pour la première fois le maire de Marseille passe un pacte avec le Parti communiste. Exclu du PS pour indiscipline, il demeure pourtant en 1988 une sorte de parrain de la politique à Marseille. Il connaît par cœur toutes les circonscriptions, notamment celle où Bernard Tapie est candidat aux élections législatives : il en a été le député, une première fois en 1967-1968, puis une deuxième entre 1973 et 1978, du temps de la gloire du defferrisme. Ce soir-là, il regarde Jean-Jacques Servan-Schreiber à la télévision, quand son téléphone sonne :

– Allô, Charles-Émile? Bernard Tapie à l'appareil. Je me présente avec le soutien du président. J'ai besoin de toi. Veux-tu m'aider pour ma campagne?

S'il ne l'était déjà, Milou se serait assis. Quel est ce malotru qui se

* Jean-Louis Levreau était déjà le messager de Gaston Defferre dans le monde du foot, quand il était responsable du service des sports du *Provençal*. C'est un étrange journaliste, tout dévoué à Tapie et à l'OM, qu'il rejoindra officiellement. Membre de l'Union des journalistes sportifs, il en a été radié pour avoir envoyé à *l'Équipe* une lettre à en-tête de l'OM pour critiquer un article sur le club de Bernard Tapie! Sa carte de presse lui a été retirée, il y a deux ans seulement. Au *Provençal*, sous la direction d'Ivan Levaï (qui partait prudemment à Paris le vendredi soir et rentrait le lundi matin), Levreau était rédacteur en chef le week-end, c'est-à-dire quand se déroulaient les matchs de l'OM, dont il était l'un des dirigeants. Objectivité garantie.

permet de l'appeler chez lui, dans la soirée, et le tutoie d'emblée? Milou a soixante-six ans, ses cheveux sont blancs, c'est un Monsieur. Pas habitué à ce genre de familiarités.

– Écoutez, je suis occupé. Rappelez un peu plus tard.

Tout en regardant la suite de son émission, Charles-Émile Loo réfléchit. Il est en marge de son parti. Soutenir Tapie, ça pourrait être pour lui une bonne façon de rebondir. Quand le candidat le rappelle, il accepte donc de mettre à son service ses équipes rodées depuis longtemps aux campagnes électorales, des gros bras recrutés au Skating, un bar de Marseille fréquenté par le Milieu.

Le soutien de Charles-Émile Loo acquis, c'est Marc Fratani qui fera le reste. Depuis deux ans qu'il a donné à Bernard Tapie un coup de main décisif pour s'emparer de la présidence de l'OM, il ne l'a plus quitté. C'est un clanique, un fidèle. Refaire de la politique, lui qui a passé toute sa jeunesse dans les rangs trotskistes, ça le démange. Il connaît Marseille sur le bout des doigts. Il propose à Tapie de l'accompagner dans tous ses déplacements.

De réunion en réunion, Fratani guide le candidat dans les méandres de la politique marseillaise. Il les connaît depuis qu'il est tout gamin, quand, au lendemain de la Libération et jusqu'à la fin des années soixante, la guerre des gangs faisait rage à Marseille entre les frères Guérini, proches des gaullistes du RPF et du SAC et la bande à Dominique Venturi, surnommé Nick, qui soutenait les socialistes. C'était l'époque où tous les Corses qui débarquaient à Marseille devaient, pour s'installer, se placer sous l'aile d'un des clans du Milieu. Les parents de Fratani, ses amis, tous respectaient la Loi, la seule qui permettait alors de faire prospérer les bistrots, les cercles de jeu et de protéger les prostituées. Mais, depuis la mort de Mémé Guérini et la vaste opération d'assainissement conduite, au début des années quatre-vingt, par Gaston Defferre et son adjoint Philippe Sanmarco, le Milieu a perdu de son lustre. Il doit partager le pouvoir. Nick Venturi, Jacky Imbert (le Mat) et Francis Vanverberghe (le Belge), qui vient d'être arrêté à Bruxelles pour... détention de faux papiers, ainsi que quelques autres caïds gardent néanmoins une influence certaine.

Pourquoi le Milieu et la politique font-ils si bon ménage? A cause de la corruption. Une des fonctions premières du Milieu, à Marseille comme à Tokyo ou à Palerme, est de garantir toutes les transactions illicites. Et d'abord celles qui touchent le monde politique. Lorsqu'un maire vend des permis de construire ou une concession d'eau contre un versement discret sur un compte personnel en Suisse, lorsqu'un élu achète le désistement d'un adversaire entre les deux tours contre des espèces sonnantes et trébuchantes, qui peut garantir que la transaction ira à son terme dans l'intérêt des deux parties? Évidemment, ni les banques, ni les juges, ni les policiers. C'est le Milieu qui place les fonds promis sous séquestre et les verse le moment venu à qui de droit en prenant sa commission, généralement de 30 %. En cas de litige, un juge de paix – à Marseille, c'est un conseiller municipal fort respectable – désigne le fautif et définit la peine, que le Milieu fera exécuter.

Bref, à Marseille comme à Hyères ou à Nice, il est plus facile d'être élu avec le Milieu que contre lui. L'important est de ne pas en être l'otage. Michel Pezet en est parfaitement conscient. Tapie aussi, qui prendra pour suppléante la pezétiste Édith Baumas, déléguée CGT à l'hôpital de la Timone, bien introduite chez les caïds. Plus tard, elle écrira un embryon de livre, jamais édité, dont *l'Événement du jeudi* publiera quelques morceaux choisis. Elle y décrit sa campagne avec Tapie. Compte tenu du lourd pedigree de la suppléante que s'est choisie le député, son témoignage doit être pris avec des pincettes. En voici un extrait, brut de décoffrage. Dès leur première rencontre, Tapie entre d'emblée, selon elle, dans le vif du sujet :

« Le Milieu, tu connais un peu?

– Oui, comme toute politique à Marseille, bien que, depuis que Gaston est mort, le Milieu soit orphelin.

– Je voudrais les rencontrer, tu pourrais m'arranger ça?

– Je vais voir.

– Vois ça rapidement, pour ce soir. Il ne nous reste qu'à obtenir leur aide pour gagner, il va falloir se bouger le cul.

– OK, je reviens ce soir. »

Édith Baumas se rend alors dans un bar du Prado et laisse un message urgent à son ami Gérard. « On se donne rendez-vous à 16 heures, devant l'hôtel du Petit Nice. 16 heures : Gérard m'attend devant le grand portail en fer noir de l'hôtel. On se dirige vers l'entrée. Bernard Tapie nous fait signe de nous asseoir à la terrasse, il nous demande quelques minutes, il s'entretient avec des journalistes. Elkabbach est là. Quelques instants après, il se dirige vers nous. Je fais les présentations. Bernard Tapie engage immédiatement la conversation :

– Voilà, je voudrais qu'avec tes amis, tu me mobilises tous les bars de la circonscription, mais aussi que vous soyez toujours prêts quand j'aurai besoin de vous. Je voudrais passer un accord avec deux ou trois amis à toi, mais je ne voudrais surtout pas me faire enculer.

– Je vais voir ce que je peux faire pour vous.

– Ce soir, 20 heures, ici, OK?

– OK, 20 heures.

Nous regagnons la sortie, Bernard Tapie rejoint son staff. 20 heures : Gérard, accompagné de deux amis, est assis à la terrasse du Petit Nice. Bernard Tapie arrive avec un sourire de cow-boy cool : Tapie face à trois responsables de la “ haute société ” marseillaise, le parrain de la ville face à ses filleuls. »

Tapie contestera vivement le témoignage de son ex-suppléante qui avait auparavant fait état de ses liens avec le Milieu. Pour se protéger, Édith Baumas a préféré quitter la France pour s'installer en Suisse.

Voilà donc Tapie, Milou, Fratani et leurs « amis » partis en campagne. D'habitude, les hommes politiques laissent leurs seconds couteaux entretenir les contacts – souvent nécessaires – avec l'adversaire. Mais avec le diable comme avec le Milieu, Tapie n'a rien à faire d'une longue cuillère. Il téléphone lui-même à Jean-Marie Le Pen, dans sa voiture :

– Bonjour, ici Tapie. Je vous appelle pour que vous acceptiez un débat public avec moi.

– Non, il n'en est pas question. Vous ne représentez rien.

– Allez, soyez chic, nous y avons tous deux intérêt !

Tapie ne ménage pas sa peine. Il change sa Mercedes contre une Renault 25. Il fait la sortie des supermarchés entourés de faux cameramen. Mieux que le Millionnaire : les gens se précipitent, croyant passer dans le 20 heures ! Il fait la tournée des HLM, malgré le malaise que lui procure le contact direct avec la pauvreté. En sortant, chaque fois qu'il le peut, il va se laver les mains. Il donne des ballons aux enfants, promet des emplois aux chômeurs et distribue sans compter des billets – pour aller assister aux matchs de l'OM. Il rameute ses amis à Paris. Il fait appel au nouveau directeur de la rédaction du *Provençal*, Ivan Levaï, le mari d'Anne Sinclair à l'époque. Avec Jean-François Kahn, directeur de *l'Événement du jeudi*, ils montent tous trois à la tribune, le soir d'un grand meeting qui réunit des candidats socialistes et « d'ouverture » et appellent à soutenir Tapie pour barrer la route au Front national.

La campagne est formidablement efficace. Parachuté deux semaines plus tôt dans cette circonscription réputée de droite et imprenable par la gauche, Bernard Tapie devance, avec 15 165 voix au premier tour des élections législatives, le dimanche 5 juin 1988, son adversaire Guy Tessier qui n'en recueille que 12 502. Ce premier résultat est un succès inespéré. Les commentateurs de télévision ne s'y trompent pas : cette fois, Bernard Tapie est vraiment entré en politique. Le soir même, c'est la consécration : les auteurs du *Bêbête Show* annoncent qu'ils vont créer une marionnette à son effigie.

Malgré les premiers points marqués, Tapie a encore beaucoup à apprendre. Il le montrera entre les deux tours des élections : il proférera quelques-unes des inepties dont il a le secret et qui lui coûteront cher. Un jour, il traite les électeurs du Front national de « salopards ». Et il en conclut qu'à Marseille « il y a 30 % de racistes ». Une autre fois, il prend les pieds-noirs à partie. Et il envoie ses sbires, à Marignane, pour intimider Jacques Roseau, le porte-parole du Recours qui est venu soutenir la candidature de Guy Tessier *. Parachuté par l'Élysée, Tapie se situe pourtant hors partis et déclare : « Le PS a accepté l'idée que je n'étais pas

* Roseau sera assassiné plus tard par trois nostalgiques de l'OAS.

socialiste [1]. » En une seule semaine, il réussit à se mettre tout le monde à dos : les électeurs du Front national, les pieds-noirs et le noyau dur des socialistes marseillais. Ainsi que le Parti communiste qui refuse d'appeler à voter Tapie. Avec les juifs, il n'est pas à l'aise : Roland Dana, avec lequel il vient de se brouiller à cause de l'affaire Paccard *, est venu voir le grand rabbin et, avec lui, fait le tour des synagogues pour dissuader la communauté de voter Tapie.

Tout cela pèsera lourd. Mais peut-être moins que la défaite de l'OM, le 21 mai, au Stade vélodrome, devant le PSG. Tapie insulte l'arbitre lyonnais Jean-Luc Rideau qui ne devra son salut qu'à la protection de la police et sera menacé pendant plusieurs semaines, la nuit, à son domicile. Heureusement pour lui, Tapie obtiendra que sa colère, enregistrée, ne soit jamais diffusée. Contre son silence, il promet à un journaliste radio un débat sur son antenne avec Jean-Marie Le Pen et propose à l'équipe de TF1 de la ramener à Paris le soir-même, dans son jet privé. Comme celle-ci sait parfaitement que la séquence ne sera pas diffusée sans l'aval de Patrick Le Lay, elle accepte les termes de ce médiocre marché.

La partie semble perdue. Elle le sera, mais après une semaine d'agitation et une soirée de faux espoirs. Le dimanche 12 juin, à 20 heures, Tapie devance Tessier de 277 voix. Il ne reste qu'un seul bureau de vote à dépouiller, réputé plutôt à gauche. A la télévision, les premières estimations donnent Tapie gagnant. Il contient sa joie pour apparaître, serein et maître de lui, devant les caméras de FR3, quand on lui glisse un papier. Guy Tessier, maire du neuvième arrondissement de Marseille depuis 1983, le bat de 84 voix. Sur le fil, le parachutiste a coiffé le parachuté. Tapie est hors de lui. Il rugit et, comme souvent dans ces cas-là, commet la faute. En attaquant publiquement Michel Pezet, il dévoile sa vraie nature : « J'imagine mal qu'il puisse être content de ma défaite. Mais si

---

* André Paccard est un architecte-décorateur mégalomane, spécialisé dans les palais des princes arabes que le roi du Maroc arrête brutalement de payer, pour des intrigues de cour, alors qu'il vient d'achever la rénovation de la Mamounia à Marrakech. Basée à Annecy, sa société Atelier 74 dépose son bilan en 1986. On découvre alors que sur les 70 personnes employées, 19 travaillaient dans la maison d'André Paccard. Celui-ci, associé à Francis Van Bürren, un homme d'affaires suisse, entre en contact avec Tapie par l'intermédiaire de Roland Dana. Tapie séduit Paccard et s'engage, « pour rendre service », à leur rétrocéder l'entreprise pour 50 millions de francs s'il parvient à se la faire attribuer par le tribunal de commerce. Il l'emporte effectivement pour... 25 millions. Tapie met alors Dana au pied du mur : « Paccard et Bürren vont te baiser. On va pas attendre. On les baise ensemble et on prend 50/50. » Dana ayant refusé, Tapie « prendra » 100 % d'Atelier 74 dont il revendra les nombreux actifs : maison personnelle d'André Paccard, Compagnie des bateaux du lac d'Annecy, restaurants, appartements à Annecy et à Paris. Mais il gardera une maison à Marrakech détenue par Jabay, une société écran inscrite dans un paradis fiscal, un appartement rue Bonaparte à Paris ainsi qu'une partie des œuvres d'art et des meubles. Sa plus-value est évaluée à 140 millions de francs le prix d'un « petit service » qui n'a pas été rendu.

j'ai la moindre preuve de trahison de sa part, il est politiquement mort à Marseille. Je le flingue... » Tapie sait que son arrivée à Marseille fait de l'ombre à Pezet dans la course aux municipales. Il ne comprend pas pourquoi le dépouillement du dernier bureau de vote a été anormalement long. Cela lui suffit pour parler de trahison. C'est un transfert bien connu des psychiatres pour qui « il projette sur les autres ce qu'il méprise en lui ».

Pendant quelques jours, Tapie attaquera à gauche, attaquera à droite. Il ne supporte pas l'échec, insulte Guy Tessier, dénonce son attitude pendant la campagne électorale, accuse ouvertement trois inspecteurs de police du neuvième arrondissement d'avoir établi des procurations bidon [2]. A l'Élysée, via Bianco, il suggère : « Vous m'avez foutu dans la merde, c'est à vous de réparer. » Tapie est un adepte de la méthode Prost : les succès sont à lui, les échecs sont imputables aux autres. Finalement, il déposera un recours pour obtenir l'annulation de l'élection. Ses deux amis, Charles-Émile Loo et Marc Fratani vont s'employer, deux mois durant, à vérifier l'authenticité de chacune des procurations. Ils éplucheront un à un tous les noms de la liste. Ils se rendront dans les hôpitaux, iront voir chacun des électeurs ayant donné leur pouvoir. Ils découvriront qu'effectivement quelques irrégularités ont été commises. Mais rien de massif, qui puisse donner corps à ces accusations publiques contre Michel Pezet et les socialistes. Cela suffira pourtant pour que le Conseil constitutionnel décide le 25 novembre 1988, d'annuler l'élection *. Tout est à recommencer.

Sur le coup, Tapie aurait exulté. Mais six mois après, la bonne nouvelle ne l'enchante pas : il est encore en travail de deuil. Il a très mal vécu son échec et s'est éloigné de la politique qui l'a rejeté. Il ne supporte pas de perdre, d'autant moins que les médias en ont fait des tonnes. Il se réfugie au Stade vélodrome, qui lui offre plus de joies que les urnes. C'est là, une demi-heure avant le début d'un match OM-Lille qu'il apprend la décision du Conseil constitutionnel. Il reste étrangement absent, alors même que les spectateurs l'applaudissent. Cette peur d'être battu hantera longtemps Bernard Tapie. C'est elle, à en croire ses proches, qui l'empêchera de participer, quelques mois plus tard, à la course pour la mairie de Marseille. Mais cette nouvelle élection législative partielle qui l'attend, il ne peut s'y dérober. Toute la France a les yeux braqués sur lui. Il ira donc, mais avec d'autres méthodes. Il ne sous-estimera plus l'adversaire. Il imposera sa loi. Si particulière.

---

* La haute juridiction a établi que « plusieurs centaines de procurations avaient été adressées à des délégués qui figuraient sur la liste agréée par le tribunal d'instance [mais] qui ne tiraient pas de ces désignations qualité pour signer des procurations... 133 procurations auraient été établies aux domiciles d'électeurs se trouvant dans des hôpitaux, sans que le déplacement d'un officier de police judiciaire n'ait été sollicité par une demande préalable. »

CHAPITRE 2

Le loup de mer n'a pas de dents

« Le commandant était inquiet, les invités paniqués. J'ai dit : " On fonce. " »

Devant les micros, après son arrivée en juillet 1988 à Saint-Malo.

Saint-Malo, 4 juillet 1988. Dans la lumière chaude du soleil couchant, ils sont plus d'un millier venus accueillir le *Phocéa* et acclamer son équipage. Toutes voiles dehors, le bateau a franchi le cap Lizard, le matin même, à 3 h 14 (GMT) : huit jours, trois heures et vingt-neuf minutes après son départ de New York. Détenu depuis 1905 par Charlie Barr et sa goélette *Atlantic*, le record de la traversée de l'Atlantique en monocoque vient d'être pulvérisé, de plus de quatre jours. Mais, autour de l'écluse, ce jour-là, les touristes sont plus nombreux que les Malouins. Car aux yeux des vrais marins, ce « record » vieux de quatre-vingt-trois ans, n'a qu'une valeur toute relative. D'abord, parce que seuls les Français s'y intéressent. Et surtout, parce qu'il a déjà été battu en 1980 par Éric Tabarly qui a ouvert la voie, successivement, à Marc Pajot, Patrick Morvan, Loïc Caradec, Philippe Poupon et Serge Madec. Il est vrai que ceux-ci ont employé les armes de leur époque, ces araignées de mer que sont les grands multicoques. Restait donc une petite « niche » : celui du record en monocoque, avec un navire de croisière normal et son équipage habituel. Celui-là est à portée du *Phocéa*. Pourtant, Bernard Tapie l'a présenté comme le défi du siècle lorsque, trois mois plus tôt, il a dévoilé son projet dans le cadre prestigieux du musée de la Marine. On aurait dit qu'il s'agissait de la Cup of America ! L'idée de pulvériser ce vieux record lui trottait dans la tête depuis longtemps. Il avait fait une première tentative en 1982, l'année où il avait acheté le *Club Méditerranée* rebaptisé *La Vie claire*, sur le chemin du retour de Papeete à Marseille. Le bateau était alors complètement dépouillé, allégé au maximum. Mais l'équipage de « beatniks » avait perdu le vent.

Pourquoi cet essai, en 1982? Il s'agissait d'abord, pour Tapie, de faire accepter par le fisc que *La Vie claire* finance les travaux de rénovation du bateau à sa place. Comment un contrôleur, même sourcilleux, pourrait-il dire que les « accros » à la galette de blé dur jettent leur argent par les fenêtres si « leur » bateau bat un record du monde ? Mais Tapie a aussi des raisons plus personnelles de vouloir battre un vrai record. Adolescent, il a été sportif, mais n'a véritablement brillé dans aucune discipline. Il n'a jamais été international junior de hand-ball. Au foot, c'était un joueur moyen. Cette carrière en demi-teinte lui a laissé un sentiment de frustration. Sur le plan sportif Bernard Tapie, d'une manière ou d'une autre, doit voir son nom dans le *Livre Guinness des records* ! Objectif atteint, mais au prix d'une petite tricherie. Car, sur un bateau, l'armateur compte pour du beurre. En 1980, ce n'est évidemment pas le nom de Paul Ricard mais celui d'Éric Tabarly qui a été inscrit sur les tablettes. Or, dans le cas présent, nulle part n'apparaîtra le nom de Jean-Luc Pinon, pourtant capitaine, skipper et seul maître à bord du *Phocéa* *. Ce n'est pas un hasard : dès la traversée terminée, Bernard Tapie ne cessera de marginaliser Pinon, de le dénigrer, allant jusqu'à mettre en cause son courage ! Alors que...

Entre les deux hommes, aux antipodes l'un de l'autre, tout s'était pourtant jusque-là bien passé. La nouvelle tentative a été décidée aux Antilles où, à l'occasion des fêtes de Noël 1987, Tapie et ses invités avaient rejoint le *Phocéa*, parti de Marseille le 2 décembre. Jean-Luc Pinon assure alors à son armateur que le coup est parfaitement jouable. Avec de la chance, affirme l'officier de marine, on peut même envisager d'approcher, voire de battre, le record toutes catégories, monocoque et multicoque confondus. Huit jours en haute mer avec un vent trois quart arrière, c'est une configuration idéale pour le *Phocéa*. Si ce bateau de croisière, avec des invités qui dorment dans des lits et à qui on sert des repas cuisinés battait le record toutes catégories, ce serait vraiment un exploit incroyable. Mais il n'est pas question de vendre la peau de l'ours. On s'en tiendra donc publiquement à l'objectif minimal.

Il faut bien sûr effectuer quelques transformations qui sont réalisées en Floride, où le bateau, immobilisé deux mois, est débarrassé de son poids superflu : mobilier, vedettes et canots de sauvetage. Les stabilisateurs anti-roulis sont démontés, les hublots obturés, pour garantir l'étanchéité et éviter les turbulences quand le bateau prendra de la gîte. Six tonnes de « mouillage » (ancres, chaînes, bouées, etc.) sont débarquées. Début mars, le *Phocéa* met le cap sur New York où, amarré au fameux « Pier 17th », de South Street Seaport, le quai des exploits, il sera pendant quatre mois une attraction new-yorkaise, en attendant Tapie et une météo favorable.

---

* Jean-Luc Pinon a envoyé au *Livre Guinness des records* une lettre recommandée pour obtenir une rectification, mais n'a jamais eu de réponse. Et Tapie est toujours dans le livre à sa place.

Faux espoirs en mai. Déçu de ne pas avoir été désigné comme ministre dans le gouvernement Rocard, Tapie aurait voulu battre son record dans la foulée, histoire de montrer ses capacités de rebond. Une mauvaise météo et une campagne électorale à Marseille en décideront autrement. Mais son échec le dimanche 12 juin face à Guy Tessier lui est insupportable. Il a alors une obsession : battre « son » record.

Il n'attendra pas quinze jours. Le « routeur » Pierre Lannier a décelé une configuration favorable sur quatre jours. Prévenus la veille, les invités n'ont que le temps de prendre l'avion pour New York. Tapie les rejoindra le lendemain en Concorde. Ils seront vingt-cinq sur le bateau : quatorze hommes d'équipages dix invités et Tapie. La moitié des invités sont journalistes et cadreurs à TF1 : une équipe entière est là pour pérenniser l'événement. Mais il y a aussi Amke, une Bretonne de Perros-Guirec, gagnante d'un jeu télévisé ! Et un seul journaliste de presse écrite, Jean-Luc Garnier, de *Neptune Yachting*.

La première journée se passe merveilleusement. Le bateau file, stable comme un ferry-boat, dans le temps des meilleurs multicoques. Le deuxième jour, au cours duquel le *Phocéa* franchit 410 milles, les rêves de record absolu commencent à hanter les cerveaux. Mais voilà que, le troisième jour, le vent tombe à 12 nœuds. Il pousse le *Phocéa* à la même vitesse que lui, mais c'est insuffisant. Les multicoques s'éloignent, Charlie Barr se rapproche, avec sa goélette du début de siècle. Jusque-là content, Tapie ne tient plus en place. Il s'énerve, insulte, ne supporte pas d'être l'otage d'éléments sur lesquels il n'a pas de prise. Les tensions deviennent visibles avec l'équipage. Pour aller chercher un vent hypothétique, Tapie demande des changements de direction injustifiés, qui exigent chaque fois une heure de manœuvre. Il faut ramener les immenses spinnakers de 750 m^2 dans leurs « chaussettes » mouillées pour les redéployer de l'autre côté. Tout le monde respire lorsque enfin, arrive la dépression annoncée. Deux spinnakers explosent en quelques heures. Très vite, la mer grossit et se veine de blanc. C'est un gros coup de vent. Le bateau dépasse par moments 30 nœuds. Son sillage est celui d'un paquebot.

Les barreurs se relaient, toutes les dix minutes pour épouser chaque vague. Les 330 tonnes du bateau labourent les montagnes de mer. Le spectacle est superbe, mais Tapie n'en profite guère. Il est la plupart du temps couché dans sa cabine, malade. Soudain, à cause d'une déferlante plus lourde que les autres, le bateau se met au lof : la barre est impuissante à le maintenir au cap et l'étrave se lance dans un inexorable mouvement circulaire. Le gîtomètre arrive en butée à 45°, mais le bateau, lui, continue à se coucher. Tout se passe au ralenti. Le gigantesque gréement de plus de 50 mètres de haut s'incline encore. Les bômes tracent leur propre sillage dans la mer et soudain, les tonnes d'eau envahissent le pont tribord, arrachant les plafonds en nid d'abeille des coursives. Toutes les alarmes sonnent. Le télex est sorti de son logement. En cuisine, c'est un désastre. Tout est par terre. Mais peu à peu, sous le poids de son énorme quille lestée de 98 tonnes, le bateau se relèvera. Les deux cuistots qui assuraient depuis le départ la confection de deux repas chauds par jour, ainsi que du pain frais, réussiront à faire des œufs mimosa et du canard au navet pour le repas de midi.

Le *Phocéa* se couchera ainsi six fois. C'est après la deuxième fois que se produit l'incident. Bernard Tapie et Jean-Luc Pinon entrent dans une discussion vive. Que se disent-ils? Jacques Fayard, le fossoyeur des activités grand public de Thomson, dont les chemins croisent ceux de Tapie plus souvent qu'ils ne devraient, en fera un incroyable compte-rendu : « [Lorsque Tapie] a battu le record de traversée de l'Atlantique sur le *Phocéa*, il a vraiment montré qu'il avait de l'estomac. Au milieu de la traversée, dans les éléments déchaînés, son capitaine voulait abandonner. Il l'a immédiatement destitué pour nommer à sa place le second. Ils ont continué, et ils ont gagné [1]... »

A trop vouloir flatter son maître, le zélé Fayard a été trop loin. Car un officier de marine comme Jean-Luc Pinon ne pouvait laisser passer l'insulte sans réagir. Sa réponse est sobre, mais cinglante : « Bernard Tapie m'a demandé de réduire les voiles par crainte d'un éventuel chavirement. J'ai obéi à l'armateur en commençant la manœuvre. Après concertation avec mon second, j'ai persuadé Bernard Tapie que, si nous ne remettions pas toute la voilure, le record ne serait jamais battu. Il l'a admis et, avec son accord, j'ai donné des instructions pour hisser à nouveau. Tout cela n'a pas duré 15 minutes. Il n'a jamais été question d'abandonner, il n'a jamais été question de destitution. Au mois d'août suivant, j'ai quitté de ma propre initiative le commandement du *Phocéa* pour des raisons personnelles. J'ai proposé à Bernard Tapie que le second me succède. Ce qui a été fait. »

Sans la flagornerie de Fayard, personne n'aurait rien su de cet incident. L'équipage et les journalistes embarqués, dont Hervé Duthu, avaient gardé le silence. Tout le monde peut perdre son self-control dans des circonstances exceptionnelles. Et c'est bien ce qui s'est passé. Quand Tapie a demandé à Pinon de réduire la voilure, il était vert de peur. Peur bien légitime d'ailleurs, pour un non-marin. Peur de chavirer, peur de perdre son bateau de 60 millions de francs! Pinon et son second lui ont expliqué qu'on ne pouvait prétendre battre un record – *a fortiori* le record toutes catégories – sans pousser le bateau à la limite; que celle-ci n'était pas atteinte; et que la peur était mauvaise conseillère. Tapie a compris. Il s'est ressaisi. Et, faisant confiance à son capitaine, s'en est retourné s'étendre dans sa cabine.

Il n'est pas le seul à vomir. Les estomacs, pas plus que la cuisine, ne pourront suivre le rythme. Les cuistots étant réquisitionnés pour la manœuvre, finis les repas chauds : sandwiches matin et soir pour tout le le monde ! En 24 heures le voilier parcourt 470 milles, au milieu de creux de 10 à 12 mètres. L'ambiance est tendue. Les invités et Tapie masquent tant bien que mal leur angoisse. Tout le monde craint la rupture d'un hauban. Comme les quatre-mâts sont solidaires, si un seul des énormes câbles du gréement vient à casser, c'est la superstructure du bateau qui s'effondrera dans son ensemble. Or les câbles vibrent, vibrent...

Les deux jours de petit vent qui suivent rendent inaccessible le record toutes catégories. Il faudra se contenter du « petit » record. Quand la ligne est franchie, aucune explosion de joie à bord. A l'arrivée à Saint-Malo, avant de prendre immédiatement son avion qui l'attend à Dinard, Tapie annoncera qu'il va s'attaquer « au record de *Flying Cloud* sur la route New York-San Francisco ». Paroles... Car, Tapie a battu un record, il est dans le *Livre*. Mais il a eu peur. Pour lui, c'est bien fini.

L'armateur n'aura de cesse, par la suite, d'écarter son capitaine qui l'a vu faiblir. Ce record, il veut se l'attribuer, pas le partager. Jean-Luc Pinon est devenu un gêneur. Tapie le présentera alors publiquement comme appartenant au « Front national », ce qu'il s'était bien gardé de dire auparavant et passera par-dessus sa tête pour établir des liens directs avec l'équipage. Pinon, après dix-huit mois de folie, tirera vite sa révérence pour devenir agent immobilier à Albi. Malgré ses promesses, Tapie n'a même pas daigné lui envoyer la cassette du film tourné par TF1, sur cette traversée historique. Et houleuse.

CHAPITRE 3

Demain, on rase gratis !

« Je ne veux pas être député. Pas question d'aliéner ma liberté aux nécessités d'une réélection. »

Au *Journal du Dimanche*, le 21 avril 1985.

– Vous pouvez me tuer, moi, mon œuvre me survivra, elle vivra toujours [1] !

Allongé sur le lit de la chambre 600 de l'hôtel Concorde Prado à Marseille, Jean-Edern Hallier, un pistolet pointé sur sa tempe, n'a pas quitté des yeux la télé où Kirk Douglas, en noir et blanc, se bat contre des Indiens. Imbibé de quelques dizaines de verres de vodka, le romancier fantasque est au mieux de sa forme. Son heure est venue. Il est trop saoul pour avoir peur. Ce pistolet braqué sur lui par un petit caïd marseillais est un hommage rendu à son génie d'écrivain. L'auteur de *la Cause des peuples* s'honore d'être devenu un Don Quichotte des causes perdues : « Même la mort ne lui a pas retiré la vie », disait le chevalier de Cervantès. Il est près de minuit, ce vendredi 27 janvier 1989. Dans quelques heures, Bernard Tapie affronte Guy Tessier, au deuxième tour de la seconde élection législative partielle, dans la sixième circonscription de Marseille. Jean-Edern Hallier est arrivé le matin même de Paris, accompagné de Sidney Bogobza, l'ex-partenaire de Bernard Tapie dans Cœur Assistance, qui finance son brûlot : l'*Idiot international*. Les deux hommes ont tenu une conférence de presse dans l'après-midi pour dire tout le mal qu'ils pensent de Tapie. Roulé dans la farine par son ancien partenaire, Sidney a juré de se venger. Jean-Edern, lui, a trouvé un adversaire de choix, alors qu'il organisait son suicide à la Closerie des Lilas, déprimé qu'il était de ne plus trouver de combats à sa mesure. Jacques Séguéla lui avait soufflé Tapie comme tête de Turc. Le meilleur moyen, lui avait-il dit, de se faire sa propre pub. Et Jean-Edern l'avait pris au mot.

Entre Jean-Edern Hallier et Bernard Tapie, tout avait pourtant bien commencé. En 1985, Tapie avait demandé à le rencontrer pour, disait-il, savoir comment l'autre était devenu le chouchou des médias. Jean-Edern avait trouvé Tapie vulgaire. Ils s'étaient vus épisodiquement jusqu'à cette terrible rencontre à la Mamounia, le palace de Marrakech que fréquente le Tout-Paris. Jean-Edern avait repéré Bernard, en short fendu et tee-shirt, une ombre de khôl sous les yeux, qui occupait un matelas en position stratégique, prêt à bondir sur Jean-Pierre Elkabbach, sur Roger Thérond, le directeur de *Paris-Match*, ou sur le banquier RPR Jean-Marc Vernes. Mais ce qui avait tout particulièrement agacé Jean-Edern, au cours du dîner pris en commun avec François et Geneviève Dalle (L'Oréal), le prince héritier du Maroc et quelques éminences, c'est que Tapie faisait du charme à sa compagne Edwige, une cantatrice en herbe qui – Jean-Edern n'en revenait pas – semblait boire la moindre de ses paroles. Tapie, se souvenant des deux années de solfège au Bourget avec Paulette Ribeyre, avait glissé à l'oreille d'Edwige :

– Moi aussi, j'adore la musique. J'ai même fait dix ans de violon.

– Avec ou sans sursis? avait coupé l'écrivain.

Ce qui, bien entendu, avait cassé l'ambiance.

Et les voilà soudain face à face dans cette chambre d'hôtel. Avec un gros calibre et quelques truands entre les deux. La soirée avait pourtant bien commencé. Jean-Edern Hallier n'avait pas voulu rater ce fameux *Apostrophes* où Kirk Douglas avait ridiculisé Jacques Séguéla. Philippe Sollers aussi était là. On avait parlé de Tapie sur lequel Sollers avait cogné fort. Avec Sidney à ses côtés, Jean-Edern Hallier avait passé une soirée délicieuse. Ils allaient enfin se coucher lorsque Tapie, accompagné d'un vilain moustachu, avait fait irruption dans sa chambre :

– Il paraît que vous avez dit aux journalistes : « Demain on va faire les marchés. »

– Bien sûr, Bernard.

La simple idée de voir ces deux hurluberlus faire leur cinéma dans Marseille la veille de l'élection met Tapie en rage. Mais avec Jean-Edern, on peut toujours négocier. Il suffit de trouver les bons arguments :

– Si je suis élu, on organise dès lundi un débat télévisé, Tapie contre Hallier. Mais vous renoncez à faire les marchés.

L'écrivain est ravi. Son esprit embrumé flaire néanmoins le piège. Une promesse de Tapie n'engage que celui qui la croit. Tout de même, un débat avec Tapie, quel enjeu! Et quelle rigolade! Il se risque :

– Sur quelle chaîne?

– La Une, évidemment.

Cette discussion de *commedia dell'arte* aurait pu durer longtemps si cinq hommes n'avaient soudain fait à leur tour irruption dans la chambre alors qu'Arlequin et les deux Polichinelles sont assis sur le lit, devant la télé. Un flingue dans la bouche de Bogobza, un autre sur la tempe d'Hallier : Kirk Douglas, avec ses Indiens, n'a qu'à bien se tenir!

Objectif atteint. Bogobza et Hallier reprennent l'avion dès le lendemain sans demander leur reste, après une nuit sans sommeil. Ils ne remettront plus les pieds à Marseille... Au petit matin, au New York, le célèbre café du Vieux Port, Jean-Edern avait bien songé à faire sonner la cavalerie, en déposant une plainte. Mais Bogobza, qui n'en menait pas large, l'en avait dissuadé. Hallier ne portera plainte qu'à son retour à Paris, le lundi matin, après l'élection de Tapie. Mais Jean-Edern Hallier a trop souvent crié au loup pour être pris au sérieux. Sans enquête, sa plainte sera classée sans suite. La presse, à quelques exceptions près, gardera le silence sur cet incroyable épisode, que Tapie démentira, alors qu'il est pourtant avéré. Voilà donc la deuxième campagne électorale de Bernard Tapie qui touche à sa fin dans le Grand Guignol pour les uns, dans la déliquescence pour les autres. Elle a commencé près de deux mois plus tôt, le 8 décembre 1988, quand Tapie annonce officiellement sa candidature à l'élection partielle. Cette fois, il n'est pas question d'échouer. Dès la fin décembre, il attaque de front Guy Tessier dans une interview à *Paris-Match* où il est photographié en famille, avec sa femme, ses enfants, son chien et son chat : « C'est triste à dire, mais je crois qu'à Marseille ce n'est pas la faute qui choque, mais bien plus le fait que Tessier se soit fait prendre. Les Marseillais se disent : “ Tessier a triché, bien évidemment, mais il s'est fait prendre, c'est un couillon! ” » Tout ce que Marseille compte d'anti-lepénistes et d'antipezétistes va être rameuté pour faire passer Tapie. L'Élysée se découvre un peu plus. A Paris, c'est Pierre Joxe, le fer de lance des mitterrandistes dans les campagnes politiques, qui est chargé de mobiliser les troupes. Il contacte sur place tous les socialistes qu'il connaît. Dont Albert Hini, un jeune qui monte et qui est bien implanté dans les communautés juive et pied-noire de la ville.

– Albert, je compte sur toi pour aider Tapie.

– Tu sais, Tapie c'est pas mon truc.

– Le président mise gros sur lui. A Marseille, il y a beaucoup de juifs et de pieds-noirs. Tu dois nous aider.

Hini n'aime pas Tapie. Mais il ne refuse rien à Joxe à qui il doit une bonne partie de sa carrière politique. Alors, il s'exécute. Rendez-vous est pris dans son bureau d'avocat. Tapie vient accompagné de Marc Fratani, comme en terrain conquis. Il prend un bloc de papier et se met à écrire :

– Je te promets une chose : si je suis élu, Vigouroux le sera aussi, à la mairie.

Tapie date le papier et le signe. Il sait qu'Albert Hini a pris fait et cause pour Robert Vigouroux, lors des prochaines élections municipales qui auront lieu deux mois plus tard. Il pense obtenir ainsi le soutien des vigouristes. Mais, Hini ne sera pas dupe longtemps du numéro de Tapie. D'ailleurs, il le voit avec effarement, quelques instants plus tard, froisser la feuille de papier, la rouler en boule dans sa poche et... partir avec.

Pendant deux mois, pourtant, Albert Hini, obéissant, fera la tournée des juifs et des pieds-noirs de Marseille. Pour Joxe. Et pour la gloire : Tapie élu, il le croisera à l'aéroport de Marignane, au début du mois de février. Le député fera mine de ne pas le reconnaître... Ou plus probablement ne l'a-t-il pas reconnu : il ne « voit » que ceux qui peuvent lui être utiles. Bernard Tapie s'est ainsi mis pour longtemps à dos celui qui deviendra par la suite premier adjoint au maire de Marseille.

Cette façon de distribuer les promesses et de ne pas les tenir, cette vilaine habitude de jeter les gens comme des Kleenex après usage, finira par monter contre Bernard Tapie beaucoup d'hommes politiques marseillais qui, au départ, étaient tentés de le soutenir.

C'est aussi en raison de ce genre de méthodes que le candidat aux élections législatives va réussir à se fâcher avec une partie de la presse marseillaise qu'il a pourtant courtisée un moment avec insistance. Dès le lancement de sa deuxième campagne électorale, il organise une grande conférence de presse à l'intention des journalistes marseillais. Il les séduit, il les intimide. Et parfois, il les menace. Ainsi, Hervé Gattegno, alors jeune reporter au *Méridional*, est au départ bluffé par le franc-parler et l'allant du candidat qui contraste avec la trogne renfermée des vieux caciques de la politique marseillaise. Le premier long article qu'il lui consacre dans *le Méridional* lui est donc favorable, malgré l'ancrage à droite du journal. Tapie considère immédiatement que Gattegno lui est dévoué. Mais quelque temps plus tard, dans un deuxième article, Gattegno, au détour d'une phrase, signale qu'en six mois, Tapie « a grossi ». Il reçoit aussitôt un coup de fil à sa rédaction :

– Tu fais chier, pourquoi tu dis ça? Tu trouves vraiment que j'ai grossi?

– Vous n'avez pas maigri.

Tapie rigole :

– Tu sais où je pars? Je vais en thalasso à Biarritz.

Cela fait en effet plus d'un an que Bernard Tapie a arrêté de fumer. Il avait promis à sa femme qu'il ne toucherait plus une seule cigarette si elle lui donnait une fille. La petite Sophie est née en cette année 1988 et Bernard Tapie a tenu sa promesse. Mais l'énergie qu'il déployait à tirer chaque jour sur deux à trois paquets de cigarettes, il l'a compensée en mangeant davantage. Les séjours réguliers en thalassothérapie à Biarritz ou à Quiberon n'ont pas suffi à juguler la prise de poids.

Sans penser à mal, Hervé Gattegno écrit dans une rubrique non signée du journal intitulée « l'oreille indiscrète », que Bernard Tapie part faire une thalasso. Fou furieux, Tapie le rappelle :

– Tu m'as trahi. Tu es un salaud.

Pour tout autre que Tapie, ce détail aurait été sans importance. Quoi de plus naturel que de grossir quand on arrête de fumer? Et il n'y a aucune honte, avec son rythme de vie, à décompresser dans des instituts de thalassothérapie. Mais Tapie a horreur que l'on écorne son image de fonceur, toujours au meilleur de sa forme *. Il tempête donc. Pour un rien.

Le ton monte entre Bernard Tapie et le jeune journaliste du *Méridional*. La brouille est consommée en janvier 1989 alors que la campagne électorale bat son plein. Michel Pezet doit accompagner Bernard Tapie – ce sera la seule fois – dans une visite de quartier. Les journalistes sont sur le pont. Devant le centre Leclerc où il a rendez-vous, Tapie trépigne d'impatience. Comme à son habitude, Michel Pezet est en retard. Le candidat s'agace de voir Patrice Velay d'Antenne 2 et Hervé Gattegno du *Méridional* à ses côtés. Il ne veut pas avoir l'air d'être celui qui attend Pezet. Au journaliste de la 2, il lâche :

– Pas de caméras, faites pas chier.

Et il montre Gattegno du doigt :

– Cette raclure, je comprends qu'il m'emmerde. Il est au *Méridional*. Mais Antenne 2, pourquoi vous me faites chier?

Quand cet aparté est décrit dans le *Canard enchaîné* de la semaine suivante, Gattegno reçoit un coup de téléphone de Noëlle Bellone, la collaboratrice de Tapie :

– Tu es un salaud.

De ce jour-là, la guerre fut ouvertement déclarée avec Hervé Gattegno qui se retrouvera quelques années plus tard au journal *le Monde*, après être passé par le *Nouvel Observateur*, sans jamais lâcher les basques de Bernard Tapie!

Neuf fois sur dix, les menaces et l'intimidation de Tapie sur la presse portent leurs fruits. Mais, à ce petit jeu, il se crée des inimitiés radicales. Ainsi commet-il une autre grosse bévue avec le patron de Gattegno. Michel Bassi qui vient d'être nommé directeur du *Méridional* a été porte-parole de Valéry Giscard d'Estaing et Tapie entretient de bonnes relations avec lui. Il pense donc avoir une chance de le rallier à sa cause. Les deux hommes se sont donnés rendez-vous pour un dîner au Sofitel Vieux Port. Tapie attend la fin du repas pour attaquer bille en tête :

– Il n'est pas question que ton journal joue contre moi pendant la campagne électorale.

– Il ne jouera pas contre toi. Mais il soutiendra Guy Tessier. Le *Méridional* ne changera pas de camp.

Soudain, Tapie hausse le ton :

– Je t'interdis de soutenir Tessier. Si tu te mets sur mon chemin, ta carrière est foutue...

* Le quadragénaire prend grand soin de son apparence physique. Avant sa première émission *Ambitions*, il a été se faire tirer la peau du visage.

– Qu'est-ce que tu veux dire par là?

– Écoute. Ne sois pas naïf. Lagardère a besoin de moi.

– Comment ça? balbutie Bassi, interloqué.

– Il est empêtré avec le Matra-Racing. Je suis le seul à pouvoir le tirer de là. Et puis, ton patron est tricard à l'Élysée. C'est mauvais pour les commandes militaires de Matra. Tu sais, je suis très proche du président. Je le vois souvent. Tout ça te dépasse. Crois-moi, tu dois me soutenir.

Bassi le coupe :

– Merci de m'avoir prévenu. Je vais me renseigner.

Rentré chez lui, le directeur du *Méridional* est troublé. Tapie y est-il allé au bluff? Est-il possible qu'il ait eu des instructions de Lagardère? Il veut en avoir le cœur net. Mais il hésite à appeler si tard. Le lendemain à 9 heures, il pousse un soupir de soulagement. Jean-Luc à qui il a raconté toute l'affaire, s'en amuse.

– Michel, vous auriez dû vous mettre à ma place et éclater de rire! Vous savez, Tapie et moi, on ne joue pas dans la même catégorie. Je n'ai aucun besoin de lui pour voir Mitterrand!

Tapie l'a-t-il pris pour un débutant, ou pour un béni-oui-oui de la trempe de Jean-Louis Levreau? Michel Bassi en tout cas n'a guère apprécié qu'on tente de l'intimider de la sorte. À peine a-t-il terminé sa conversation avec Lagardère qu'il entre en comité de rédaction et raconte l'affaire aux collaborateurs du journal. Ils sont, bien entendu, ulcérés. Surtout la douzaine de jeunes journalistes qui viennent d'intégrer la rédaction après le départ des anciens, proches du Front national. S'ils n'avaient jusqu'à présent aucun grief envers Bernard Tapie, voilà qui allait leur donner du grain à moudre.

Bernard Tapie accumule ainsi les inimitiés, mais ils sont encore nombreux en cette fin d'année 1988 à le soutenir. Car le flambeur ne recule devant rien. Il distribue les emplois comme les petits pains. « Si je suis élu, je fournirai d'ici deux ans, un emploi à 1 000 mômes, aujourd'hui sans formation et au chômage. »

Et il fait preuve de courage, une qualité appréciée à Marseille. Ainsi, on se souvient encore dans la ville phocéenne d'une réunion du Front national où Bernard Tapie s'était rendu. Il avait fendu la foule héberluée, se dirigeant vers la tribune. Puis, il avait pris la parole :

– Votre problème, ce sont les immigrés?

– Oui, oui!

– Vous savez ce qu'on va en faire?

– Hou, hou!

– On va les mettre à la Joliette et les embarquer sur un bateau...

– Oui, oui!

– Et le bateau, on va le couler!

– Oui, oui!

La foule est en délire. Tapie a les bras en l'air. C'est du Le Pen, en plus jeune. Mais tout à coup, il baisse doucement les bras :

– Et on n'aura pas l'air con.

Silence dans la salle où les participants se rendent compte que l'orateur s'est moqué d'eux. Soudain, on entend quelques sifflements. Mais Tapie quittera le meeting sans être inquiété.

Après le bluff et le courage, la ruse est la troisième arme dont se sert Tapie pour harponner les électeurs. Plus de deux années auparavant, il avait monté une émission d'*Ambitions* dans le Var. Pris au piège de l'euphorie ambiante, il avait fait, à la télévision, un tas de promesses inconsidérées : grâce à lui, 7 000 emplois allaient être créés dans ce département qui comptait alors 42 000 chômeurs. Évidemment, il n'en avait rien été. Or, le vice-président du conseil général du Var, Joseph Scercia, est un proche de Jean-Claude Gaudin, le leader de la droite à Marseille qui soutient la candidature de Guy Tessier contre celle de Bernard Tapie. Scercia et Gaudin organisent ensemble une conférence de presse au cours de laquelle ils ont l'intention de démontrer, preuves à l'appui, que Tapie est un faiseur qui ne tient jamais ses promesses. Tapie redoute les effets de cette conférence qui risquent d'être extrêmement négatifs pour son image et sa crédibilité. Il appelle Benoît Bartherotte, l'ancien patron de la maison de couture Jacques Esterel, avec lequel il a monté des coups du temps de Madame Grès, une maison de couture que Tapie a reprise pour faire plaisir à Jack Lang et à Danielle Mitterrand. Tapie sait que Bartherotte, proche du PC et de l'extrême droite à la fois, répond toujours présent pour faire de la provoc :

– Benoît, il faut que tu m'aides à faire capoter cette conférence de presse. Je n'ai qu'une seule information à te livrer : je sais que Maurice Arreckx, le président du conseil général du Var dont Scercia est l'adjoint, est parti hier à Roissy pour New York, par un vol Air France.

Au bout du fil, Bartherotte sourit. Cette information est bien maigre pour démonter les arguments des deux opposants à Tapie qui ont dû constituer pour l'occasion un dossier béton. Mais Bartherotte est un jusqu'au-boutiste et ce genre de situation l'amuse. Il se présente donc à l'heure dite à la conférence de presse et décline sa – fausse – identité : Éric Préaud, de l'agence Sygma. Pendant une bonne heure, Gaudin et Scercia expliquent comment Bernard Tapie a trompé les habitants du Var. Ils passent la parole à la salle, pour les questions, Bartherotte lève la main :

– Je suis le journaliste qui a accompagné, hier à Roissy, Maurice Arreckx qui partait à New York. Nous avons parlé de la situation dans le Var. Je ne comprends pas. Il m'a dit exactement le contraire de ce que vous venez de raconter!

Un ange passe dans l'assemblée. En une phrase, Bartherotte a semé le doute. Tout le monde pense que Jo Scercia a voulu doubler son patron absent.

Il ne reste plus à Bernard Tapie qu'à déstabiliser son adversaire, Guy Tessier. Pour brouiller les cartes, il attaque une autre cible : Ronald Perdomo, le candidat Front national. L'extrême droite, voilà le vrai danger, scande Tapie dans la presse, sur les ondes et à la télévision. Jean-Claude Gaudin, flairant la ruse, refusera d'ailleurs à Guy Tessier l'accord de désistement réciproque à droite que réclamait Perdomo. Bien lui en a pris. Contrairement au dire de Tapie, le Front national n'était pas une vraie menace. Le 22 janvier 1989, Bernard Tapie obtient au premier tour de l'élection législative partielle 13 489 voix (41,75 %), contre 12 638 (39,11 %) à Guy Tessier et seulement 3 213 (9,9 %) à Ronald Perdomo. Le lendemain, 23 janvier, *le Provençal* publie en une une pleine page : « Bon anniversaire Bernard. » En bas de la page figurent les signatures de l'équipe de l'OM : Jean-Pierre Papin, Michel Hidalgo, Gérard Gili et Alain Giresse. Anne Sinclair, imitant son mari, a elle aussi fait circuler au sein de la rédaction de TF1 le même texte qu'évidemment les journalistes ont refusé de signer !

Bernard Tapie est content de ce premier résultat qui le place en tête pour le second tour. Mais son avance est faible. Et, son dernier échec lui a appris à se méfier des victoires anticipées. Il va donc tenter, cette fois, de mettre toutes les chances de son côté. C'est ainsi qu'un déjeuner est organisé, en présence d'un journaliste parisien, au dernier étage du Sofitel Vieux Port, entre Laurent Carenzo, conseiller de Tapie, et Ronald Perdomo. Ce candidat du Front est atypique. Originaire du Costa-Rica, il est marié à une Noire, roule dans une vieille Renault 4 et affiche une décontraction à toute épreuve. Personne ne comprend son engagement politique à l'extrême droite. S'agit-il d'un maillon faible dans le dispositif de Jean-Marie Le Pen ? Le déjeuner se passe très bien. On parle affiches, campagne, potins. Carenzo cherche à savoir si Perdomo va appeler à voter pour Guy Tessier, et de quelle manière. Le candidat du Front se montre évasif. Carenzo rendra compte de ce contact à Bernard Tapie qui aurait, un peu plus tard, appelé directement Perdomo pour lui « proposer un deal ».

Ce quadrillage systématique de tout ce qui peut aider Tapie à remporter la sixième circonscription des Bouches-du-Rhône sera payant. Cette fois, il n'a rien omis. Il a même choisi, comme suppléant, Jean-Claude Chermann, qui a participé à la découverte du virus du sida. Il a promis aux habitants du quartier de faire boucher le trou de la Rouvière qui empoisonne leur existence depuis des lustres. Et aux électeurs du neuvième arrondissement de faire implanter un émetteur pour remédier à la « zone d'ombre » qui les empêche de recevoir la télévision. Tapie a tout dit, tout fait, tout tenté. Le dimanche 29 janvier 1989, il est élu député avec 18 478 voix (50,85 %), contre 17 855 voix (49,14 %) à Guy Tessier. Il n'a que 623 voix d'avance... Mais les médias ne retiennent que sa victoire qui sonne comme un tonnerre dans la vie politique marseillaise. On est à moins de deux mois des municipales et l'élection de Tapie brouille un peu plus les cartes de la course à la mairie dans la deuxième ville de France. Le jeudi suivant, 2 février, Jacques Julliard l'éditorialiste du *Nouvel Observateur* signe un article intitulé : « le pétroleur de Marseille ». On y lit : « Bernard Tapie incarne avec éclat les deux religions du monde moderne : l'argent et le spectacle. » Déjà, la gauche vertueuse s'inquiète. Jusqu'où la conduira l'entrée en fanfare sur la scène politique du représentant le plus symbolique de ses dérives, depuis l'accession au pouvoir des socialistes en 1981 ?

CHAPITRE 4

Hors course

« Les politiques, ils font passer tout, je dis bien tout, après leurs intérêts personnels. »

à Anne Sinclair, devant 2 000 étudiants, en avril 1985.

« Je suis persuadé que Gaston Defferre avait pensé à Bernard Tapie pour lui succéder. » Le vieux lion qui a tenu trente-trois ans la mairie de Marseille sans jamais désigner de dauphin avait-il vraiment, avant de mourir, envisagé de passer un jour le flambeau à Bernard Tapie, comme aujourd'hui Pierre Mauroy avec Martine Aubry à Lille? C'est ce que dira Pierre Bérégovoy à Jeanne Villeneuve [1]. Mais c'est là le seul témoignage jamais recueilli en ce sens. Le 24 mai 1994, alors que le juge d'instruction Eva Joly vient de demander la levée de l'immunité parlementaire de Bernard Tapie pour abus de biens sociaux sur le *Phocéa*, Edmonde Charles-Roux, la veuve de Gaston Defferre, candidate aux élections européennes en huitième position sur la liste de Jean-Pierre Chevènement, se démarquera ostensiblement de cette interprétation, en déclarant publiquement que « Gaston Defferre n'avait aucune arrière-pensée municipale en le faisant venir à Marseille ». Il avait fait appel à Tapie pour « s'occuper de l'OM et rien d'autre ». Pourquoi ce lâchage médiatique de la part de celle qui passait jusqu'à présent pour être l'un des plus fervents supporters du président de l'OM? Parce qu'elle n'a aucune intention « d'ouvrir deux fois le parapluie de Gaston pour Tapie [2] ».

Gaston avait-il ou non une idée derrière la tête? En ce début de 1989, alors que Tapie vient d'être élu député de la sixième circonscription des Bouches-du-Rhône et que se prépare fiévreusement la course à la mairie, au mois de mars, personne ne se pose la question. Simplement parce que personne ne songe encore à Bernard Tapie. Ni le staff des socialistes locaux, ni les éléphants du PS à Paris, ni même François Mitterrand. Tapie est encore loin d'avoir fait ses preuves pour avoir la moindre chance de briguer la deuxième ville de France.

Le seul peut-être à avoir imaginé un instant se lancer dans la bataille pour la mairie, c'est Bernard Tapie lui-même. Au lendemain de son premier succès électoral, aux législatives partielles de janvier 1989, son attaché parlementaire Marc Fratani et un de ses amis avaient tenté de le convaincre, lors d'une discussion animée dans son bureau de l'avenue Friedland, à Paris :

– Si tu te présentes, directement face à Jean-Claude Gaudin dans son propre secteur, et que tu gagnes, tu as une chance d'être maire.

Tapie a hésité. Cela fait près de trois ans qu'il est président de l'OM. Il a fait remonter le club des fins fonds du classement et l'a fait voler de victoire en victoire. L'OM vient même de décrocher son premier titre de champion de France de foot. Il a offert à Marseille ses plus belles fêtes, avec des petits blancs, blacks et beurs chantant jusque tard dans la nuit sur la Canebière. Il a rempli le Stade vélodrome de milliers de spectateurs. Désormais, tout le monde vient assister aux matchs : les jeunes, les habitants des quartiers populaires, les immigrés qui représentent 14 % de la population marseillaise, autant qu'à Sarcelles. Mais, aussi les bourgeois en BMW et les officiels avec leurs R 25 et leurs cocardes. Et même le cardinal, toujours assis à la même place, dans un virage. Chaque été, le club forme 1 200 jeunes garçons venus des quartiers défavorisés des six grandes villes de la région, pour participer à des stages, toujours bondés. L'OM est devenu le meilleur facteur d'intégration de la population. Tapie a profité de l'ascension de l'OM pour faire sa publicité personnelle. Il a installé des écrans géants sur les gradins avec des images à sa gloire sur fond de musique rock. Il y a montré des majorettes à l'américaine et des feux d'artifice, plus somptueux que ceux du 14 Juillet. Il a fait descendre de Paris, dans son jet privé, journalistes et conseillers politiques qui se précipitent dans sa loge. Si bien que la foule, au lieu d'applaudir les buts de Jean-Pierre Papin ou de s'extasier sur les prouesses du nouvel entraîneur, Gérard Gili, ne cesse de scander Ta-pie, Ta-pie. Qui, plus que lui, peut rêver de devenir le nouveau patron de Marseille? Il est incontestablement la plus grande star de la ville. Mais de là à se présenter une nouvelle fois, devant les électeurs... Une défaite, puis une victoire à l'arraché, Bernard Tapie évalue le risque. Et il balaie d'un revers de main les arguments de son attaché parlementaire.

– Je n'ai aucune chance. Je vais me planter.

Il a conservé un goût trop amer de son échec aux premières législatives pour se présenter une nouvelle fois devant les électeurs sans avoir la certitude de gagner. Or, il sait que le cœur des Marseillais ne se conquiert pas à la sauvage. Les plus exaltés des supporters font parfaitement la part des choses entre un président de club de foot et un maire.

Marcel Leclerc, qui fut, lui aussi, un grand président de l'OM avant de tomber pour diverses malversations, n'avait-il pas déjà tenté le coup de l'élection? Il s'était ridiculisé, recueillant moins de 5 % des voix... De même, il ne suffit pas d'être corse et d'avoir travaillé quelques années chez Ricard pour être bien accueilli : ayant présumé de son implantation locale, Charles Pasqua avait dû battre en retraite vingt-cinq années plus tôt, laminé aux élections de 1964 et s'était, depuis, replié sur Levallois. Or, début 1989, Marseille est en pleine confusion politique. Face à Jean-Claude Gaudin, leader de la droite, deux candidats de gauche se déchirent déjà. Et les Marseillais, eux, conservent au fond de leur cœur une plaie qui est encore loin d'être cicatrisée. Celle de cette funeste journée du 7 mai 1986 où ils avaient appris, à 11 h 15 dans la matinée, par la direction de l'hôpital de la Timone, la mort de Gaston Defferre.

Deux jours auparavant, le 5 mai 1986, le comité directeur du Parti socialiste s'était réuni pour élire un nouveau secrétaire fédéral. Contre le candidat soutenu par Gaston Defferre, Michel Pezet avait fait campagne pour son ami Yves Vidal. Celui-ci l'avait emporté par 118 voix contre 109, grâce notamment au vote des rocardiens qui avaient fait pencher la balance en sa faveur. Le vieux lion en avait été profondément meurtri. Comment Pezet qui lui devait tout avait-il osé l'abattre ainsi publiquement? Las, il était rentré chez lui, avait ouvert avec sa clé la porte de son appartement du 30 rue Neuve-Catherine, au sixième étage d'un immeuble qui domine le Vieux Port et avait refermé derrière lui à double tour. Seul. Edmonde Charles-Roux était à Paris pour ses occupations littéraires. Gaston avait grignoté, tout en ressassant les raisons de son échec. Il avait tourné en rond, incapable de trouver le sommeil. Puis, vers 1 h 30 du matin, sans doute victime d'un léger malaise, il était tombé, s'ouvrant le crâne contre les bords acérés d'un pot de fleurs en plastique. Blessé, Gaston n'avait pas voulu appeler le SAMU. Mis en minorité au sein de son parti, il n'allait pas donner à ses adversaires la joie de voir qu'ils avaient également réussi à l'abattre physiquement. Pour les Marseillais, il devait rester intouchable. Par orgueil et par souci de discrétion, il avait donc appelé, sans signe d'affolement, le docteur Jean-Louis Sanmarco, frère de Philippe, un des rivaux de Michel Pezet. Mais celui-ci ne connaissait pas le code de l'immeuble. Lorsqu'il est finalement arrivé jusqu'à sa porte, personne ne répondait plus. Le temps de trouver un serrurier, il était trop tard. Gaston Defferre n'était relié à la vie que par un souffle. Il mourra quelques heures plus tard à l'hôpital de la Timone, vidé de tout son sang.

Dans des circonstances ordinaires, Michel Pezet aurait eu toutes les chances de lui succéder. Ex-premier secrétaire fédéral du PS, élu député au mois de mars, c'est Gaston Defferre lui-même qui avait porté cet avocat brillant sur les fonts baptismaux de la politique marseillaise. Mais dès l'annonce – différée – de la mort de Defferre, les ténors du PS (Pierre Joxe, Lionel Jospin, Jean-Pierre Chevènement) sont dépêchés à Marseille. Ils vont voir Edmonde Charles-Roux, sont reçus à l'hôtel de ville, mais ne rendent pas visite à Michel Pezet. « Mitterrand a ordonné le bannissement de Brutus [3] », en conclut-on à Marseille. Est-ce en raison de l'affront public fait à Defferre, ou parce qu'il a rallié sur son nom les voix des rocardiens? Pezet est en tout cas rayé des listes à la succession. Le 17 mai, le groupe socialiste du conseil municipal intronise officiellement comme maire de Marseille... Robert Vigouroux. Neurochirurgien, agrégé de médecine, Vigouroux n'est pas, loin s'en faut, une grande figure de la vie politique locale. Il est alors déjà âgé de soixante-six ans et n'est que treizième adjoint à la mairie. C'est un homme renfermé et peu bavard. Les Marseillais ne le connaissent guère. Mais le mois suivant, alors qu'il est reçu à l'Élysée par François Mitterrand, Robert Vigouroux annonce qu'il sera candidat aux prochaines élections municipales, en 1989.

Voilà deux candidats en lice, deux ex-compagnons de route, membres du même parti, qui vont se déchirer jusqu'à ce que l'un élimine définitivement l'autre. Faisant inexorablement perdre dans la bataille aux socialistes leur influence dans la ville phocéenne. Car, fort de l'appui de la fédération du département, Michel Pezet ne désarme pas. Premier secrétaire du Parti socialiste, Pierre Mauroy descend à Marseille pour une mission de conciliation. Mitterrand lui a donné des « munitions ». Il propose à Pezet – en échange du maintien à la mairie de Vigouroux – de devenir ministre de la Mer. Mauroy est sidéré de voir que les vieilles recettes ne fonctionnent plus. Les haines sont trop fortes. Pezet ne veut rien entendre. Il fait exclure Vigouroux du Parti socialiste, et reçoit officiellement Rocard au siège de la fédération. Pezet reste alors le chef incontesté des socialistes : il obtiendra encore 90 % des voix des militants, le 29 mars 1989, au congrès fédéral d'Istres, au lendemain des municipales.

C'est donc dans un climat de lutte fratricide, entre Robert Vigouroux, l'homme de Mitterrand et Michel Pezet, le leader des socialistes locaux, que va s'ouvrir la campagne pour les élections municipales de mars 1989. Chacun doit choisir son camp. A Marseille, on guette les signes de soutien des uns et des autres. Déjà, Edmonde Charles-Roux, qui fixe la ligne éditoriale du *Provençal*, a clairement affiché sa position : elle ne reculera devant rien pour barrer la route à Pezet. Elle soutient ouvertement la candidature de Robert Vigouroux. Elle marque son engagement en plein cœur de la campagne électorale, dans un article publié à la une du *Provençal* où elle explique que, face à Pezet et Gaudin, Robert Vigouroux est le seul marié et père de deux enfants... On mettra sur le compte de la douleur l'inélégance du procédé. François Mitterrand est en phase avec elle. Personne ne se trompe sur la position de l'Élysée quand Jean-Louis Bianco descend à Marseille, officiellement dans le cadre de ses fonctions à l'Office national des forêts, mais en réalité pour préparer l'entrevue entre Vigouroux et le chef de l'État qui doit avoir lieu quelques jours plus tard.

Pris dans le maelström de la guerre des clans à gauche, opposé à Jean-Claude Gaudin et au Front national à droite, Bernard Tapie a du mal à trouver sa place. Un instant, il tente, comme Mauroy, de jouer les conciliateurs. Il cherche à rapprocher Michel Pezet et Robert Vigouroux. Mais dans cette ville excessive où trop de haine s'est accumulée, c'est peine perdue. Il se range alors du côté des vigouristes. Il n'a pas le choix. Vigouroux a le vent en poupe. François Mitterrand et Edmonde Charles-Roux, ses deux meilleurs soutiens, sont derrière le maire sortant. En outre, Tapie sait bien que Michel Pezet ne l'apprécie guère. Il voit en lui une figure charismatique de gauche, un rival de la jeune génération parachuté à Marseille où les hommes politiques bien implantés sont beaucoup plus âgés. Tapie risque de lui faire de l'ombre pour longtemps...

Mais Tapie ne peut pas être complètement laissé de côté. L'Élysée veut lui offrir une place. Le ministre de l'Intérieur, Pierre Joxe, a délégué sur place son chargé de mission, expert en opérations politiques délicates. Rendez-vous est pris, pour déjeuner, au restaurant Le Caruzo, sur le Vieux Port. Il y a là Tapie, Vigouroux, le conseiller de Joxe et Fratani. On est à quelques semaines seulement des municipales et le ciel est dégagé. Les sondages placent Vigouroux largement en tête. Pour une fois, les deux instituts sont à l'unisson : CSA le crédite de 36 % des intentions de vote, contre 27,5 % seulement pour Jean-Claude Gaudin et 20 % pour Michel Pezet. Et BVA est sur la même ligne, avec 38,5 % pour le maire sortant et respectivement 31 % et 20,5 % pour ses deux principaux rivaux.

Autour de la table, la conversation prend un tour concret. C'est la période où tout le monde croit encore à Marseille que Robert Vigouroux sera un maire effacé. Une marionnette dont toute une série de politiciens locaux pourront tirer les ficelles. Déjà, ceux-ci ne songent qu'à se répartir entre eux les bons morceaux. Pendant toute la campagne, Vigouroux a l'intelligence de leur laisser croire que, s'il est élu, ils récupéreront leur part du gâteau. Bernard Tapie, bien sûr, n'est pas en reste. Il vise la mission économique de la ville qui lui permettrait de récupérer 200 hectares de terrain à la Joliette, le long du Vieux Port, en bord de mer. Le cœur de Marseille. De quoi monter de splendides opérations immobilières. Vigouroux ne dit pas non. Il laisse planer le doute. Il fait même construire des bureaux pour l'occasion et emmène Tapie visiter le chantier. On discute des devis. On choisit la couleur de la moquette.

Tapie, une fois de plus, a sous-estimé le maire de Marseille. A sa décharge, il n'est pas le seul. Sitôt confirmé par le vote dans son fauteuil de maire, Robert Vigouroux installera... sa permanence de sénateur dans les bureaux que Tapie a visités. Il confiera l'exploitation des terrains à la SARI de Christian Pellerin : ils retomberont d'ailleurs dans l'escarcelle de la Compagnie générale des eaux quand le bouillant promoteur immobilier sera mis en examen pour diverses acrobaties financières. Quant à la mission économique, elle sera en réalité confiée à Jacques Roccaserra, corse d'origine, qui a écrabouillé Michel Pezet dans le sixième secteur en recueillant 41,72 % des voix au premier tour des élections municipales. C'est Roccaserra qui sera ensuite chargé de trouver un terrain d'entente entre le nouveau maire, Robert Vigouroux et son opposant, Jean-Claude Gaudin. Plus tard, il se ralliera d'ailleurs à l'UDF et récupérera le Groupement d'action économique et sociale (GAES), chargé de revitaliser la ville.

Les élus locaux marseillais se sont tous trompés sur Robert Vigouroux. Il est vrai que les résultats des élections sont de nature à gonfler son ego, sans doute prédisposé. Le 12 mars 1989, Vigouroux fait mieux que Gaston Defferre : il récolte 42 % des voix, très loin devant Jean-Claude Gaudin qui n'en recueille que 24,6 % et inflige une baffe magistrale à Michel Pezet qui s'effondre, avec 17,74 % seulement... Il réussit même à laisser sur place le Front national : sa liste, conduite par Gabriel Domenech, ancien rédacteur en chef du *Méridional*, député de 1986 à 1988, plafonne à 12,7 %, alors que Jean-Marie Le Pen avait obtenu 28 % des voix aux législatives de 1988.

Le succès de Vigouroux est historique. La déferlante emporte tout sur son passage. Les idées reçues sont balayées : les Marseillais n'ont pas voté, comme on aurait pu s'y attendre pour un fort en gueule ou une jeune figure brillante de la politique. Ils ont préféré un homme âgé, calme et effacé. En apparence, du moins. Car Vigouroux est pétri d'orgueil. Le soir du premier tour, la foule attend dehors. Vigouroux est entouré de Marilyn, sa toute jeune femme, et d'Edmonde, qui soudain le poussent vers la fenêtre pour s'y montrer avec lui. Il les écartera d'un geste auguste et ferme : « Laissez. C'est moi le maire. »

Malgré l'humiliation, Michel Pezet persiste : il refuse de se désister en faveur de Robert Vigouroux au second tour. Pourtant, le 19 mars, Vigouroux réussit le même exploit que Jacques Chirac à Paris et que Michel Noir à Lyon : il remporte le grand chelem, en raflant huit secteurs sur huit.

Sa victoire acquise; Robert Vigouroux va se révéler sous un tout nouveau jour. Il prend, seul, toutes les décisions importantes et ne laisse à personne le soin de régenter la ville à sa place. Au contraire. Il se brouille même avec certains de ses adjoints dès lors que ceux-ci veulent prendre la moindre initiative. Il se mure dans ses silences, toise tout le monde de haut. Il acquiert une indépendance politique qu'aucun cacique n'avait anticipée. Pas plus que Bernard Tapie. Mais le président de l'OM, premier visé, sera aussi l'un des premiers à comprendre à quel point il s'est fait berner. Vigouroux s'est moqué de lui? Il s'en souviendra cinq ans plus tard. Mais pour l'heure, s'il veut accroître son pouvoir, ce n'est plus à Marseille qu'il lui faudra batailler. La ville est quadrillée. C'est sur le plan national qu'il va reprendre l'offensive. Sans attendre.

CHAPITRE 5

Le borgne aux poings, en direct

> « Les électeurs [du Front national] sont des *salauds* qui *devraient dégueuler en se regardant dans la glace tous les matins.* Quant aux élus, ce sont *des porcs* [qui] *doivent finir à la charcuterie.* »
>
> En campagne électorale.

– Monsieur le secrétaire d'État, vos positions sont sans doute généreuses, mais je voudrais vous poser une simple question : êtes-vous de nationalité israélienne?

– Je ne vous permets pas...

– Je vous demande de me répondre, monsieur Stoléru. Avez-vous, oui ou non, la nationalité israélienne?

Jean-Claude Bourret est ravi. Comme prévu, comme souhaité, son émission *Duel sur la Cinq*, à 13 heures, le mardi 5 décembre 1989, vient de déraper. Sans réagir, Bourret a laissé Jean-Marie Le Pen terroriser le secrétaire d'État au Plan. Celui-ci finit l'émission K.O. debout. L'agression antisémite est évidente, plus sournoise que le fameux « Durafour-crématoire » qui avait valu à Jean-Marie Le Pen une levée de son immunité parlementaire européenne. En évoquant la double nationalité française et israélienne de Lionel Stoléru, Jean-Marie Le Pen l'a désigné comme « juif » en laissant entendre, à ses yeux, que cela le disqualifiait pour parler d'immigration... Tout simplement! Pour son malheur, Stoléru a manqué de la repartie et du minimum de pugnacité que l'on est en droit d'attendre d'un homme politique dans une telle situation. Sans doute Le Pen s'y attendait-il... Le leader du Front national triomphe. Deux jours plus tôt, Marie-France Stirbois, veuve BCBG de l'ancien secrétaire général du Front, mort dans un accident de voiture, a été élue député d'Eure-et-Loire avec 62 % des voix, dans une circonscription où le mouvement avait fait un score moyen en 1988. Cette victoire est un électrochoc. Le Pen apparaît soudain comme un véritable danger pour la France. Les médias se précipitent. Quelques heures après le débat sur la Cinq, le Parti socialiste annonce sa décision de ne plus jamais débattre avec le président du Front national. Au même moment, TF1 lance des invitations pour un débat sur l'immigration que la chaîne veut diffuser le surlendemain. Le Pen, bien sûr, est d'accord pour être confronté avec n'importe quel représentant de la « bande des quatre ». Mais tous les interlocuteurs pressentis se défilent. Pierre Mauroy, premier secrétaire du Parti socialiste, qui ne manque jamais une occasion de se plaindre de n'être pas invité à la télé déclare, après concertation avec Georges Marchais : « Je ne veux pas y aller, je pense que personne ne doit y aller. » Il dissuade même Robert Vigouroux, le maire de Marseille, de « prendre ce risque ». Mauroy pond une lettre de refus à TF1 dans laquelle il affirme que les socialistes ne veulent pas offrir, par leur présence « à M. Le Pen une caution pour répandre son idéologie indigne de la France ». Pierre Joxe accepte néanmoins, sur TF1, le principe d'une confrontation mais « pour plus tard ». Alain Juppé (RPR), François Léotard (PR) et Pierre Méhaignerie (CDS), tous trois sollicités, se concertent pour affirmer, ensemble, que « les conditions ne sont pas réunies aujourd'hui pour débattre de façon digne et sérieuse du problème de l'immigration », ajoutant que « l'absence de tout représentant officiel de la majorité gouvernementale prive de tout intérêt l'émission envisagée ». C'est la débandade générale. Démocratie française, démocratie de l'édredon. Le souci de « ne pas offrir de tribune à Le Pen » masque mal la trouille viscérale, physique, des leaders des partis traditionnels qui craignent de sortir en miettes d'une confrontation avec le fort en gueule. Comme s'ils redoutaient, dans la forme aussi bien que sur le fond, de ne savoir lui opposer un discours simple, clair et courageux. Celui que, pourtant, la majorité des électeurs attend. Dérobade compréhensible de la part d'un François Léotard, grand libéral à Paris alors que son discours colle à celui de Le Pen dans sa circonscription de Fréjus. Mais venant des socialistes...

La voie, royale, est ouverte à Bernard Tapie. Qui a suggéré le nom du député de Marseille? Jean-Paul Huchon, directeur de cabinet du Premier ministre, en transmettant à Patrick Poivre d'Arvor le refus de Michel Rocard. Dans un premier temps, PPDA et Gérard Carreyrou, récemment promu directeur de la rédaction, ne sont pas emballés. Mais le débat est annoncé. TF1 ne veut pas reculer : faute de grives, Le Pen mangera donc un merle. Sacré merle! Pour se démarquer de la Cinq et rendre la tâche plus difficile à Le Pen, TF1 décide d'entrelarder le débat de reportages globalement favorables à la politique d'intégration des immigrés, tandis qu'est constitué un « panel de témoins » largement hostile aux idées du Front.

Diffusée à 22 h 30, l'émission a été enregistrée l'après-midi, car Le Pen doit subir une opération chirurgicale sur son seul œil valide, un « détail » dont Tapie a été prévenu. Il a préparé l'émission avec Jacques

Pilhan, le conseiller en communication de François Mitterrand. Le chef de l'État, qui s'est servi de Le Pen pour diviser la droite, a jugé le moment venu de rectifier le tir. Pilhan et Tapie ont choisi le « baston ». Le débat sera « physique » et Tapie sortira les poings le premier. De fait, Tapie arrive chauffé à blanc. Certains observateurs estimeront même qu'il « n'était pas dans son état normal ».

Hors caméras, lorsque Le Pen entre à son tour dans le studio, Tapie n'a pas un regard pour son challenger mais, à voix haute, s'adresse à Poivre : « Quand ce Monsieur demande à Stoléru s'il a la nationalité juive, ce dernier devient blanc. Moi, si je suis Stoléru, caméra ou pas, je me lève et je lui rentre dedans. » Personne n'en viendra aux mains, mais pendant une heure et demie, le débat volera au ras des pâquerettes. Le Pen annonce d'emblée qu'il va « dégonfler la baudruche Tapie » :

– Démissionnez à Marseille et je vous écrase aux élections !

Tapie prend Poivre à témoin :

– Je suis député, il ne l'est pas.

Puis il se retourne vers Le Pen :

– Ce n'est pas parce que vous avez une grande gueule que ce que vous dites est vrai. D'ailleurs, 85 % du peuple vous déteste !

– Vous êtes un hâbleur, un pitre grotesque, un matamore, un tartarin, à peine capable de jeter quelques onomatopées à la télévision !

Le « débat » vire au pugilat. Tapie a emmené son adversaire sur le terrain qu'il avait choisi : celui des menaces physiques. Il propose à Le Pen de régler leur différend dehors, à mains nues. Le Pen réplique :

– Il vous en cuirait !

Tapie ricane :

– Regardez-moi et regardez-vous !

Selon la légende, c'est par cette réplique que Tapie aurait tué Le Pen. Pourtant, le débat, lorsqu'on le revoit, apparaît beaucoup plus équilibré qu'on voudra bien le dire par la suite. Le coup le plus dur, ce n'est pas Tapie qui le donne à Le Pen, mais Salem Kacet, cardiologue, maire adjoint de Roubaix et modèle – trop rare – d'intégration réussie d'un Français musulman. Il interpelle le leader du Front :

– Monsieur le Punk.

– Le Pen.

– Excusez-moi, je croyais que vous étiez amateur de boutades. Et comme mes enfants vous appellent Le Punk, alors j'ai cru...

Le débat se terminera dans la confusion. Le soir même, François Mitterrand passe un coup de fil à Tapie : « On ne m'épate pas souvent en politique. Mais pour ce que vous venez de faire, chapeau ! » C'est en tout cas ce que le député de Marseille ira raconter partout.

Ce qui s'est dit au cours de ce débat importe peu. L'essentiel, aux yeux des Français, est qu'enfin un homme ait mouillé sa chemise face à Le Pen, sans craindre la castagne. Le député de Marseille a gagné, ce jour-là, auprès du peuple, ses galons de maréchal. Il est entré dans la cour des grands, par la porte grande ouverte. Par aveuglement, Fabius, Juppé, Léotard, Marchais, Mauroy, Méhaignerie, Rocard et quelques autres ont fabriqué Tapie de leurs propres mains.

A cette époque, il y a sans doute une part de sincérité dans la volonté affichée par Bernard Tapie d'en découdre avec Le Pen. La veille du débat, avenue de Friedland, loin des cercles politiques, il avait d'ailleurs eu une longue discussion avec Élie Fellous, juif d'origine tunisienne, directeur financier et numéro deux de son groupe. « Le Pen, lui a dit Tapie, c'est pas possible. Je ne peux pas laisser faire ça. Il faut que j'y aille. » Mais ce combat est aussi son fonds de commerce politique personnel, qu'il saura faire prospérer. Il a fait son entrée en politique à *7 sur 7* en attaquant Le Pen. Et puis quelques semaines plus tard, lorsqu'il quitte New York pour se lancer dans la bataille des législatives de Marseille, il dira aux « chieurs du mardi » * : « Le borgne, je vais me le faire aux poings, en direct. » Combattre Le Pen, à Marseille comme au plan national, est en effet le gage d'une forte valorisation, sur un faux risque. Car au second tour, il fait peur à la majorité des électeurs dont beaucoup préfèrent voter pour un morceau de lard. Les socialistes marseillais, qui ont tout fait pour que Tapie ne soit pas directement opposé au leader du Front, ont été à cet égard beaucoup plus clairvoyants que les socialistes au niveau national.

Opposition frontale, mais rejet commun de l'establishment ** et même intérêt – à terme, pour Tapie – d'en finir avec la « bande des quatre » : les rapports entre Le Pen et Tapie, dès cette époque, sont beaucoup plus ambivalents que peuvent le laisser croire les seules déclarations publiques, le menton en avant. Si les deux hommes se défient, c'est d'abord parce qu'ils sont concurrents. La France de Tapie et celle de Le Pen ne sont-elles pas deux sœurs ennemies de la crise? Jeanne Villeneuve [1] a écrit en 1988, avant que le débat sur TF1 ne cristallise leur opposition publique, que Le Pen et Tapie étaient « comme le recto et le verso d'une même pièce de monnaie ». Ce thème sous-tend d'ailleurs tout le livre de cette journaliste clairvoyante. La concurrence Le Pen-Tapie est d'abord électorale. Le Front national, au cours des années quatre-vingt, a recueilli une bonne partie des voix communistes évaporées. Tapie pense pouvoir rafler la mise, en rassemblant sur son nom les électeurs à la

---

* Il s'agit de Laurent Carenzo, ancien journaliste du *Matin de Paris*, de Pierre Lachoeille, avocat, et de Jacques Derbin, ancien porte-parole du CNPF, que Tapie a réuni autour de lui, tous les mardis avenue de Friedland, pour des discussions qu'il souhaite sans complaisance, autour d'un plateau repas ou de sandwiches. Ce sont eux qui l'ont dissuadé, contre l'avis de Jacques Séguéla, de soutenir officiellement François Mitterrand pour l'élection présidentielle de 1988.

** Le Pen, pour faire bon français, enlève le s. Il parle, lui, d'établissement. Comme s'il s'agissait d'un café.

fois du Front et du PC. Les deux hommes s'adressent aux mêmes catégories de population, les Français que la crise laisse au bord du chemin, qui ont perdu espoir et repères. Qui ne croient plus aux promesses des hommes politiques traditionnels, se cherchent des boucs émissaires et sont prêts à suivre le premier démagogue qui passe. Ceux que leur dégringolade sociale oblige à fréquenter quotidiennement le monde des immigrés et qui le vivent comme une agression permanente.

Mêmes électeurs, même substrat idéologique. Au cours des années soixante-dix et jusqu'au début des années quatre-vingt, Tapie professe ouvertement des idées proches de l'extrême droite. En privé comme en public. Les témoignages sont nombreux et concordants. Lorsque Tapie débauche Nicolas Crespelle pour qu'il lui « fasse connaître du monde » et qu'il le « mette sur orbite présidentielle », celui-ci n'imagine pas un instant que ce puisse être à la gauche de l'échiquier politique. En 1983, Guy Sorman ne pensait même pas qu'il chercherait à s'ancrer du côté des partis traditionnels de droite : il l'aurait plutôt imaginé contournant le système, par l'extrême droite, pour brûler les étapes. A cette époque, François Mitterrand est à l'Élysée, Giscard est fini, la Chambre est rose : l'idée communément admise est que la reconquête passera par l'émergence d'hommes nouveaux, à droite. Le Pen et Tapie font cette analyse : ils veulent tous deux être les éléments moteurs de ce renouvellement. Mais Tapie ne flirtera pas avec l'extrême droite, comme l'imaginait Sorman. Il se liera simplement d'amitié avec Alain Madelin (PR), établira des contacts avec Alain Dumait (RPR) et soutiendra Philippe Vasseur (PR). Préférant les jeunes loups républicains à la vieille garde fascisante.

Pourtant, sur l'immigration, le discours de Bernard Tapie ne s'écartera jamais beaucoup de celui de Le Pen, avec cependant une différence importante : celui du leader du Front sue la haine et la peur, ce qui l'entraîne dans des dérapages incontrôlés, tandis que celui de Tapie reste parfaitement cadré. Et serein dans le ton. Mais sur le fond? Au cours de son débat avec Le Pen, Tapie s'est ouvertement démarqué de Robert Vigouroux qui avait le projet de faire construire une mosquée à Marseille : « Ce n'est pas une priorité. Vigouroux est un copain *(sic)*. Mais il a été maladroit sur ce coup-là. » Surtout, il se déclarera d'accord avec Le Pen sur un point : « Il y a un nombre incroyable de clandestins, c'est plus supportable. Il ne faut plus en fabriquer et il faut les arrêter, même si c'est pas simple. »

Vis-à-vis des juifs, qui pourrait oser un rapprochement? Le discours de Le Pen est ouvertement antisémite. Seule la loi l'oblige à une prudence verbale qui ne trompe personne. Ses jeux de mots sont lâchés comme d'ignobles clins d'œil. Lorsqu'il cite, pour en dénoncer la partialité, une brochette de journalistes dont le seul point commun est d'avoir un patronyme à résonance hébraïque, Le Pen se vautre dans le non-dit explicite.

Tapie, dans son discours public, n'a jamais émis le moindre propos à connotation antisémite. Mais cela ne veut pas dire, pour lui, que « les juifs » se fondent dans la foule. Avec Le Pen et beaucoup de Français, il en parle toujours, en privé, comme d'une catégorie spéciale à part, avec des traits de caractère communs qui transcendent les différences propres à chaque individu. Souvent pour la valoriser. On le dirait pris de passion. Il pense en effet que « les juifs » ont une intelligence supérieure : comme lui. Qu'ils sont rapides et créatifs en affaires : comme lui encore. Et en même temps bridés, exclus et marginalisés, toujours obligés de faire la démonstration de leur compétence, toujours attendus au tournant : comme lui, enfin. Du temps où il n'était qu'un homme d'affaires, Tapie adorait travailler avec des juifs. S'il les roulait dans la farine, son plaisir en était décuplé. C'est ainsi, en tout cas, que ceux-ci le ressentaient!

S'il survalorise les juifs, Tapie est tout autant capable de les dénigrer. Directement jadis, sur le mode de la plaisanterie aujourd'hui. Il raconte volontiers des blagues antisémites où il balance des phrases incroyables devant des juifs, sans le moindre complexe apparent, comme s'il était juif lui-même et faisait partie de la famille! Juste pour les tester, pour voir leur réaction. Et comme il est décontracté, habile dans la provocation et qu'on ne lui prête généralement aucune arrière-pensée malsaine, il établit une vraie connivence : ses interlocuteurs s'amusent d'entendre de lui ce qu'ils refuseraient de tout autre *goy*. Une attitude d'autant plus étonnante que, depuis son service militaire et pendant trente ans, l'entourage de Bernard Tapie a été composé, dans sa grande majorité, de juifs. Un tropisme qui, observé dans la durée, ne doit rien au hasard. Entre l'amour et le rejet, Bernard Tapie a toujours été, vis-à-vis des juifs, sur le fil du rasoir. Comme François Mitterrand, avant lui.

Quelles qu'aient pu être les positions passées du député de Marseille, au moins est-on sûr, après le débat sur TF1, qu'il est tombé du bon côté. D'ailleurs n'est-il pas préférable d'avoir été du même bord pour mieux se combattre? La France cherchait un saint Georges pour terrasser le dragon Le Pen. Elle l'a trouvé. Du moins le croit-elle. Pendant quelque temps, Tapie va d'ailleurs lui donner des gages. Au cours du débat, Tapie a prononcé une phrase qui est passée totalement inaperçue : « Il y a pas un problème d'intégration, mais 400 problèmes à traiter d'urgence. Il y faut des moyens et du talent. » Le propos est habile. En chiffrant à 400 – il aurait aussi bien pu dire 200 ou 800 – le nombre « de problèmes à traiter », il transforme un mythe, celui de la France de Jeanne d'Arc envahie par les Sarrasins, en une série de points de fixation locaux et identifiables. Donc susceptibles d'être résolus. Ce sera le Forum des citoyens *.

Les socialistes pensaient utiliser Tapie pour réduire Le Pen : Tapie utilisera Le Pen pour réduire les socialistes! Car c'est sur son nom qu'il

* « On n'avait pas voulu de moi comme ministre, alors j'ai fait le ministre sans l'être », dira Bernard Tapie aux auteurs, en juin 1994.

va capitaliser son combat. Du reste, pourquoi s'en priverait-il? Il est le seul à être allé au charbon! Le 11 avril 1990, Tapie est invité à plancher devant le cabinet de Michel Rocard, au grand complet, sur la résurgence du racisme et les problèmes d'immigration. Il fait à ces énarques un numéro d'enfer pour conclure : « Le gouvernement a tout faux. » L'équipe de Matignon est ravie. Où sont les verges?

Deux mois plus tard, Bernard Tapie est invité à l'*Heure de vérité*, sur Antenne 2. Il annonce officiellement la création du Forum des citoyens dès le 1er novembre suivant. Et il prend le pari de « ramener le Front national au-dessous de 10 % en moins de 18 mois ».

Tous derrière Tapie, pour éradiquer l'extrême droite raciste et antisémite qui a relevé la tête! Ce rôle de chef de file du combat contre le Front va permettre à Tapie de se sortir d'une situation délicate. Pour l'introduction de Bernard Tapie Finance (BTF) en Bourse, le 21 novembre, le patron de l'OM a édité une brochure dans laquelle il fait état de sa situation de député et même de son appartenance à la commission des finances de l'Assemblée nationale. Ce qui est interdit et durement sanctionné *. Le groupe RPR demande la transmission de ce dossier au Conseil constitutionnel. Le député Tapie risque d'être invalidé. Mais le bureau de l'Assemblée estimera le 30 novembre « qu'il n'y a pas lieu de déposer une requête sur le bureau du Conseil constitutionnel sur le délit commis par Tapie ». A cette occasion quelques députés UDF et RPR, dont Jacques Toubon, ont fait un discret lobbying pour laisser la paix à Tapie, au lendemain de la victoire de Marie-France Stirbois. En outre la situation personnelle de plusieurs députés de droite n'est pas très claire non plus. Bref, le corporatisme parlementaire joue à fond en faveur de Tapie.

Le dossier est également transmis au garde des Sceaux. L'aveuglement politique et le manque de courage de Pierre Arpaillange affligeront tous ceux qui l'avaient connu avant qu'il n'entre au gouvernement. Celui-ci fait savoir qu' « il n'a pas été relevé de présomptions suffisantes que ce parlementaire ait volontairement méconnu les dispositions [de l'article 150 du Code électoral]. Dans ces conditions, le garde des Sceaux n'entend pas aller au-delà de la position adoptée par le bureau de l'Assemblée nationale qui a été de ne pas soumettre cette question au Conseil constitutionnel ». Par ses pairs comme par la justice, Tapie a été autorisé à s'asseoir publiquement sur la loi, au nom de son combat contre Le Pen.

---

* L'article L0 146 du Code électoral indique que « sont incompatibles avec le mandat de parlementaire les fonctions de chef d'entreprise, de président de conseil d'administration, exercées dans les sociétés ayant exclusivement un objet financier et faisant publiquement appel à l'épargne ». L'article L0 150 ajoute : « Il est interdit à tout député de faire ou laisser figurer son nom, suivi de sa qualité, dans toute publicité relative à une entreprise financière, industrielle ou commerciale. »

Ils seront nombreux, au cours des années suivantes, ceux qui, à gauche, avaleront n'importe quelle couleuvre, voyant en Tapie le seul vrai rempart contre le Front national. Parfois sincèrement, comme Frank Terrier, le directeur des Affaires criminelles et des grâces, qui va ruiner sa carrière pour sa complaisance affichée vis-à-vis de l'homme d'affaires qui le trahira.

Celui-là, et tous les autres, vont tomber de haut quand ils réaliseront qu'entre Tapie et Le Pen, se sont établies certaines connivences, qu'ont été négociés des accords électoraux secrets. Dans l'optique de préparer, un jour, une alliance de circonstance entre Tapie et une partie du Front national.

CHAPITRE 6

Jeu de billard à trois bandes

« Ma règle d'or est de ne dépenser que l'argent que j'ai. »

Sur la Cinq, le 10 juillet 1990, à propos du rachat d'Adidas.

Rome vibre sous la chaleur en ce début d'été 1990. L'amphithéâtre aux fauteuils de velours rouge capitonnés est archicomble. A quelques mètres de là, se jouera le lendemain, dimanche 8 juillet, la finale du Mundial de football. Avec Maradona, les Argentins vont se mesurer à l'équipe surentraînée de Franz Beckenbauer. Dans quelques instants, la Squadra Azzura s'apprête à disputer à l'Angleterre une troisième place honorifique. João Havelange, président brésilien de la Fédération internationale de football (FIFA), dresse devant les journalistes venus du monde entier un bilan en forme de panégyrique. Surprise : son discours terminé, il demande à chacun de rester assis : « Les responsables d'Adidas ont une grande nouvelle à vous communiquer. » Un drapeau à trois bandes recouvre alors le sigle de la FIFA. Havelange a juste le temps de s'éclipser que sur la scène débarque Gerhard Ziener, le président du conseil de surveillance d'Adidas, accompagné de... Bernard Tapie. « Pour assurer la continuité de la société, nous avons décidé de vendre 80 % des parts d'Adidas à Bernard Tapie Finance. » Tonnerre d'applaudissements dans la salle. Tapie est radieux. « De toute façon, dit-il, le soir de la finale, je serai gagnant. Il n'y a que le sifflet de l'arbitre qui ne soit pas Adidas. » Il explose de bonheur et s'engage : « Nous sommes là pour au moins dix ans. » Les journalistes, tous spécialistes du football, sont chavirés. Pas un ne demandera à Tapie avec quel argent il compte financer son acquisition. La question restera en suspens : royalement, le président de l'OM a planté tout son monde et s'est embarqué sur le *Phocéa*.

Le lendemain matin, la nouvelle est à la une des journaux du monde entier. La marque aux trois bandes est universellement connue. La victoire de l'Allemagne, un peu trop attendue, en sera même éclipsée. Tapie vit un des plus grands moments de sa vie et en savoure chaque instant.

Depuis dix mois, il attendait ce grand jour. Ce coup géant, c'est le sien. Oublié, ce banquier de 32 ans fraîchement débarqué de Wall Street en octobre 1989, avec ses lunettes à la monture légère, son front dégarni et ses airs de poupon vieilli prématurément! Laurent Adamowicz est l'archétype de ces crânes d'œuf, genre tristounet, dont Tapie adore faire de la bouillie. Et pourtant, le deal Adidas, c'est bien lui qui l'a imaginé, préparé et le lui a présenté sur un plateau. Laurent Adamowicz n'a rien d'un golden boy, le nez dans la coke, l'œil sur les écrans. C'est un vrai banquier d'affaires en herbe qui a appris à New York les secrets de la conquête des entreprises familiales et comment financer leurs rachats. Paribas l'a rapatrié pour monter le même type d'activités en France. Il a d'emblée pris contact avec Bernard Tapie qui est tombé du ciel : il croyait être interdit de séjour dans cette banque d'affaires depuis les histoires du « Grand Dépôt » et de Marcel Loichot. Ce n'était pas le cas.

Un premier rendez-vous se tient quelques jours plus tard au siège du Groupe Tapie, avenue de Friedland. Les deux hommes passent ensemble en revue la liste des cibles possibles. Depuis quelque temps, Tapie convoite Rossignol, un fabricant de skis au sein duquel se profile un problème de succession. Mais d'emblée, Laurent Adamowicz vise plus haut. Il a entendu dire qu'Adidas, une entreprise à 100 % familiale, est en perte de vitesse depuis que son dirigeant, Horst Dassler, est mort deux ans auparavant, à 51 ans, d'un cancer. Dès que le mot d'Adidas est prononcé, Bernard Tapie saute au plafond : il a vu la fusée qui peut enfin le propulser sur la lune. Il se souvient comment la seule reprise de Wonder l'avait, en 1984, fait entrer dans cet establishment français qui le rejetait jusque-là. Adidas, ce sont les chaussures que portait Jesse Owens, quatre fois médaillé d'or aux Jeux olympiques de 1936 à Berlin, au nez et à la moustache d'Adolf Hitler. Ce sont des centaines de maillots de sport, filmés tous les jours sur les stades, à la télévision. Ce sont les baskets qui font courir Ivan Lendl et Steffi Graf. Ce sont... des dizaines de milliers de semelles en caoutchouc portées par des jeunes dans le monde entier. S'il met la main sur Adidas, sa notoriété mondiale est acquise : il aura réussi la jonction du sport, de l'économie et de la politique.

– Si on fait ça, je laisse tomber tout le reste.

– Donnez-moi une semaine et je vous dirai si une acquisition est envisageable.

Adamowicz prend son bâton de pèlerin. Le banquier sait que quatre sœurs et deux petits-enfants se partagent l'héritage de la famille Dassler dont le père a fondé Adidas au lendemain de la Seconde Guerre mondiale, sur l'une des rives de l'Aurach. Les premières détiennent chacune 20 % du capital, les deux derniers se partagent les 20 % restants dont ils ont hérité à la mort de Horst, le seul garçon de la famille. Ils sont jeunes, ils ont des droits de succession à payer. C'est eux qu'il faut attaquer. Dès la fin décembre, le banquier obtient de rencontrer leur avocat. Celui-ci lui confirme ce qu'il pressentait : les deux petits-enfants sont bien prêts à vendre leur part.

Mais Bernard Tapie hésite. Inge, Karin, Brigette et Sigfrid, les quatre sœurs Dassler, pétries de convenances, s'étaient jadis brouillées avec leur frère Horst lorsqu'il était tombé amoureux d'une artiste un peu trop délurée à leurs yeux. A 23 ans, Horst était parti en France créer une filiale d'Adidas devenue peu à peu plus grosse que la maison mère. Elle avait par surcroît développé sa propre ligne de vêtements et acquis Pony, le Coq sportif et les maillots de bains Arena. Horst avait même fondé ISL, une société de marketing, propriétaire exclusif des droits de transmission des grands matchs de la Coupe du monde de football. Ach! Horst-le-Français avait fait tout ce qu'il fallait pour susciter la jalousie des quatre Teutonnes. Tapie voit immédiatement le tableau : s'il achète les 20 % d'Adidas que détiennent les enfants de Horst, il va se mettre à dos le reste de la famille qui se liguera contre lui. Il faut faire le contraire et attaquer d'emblée les 80 %. « Trouvez-moi l'avocat des sœurs et je me charge de le convaincre », lance Bernard Tapie, qui commence à s'impatienter, à Laurent Adamowicz. Il faudra deux mois de plus pour simplement dénicher l'avocat en question : Ulrich Nehm. Le banquier le rencontre fin février à Munich. Nehm est accompagné de Hans Martens, le directeur financier d'Adidas, mais qui représente surtout les actionnaires au conseil de surveillance de la firme. Les Allemands sont sur leurs gardes :

– Qui est votre client?

Le négociateur français est embarrassé. Il redoute que la réputation controversée de Bernard Tapie fasse fuir les Allemands. Adamowicz laisse donc planer le mystère. Il invente n'importe quoi :

– Je ne suis pas autorisé à vous le dire. Mais il s'agit d'un industriel. Français. Sérieux. Ayant une vision à long terme. Tout sauf un raider [1].

Nehm et Martens restent pourtant sur la défensive. Tant qu'ils ne connaîtront pas le nom de l'acheteur, ils seront persuadés que le banquier est le sous-marin des enfants de Horst Dassler, cherchant à récupérer la totalité d'Adidas. Ils posent leurs conditions :

– Nous souhaitons un partenaire industriel minoritaire, avec une bonne image pour Adidas et qui respecterait la tradition allemande de protection des salariés [2].

Aïe! Bernard Tapie a été clair : d'Adidas, il veut tout ou rien. Mais Adamowicz persiste. Il flaire le coup de bluff. Il sait que les actionnaires paniquent. Jusque-là leader mondial des chaussures de sport, Adidas vient de se faire doubler par Nike et Reebok qui, nouveaux venus sur le marché, ont formidablement pris le virage des années quatre-vingt où les « tennis » sont devenues le complément naturel du jean. On en voit même aux pieds de cadres pressés, sur la Cinquième Avenue à New York, ou de la secrétaire en tailleur impeccable qui garde ses chaussures vernies dans un sac. Portées en ville, les « tennis » et les « baskets » doivent donc être confortables, pas chères mais seyantes. Partant de rien, Nike et Reebok font d'emblée fabriquer leurs modèles dans le Sud-Est asiatique dans des usines neuves. Ils emploient trois fois moins de personnel et le payent moitié moins cher qu'Adidas. Combien de temps l'entreprise pourra-t-elle tenir?

Le fruit est mûr, reste à le faire tomber. Adamowicz multiplie les promesses : avec son acheteur, rien ne sera changé aux habitudes d'Adidas, non plus qu'à celles des propriétaires. Il n'y aura aucun licenciement en Allemagne et le siège de la société restera à Herzogenaurach, petit village, proche de Nuremberg, où la famille Dassler a ses racines. Inge, Karin, Brigette et Sigfrid, ainsi que leurs enfants pourront continuer comme auparavant, à venir faire leurs menues emplettes dans le magasin, sans passer à la caisse. Cette clause est ridicule puisqu'il s'agit d'un deal qui rapportera à chacune des sœurs plusieurs centaines de millions de francs au moins. Mais elle fait le meilleur effet. Ce Français inconnu n'est donc pas un sauvage... A ce moment, nul n'a encore évoqué le prix de cession. Et le nom de l'acheteur reste un secret d'État...

Bernard Tapie trépigne. C'est la première fois qu'il traite une affaire de cette importance sans la négocier en direct. Autant la gestion des entreprises l'ennuie à périr, autant il adore cette drague d'enfer où il faut harponner sa proie, la séduire et la convaincre pour espérer toucher le jackpot. Adamowicz a proposé aux négociateurs allemands un *blind date*, un rendez-vous avec le bel Inconnu. Ils ont refusé. Le chasseur à l'affût ne tient plus en place. Il sort du bois et attaquera directement le président du directoire, René Jaeggi. Bien vu : c'est le maillon faible. Ex-champion olympique de judo, ex-dirigeant de Reynold's, de Tobacco et de Duracell, Jaeggi est un patron en trompe l'œil. Beau gosse, c'est un piètre gestionnaire. Lui qui a laissé s'enfoncer Adidas n'a qu'une obsession : balancer les quatre sœurs, en sauvant sa place et... son argent. Après avoir tenté en vain de racheter lui-même l'entreprise avec des prêts bancaires, il a déjà posé ses filets partout. Il a contacté le milliardaire japonais Yoshiaki Tsutsumi, propriétaire de Seibu; Métro, le leader de la grande distribution en Allemagne; le Suisse Klaus Jacob. Il a discuté avec le fantasque Stephen Rubin, patron du groupe britannique Pentland, qui possède 31 % de Reebok et a des antennes dans toutes les entreprises du secteur : il sait qu'Adidas ne pourra survivre longtemps sans le soutien d'un nouvel actionnaire.

Quand Tapie et Adamowicz débarquent, le 10 mai 1990, à l'aéroport de Mulhouse, René Jaeggi est donc un patron aux abois. Adamowicz est vite rassuré. Il s'est inquiété pour rien. Le déjeuner dans une auberge des environs de Bâle se passe bien. René Jaeggi est subjugué par Bernard Tapie. Ils ont le même genre, mais ne sont pas du même calibre.

Le Français a sorti le grand jeu. Il utilise tous les arguments qui déterminent le succès ou l'échec dans ce genre de négociation. Tapie promet à Jaeggi qu'il redressera seul Adidas, avec à la clé de confortables stock-options. Il se montre ouvert, entreprenant, offensif, avec, comme toujours, d'étonnantes fulgurances : « Toute votre pub est axée sur Lendl. Vous connaissez, vous, un seul jeune qui ait envie d'avoir la gueule de Lendl [3] ! » Le P-DG d'Adidas en convient. La détermination de son convive le rassure. Seul quelqu'un comme Tapie peut remettre sur pied Adidas. Face à lui, les quatre sœurs lui apparaissent complètement ringardes. Mais Jaeggi n'a pas le pouvoir de décision. Il doit convaincre Gerhard Ziener, l'intraitable représentant des sœurs Dassler au conseil de surveillance.

Surprise : quand, de retour en Allemagne, Jaeggi dévoilera l'identité du mystérieux repreneur dont on parle là-bas depuis des mois sans le connaître, la réaction de Ziener sera enthousiaste. En Allemagne, Bernard Tapie est vaguement connu comme un jeune aventurier des affaires, plutôt sympathique, qui a gagné le Tour de France et conduit l'Olympique de Marseille d'une main solide. Il a l'avantage de s'être fait tout seul, sans être passé dans les cabinets ministériels, sans avoir bénéficié du soutien de l'État et des hommes politiques. Parvenu au sommet grâce à son mérite et non par piston. Les Allemands sont beaucoup plus réticents vis-à-vis des patrons français traditionnels, qui ne doivent leur poste qu'à leurs études à Polytechnique ou à l'ENA, sans généralement rien connaître de l'entreprise.

C'est donc de gaieté de cœur que Ziener se rend le 29 mai à Darmstadt, entamer de vraies négociations avec Bernard Tapie. Avocats et conseillers sont là. Tapie refait son numéro des grands jours. Il écrit même deux lettres aux sœurs Dassler où il leur parle de confraternité franco-allemande au sein d'une grande Europe enfin réunifiée et en paix. Surtout, il affiche une rapidité et une latitude d'action impressionnantes. Il suffira que les Allemands donnent leur accord pour que le deal se fasse. Quant au prix, on n'en parle même pas : « Le vôtre sera le mien. » Un amoureux parle-t-il d'argent? Tapie survole la négociation. C'est son plus beau coup de bluff. De toute façon, il n'est pas à 500 millions de francs près : il n'a pas le premier sou pour payer et n'a même pas averti ses banquiers. Mais, pour Adidas, comment pourraient-ils se dérober?

Tous les concurrents sont laissés sur place. Les Japonais, pourtant plus généreux, ne peuvent prendre aucune décision avant plusieurs mois. Les Suisses veulent en savoir plus. L'Allemand Métro aurait fait concurrence aux revendeurs d'Adidas dans ses magasins.

Réunis au Bourget le 27 juin, dans un salon discret d'Europe Falcon Service, Tapie et Ziener, avec leurs conseillers, passent trois jours à élaborer le montage. Le prix est fixé à 1,6 milliard de francs, une somme très modeste. Mais Tapie s'engage à renflouer Adidas, l'augmentation de son capital d'un milliard de francs promise s'ajoutant donc au prix de l'acquisition. L'acheteur assure aussi qu'il ne supprimera pas d'emplois en Allemagne : les quatre sœurs veulent continuer à arpenter la tête haute les rues de leur village. Pas fou, Tapie s'engage par écrit sur le prix, moralement sur les clauses annexes. Les quatre sœurs signeront le 4 juillet, à Darmstadt, la vente de l'entreprise familiale, fondée quarante années plus tôt par leur père. Brigette est en larmes. Bernard le Français lui donne l'accolade. Il saura se montrer digne de la tradition. Il est arrivé à ses fins.

La négociation s'est-elle déroulée de façon aussi idyllique? Quoi qu'il en soit, le lundi suivant la glorieuse annonce de Rome, à Paris, c'est l'euphorie : BTF est incotable à la hausse; à Lyon, l'action Terraillon bondit de 15 %. Baron d'Empire, descendant de la lignée des Wendel, vice-président du CNPF, Ernest-Antoine Seillière, affirme doctement : « Il faudrait une cinquantaine de Tapie à la France [4]. » Une analyste de la société de Bourse Puget-Mahé s'exclame : « C'est un fabuleux coup de maître qui transforme complètement le groupe. Peu endetté, [il] ne devrait pas avoir de problèmes de financement [5]. » Les pauvres, s'ils avaient su!

Car l'euphorie sera de courte durée. Banquiers et journalistes économiques posent vite deux questions, sans réponse : combien Bernard Tapie doit-il payer et où va-t-il trouver l'argent? Les informations les plus folles circulent. On évoque une transaction entre 2 milliards et 3 milliards de francs, valeur estimée d'Adidas. A bord du *Phocéa*, Tapie, qui s'est mis aux abonnés absents, laisse dire. Mais lorsque sera connu le prix – unanimement jugé faible –, de la transaction, des rumeurs courront des deux côtés du Rhin. En France, il se dit que Tapie, avec l'aide de TF1, aurait parallèlement signé une option d'achat, à prix élevé, de la société ISL détenue par la famille Dassler. Ce que les vendeurs auraient perdu d'un côté, ils l'auraient retrouvé ailleurs. En Allemagne, on a parlé de versements complémentaires, via des sociétés off-shore. En tout cas, les responsables de la SDBO n'ont pas été mis au courant. C'est pourtant eux qui paieront!

« La technique utilisée par le Groupe Tapie relève souvent du fait accompli, lira-t-on dans un rapport confidentiel de la Cour des comptes, rédigé en 1994. Ainsi, le rachat d'Adidas fut annoncé par M. Tapie sans avoir consulté la SDBO qui dut accepter [d'être chef de file] à hauteur de 30 % de l'emprunt de 1,6 milliard de francs nécessaire à cette acquisition. Aucune étude sur la santé financière et commerciale du groupe allemand ne fut faite par la banque, faute de délai, ou par conviction de l'inutilité de cette démarche *a posteriori.* » Jusqu'à la reprise d'Adidas, « la SDBO a accompagné la croissance du Groupe Bernard Tapie en finançant l'intégralité de ses prises de participation », analysera en 1994 le rapport de la commission d'enquête sur le Crédit Lyonnais. La martingale est parfaitement au point. Tapie acquiert une entreprise en empruntant à la SDBO à des taux d'intérêt élevés. Puis, il la revend avec plus-value, rembourse sa banque et garde le solde pour lui. En attendant la prochaine acquisition et la prochaine revente. C'est ce qu'on appelle une activité de marchand de biens.

Mais pour Adidas, le beau système va se déglinguer. Le morceau est trop gros : même si l'on s'en tient au chiffre officiel d'1,6 milliard de francs, c'est largement supérieur à la valeur totale du groupe BTF évalué à 950 millions de francs lors de son introduction en Bourse, un an plus tôt. A cela, il faudrait en principe rajouter l'augmentation de capital de 1 milliard de francs promise aux sœurs Dassler qui, on s'en doute, ne sera jamais honorée !

Les banquiers ruent dans les brancards. Sauf, bien sûr, la SDBO. C'est d'ailleurs à ce moment-là que les relations entre la banque et son célèbre client vont commencer à déraper. Bien que Tapie se soit révélé incapable de rembourser à l'échéance prévue le prêt de 42 millions de francs que la SDBO lui a accordé pour l'achat de son hôtel particulier, la banque va lui ouvrir ses guichets sans retenue, et sans garanties. Tapie y puisera à volonté. Président potiche de la SDBO, Michel Gallot interrogé en 1994 par la commission d'enquête parlementaire se justifiera en ces termes : « Je n'ai jamais pensé qu'il garderait Adidas. J'ai pensé qu'il la revendrait en faisant une forte plus-value. Nous l'avions vu faire dans Wonder. Il a fait une opération superbe. »

Les autres banquiers sont moins naïfs. Pressentis pour apporter du capital, ils se désistent les uns après le autres. Le Crédit Agricole et l'UAP – nationalisée et présidée par Jean Peyrelevade, le futur président du Crédit Lyonnais – affirment qu'ils « ne sont pas concernés ». Paribas, qui est à l'origine de l'accord, se garde bien d'y mettre de l'argent. Le Groupe Chargeurs dit non. Outre le Crédit Lyonnais, via la SDBO, Tapie ne peut compter que sur les AGF qui contrôlent 15 % de BTF. Michel Albert, président de cette compagnie d'assurances nationalisée, ne veut rien refuser à Pierre Bérégovoy. Le gouvernement, alors, entre en scène. Des coups de fil insistants sont passés. Le Crédit Agricole qui soutenait Tapie jusque-là refuse de suivre, puis accepte, puis refuse à nouveau. Philippe Jaffré, son président, ne sait plus où donner de la tête *. La confusion est générale, tant et si bien que la Commission des opérations de Bourse décide en vertu de la loi sur la protection de l'épargne la suspension de toutes les actions des sociétés du Groupe Tapie « compte tenu des circonstances et en raison de l'absence d'information [...] sur les conditions [...] d'acquisition de la société Adidas ».

* Le Crédit Agricole n'apparaît plus dans le montage final. Tapie affirmera plus tard que « les caisses régionales de la banque verte, alertées par les dirigeants du RPR, ont tout fait pour casser l'opération ». Parce qu'elles « ont mesuré l'intérêt pour un député de la majorité présidentielle de racheter l'un des deux gros symboles de l'Allemagne ».

En dépit des pressions gouvernementales, Tapie fait chou blanc. Certes, à la date prévue, il aura l'argent. Mais alors qu'il souhaitait financer la moitié de l'achat par des apports en fonds propres (qui ne coûtent rien) et par des prêts à long terme (qui permettent de voir venir), il n'a pu obtenir qu'un prêt à court terme de 1,6 milliard de francs avec la SDBO, les AGF et la BNP pour chefs de file. Trois sociétés nationalisées. Il y a aussi des banques étrangères, que Tapie, bien sûr, met en avant *. Mais leur engagement est garanti par les banques françaises. Et comme elles ont obtenu des taux d'intérêt supérieurs à 11 %, l'opération est pour elles sans risque. Même un cheval aurait souscrit.

« Si Adidas n'est pas payé trop cher, le montage financier mis au point à base d'emprunts est en revanche difficile à supporter pour l'acquéreur car les charges de remboursement sont considérables, notera le rapport d'enquête parlementaire sur le Crédit Lyonnais. A partir du rachat d'Adidas, les crédits aux sociétés du Groupe Bernard Tapie relèvent plus du crédit de notoriété que d'analyses financières [...] ce qui étonne d'ailleurs certains collaborateurs de la SDBO. »

L'affaire Adidas devait être le couronnement de Bernard Tapie en tant qu'industriel. Une négociation parfaite, un prix d'achat dérisoire, tous les ingrédients du succès étaient là. Et pourtant à Rome, devant les journalistes du monde entier, Bernard Tapie a signé sa ruine future. Le flambeur a joué un coup de trop.

* Ce prêt de 1,6 milliard de francs est réparti de la façon suivante :
- SDBO : 550 millions,
- Banque du Phénix (AGF) : 250 millions,
- BNP : 200 millions,
- Banques allemandes (Bayerische et Hypobank) : 200 millions,
- Banques japonaises (Bank of Tokyo et Long Term Credit Bank) : 400 millions.

CHAPITRE 7

Les comptes obliques du ballon rond

« Je pars parce que je ne peux plus rester dans ce monde-là. »

Le 29 janvier 1991, au lendemain de sa première suspension de la présidence de l'OM.

« Ce soir, j'ai compris pourquoi nous étions un petit club. On n'a pas trouvé la femme de ménage espagnole de l'arbitre belge (...), lance Bernard Tapie, hors de lui, le soir du 18 avril 1990. Je vous promets que nous allons changer. L'an prochain, quand nous reviendrons, nous saurons comment aborder une coupe d'Europe (...). On n'y gagne pas simplement avec les joueurs. Il faut savoir gérer l'environnement... » Bernard Tapie n'en doute pas : Marcel Van Langhenove, qui vient d'arbitrer la demi-finale de la Coupe d'Europe des clubs champions entre le club portugais de Benfica et l'OM a été payé par l'adversaire. Benfica a éliminé Marseille sur le score de 1 à 0, par un but marqué de la main par Vata, une faute que l'arbitre n'a pas sifflée.

Peut-être l'a-t-il vue, peut-être Tapie avait-il raison. Mais ce soir-là, il a prononcé une phrase malheureuse, qui lui vaudra, pour commencer, un blâme de l'UEFA *. Organisatrice des Coupes d'Europe, l'association européenne des clubs de football estimera qu'il a truqué les bordereaux de la Banque Rothschild de Genève présentés comme des preuves contre l'arbitre. Phrase imprudente aussi. Il y a bien longtemps que le président de l'OM a tout compris des noirs secrets du football. Il est loin le temps où il pouvait, dans son combat à mort contre Claude Bez, le président des Girondins de Bordeaux, accuser « certains dirigeants de club » de tricher et de rémunérer leurs joueurs avec des fonds occultes en faisant mine de ne pas savoir comment : « Je n'ai pas encore bien compris comment les

* Devant les instances du football, quelques mois plus tard, Tapie démentira ces propos, pariant même « un million de francs pour les bonnes œuvres des jeunes footballeurs au chômage » (!) qu'il ne les a jamais tenus...

dirigeants concernés s'y prenaient. Mais un jour, c'est sûr je vais piger le truc. Et on en entendra parler (...). Bez a dit un jour que l'argent chez lui était propre. A moins qu'il ne soit passé auparavant chez la mère Denis, je n'en suis pas aussi sûr que lui [1]. »

Gérer l'environnement. Après le coup de Benfica, Tapie attaque. Il recrute de nouveaux joueurs, ainsi que le kaiser Franz Beckenbauer qui vient d'offrir à l'Allemagne une coupe du monde. L'objectif est affiché : impressionner les arbitres. « Ça ne te donne pas un penalty, dit-il, mais avec un type comme lui sur le banc, les arbitres ne peuvent plus faire n'importe quoi. » Mais Franz a trop de personnalité et refuse d'entrer dans certaines combines. Tapie va donc chercher le « sorcier belge » Raymond Goethals, en dépit de son lourd passé, sur lequel la plupart des commentateurs, à l'exception notable de *l'Équipe,* jettent un voile discret. Alors qu'il entraînait le Standard de Liège, il a poussé en 1982 ses hommes à offrir leur prime de match à leurs adversaires du jour pour qu'ils jouent relax : le Standard allait disputer un peu plus tard un match important en Coupe d'Europe et ses joueurs ne devaient pas se fatiguer. Comme ceux de Marseille, onze ans plus tard! Condamné par les juges, radié par la Fédération belge, « Raymond-la-science » s'exile au Portugal, puis en France, à Bordeaux et enfin à... Marseille.

Tapie peut embaucher qui il veut, faire et dire n'importe quoi : il a tout le pays derrière lui. L'élimination injuste de l'OM par Benfica est vécue comme un drame national. Michel Rocard se fend d'un communiqué de soutien. Il s'en faut de peu que l'Élysée et Matignon, pour une fois réunis, ne décrètent le deuil national! Ivre de football, la France refuse de regarder la réalité en face : ce sport devenu universel, qui brasse des milliards, qui draine les foules et hypnotise les hommes politiques, est gangrené par la corruption, la triche et le dopage. Sans parler de l'argent de la drogue, qui s'y investit massivement pour s'y blanchir.

Il faut avoir douze ans, ou bien être aveugle, pour ne pas voir dans quel état certains joueurs, parmi les plus célèbres, les yeux comme des soucoupes et la bave aux lèvres, sortent du terrain avant la fin de certains matchs, pour échapper à un possible contrôle anti-dopage. Des brutalités gratuites, des comportements irrationnels, ont souvent une origine... chimique. A l'inverse, avec des seringues, on injecte parfois des produits assoupissants dans les rafraîchissements de l'équipe adverse. Les arbitres s'achètent, comme les joueurs, voire parfois leurs dirigeants. En France, plusieurs présidents de club, sous le sceau du secret, vous racontent ouvertement qu'une trentaine de joueurs de première division (sur un millier) sont totalement corrompus : ils touchent des primes pour perdre aussi benoîtement que pour gagner. On connaît leurs noms et leurs tarifs. La corruption est encore plus forte – parce que ses effets sont moins visibles – pour les petits matchs ou bien lorsqu'il s'agit d'éviter la descente aux enfers en deuxième division.

La formule du Championnat se prête idéalement aux transactions occultes puisqu'en fin de saison les enjeux sont déséquilibrés : les équipes qui ont une chance de terminer parmi les premières (elles disputeront l'année suivante une lucrative coupe d'Europe) et celles en queue de peloton (elles risquent la relégation en D2) sont confrontées à des formations de milieu de tableau, qui n'ont rien à perdre, ni rien à gagner. Sinon de l'argent, de la main à la main. Alors, on s'arrange, avec ces clubs, avec les arbitres, ou plus souvent directement avec des joueurs. Dans ce petit jeu sordide, on ne peut même pas dire, cyniquement, que les excès s'annulent. Car les clubs et les joueurs propres sont handicapés.

Pour les grands matchs européens, on sort les grands moyens. L'exemple de Bordeaux, qui a dominé le football français avant l'OM, est éclairant. Lancée à l'occasion de l'instruction sur les malversations de son président, Claude Bez, une enquête, entamée en décembre 1990, a été résumée dans un rapport confidentiel, révélé par Hervé Gattegno [2]. Il en ressort qu'à l'occasion des matchs importants, de grosses sommes d'argent ont été extraites des caisses pour « frais d'organisation de Coupe d'Europe » *. Didier Couécou, ancien manager des Girondins, affirmera aux enquêteurs « qu'à l'occasion de certains matchs de Coupe d'Europe, dans les heures qui précédaient le match, il était opéré un retrait d'espèces (...) et la somme était déposée dans le bureau du président. Nous n'ignorions pas que les fonds étaient destinés aux arbitres (...). Les montants variaient entre 200 000 et 500 000 F par match concerné. Cette pratique (...) était fonction de la valeur de l'équipe rencontrée et du niveau d'éliminatoire ». Devant le juge Bernadette Pragout, Couécou précisera : « Cette pratique d'achat d'arbitres est (...) générale dans le milieu du foot et dans ce genre de compétitions. »

A Bordeaux, Ljubo Barin, un intermédiaire croate, achète les arbitres, qui s'affichent avec des jeunes femmes dont la distinction laisse parfois à désirer. « Ce sont des hommes et ils voulaient baiser, alors Barin s'en est occupé, reconnaîtra d'ailleurs délicatement Claude Bez. En Coupe d'Europe, cela nous est arrivé cinq ou six fois d'agir de la sorte. Barin faisait venir les putes de Paris et s'occupait de tout. Du champagne, du règlement. On en faisait toujours venir quatre pour qu'il n'y ait

* Le 19 septembre 1984, les Girondins reçoivent Bilbao : 330 000 F sortent des caisses en liquide. Le 24 octobre 1984, Bordeaux accueille Bucarest : les 310 000 F envolés sont sortis avec la mention : « rémunérations occultes ». Le 6 mars 1985, match contre Dniepropetrosk (Ukraine) : les retraits atteignent 376 650 F. Le 24 avril 1985, demi-finale de Coupe contre la Juve (Turin) : 617 146 F sont retirés en une semaine. Idem avec Istanbul, Moscou, Leipzig et Naples. Cependant Claude Bez n'aurait, lui, jamais accepté de payer un centime pour un match de championnat de France. Il existait, jusqu'au moment de l'arrivée de Tapie dans le milieu, un consensus sur le thème : « On ferme les yeux pour les compétitions internationales mais on ne touche pas au football français. » La rupture de ce consensus déclenchera la querelle entre le président des Girondins et celui de l'OM.

pas de jaloux. Barin faisait même la fête avec eux. Mais c'est comme ça partout [3]... »

A l'OM, comme à Bordeaux, « Ljubo Barin s'occupait des arbitres, reconnaîtra plus tard Alain Laroche, le directeur financier de l'OM, aux policiers qui l'interrogent. Je m'étais étonné qu'on le règle en espèces ».

A l'OM, comme à Bordeaux? Il y a pourtant une énorme différence. Claude Bez, Rolland Courbis (Toulon) ou François Yvinec (Brest-Armorique) iront en prison, Tapie sera ministre. Sous les trois gouvernements socialistes du deuxième septennat de François Mitterrand, la justice comme les instances du football vont faire preuve, vis-à-vis de l'OM et de Tapie lui-même, d'une bienveillance surprenante, contrairement à ce qu'il cherchera à faire croire par la suite.

Car, à ce petit jeu de l'influence et des matchs arrangés, le palmarès de Marseille vaut bien celui de Bordeaux. A partir de la saison 1989-1990, commencent les mauvaises rumeurs de vestiaires. Des joueurs de Bordeaux (Sénac), de Brest (Cabanas) et de Caen (Montanier) se plaignent d'avoir été approchés pour « ne pas jouer sur leur valeur ». Nouvelle alerte en mai 1989. En battant Auxerre, l'OM devient champion de France car, en même temps, le PSG, qui lui dispute le titre, a fait match nul avec Lens. Or, des joueurs lensois auraient touché des primes spéciales pour se défoncer. L'attaquant parisien Susic est resté sur la touche. La semaine précédente, match décisif : l'OM avait battu le PSG. Or Susic et Ivic, l'entraîneur parisien, avaient été approchés par l'OM pour un éventuel transfert...

Des histoires comme celle-là, on en entendra tout au long de l'année 1990 *. A chaque fois, les protagonistes reconnaissent qu'un contact a bien eu lieu ou qu'une proposition a été lancée, mais qu'il s'agissait d'une plaisanterie sans conséquence. Une ligne de défense simple qui, un jour pourtant, explosera. Tapie a beau jeu de dire que ces rumeurs sont colportées par Claude Bez et qu'elles ne reposent sur rien. Aucune de ces présumées affaires de corruption, qui avaient défrayé la chronique en

---

* En mars 1990, le président de Brest-Armorique accuse Tapie d'avoir tenté d'approcher le Paraguayen Cabanas pour qu'il simule une blessure au début de la partie en échange d'une enveloppe. En mai, avant un match avec Caen, le directeur général de l'OM aurait téléphoné à Jean-François Domergue, directeur sportif, pour qu'il conseille à son gardien Philippe Montanier « d'être un peu moins bon que d'habitude ». Toujours en 1990, à l'issue du match OM-Poznan en huitième de finale retour de Coupe des champions où les Polonais avaient été battus par 6 à 1, ceux-ci affirmeront que, victorieux à l'aller, leurs joueurs avaient été drogués en buvant du jus d'orange. Le 15 décembre 1991, après un OM-Rennes, les Bretons affirment que deux de leurs joueurs (Baltazar et le gardien Rousseau) avaient bu « du jus d'orange suspect dans leur hôtel ». Au point qu'ils s'étaient endormis pendant le déplacement entre Marseille et l'aéroport et qu'au retour à Rennes, Baltazar avait été victime d'un accident de voiture!

leur temps, ne donnera lieu à l'ouverture d'une information judiciaire. Et pourtant...

Dix jours après la demi-finale OM-Benfica, où il a dit qu'on ne l'y reprendrait plus, Bernard Tapie met en œuvre ses bonnes résolutions, en s'occupant sérieusement de « l'environnement ». L'OM et Bordeaux, le club honni, sont au coude à coude pour le titre de champion de France. Ce 28 avril, les résultats de deux matchs seront décisifs. Le premier oppose Bordeaux à Nantes, un club qui connaît la musique. Pour Nantes, le match est sans enjeu. Or c'est le moment que choisit l'entraîneur de ce club, Miroslav Blazevic, pour offrir à ses joueurs une forte prime de victoire. De sa poche, comme il l'a dit? Bien sûr que non. Par qui? A cette époque, Blazevic touche de l'argent en Suisse que lui verse l'OM! L'autre match oppose l'OM à Saint-Étienne. Les dirigeants stéphanois affirment que les Marseillais ont contacté Laurent Fournier, défenseur des Verts, pour qu'il lève le pied, en lui assurant qu'il serait transféré à l'OM, ce qui sera d'ailleurs fait deux mois plus tard. Cette accusation est « confirmée » par l'enregistrement – bien entendu illégal – d'une conversation entre Tapie et son secrétaire général, Jean-Pierre Bernès, que Claude Bez détient et transmet aux instances nationales du football. *Le Canard enchaîné* dévoile le contenu de cette conversation où Tapie explique à Bernès comment convaincre le joueur de Saint-Étienne : « Faut lui dire... arrête... putain! T'es avec nous, ça y est, t'as signé. Fais pas le con! Nous fais pas chier, ton club, en plus, il se bat pour rien. » Tapie crie à la manipulation : « J'accuse les RG de Marseille d'avoir trafiqué ma conversation. Laurent Fournier, à cette date-là, n'avait pas encore signé à l'OM. » Pas signé? Un rapport de la police judiciaire révélera plus tard [4] qu'une somme de 500 000 F a été versée par l'OM à Fournier le jour du match! Toujours le même jour, Alain Migliaccio, imprésario du football français, signe un contrat, postdaté, de transfert de Fournier à l'OM et touche 600 000 F. Le rapport affirmera même que « ces versements par l'OM (...) paraissent avoir d'autres causes que celles du transfert ». Mais à l'époque ce rapport n'existe pas. La Commission nationale de discipline du football (CND) ne retiendra donc pas l'affaire Fournier « faute de témoignages extérieurs ou de preuves matérielles objectivement irréfutables ». Mais elle condamnera cependant Bernard Tapie, le 28 janvier 1991, pour « manquements graves à la morale sportive » et pour ses propos « injurieux à l'égard d'arbitres, avec menaces verbales et tentatives d'intimidation » ainsi qu'à un an de suspension de licence (dont quatre mois avec sursis).

Tapie, qui s'attendait à un simple blâme, reçoit la foudre sur la tête. Il annonce son départ de l'OM, et se répand, dès le lendemain matin, sur toutes les chaînes de télévision, qualifiant cette sanction, finalement bénigne, au regard des fautes commises, de « règlement de comptes » dont il se dit « victime ». D'un signe, le docile Jean-Pierre Papin a compris ce qu'on attendait de lui. Tapie a fait de lui un grand buteur sur le terrain et un grand rapporteur dans les vestiaires. Il appelle le patron pour lui dire que « tant que les suspensions seraient maintenues, tous les footballeurs marseillais feraient grève à compter de cet après-midi ». Papin le « jaune » en grève, sans demander l'avis de quiconque, sauf du boss ! Rameutés par les costauds en costard du bar le Skating, un groupe de supporters rémunérés va manifester son soutien à Tapie au siège du club ainsi qu'à la préfecture. La ficelle est énorme, mais la France s'affole : sans les joueurs marseillais, la qualification pour la phase finale de la Coupe d'Europe est compromise. Matignon, une nouvelle fois, monte au créneau. Jean-Paul Huchon, directeur de cabinet de Rocard et habitué de la loge 51 au Stade vélodrome, que l'on a connu plus prudent, assure que « Tapie bénéficie du soutien attentif et normal du gouvernement correspondant à un député de la majorité présidentielle ». Le soufflé retombera très vite. Tapie ne respectera même pas la sanction qui lui a été infligée. Quelques semaines plus tard, on le verra sur le banc de touche, sans qu'aucune instance du football ne lui dise quoi que ce soit. On le verra même beaucoup, puisque cette année-là l'OM gagne le Championnat, est finaliste de la Coupe, au Parc des Princes, en présence du chef de l'État et ira jouer à Bari sa première finale de la Coupe d'Europe des clubs champions !

A Bari où l'OM perdra contre l'Étoile Rouge de Belgrade. A Bari où pourtant le système Tapie atteindra son paroxysme. « La foule habituelle, chic et de gauche, nous a suivis (...) avec des ministres comme s'il en pleuvait [5] », raconte Basile Boli. Michel Rocard, qui vient de quitter Matignon, est là. Tout comme Frédérique Bredin, nouveau ministre des Sports, qui viendra importuner les joueurs avant le match. Une faune, parisienne et branchée, est venue dans une nuée d'avions spéciaux pour être vue autant que pour voir. Les ministres côtoient les journalistes en vogue, mais aussi des personnages plus secrets. Dans l'avion du patron, par exemple, a pris place Paul Bénatar, le caïd qui suit Tapie depuis le « Grand Dépôt », de plus en plus présent à mesure que le député de Marseille accroît son influence politique. Paul Bénatar, désormais, a même une fonction officielle auprès de Tapie, puisqu'il contrôle en sous-main la Boutique de l'OM, très lucrative filiale qui commercialise les « colifichets », c'est-à-dire les écharpes, les maillots et autres gadgets bleu et blanc vendus aux supporters.

Tout cela coûte évidemment très cher, mais personne ne s'en préoccupe. Pourtant, le 4 février 1991, une semaine après la sanction de Tapie, Denis Trossero a publié dans *le Méridional* une pleine page sur les comptes de l'OM qui révèle la situation financière très dégradée du premier et du plus « riche » des clubs français : ses dettes s'élèvent alors à 335 millions de francs. La situation nette du club est négative de 50 millions. L'article montre que Tapie n'affiche des résultats bénéficiaires qu'en surévaluant, dans le bilan, la valeur de certains joueurs. Chris Waddle y pèse 43 millions de francs (il sera revendu moins de la moitié). Bien qu'il soit en fin de carrière, Manuel Amoros « vaut » 17 millions. La veille, à 18 heures, Michel Bassi a reçu un coup de fil de Tapie :

– Je t'interdis de publier cela.

– Mais tu es fou? Au nom de quoi?

– Écoute, tu ne sais pas ce qui va t'arriver. Je vais boycotter ton journal. Moi aussi je vais publier les comptes du *Méridional*. Tout le monde saura que tu es un mauvais directeur. Je vais te dénoncer partout. Méfie-toi.

– Arrête, Bernard, tout cela n'a pas de sens.

Le *Provençal*, qui partage le même immeuble et la même imprimerie que le *Méridional*, publiera le démenti de l'OM le jour même où l'information paraîtra chez son concurrent! Tapie sait heure par heure ce qui se passe dans les journaux marseillais. Ce coup de projecteur sur la face cachée de l'OM tombe au plus mauvais moment, car le club fait l'objet d'une enquête de la brigade financière qui a pris une bien mauvaise tournure. Des documents comptables saisis par le SRPJ de Marseille prouvent qu'au cours de l'exercice 1989-1990, l'OM a versé plus de 10,6 millions de francs à des « intermédiaires » agissant sous couvert de sociétés étrangères *. Toute la panoplie des escroqueries possibles a été identifiée : versements sur des comptes en Suisse, sorties illicites de fonds, matchs bidons, prêts fictifs pour rémunérer les joueurs sans payer de charges et sans qu'ils payent d'impôts.

Bernard Tapie, curieusement, est à l'origine de ces enquêtes. Le 27 mars 1990, le président de l'OM se rend chez Michel Charasse, ministre du Budget, homme lige de François Mitterrand, avec un gros dossier sous le bras dressant toute la panoplie des pratiques délictueuses et faisant le point sur l'enrichissement personnel des présidents de clubs. Il apporte même un enregistrement réalisé par Jean-Pierre Bernès où le numéro deux de l'OM, dans son bureau, a fait parler Ljubo Barin qui lui a expliqué en détail comment il permettait à Claude Bez et aux dirigeants de Bordeaux de toucher de l'argent. Tapie a demandé un rendez-vous à Charasse :

* En règlement d'un contrat passé le 17 octobre 1989, l'OM verse 420 000 F sur le compte en Suisse de la société First Erben AG pour « l'organisation de matchs amicaux » avec les Glasgow Rangers et Liverpool, matchs qui n'ont jamais eu lieu. Ce compte avait été ouvert à la demande de Miroslav Blazevic (alors entraîneur de Nantes). Le même jour, l'OM a viré une somme de 455 136 francs suisses sur un compte de l'Union de banques suisses de Genève au profit de la société panaméenne Euroservices. Représentée par l'homme d'affaires grec Spiro Karagiorgis, cette société aurait fourni, selon Jean-Pierre Bernès, un « support logistique » en Coupe d'Europe : « bien introduit dans les milieux de l'Union européenne de football », Karagiorgis aurait été « susceptible de donner des renseignements sur les adversaires de l'OM ».

– Il faut que je t'explique le dessous des cartes.

Tapie-la-balance n'hésite jamais à dénoncer ses petits camarades, surtout lorsque c'est lui le fautif. Cette fois-ci, il ira même s'en vanter : « J'ai rendu le dossier public (...) dit-il, mais je n'ai donné aucun nom [6]. » Ce que Charasse confirme, en dépit de l'invraisemblance du propos. D'abord, Tapie a livré celui de Jean-Luc Lagardère. En plus des autres... A cette époque Tapie et Bez se traitaient réciproquement de « Dupont-la-joie » et de « charognards », termes finalement bien choisis. On ne voit guère pourquoi Tapie aurait fait preuve d'une quelconque retenue vis-à-vis de Claude Bez, l'homme à abattre et l'ennemi politique.

L'année suivante, Tapie préviendra d'ailleurs Charasse de la présence de Barin, avec des valises, au Novotel de Bordeaux. Les douanes feront une planque, mais Barin ne viendra jamais. Sans doute Bez l'avait-il prévenu. Ce dernier sera peu de temps après inculpé de fraude fiscale et chassé de la présidence des Girondins, relégués en deuxième division. Avant d'être incarcéré. Contestable dans son principe, la visite de Tapie à Charasse est inouïe, puisque le président de l'OM, à cette époque, pratique à grande échelle ce qu'il vient dénoncer, comme le prouvera la suite des enquêtes. Sans doute Tapie était-il si sûr de ses protections qu'il pensait pouvoir faire tomber Bez sans être lui-même éclaboussé. Mais peut-être assiste-t-on là au premier symptôme du mal qu'a décrit Elio Petri dans son *Enquête sur un citoyen au-dessus de tout soupçon* où un commissaire fasciste commet des exactions, en laissant délibérément des preuves qui l'accusent, pour voir jusqu'où ira son impunité. Une perversion fréquente chez les puissants et dont François Mitterrand, par exemple, a longtemps joué avec délectation.

La délation de Tapie ne va pas tarder à lui revenir comme un boomerang en pleine figure. Car, au même moment, éclate l'affaire de Toulon. Le flamboyant Rolland Courbis, proche du Milieu, qui cumulait les fonctions de directeur sportif, d'entraîneur du Sporting club et d'imprésario, soupçonné de piquer l'argent dans la caisse pour aller le jouer au casino avec sa maîtresse, la comtesse italienne Maria-Luisa Rizzoli, est placé en détention préventive. Les enquêteurs découvrent des imprésarios bidons, des fausses factures et de l'argent versé sur un compte du Crédit Lyonnais de Monaco, qui était immédiatement sorti en liquide par les joueurs. Courbis est aussi proche de Tapie que Toulon l'est de l'OM. C'est ainsi que les enquêteurs découvrent un « prêt » de 2 millions accordé par l'OM au Sporting quelques mois après qu'il l'a sévèrement battu. Ils vont donc s'intéresser à l'OM.

Tapie semble inconscient de ce qui l'attend. « C'est fabuleux ce qui se passe, dit-il le 17 novembre, avant de s'envoler pour le Japon. Je suis surpris que personne n'analyse la portée de ce qui se passe [7]. » Deux jours plus tard, les policiers déboulent à l'entraînement de l'OM et emmènent « les Corses » de la bande à Courbis : Bernard Pardo (qui sera plus tard incarcéré pour détention de cocaïne), Bernard Casoni et Pascal Olmetta. Le lendemain, les policiers perquisitionnent les locaux de l'OM et placent en garde à vue, pendant 48 heures, le directeur général Jean-Pierre Bernès et le directeur financier Alain Laroche. Et ceux-ci crachent le morceau, les dessous de table, les prêts fictifs, les versements à l'étranger. Hervé Gattegno révélera plus tard le détail et l'ampleur des détournements [8]. Les sommes distraites du circuit sont si élevées qu'on a peine à croire qu'elles ne servent qu'à payer des arbitres et certains joueurs. L'argent sorti ne reviendrait-il pas, via des comptes suisses ou exotiques, dans les poches des dirigeants?

Cette mise en cause de Tapie, à travers l'OM, fait l'effet d'une bombe. Tout l'appareil d'État socialiste va se mettre en branle pour protéger le futur ministre. Le 25 novembre, alors que Bernès et Laroche sont de nouveau convoqués à l'Évêché (hôtel de police de Marseille), le Premier ministre fait publier un communiqué qui « assure Bernard Tapie du soutien attentif et total, tant de l'Élysée que de Matignon ». Chauffés à blanc après la mise à pied de leur collègue Antoine Gaudino, qui enquêtait sur l'affaire Urba (financement occulte du PS), les inspecteurs ne cèdent pas : ils obtiennent d'entendre Bernard Tapie, mais sur son terrain, dans une chambre du Sofitel, le 22 avril. Il s'en sort par une pirouette : « Si on m'avait entendu avant, il y aurait moins de suppositions. » Un peu plus, Tapie reprocherait à la justice de traîner les pieds!

Tout sera pourtant fait pour enterrer ce dossier brûlant. Dans le cadre d'une enquête préliminaire, les policiers n'ont pu effectuer de vérifications à l'étranger. Il faudrait ouvrir une information judiciaire, après commission rogatoire délivrée par un magistrat instructeur. La Chancellerie s'y refuse. C'est alors que le procureur, Olivier Dropet, adresse à ses supérieurs un rapport de quatre pages dans lequel il affirme que « les délits de faux et d'usage de faux paraissent d'ores et déjà établis (...) L'existence du délit d'abus de confiance (...) ne pourra que résulter d'investigations menées sur la destination véritable des sommes versées à des intermédiaires ». Dropet propose, dans son réquisitoire supplétif, de qualifier Tapie d'auteur principal, Bernès et Laroche de complices, puis conclut : « Sauf instructions écrites contraires de votre part, je requerrai l'ouverture d'une information dès la fin de la session extraordinaire du Parlement. »

Frank Terrier, directeur des Affaires criminelles et des grâces, avertit Henri Nallet « qu'un gros pépin se prépare sur l'OM ». Le ministre de la Justice ne sait que faire, alors que le patron d'Adidas – qui sollicite au même moment l'appui des banques nationales pour payer sa première échéance – négocie la tête de liste aux élections régionales pour la région Provence-Alpes-Côte d'Azur. Nallet a déjà été mis en pièces dans l'opinion par son traitement de l'affaire Urba. Timidement, il propose de poursuivre Tapie. C'est immédiatement une levée de boucliers.

Bianco à l'Élysée, Charasse au Budget, Fabius au PS lui affirment qu'il ne s'agit que de reproches fiscaux et qu'il faut laisser tomber. Même Basile Boli, que Nallet, élu bourguignon, a connu à Auxerre, lui dit qu'il s'est passé des choses bien pires au Matra-Racing. Alors Nallet botte en touche, en affirmant que « tous les procureurs doivent enquêter sur les clubs de première division ». Histoire de gagner du temps pour laisser passer les élections régionales. Tapie, qui croyait que l'affaire allait être classée, est fou de rage. Il crie et fait crier au complot politique, parce que Dropet serait RPR. Il menace Fabius : « Dans ces conditions je ne conduirai pas la liste aux régionales. » Il traite Nallet de « garde des Sceaux de merde ». Celui-ci doit se battre contre Frank Terrier... Nallet n'en peut plus. Il délègue courageusement la gestion du dossier à son directeur de cabinet, Jean Nestor qui, pour négocier, ne trouvera rien de mieux que de se rendre personnellement rue des Saints-Pères ! Éberlué par le faste de l'endroit, il « suggère » à Tapie une séance de travail avec Terrier. Tapie ira à la Chancellerie où Nallet, à son tour, sera bluffé par son charisme et le torrent de sympathie qu'il provoque autour de lui *.

Malgré tout, Nallet est jugé trop raide en haut lieu. Aussi Michel Charasse va-t-il lui-même monter au créneau pour sauver le protégé du président. Début 1992, il demande à Henri Nallet de donner des instructions à Dropet et à son procureur général, Claude Salavagione :

– Il faut que tu leur dises qu'il n'est pas bon que seul Marseille soit poursuivi.

– Dis-le-leur toi-même ! avait répondu le garde des Sceaux.

Et voilà Charasse, ministre du... Budget, qui convoque dans son bureau à Bercy les deux procureurs, en l'absence de leur ministre. On croit rêver. Le message est clair :

– En dehors des questions d'enrichissement personnel, je n'accepterai pas qu'on poursuive l'Olympique de Marseille.

– Mais pourquoi?

Charasse va alors faire un cours de cynisme politique aux deux procureurs, qui n'en reviennent pas. Il leur dit qu'ils devront, dans ce cas, poursuivre tous les autres clubs de première division de la région PACA, Toulon, Martigues, Nice, Cannes, Montpellier, « avec les conséquences politiques qu'on imagine ». Il leur rappelle que, sur les mêmes faits, le procureur de Paris avait refusé de perquisitionner au Matra-Racing. Leur

---

* Bernard Tapie et Henri Nallet ont un ami commun : Jean-Louis Croquet, patron de Motivaction. Ce self-made-man, fils du concierge d'une grande maison bourgeoise à Versailles, n'a eu de cesse de faire fortune jusqu'à pouvoir la racheter, et y habiter. Croquet a eu la chance de revendre au Crédit Agricole de l'Yonne – département dont Henri Nallet est élu – l'institut de sondage BVA, trois fois plus cher qu'il ne l'avait acheté. Croquet s'est occupé des sondages de l'émission *Ambitions* de Tapie, en 1986.

assure qu'ils seront attaqués, qu'il y aura une amnistie et que la moralité publique se retrouvera « le cul dans l'eau ». Pour Charasse, le public « se fout de ce genre de magouilles ». Lui, déteste le football et méprise les supporters : les « zozos des stades », dit-il aux procureurs, se moquent pas mal de la façon dont on paye les joueurs, « du moment que les matchs ne sont pas truqués. Les Français ne souhaitent qu'une seule chose : gagner ! »

C'est ainsi que l'affaire fut enterrée. Et Tapie sauvé.

CHAPITRE 8

Ici, on va épater la France!

« Jean-Marie Le Pen, c'est l'incarnation du fascisme. »

A TF1, septembre 1991.

– Bonjour, madame. Vous vendez de ravissants dessous en dentelle! Comment marchent les affaires par ici?

– Oh, pas trop mal. On se débrouille.

– Très bien. Voilà enfin quelqu'un de positif! Dommage que les petits commerçants ne soient pas tous comme vous. J'ai rencontré tellement de râleurs qui votent Front national!

– Vous savez, monsieur Tapie, le Front national, ce n'est pas mon truc. Dans ma famille, on a toujours été de gauche.

– Bravo! Tenez, pour la peine je vous embrasse. Et puis, je vous prends une petite culotte pour ma femme. Celle-là, la rouge.

Bernard Tapie sort du magasin de lingerie, brandit fièrement sa petite culotte et lance à Élisabeth Guigou, qui l'accompagne :

– Regarde, Élisabeth, ce que je viens de t'acheter. Elle est jolie, non?

Élisabeth Guigou a manqué d'air, au milieu d'une foule hilare. Furieuse. Le ministre des Affaires européennes a horreur de ce genre de familiarités. Elle porte volontiers des jupes en cuir et des vestes cintrées, serre ses longs cheveux blonds dans une queue de cheval très stricte et insiste un peu trop sur le maquillage, mais déteste son surnom de « poupée Barbie ». Elle est énarque, intellectuelle, ministre et ex-conseillère du président. Tapie n'en a cure : il l'a traitée comme une grue. Et a mis tous les rieurs de son côté. Il est ravi. Il adore faire rougir les femmes, surtout quand elles sont haut placées et cul serré. C'est comme ça qu'il maintient le rapport de forces en sa faveur.

– Ah bon, tu n'en veux pas de ma petite culotte?

Il l'enfourne aussitôt dans la poche de sa veste. Et la lui sortira, à la moindre occasion, tout au long de la campagne, avec des clins d'œil appuyés. Jusqu'à ce qu'elle en rigole elle aussi. Exit alors la petite culotte rouge. C'est Tapie qui décide et personne d'autre. En ce mois de mars

1992, les socialistes en campagne avec Bernard Tapie * pour les élections régionales en Provence-Alpes-Côte d'Azur (PACA) vont en voir de toutes les couleurs. Mais aussi réapprendre le B-A-BA de leur métier. Finis les meetings électoraux traditionnels !

A Digne, Tapie est en compagnie de Jean-Louis Bianco, ministre des Affaires sociales. Il entre dans un magasin de vêtements dont on lui a dit que la propriétaire est membre du Front national. Le magasin est entièrement vide. Cela ne l'empêche pas d'y passer un bon quart d'heure, en la seule présence de Bianco et de la groupie du Front, à démolir Jean-Marie Le Pen. Pour le seul plaisir de la convaincre et peut-être pour se roder devant des auditoires plus nombreux... Le lendemain, il est cette fois en terrain conquis. Il discute le coup, au bar d'un café, avec des électeurs qui lui sont favorables.

– C'est dommage que Mireille ne soit pas là. Elle vous admire tant, lance quelqu'un.

– Passe-moi le téléphone, on l'appelle.

Et voilà Bernard Tapie devant l'assemblée, en train de composer le numéro de la belle inconnue.

– Allô, Mireille ? C'est Bernard.

– Bernard ?

– Ben, Bernard Tapie. Venez nous rejoindre au café. On vous attend.

Devant sa pile de linge à repasser, Mireille manque de s'évanouir. Tapie raccroche et s'assied tranquillement à une table. Il attendra effectivement un quart d'heure que Mireille arrive. Juste pour l'embrasser.

Les candidats socialistes se souviendront longtemps de cette campagne avec Tapie. Et encore ont-ils évité le pire. Sous prétexte que « la vie politique est un cirque », le fantasque conseiller en communication de Bernard Tapie, Jacques Séguéla, avait eu l'idée de faire tourner un vrai cirque, avec des clowns, des lions et des voltigeurs, qui auraient suivi les candidats dans tous leurs meetings. Bianco et Guigou, les deux ministres en exercice, l'en ont empêché, affolés par le coût de cette idée saugrenue et l'image qu'elle risquait de donner d'eux-mêmes et du gouvernement... Il avait fallu qu'ils se mettent à plusieurs pour dissuader le couple Tapie-Séguéla de choisir comme slogan, décliné sur les affiches de tous les candidats : « Ici, on va épater la France. » Trouvant la formule trop familière, les politiques de la bande s'y étaient opposés. Bianco s'était battu comme un lion. Magnanime, Tapie avait finalement transigé sur : « Ici, on va étonner la France. » Autant dire qu'il n'avait rien lâché. Entre le style Tapie et celui de la gauche traditionnelle, il y a un gouffre. Alors qu'il s'était jusque-là toujours présenté seul, sous sa propre bannière, devant les électeurs, Bernard Tapie

* Bernard Tapie est tête de liste dans les Bouches-du-Rhône, Élisabeth Guigou dans le Vaucluse, Jean-Louis Bianco dans les Alpes-de-Haute-Provence, Michel Vauzelle dans les Hautes-Alpes, Léon Schwartzenberg dans les Alpes-Maritimes et Daniel Hechter dans le Var.

a pour la première fois obtenu l'investiture officielle du Parti socialiste pour se lancer dans la course à la présidence de la région. Laurent Fabius l'a même intronisé personnellement une année plus tôt, au mois de mars 1991, en déclarant au micro de France Inter : « J'encourage la candidature de Bernard Tapie en région PACA. » Pourquoi cette investiture, alors qu'il n'apprécie notoirement ni les méthodes ni le personnage Tapie? Lorsqu'il était ministre de l'Industrie puis Premier ministre, il avait demandé à son directeur de cabinet de faire barrage. Puis il avait écarté Tapie du dossier Boussac, préférant l'attribuer à Bernard Arnault. Dauphin désigné du chef de l'État, Fabius est agacé des indulgences de Mitterrand vis-à-vis de Bernard Tapie qu'il a très tôt repéré comme un concurrent, un présidentiable, plus populaire et à peine plus âgé que lui. Mais, fin 1991, Fabius n'a plus le choix. La gauche est en perte de vitesse. Elle ne préside que deux régions (Nord-Pas-de-Calais et Limousin) et risque un nouveau revers électoral. A Marseille, tous les socialistes pensent que seuls, au sein de la gauche désunie, Robert Vigouroux et Bernard Tapie sont en mesure de l'emporter. Or, depuis son élection à la mairie en 1989, Vigouroux a été exclu du PS et a pris des libertés envers son parti d'origine. Par l'entremise de son adjoint, Jacques Roccaserra, il a même tenté d'approcher Jean-Claude Gaudin, le leader de la droite qui s'était allié au Front national pour remporter la présidence de la région, en 1986. Tapie est donc le seul candidat possible. D'autant que l'OM est en route pour la gloire. Le club de football a décroché, cette année-là, son troisième titre consécutif de champion de France. Pierre Mauroy, chargé de réconcilier les courants pense, comme les autres, que Bernard Tapie est le seul capable de recoller la gauche en miettes. Premier secrétaire du PS, il descend du train, à Marseille, en cette fin 1991. Sur le quai, Charles-Émile Loo l'attend. Milou a les larmes aux yeux de revoir Pierre Mauroy, son vieux compagnon de route. Il espère la fin de la lutte fratricide. Il n'est pas le seul. Un journaliste du *Provençal* se précipite sur Pierre Mauroy : « Êtes-vous favorable à une tête de liste Tapie aux prochaines législatives? »

Dans la salle des fêtes réquisitionnée pour l'occasion, tous les hiérarques locaux du Parti socialiste sont présents. Il y a là Lucien Weygand, la tête à penser locale, François Bernardini, le général de campagne. Ils sont tous d'accord : Tapie doit conduire la liste. Le deal entre eux est tacite : une fois élu, Tapie laissera aux caciques locaux les mains libres sur la région. Chacun y trouvera son compte. Emporté par la ferveur de son discours, Pierre Mauroy se laisse aller : « Ce qui est bon pour l'OM est bon pour la France. Tapie est le meilleur candidat que nous puissions avoir pour gagner la région PACA. »

Voilà donc Bernard Tapie confirmé dans sa candidature aux élections régionales qu'il avait annoncée lui-même, le 27 juin 1991, lors d'un journal de Guillaume Durand sur La Cinq. Mais le soutien du Parti socialiste, dont les scores électoraux s'effondrent, n'est plus un viatique. Tapie estime que sa seule chance est d'être soutenu par le PS, tout en s'en démarquant. Sa liste s'appellera donc Énergie Sud. Il veut garder la haute main sur le choix des candidats présentables dans les six départements (Bouches-du-Rhône, Alpes-Maritimes, Var, Vaucluse, Alpes-de-Haute-Provence et Hautes-Alpes) de la région. Bianco et Guigou, les deux jeunots que le président garde en joker, figurent déjà en bonne place. Le professeur Léon Schwartzenberg est appelé à la rescousse pour les Alpes-Maritimes. Mais dans le Var, l'avocat Paul Lombard se désiste.

A cette tuile s'ajoute la conviction de Bernard Tapie qu'il doit élargir son assise électorale. Il va donc ratisser extrêmement large, aussi bien en direction de l'UDF, que du Parti communiste et même du Front national. Ce qui se révélera lourd de conséquences lorsque son nom figurera, début 1994, sur la lettre laissée par le député Yann Piat, après son assassinat.

Yann Piat est la filleule de Jean-Marie Le Pen. Elle a longtemps milité au Front national dont elle a été, en 1988, le seul député réélu. Mais elle a quitté le Front pour rejoindre les rangs de l'UDF. Implantée dans le Var, elle entre en conflit avec le Milieu local que Jean-Louis Fargette continue de contrôler depuis l'Italie où il a dû s'exiler, avant d'être assassiné en mars 1993. Pour contrer les appétits du Milieu varois, Yann Piat aurait été conduite à demander la protection de certains gros bras marseillais. Mais eux-mêmes étaient infiltrés par les amis de Fargette. A son insu, elle a donc été vue, au mois de janvier 1992, en train de déjeuner au Palm Beach à Marseille avec Daniel Savastano, un repris de justice du clan de Francis le Belge mais en même temps notoirement lié à Fargette. Une année plus tard Savastono, caïd à la fois proche de Tapie et du Milieu varois, tentera de proposer à plusieurs journalistes régionaux et parisiens des informations compromettantes pour Yann Piat. Étant donné le pedigree du pourvoyeur des informations, tous les journalistes contactés refuseront d'en faire état.

Tapie, qui sait que Yann Piat cherche à s'émanciper, lui propose de conduire sa liste Énergie Sud dans le Var, pour les élections régionales. Yann Piat est vulnérable : elle est lourdement endettée, l'une de ses filles est toxico. Elle oppose pourtant à Tapie un refus sans appel. Daniel Savastano et les gros bras de Tapie menacent. Yann Piat prend peur. Se souvenant de cet épisode, quelque temps avant son assassinat, elle écrira le nom de Tapie parmi ceux qu'elle désigne à la justice au cas où il lui arriverait malheur *. Tapie avait songé à Bernard Kouchner, mais c'est finalement

* La lettre que Yann Piat a confiée à son notaire le 22 janvier 1992, pendant la campagne pour les élections régionales, comporte cinq noms : « Arreckx, Tapie, Farget *(sic)*, Savastano, Barrau. » Yann Piat conseille de les interroger « dans le cas où je viendrais à disparaître dans des conditions suspectes ». Elle entretient avec eux, dit-elle, des « relations politiques forcées ». Maurice Arreckx, président du Conseil général du Var, sera incarcéré en août 1994; Fargette sera assassiné avant Yann Piat. Jean-François Barrau est vice-président de la Chambre de commerce et d'industrie du Var, membre influent de l'Union patronale.

Daniel Hechter qui mènera la fameuse liste du Var. Pilier de Saint-Tropez, copain de Johnny, d'Eddie Barclay et de toutes les vedettes de show-biz, le couturier, ancien président du Paris-Saint-Germain et du Racing club de Strasbourg, avait organisé plusieurs dîners à Nice et dans le Var, avec des chanteurs et des journalistes parisiens. Thème unique : comment faire barrage à Jean-Marie Le Pen et au Front national. Un jour, Hechter se fâche devant Pierre Bénichou (*Le Nouvel Observateur*) et le chanteur Patrick Bruel :

– Vous parlez, mais personne ne fait rien!

– Que veux-tu que l'on fasse? On chante, on écrit. Et toi, qu'est-ce que tu fais?

Tapie a eu vent de cette discussion. Il appelle Hechter : « J'ai besoin de toi. Tu es la tête de liste qu'il nous faut dans le Var. On ne peut pas laisser Arreckx continuer comme ça ». Daniel Hechter, que la politique démange depuis des lustres, se laisse convaincre..., tout en affirmant bien haut : « Si Brice Lalonde ou François Léotard m'avaient demandé d'y aller, j'y aurais été aussi. » Le couturier constituera avec Tapie une liste très show-biz, avec Mylène Demongeot en quatrième position et Enrico Macias en vingt-troisième. Tapie prend Hechter en main. Ils vont ensemble à Draguignan, pour le premier meeting de la liste Hechter. Tapie est au volant :

– Tu vois un peu ce que tu vas dire?

– Oui, mais j'ai peur d'être attaqué sur mon côté show-biz.

– T'occupe! Tu les caresses dans le sens du poil. C'est ça qu'ils attendent de toi. Tu mégotes pas. Tu es Daniel Hechter, tu te positionnes comme le leader du show-biz. Ils en redemanderont. Et si ça dérape, tu préviens les critiques en parlant de Coluche et des Restos du cœur.

En fin de campagne, Hechter s'est libéré de tous ses complexes : il fait venir Carlos à Fréjus et Johnny Hallyday à Toulon. Quand Johnny arrive de Saint-Tropez, Tapie parle encore à la tribune. La foule immédiatement se détourne et scande : « Johnny... Johnny... ». Celui-ci prend le micro et dit : « Je suis venu soutenir mon pote Daniel. Je n'y connais rien, mais s'il y va, c'est qu'il a raison. C'est mon pote, j'ai confiance en lui. » Tapie, qui a dû s'interrompre, est furieux : il déteste qu'on lui vole la vedette *.

Les vedettes d'un côté, la politique politicienne de l'autre. Tapie ne laisse rien au hasard. Puisque sa tentative pour rallier une partie de la droite a échoué, il va tenter... d'attirer les communistes. Il joue alors une partie à trois bandes, avec l'aide de Benoît Bartherotte qui a conduit la bataille pour la sauvegarde des chantiers navals de La Ciotat et reste en contact étroit avec la frange dure du PC. A la demande de Tapie, Bartherotte rencontre les leaders de la CGT : « Si vous votez Tapie, nous rouvri-

* En 1993, Daniel Hechter aura la surprise de recevoir un coup de fil de Tapie qui lui suggère d'intervenir pour... qu'il passe en vedette américaine dans le show de Johnny au Parc des Princes, avec Sylvie Vartan et Eddie Mitchell. Tapie lui aussi voulait chanter!

rons le chantier naval. » Pour la CGT, l'enjeu est tel que le syndicat accepte aussitôt de donner un coup de main à la liste Énergie Sud. Pendant ce temps, à Paris, c'est Edmonde Charles-Roux qui s'est chargée de convaincre Georges Marchais. « Vous devriez dire à Hermier d'appeler à voter Tapie. » Mais Guy Hermier ne veut rien savoir. Il s'est lancé dans la bataille des élections régionales sur ordre des instances nationales, mais à une condition : avoir carte blanche pour mener la campagne et les désistements à sa guise. Une lettre en fait foi. Hermier, qui est en délicatesse avec le Bureau politique, a donc les mains libres. Voilà plusieurs années déjà qu'il combat Bernard Tapie à Marseille. Pour lui, l'homme d'affaires représente le dernier avatar de la gauche caviar, ce qu'il déteste par-dessus tout. Il refusera de se déjuger et n'appellera pas à voter Tapie.

Outre le soutien politique dont il bénéficie au sommet de l'État, Tapie dispose d'un atout essentiel : l'argent. Il coule à flots, dans une improvisation générale, sans aucune prudence *. Le directeur de campagne, au début, ne savait même pas que les dépenses étaient plafonnées par la loi ! Constatant que Tapie avait crevé son plafond dans les Bouches-du-Rhône, Noëlle Bellone, son égérie, essaye alors de transférer certaines dépenses dans les autres départements. Jean-Louis Bianco, Élisabeth Guigou, Michel Vauzelle ne sont pas des blancs-becs de la politique. Ils y mettent le holà. Heureusement pour lui, Daniel Hechter apprendra, par hasard, que ses dépenses sont plafonnées à 2 millions de francs. En revanche, le bon professeur Léon Schwartzenberg, aussi naïf qu'ambitieux, ne verra rien venir. Son erreur de diagnostic lui coûtera cher, puisque son élection sera invalidée par le Conseil constitutionnel pour dépassement du plafond de frais de campagne. Écarté du Conseil de région et surtout humilié, Léon développera par la suite une haine sans nuances pour le député de Marseille.

Et pourtant, malgré l'hostilité des appareils et des militants, malgré son amateurisme, ses dissensions internes et sa composition hétéroclite, la liste Tapie réalisera un bon score. Excellent même, si on le compare à la déroute de la gauche officielle. Au soir du dimanche 22 mars, dans les Bouches-du-Rhône, Bernard Tapie recueille 26,49 % des voix. Il parvient même à coiffer d'un cheveu la liste conduite par Jean-Claude Gaudin (26,15 %) ! Dans les autres départements, les résultats sont plus qu'honorables : Bianco recueille 25,28 %, Guigou 20,93 %, Schwartzenberg

---

* A la suite d'une enquête menée en 1994, le rapport de la Cour des comptes indiquera : « Plusieurs sociétés du groupe Tapie semblent avoir contribué à financer les campagnes pour la liste Énergie Sud, au cours de l'élection régionale de 1992. (...) Deux cas différents se présentent. Le financement par FIBT est entièrement porté par M. Tapie, actionnaire unique. En revanche, pour BT Services, les actionnaires minoritaires (34,79 %) de BTF à l'époque (SDBO, AGF, Crédit Agricole, BANEXI, Pallas) pourraient trouver là matière à une action en abus de biens sociaux. Ces financements peuvent apparaître comme correspondant à un « usage des biens ou du crédit de la société contraire aux intérêts de celle-ci ».

18,11 %. Daniel Hechter lui-même, avec 13,91 % des voix, réalise l'exploit d'écraser la liste dissidente que le PS lui a mise dans les pattes, qui n'atteint même pas les 5 %! Le succès de Tapie est indéniable. Mais comme d'habitude, TF1 dégaine trop vite et veut trop en faire, avec un sondage de la SOFRES qui laisse prévoir que Bernard Tapie a les meilleures chances d'être élu président de PACA.

Un peu plus tard dans la soirée, le soufflé retombera aussi vite qu'il est monté. La réalité apparaît tout autre. La liste menée par Jean-Claude Gaudin arrive en tête à Marseille, à Aix, à La Ciotat, à Arles, à Aubagne. Avec 43 élus, le leader de la droite obtient la majorité relative qu'il attendait. Et dont il espère qu'elle va lui permettre de conserver la présidence de la région, mais cette fois sans l'aide des élus du Front national qui, avec 34 sièges, en obtiennent pourtant 9 de plus qu'en 1986...

Avec ses 30 élus, Tapie est loin derrière Jean-Claude Gaudin. Mais s'il parvient à rallier à sa candidature les voix de Génération Écologie, des Verts et du Parti communiste, il peut devancer Gaudin d'une courte tête. Guy Hermier pourtant demeure inflexible. Tapie ne pourra compter sur les voix des élus du Parti communiste pour se faire élire président de région.

Mais il ne désarme toujours pas. Il va s'engager alors dans de sombres négociations occultes, à la manière des pires politiciens de la Troisième République. Il va chercher à s'appuyer sur le Milieu. Il fait appel à celui qui, depuis vingt ans, ne lui a jamais ménagé son soutien, la seule personne à qui lui-même ne refuse rien : Paul Bénatar. Celui-ci connaît Jean-Louis Fargette, le parrain du Milieu varois, et son affidé Maurice Arreckx, président du conseil général (PR). La rumeur fait état d'un deal, simple dans son principe : plutôt que de voter en faveur de Jean-Claude Gaudin, quelques élus UDF proches de Maurice Arreckx pourraient se prononcer en faveur de Bernard Tapie. Pour quelle raison accepteraient-ils une telle trahison politique? Pour de l'argent? La justice enquête. Le juge Thierry Roland a notamment découvert que Maurice Arreckx possède des comptes en Suisse et a demandé à la Justice helvétique la levée du secret bancaire, pour pouvoir les éplucher.

Bernard Tapie a soudain retrouvé tout son punch. Comme s'il était convaincu d'avoir des chances de remporter la région. Il annonce d'ailleurs la bonne nouvelle à ses proches, ainsi qu'à quelques-unes de ses têtes de listes. Une incertitude demeure, celle du vote des élus du Front national. Il faut absolument qu'ils s'en tiennent à la stricte neutralité qu'ils ont annoncée. Le risque est grand que quelques-uns d'entre eux, par conviction – ou par intérêt ? –, se rallient au dernier moment à Jean-Claude Gaudin, faisant ainsi définitivement pencher la balance en faveur du candidat de droite.

La dernière négociation est donc menée directement avec Jean-Marie Le Pen. Tapie veut avoir l'assurance que pas un seul élu du Front ne craquera en secret pour Gaudin. C'est Benoît Bartherotte, le mauvais génie, qui fait l'intermédiaire. Il multiplie les rendez-vous avec le leader du

Front. Or, le vendredi 27 mars, au troisième tour, décisif, du vote des nouveaux élus pour l'élection à la présidence de la région, on verra Jean-Marie Le Pen se lever théâtralement et lancer : « Puisque c'est comme ça, on se lève et on sort. » Pas question de se faire remarquer. Comme un seul homme, tous les élus du Front national quitteront la salle. Exactement ce qu'avait négocié Tapie.

Cette présomption d'un accord passé avec le FN, Bernard Tapie la démentira par la suite, à plusieurs reprises. Mais elle ne fait aucun doute. Un scénario analogue se déroulera d'ailleurs lors des élections législatives de 1993, dans la circonscription de Gardanne. Au premier tour, Tapie récoltera 16 719 voix, contre 15 855 à son adversaire RPR, Hervé Fabre d'Aubrespy. Le candidat du Front, Damien Bariller en recueillera 12 391. Même s'il récupère au second tour une partie des 12 609 voix qui se sont portées sur le communiste Roger Mei, Tapie risque d'être battu si le candidat du FN se désiste en faveur de Fabre d'Aubrespy. Or, au second tour, Bariller se maintiendra... Et plus tard encore, en 1994, en préparation des échéances futures la réalité des accords secrets entre Tapie et Le Pen deviendra avérée.

Malgré ces différents pactes conclus avec le diable, les efforts de Tapie pour se faire élire à la présidence de la région Provence-Alpes-Côte d'Azur seront vains. La neutralité des élus du FN ne sera pas suffisante pour le faire passer, loin de là. Comme annoncé, les élus du Parti communiste refusent de voter pour lui. Mais contrairement à ce qui était prévu, les Verts, incontrôlables, s'abstiennent. Et, le vote favorable des amis de Maurice Arreckx n'aura pas lieu. Ils pencheront du côté du vainqueur, Jean-Claude Gaudin.

Alors qu'il était soutenu par les socialistes, Tapie a joué un jeu personnel, refusant notamment de se désister en faveur de Jean-Louis Bianco, au moment où il était patent qu'il n'avait plus aucune chance de recueillir assez de voix sur son propre nom. Bianco, lui, aurait pu rallier les voix des communistes et avait donc un espoir d'être élu président de région. Haut fonctionnaire égaré en politique, Bianco ne pardonnera pas à Tapie, qu'il a tant servi auprès du président, d'avoir utilisé des méthodes que la morale réprouve pour se faire élire, au lieu d'avoir « joué collectif » pour la gauche selon l'expression qu'affectionne le président de l'OM.

Largement battu, Bernard Tapie est fou de rage. Il est devenu persona non grata au conseil régional où il se prendra de bec avec tout le monde, refusera de serrer les mains et finalement ne mettra pratiquement plus les pieds. L'alliance avec Le Pen est restée en travers de la gorge de la plupart des socialistes, mais aussi de Daniel Hechter, de Léon Schwartzenberg et d'autres élus sur les listes Énergie Radicale. Le groupe ne tardera d'ailleurs pas à exploser, 21 élus intégrant le groupe socialiste, 4 rejoignant Jean-Claude Gaudin et Daniel Hechter restant électron libre. Quant à ce pauvre Léon, il lui faudra vite faire ses valises.

Fasciné par l'animal, le monde politique, où il n'y a guère d'enfants de chœur, avait jusque-là beaucoup pardonné à Tapie. Après les élections régionales, il en ira tout autrement. Chacun a pu mesurer à quel point il ne reculait devant aucun moyen pour parvenir à ses fins et s'affranchissait sans vergogne des principes élémentaires de la morale. Et même de la simple prudence. Chacun a constaté sa façon de jouer perso en refusant de passer la balle au moment décisif et surtout son incapacité maladive à accepter et à digérer l'échec. Si un jour Bernard Tapie doit réussir en politique, ce sera seul et contre tous. Une seule élection s'y prête : la présidentielle.

CHAPITRE 9

En ville

> « La plainte aujourd'hui, sept ans après l'affaire, c'est tout de même un peu gros. Le moment est énorme et l'opinion ne se laisse plus prendre à ces numéros de cirque. »
>
> Au *Point*, le 11 janvier 1992.

« Je ne démissionnerai pas. » Le gros titre sur cinq colonnes du *Figaro*, ce vendredi 22 mai 1992, est sans équivoque. Bernard Tapie va s'accrocher jusqu'au bout à son siège de ministre de la Ville. Même s'il est inculpé, même s'il doit subir l'opprobre de la classe politique, il ne partira pas. Fidèle à son habitude, il contre-attaque même, mettant en cause les juges : « J'ai du mal à croire que cette opération n'est pas quelque part un peu construite. » C'est avec ce genre de réflexions qu'il se mettra à dos la majorité des magistrats.

A l'heure où toutes les radios, lors de leurs revues de presse, commentent sa détermination à rester en place, le ministre de la Ville est l'invité d'*Objections*, sur France Inter. Il ne cède pas un pouce de terrain et tire à feu nourri : « Je trouve surprenant de n'avoir à aucun moment pu faire entendre mes arguments auprès d'un inspecteur, d'un enquêteur ou d'un juge. » Ultime tentative pour jouer une fois encore la carte de l'intimidation. Tentative désespérée. Car la veille, le juge Édith Boizette a averti son avocat, Francis Szpiner, de sa décision de l'inculper pour « abus de biens sociaux, complicité et présentation de faux bilan ». L'information s'est répandue comme une traînée de poudre auprès des journalistes.

Tapie aura tout tenté pour échapper à cette mise en examen, la première d'un ministre en exercice sous la Cinquième République. Mais Madame le juge s'est révélée inflexible. Il est vrai qu'elle n'est pas une débutante. C'est elle qui a traduit en correctionnelle dix personnes dans l'affaire Pechiney. Parmi elles, Alain Boublil ex-directeur de cabinet de Pierre Bérégovoy. Et Max Théret, un proche du chef de l'État. Aussi spectaculaires soient-elles, ces poursuites n'ont été pour elle que broutilles à côté de l'affaire Tapie. « Si j'avais subi, lors de l'affaire Pechiney, les mêmes pressions que plus tard avec Bernard Tapie, j'aurais été contrainte de m'arrêter à la première inculpation, confie-t-elle à *l'Événement du jeudi*. Comment aurais-je pu résister? » Depuis des mois le juge Boizette a appris à ses dépens que justice et politique ne font pas toujours bon ménage. Depuis qu'elle enquête sur Tapie, elle a tout subi : les pressions, les coups de fil incessants, les menaces à peine voilées.

« Tu n'es qu'une salope, si tu ne lâches pas ta proie, tout le monde connaîtra le secret de ta vie privée. » Pour la cinquième fois en trois jours, Édith Boizette raccroche, en pleine nuit, le combiné de son téléphone. Ces coups de fil anonymes la rendent folle. La veille, on la menaçait de faire virer son mari, cadre dans une filiale d'Air France. La nuit d'avant, on avait évoqué, de façon toujours anonyme, la sécurité de ses enfants qu'elle accompagne, depuis, elle-même à l'école. Malgré tout ça, le juge a tenu bon.

Que peut tenter Bernard Tapie en cette matinée de mai, alors que les dés semblent jetés? Il compte encore sur le soutien de Pierre Bérégovoy, son vieux complice. Mais il redoute que le Premier ministre ne cède aux pressions qui ne vont pas manquer. Quelle attitude François Mitterrand adoptera-t-il? Tiendra-t-il bon? Tapie a eu des échos inquiétants du côté du Parti socialiste. Il est vrai qu'on l'y considère toujours comme un homme d'affaires sulfureux, dont la présence au gouvernement est d'autant plus mal acceptée que se profile une défaite terrible aux législatives de 1993. En dix mois, peut-on redresser la barre? Certains espèrent encore, d'autres se disent que l'échec étant inévitable, mieux vaut ne pas y rajouter le déshonneur. Tapie joint Laurent Fabius, le Premier secrétaire :

– C'est vrai que tu veux ma peau?

– Non, mais je pense que tu ne peux pas rester au gouvernement si tu es inculpé.

Pas un instant Tapie ne pense qu'il s'est lui-même mis dans la nasse. Il est convaincu qu'il fait l'objet d'un complot, que tout le monde lui en veut. Persuadé que l'establishment ne tolère pas de le voir ministre. A cause de ce qu'il est, mais aussi à cause de ce qu'il veut faire. « On » n'a pas supporté de le voir parader devant ses amis, de lui avoir donné l'occasion d'inviter sa femme, ses parents et ses enfants à admirer son bureau de ministre. « On » ne veut pas voir aboutir un seul des mille projets qu'il a imaginés, avec son équipe, dans ce ministère de la Ville où il n'est installé que depuis 52 jours. Tapie est en plein délire de persécution. Personne ne pourra lui faire admettre que son rêve menace de s'envoler... Pour un vulgaire différend commercial. Un différend datant d'il y a dix ans, de juin 1982.

Parmi ses amis, Tapie compte alors Georges Tranchant, député de la deuxième circonscription des Hauts-de-Seine qui lui a été présenté par Jean-Louis Borloo, son avocat et conseiller. Situé franchement à droite du RPR, Tranchant est un intime de Charles Pasqua. Il cite le général Pinochet en exemple et s'est fait une spécialité de la guerre antisyndicale. Sans être véritablement influent dans le monde politique il connaît assez de petits secrets pour ne craindre personne. On en aura la preuve à l'Assemblée nationale : la Direction nationale des enquêtes douanières (DNED) le traque pour des mouvements de fonds qu'il aurait réalisés vers la Suisse. On parle de 11 millions de francs qui se seraient ainsi évaporés entre les deux tours de l'élection présidentielle de 1981. Or, sans se démonter, Tranchant fustigera à la tribune le fonctionnaire chargé du dossier. Toutes ses relations dans la politique et dans le milieu des jeux seront mises en alerte. Il ne sera plus inquiété.

Un jeune inspecteur des renseignements généraux, qu'il trouvait bien trop curieux vis-à-vis de lui, sera muté en Nouvelle-Calédonie. Gilles Kaehlin travaillait à la sous-direction des Jeux et des Courses. Il avait été chargé d'étudier le rôle réel joué par Georges Tranchant dans les casinos et les machines à sous dont il semble tirer beaucoup trop de ficelles. Après une enquête longue et minutieuse, il avait rendu un rapport précis et bien ficelé. Mais Tranchant a révélé que Gilles Kaehlin détenait une petite participation dans l'Opus Café, un restaurant parisien branché, ce qui a suffi pour que Pierre Joxe, l'envoie poursuivre ses études à l'autre bout du monde...

On l'a compris, Tranchant est un petit député au bras long. Élu d'Asnières, fief de Pasqua, il n'est pas du genre à se faire arnaquer. Dans le saloon, il préfère être du bon côté du comptoir. Aussi, tombe-t-il des nues, quand il est interrogé par les enquêteurs de la brigade financière. Ceux-ci ont reçu, en 1989, de surprenants documents anonymes. Ils révèlent l'existence du chèque de 13 millions de francs que Bernard Tapie a touché lors de la revente à Toshiba de NAVS, la société qu'il détenait avec Tranchant. Le député RPR ignorait tout de la transaction... Cette affaire met en lumière « des délits non prescrits d'abus de biens sociaux et de présentation de faux bilans ». Elle a été dévoilée à la suite d'une misérable affaire de carambouille, mettant en cause la société bretonne ADEIS, ainsi que Jean-Paul Vayer, le directeur général de Toshiba France et son directeur commercial, un certain Buckle, tous deux issus du Groupe Tapie. Une sombre histoire de commissions frauduleuses portant sur 700 000 F et de matériels livrés et jamais payés. Le dossier avait été transmis au parquet de Paris...

Il s'avère que Tapie a roulé Tranchant, comme au bonneteau. Alors commence un gentil bras de fer entre ces deux délicats représentants du peuple, l'un de la majorité, l'autre de l'opposition. Dans un premier temps, Tranchant se tait, pour tenter de récupérer discrètement sa part sur la vente de NAVS. Il cherche à négocier avec Tapie. En vain. En juin

1991, ils se croisent dans la salle des Quatre-Colonnes, à l'Assemblée nationale. Tranchant apostrophe Tapie, devant quelques collègues médusés :

– Tu ferais mieux de discuter avec moi à propos de ces 13 millions que tu as touchés en douce. On peut encore trouver un terrain d'entente.

Tapie éclate de rire :

– Va te faire foutre, Jojo! On est au pouvoir, tu ne peux rien contre moi.

Comme d'habitude, Tapie sous-estime l'adversaire. Dans son univers mental, Tranchant s'est fait rouler comme un bleu. Catégorie pigeon. En plus, c'est un ennemi politique. Rien à craindre de lui. Alors, il fait l'autruche, comme lorsque le fisc lui courait après dans les années soixante-dix. Il ne réagit même pas quand, quelques jours plus tard, Tranchant lui adresse une lettre recommandée où il menace d'entamer des poursuites. Tranchant assure qu'à « ce moment-là on aurait encore pu trouver un arrangement ». La lettre reste sans réponse. Alors le pigeon devient vautour. Tranchant, qui a pris le soin de réinscrire au Tribunal de commerce Investold, sa société lésée, dépose une plainte en bonne et due forme, le 7 janvier 1992, à la veille de l'ouverture de la session parlementaire. Pour être bien sûr que Tapie ne se prévaudra pas de son immunité. Il lui réclame 6,5 millions de francs, la moitié des 13 millions escamotés. Et dépose 100 000 F de consignation.

C'est dès le lendemain, 8 janvier, que Tranchant transmet copie de sa plainte au garde des Sceaux, Henri Nallet qu'il rencontre à la buvette de l'Assemblée. C'est dès le lendemain également qu'une information judiciaire est ouverte. Le juge Boizette qui figurait – par un heureux hasard – ce jour-là sur le tableau de roulement, récupère l'affaire.

Tout de suite, comme il en a pris l'habitude, Bernard Tapie hurle au complot politique. « La plainte aujourd'hui, sept ans après l'affaire, c'est tout de même un peu gros! Hier, c'était Gaudino qui m'attaquait : aujourd'hui, c'est Tranchant. Demain, ce sera qui? Bernard Pons? (...) La manœuvre est énorme et l'opinion ne se laisse plus prendre à ces numéros de cirque. »

Bien rodé, le numéro de Bernard Tapie est convaincant. Pour l'opinion publique, cette bagarre entre deux trapézistes habitués à brasser des milliards n'est qu'une voltige supplémentaire inhérente au monde des affaires. Pierre Bérégovoy pense lui aussi à un différend d'ordre commercial, qui n'a aucune raison de déboucher sur une inculpation. Malgré l'avertissement que lui adresse Henri Nallet, le Premier ministre appelle le 2 avril Bernard Tapie au gouvernement : il sera ministre de la Ville.

Alors, Tapie fera tout pour étouffer l'affaire. Il sait que Tranchant est vexé et ne lâchera pas le morceau. Il connaît la détermination d'Édith Boizette. Il lui faut préparer sa défense et éviter à tout prix la mise en examen, une épreuve dramatique pour un ministre en exercice. Plus naïvement que cyniquement Tapie croit que l'appareil d'État est désormais entièrement dans sa main. Y compris la justice. Le voilà donc qui convoque, fin avril, dans son bureau au ministère Frank Terrier, le directeur des Affaires criminelles et des grâces choisi en 1990 par Pierre Arpaillange. Terrier coordonne l'action publique menée par l'ensemble des parquets généraux sur les dossiers embarrassants. C'est un ami de Tapie. Terrier voit en Tapie le seul homme capable de barrer la route à Jean-Marie Le Pen. Mais c'est aussi un jeune loup, vite monté en graine qui a utilisé Arpaillange comme un tremplin.

But de la rencontre? Voir comment on peut éviter la mise en examen du ministre de la Ville. Le premier, Terrier s'aventure :

– Édith Boizette a participé aux états généraux de l'opposition sur la justice. On pourrait peut-être la dessaisir du dossier après une requête en suspicion légitime.

Cette procédure rarissime s'appuie sur l'article 662 du Code de procédure pénale qui permet de dessaisir un juge d'instruction d'un de ses dossiers, s'il est avéré qu'il a failli à son devoir d'impartialité.

– C'est une plaisanterie. Tu n'y penses pas.

On joue à fronts renversés. Imaginatif et culotté, Francis Szpiner, l'avocat de Tapie, se rend compte, mieux que Terrier, du tollé que susciterait pareil coup de force. Szpiner est un malin qui adore ferrailler dans les grandes affaires médiatisées. Il cultive son image d'avocat de gauche en choisissant ses adversaires à droite. Édith Boizette aurait dû être pour lui une cible idéale. Cette femme glaciale qui se retranche derrière ses tailleurs ajustés, sa mise en plis blonde impeccable et ses ongles éternellement peints de rouge n'est dure qu'en apparence. En réalité, elle est timide et influençable. C'est la dernière arrivée parmi les juges d'instruction parisiens. Elle s'est longtemps intéressée aux voleurs de poules, ou bien de sable, sur les plages de Guadeloupe, lorsque son mari, chef d'escale à Air France, y était en poste. Mutée à Paris, elle a récupéré l'équipe du juge Michau, nommé président de la Commission des opérations de Bourse (COB), la plus performante de la place en matière de délinquance financière. Jean-Claude Marin, le procureur de la République, a un fort ascendant sur elle. Édith Boizette est intouchable. Une requête en suspicion légitime n'aurait aucune chance d'être acceptée et Terrier, Tapie et Szpiner se couvriraient de ridicule.

Terrier explore une autre piste : la société Investold, que Georges Tranchant a réinscrite à la hâte au Tribunal de commerce pour pouvoir, à travers elle, déposer sa plainte était en cessation de paiements et a été réimmatriculée irrégulièrement. Si elle était radiée, c'est toute la procédure qui serait interrompue...

Bernard Tapie voit le ciel se dégager :

– Le procureur d'Évry, où siège Investold, est un ami. Je vais lui demander un coup de main.

La réunion se poursuit ainsi, dans le bureau du ministre de la Ville. Cinq à six personnes sont présentes. Tout le cabinet de Tapie est au courant. Révélé par *le Canard enchaîné*, ce transport d'un magistrat dans le bureau du ministre pour étudier les moyens d'éviter son inculpation fait bien évidemment scandale. Le Syndicat de la magistrature s'indigne qu' « un représentant du garde des Sceaux soit intervenu dans une procédure en cours ». Et l'APM (Association professionnelle des magistrats) renchérit : « La Chancellerie serait-elle devenue l'annexe du cabinet d'avocats de Bernard Tapie ? » Au point qu'un mois plus tard, le 27 mai 1992, en fin de matinée, Terrier est destitué, sur décision de Michel Vauzelle, le garde des Sceaux. Mais celui-ci apprend alors que son propre directeur de cabinet était au courant de la rencontre. Furieux, le ministre sera donc contraint de faire volte-face et de conserver Terrier en assurant au journal de 20 heures sur Antenne 2 que la démarche de Tapie est « tout à fait naturelle; ce n'est pas fréquent, mais ce n'est pas choquant qu'un haut fonctionnaire se déplace dans le bureau d'un ministre. Ce ministre n'était pas inculpé. Il n'est pas aujourd'hui condamné ».

Tapie connaît bien, en effet, le procureur d'Évry. Laurent Davenas est un personnage médiatique, qui a participé à la Commission de discipline du football, celle-là même qui a condamné le président de l'OM, le 28 janvier 1990, pour « manquements graves à la morale sportive ». Mais Tapie n'est pas rancunier avec ceux qui peuvent lui rendre service : il a ainsi, quelques semaines plus tôt, proposé à Laurent Davenas d'entrer dans son cabinet de ministre de la Ville. En vain.

Invité à nouveau au ministère, pour qu'il l'aide à se sortir de ce mauvais pas, Davenas patiente dans la salle d'attente. Bernard Tapie traverse la pièce, et... s'éclipse. Bruit de chasse d'eau. Le ministre revient, ultra-décontracté :

– Désolé, là où j'étais, personne ne pouvait rien pour moi...

A peine entré dans son bureau, le ministre va droit au but :

– Par contre, cette société, Investold, qui appartient à Tranchant, est-ce que vous pouvez la radier?

Techniquement, la requête de Tapie est fondée : la société a bien été irrégulièrement immatriculée par le greffier. Mais, étant donné l'importance du dossier, les choses ne sont pas si simples :

– Une telle décision aurait trop de répercussions politiques. Elle doit passer par le cabinet du garde des Sceaux. Ensuite, c'est le procureur général, Pierre Truche, qui doit m'en donner l'instruction. De toute façon, j'ai peur qu'au point où nous en sommes, une radiation n'interromprait pas le cours de l'instruction. Il est trop tard.

Mais Tapie s'entête, veut explorer la possibilité jusqu'au bout. Il décroche son téléphone. Et devant Laurent Davenas appelle le garde des Sceaux. Il est absent, on lui passe le directeur de cabinet.

– On dirait que vous avez la trouille chaque fois que je vous téléphone...

Tapie lui explique son problème, sans en rajouter. Il est confiant. Il va trouver un moyen de s'en tirer. Michel Vauzelle, à qui Bernard Tapie a soufflé la tête de liste dans la région Provence-Alpes-Côte d'Azur lors des dernières élections régionales, fera tout son possible via Frank Terrier. Mais personne n'ose aborder Pierre Truche de front. Celui-ci fait mine de ne rien comprendre...

De son côté, Tapie essaye de gagner du temps. Le 12 mai, puis le 21 mai, il assigne Tranchant devant le Tribunal de commerce de Paris. Par deux fois, il va tenter de faire ôter toute existence juridique à Investold. Sans succès. Mais, madame le juge, jusque-là si déterminée, se met à hésiter. Le 11 mai, une première fois, elle repousse l'inculpation du ministre. Un nouveau rendez-vous est fixé au 25 mai. Tapie, qui affirme devoir effectuer un voyage au Canada, fait dire par ses avocats qu'il ne pourra être présent à cette date-là... Édith Boizette encaisse mal les menaces et les pressions, mais ne se résigne pas à abandonner la partie. Aussi décide-t-elle finalement de brûler ses vaisseaux. Le 21 mai, elle avertit le parquet puis les journalistes : « Mon intention est de procéder à l'inculpation de Bernard Tapie. »

Quelques jours plus tôt, le 5 mai, peu avant la demi-finale de la Coupe de France qui oppose Bastia à l'Olympique de Marseille, devant les caméras de TF1, une tribune s'effondre, provoquant la mort d'une quinzaine de personnes. On déplorera près de 1 500 blessés, pour la plupart adolescents, dont beaucoup resteront à jamais invalides : pour la Corse, c'est une hécatombe. Toute la nuit, les hélicoptères feront la navette vers les hôpitaux de la Corse et du continent pour évacuer ces enfants brisés, percés, dont certains auront eu la « chance » de prendre la main de Jean-Pierre Papin, d'entendre des paroles de réconfort de la bouche même de Bernard Tapie. Pendant plusieurs heures, les rescapés, les joueurs des deux camps, les journalistes sportifs, la jet-set venue de Paris en avion spécial et le ministre de la Ville se mêleront dans la pagaille et la solidarité de l'instant. Cette tribune avait été dressée à la hâte, sans aucun respect des normes de sécurité, pour accroître la capacité du petit stade de Furiani de plusieurs milliers de places et ramasser quelques millions de francs supplémentaires. Les autorités du football avaient donné leur aval. Aucun contrôle sérieux n'avait été effectué. Mais ni Jean Fournet-Fayard, président de la Fédération française de football, ni Noël Le Graët, président de la Ligue (qui regroupe les clubs professionnels) n'eurent seulement l'idée de proposer leur démission. Le football français est un fromage, labyrinthe de petits et grands intérêts, entrelacs de mesquineries et de mensonges. Faisant illusion à l'extérieur, pourri de l'intérieur. Un fromage dont Bernard Tapie, ministre et président de club, va se délecter. Et qui va l'empoisonner.

QUATRIÈME PARTIE

Plus dure sera la chute

CHAPITRE 1

Démission

« Si chacun se voyait comme il est, je pense qu'il y a beaucoup de gens qui se suicideraient. »

A Marguerite Duras, dans *Globe Hebdo*, le 3 août 1993.

– Cette fois, tu es allé trop loin. Tu n'aurais jamais dû accorder cette interview au *Figaro*. Je t'avais prévenu, il fallait te taire. Tu as outrepassé tes fonctions. Tu as attaqué la justice et les institutions de la République. Tu m'as mis dans une situation impossible. Je n'ai pas le choix. Je suis obligé de me séparer de toi.

– Mais, Pierre...

– Ma décision est prise, Bernard. Je suis désolé. Tu ne fais plus parti du gouvernement.

Pas un mot, pas un son ne sort de la bouche de Bernard Tapie. Il est KO, assommé par le ton sans appel de Pierre Bérégovoy. Sa gorge est nouée. Comme lorsque son père lui donnait des claques appuyées sans qu'il puisse réagir. Soudain, il se recroqueville sur lui-même, livide. Le Premier ministre est sidéré : cette force de la nature s'écroule devant lui, fond en sanglots, se mouche et hoquette comme un enfant puni. Béré avait tout envisagé, sauf ça. Pour le calmer, il appelle à la rescousse Hervé Hanoun, son directeur de cabinet. En vain. Pendant un long moment, à Matignon, Bernard Tapie restera prostré. Inconsolable.

Cette fois, il n'a pas pu forcer le destin. La veille, Pierre Bérégovoy avait accompagné François Mitterrand au sommet franco-allemand de La Rochelle. Dans l'avion, le Premier ministre avait découvert en lisant *le Figaro* que le ministre de la Ville avait enfreint les règles les plus élémentaires de silence qu'il lui avait imposées. Son autorité était bafouée. Il était ridiculisé. Un moment, Pierre Bérégovoy et François Mitterrand s'étaient isolés, à l'écart des festivités. Le chef de l'État avait son air des grands jours. Cet air tragique qu'il prendra plus tard, sur la place de Nevers, après les funérailles de Pierre Bérégovoy, lorsqu'il évoquera son honneur « livré aux chiens ». Cet air déterminé, qu'il arbore lorsqu'il s'apprête, sans le moindre scrupule, à rejeter ses propres fautes sur l'adversaire. Quand le masque devient plus cireux que d'habitude, que la lèvre tremble et que le regard vous transperce. Quand il vaut mieux être loin. Pierre Bérégovoy n'a pas eu besoin que François Mitterrand lui fasse un discours : il a compris instantanément que Bernard Tapie devait quitter le gouvernement. Et que, s'il y était rentré, c'était par sa seule volonté...

Dès son retour, le samedi 23 mai 1992, le Premier ministre a donc prié Tapie de venir le voir à Matignon, à 14 heures. Tapie s'attendait à un rendez-vous de routine. Il pensait qu'ils peaufineraient ensemble sa stratégie de défense en attendant l'inculpation officielle du juge Boizette. Qu'ils tenteraient peut-être une ultime manœuvre pour l'éviter.

Aussi, quand il comprend qu'il est limogé sans appel, Tapie voit son univers s'effondrer comme un château de cartes. Le lendemain, Pierre Bérégovoy se détend à la Lanterne, un petit château avec piscine et tennis en terre battue, à Versailles, que la République met à la disposition de ses Premiers ministres. Béré racontera la scène, entre deux parties de ping-pong, à son ami Paul Benmussa, le patron du restaurant Chez Edgard, qu'il a invité avec sa famille : « Il a craqué, comme ça, devant moi, sans la moindre pudeur. Je ne savais plus que faire. »

Béré a tenté de sauver les apparences. Il « accepte » de relever Bernard Tapie « de ses fonctions pour lui permettre de mieux assurer, en toute liberté de parole, sa défense... face à des accusations résultant d'un différend d'ordre commercial qui l'oppose à M. Tranchant, député ». Il l'assure de son amitié – exactement comme il l'avait fait en 1989 lorsqu'il avait limogé son directeur de cabinet, Alain Boublil, mis en cause dans l'affaire Pechiney. Matignon précise même : « Quand la justice se sera prononcée, le Premier ministre appréciera comme il convient la possibilité du retour de Bernard Tapie au gouvernement. » Tout le monde croit alors qu'il s'agit d'une clause de style.

A 21 h 20, la nouvelle de la démission de Bernard Tapie tombe sur les téléscripteurs. Rue de Solferino, on discute du programme et des statuts du Parti socialiste, au menu du comité directeur du lendemain. Les dirigeants du PS ne cachent pas leur soulagement. Pierre Mauroy, qui avait pourtant avalisé quelques mois plus tôt Bernard Tapie comme tête de liste pour les élections régionales en Provence-Alpes-Côte d'Azur, lâche devant les micros : « Tapie n'a jamais été ma tasse de thé. Moi, j'ai toujours pensé qu'il fallait que le PS reste un parti de militants qui rassemble des gens de foi, d'enthousiasme. J'ai l'impression, sur ce plan-là, de ne pas vivre dans le même monde que Tapie. » Voyant l'adversaire à terre, les éléphants vont, les uns après les autres, chercher à lui écraser la tête. Julien Dray sera l'un des seuls à ne pas se joindre à la curée. Julien est sous le charme. Il a connu Tapie à l'Assemblée nationale, les rares fois où le député de la sixième circonscription des Bouches-du-Rhône s'y est rendu, le mercredi après-midi, pour faire de la figuration devant les caméras de télévision. Dray est un tendre, un fidèle. Un outsider de la politique qui, comme Bernard Tapie, a été inventé et façonné par François Mitterrand. Il s'amuse des facéties du député de Marseille. Surtout, Dray n'a pas oublié les signaux de réconfort qu'il lui a envoyés à chaque fois que les énarques du PS l'ont attaqué. Notamment pendant la guerre du Golfe. Le climat était dramatique. Les députés devaient voter l'intervention de la France en Irak, en faveur de laquelle s'était prononcé François Mitterrand. Julien Dray était contre, décidé à assumer son choix. Juste avant la séance, Bernard Tapie l'avait pris à part :

– Ne fais pas cette connerie, Juju. Tu n'as rien à prouver. On sait bien que tu as des couilles. Mais cette fois, ils ne te le pardonneront jamais. Ils vont te mettre au ban. Tu n'as qu'à t'abstenir.

Ce conseil de Tapie n'avait pas empêché Julien Dray de voter contre l'envoi de forces françaises en Irak. Et quand tous les députés socialistes avaient montré du doigt l'indiscipliné, Tapie l'avait invité chez lui, rue des Saints-Pères. Après quoi, silence pendant quelques mois. Tapie n'appelle que dans les circonstances exceptionnelles. Comme lorsqu'il est nommé ministre de la Ville :

– Juju, il me faut un mec qui s'occupe de l'aménagement du territoire et de la Datar. Je vais proposer à Béré qu'il te nomme secrétaire d'État auprès de moi.

– Sympa, mec. Mais Béré n'acceptera jamais. Il ne peut pas me supporter.

Effectivement, le Premier ministre n'a pas voulu. Mais entre Dray et Tapie, une complicité est restée. Celle des self-made-men qui, ayant suivi des chemins de traverse, ont débarqué par surprise en politique, par la volonté du Prince. Rebelles et impatients, ils refusent tous deux les lois de la politique politicienne, avec ses renvois d'ascenseur obligés.

Le lundi 25 mai, surlendemain de la démission, Julien Dray reçoit un appel. Tapie a une voix d'outre-tombe :

– Juju, j'oublierai jamais ce que tu as fait.

L'ex-ministre a la bouche pâteuse, à cause des tranquillisants. Il vient de passer un week-end d'enfer : deux jours chez lui à pleurer, seul avec sa femme et ses parents. Il est persuadé que sa vie est foutue. Il a été ridiculisé, rabaissé au rang de Jean-Jacques Servan-Schreiber ou de Léon Schwartzenberg qui, comme lui, ont été ministres quelques jours seulement. Un moment, il a envisagé d'en finir. Quelque temps après le suicide de Pierre Bérégovoy, il racontera la scène à Charles Villeneuve, journaliste à TF1 : « Quand on m'a apporté *le Journal du Dimanche* et que j'ai vu la une – une grande photo de moi, celle d'un homme défait – j'ai pensé me flinguer. J'étais dans le noir et dans la souffrance. Je ne voulais plus bouger. Je ne voulais plus que le jour se lève. Si ma femme n'avait pas enlevé le revolver de la commode où il se trouvait, je me serais tué. J'avais atteint un pic de douleur. Béré, il devait être dans cet état-là [1]. » Le désespoir de Tapie est à la mesure de la joie éprouvée lorsqu'il avait franchi le seuil de son ministère, boulevard Saint-Germain. Une joie enfantine, un peu ridicule. Quelques jours après sa nomination, il invite à déjeuner Jean-Paul Huchon, l'homme de confiance de Michel Rocard dans son ministère. Il lui dit, d'emblée :

– Tu te rends compte, ma mère, ce qu'elle doit penser !

Son bureau, que lui avait offert Pierre Bérégovoy, était simple, avec une lampe qui courait sur un rail grâce à un bouton électrique actionné avec le pied. Il en jouait devant ses interlocuteurs. Pas un dossier, pas une note ne traînait. Un simple crayon noir, quelques feuilles de papier. Mais autour, c'était la ruche. Tapie était épaté : « Ici, ça bosse vraiment, a-t-il dit un jour à Julien Dray venu en ami. Dans le privé, même si les gens n'ont pas fini leur travail à 18 heures, ils rentrent chez eux. Au ministère, des secrétaires tapent parfois à la machine jusqu'à 11 heures du soir. Pour pas un rond de plus. »

Autour de lui, l'appareil d'État avait dressé un cordon sanitaire. Il y avait là des conseillers des plus classiques, comme le directeur de cabinet, Christian Tardivon, énarque choisi par Pierre Bérégovoy, pour encadrer la fougue de Tapie et lui dresser rapport. Ou bien Geneviève André, énarque elle aussi, sous-directrice à l'Action sociale, mère de six enfants. Mais on croisait dans les couloirs des personnalités plus décalées : André Bercoff, le conseiller intello qui avait écrit *Gagner*, ou Laurent Carenzo, ancien journaliste du *Matin* qui avait tout plaqué pour Tapie. Il y avait aussi Eric Montès, un ex-trotskiste, zonard de la banlieue de Saint-Denis que Julien Dray avait connu en 1979 à la fac de droit de Villetaneuse et avec qui il avait créé l'UNEF-ID. Avec cette clique, Bernard Tapie avait fait la révolution dans le ministère où personne ne s'ennuyait, hormis les cuisiniers ! Car le ministre prenait la plupart de ses repas à la va-vite, à la cantine, parfois en compagnie de secrétaires. Quant à ses méthodes de travail, on n'en avait jamais vu d'aussi expéditives en si haut lieu. Jamais une note, jamais de dossier technique. Mais le soir, il tenait des réunions, où debout devant une trentaine de « potes », il refaisait le monde. Les idées fusaient. Un jour, c'étaient les parents d'élèves au chômage qui allaient aider les professeurs à intégrer les étudiants dans les quartiers difficiles. Le lendemain, c'étaient les douaniers, à qui le traité de Maastricht allait enlever travail et raison d'être, qui allaient s'interposer entre les flics et les jeunes dans les banlieues. La semaine suivante, le ministre installerait gratuitement des médecins généralistes dans les dispensaires des HLM, en échange de quoi ils feraient la tournée des écoles difficiles désertées par les toubibs.

Belles ou saugrenues, toutes ces idées et bien d'autres encore, ne seront jamais mises à exécution. Parce qu'elles bousculent trop l'ordre établi. Parce que ni les syndicats, ni les autres ministres n'auront la moindre envie de les étudier sérieusement, a fortiori de les appliquer. Ou parce que Bernard Tapie n'a pas eu le temps de les convaincre...

Il ne sera resté que 52 jours. Pas deux mois. Dont la moitié de son temps consacré à préparer sa défense contre Georges Tranchant et à tenter d'éviter d'être mis en examen. Tout ça pour rien. Pour finir sous les quolibets, dans la presse et à la télévision. Cette fois « ils » lui avaient volé son rêve. Ils s'étaient tous ligués contre lui, les juges, les journalistes et les hommes politiques pour le faire tomber, sur une affaire commerciale vieille de dix ans... Et ses « amis » socialistes n'avaient pas été les derniers à se joindre à la meute.

Le 27 mai, quatre jours après sa démission, Bernard Tapie est inculpé par le juge Boizette pour « complicité et recel d'abus de biens sociaux ». Le lendemain, il arrive à Toulon, au volant d'une Safrane immatriculée dans les Hauts-de-Seine. Accompagné de sa femme Dominique et de ses enfants, il embarque à bord du *Phocéa*. Dominique, tout le week-end, avait battu le rappel des « amis » : « Venez, il faut aller lui remonter le moral. » Mais la plupart se sont défilés. Gilberte Beaux, la « banquière », et Guy Sitbon, le journaliste du *Nouvel Observateur*, sont du voyage. Mais le *Phocéa* n'est pas plein quand, le soir même, il appareille pour une destination inconnue en Méditerranée. A bord, Tapie est brisé. En deuil de lui-même.

Pendant plusieurs mois, il ne parlera plus que de football, dont il va s'occuper à temps plein, délaissant ses affaires et même la politique. L'OM deviendra son refuge, son bonheur, son jouet. Pour la première fois de sa vie, il se donnera à fond, ira dans les détails, visionnera les cassettes vidéo de tous les grands joueurs européens, se fera projeter des matchs. Il évaluera les uns et les autres, sans tenir compte des hiérarchies établies, envisagera de faire venir tel ou tel. Avec un talent qui impressionnera tous les spécialistes. Puisque la France lui a momentanément échappé, Tapie va se replier sur ce groupe de joueurs qu'il caressera, insultera, modèlera à sa guise. Avec eux, il n'en doute pas, il va gagner la Coupe des clubs champions. Les ministres lui mangeront dans la main. Il tient sa revanche.

CHAPITRE 2

Sans foi ni loi

« Je ne ferai jamais ce que j'ai vu faire par tant d'autres : la boîte qui meurt, les créanciers impayés, le personnel au chômage et le patron qui garde son train de vie. »

Le Monde, 8 octobre 1993.

Bernard Tapie veut vendre, tout vendre. Et vite. Curieusement, dès son retour de croisière sur le *Phocéa*, le ministre déchu annonce très fort la couleur, au risque de dévaloriser son capital. « D'ici à la fin juillet, tout sera vendu, affirme Tapie. Je vais faire faire un audit par Arthur Andersen (...) pour montrer ce que j'ai fait en dix ans. Et puis, je vais me payer une double page de pub dans *le Point* et dans d'autres canards pour dire : « Je suis parti en 1979 avec cinq cent mille balles et ma maison hypothéquée, et voilà ce qu'il y a aujourd'hui dans la banque [1]. » On dirait que Bernard Tapie cherche à se rassurer. Car dans la banque, on le saura plus tard, déjà il n'y a que des dettes.

Son départ du gouvernement a, pour lui, des conséquences financières fâcheuses. Est mise à mal toute sa stratégie qui consistait à sortir de la nasse financière dans laquelle il s'était enfermé en faisant racheter ses entreprises dans de bonnes conditions, grâce à son statut de ministre et à son influence sur Pierre Bérégovoy, patron des banques nationalisées. Or, il y a urgence. Tout doit être vendu vite et cher, si l'homme d'affaires veut éviter le désastre. Car, en cet été 1992, il est pris à la gorge. Bernard Tapie Finance affiche 300 millions de francs de pertes et n'a pas le moindre centime pour s'acquitter de l'échéance de 400 millions qui court encore sur Adidas, payable au mois d'août. Une partie de ces prêts ont été consentis par des banques allemandes et japonaises qui ne lui feront aucun cadeau. Si elles font jouer leurs garanties, les banques publiques françaises devront prendre le relais. Tapie apparaîtrait alors comme une créature du pouvoir socialiste – ce qu'il est devenu dans les faits. On ne peut même pas exclure un dépôt de bilan. Et comme ses sociétés sont en nom collectif, il risque donc à la fois le ridicule, sa fortune personnelle et son train de vie !

Or Bernard Tapie ne parvient plus à vendre ses sociétés sans le soutien de la SDBO et l'appui des pouvoirs publics. De 1977 à 1986, il a bâti sa fortune comme un marchand de biens : il achetait à bas prix et vendait cher, grâce à son immense talent de bonimenteur, mais bien aidé, aussi, par une conjoncture favorable. Mais voilà que, depuis le début des années quatre-vingt-dix, la France est entrée dans une crise d'un nouveau type. Après la hausse folle des années quatre-vingt, la valeur de tous les biens – œuvres d'art, immobilier, entreprises – s'est effondrée. Conduite par Pierre Bérégovoy, la politique du « franc fort » a fait exploser le loyer de l'argent. En raison de la hausse des taux d'intérêt, les chefs d'entreprise répugnent désormais à s'endetter. Hier, c'était s'enrichir à bon compte. Aujourd'hui c'est se ruiner à coup sûr. Les OPA, les grands rachats d'entreprise marquent le pas. L'heure est à la consolidation des positions acquises.

Élie Fellous, qui a remplacé Tapie dans la plupart de ses mandats quand l'autre s'est lancé dans la politique, s'est vite rendu compte que la surmédiatisation du président de l'OM le conduisait à prendre des décisions contraires à la logique d'entreprise. De peur de ternir son image, Tapie a renoncé à un gros plan de licenciements chez Vivalp, préférant revendre l'entreprise à Téfal. *Idem* chez Testut où seule une purge drastique aurait permis de redresser la situation financière.

Tapie est devenu trop connu : il ne peut plus se comporter comme un repreneur sans foi ni loi. Tout ça n'est plus digne de lui. Mais la gestion l'ennuie toujours à périr. Il est incapable de se fixer et reste allergique à toute dépense, à tout investissement à long terme, seule façon d'enregistrer plus tard des bénéfices plus importants. L'argent, il le veut pour lui. Et tout de suite. Vendre? Mais il ne peut plus jouer avec les éventuels acheteurs des effets de surprise dont il était coutumier. Surtout, nombreux sont ceux qui répugnent à négocier avec un homme politique français, ami du pouvoir, dont chacun connaît désormais les manières. Certains acheteurs potentiels ont peur, en traitant avec Tapie, de mettre le doigt dans un engrenage dont ils sortiront broyés. Comme l'a été Pierre Botton, le gendre de Michel Noir lorsqu'il a acheté, puis rendu La Vie claire. Cela fait plus de dix ans que Tapie essaye de se débarrasser de son entreprise macrobiotique. Sans succès. Dès 1986, contre 100 millions de francs, Tapie en avait cédé 38 % au groupe britannique Booker, avec l'espoir de lui vendre le reste par la suite. Mais Tapie avait signé une clause garantissant un chiffre d'affaires et des résultats minima pour les années suivantes, faute de quoi Booker lui rétrocéderait sa participation. C'est exactement ce qui s'était passé : la mariée était bien moins belle que promis. Et Booker, en 1989, avait renoncé. Pour se faire rembourser, le groupe britannique avait même dû prendre une hypothèque sur l'hôtel particulier que l'homme d'affaires venait d'acheter rue des Saints-Pères.

Rien n'est pire, dans les affaires, que ce genre de retour à l'envoyeur, qui laisse planer un doute sur la valeur réelle de l'entreprise concernée, mais aussi sur le degré de confiance que l'on peut faire au vendeur. Personne ne voudra plus de La Vie claire jusqu'à ce jour d'octobre 1991 où Pierre Botton se porte candidat à son rachat, pour 100 millions de francs. Ce fils d'un patron de plusieurs PME, spécialisées dans l'agencement de pharmacies, n'a qu'une idole : Tapie, plus connu que lui et dont le train de vie est encore supérieur au sien. Botton a alors 37 ans, l'âge de Tapie quand il a acheté La Vie claire. Il pense que cette transaction va lui donner accès au Nirvana. C'est-à-dire le propulser, lui aussi, sur le devant de la grande scène médiatique, à laquelle il n'accède, pour l'instant, que par journalistes interposés. Car Pierre Botton, né dans une famille bourgeoise, provinciale et discrète, rêve de conquérir Paris. Il veut vivre comme un prince et se lancer dans la politique, sa vraie passion. Ayant gagné de l'argent dans les émirats arabes, au début des années quatre-vingt, il dépense déjà beaucoup plus que ce que peut apporter une entreprise familiale, lorsqu'il tente de séduire Claude Chirac et de circonvenir son père, le maire de Paris. En vain. Jacques Chirac ne manque ni de conseillers, ni de soutiens financiers d'une tout autre envergure. Pierre Botton se replie alors sur Lyon et sur Michel Noir, son maire, dont il épouse la fille, Anne-Valérie.

Comme Tapie, Botton se déplace en hélicoptère, avion privé et voiture de luxe. Attiré par tout ce qui brille, il tisse des liens privilégiés avec de nombreux journalistes influents : Patrick Poivre d'Arvor, Yves Mourousi, François-Henri de Virieu, pour les plus célèbres d'entre eux. Ses méthodes? Un formidable culot, le sens de la persuasion et le besoin de séduire. Avec des moyens sans limite. Paul Bocuse à Collonges-au-Mont-d'Or est sa cantine. Les circuits de Formule 1, de Monaco à Rio de Janeiro, sont le cadre rêvé de week-ends mirifiques où il cajole ses amis... qui deviennent aussi, cela va de soi, ceux de Michel Noir. Jusqu'à leur rupture, à l'automne 1989, après la réélection triomphale du maire de Lyon. Botton n'aurait pas eu le « retour sur investissement » souhaité.

Botton mène grand train, mais, comme Tapie, c'est un milliardaire de pacotille. Il n'a pas un sou devant lui. Mais Tapie veut absolument le pousser à acquérir La Vie claire. Pour lui, la réussite de cette opération est essentielle. Car il a surévalué le prix de toutes ses sociétés et se heurte au scepticisme des analystes financiers et de ses commissaires aux comptes qui contestent ses chiffres jugés beaucoup trop élevés. Le contrat de ses commissaires ne sera d'ailleurs pas renouvelé. Si Tapie parvient à vendre La Vie claire à Pierre Botton pour 100 millions de francs, il fera un pied de nez à ses détracteurs et la valeur, qu'il a lui-même fixée, de ses autres affaires, deviendra plus crédible. Il faut donc absolument que la transaction se fasse au prix officiel, quitte à dédommager l'acheteur dans des transactions ultérieures. Tapie va allécher Botton en le flattant, mais aussi en lui accordant une clause en vertu de laquelle, si le passif de La Vie claire est supérieur aux 18 millions de francs annoncés, le Groupe Tapie lui reversera la différence, avec un bonus variable. De plus, bien entendu, la SDBO s'engage à prêter à Botton les fonds nécessaires pour acquérir la société! C'est grâce à un découvert bancaire auprès de la « banque Tapie » que le patron de Lugdunum Finance payera sa première traite de 15 millions de francs *. La transaction a eu lieu le 23 février 1992.

Pendant que Tapie s'éclate dans son ministère, Pierre Botton, lui, se rend compte de l'état de délabrement de la société. Une expertise comptable évalue rapidement le passif non pas à 18, mais entre 35 et 51 millions de francs, selon les méthodes employées. Il va donc tenter de récupérer cette somme, au minimum, auprès de Tapie. A-t-il essayé de faire chanter le ministre? Il a découvert l'opacité des comptes, des aller-retour suspects entre La Vie claire et Bernard Tapie Finance, des décalages de trésorerie réguliers, des amendes importantes et non provisionnées. Botton, qui connaît la musique, a découvert aussi le montant des loyers et des « frais de gestion » que payait La Vie claire à Bernard Tapie, ainsi que différentes factures suspectes de location d'avion, de frais de menuiserie. Tout ceci est, en tout cas, à prendre en compte dans la négociation. Le 11 mai, il appelle le ministre de la Ville. Au bout de quelques minutes, Tapie coupe court :

– Écoute, Pierre, il faut que tu comprennes une chose : j'ai le pouvoir et je compte bien m'en servir. Si tu ne comprends pas ça, tu es mort!

---

* Quand Bernard Tapie parvient à revendre une affaire, c'est toujours à la SDBO et aux pouvoirs publics qu'il le doit. La banque maintient tous les crédits et autres faveurs consentis et prête à l'acheteur les sommes nécessaires à l'acquisition. La revente de Look, intervenue à la même époque, est un modèle du genre, ce qui appellera le commentaire suivant de la part des rapporteurs de la Cour des comptes, en 1994 : « Malgré la cession de Look par le Groupe Tapie, cette société aujourd'hui gérée par un investisseur américain et un groupe suisse continue de bénéficier d'importants concours de la banque [la SDBO] (187,4 millions de francs au 30 juin 1993 dont 53 millions de solde débiteur). Ces concours furent consentis aux repreneurs pour avoir permis le rachat de la société au Groupe Tapie moyennant une plus-value estimée à 200 millions de francs. (...) Cette reprise – suivie d'extension d'encours de crédits au profit du repreneur – a été semble-t-il imposée par les pouvoirs publics en septembre 1992, lors de négociations " contraignantes et difficiles menées sous l'égide du CIRI " avec les dirigeants de la SA Look et les banquiers suisses. La banque a fait " l'objet de pression et de démarches très fortes au CIRI " au terme desquelles la SDBO, " sans avoir aucune liberté de manœuvre ", dut consolider 100 millions de francs après abandon préalable des créances des actionnaires dans la société Look. Le comité de crédit de la SDBO note le 17 décembre 1992 " qu'il n'existait aucune autre alternative ", et, " bien que ce ne soit pas plaisant, il entérine les positions prises ". »

Botton n'aime pas du tout qu'on lui parle sur ce ton. Il entame illico une action en justice – contre un ministre de la République! – et obtient la saisie de 15 millions de francs sur les comptes de Bernard Tapie Finance, à titre conservatoire. Tapie, en fureur, en plein milieu de l'affaire Tranchant qui le déstabilise, fait savoir que Pierre Botton « doit payer ce qu'il doit avant de dire quoi que ce soit ». Pourtant, il est contraint d'obtempérer.

En ce début d'été 1992, Tapie, qui n'est plus ministre, est donc engagé dans une bataille judiciaire avec le gendre de Michel Noir, qui n'a pas meilleure réputation que lui. Dans sa rage de faire tomber son adversaire, il commet une erreur : la SDBO, qui ne fait rien sans son accord, coupe les vivres à La Vie claire pour... 2 millions de francs! Botton ne se laisse pas faire. Le 11 août, il dépose le bilan végétarien, avec un passif déclaré de 62 millions de francs.

Tapie est coincé : si le Tribunal de commerce prononce un redressement judiciaire, il a de bonnes chances de devoir payer une partie des dettes. Il y a aussi le risque de découvertes d'irrégularités qui pourraient l'entraîner au pénal. Aucun des deux hommes, qui sont chacun à la une de l'actualité pour leurs déboires juridiques et fiscaux, n'a intérêt à ce déballage. Depuis son appartement en rotonde, au dernier étage du n° 1 de l'avenue Paul-Doumer, qui surplombe le Trocadéro et permet de voir tout Paris, Pierre Botton appelle Bernard Tapie, reparti en croisière sur le *Phocéa*, au large de la Turquie :

– Il faut que nous trouvions un arrangement. Nous avons tout à perdre.

– Tu m'as manqué, Pierre, tu ne m'as pas cru. Tu vas comprendre ta douleur.

– Mais pourquoi t'acharnes-tu?

– T'as quel âge?

– Trente-sept ans, pourquoi?

– Tu vas déguster, mais tu vas apprendre. Il faut pas jouer au plus malin avec moi. Il faut toujours s'arranger.

Sans doute Tapie voulait-il dire : lui céder.

Le patron de l'OM sera tout de même obligé de résilier la vente et de reprendre La Vie claire. Ce qui permettra au tribunal de ne pas donner suite au dépôt de bilan. Il n'y aura pas de redressement judiciaire. Mais il condamne BTF à payer à Botton, en dédommagement, 5,5 millions de francs, dont 2 millions tout de suite. C'est en prison que le flambeur lyonnais touchera le reliquat. Car dès qu'il est entré en conflit avec Tapie, le ciel lui est tombé sur la tête.

Sans doute serait-il tombé de toute façon. La cavalerie financière ne dure pas éternellement, surtout si l'on n'a pas d'appuis politiques au plus haut niveau. Botton a vu les anomalies de gestion de Tapie dans La Vie claire, mais la réciproque est vraie. Or, les contrôles fiscaux sur trois sociétés de Pierre Botton – qui seront à l'origine de plaintes au pénal et de son incarcération – commenceront six jours après sa décision sacrilège de faire saisir 15 millions de francs sur les comptes de Bernard Tapie Finance. Tapie-la-balance a-t-il été dénoncer « le Lyonnais » à son ami Charasse, comme il l'avait fait dans le foot avec Claude Bez et Jean-Luc Lagardère ? Rien ne permet d'en être sûr, en dépit de la troublante coïncidence des dates. Pierre Botton, lui, en est convaincu.

Tapie garde donc La Vie claire sur les bras. Comme Terraillon et Testut, dont il n'arrive pas à se débarrasser, en tout cas, pas au prix réclamé. Pourtant, deux ans plus tôt, au moment de l'achat d'Adidas, il avait annoncé publiquement, une fois de plus, qu'il se séparerait de toutes ses autres entreprises. Cette fois, il avait été pris au sérieux, puisque c'était la seule façon, pour lui, de se payer la firme aux trois bandes sans s'assommer de dettes. Il n'est pourtant finalement parvenu à se débarrasser que du fabricant de raquettes Donnay, pour 100 millions de francs. L'acheteur est l'autorité régionale belge, à qui la SDBO, toujours dévouée, a consenti des avantages financiers exorbitants *. Deux Premiers ministres, Pierre Mauroy et Pierre Bérégovoy étaient même intervenus.

Mais les cessions des queues de cerise que pourraient être Testut, Terraillon ou La Vie claire ne sont plus à la mesure de l'ouragan qui s'annonce. Tapie ne peut plus payer ses échéances. Quels que soient ses pauvres habillages politiques, il n'a d'autre solution que de vendre au plus vite l'entreprise achetée deux ans plus tôt et qu'il disait « vouloir garder cent ans ».

Tapie a mis longtemps à admettre qu'Adidas était un trop gros morceau pour lui. En 1994, les rapporteurs de la Cour des comptes l'expliqueront parfaitement : « Le rachat d'Adidas en 1990 vint déséquilibrer [le groupe], en doublant le montant global du périmètre de participations (...) et donc l'endettement auprès de la SDBO. » Tapie n'avait même pas étudié la législation allemande. Là-bas, le conseil de surveillance, qui représente les actionnaires, n'a pas le droit d'interférer dans la gestion, déléguée au directoire. Toute pression est même un délit. Sur Adidas, il n'a donc jamais eu aucune prise. Il n'a même pas pu en profiter personnellement. Ni, par exemple, en confier la publicité, jugée ringarde, à ses amis Séguéla ou Pilhan. Entre le président du directoire René Jaeggi

* Cette façon systématique d'accorder des crédits à l'acheteur, pour offrir à Tapie une plus-value facile, est dénoncée, en langue de bois, dès le 26 septembre 1991, par un inspecteur général du Crédit Lyonnais ayant contrôlé la SDBO : « Le prochain départ du directeur général [Pierre Despessailles] dont le charisme et la personnalité ont marqué les dix premières années de fonctionnement de la SDBO, nous paraît être une occasion opportune pour procéder aux ajustements nécessaires et à l'introduction d'une plus grande rigueur dans la conduite de l'ensemble des activités. »

et lui, les conflits n'ont pas tardé à se déclarer. Bien sûr, Tapie aurait pu se nommer lui-même à la présidence du directoire. Mais il aurait fallu s'enfermer à Herzogenaurach. On voit d'ici le tableau! Tapie ne parle ni allemand, ni anglais et déteste la vie de province, même à Marseille. Alors, quitter la rue des Saints-Pères pour l'Allemagne profonde! Bref : le repreneur s'est fourvoyé. Il est contraint de rendre les armes de la gestion à René Jaeggi. Lui-même, rapidement, ne voudra plus s'occuper d'Adidas, ce jouet cassé. Qui le fera à sa place? Tapie sort de son chapeau le nom de Gilberte Beaux : c'est elle qui le représentera au conseil de surveillance. Cette dame BCBG de 65 ans, surnommée « la banquière », au chignon strict et à la mine sévère, s'est fait connaître en tendant la sébille pour le compte du candidat Raymond Barre à la présidentielle de 1988. Elle est dévorée d'ambitions politiques, brûle d'être connue, rêve d'être ministre. En 1986, elle s'était présentée aux élections législatives (au scrutin proportionnel) en deuxième position sur la liste de Marie-France Garaud, qui n'avait même pas franchi la barre des 5 %. Les deux femmes se ressemblent, avec leurs mines de surveillante générale de lycée de filles d'avant-guerre. Hautaines et méprisantes, elles ont la même fâcheuse tendance à avoir souvent raison sur les détails et à se tromper toujours sur l'essentiel.

Gilberte Beaux a travaillé vingt-cinq ans avec Jimmy Goldsmith, le raider franco-britannique dont elle a organisé toutes les grandes manœuvres. La banquière a du courage, mais aussi la réputation de mettre son talent au service de personnages controversés. Elle est très proche de la SDBO et connaît Despessailles depuis toujours. Elle sait fermer les yeux et avaler les couleuvres. Elle s'entendra d'autant mieux avec Tapie qu'elle a un penchant pour les autodidactes et honnit les inspecteurs des finances et autres intellos égarés dans le monde des affaires.

Jeune, elle aussi en a bavé. Son enfance a été brisée par la mort de son père (un homme d'affaires corse, Paul Lovisi) à l'âge de 9 ans. Sortie major de l'Institut de la banque en 1951, elle est promue fondée de pouvoir chez Seligman, une petite banque décimée par la guerre où elle était entrée comme sténotypiste. Depuis, elle a fait du chemin. La banquière fourmille d'idées dans l'ingénierie financière internationale, mais est connue, dans le monde patronal, pour ne pas être étouffée par les scrupules fiscaux ou administratifs.

Avec Tapie, elle signe en toute connaissance de cause. Un jour, Gilberte invite Gabriel Farkas à déjeuner au restaurant le Napoléon. A la fin du repas, incidemment, elle lui demande :

– Au fait, vous connaissez bien Bernard Tapie. Qu'en pensez-vous?

– Il est séduisant, intelligent. C'est l'homme le plus doué que je connaisse, mais...

– Mais?

– Mais, je ne lui accorderai plus jamais ma confiance. Il n'est pas fiable. C'est un homme sans fidélité, sans foi ni loi...

Deux jours plus tard, elle signera avec Tapie. A sa décharge, elle était sans emploi.

Mais Gilberte, pas plus que Bernard, ne réussira à redorer le blason d'Adidas de l'autre côté du Rhin. Personne là-bas n'oubliera qu'en septembre 1991 Tapie a fermé l'usine de Thuengfeld, licenciant 330 personnes, en contradiction totale avec les engagements pris auprès de la famille de ne supprimer aucun emploi en Allemagne. Sous l'effet des réductions d'effectifs, la situation d'Adidas s'améliore, mais l'entreprise ne décolle pas. Les échéances financières s'accumulent. Pour rembourser ses banquiers, Tapie n'a plus qu'une solution : céder une grosse minorité (45 %) du capital d'Adidas. Stephen Rubin, le PDG du groupe britannique Pentland, actionnaire minoritaire de Reebok, ne se fait pas prier, en juin 1991, pour acquérir 20 % de la société. Il est convaincu qu'elle tombera, le moment venu, comme un fruit mûr... Pour le reste, Tapie fait appel à ses pourvoyeurs de fonds traditionnels : le Crédit Lyonnais (maison mère de la SDBO), les AGF et... la banque Worms, filiale de l'UAP. Celle-ci avait conservé une petite participation dans BTF, lors de l'introduction en Bourse du groupe, en 1989. A la demande du président du Crédit Lyonnais, Jean-Yves Haberer, Jean Peyrelevade, patron de l'UAP, accepte de la transférer sur Adidas.

Les créanciers nationalisés de Bernard Tapie ont été incités par Pierre Bérégovoy, très directement, à se dévouer. Sur le papier, les banques publiques récupèrent bien leur argent. Mais dans la réalité, elles troquent leurs créances contre une participation dans une société en perte de vitesse, ce que dénonceront en 1994 les rapporteurs de la Cour des comptes.

Cette injection massive d'argent frais permettra de payer la première échéance en août 1991 (600 millions de francs) et en plus de rembourser par anticipation 675 millions d'emprunts et de frais financiers. Insuffisant. Adidas n'est toujours pas gérée. En 1992, la dégradation de la situation financière d'Adidas et de BTF s'accélère. Le jour où Tapie est chassé du gouvernement, Adidas-France annonce la suppression de 500 emplois sur 1710. C'est fini. Pour la première fois, le Lyonnais et les grands créanciers s'affolent. Il faut vendre de toute urgence, complètement. Sans espérer le moindre gain. Pour Tapie, comme pour la SDBO, s'envole le beau rêve d'un « Wonder-bis », avec d'énormes plus-values, permettant à chacun de se refaire.

Au pied du mur, Tapie confie à Gilberte Beaux la mission de trouver un repreneur dans les plus brefs délais. Pentland, qui possèdc 20 % d'Adidas, saute sur l'occasion pour acquérir la totalité de l'entreprise. Toujours en juin 1992, un protocole d'accord est signé. Mais il ne faudra pas trois mois pour que Stephen Rubin, le patron de Pentland, en fasse des confettis, comme il s'en était réservé le droit ! Sans explications, mais avec de lourds sous-entendus. Ce nouvel échec, après celui de La Vie claire, est un terrible coup dur pour Tapie. On imagine le pire. On parle de la découverte de 300 millions de francs de fins de série invendues cachées dans un hangar discret à Anvers. La vérité, pour une fois, est plus simple. Le groupe britannique, qui avait acheté des marks en juin pour payer Adidas, vient de gagner des dizaines de millions de francs par le simple effet de la dévaluation de la livre, intervenue en août. Stephen Rubin, qui est aussi joueur que Tapie, sait mieux que lui se retirer de la table avant que la main ne passe. De plus, étant juif, il répugne soudain à aller gérer l'entreprise allemande alors que la résurgence des attentats contre les étrangers et les synagogues lui fait craindre le pire.

Voilà de bonnes raisons. Mais comme Rubin est actionnaire de Reebok, concurrent d'Adidas, et qu'il est anglais, il eût été illusoire d'espérer de lui un mot favorable pour faire cesser les mauvaises rumeurs. Il a tout simplement planté Tapie, qui a pour une fois trouvé plus fort que lui!

Auprès des actionnaires minoritaires, des fournisseurs et de la communauté financière, Tapie a perdu le peu de crédit qui lui restait. Affolés, les banquiers le contraindront à annoncer, le 18 décembre, dans un communiqué officiel, qu'il s'engage à vendre Adidas avant le 15 février 1993 et qu'il donne mandat à la SDBO de chercher un nouvel acquéreur. Le 18 décembre, c'est le jour où Édith Boizette prononcera son ordonnance de non-lieu dans l'affaire Tranchant. Six jours avant le retour de Tapie au gouvernement.

CHAPITRE 3

Le retour de Stavisky

« Quand je n'emmène personne dans mon jet personnel, il m'arrive de faire des loopings. »

Signature, mai 1984.

« La première fois, c'était une erreur. La deuxième fois, c'est une faute. » De qui émane ce communiqué cinglant, diffusé le 24 décembre 1992, veille de Noël, pour déplorer le retour de Tapie au gouvernement? D'un ténor de l'opposition? Pas du tout : c'est François Hollande qui l'a envoyé à l'AFP. Or, Hollande est un proche de Pierre Bérégovoy, au point que celui-ci l'avait pressenti pour le remplacer au ministère de l'Économie, avant que son choix ne se fixe sur Michel Sapin. Béré l'avait écarté parce que sa compagne, Ségolène Royal, était déjà ministre de l'Environnement. En silence, Hollande avait durement accusé le coup, mais ce jeune énarque, drôle et brillant, était resté fidèle au Premier ministre, qui le consultait sur sa politique monétaire et sur tous les grands sujets économiques.

Quelle mouche a donc piqué Hollande? Comme tout le monde, celui-ci voit bien que Béré se noie depuis qu'il est aux affaires : démission forcée du ministre de la Ville; conflit des camionneurs qui paralyse la France pendant l'été; chômage en hausse brutale et contestation croissante de la politique du franc fort qui, affirment ses détracteurs, enfonce la France dans la crise. Et voici qu'en plus Bérégovoy, comme un dû, rend à Tapie son fauteuil de ministre! François Hollande est stupéfait. Outré. Comment le Premier ministre peut-il à ce point se compromettre avec quelqu'un comme Bernard Tapie, alors qu'éclaboussée par les affaires la gauche est déjà dans une posture impossible dans la perspective des prochaines élections législatives, au mois de mars? François Hollande entendra l'étrange explication dès le lendemain, jour de Noël. Il est dans le Midi, avec Ségolène et les quatre enfants. Le téléphone sonne. Au bout du fil, le ton est sec :

– Pierre Bérégovoy à l'appareil. Pourquoi as-tu ainsi attaqué Tapie?

– Cela ne nous rapporte rien de l'avoir repris au gouvernement. Et ça va nous coûter cher, électoralement.

– François, il y a une chose que vous ne comprenez pas, toi et tes copains énarques. Tapie et moi, nous sommes du même monde. On est des autodidactes, pas des héritiers. Vous pensez ce que vous voulez, mais quoi que vous puissiez dire, lui et moi, nous avons tout de même eu des destins hors du commun.

Lorsque Béré a raccroché, François Hollande est resté songeur un long moment. Il s'attendait à ce coup de fil, mais pensait que pour justifier le retour de Tapie, le Premier ministre lui parlerait politique, ouverture à la société civile et à la cohorte des exclus. Jamais il n'aurait pu imaginer l'indigence de l'argument, pour justifier une décision si importante, qui implique le Parti socialiste dans sa totalité. Autodidacte ou énarque, qu'importe? pense Hollande. Le résultat, c'est une casserole de plus pour la gauche.

A la surprise générale, Pierre Bérégovoy a donc tenu sa promesse. Il l'avait dit en mai dernier : « Si Tapie est lavé de tout soupçon je le réintégrerai au sein du gouvernement. » Or, le 18 décembre, Édith Boizette a bien rendu un non-lieu. Mais elle est loin de l'avoir lavé de tout soupçon. Le début de son ordonnance ne laisse même planer aucun doute sur ses convictions profondes : « Attendu que l'ordre public, économique et commercial n'a pas été troublé par ce litige, où seule la morale de la vie des affaires a été négligée et malmenée... » Plus loin, le juge dévoile un aspect inconnu de l'affaire Tranchant : « les premiers éléments de l'expertise ordonnée mettent en évidence des paiements divers ». Il s'agit d'un versement de 31 millions de francs correspondant à « un engagement de la société Toshiba-Japon envers le Groupe Bernard Tapie ». Ces dépenses « dont la cause apparaît mal justifiée auraient rendu nécessaires des investigations complémentaires si nous avions été saisis de tels faits ». Édith Boizette affirme donc très officiellement qu'elle n'a pas été au bout de son enquête.

Le juge conclut son ordonnance de non-lieu par des accusations politiques à peine voilées : « Toshiba bénéficiera de l'entremise de Bernard Tapie auprès de la Direction du Trésor, du ministre de l'Économie et des Finances, qui autorisera sous les meilleurs délais un investissement étranger en France, via la création d'une filiale de commercialisation du groupe Toshiba. » Qui a signé cette autorisation? Jean-Charles Naouri, alors directeur de cabinet de Pierre Bérégovoy devenu un homme d'affaires inventif... et très riche, à la tête d'Euris, une société d'investissement qu'il a créée *.

* Naouri a en outre été inculpé, pour délit d'initié, dans l'affaire de la Société Générale où, sous l'impulsion de Pierre Bérégovoy, la gauche a tenté, sans succès à l'automne 1988, de reprendre le pouvoir dans la banque française privatisée par la droite en 1987.

Rien n'obligeait le juge Édith Boizette à délivrer un non-lieu sur le dossier Tapie. Elle aurait parfaitement pu demander l'élargissement de sa saisine – quitte à se faire opposer un refus de la Chancellerie –, procéder à de nouvelles investigations sur des faits délictueux et avérés : Toshiba a bien versé 31 millions de francs sans contreparties avouables à Tapie. Sur ces 31 millions, 13 ont été carrément détournés au détriment de Georges Tranchant.

Comment Bernard Tapie s'est-il débrouillé, pour obtenir que madame le juge laisse tomber le dossier; alors qu'en dépit des menaces elle l'avait mis, non sans mal, en examen sept mois plus tôt?

Ce résultat, il le doit à la fragilité d'Édith Boizette, dont la détermination est fluctuante. Dans l'affaire des délits d'initié de Pechiney, son titre de gloire, elle s'est acharnée sur un deuxième couteau comme Alain Boublil, directeur de cabinet de Pierre Bérégovoy au moment des faits sans chercher à remonter plus haut *. Or, si l'on s'en tient au dossier, le délit aurait tout aussi bien pu avoir été commis par Pierre Bérégovoy, par François Mitterrand ou par Roger-Patrice Pelat, dont il est avéré dans son cas, qu'il en a largement profité. Pourtant, malgré quatre ans d'instruction, Édith Boizette n'a pas trouvé le temps de faire saisir et d'éplucher les comptes de Roger-Patrice Pelat, même après sa découverte fortuite d'un versement de 110 000 francs à François Mitterrand « contrepartie, avait dit l'Élysée, de l'achat de livres anciens ». Il faudra attendre les investigations du juge Thierry Jean-Pierre pour que soit dévoilée l'ampleur de l'entreprise de corruption installée au cœur de l'État par l'ami du président. Boublil était sans doute apparu à Édith Boizette comme un coupable à sa mesure. De plus, cette magistrate, engagée à droite, avait alors bénéficié d'un environnement politique favorable : Michel Rocard, Premier ministre, n'était pas fâché qu'à travers Boublil soient éclaboussés Bérégovoy, Pelat et le président lui-même.

Dans le cas Tapie, il en va tout autrement : le président de la République et le Premier ministre soutiennent ouvertement le député de Marseille. Édith Boizette n'est pas de taille. Elle a déjà déclenché un barouf d'enfer en inculpant le ministre de la Ville et en provoquant sa démission. Elle sait bien qu'il est dangereux, pour un juge d'instruction, d'être cata-

* Relaxé en première instance, Alain Boublil sera condamné en appel à deux ans de prison, dont un ferme. Il ne sera cependant pas écroué dans l'attente du jugement de cassation. Comment Édith Boizette justifie-t-elle sa sévérité extrême dans l'affaire Pechiney, un dossier de délits d'initié que n'étaye aucune preuve en regard de son indulgence vis-à-vis de Bernard Tapie, dont il est avéré qu'il a volé 13 millions de francs à son associé? Elle s'en expliquera elle-même aux deux chroniqueurs judiciaires du *Monde*, Laurent Greilsamer et Daniel Schneidermann : « L'affaire Tapie est une affaire purement commerciale. Il n'est nullement soupçonné d'avoir commis un délit au niveau de la chose publique. C'est une affaire entre deux parties. C'est tout à fait différent de l'affaire Pechiney » (*Les juges parlent*, Fayard).

logué parmi les jusqu'au-boutistes. Elle aspire à plus de tranquillité, plus de reconnaissance. A son âge, elle pourrait déjà être juge de siège.

Elle a résisté aux pressions et aux menaces tant qu'elle se sentait soutenue par son camp. La droite, pensait-elle, lui serait reconnaissante du coup ainsi porté à la gauche juste avant les élections. Mais voilà que, sur le dossier Tapie, elle reçoit des messages venant, de ce côté-là aussi, lui suggérer de lever le pied!

Car le député, c'est son atout décisif, est en train de réussir une incroyable opération de contournement. Son initiateur a 38 ans. Il s'appelle Francis Szpiner, il est franc-maçon, c'est un des plus brillants avocats du barreau de Paris. Conseil de *Libération*, il a plaidé quelques grandes causes de la gauche. Petit, vif, carré et brun, c'est un avocat très politique, toujours bien informé. Son carnet d'adresses est une encyclopédie. Même ses adversaires le respectent. A la brasserie Lipp où il aime déjeuner, il traverse la salle pour aller serrer la main d'Yves Chalier, qu'il a pourtant envoyé en prison dans l'affaire du Carrefour du développement! Drôle et futé, écrivain à ses heures perdues, Szpiner est de la graine de Borloo, dont il est d'ailleurs l'ami. Ses méthodes sont parfois peu orthodoxes, mais toujours efficaces. Adolescent, il rêvait de faire Saint-Cyr. Puis il s'est cru homme de lettres. Il n'est pourtant resté que 48 heures en hypokhâgne au lycée Honoré-de-Balzac, à Paris. Le temps de s'apercevoir qu'il avait fait fausse route. Il bifurquera alors vers la faculté de droit et l'institut de criminologie, tout en conservant son penchant pour la chose littéraire. Avec son ami de vingt ans Jean-Pierre Deck et André Bercoff, il écrira le discours de Bernard Tapie à l'Assemblée nationale, le jour de sa première levée d'immunité parlementaire. C'est Deck qui lui a présenté Bernard Tapie. Adhérent du mouvement des radicaux de gauche, conseiller de Tapie au ministère de la Ville, Deck travaillait chez Jean-Pierre Soisson quand Szpiner avait été nommé directeur de cabinet du président du gouvernement en Polynésie française. Ensemble, ils avaient projeté de constituer un nouveau mouvement, France Unie. Szpiner cherchait à obtenir le ralliement de Soisson pour constituer un groupe parlementaire. Mais cette tentative n'aura pas de suite. Plus tard, c'est en prenant connaissance d'une écoute téléphonique entre Jean-Pierre Deck et Francis Szpiner, dans le cadre de l'instruction de l'affaire OM-Valenciennes que Tapie se séparera brutalement de Szpiner qui tenait à son égard des propos peu amènes.

Jusqu'à cette conversation dévoilée, Tapie et Szpiner s'entendent comme larrons en foire. Tapie a trouvé son nouveau Borloo. Si différent de tous ces avocats qui ne regardent que le droit, sans jouer des rapports de forces politiques. Szpiner, lui, est impressionné par l'énergie et le magnétisme de son client, qui le dérange pour un oui ou pour un non, au milieu de la nuit, juste pour recueillir son avis sur une idée nouvelle. Grâce à Tapie, Szpiner devient à son tour la coqueluche des médias. Personne ne lui a dit que, pour Tapie, cette notoriété vaut salaire ! Toutes ses heures de travail, diurnes et nocturnes lui rapporteront juste de quoi payer ses frais...

Au début, Szpiner croit en la cause qu'il défend. Élevé dans le culte de Mendès France et du radicalisme républicain, il pense que l'apport de Tapie est nécessaire aux socialistes pour acquérir durablement la majorité en France. Il considère les radicaux comme un triste syndicat de notables avalant toutes les couleuvres du PS pour un maroquin subalterne, dévolu au président tournant. Aussi, est-il favorable à l'entrée de Tapie au MRG. Il faut donc qu'il soit blanchi. Pour y parvenir, il va sortir le grand jeu. Toutes antennes maçonnes dehors, il a été humer l'air du Palais de justice. Il y apprend qu'Édith Boizette n'est pas opposée à rendre une ordonnance de non-lieu si Georges Tranchant retire sa plainte contre Tapie.

Or, une négociation parallèle s'est déjà engagée avec Georges Tranchant. En septembre, le député d'Asnières a rencontré un autre des avocats de Bernard Tapie, le bâtonnier Lafarge. Se sachant en position de force, Tranchant avait fixé le prix de son honneur à 60 millions de francs. Tapie avait trouvé la somme beaucoup trop élevée.

Szpiner devra amener Tranchant à en rabattre. Comment ? En passant par Charles Pasqua, sénateur, président du conseil général des Hauts-de-Seine, dont Tranchant est un affidé. C'est Pasqua qui a fait élire Tranchant à Asnières. Mais les deux hommes partagent d'autres petits secrets. Propriétaire de casinos, en même temps importateur de bandits-manchots, ces machines à sous qui font la fortune de ces établissements, Tranchant a largement bénéficié du libéralisme de Charles Pasqua, ministre de l'Intérieur entre 1986 et 1988.

Comment Szpiner peut-il obtenir l'appui de Pasqua ? Il a entrevu une opportunité. Celui-ci vise la présidence du Sénat que va – enfin ! – libérer Alain Poher. La partie se joue entre candidats de droite. Mais la gauche peut avoir un rôle d'arbitre. Et favoriser discrètement Pasqua, face à René Monory, sénateur de la Vienne, ancien ministre des Finances de Raymond Barre.

Mais comment entrer au cœur de la machine RPR et lui proposer ce deal ? Depuis longtemps, Szpiner compte parmi ses clients Alain Marsaud, magistrat ambitieux, qui a basculé à droite après avoir vainement cherché une circonscription à gauche. Il se fera finalement élire à Limoges sous l'étiquette RPR. C'est un proche de Charles Pasqua, dont il a apprécié l'attitude répressive au ministère de l'Intérieur. Marsaud est en outre un ami de Jean-Claude Marin, le procureur de la République avec qui Édith Boizette travaille en étroite symbiose depuis qu'elle a intégré le parquet de Paris *. C'est donc par Marsaud qu'il faut passer. Szpiner l'appelle :

– Alain, Édith Boizette charrie un peu avec Tapie. Elle le poursuit de sa vindicte. C'est une affaire privée. Il faut calmer le jeu. Peux-tu dire à

* Au point qu'on avait soupçonné le substitut d'avoir tenu la plume du juge dans son ordonnance de renvoi, très politique, sur l'affaire Pechiney.

Pasqua que, s'il fait tomber la pression, les socialistes ne présenteront pas de candidat au troisième tour de l'élection du président du Sénat?

– ...

– Ne t'inquiète pas, les socialistes suivront. J'en fais mon affaire. On peut donner des gages. Mais tâte d'abord le terrain auprès de Pasqua.

Szpiner s'est engagé à découvert. Il lui reste à trouver une caution du côté du PS. Michel Charasse la lui donnera. L'Élysée souhaite en effet que Bernard Tapie puisse participer aux prochaines élections législatives. Il faut tout faire pour mettre un terme à l'affaire Tranchant *.

Le 30 septembre, Michel Charasse écrit donc au président de la République une note dans laquelle il lui livre la teneur des tractations en cours. Mais cette note atterrira à la rédaction du magazine d'extrême droite *National Hebdo*, qui la publiera [1]. Qui a transmis ce document à la presse? Les soupçons se focalisent à l'époque sur François de Grossouvre, le responsable des chasses présidentielles, gardien de la vie privée de François Mitterrand, qui dispose depuis 1981 d'un bureau à l'Élysée, dans lequel on le trouvera mort, une balle dans la tête, le 7 avril 1994. Proche de l'extrême droite, Grossouvre entretient avec le président une sordide relation d'amour et de haine et déverse son fiel auprès de quelques journalistes confidents **. Il reporte sa hargne sur l'entourage – Roger-Patrice Pelat, Roland Dumas, Gilles Ménage, Michel Charasse et, bien sûr, Bernard Tapie. Michel Charasse balaie ces supputations d'un revers de main. La note signée de lui serait un faux : sur son en-tête, on lit « l'Élysée » et non « le conseiller du président »; la formule de politesse – « bien amicalement » – n'est pas de celles qu'il emploie; la note aurait pu être écrite par n'importe qui et sa signature photocopiée... Mais, pourtant, Charasse ne portera pas plainte.

La note peut être contestée, pas son contenu. Soudain, Georges Tranchant devient très conciliant. Il évalue désormais son honneur à peu de chose puisqu'il accepte de retirer sa plainte contre le versement par Tapie de 15 millions de francs, en quatre traites garanties par la SDBO. Comme Tapie lui avait volé 13 millions et qu'entre-temps les intérêts ont couru... A Jean-Marie Pontaut, l'un des grands journalistes d'investigation français qui s'étonne de cette reddition en rase campagne, Tranchant rétorque : « Je me fous de ceux qui parleront de reculade (...). Je leur réponds : " Êtes-vous prêts à me rembourser à la place de Tapie? " Moi, je n'ai pas les moyens de refuser cette transaction [2]. » Pasqua ne deviendra pourtant pas le deuxième personnage de l'État, car les socialistes n'auront pas le loisir de lui donner

* Au-delà des tractations souterraines, la droite et l'Élysée ont un intérêt convergent au retour de Tapie sur le devant de la scène politique. Pour diviser la gauche, de la part du RPR, ou pour lui redonner du tonus, de la part de Mitterrand.

** Jean Montaldo tirera de ces entretiens la substance de son livre-pamphlet : *Mitterrand et les 40 voleurs, op. cit.*

un coup de main. Avertis de la manipulation, les centristes se sont débrouillés pour que René Monory soit élu... dès le deuxième tour!

Édith Boizette attendra le rapport d'expertise comptable avant de rédiger son ordonnance de non-lieu. Celui-ci tarde. En haut lieu, on s'impatiente. L'émission *Jury d'honneur*, que TF1 devait consacrer, le 2 décembre, au retour de Bernard Tapie sur la scène politique, doit être annulée in extremis. A la place, les téléspectateurs auront droit à *Duo d'enfer*, une médiocre fiction américaine.

Lorsque Édith Boizette reçoit son rapport, au vu de ce qu'elle y découvre, elle est tentée de se rebiffer et de poursuivre. Mais tout va vite rentrer dans l'ordre. Comment pourrait-elle s'opposer à la Chancellerie, à Jean-Claude Marin, à Alain Marsaud, à Pierre Bérégovoy, François Mitterrand et Charles Pasqua, au PS et au RPR réunis? Tapie et Szpiner ont gagné. Le 18 décembre, le juge rend son ordonnance. Tapie ne perd pas une minute pour triompher: « Je fêterai Noël au gouvernement! » Puisqu'il le dit! Pierre Bérégovoy s'exécutera. Et le 24 décembre, Tapie récupérera effectivement son portefeuille de ministre de la Ville, sans un mot pour la gestion de François Loncle, qui l'a remplacé pendant sept mois.

Tapie n'est pas du genre rancunier. Il n'a pas digéré le communiqué de François Hollande. A la sortie du premier Conseil des ministres auquel il assiste après son retour au gouvernement, en janvier, il prend Ségolène Royal, sa compagne, à partie : « Il faut que tu dises à ton mec d'arrêter de me faire chier. Sinon, je vais aller l'emmerder dans sa circonscription en Corrèze. »

CHAPITRE 4

« *Une bite au MRG* »

> « Si je choisis de faire vraiment de la politique, j'entrerai dans un parti. Un vrai parti et pas je ne sais quelle association ou club, ni une simple filiale du PS. »
>
> Au *Nouvel Observateur*, le 25 janvier 1990.

« Le MRG accepte l'adhésion de Bernard Tapie. » *Le Monde* n'a pas consacré 15 lignes, en bas de page, à cette nouvelle, le jeudi 4 février 1993. Redevenu ministre de la Ville après son non-lieu dans l'affaire Tranchant, Tapie, pour une fois, n'a pas embouché les trompettes pour saluer son entrée au Mouvement des radicaux de gauche. C'est en catimini qu'il a rejoint ce parti croupion. La décision, pourtant, est importante. Son plan de bataille est verrouillé pour les deux prochaines années. Avec le MRG, il a négocié serré. Les radicaux de gauche doivent lui permettre de rebondir aux prochaines élections législatives de mars 1993. Tout le monde sait que la sixième circonscription, dont Tapie est le député depuis 1989, est perdue pour la gauche. Or, à Gardanne, dans la dixième circonscription, celle qui jouxte les quartiers nord de Marseille, c'est Yves Vidal qui devait porter la bannière de la majorité présidentielle. Vidal, c'est le couteau de Brutus, l'homme que Michel Pezet avait fait élire à la tête de la fédération socialiste contre le candidat de Gaston Defferre, à la veille de sa mort.

Banni par Edmonde Charles-Roux et par ses amis, Vidal avait dû quitter le PS et avait échoué au MRG. Mais les Marseillais ne l'avaient pas oublié. A Gardanne, les premiers sondages ne lui accordent qu'un peu plus de 3 % des intentions de vote. Tapie a donc convaincu les instances nationales du MRG qu'il ferait forcément mieux que lui.

Ce premier cadeau empaqueté, le flambeur pense déjà à l'avenir. Il rêve d'une investiture comme tête de liste aux élections européennes de juin 1994. Si tout marche bien, il sera alors en position de peser lors de l'élection présidentielle de 1995, voire de s'y présenter. Bernard Tapie a compris les leçons de François Mitterrand. En politique, il faut à la fois savoir bousculer l'ordre établi, mais tout autant être capable de tisser sa toile, patiemment. S'il veut atteindre ses multiples objectifs, Tapie, pour l'instant, doit agir dans l'ombre. Accepter, momentanément de n'être pas le premier. Entrer dans une organisation, s'y couler, avant de pouvoir s'en servir pour ses ambitions personnelles.

Où est passé le jeune homme fougueux d'antan qui voulait tout, tout de suite? Il est loin, celui qui lançait à la cantonade qu'il allait « mettre les doigts dans tous les pots de confiture ». Tapie a pris de la bouteille. Quelques jours plus tôt, le 23 janvier 1993, il a célébré son cinquantième anniversaire. Une fête surprise, avec concert rock, que lui avait organisée Dominique. La surprise, c'était l'endroit : le Hollywood Savoy, un bistrot à la mode de la rue Notre-Dame-des-Victoires, tout proche de ce petit hôtel où ils avaient tous deux caché autrefois leurs amours clandestines. Il y avait là une soixantaine de ses amis, ou plutôt – car Tapie n'a pas de vrais amis – de ceux qui l'avaient aidé tout au long de son parcours chaotique. Gilberte Beaux, son bras droit chez Adidas, y côtoyait Patrick Le Lay, qui ne lui refuse rien à TF1, Claude Colombani, son premier conseiller juridique, qui lui a mis le pied à l'étrier, Bernard Steinitz, son antiquaire-conseiller, Jacques Pilhan qui fait le go-between avec François Mitterrand, ou Fabien Domergue, son ancien directeur général. Mais ni Séguéla ni Bérégovoy n'était là. En revanche, aucun membre de la famille ne manquait à l'appel : parents, enfants, frère. Le clan Tapie réuni, on avait bu, dansé et chanté.

Tous ceux qui ont donné, à un moment ou un autre, un coup de pouce à Tapie disent la même chose : le flambeur écoute parfois les conseils, mais n'en tient jamais compte d'emblée. Il faut d'abord, même si ça fait mal, qu'il expérimente lui-même ses erreurs. Qu'il se plante. Or, c'est bien ce qui s'est passé, trois années plus tôt, en politique. Son impatience l'avait envoyé dans le mur. A cette époque, il cherchait déjà une structure d'accueil, s'étant enfin rendu compte que la télé ne suffit pas, si l'on n'est pas soutenu par une organisation et épaulé par des militants. Le Parti socialiste? En 1989, il est déjà en rupture avec le chef de l'État. De toute façon, les éléphants ne lui auraient laissé qu'un strapontin. Avant de le démolir à la première occasion. Tapie n'est pas du genre à montrer patte blanche aux apparatchiks. Ce qu'il lui faut, c'est une machine électorale. Pour lui.

Il est prêt à rejoindre le premier disposé à l'accueillir, aussi bien à gauche qu'à droite. Bien entendu, il a posé ses filets chez les radicaux de gauche. En perte de vitesse, le MRG peut être un terrain rêvé pour une rénovation, conduite par un chef charismatique, du genre de... Bernard Tapie.

Par les bienfaits du « tourniquet » – invention très radicale qui permet à chacun d'espérer un jour s'honorer du titre de président – le patron du MRG est, en 1989, un illustre inconnu du nom d'Yves Colin. Coup de chance : Colin aime bien Tapie. Il est même venu le soutenir, en janvier 1989, dans sa campagne contre Guy Tessier à Marseille. A la veille des vacances d'été, Colin gamberge : comment éviter de céder la présidence du MRG à Émile Zuccarelli, dans quelques semaines? Cette question absorbe tout ce que le malheureux a d'énergie. Il entrevoit une réponse! Il appelle le député de Marseille. Le téléphone à peine raccroché, le voilà qui joint ses amis du MRG, Jean-Michel Baylet, Jean-François Hory et Bernard Castagnède. « Viens, dit-il à chacun, on va manger chez Tapie. »

Pour se rendre dans l'hôtel particulier de la rue des Saints-Pères, les quatre comploteurs radicaux se mettent sur leur trente et un. Et se retrouvent costumés et cravatés, face à un Bernard Tapie, hilare, en tee-shirt, qui en rajoute dans la décontraction. On tombe la veste. Bon whisky, bon vin, bonne chère, ils sont reçus selon la tradition radicale. Au point que Tapie qui ne fume plus, boit peu, mange de l'herbe à lapin et aime se coucher tôt, se demande soudain s'il va devoir y passer la nuit. C'est lui qui, tout d'un coup, paraît coincé.

Alors, au milieu du repas, il brusque les choses : « Le MRG, c'est comme un magasin qui aurait une bonne enseigne, mais dans une rue où il ne passe plus personne. Moi, j'ai connu le même problème avec Wonder. C'étaient de bonnes piles, mais elles étaient vendues dans les drogueries, pas dans les supermarchés. J'ai de bonnes relations avec les médias. Je sais remédier à cela. Le Parti radical a déjà failli ressusciter avec Jean-Jacques Servan-Schreiber en 1972. Le nombre de ses adhérents a plus que quadruplé cette année-là. Mais les plombs de Servan-Schreiber ont sauté. Moi, je vais faire comme lui, sauf que je garderai la tête froide. »

Stupéfaits, partagés entre l'hilarité et la réprobation, Colin, Baylet, Hory et Castagnède attendent la fin du discours. Ils ne seront pas déçus. « Moi, je veux bien venir chez vous pour être le taulier, leur dit Tapie. Vous repoussez votre comité directeur prévu en septembre. Vous m'élisez. On fera de grandes choses ensemble. » Tous les quatre s'en iront terminer la soirée à la terrasse de l'Escurial, un bistrot du boulevard Saint-Germain. Les deux radicaux-cassoulet, Colin et Baylet, sont les plus réservés. Baylet, surnommé fils-à-maman * lance :

– Il a la tête comme une pastèque, ton Tapie. Il croit qu'il va prendre la tête du MRG, comme ça, juste sur sa bonne tronche?

Colin acquiesce. Il pensait que Tapie l'aiderait à écarter Émile Zuc-

* Sa mère, Évelyne Baylet, possède *la Dépêche du Midi*. En 1988, alors que son fils Jean-Michel vient d'être nommé ministre délégué au Tourisme dans le gouvernement Rocard, Évelyne Baylet, au cours d'une réception, remercie bruyamment le chef de l'État « d'avoir bien voulu faire une place au petit, d'autant plus qu'il ne sait rien faire ».

carelli, pas qu'il voudrait d'emblée prendre sa place. Avec lui, plus de tourniquet!

– Bon, les gars, on laisse tomber. Je me suis trompé.

Jean-François Hory et Bernard Castagnède ne sont pas de cet avis. Fraîchement débarqués au MRG, ils n'ont, eux, rien à perdre. Surtout, Bernard Tapie les amuse. Pourquoi cette grosse locomotive ne tirerait-elle pas leurs petits wagons? Hory ne parviendra à ses fins que trois ans plus tard. Ce grand type à l'allure un peu grise, mais au large sourire, a longtemps été le bras droit de Jean-Michel Baylet. Il a écrit ses discours et, lorsque celui-ci a été nommé ministre, il s'est occupé à sa place de la gestion du MRG. De père paysan, c'est un bouffeur de curé patenté. Il zozote, aime les jolies filles, le whisky avec de la glace, et ne se cache pas d'avoir jadis fumé force « pétards ». Fonctionnaire dans les années soixante-dix à Mayotte, il flirte avec les giscardiens. Mayotte a voté pour Giscard, mais contre toute attente, au lendemain de la victoire de Mitterrand, par pur légitimisme, elle se prononce massivement pour les candidats de la nouvelle majorité présidentielle! Jean-François Hory est de ceux-là, élu par surprise. Non inscrit, c'est à l'Assemblée nationale qu'il fait la connaissance de Jean-Michel Baylet. Il ne le quittera plus et le suivra même comme chargé de mission au conseil général de Haute-Garonne. Très vite, Baylet ne pourra plus se passer d'Hory. Celui-ci garde un profil bas. Si bien que lorsqu'il faudra trouver un nouveau président au MRG, en juin 1992, Baylet se met d'accord avec Colin sur le nom de Jean-François Hory. Tous deux pensent qu'ils conserveront ainsi la main sur le parti au cas où ils seraient appelés au gouvernement. Les naïfs! Mais en cet été 1989, Hory et Castagnède ne pèsent rien au sein du MRG. Les radicaux n'entendront donc plus parler de Tapie pendant quelque temps. Le comité directeur se déroule comme prévu, au mois de septembre. Le tourniquet tournique : Zuccarelli remplace Colin.

Lorsque Bernard Tapie est nommé ministre de la Ville, en mai 1992, Zuccarelli reçoit les PTT. Traditionnellement, en échange d'un désistement au second tour en faveur du candidat le mieux placé à gauche, le PS concède un portefeuille technique au président du MRG... Depuis son ministère, Zuccarelli doit déjouer un putsch radical de Jean-Pierre Soisson sur le parti. Il cherche des appuis. Quand Bernard Tapie démissionne, le ministre des PTT l'invite à dîner avenue de Ségur. Tapie, qui déteste pourtant devoir quoi que ce soit à qui que ce soit – sauf à la SDBO! – se souviendra que Zuccarelli lui a tendu la main quand tout le monde retirait la sienne.

Hory vient de s'installer à la présidence des radicaux de gauche. Il cherche des personnalités nouvelles susceptibles d'adhérer au MRG et suffisamment emblématiques pour symboliser la modernisation du parti. Avant Tapie, il contactera ainsi Jean-Louis Borloo, Brice Lalonde, Jean-Louis Bianco et Bernard Kouchner. Avec le ministre de la Santé et de l'Action humanitaire, les négociations ont même été approfondies : mais Bernard Kouchner revendiquait d'emblée la présidence. Hory n'a pas cédé. Tapie a été plus malin. Avec l'ex-ministre de la Ville, l'entrevue a lieu, avenue de Friedland, dans ses bureaux d'homme d'affaires, en septembre 1992. Écarté du gouvernement, rejeté par la classe politique, poursuivi par les créanciers d'Adidas, sous le coup d'une mise en examen, Bernard Tapie, cette fois, a rabaissé ses prétentions. « Maintenant, je suis décidé à aider le radicalisme. Il faut que nous travaillions ensemble », dit-il à Jean-François Hory. Il se fait même tout petit : « Il faudrait que tu me pondes des fiches d'une dizaine de lignes pour que j'étudie chaque sujet. » Hory lui enverra deux fiches, d'une vingtaine de lignes chacune.

En novembre, Émile Zuccarelli invite Jean-François Hory à dîner, en compagnie de... Bernard Tapie. Le dossier Tranchant s'arrange. Tapie a repris des couleurs. Il attaque bille en tête le président du MRG :

– Alors les notes que tu m'avais promises, où sont-elles? T'as rien foutu.

– Tu plaisantes. Je te les ai envoyées, il y a belle lurette.

Bernard Tapie avait égaré les fiches. Hory lui en enverra le double. Quelques semaines plus tard, comme prévu, Tapie obtient son non-lieu et réintègre le gouvernement. Il veut toujours adhérer au MRG. Mais, le ministre est redevenu carrément flambard. Il veut entrer chez les radicaux par la grande porte. Jean-Michel Baylet et Émile Zuccarelli, tous deux ministres, sont tentés de la lui ouvrir. Tapie s'y croit déjà. Il fait des déclarations dans la presse. Mais Jean-François Hory veille au grain. Il retourne voir Tapie, dans son ministère cette fois. Et lui dit :

– Il paraît que tu veux entrer au MRG? On en parle dans tout Paris. Tu sais, mon fils Alexandre se présente à Toulon, dans le Var, aux prochaines législatives. Tu peux lui donner un coup de main?

– C'est ton gamin. Puisque tu me le demandes, OK. J'irai le soutenir.

Chacun marque ainsi son territoire. Hory a pris de l'assurance. La conversation se poursuit entre les deux hommes qui se jaugent. Ils savent qu'ils auront tous deux besoin l'un de l'autre. Tapie veut devenir le chef d'un parti existant. Hory cherche une locomotive, pas un patron. Trouveront-ils un terrain d'entente? C'est Tapie qui se découvre le premier :

– Le PS, combien a-t-il d'abonnés?

– D'adhérents? 130 000, officiellement.

– Le RPR?

– 80 000.

– En trois mois, tu vas voir, on va être le premier parti de France.

– Attends, le MRG n'a que 6 000 adhérents. Et encore!

– T'inquiète pas. Fais-moi confiance. Mais si on y va, on y va vraiment. Dans six mois, on sera les premiers.

Jean-François Hory sourit. En une minute, Bernard Tapie a déjà décalé de trois mois ses prévisions. Preuve qu'il s'y croit! Il laisse Tapie développer sa stratégie de conquête. A l'entendre, la France entière allait se précipiter au MRG dès qu'elle apprendrait sa venue! Tout à coup, Tapie s'empare de deux feuilles blanches et d'un feutre. Hory prend peur : il croit que le ministre de la Ville va se mettre à écrire. Il est rassuré quand il le voit commencer à dessiner. Sur la première feuille, Tapie griffonne un grand cercle. Il est vide. Il le montre à Hory :

– Sans moi, voilà où vous allez.

Puis, il prend la deuxième feuille et trace le même cercle. Puis il ajoute un grand ovale, de la forme d'un cigarillo, à l'intérieur du cercle. Fier de son gribouillis, il le montre au président du MRG :

– Avec moi, voilà où on va!

Hory reste muet. Tout ça ne ressemble à rien. Ravi de son petit effet, Tapie explique :

– Avant, tu vois, au MRG, il n'y avait pas de bite. Maintenant, avec moi, il va y en avoir une.

Marché conclu : Jean-François Hory fera donc entrer une bite au MRG. Mais en sortant du ministère, Hory se dit que ce qu'il y a autour n'est pas triste non plus.

A l'heure du déjeuner, il se précipite auprès de Jacques Pilhan, le conseiller en communication de François Mitterrand, pour lui raconter toute l'histoire. Voir Tapie rejoindre (avec sa bite) le MRG comble Pilhan de joie :

– Vous allez faire un malheur.

Pourtant, jusqu'au dernier moment, l'adhésion de Tapie au MRG restera incertaine. Les caciques du parti, ardents défenseurs d'une stratégie d'osmose complète avec le PS, tenteront tout pour y faire obstacle. Au point que la conférence de presse pour annoncer la venue de Tapie, prévue le mardi 2 février, devra être reportée au lendemain.

Qui sera président du MRG? On n'en a pas parlé une seule fois au cours des tractations. Sera-ce Hory? Sera-ce Tapie? Cette fois, le ministre de la Ville saura s'effacer. Il vise plus haut, plus loin. Il a acquis une notoriété suffisante pour laisser Hory, s'il le souhaite, conserver son poste sans que cela lui fasse ombrage. Il sera bien temps d'en parler après les élections législatives. On verra alors qui sera le plus fort. Pour l'instant, l'important c'est de gagner un nouveau siège de député. Et de préparer le terrain pour l'élection présidentielle.

CHAPITRE 5

Le milliardaire en chemise

« Adidas, c'est l'affaire de ma vie (...), même dans cent ans, je ne la vendrai pas. »

Sur les radios.

Le 18 décembre 1992, la Société des bourses françaises (SBF) éprouve le besoin de confirmer elle-même les promesses de l'homme d'affaires : « Bernard Tapie a décidé de se désengager d'Adidas », annonce-t-elle à son tour dans un communiqué. C'est dire si l'opération est considérée comme cruciale. La clémence du juge Édith Boizette a-t-elle été subordonnée à l'assurance, donnée par les instances boursières officielles, que cette fois, Bernard Tapie renoncerait définitivement aux affaires ? Officiellement c'est la « banque Tapie » qui est chargée de trouver un acquéreur.

En réalité, cela fait plus d'un mois que d'autres banquiers, plus sérieux, se sont mis en chasse. Les responsables de la SDBO ont mauvaise réputation au sein de la communauté financière française. Ils ont pris beaucoup d'engagements à risques, dans l'immobilier et chez les antiquaires notamment. Des rumeurs alarmantes commencent à circuler sur la solvabilité de la banque. Ils vont donc être « épaulés » dans leur recherche par les dirigeants de Clinvest, la banque d'affaires du Crédit Lyonnais et par ceux de la banque du Phénix (filiale de la compagnie d'assurances AGF) qui s'estime désormais beaucoup trop engagée. Au début du mois de novembre, Henri Filho, directeur général de Clinvest, accompagné de Jean-Paul Tchang, directeur de la banque du Phénix, a rendu visite à Robert Louis-Dreyfus, l'héritier d'une famille d'armateurs et de banquiers, aussi riche que discrète.

Domicilié en Suisse, Robert Louis-Dreyfus est, en France, un illustre inconnu. Mais il s'est rendu célèbre en Angleterre où il a brillamment redressé le groupe de publicité Saatchi et Saatchi. Élégant et effacé, ce patron formé à l'école de la rigueur fuit les cocktails, et n'a rien d'un publicitaire. Son parcours est des plus classiques. Il obtient un diplôme à

Harvard Business School, avant de faire ses premières armes dans l'entreprise familiale de négoce de céréales, la SA Louis-Dreyfus, où il restera huit ans. Sa vraie chance, il la saisit en 1982 quand le patron d'IMS (une société d'études de marché spécialisée dans la pharmacie), qu'il a connu aux États-Unis, l'appelle à ses côtés avant de filer prématurément dans l'au-delà. Robert Louis-Dreyfus le remplace aussitôt. Pendant sept ans, il va faire prospérer l'entreprise qui deviendra numéro deux dans sa spécialité. Sous son règne, les bénéfices d'IMS sont multipliés par 8, sa valeur boursière par 16. Mais Robert Louis-Dreyfus est avant tout un financier. Il cédera IMS au plus haut, à Dun & Bradstreet.

Un année plus tard, en 1989, les frères Saatchi sont au bord de la faillite. Ils connaissent Robert Louis-Dreyfus, depuis l'époque où ils avaient été tentés, eux aussi, par l'acquisition d'IMS. Ils lui donnent carte blanche pour redresser leur agence en perte de vitesse. Pendant trois ans, l'homme d'affaires français sabre dans les effectifs, licencie le personnel en surnombre, élague les activités à coups de serpe et réorganise les réseaux. A la mi-1992, la situation de Saatchi et Saatchi est suffisamment assainie pour qu'il annonce son intention de quitter l'entreprise au mois de juin 1993 et d'en confier la présidence à un de ses collaborateurs.

Robert Louis-Dreyfus fuit la presse et les caméras de télévision. Il roule en 205 Peugeot, sans même le téléphone ! Mais il s'est fait une réputation dans le redressement des sociétés en difficulté. C'est donc tout naturellement que les banquiers, qui cherchent une sortie honorable pour Tapie, lui proposent de reprendre Adidas. Au départ, Louis-Dreyfus refuse. Il ne va pas risquer sa fortune pour acquérir une entreprise ballottée par l'actualité et pour rendre service. « Ils espéraient que j'allais racheter la totalité [d'Adidas] avec un groupe d'amis. L'investisseur plus que le redresseur les intéressait [1]. » Mais les banquiers ne désarment pas. L'affaire est, pour eux, trop importante. Ils n'ont aucune alternative. Neuf banques ont engagé 1,6 milliard de francs sur Adidas et tiennent absolument à récupérer leur mise. Leurs représentants retournent donc voir Robert Louis-Dreyfus en lui proposant, cette fois, de limiter son investissement à une participation minoritaire dans le capital tout en obtenant la haute main sur la gestion. L'homme d'affaires se montre alors – le contraire eût été étonnant – beaucoup plus intéressé. « Entre-temps, on m'avait remis l'audit fait pour Pentland par Price Waterhouse et je n'y ai rien trouvé qui justifie le comportement de Stephen Rubin [le patron de Pentland] lequel, selon moi, cherchait plutôt à renégocier le prix [2]. » C'est ainsi que le 15 février, à la date prévue, Robert Louis-Dreyfus acquiert Adidas *.

---

* Le tour de table constitué pour la reprise d'Adidas est officiellement le suivant : Robert Louis-Dreyfus et les frères Saatchi : 15 % par le biais de la société Ricesa ; Crédit Lyonnais : 19 % ; AGF : 18 % ; UAP : 5 % ; Omega et Coatbridge : 35 % ; Gilberte Beaux : 8 %.

Les conditions de cette reprise vont provoquer un véritable tollé dans la classe politique française. Car si Robert Louis-Dreyfus s'en tire le mieux du monde en n'investissant que 310 millions de francs – entièrement garantis par la SDBO! – pour acquérir 15 % d'Adidas *, tous les organismes financiers publics de la place, favorables au gouvernement, sont appelés à participer au montage. Le Crédit Lyonnais, les AGF, l'UAP et la banque Worms reprennent ensemble 42 % de la société. Il s'agit en réalité d'une nationalisation cachée. Car derrière les fonds d'investissement exotiques Omega Ventures et Coatbridge Holdings, acheteurs, ensemble, de 35 % d'Adidas pour 750 millions de francs, se cache... le Crédit Lyonnais, qui possède ainsi la majorité de l'entreprise allemande. Coatbridge est contrôlée, via le Luxembourg, par un fonds d'investissement situé... dans les îles Vierges, tandis que sa gestion est assurée par une société suisse liée à la banque d'affaires Warburg. Omega est, dit-on alors, une émanation de la Citybank. Le Lyonnais avance masqué, mais sera peu à peu découvert. La Banque nationalisée a, tout simplement, racheté entièrement Adidas au ministre Tapie!

Cette intervention directe de banques publiques pour sauver Bernard Tapie met les milieux de droite en ébullition. « Choquante » pour le député RPR Charles Pasqua, « indigne » pour le porte-parole du PR, Ladislas Poniatowski, ce soutien suscite une lettre de Bernard Pons, président du groupe RPR à l'Assemblée nationale au Premier ministre, Pierre Bérégovoy : « Est-il sain qu'une personnalité gouvernementale soit directement et personnellement impliquée dans une transaction d'une telle importance, réalisée avec la participation déterminante d'entreprises publiques? » Le secrétaire général de l'UDF, François Bayrou, surenchérit en dénonçant « la pourriture, le pourrissement, la gangrène, le cancer » qui gagnent, selon lui la société française. Quant à François d'Aubert, député UDF de la Mayenne, il en rajoute en annonçant que « dès la prochaine législature, une commission d'enquête devra faire la clarté sur les conditions dans lesquelles, un mois avant les élections législatives, une banque d'État et deux compagnies d'assurances nationalisées ont aidé un ministre en exercice, Bernard Tapie, à se débarrasser à bon compte d'Adidas ».

On croit qu'il s'agit d'un effet de manche. Mais une commission d'enquête sera bien créée un peu plus d'une année plus tard par le gouvernement Balladur qui confiera à des parlementaires – sous la présidence de Philippe Séguin, le rapporteur étant François d'Aubert – le soin de reconstituer les circonstances dans lesquelles le Crédit Lyonnais a pu se laisser entraîner dans un trou abyssal de près de 20 milliards de francs, sans aucun contrôle, ni mise en garde sérieuse de l'État!

Concernant Bernard Tapie et tout particulièrement les conditions de

---

* L'augmentation de la participation de Gilberte Beaux est elle aussi entièrement financée par la SDBO.

la reprise d'Adidas, cette commission n'aura pas de mots assez durs. Pour elle, le véritable dérapage dans les relations entre Bernard Tapie et la SDBO démarre à la fin du mois de novembre 1992, justement quand l'homme d'affaires est sur le pont pour vendre la société. Alors, « une réunion décisive a lieu entre MM. Tapie, Gallot [le président de la SDBO] et Haberer [le président du Crédit Lyonnais]. Ce dernier [Haberer] négocie avec le client [Tapie] de la SDBO la restructuration de son endettement; est prévue aussi une ingénierie financière à mettre en œuvre par Clinvest pour la reprise d'Adidas et le montage d'une consolidation d'une partie des découverts en prêts participatifs ».

Toutes ces acrobaties financières qui visent à permettre à Tapie de sortir d'Adidas et de faire une croix sur la plupart de ses engagements vis-à-vis de son banquier ne lui suffiront pourtant pas. Du Crédit Lyonnais, l'homme d'affaires veut tout. On apprend qu'en outre « la création de deux sociétés entre le Crédit Lyonnais et Bernard Tapie est également envisagée, l'une pour détenir les actifs personnels de M. Tapie et dont les titres seraient nantis au profit de la SDBO en garantie de ses encours, l'autre pour permettre à M. Tapie de retrouver une certaine valorisation de son capital et de disposer d'un revenu régulier ». Les besoins incompressibles de Dominique Tapie sont alors évalués à 300 000 F par mois ! En clair, il aurait suffi que Bernard Tapie vende, de façon fictive, ses biens personnels à une société-écran pour que sa banque accepte de tirer un trait sur son endettement gargantuesque et lui verse en plus régulièrement assez d'argent pour lui permettre de garder son train de vie somptuaire. Incroyable ! Mais on n'a pas tout vu.

La commission, dans son rapport, poursuit : « Le 13 janvier 1993, le président du Crédit Lyonnais reçoit communication de M. Gallot des dernières demandes complémentaires de M. Tapie qui voulait faire acheter sa collection d'œuvres d'art par une société dont la SDBO prendrait 50 % du capital *, se faire verser en avance une commission d'apport de 6 % par an et voir racheter à l'amiable Terraillon et La Vie claire par une filiale commune BTF-SDBO. » On croit rêver ! Alors qu'il est membre du gouvernement et que le maintien à son poste de Jean-Yves Haberer, président du Crédit Lyonnais, dépend du bon vouloir de Pierre Bérégovoy, Tapie exige de la banque, au-delà d'Adidas, qu'elle lui rachète au prix fort tous les biens que, depuis des mois, il n'arrive pas à vendre et dont on saura, plus tard, qu'ils ont été systématiquement surévalués. Quand le joueur et le croupier d'un casino sont de mèche, le casino devient une caisse d'épargne. Mais c'est un délit qui a pour nom le baronnage. Pas de baronnage en revanche pour la collusion de Bernard Tapie, Pierre Des-

* C'est en prévision de la création de cette société que Bernard Tapie fait alors procéder, par l'expert Jean-Pierre Dillée, à une évaluation rapide de son mobilier et de ses tableaux pour une valeur comprise entre 350 millions et 500 millions de francs !

pessailles et Jean-Yves Haberer. Tout cela, à les en croire, participerait du jeu normal des affaires...

Heureusement pour la morale et pour les contribuables, le président du Crédit Lyonnais refusera d'aller au bout du chemin sur lequel il s'était imprudemment engagé. Le projet de création de deux sociétés distinctes ne verra jamais le jour, pas plus que celle qui devait rassembler les œuvres d'art de Bernard Tapie. Jean-Yves Haberer et Pierre Despessailles sauront néanmoins se montrer généreux. Ils useront jusqu'à la corde toutes les ficelles dont un banquier peut se servir lorsqu'il cherche à soutenir un client à bout de bras. « Entre décembre 1992 et avril 1993 juste au moment où Tapie est redevenu ministre, la SDBO et le Crédit Lyonnais vont accorder des soutiens décisifs au groupe Bernard Tapie », note la commission. C'est un dérapage incontrôlé.

La Cour des comptes ouvre la première le bal des critiques de fond concernant la reprise d'Adidas. « Le repreneur [Robert Louis-Dreyfus] ne prend aucun risque. La part du capital qu'il souscrit fut, semble-t-il, financée par le Crédit Lyonnais à travers d'autres filiales que la SDBO. Surtout, les clauses de sa participation, si elles lui assurent sa part de plus-values en cas de revente, le garantissent en cas de moins-values : Clinvest devrait alors lui racheter ses titres au prix de cession de février 1993. » Le plus malin dans l'histoire, c'est donc incontestablement Robert Louis-Dreyfus. D'autant, comme il le dit lui-même, que sur sa part dans le capital d'une valeur de 310 millions de francs, il n'en investit que le quart, c'est-à-dire moins de 80 millions de francs. « Nous sommes quatre associés à 25 % chacun : les frères Saatchi et deux anciens actionnaires d'IMS (Tom Russel et Christian Tourres qui sera membre du directoire d'Adidas). Quant aux fonds d'investissements Omega Ventures (de la Citibank) et Coatbridge Holdings (de Warburg), ce n'est pas moi qui les ai amenés, du moins pas directement. Ces sociétés de venture-capital ont vocation à sortir d'ici deux à cinq ans. Mais de toute façon, j'ai une option sur toute l'entreprise[3]. »

Voilà donc comment un homme totalement inconnu dans le milieu des affaires françaises, réussit à rafler pour moins de 80 millions de francs, sur lesquels il ne risque strictement rien, le contrôle d'Adidas à Bernard Tapie qui avait acquis l'entreprise moins de trois années plus tôt pour 1,6 milliard de francs, sans les intérêts *.

Pourquoi la SDBO qui connaît déjà de sérieuses difficultés financières accepte-t-elle de prendre des engagements si inconsidérés? Est-ce seulement pour permettre à Tapie de rembourser ses échéances sur Adidas? Est-ce sur ordre explicite du Premier ministre, voire même de l'Élysée?

---

* Le seul coût des intérêts supportés entre la vente ratée à Pentland en juillet 1992 et février 1993 représente 150 millions de francs.

Jusqu'où sont allées les relations incestueuses entre le pouvoir et l'argent et pour atteindre quel objectif?

Au mois de février 1993, ni la Cour des comptes, ni la commission d'enquête parlementaire n'a encore effectué le travail qui révélera la vérité de la transaction Adidas. Les critiques à l'encontre de Bernard Tapie demeurent donc essentiellement politiques. Dans une tentative de contre-attaque, Tapie annonce qu'il va... porter plainte! Le Premier ministre lui-même montera au créneau sur France 3, assurant que cette cession n'a été accompagnée « d'aucune pression du gouvernement ». Jusqu'où aura dû aller ce pauvre Béré pour couvrir son encombrant protégé... Résultat des courses : alors que les Français s'apprêtent à élire leurs nouveaux députés dans un mois, la gauche est sur la défensive et le gouvernement est directement attaqué sur un thème ravageur, celui de la corruption et du népotisme. Mais pour Bernard Tapie, là n'est pas le plus grave. Pour lui, les attaques de la droite font partie du jeu normal de la politique. Et de toute façon, la gauche n'a aucune chance de remporter les législatives. Son vrai souci est ailleurs. Personne ne le sait encore. Mais, pour la première fois depuis longtemps, il est sorti d'Adidas sans réaliser de plus-value. Il a en effet vendu pour 2 milliards de francs des actions qu'il avait achetées – officiellement – 1,6 milliard auxquels se sont ajoutés 388 millions de francs de dépenses pour boucler l'acquisition. « Les intérêts et les frais inclus, l'opération a été blanche, voire négative », notera la Cour des comptes dans son rapport.

Voilà donc Bernard Tapie en chemise. Il a cédé toutes ses sociétés rentables et doit encore des centaines de millions de francs à son banquier. Fin août 1993, il est débiteur pour 831 millions de francs à la SDBO, dont 600 millions ne sont couverts par aucun actif. L'acquisition d'Adidas qui devait faire sa gloire a provoqué sa perte. Dès lors, il ne cessera de plonger dans une dangereuse fuite en avant où il puisera dans une caisse pour combler le trou de l'autre. Il a perdu la main et court de table en table. Jamais il ne la retrouvera. Il lui faut payer la note.

CHAPITRE 6

Le prix d'une coupe d'Europe

« Ce dossier est complètement bidon. »

A TF1, le jour où la justice est saisie de l'affaire de corruption OM-Valenciennes.

Marseille est en liesse, Marseille « nique la France », lit-on sur des pancartes brandies par des supporters qui déferlent soudain, dans une ville jusque-là déserte. Mais la France est bonne mère. Ce mercredi 26 mai 1993, elle se sent totalement marseillaise ! Une tête, une simple tête de Basile Boli, à la quarante-quatrième minute, sur un corner tiré par Abedi Pelé, et puis une résistance acharnée jusqu'à la fin du match et, dans le stade olympique de Munich, voilà l'OM sacré champion d'Europe des clubs champions. Un trophée qui avait échappé à Reims et à Saint-Étienne, les seuls clubs français jusque-là parvenus en finale, avec Marseille déjà, deux ans plus tôt, à Bari. A Bari, Boli avait pleuré. A Munich, il explose de joie, et toute son équipe avec lui. Tapie, au coup de sifflet final, a bondi hors de son siège. En larmes. Dès le lendemain, le *Phocéa* quittera le bassin de la Joliette pour venir s'ancrer devant l'hôtel de ville.

Jean-Pierre Bernès, le directeur général de l'OM lui aussi est en larmes. Lui ne pleure pas de joie, mais d'angoisse. Il a embrassé longuement la coupe, puis il a craqué. Bernès n'a que 36 ans, on lui en donne dix de plus. Il est usé, brisé à force d'avoir trop servi. Entré au club par petite annonce, sortant de l'Institut d'études politiques d'Aix-en-Provence, c'est un personnage faible et fragile, qui grimpera dans la hiérarchie à l'occasion des conflits entre Tapie et Jean Carrieu, puis entre Tapie et Michel Hidalgo. Jean-Pierre Bernès ne risque de faire d'ombre à personne. C'est l'homme des basses œuvres. Tapie le traite comme un valet, l'appelle dix fois par jour, le réveille la nuit, alors qu'il le sait en dépression. Bernès se damnerait pour un sourire de son patron, un mot d'encouragement.

Il sait ce qui l'attend. Il sait que, deux jours plus tôt, deux salariés de l'OM ont retiré 200 000 francs suisses (près de 800 000 francs français) à la banque GMF à Marseille. Pour les « putes » des arbitres de la finale, comme aurait dit Claude Bez? Sinon, pour quoi et pour qui? Bernès, surtout, sait qu'une semaine plus tôt, à la veille d'un match de Championnat opposant l'OM et Valenciennes, un modeste club au bord de la relégation en deuxième division, les deux mêmes salariés avaient changé 30 000 dollars contre près de 170 000 F en espèces, opération qui ne figure pas dans les comptes officiels du club. Il sait beaucoup d'autres choses, Jean-Pierre Bernès. Au moment où l'OM triomphe, il sait surtout qu'il va tomber et qu'il se retrouvera tout seul. Obligé de tout assumer.

« Il faut savoir gérer l'environnement », avait lâché Tapie, deux ans auparavant, après Bari. Cette fois-ci, l'OM a bien mis tous les atouts de son côté, pour réduire au strict minimum la part de hasard. Il a acheté des joueurs de Valenciennes pour préparer en paix sa finale européenne. Sans mesurer que cette corruption, banale pour ceux qui connaissent la dérive du football-business au cours des années quatre-vingt, va signer sa perte et entraîner son patron dans un tourbillon judiciaire et médiatique dont il sortira en charpie. L'affaire, cette fois-ci, ne pourra être étouffée. Trop de gens sont au courant, trop de gens en veulent à Tapie qui a perdu, en mars, l'essentiel de ses soutiens politiques.

Tout a peut-être commencé sur le *Phocéa*, le dimanche précédant ce match « sans importance » entre l'OM et Valenciennes. Tapie avait autorisé TF1 à tourner un *Téléfoot* spécial, à bord de son bateau. Le député aurait alors désigné à Jean-Jacques Eydelie, l'un de ses joueurs les moins cotés, trois Valenciennois « à contacter » : Christophe Robert, Jorge Burruchaga et Jacques Glassmann. Eydelie n'a jamais confirmé ce soupçon : il l'a au contraire démenti devant ses juges. En revanche, il aurait fait cette confidence à la femme de Christophe Robert, Marie-Christine, selon ses déclarations à la justice. Une implication indirecte, émanant de personnes compromises et dont certaines fréquentations sont suspectes : tout à fait insuffisant pour faire plonger un ancien ministre de la République qui, cela va de soi, nie tout en bloc.

Les faits, pourtant, sont là : ce match sans importance sera entaché de corruption. Il ne s'agit plus de rumeurs. Pour la première fois en France, l'objet du délit, une enveloppe contenant 250 000 F, va tomber entre les mains de la justice. Parce qu'il s'agit de football, parce qu'il s'agit de l'OM et surtout parce que Tapie l'intouchable risque, pour une fois, d'être accroché, la France entière va vivre au rythme d'un feuilleton à la Eugène Sue. Pendant des mois, apparaîtront au grand jour la complaisance et les atermoiements des instances dirigeantes du football; la lâcheté des politiques; la frénésie d'une certaine presse, tour à tour vindicative et indulgente, sans cesse manipulée; l'absence de sérénité et les excès de la justice, lorsqu'elle travaille la meute aux trousses, un peu à l'image de ce qui s'était passé lors de « l'affaire Grégory ». On verra, avec les palinodies d'un élu de Béthune, ancien ministre, que le ridicule ne tue pas, même en politique. On verra surtout l'incroyable pugnacité du député de Gardanne, sa capacité de résistance infinie, sa façon de maîtriser des situations impossibles dans lesquelles il s'enferme lui-même, comme à plaisir, dans une sorte de défi masochiste et suicidaire.

Les faits sont à peu près établis. A Marseille, Jean-Pierre Bernès, en aparté, demande à plusieurs reprises à Eydelie de contacter trois joueurs valenciennois avec qui il a joué, dans le même club. Le mercredi 19 mai, veille du match avancé (pour cause de Coupe d'Europe) de la trente-sixième journée du Championnat de France, Eydelie appelle à deux reprises Christophe Robert chez lui, à Valenciennes, depuis le bureau du kiné de l'OM, au Stade vélodrome, Bernès tenant l'écouteur. Il lui demande d'être dans sa chambre d'hôtel, à 21 heures, avec Burruchaga et Glassmann. L'équipe valenciennoise dort en effet toujours à l'hôtel du Lac à Vieux-Condé, la veille des matchs livrés à domicile.

L'équipe marseillaise prend l'avion et s'installe à l'hôtel Novotel-Aéroport de Valenciennes où Eydelie, en sortant de table, voit Marie-Christine Robert, la femme du joueur de Valenciennes, marraine d'un de ses enfants, en conversation avec Marcel Desailly et Didier Deschamps. Au bar, il lui répète les arguments de Bernès, à savoir que, si les trois joueurs refusent, d'autres le feront à leur place.

Eydelie rejoint ensuite Bernès dans sa chambre. Celui-ci appelle celle de Christophe Robert à l'hôtel du Lac et donne le combiné à Eydelie. Jacques Glassmann est à l'autre bout du fil :

– Tu te rends compte de ce que tu me demandes?

Eydelie passe rapidement le combiné à Bernès qui s'efforce de convaincre Glassmann :

– Écoute, l'OM doit être champion d'Europe, c'est l'intérêt de tout le football français. Tu dois nous aider à gagner. De toute façon, vous ne pouvez pas gagner contre nous.

– Mais Valenciennes risque de descendre en D2.

– C'est avant que ton club aurait dû penser à prendre des points. Écoute, il vaut mieux perdre avec vingt boulettes dans les poches qu'avec zéro.

Glassmann passe le combiné à Jorge Burruchaga, le capitaine de Valenciennes, un footballeur au palmarès éblouissant. La seule vedette de l'équipe. Ancien champion du monde avec l'Argentine, c'est le complice de Diego Maradona, la star des stars, dans l'équipe nationale de son pays où il est considéré comme le meilleur milieu de terrain. Mais à Nantes, Burruchaga s'est blessé et sa carrière française a des airs d'enterrement, tout juste de première classe. Avec l'Argentin, la discussion prendra vite un tour plus concret : qui va donner l'argent, par l'intermédiaire de qui et comment s'assurer que le solde sera bien versé après le match ? Car il est proposé 200 000 F à chacun des trois joueurs. La moitié, soit 300 000 F pour les trois, payable avant. Burruchaga passe enfin le combiné à Robert qui mettra un terme à la conversation.

Celui-ci rappelle immédiatement sa femme pour lui expliquer son rôle. Marie-Christine tombe des nues :

– Putain, mais qu'est-ce qui vous prend ?

– Tu fais comme tu veux.

– OK, j'y vais.

De son côté, à l'hôtel Novotel, Bernès demande à Eydelie d'aller dans sa chambre et d'attendre un coup de fil. Marie-Christine Robert appelle quelques minutes plus tard et lui dit qu'elle sera sur le parking du Novotel vingt-cinq minutes après. Eydelie va prévenir Bernès qui lui demande de revenir dans un quart d'heure. Le directeur général de l'OM confie alors à Eydelie une enveloppe marron, qu'il donnera à la femme de Christophe Robert, comme convenu, sur le parking. « Ce qui m'a fait une fantastique impression, dira plus tard la jeune femme, c'est le sentiment d'impunité qu'il y avait chez Jean-Jacques Eydelie (...). La façon dont il m'a dit de ne pas m'inquiéter, qu'avec Tapie tout s'arrange toujours, que c'était déjà arrivé et que personne n'avait jamais été embêté [1]. »

Oubliant sans doute le rôle confié à Marie-Christine Robert, le capitaine Burruchaga, en bon mâle latin, avait dit, en regardant Jacques Glassmann : « On n'en parle pas aux gonzesses. » Mais vers 22 heures, le libero de Valenciennes, n'en pouvant plus, appelle Audrey, sa petite amie :

– C'est dingue, je sais pas quoi faire. Si je parle pas, je vais me maudire. Si je parle, personne ne me croira.

– Tu ne peux pas garder cela pour toi, Jacques. Il faut que tu en parles à tes dirigeants.

Ce qu'il fera dans l'après-midi du lendemain, quelques heures avant le match, en prévenant Boro Primorac, son entraîneur, qui lui-même avertira Michel Coencas, le président de l'Union sportive Valenciennes-Anzin (USVA). Mais sans parler de l'enveloppe. On lui demande de confirmer ses accusations par écrit. Ses dirigeants ont-ils cherché à utiliser ce document en menaçant de tout dire, pour obtenir de Marseille un match nul ? Cette thèse de la contre-corruption sera lourdement développée par Bernès et Tapie, avant d'être stoppée tout net, après une confrontation dans le bureau du juge *. De toute façon, elle n'aurait rien changé : les culpabilités ne s'annulent pas les unes les autres. On notera cependant que, curieusement, les dirigeants de Valenciennes ne remplaceront pas les joueurs contactés. Michel Coencas s'est contenté de débouler dans la chambre de Christophe Robert en entamant la conversation de façon un peu vive :

– Si tu nous trompes, je te mets une balle dans le genou !

– Je vous jure, président, que tout ça c'est des conneries. Sur la tête des enfants.

Christophe Robert n'est pas un joueur de football comme les autres. Il se sent au-dessus du panier, socialement parlant. Il vend du vin, en Dordogne. Intelligent, lucide, cupide, il est peu apprécié de ses coéquipiers qui le trouvent tartuffe. Car Robert adore les petits arrangements, qu'il habille de grandes phrases sentencieuses et moralisatrices. A la manière d'Éric Cantona, la droiture et le talent en moins. « Le seul qui m'ait vraiment déçu, dans cette affaire, c'est moi-même, dira-t-il plus tard. La raison de ma faute, je pense la connaître. Le foot, ce n'est pas mon monde. Le football n'a su me donner que l'argent... »

Jorge Burruchaga a nié lui aussi, comme une vierge effarouchée :

– Moi qui ai été champion du monde, je serais complètement grillé si je me mettais dans des pièges pareils.

Peu avant la rencontre, Coencas et Tapie se défient :

– Il paraît que tes joueurs ont appelé les miens.

– T'es malade. D'abord t'es qui, toi? Où il est, Borloo?

En réalité, Tapie connaît parfaitement Michel Coencas, une baraque

---

* Le samedi 5 juin Bernard Tapie attaquera Valenciennes dans un communiqué officiel : « Quand Bernès et Eydelie ont fait part de leur intention de déposer plainte, il y a trois semaines, je leur ai demandé d'attendre la fin du Championnat et de la Coupe d'Europe. Les explications qu'ils m'ont fournies pour justifier cette plainte sont suffisamment claires pour que leur version soit la bonne :

1. Jacques Glassmann a attendu plus d'une journée et une nuit pour faire savoir à ses dirigeants qu'il avait été contacté par des gens de Marseille, alors qu'il était en présence à l'hôtel, lorsque l'appel a prétendument eu lieu.

2. Les dirigeants de Valenciennes, contrairement à toute logique, ont attendu d'être menés 1/0 à la mi-temps pour faire connaître aux délégués cette histoire.

3. Des faits identiques se sont produits avant le match précédent contre Bordeaux, le 8 mai, mais auprès d'autres joueurs, et notamment du gardien de but de Valenciennes. Cette affaire est restée, comme par hasard, confidentielle.

Enfin j'estime qu'à mon arrivée au stade, et en présence de plusieurs témoins, les dirigeants de Valenciennes, M. Borloo étant absent, m'ont fait effectivement la proposition que nous fassions match nul. Ces faits sont suffisamment clairs pour que j'apporte toute ma confiance aux versions d'Eydelie et de Bernès. »

Rolland Courbis, l'ancien ami de Tapie, qui a quitté Toulon pour les Girondins, obligera le patron de l'OM à rectifier immédiatement le tir. Tapie ne peut pas entrer en conflit ouvert avec Rolland Courbis et avec ses amis si particuliers.

de 44 ans, au regard dur, qui fume des barreaux de chaise et dont la réussite professionnelle dépasse la sienne : en dix ans, le chiffre d'affaires de la Financière du Valois, est passé de 100 millions à plus de 4 milliards de francs. Coencas contrôle 60 sociétés et emploie 12 000 personnes. Il a employé les mêmes méthodes que Tapie, avec le même avocat, Jean-Louis Borloo, qui lui a monté la plupart de ses coups. Son histoire est étrangement voisine. Comme Tapie, Coencas est autodidacte : il a même raté son certificat d'études. A 20 ans, il crée une entreprise de négoce de matériaux non ferreux. Deux ans plus tard, il vit sur un grand pied, conduit des voitures de sport et fait faillite, comme Tapie. Comment rembourse-t-il ses banquiers? Mystère, là aussi. Trois ans plus tard, il repart, crée une société d'aluminium dont il dit qu'il a multiplié le chiffre d'affaires par vingt. Puis il rachète des entreprises à tour de bras. En 1976, plusieurs de ses sociétés sont impliquées dans une fraude à la TVA. Il obtient un non-lieu mais, comme Tapie, est sans cesse en butte au fisc.

Coencas est mégalo. Dans son bureau, orné de deux chandeliers noir et rouge à trois branches, meublé d'un cabinet Louis XIV en écaille de tortue, trône une immense glace. Il possède des Rolls de collection, des voitures de sport, un hélicoptère, un jet [2]. Mais à la différence de Tapie, Coencas a su s'appuyer sur de grandes entreprises comme Chausson, Peugeot, Usinor-Sacilor ou Pont-à-Mousson, en reprenant leurs filiales à problèmes et en licenciant à leur place (plus de 4 000 personnes). Surtout, il saura revendre une grande partie de ses entreprises entre 1987 et 1990, alors que les prix sont au plus haut.

Borloo arrive enfin, avec 40° de fièvre. La présence du député-maire de Valenciennes, qui a présidé l'USVA jusqu'en 1991 et est toujours considéré comme un dirigeant, semble calmer Tapie. Borloo fut son avocat, son ami, son confident pendant près de dix ans. Le patron de l'OM appelle sa femme, boit au goulot une liche de whisky et explique :

– On est déjà champion de France. Je me fous qu'on gagne ou qu'on perde. OK, je veux pas qu'on casse mes joueurs. Mais j'espère que vous me croyez pas assez con pour donner du pognon pour ça!

Le match commence alors « normalement », si ce n'est que Christophe Robert sort, sur blessure suspecte, au bout de dix minutes. Jacques Glassmann est furieux, insulte son coéquipier. Mais le défenseur, lui aussi, commet des fautes et dix minutes plus tard, il laisse passer Alen Boksic, attaquant marseillais de pointe, qui envoie le ballon au fond des filets de Valenciennes. Glassmann est terrifié. Il a peur qu'on croie qu'il l'a fait exprès.

A la mi-temps, dans les vestiaires, ce joueur sobre et discret entre dans une colère terrible contre Christophe Robert, au moment où les dirigeants portent des réserves sur la feuille de match. Les deux cents journalistes français et étrangers, qui sont venus voir le dernier galop du challenger du Milan AC, commencent à se rendre compte qu'il se passe là des choses peu catholiques. Après le coup de sifflet final, le triste stade Nungesser devient même le théâtre d'une vraie foire d'empoigne entre les arbitres, les dirigeants des deux clubs et les représentants de la Ligue, sous le regard effaré de la presse.

L'arbitre demande aux dirigeants de l'USVA s'ils maintiennent leurs réserves. Coencas acquiesce mollement :

– Il s'est passé des choses troublantes...

Tapie le coupe :

– Qui t'a dit ça?

– Glassmann.

– Je veux le voir!

Tapie passe alors le joueur valenciennois sur le gril :

– Tu connais Bernès?

– Non...

– Tu avais déjà parlé avec lui?

– Non, mais il s'est présenté.

Jacques Glassmann, fervent catholique d'origine alsacienne, bon ouvrier du ballon rond, peu sensible à la gloriole, va donner, ce jour-là et pendant des mois, une leçon de courage et de dignité à tous ceux, petits et puissants, hommes d'affaires et politiques qui ont plié devant Bernard Tapie, par intérêt ou par lâcheté. A tous ceux qui ont accepté des entorses à la loi ou à la morale, de peur de n'être pas du voyage. Car, dans l'univers Tapie, les gens honnêtes sont des « cons » et les voyous sont « branchés ». Mais Glassmann paiera cher sa rigueur morale. Il y gagnera le surnom de « moine fouteux ». Pendant toute la saison suivante, la France des beaufs et des Dupont-la-joie vilipendera dans les stades celui par qui le scandale est arrivé, le fossoyeur du grand OM. Son contrat à Valenciennes ne sera pas renouvelé. Aucun autre club ne voudra de lui. Mais il ne regrette rien. Tapie tentera de le disqualifier en dénonçant sa passion pour les courses de chevaux *. Mais rien n'y fera : Glassmann est inoxydable.

Tapie se tourne vers Coencas :

– Tout ça, c'est des conneries, retire tes réserves.

– Ne les retire pas, Michel!

L'intervention soudaine de Jean-Louis Borloo est la dernière chose qu'aurait pu imaginer Tapie. Celui qu'il avait toujours considéré comme un ludion brillant, avec lequel il avait rompu les ponts parce qu'il n'avait

* « J'accepterai que Glassmann donne des leçons de morale le jour où il expliquera comment il parvient à jouer aux courses plus d'argent qu'il n'en gagne », dira un jour Tapie. Ou bien : « Qui sait? Peut-être a-t-il touché une prime pour jouer les Monsieur Propre? » Tapie semble même avoir voulu constituer un dossier. Dans le bureau de PMU où Glassmann joue régulièrement, la patronne remarquera des allées et venues de clients, genre inspecteurs des renseignements généraux, qui semblaient s'intéresser de très près aux montants des paris du joueur.

pas voulu devenir actionnaire de Bernard Tapie Finance, vient de s'ériger en chasseur désignant le fauve à abattre. Tapie rugit, le visage grimaçant de haine :

– Tu es un salaud. Tu me paieras très cher ce que tu es en train de me faire, jusqu'à la fin de tes jours. Je n'oublierai jamais !

Tapie peut bien menacer Borloo devant témoins, il peut difficilement toucher à un seul de ses cheveux. L'homme connaît ses petits secrets. Et on l'imagine assez prudent pour avoir pris ses précautions. Tapie a toujours sous-estimé son ancien avocat. Et ne connaît pas la vraie raison de leur brouille : elle date du jour de l'enterrement du père de Borloo. Plusieurs collaborateurs de Tapie y avaient assisté, un geste auquel il avait été sensible. Mais plus tard dans la journée Tapie l'avait appelé en urgence pour la signature d'un contrat. Or le contrat pouvait attendre. Surtout, Borloo avait appris que Tapie venait d'engueuler ses employés sur le thème : « Je ne vous paye pas pour que vous alliez à des enterrements. »

Les réserves ne seront pas retirées sur la feuille de match que refuseront de signer les Marseillais. Avant de partir, Tapie aura une dernière prise de bec, dans les vestiaires, avec Jean-Claude Leffy, un autre dirigeant de l'USVA qui lui dit :

– De toute façon, tu n'es qu'un voyou...

– Ah ! Je suis un voyou, j'achète les joueurs, hein ? Eh bien, moi, je vais dire que vous avez voulu négocier un match nul.

– Tu es une ordure, tu oses dire ça, toi qui as pourri le foot ?

Pendant plusieurs jours, il ne se passera rien. Ni Valenciennes, ni les autorités du football ne voudront prendre le risque d'être accusés par Tapie d'avoir compromis la victoire de Marseille en Coupe d'Europe. A la demande d'Eydelie, Jorge Burruchaga et Christophe Robert appelleront Bernard Tapie qui leur dira de se taire. Lui-même prend l'affaire de haut, par la dérision : « Les joueurs de l'OM (...) n'ont pas besoin de corrompre leurs adversaires pour gagner leurs matchs. » Exactement ce que répétera, le 14 Juillet, le président de la République. Et pourtant, il y a une enveloppe marron. Christophe Robert ira l'enfouir dans le jardin de sa maison, proche de Valenciennes. Puis l'emportera en vacances, en la laissant dans sa voiture, avant de l'enterrer dans le jardin de sa tante, à Ribérac, en Dordogne. Là où on la déterrera. Elle ne contiendra plus alors 300 000, mais 250 000 francs.

Voilà les faits, débarrassés de leur gangue médiatique. Une affaire que Bernard Tapie jugera toute petite, selon ses critères de parvenu : « 250 000 F, ça doit représenter peu ou prou le salaire annuel d'un bon journaliste. Mais c'est la moitié de la prime de match de la Coupe d'Europe [3] », dira-t-il plus tard. Une petite affaire, très similaire à celle qui avait fait plonger Raymond Goethals onze ans plus tôt, alors qu'il entraînait le Standard de Liège : on paye des joueurs adverses pour protéger son équipe avant un match important. Choquant? Donne-t-on aux grands matadors les taureaux les plus dangereux ou bien les plus nobles? N'offre-t-on pas à certains boxeurs des adversaires à leur mesure pour qu'ils se fassent la main et améliorent leur palmarès avant de disputer un grand combat? Les meilleurs pilotes de F1 ne sont-ils pas les seuls à qui l'on offre les bons volants? Ainsi va le sport professionnel, qui obéit aussi – parfois d'abord – aux lois du show-business. Alors, pour faire le spectacle, pourquoi ne pas tricher, juste un peu? Pourquoi ne pas réduire la part du hasard, toujours trop élevée par rapport aux investissements réalisés? Beaucoup de dirigeants, de joueurs et peut-être même de supporters s'en accommodent. Les premiers par cupidité, les derniers par stupidité. Car truquer les matchs, ce n'est pas seulement insulter le sport, c'est aussi, à coup sûr, tuer le spectacle!

Mais Tapie est tout entier tendu vers son seul objectif : offrir à Marseille et à la France sa première Coupe d'Europe. Ses joueurs en ont envie, lui aussi. Mais il en a surtout besoin. Pour rebondir psychologiquement, après la perte de son ministère, la déroute de la gauche aux élections et le suicide de Bérégovoy, le 1er mai, au bord d'un canal. Pour élargir sa base politique. Pour sortir par le haut de la situation financière inextricable dans laquelle il s'est englué. Comme beaucoup de dirigeants du football dont il ne cesse pourtant de dénoncer justement l'aveuglement et la médiocrité, Tapie a perdu de vue l'essentiel. Il a oublié que le sport, fût-il professionnel, reste aux yeux de la grande majorité des Français l'un des derniers refuges de la pureté, de l'équité, de la droiture et de l'effort. Il a oublié les enfants, qui collent sur des cahiers spéciaux les photos des joueurs et se les échangent à la récré. Certains ont pleuré. Il ne faut pas briser les rêves. Il ne faut pas tricher et se faire prendre la main dans le sac, l'enveloppe dans le jardin. Tapie a repris l'OM à la manière d'une entreprise en difficulté, sans se rendre compte qu'il avait quitté ce monde de coyotes où tous les coups étaient permis. Même si les arbitres, comme jadis les syndics, se font parfois payer en Suisse. Mais comment Tapie pourrait-il revenir sur terre alors qu'il est toujours au-dessus des lois? Pourquoi, par exemple, la Française des jeux ne s'est-elle à aucun moment portée partie civile? Cette société nationale, organisatrice du Loto sportif entretient pourtant un « comité d'éthique », qui se dit garant du bon déroulement des jeux sportifs. Elle est alors présidée par Gérard Collé, ancien conseiller en communication de François Mitterrand...

A l'occasion de l'affaire VA-OM, Tapie va montrer à tous ceux qui attendent leur heure qu'il a perdu la main. Il va, certes, occuper pendant des mois le devant de la scène, faire preuve d'une pugnacité et d'une résistance, physique et psychique, à toute épreuve. Susciter l'admiration, parfois la compassion. Spectaculaire en apparence, sa gestion du dossier se révélera pourtant irréfléchie et au bout du compte désastreuse. Lui qui sentait les hommes mieux que personne a, dans cette affaire, toujours sous-estimé ses adversaires. Il a montré ses faiblesses. Dans sa situation, cela ne pardonne pas. Voilà pourquoi cette petite affaire de corruption, dans laquelle il peut même ne pas être impliqué directement, va emporter Bernard Tapie. La meute aux trousses.

CHAPITRE 7

La main dans le sac

> « Il faut prendre l'exemple du football italien qui, lui, n'a pas hésité à crever l'abcès (...) en condamnant à des peines de prison des dirigeants et des joueurs impliqués dans des affaires (...) de corruption. »
>
> *Le Figaro* du 9 avril 1990.

Bernard Tapie n'avait pas pensé que Noël Le Graët, au nom de la Ligue des clubs professionnels, irait porter l'affaire VA-OM devant la justice pénale. Il n'avait surtout pas imaginé qu'il allait tomber sur un animal de procureur, du genre Éric de Montgolfier, hautain et moqueur, héritier d'une lignée d'aristocrates originaux qui inventèrent le ballon libre et firent voler les premiers hommes. Un procureur muté-puni à Valenciennes, après un passage mémorable dans la région de Chambéry où ce pervers s'était mis dans la tête de concentrer ses foudres sur les notables, les puissants... et les sportifs, à ses yeux plus coupables que les autres, parce que mieux dotés. Pervers, impertinent et extraverti : fâché des mauvaises notes que lui avait décernées son procureur général, il les avait fait publier dans *le Monde,* ce qui, à l'époque, avait déclenché un mini-scandale.

Éric de Montgolfier porte en lui toutes les valeurs que Tapie rejette, et réciproquement. Il manie la litote quand l'autre force le trait. Il fait l'ange quand l'autre fait la bête. Entre l'aristocrate aux goûts simples, au train de vie modeste, qui conduit sa fille à l'école tous les matins et le prolétaire enrichi, qui roule des mécaniques, adore « en mettre partout » et affiche sa vulgarité triomphante comme d'autres leurs armoiries, la bataille sera superbe. Et publique, par surcroît. Car le procureur a le sens de la réplique, du mot juste, et sait parler sans se découvrir. Il va oser défier Tapie sur le terrain médiatique, celui-là même où personne n'osait plus le contester, ni même lui donner la réplique. Pendant des semaines, il tiendra le choc!

Leur premier affrontement va clairement marquer le vrai rapport de forces. Frank Terrier, l'ancien directeur des Affaires criminelles et des grâces, qui vient d'être débarqué par Pierre Méhaignerie, nouveau garde des Sceaux, prévient Tapie qu'Éric de Montgolfier fait partie du cercle de ses amis. Jadis, du même bord, leurs chemins ont divergé. Terrier s'est mis au service des socialistes, Montgolfier est resté au service de la justice, en tout cas de l'idée qu'il s'en fait. Une position de « barjo » que Tapie ne parviendra jamais à comprendre. Pour lui, l'indépendance des corps intermédiaires n'a guère de sens : on obéit à celui qui vous paye. Croyant avoir affaire à un autre Terrier, l'ancien ministre pense qu'une rencontre suffira à « éviter les malentendus. Rendez-vous est pris par Me Francis Debacker, son avocat valenciennois. Et voilà que le procureur reçoit un coup de fil de mise en condition de son « ami » Frank Terrier, peu avant l'arrivée de Tapie dans son bureau, en début de soirée. Ce qu'il n'apprécie guère.

Tapie, d'emblée, est piégé. Les chauffeuses réservées aux « invités » ont belle allure, mais quand il s'assied dans l'une, il se retrouve le nez à la hauteur de la table, les yeux sous les lampes bouillotes. Celles-ci protègent en revanche le visage du procureur, qui le domine de sa stature. Et de sa morgue. Tapie se relève, marche, se rassoit dans l'autre fauteuil, aussi vicieux que le premier, argumente, fait état de diverses relations communes, tente de créer un climat de connivence, profère quelques menaces voilées, explique les vraies mœurs du football – ce qui conforte immédiatement le procureur dans son aversion pour ce sport! Bref! Tapie déploie pendant près de deux heures toutes les facettes de son talent. En vain. Après l'avoir laissé parler, Éric de Montgolfier le raccompagne à la porte en lui disant sobrement :

– Je vous remercie, mais vous ne m'avez pas convaincu.

– Je le vois bien, répond Tapie, qui vient de comprendre à qui il avait affaire.

« C'est finalement le droit de chacun de prendre l'autre pour un imbécile, commentera plus tard le procureur [1]. Il a essayé de me le faire au charme et à l'influence. Je ne comprenais pas à quoi il voulait en venir. Il m'aurait proposé une valise de billets, cela eût été plus clair. »

Lors de cette soirée du 23 juin, le président de l'OM s'est jeté en caleçon dans la gueule du loup, car Éric de Montgolfier avait beaucoup plus d'atouts que ses deux fauteuils surbaissés. Dans la journée Christophe Robert, interpellé à Périgueux, est passé aux aveux complets et les enquêteurs, sur ses indications, ont retrouvé une enveloppe contenant 242 000 F enfouie dans le jardin de sa tante. Enfin une preuve tangible de la corruption! Mais le procureur avait autre chose en magasin. L'après-midi même, Boro Primorac, l'entraîneur de Valenciennes, est venu lui raconter une étrange histoire. Il a été contacté à la mi-juin par un certain « M. Noël » qui lui a fait miroiter un poste d'entraîneur à Bastia; il a déjeuné avec lui le 17 juin au Fouquet's, en compagnie d'un troisième homme. Ce M. Noël l'a conduit ensuite dans un immeuble près de l'Étoile où l'attendait Bernard Tapie. Celui-ci lui a demandé de « porter le chapeau » dans l'affaire Valenciennes-OM * et de « faire toute confiance à M. Noël ». Éric de Montgolfier a adoré cette histoire. Mais il s'est bien gardé de la raconter le soir à son interlocuteur, pas plus qu'il ne lui a parlé de l'enveloppe retrouvée. Il a préféré le voir se noyer devant lui, avec jubilation. M. Noël sera rapidement identifié, grâce aux indications que donnera Tapie lui-même au juge Beffy. Il s'agit d'André-Noël Filippeddu, qui se présentera, le 12 juillet, au SRPJ de Lille dans une ravissante tenue : gilet grenat brodé de filets d'or sur une chemise rouge à manches longues. Il reconnaît avoir déjeuné au Fouquet's avec Primorac, dit ne pas connaître le troisième homme (!) et assure n'avoir jamais été chez Tapie, mais chez lui, pour prendre le café. Les enquêteurs comprennent tout de suite que Filippeddu n'est pas du genre à varier dans ses déclarations. Il est proche du milieu corse et possède, à Bonifacio, un restaurant à 50/50 avec Marcel Dib, ancien joueur toulonnais de la bande à Rolland Courbis, qui a rejoint son entraîneur à Bordeaux après sa sortie de prison. Filippeddu est surtout un ami très proche de Marc Fratani, l'attaché parlementaire de Bernard Tapie lui aussi bien introduit dans le milieu, dont le parcours personnel est long et sinueux comme la route de Corte à Sartène. Mais André-Noël Filippeddu a d'autres « connexions », plus inattendues. Son frère s'appelle Jules, habite au Brésil où il est considéré comme un caïd de la mafia du vidéo-poker et autres jeux interdits. C'est Jules Filippeddu qui avait accueilli et hébergé Yves Chalier, ancien chef de cabinet et accusateur de Christian Nucci, ministre socialiste de la Coopération lorsqu'il avait fui au Brésil avec le vrai-faux passeport que lui avait confié Charles Pasqua, alors ministre de l'Intérieur. Jules Filippeddu, qui a été en relations d'affaires avec Georges Tranchant, ayant importé, lui aussi, des bandits-manchots. Cette relation indirecte entre Bernard Tapie, le milieu corse, la mafia des jeux et Charles Pasqua prendra un relief tout particulier lorsque sera connue

* Tapie et ses subordonnés, qui ont demandé en vain le même service à plusieurs Valenciennois, souhaitent simplement que Primorac dise que, la veille du match fatidique, il a reçu, dans le hall de l'hôtel un coup de fil de Bernès rapidement interrompu. Les dirigeants de Marseille, comme la France entière, savent en effet que le listing téléphonique de l'hôtel Novotel a été saisi et qu'il porte la trace d'un appel de Bernès, à 21 h 10, vers l'hôtel du Lac, où logent les Valenciennois. Si quelqu'un témoigne avoir reçu un coup de fil de Bernès à cette heure-là, il sera facile de plaider que les propositions de corruption faites aux trois joueurs sont le fait d'un usurpateur! De la même manière, on a proposé à Jorge Burruchaga, alors en Argentine, de dire qu'il avait bien reçu un appel de Bernès mais qu'il avait raccroché parce que la conversation était inaudible.

l'identité du « troisième homme ». Primorac, d'emblée, ne le reconnaîtra pas « à 100 % », en raison d'une coiffure et d'une couleur de cheveux différentes. De nombreux indices laissent cependant penser qu'il s'agit de Patrick Olivier, policier du service de sécurité du ministère de l'Intérieur, ex-garde du corps de Bernard Tapie pendant 3 ans. Le 17 juin, il assure la protection de Laurence Le Vert, juge antiterroriste et cofondatrice de l'APM, le syndicat de l'extrême droite judiciaire, qui déjeune à L'Autre Table, un restaurant proche du Fouquet's, avec Annie Grenier, conseiller technique au cabinet de Charles Pasqua. Entre la table des deux magistrats proches de Pasqua et celle où discutent le petit Corse et le géant yougoslave, Patrick Olivier n'aurait cessé de faire des aller-retour. Pour quoi faire? Mystère. Que le juge Beffy va tenter d'éclaircir en se rendant le 16 septembre au Palais de justice pour demander à Laurence Le Vert des preuves sur son emploi du temps du 17 juin. Elle refuse, assurant qu'elle travaillait ce jour-là pour le compte du juge Jean-Louis Bruguière dont le bureau n'est qu'à quelques mètres et qu'elle appelle immédiatement. Celui-ci ne mâche pas ses mots : « Qu'il vienne et il verra comment je le ferai sortir de mon cabinet, au besoin avec mon calibre [2]. » Laurence Le Vert raccroche le téléphone et explose à son tour :

– Suis-je en garde à vue?

– Non.

– Alors, sortez de mon bureau!

Le petit juge, au milieu des grands, ne peut que partir. Mais il va placer Patrick Olivier sur écoutes. Il apprendra ainsi que Laurence Le Vert lui conseille de prendre contact avec Annie Grenier, au cabinet du ministre de l'Intérieur; que celui-ci appelle celle-là sans tarder pour lui demander rendez-vous, dans une courte conversation en langage codé qui sera d'ailleurs publiée dans la presse [3]. Le juge apprendra aussi ce que le policier pense de lui : « Mon dossier, dira-t-il un jour, c'est le juge Beffy qui l'a, je ne sais pas ce qu'il va en foutre, il peut se torcher avec, ce gros con. » Tout ceci permet en tout cas de penser que Charles Pasqua, s'il n'a joué aucun rôle dans la tentative de subornation de témoin de Primorac, en a au moins été informé en temps réel, minute par minute.

Que s'est-il passé réellement ce 17 juin? Le matin de cette journée ensoleillée, Bernard Tapie s'intéresse d'abord à la convention du Mouvement des radicaux de gauche du surlendemain, qui doit l'introniser comme candidat aux élections européennes et faire de ce parti croupion une véritable alternative de gauche au PS. Il a passé la matinée chez lui, rue des Saints-Pères, avec Jean-Pierre Deck, l'un de ses collaborateurs au ministère de la Ville, qui est resté à ses côtés, et trois journalistes amis. Ensuite, Tapie, rejoint le siège de TF1, pour déjeuner avec Charles Villeneuve. Peu après 14 h 30, il retourne à son bureau, avenue de Friedland, où il arrive dix minutes plus tard. Il appelle alors Filippeddu sur son téléphone portable :

– Comment ça se passe?

– Comme ça.

Tapie rappelle 5 minutes plus tard :

– Alors?

– ...

– Amène-le-moi!

Tapie a parfois des impulsions qui tuent. Dès qu'il voit Primorac, il se rend compte qu'il a fait une bourde. « J'ai tout de suite compris qu'il n'y avait rien à en tirer et je lui ai dit de se casser », confiera-t-il à un de ses avocats et à plusieurs amis. L'entrevue ne dure que quelques minutes, mais elle est interrompue par un coup de fil de Marc Bourrier, le nouvel entraîneur de l'OM que Tapie a embauché la veille et qui l'appelle à 15 h 04 de son hôtel d'Alès. Tapie se contente de dire à Primorac qu'il peut faire confiance à Filippeddu. Sur le trottoir, à ce moment-là seulement, Filippeddu proposera de l'argent à Primorac pour le prix de sa coopération. Jusqu'ici, rien d'irrémédiable : Tapie peut bien rencontrer un entraîneur au chômage et, s'agissant du contenu de leur conversation, c'est la parole d'un ancien ministre contre celle, hésitante, d'un Yougoslave. Mais Tapie, toujours dans son étrange démarche masochiste et provocatrice, va s'enfermer lui-même dans un piège dont jamais il ne sortira plus. La scène se passe le 6 juillet, deux jours après que l'affaire Primorac eut été révélée au public [4]. Bernard Beffy organise un déplacement avenue de Friedland avec Boro Primorac pour vérifier ses allégations et lui faire identifier les lieux. Tapie est là. Il fait les gros yeux à Primorac et prend les choses de haut avec le juge, sur le ton de l'ironie appuyée. Celui-ci lui demande :

– Monsieur Tapie, confirmez-vous les déclarations de M. Primorac?

– J'ai rencontré deux fois M. Primorac. La première fois, le soir du match (...). Et puis la deuxième fois...

Tapie fait durer le plaisir. Beffy et Primorac le regardent intensément.

– ... la deuxième fois, eh bien, c'est aujourd'hui!

Tapie vient de commettre sa deuxième bourde. Mais le juge Beffy aussi. S'il avait fait saisir ce jour-là les agendas de Tapie, sans doute aurait-il pu y glaner d'intéressantes indications sur ses rendez-vous du mois précédent. Plus tard, quand il reviendra, les agendas de juin auront mystérieusement disparu...

A partir de ce moment, le président de l'OM, qui ne sait pas encore si Primorac affirme l'avoir rencontré le 16 ou le 17 juin, va en rajouter : « Le 16, je suis à l'Assemblée, devant tous les ministres, devant Balladur et pour le 17, je vous dis pas, afin de garder la surprise. » Le flambeur et ses avocats veulent alors se donner le temps de se construire un alibi. Tapie commence par demander à Charles Villeneuve de dire que le repas s'est terminé non pas à 14 h 35 mais peu avant 15 heures. Celui-ci oppose une fin de non-recevoir : Tapie a été vu sortant de TF1. A plusieurs reprises, dont certaines en présence de son avocat Francis Szpiner, éberlué, il demandera à plusieurs « amis » de lui servir d'alibi. Parmi eux, les trois journalistes présents le matin du 17 juin à son domicile. Tous refuseront.

C'est alors que Tapie a l'idée de demander ce « service » à Jacques Mellick. Les deux hommes se sont connus en 1983, au moment du règlement judiciaire de Testut. Mellick s'était engagé auprès de Tapie à garantir le calme social. Très vite, le patron de Testut exercera sur le maire de Béthune une emprise absolue *. Celui-ci, devenu secrétaire d'État, a pris goût à l'ambiance des palais nationaux et aux avions du GLAM. Mais il a vécu douloureusement la défaite de mars 1993. Il n'a qu'un objectif : revenir aux affaires. Ses nouvelles idoles? Clinton et Tapie. Bill Clinton qui, à 46 ans, vient d'être élu président des États-Unis, auquel, modestement, il s'identifie, allant jusqu'à modifier sa coiffure pour mieux lui ressembler. Tapie, le cheval politique qu'il a choisi pour redevenir ministre, persuadé qu'il est de l'avenir radieux du patron de l'OM et certain, à ses côtés, d'être indispensable. C'est vrai que Tapie adore les bonnes pâtes comme Jacques Mellick.

Un ancien ministre, voilà qui fera taire les journalistes et calmera les ardeurs du juge, pense Tapie, sans se rendre compte à quel point Mellick est inconnu, hors du Béthunois. Il décide de prendre le temps de peaufiner les détails, d'harmoniser les témoignages et – pourquoi pas? – de refaire les agendas.

Les journalistes du *Point* vont heureusement faire s'écrouler ce bel échafaudage en construction. Un vantard leur a dit que l'alibi de Tapie était un ministre socialiste. Ils partent en chasse, en commençant par ses obligés. Premier d'entre eux : Jacques Mellick, que François Rousselle appelle le 28 juillet. Mellick commence par noyer le poisson, puis tombe dans un piège vieux comme le monde. « Nous, on le sait », lui dit le journaliste, au flan. Croyant que Tapie a parlé, Monsieur je-sais-tout-et-je-suis-très-important confirme : « Oui, dit-il, j'étais dans le bureau de Bernard Tapie le 17 juin à 3 heures de l'après-midi. » Le vin est tiré, il va falloir le boire. Dès la publication du *Point*, Tapie, comme à son habitude, fait le fanfaron. Il assure être arrivé à son bureau vers 14 h 45 : « Notre

---

* Mellick a déjà rendu au moins trois gros services à Tapie :

– La communauté du Béthunois a dépensé 14 millions de francs pour la rénovation du siège social de Testut.

– Le conseil municipal de Béthune a voté la transformation du plan d'occupation des sols du terrain qui jouxte Testut. Ce qui permettra à un promoteur immobilier de faire la culbute.

– Mellick a fait voter l'acquisition, par les collectivités locales, pour 12 millions de francs, des derniers m^2 de Testut qui ne leur appartiennent pas encore et que les Domaines avaient évalués à 8 millions.

réunion a duré jusqu'à 15 h 25. Maintenant, en tout cas, les choses sont claires. »

Claires comme un combat de nègres dans un tunnel. Pendant tout l'été, deux anciens ministres de la République vont se comporter comme des Pieds Nickelés, devant les Français ébahis. Policiers et juges devront se multiplier pour démonter leurs mensonges. C'est le règne du n'importe quoi. Ribouldingue-Mellick modifie ses horaires. Pour se justifier, il trouve une raison lumineuse : « J'apprécie beaucoup la lutte de Bernard Tapie contre l'establishment. » Ce qui ne manque pas de sel lorsqu'on sait que ce petit-fils de député appartient, par son père, à une lignée radicale et franc-maçonne et, par sa mère, à une grande famille du coin, les Beltrémieux. Peu doué pour les études, il est entré à 20 ans par piston à Norsogexpress, un bureau d'études ancêtre d'Urba, la plus grande pompe à fric du PS dans le Nord-Pas-de-Calais. Filochard-Tapie confirme ces nouveaux horaires « à la minute, à la seconde près ». Jusqu'à la publication d'une feuille de chou municipale où l'on voit Mellick à une réception. La légende indique : « Le 17 juin, à 14 heures, M. Mellick rencontrait les agents recrutés par la communauté du Béthunois lors des quatre derniers mois. »

Il s'agit bien sûr d'une erreur de légende, affirme Mellick qui modifie à nouveau ses horaires. Il assure être parti de BTF à 15 h 30 pour arriver en retard, à 17 heures, à la réception. Sans se rendre compte de l'énormité de ce qu'il dit. Même Ayrton Senna n'aurait pu parcourir la distance (220 km) en moins d'une heure et demie porte à porte, alors que le Salon aéronautique du Bourget a bloqué tout l'après-midi du 17 juin le périphérique de Paris et l'autoroute du Nord ! Sur la photo, on discerne la montre d'une collaboratrice. Un employé municipal assure doctement que cette personne « est connue pour avoir une montre qui ne marche jamais ». En dépit d'une réunion – scandaleuse dans son principe – organisée le 10 août pour faire pression sur les employés municipaux afin qu'ils coordonnent le mensonge sur les horaires de Mellick, un de ses collaborateurs reconnaîtra que le maire adjoint * est arrivé à la réception autour de 16 heures, ce que confirmeront toutes les mères de famille qui lui ont serré la main avant d'aller chercher leurs enfants à l'école, à 16 h 30.

Ce qui est clair, pour tout le monde, c'est que Mellick n'a pas mis les pieds à Paris le 17 juin. Aucune trace de son passage sur la carte de télépéage qui révèle, en revanche qu'il a pris l'autoroute Béthune-Paris la veille et le lendemain ! « Tout ce que dit M. Mellick est exact, assure cependant Tapie : son chauffeur l'a accompagné, cinq personnes étaient avec moi en réunion – un haut fonctionnaire, un chef de cabinet, un ancien ministre de Matignon [sic], Mellick et moi. » Manque de chance,

* En raison de la loi sur le cumul des mandats, Jacques Mellick, qui les collectionne, a dû renoncer à celui de maire. Il a mis un prête-nom à sa place.

quelques heures plus tard, les enquêteurs découvrent, grâce aux relevés informatiques, que le plein de la voiture de Jacques Mellick a été fait, le même jour, à 13 h 20 à Béthune !

Le potentat local devra boire le calice jusqu'à la lie. Il accepte finalement de déposer officiellement devant le juge Beffy *, après avoir longtemps tergiversé. Éric de Montgolfier lui tend des perches, par presse interposée : sa mémoire l'a peut-être trahie. S'il s'avère qu'il a rencontré Tapie le 16 ou le 18 juin, personne ne lui en tiendra rigueur. Mais il s'enferre, affirmant cette fois-ci qu'il était dans les bureaux de Tapie entre 14 h 40 et 14 h 50. A cette heure-ci, Primorac n'était pas là, mais Tapie non plus ! « Peut-être se sont-ils croisés dans l'escalier, écrit *le Canard enchaîné* : étourdi, Mellick ne s'est peut-être pas rendu compte qu'il était seul dans le bureau de Tapie de 14 h 15 à 14 h 45, alors qu'il était attendu à Valenciennes ! » Mais Mellick n'en a pas fini. A l'évidence, Tapie le tient. Il va l'obliger à faire une conférence de presse, où Mellick devra lire un texte, envoyé préalablement par fax au siège de Bernard Tapie Finances : « J'étais dans le bureau de Tapie jusqu'au-delà de 15 heures (...) J'ai signé le procès-verbal en disant que je n'étais pas d'accord. »

Dans n'importe quel pays démocratique, autant de mensonges organisés et découverts, venant de personnes chargées de voter les lois, les auraient acculées à la démission, sans parler des conséquences judiciaires. Rien de tout cela en France. Tout au plus, en collant son image à celle d'un personnage comme Jacques Mellick, Tapie, pour la première fois, s'est retrouvé avec les rieurs contre lui. Ce qui ne pardonne pas. En août 1993, à Béthune, les participants de la foire à l'ail accueilleront d'ailleurs le potentat local sous les quolibets :

– V'là le ch'menteux !

Les gens de ch'nord sont généreux, mais n'aiment pas trop être pris pour des imbéciles.

Une deuxième fois, Bernard Tapie se fera suspecter de « tentative de subornation de témoin », ce qui lui vaudra une nouvelle mise en examen. C'est là un délit précis qui consiste à essayer d'entraver la bonne marche de la justice en faisant pression sur des témoins afin qu'ils modifient leurs déclarations. Un délit d'autant plus grave qu'on dispose de plus de moyens de pression sur les témoins et particulièrement déplaisant lorsqu'il émane d'un député de la République, chargé de défendre la loi et les institutions. Cette deuxième « affaire dans l'affaire » concerne Jean-

* A la veille des élections municipales de 1989, Mellick a fait fabriquer des petits dragons en peluche verts qu'il distribue à tous les Béthunois. Symbole de liberté, le dragon est l'emblème de la ville. Mellick leur a trouvé un nom : Beffy, appellation familière du beffroi qui domine Béthune. Plein d'attention, trois ans plus tard, à l'occasion de son audition, le député-maire offrira trois de ces petits dragons au juge Beffy, comme cadeau de naissance de son troisième enfant.

Jacques Eydelie, le joueur marseillais par lequel Jean-Pierre Bernès est passé pour corrompre les trois joueurs de Valenciennes. Eydelie est une gueule d'amour, séduisant et joueur. Menteur aussi : ses anciens coéquipiers se souviennent que, lorsqu'il faisait sauter l'entraînement, il inventait des prétextes extraordinaires avec un aplomb invraisemblable. Eydelie dont le juge Beffy avait fini par obtenir des aveux circonstanciés : en l'incarcérant, en retrouvant son épouse en fuite, en la faisant avouer et en l'autorisant à le voir dans sa cellule. Bref, de la justice ordinaire. Il faut dire qu'Eydelie s'était enfermé dans une défense absurde, sur les conseils d'un « avocat » qui était, en réalité, au service de l'OM et de Bernard Tapie.

L'affaire repose donc en grande partie sur les aveux d'Eydelie, un joueur proche de Tapie : il avait eu l'insigne honneur d'être invité sur le *Phocéa*. Son statut est cependant précaire puisqu'il appartient à l'OM en vertu d'un engagement non signé et non présenté à la Ligue. Entre février et juin, il a reçu 600 000 F, mais sous forme d'avances. Libéré le lendemain de ses aveux, il n'a le droit d'entrer en contact avec aucun des protagonistes de l'affaire, à commencer par Bernard Tapie. Pendant l'été, il est d'ailleurs parti en Argentine, pour essayer de recommencer là-bas une vie de footballeur et peut-être aussi pour se mettre à l'abri. Tout le monde le cherche : le mardi 21 septembre, les dirigeants du football français, qui jusque-là ont freiné des quatre fers, doivent absolument prendre des sanctions contre l'OM, sous la pression de la Fédération internationale. Viendra-t-il à cette réunion? Que dira-t-il?

Le 17 septembre, en début de soirée, un Boeing 747 d'Aerolinas Argentinas se pose sur l'aéroport de Bruxelles, après une escale à Madrid. Deux hommes et un adolescent récupèrent leurs bagages, passent la police et la douane. Jean-Jacques Eydelie, épuisé par le voyage, est accompagné par Rafael Santos, qui a longtemps joué en France avant de retourner dans son pays comme découvreur de talents, en réalité négociant en joueurs. L'adolescent est son fils. Un bonhomme minuscule, habillé d'une veste pied-de-poule marron brandit une pancarte où est griffonné : M. Santos. L'homme conduit le trio dans une Mercedes bleue agrémentée d'un macaron « presse ». La voiture prend immédiatement l'autoroute, direction Paris, où elle arrivera vers 23 heures. Pas un mot ne sera échangé pendant tout le trajet. Mais Jean-Jacques Eydelie n'est pas surpris quand la voiture entre dans le porche d'un hôtel particulier de la rue des Saints-Pères, celui de Bernard Tapie. Dominique est là, qui leur apporte du fromage et de la salade. Pour les voyageurs, c'est le cinquième repas d'une très longue journée, avec décalage horaire. Dominique n'intervient pas, sauf pour plaindre Eydelie. Et le déstabiliser : « Ça doit être dur... Qu'est-ce que vous allez devenir, vous êtes dans une situation catastrophique. »

D'emblée, Tapie dit à Eydelie qu'il serait « fou » de confirmer ses aveux devant le conseil fédéral :

– Tu vas être radié à vie, tu ne pourras plus jamais jouer au foot.

Il lui demande de revenir sur ses déclarations. Fait état de ses rencontres avec le chef de l'État, qui le soutient. Eydelie se demande ce que François Mitterrand vient faire là. Plus concrètement, Tapie lui assure qu'il est prêt à lui faire resigner un contrat avec l'OM. Mais Eydelie connaît Tapie et ses promesses.

– Je ne veux plus rejouer à Marseille.

Tapie propose alors à Eydelie de lui trouver un club à l'étranger, avec une garantie de 15 millions de francs sur quatre ans, la somme qu'il aurait touchée à Marseille.

Eydelie, pourtant, ne changera plus de version. Rafael Santos lui demandera de réfléchir encore lorsqu'ils rejoindront, épuisés, un hôtel de banlieue.

Bien sûr, interrogés séparément le 19 octobre, Bernard et Dominique nieront tout. Ils diront que la rencontre a eu lieu à l'initiative de Santos, pour régler des arriérés de salaire. Tapie, à l'en croire, ne savait pas qu'Eydelie serait présent. Il lui a proposé de le reprendre à l'OM, sauf si le délit de corruption était établi. Beffy prend note, mais reste effaré devant une ligne de défense aussi inepte. Comme si la rue des Saints-Pères était le crochet obligé entre Buenos Aires, Madrid, Bruxelles et le Novotel de Bagnolet! Et comme si on entrait par hasard chez Tapie, à 11 heures du soir, comme dans un moulin!

CHAPITRE 8

Le droit de ne pas savoir

> « Je crois qu'il y en a beaucoup qui confondent le métier d'éboueur avec celui de journaliste qui fait chaque matin les poubelles pour trouver de l'info. »
>
> A *Libération*, le 21 juillet 1986.

La gestion déplorable de l'affaire OM-Valenciennes par Bernard Tapie a été longtemps masquée et, dans une certaine mesure, compensée par la maestria dont il a fait preuve vis-à-vis des médias, donc du grand public. Il a déconsidéré chacun de ses adversaires, démenti les évidences avec un superbe aplomb, s'est moqué du juge et du procureur, et s'est posé en victime d'un acharnement policier allant jusqu'à dire, sur TF1, le 13 juillet : « Ils ne respectent plus les règles pour essayer de m'avoir et on fait comme pendant la guerre avec les rafles de juifs. On disait : " Il y a ceux qui donnent et ceux qui partiront. " Et on faisait le troc : " Tu veux sauver ta famille? Tu m'en donnes dix. " (...) C'est digne de l'Inquisition, de la Gestapo. » Les journaux feront leur miel de ces déclarations, sans toujours en relever le caractère outrancier et scandaleux.

Par médias interposés, Tapie va transformer une procédure d'instruction normale, dans laquelle il n'est pas à son avantage, en un match au sommet entre le procureur et lui, le juge et lui, les dirigeants du football et lui. Partout et sans cesse, il va instiller le doute, évoquant une « gigantesque manip » montée par « une rencontre d'intérêts de tous ceux qu'on appelle un peu facilement l'establishment ». Lui qui occupe à temps plein les journaux et la télévision poussera le paradoxe à dénoncer la couverture médiatique de l'affaire « qui a fait couler plus d'encre en France que la guerre du Golfe ». En septembre, il ira jusqu'à parler d'une « samba de la délation. C'est d'autant plus facile, ajoute-t-il, que je suis président de l'Olympique de Marseille, une ville qu'ils ont toujours fait passer pour un refuge de truands et de putes. Ce n'est pas un complot mais une association de malfaiteurs. »

Pendant toute cette période, Bernard Tapie pourra s'exprimer à sa guise dans les journaux de son choix, qui lui ouvrent grand les portes et se battent pour recueillir ses propos. Le plus souvent, il choisira TF1, où il se sent chez lui. TF1 dont les cadres, lorsque éclate l'affaire, sont réunis pour un « séminaire de déontologie », à Deauville. Patrick Le Lay, le président de la plus importante chaîne d'Europe, appelle Gérard Carreyrou qui, ce week-end, tient la boutique :

– Gérard, qui est-ce qui va couvrir cette histoire pour le 20 heures ?

– David Pujadas. Il est là et c'est lui qui connaît le mieux le sujet.

Le Lay entre soudain dans une de ces colères dont il est coutumier.

– C'est pas possible. Il faut que tu le vires. Je ne veux en aucun cas que ce soit Pujadas qui traite ça.

C'est un ordre bien peu « déontologique ». Mais Gérard Carreyrou est dans une situation difficile. Depuis le 1er mai, il subit de violentes attaques de l'Élysée, après le suicide de Pierre Bérégovoy dont il était un vieil ami. Bouleversé, Carreyrou avait accusé, à l'antenne, le président de n'avoir pas répondu aux appels de détresse de son ex-Premier ministre. Il était bien placé pour le savoir. De plus, il est lui-même porté à l'indulgence vis-à-vis de Tapie, toujours au nom de son amitié pour Bérégovoy qui en avait fait son héros.

Aussi, le directeur de l'information de TF1 obéit-il à l'injonction de son patron. Il confie le bébé à Jean-Pierre About, chef du service « faits divers », qui traitera l'information sur un mode mineur : « C'est la parole d'un joueur contre celle d'un autre joueur, conclut-il après un reportage à l'eau de rose. Il serait dommage que ce club qui nous a tant fait rêver soit éclaboussé par cette affaire. » Suivra une interview en direct de Tapie par Claire Chazal, dûment mise en garde... Connaissant mal le football, obligée de marcher sur des œufs, Claire ne tiendra pas, ce jour-là, le choc face à Tapie.

Pourquoi cet ostracisme à l'endroit de David Pujadas, un jeune reporter talentueux ? Parce que celui-ci a beaucoup enquêté sur Tapie, qu'il connaît une partie du dessous des cartes et qu'il n'est pas prêt à pratiquer l'autocensure, comme le souhaite la direction de la chaîne. Tout a commencé, en octobre 1992, par une émission du *Droit de savoir* qui devait être intégralement consacrée à Bernard Tapie *. Ce *Droit de savoir* spécial devait être le deuxième d'une série étrennée avec Jean-

* Bernard Tapie était déjà passé une première fois au *Droit de savoir*, avec d'autres invités. Très vite, l'émission s'était transformée en « haro sur Tapie ». L'ambiance était violente. Hors antenne, Carreyrou avait fait tomber ses papiers dont un numéro de *l'Idiot international*, le journal de Jean-Edern Hallier. Tapie a hurlé : « Qu'est-ce que c'est que ce tas de boue ! » Il craignait de devoir affronter Christophe Bouchet, auteur de *l'Aventure Tapie* qui avait été invité à l'émission mais qui, finalement, n'est pas intervenu.

Marie Le Pen, où le leader du Front national dut encaisser des reportages dévoilant des aspects inconnus de sa personnalité et de son passé, ses liens avec les pires des collaborateurs exilés, avant de se faire mettre en pièces, par Gérard Carreyrou, Charles Villeneuve et Patrick Poivre d'Arvor, les producteurs de l'émission.

Pour mettre Tapie à son tour sur le gril, une enquête de 26 minutes avait été demandée à David Pujadas. Alors que celle-ci était en cours de montage Patrick Le Lay, informé par Tapie, avait demandé à Gérard Carreyrou et à Charles Villeneuve de la visionner. Il avait exigé plusieurs coupes touchant au cœur du sujet. Pas question, par exemple, de parler des déboires des entreprises reprises par l'homme d'affaires, ni d'évoquer les licenciements chez Wonder. Mais c'est encore trop pour Bernard Tapie qui déclare forfait en négociant son passage à une autre émission, créée pour la circonstance : *Jury d'honneur*, à laquelle ne voudra pas participer Patrick Poivre d'Arvor, le seul des producteurs de *Droit de savoir* à s'être ouvertement opposé au caviardage du reportage de Pujadas.

Ce *Jury d'honneur*, programmé pour le 2 décembre 1992, alors que Tapie a dû démissionner du gouvernement, sera annulé faute du non-lieu attendu dans l'affaire Tranchant. Dès que celui-ci tombera, Tapie retrouvera son ministère et son *Jury d'honneur*, conçu pour le mettre en valeur. A la fin de l'émission, il glissera alors à Pujadas, narquois : « Eh ouais, mon vieux, c'est des trucs qui arrivent... »

David Pujadas devra boire le calice jusqu'à la lie. Le 6 avril 1994, un nouveau *Droit de savoir* est consacré à l'assassinat de Yann Piat, ancienne « filleule » de Jean-Marie Le Pen, seule élue du Front national aux élections législatives de 1988, qui a rejoint les rangs du Parti républicain et vise la mairie de Hyères. On commence à évoquer des étranges liaisons qu'entretient Bernard Tapie avec le Milieu, à Marseille et dans le Var. Les reportages de l'émission ont été enregistrés la veille. Parmi ceux-ci, les producteurs ont retenu un court sujet extrait de l'enquête réalisée en 1992 par David Pujadas pour le *Droit de savoir* qui n'a jamais été diffusé. On y voit Édith Baumas, la suppléante de Tapie aux élections législatives de juin 1988 faire état des liens du député avec le Milieu – qu'elle connaît bien. Ce reportage qui, en 1992, n'avait pourtant pas été censuré par Patrick Le Lay, ne sera, lui non plus, jamais diffusé. Gérard Carreyrou s'y est opposé, à la demande du président.

Mais cette fois, cette censure provoquera une altercation, pendant le déjeuner mensuel qui réunit les directeurs, chefs de service et présentateurs vedettes, dans la salle à manger du Club de l'info, au huitième étage du siège de TF1. D'emblée PPDA attaque Carreyrou :

– Ça ne peut plus durer. Trop c'est trop. On se ridiculise. On ne va pas éternellement protéger ce mec !

– J'ai pris mes responsabilités. On ne peut mettre en cause un député comme cela. Édith Baumas dit n'importe quoi !

– Tu fais ce que tu veux, mais moi, je ne veux pas être complice de ça. Je démissionne du *Droit de savoir.*

Étienne Mougeotte, le numéro deux de TF1, jusque-là silencieux, coupe court :

– On réglera ça dans mon bureau. Mais c'est vrai qu'il y a un problème Tapie. Il va falloir un jour parler de ça à Le Lay...

Le soir, à la fin du journal, PPDA annonce sobrement : « Après *Sacrée Soirée*, le dernier *Droit de savoir*, consacré au meurtre du député Yann Piat. » Ce qui met Patrick Le Lay en fureur. Le patron de TF1 convoque Poivre :

– Tu n'as pas le droit de dire ça. *Droit de savoir* n'est pas ton émission. Elle continuera sans toi, sois-en sûr.

C'est ainsi que Patrick Le Lay, opposé depuis l'origine au principe même d'une émission d'investigation comme *Droit de savoir*, s'en fera, du jour au lendemain, son plus ardent défenseur ! PPDA, déstabilisé par ailleurs à cause des largesses dont il a bénéficié de la part de Pierre Botton *, y gagnera un soutien accru de la rédaction de TF1 – ce qui n'est pas négligeable tant sont vives les luttes de clans à la tête de la chaîne.

TF1 a de nombreuses raisons de réserver un traitement spécial à Bernard Tapie, son ancien actionnaire. D'abord parce que cette bête de télé fait de l'audience à chacun de ses passages et que l'audience, c'est la loi de TF1. Tapie est le seul homme politique, avec Charles Pasqua, Jacques Chirac, Édouard Balladur et François Mitterrand à retenir les téléspectateurs quand tous les autres les font fuir ! Deuxième raison : la présence à l'antenne du protégé de Mitterrand – comptabilisé par le CSA comme personnalité d'opposition – n'est pas pour déplaire à Édouard Balladur, dans la mesure où il brouille les cartes à gauche. Or TF1 n'est pas en guerre contre le Premier ministre. En outre, la chaîne du foot a tout intérêt à entretenir de bons rapports avec le patron de l'OM. La retransmission de la finale de Coupe d'Europe contre Milan lui a rapporté 20 millions de francs de recettes publicitaires en une soirée... Jean-Claude Dassier, qui négocie les contrats, veille à maintenir de si fructueuses relations. On a même évité le ridicule. Alors que l'OM s'enfonce dans la crise financière, Étienne Mougeotte devra s'opposer à la programmation, par TF1, d'un Téléthon destiné à renflouer les caisses du club ! Patrick Le Lay avait donné son accord. Avec Dassier, le président jouera même les émissaires auprès du président de la Ligue, Noël Le Graët et Jean-Claude Darmon, le financier du football, pour proposer une paix des braves.

Mais la principale raison qui explique le traitement de faveur dont

* Le juge Courroye le renverra en correctionnelle le 16 septembre 1994 en compagnie de Pierre Botton, Michel Noir (maire de Lyon), Michel Mouillot (maire de Cannes), Serge Crasnianski (PD-G de Kiss) et Charles Giscard d'Estaing (neveu de Valéry).

bénéficie Bernard Tapie sur TF1, c'est bien entendu le soutien sans nuances que lui accorde Patrick Le Lay, un habitué des croisières sur le *Phocéa.* C'est plus qu'une amitié : Patrick Le Lay, réservé, introverti, éprouve pour le député une passion exclusive et absolue. Les deux hommes se sont connus en 1985, au moment de la reprise conjointe de Wonder par Bernard Tapie Finance et le groupe Bouygues. Le Lay est alors chargé par Francis Bouygues de négocier avec le jeune homme d'affaires. Une coopération qui se révélera très fructueuse, pour tout le monde.

Plus tard, responsable de la diversification de Bouygues, Le Lay est hostile au projet d'investir dans une télévision. Mais il se plie à la volonté de Francis Bouygues. Le Lay, qui ne connaît rien au monde des médias, est impressionné par l'allant de Tapie qui fait montre d'un activisme à toute épreuve. Bluffé par son entregent aussi : sans les capacités de persuasion de l'homme d'affaires, en particulier auprès de deux membres de la Haute Autorité, peut-être TF1 aurait-elle été attribuée à Jean-Luc Lagardère. En outre, Tapie participera de bon cœur au tour de table de TF1, à une époque où les investisseurs ne se bousculaient pas.

Les deux hommes ont préparé ensemble les auditions devant la Haute Autorité, dans une petite société de vidéo. Le Lay s'exprime mal. Tapie l'aide et le réconforte, lorsqu'il fond en larmes, épuisé par les répétitions qui n'en finissent jamais. Le Lay, qui peu à peu se décoince, lui en saura gré. Séduit, admiratif, il reste cependant méfiant. C'est lui qui empêchera Tapie de devenir président du comité stratégique de la chaîne.

C'est après le retrait, puis le décès de Francis Bouygues, lorsqu'il se rend compte que Tapie, en butte à l'hostilité de son fils Martin et de sa fille Corinne, ne cherche pas à lui disputer son poste, que Patrick Le Lay effacera toute réticence vis-à-vis de son nouvel ami. Une amitié scellée, comme chez les seigneurs du Moyen Âge, par « l'échange » d'enfants : Anne-Vefa, la fille de Le Lay travaillera en 1991 au sein du Groupe Tapie tandis que Stéphane, le deuxième fils du député, anime une émission sur TF1, le samedi matin.

A première vue, tout oppose pourtant ces deux hommes : Le Lay est austère, rigide, peu loquace. Et timide. Il respecte l'ordre, les institutions, les présidents, le pouvoir et la richesse. Seule étrangeté, qui révèle les dessous complexes d'une personnalité en apparence si lisse : c'est un indépendantiste breton. Presque un anarchiste !

Tapie et Le Lay ont cependant la même obstination de réussir à tout prix, le même cynisme en affaires *, les mêmes colères. Tapie est fils

---

* Tapie et Le Lay ont tous deux, par exemple, la même manie de refuser de signer bon nombre de chèques qu'on leur présente dans les parapheurs. Chez Bouygues comme chez Tapie (quand celui-ci était encore un homme d'affaires), on paye les fournisseurs le plus tard possible. Tous les prétextes sont bons : gagner du

d'ouvrier, Le Lay fils d'ingénieur. Tous deux pourtant, malgré leur réussite sociale et professionnelle, ont aussi en commun le sentiment d'être exclus d'une société culturellement très hiérarchisée, qui vénère les intellectuels et les manieurs de concepts. Il suffit de voir, à Saint-Germain-des-Prés, le président de TF1 promener son chien et acheter le journal, le dimanche matin, en survêtement mauve fluo, pour comprendre que cet ingénieur des travaux publics n'appartiendra jamais à « l'élite » des petits marquis parisiens, diplômés de l'ENA, membres du corps des Ponts ou des Mines. Bernard Tapie va déceler les failles de Patrick Le Lay. Il va l'aider, le soutenir, le faire rire. Il entre de façon tonitruante dans la vie de ce chrétien travailleur qui découvre, à 50 ans, une autre vie, un autre monde. Il va le subjuguer, le dominer de toute sa personnalité, le convaincre de sa supériorité. Jusqu'au printemps 1994, le patron de TF1, par exemple, était convaincu que Bernard Tapie deviendrait un jour président de la République. Il croit toujours que c'est possible. C'est du moins la confidence qu'il a faite, à plusieurs reprises, à de hauts cadres de TF1.

Patrick Le Lay a les qualités de ses défauts. C'est quelqu'un d'entier. S'il donne son amitié, ce n'est pas à moitié. Ni pour la retirer. A la différence de tant d'autres abonnés de la loge d'honneur du Stade vélodrome ou des coursives du *Phocéa* qui lâcheront Tapie à la première bourrasque, il lui restera fidèle, sans s'occuper du qu'en-dira-t-on.

Tapie, bien sûr, en profite au-delà du raisonnable. Quai du Point-du-Jour, il est chez lui. Il a été six fois l'invité d'Anne Sinclair à *7 sur 7*. Seul Balladur a fait mieux. En 1988, il a même eu le privilège exclusif de passer deux fois de suite! Il choisit la date et l'heure de ses passages dans les journaux (surtout le week-end), négocie avec les rédacteurs en chef la longueur de ses interviews, terrorise nombre de jeunes journalistes qui ont peur de déplaire au grand patron.

Tapie fait renvoyer ou priver d'antenne les reporters qu'il juge hostiles et s'occupe même des embauches, dans les domaines qui le concernent. Fin 1987, le président de l'OM organise un rendez-vous, en sa présence, entre Noël Couedel et Patrick Le Lay pour faire nommer ce journaliste chef du service des sports de TF1. A *l'Équipe*, Couedel était en charge du vélo à la grande époque Tapie. « Tu verras, ce sera génial, on aura un bureau ensemble, on cassera la baraque! » lui promet-il devant un Le Lay impassible. Le contrat devait être signé en janvier. Mais, pendant les vacances de Noël, la direction de *l'Équipe* propose à Couedel la direction de la rédaction. Tapie est aux Antilles sur le *Phocéa*. Il appelle le journaliste pour son anniversaire, comme il le fait souvent avec ceux qu'il veut flatter :

– Tu vas voir, on va s'éclater quand tu seras à TF1.

---

temps, épuiser les créanciers, créer des contentieux sont considérés comme des actes de gestion naturels.

– On ne va pas s'éclater, Bernard. Je n'y vais pas. Je prends du galon à l'*Équipe*.

– T'es taré ou quoi ! T'as pas le droit.

Tapie est d'autant plus furieux que Patrick Le Lay est à l'écouteur.

Il passe ses vacances, en famille, sur le *Phocéa*. Mais Tapie ne se brouillera pas avec Noël Couedel. Plus tard, il l'appellera : « Je t'ai trouvé une maison formidable à Marseille. » Il veut absolument que Couedel prenne la direction du *Provençal* que vient de quitter Ivan Levaï et il a déjà trouvé la maison où il allait habiter !

Toutes les bonnes choses ont une fin. Entre Tapie et TF1, le chant du cygne a lieu le 23 février. Guillaume Durand, le journaliste vedette de la Cinq, qui s'est égaré dans la présentation d'émissions de variétés provocatrices, brûle d'entrer à TF1 et de revenir au vrai journalisme. Il propose une nouvelle émission, en deuxième partie de soirée : *les Coulisses du destin*. Au départ, Durand avait envisagé un débat contradictoire entre Bernard Tapie et Silvio Berlusconi. Deux hommes d'affaires à l'enrichissement mystérieux, deux hommes politiques accusés de populisme, deux présidents de clubs de foot. Mais Berlusconi a refusé. Ce sera donc un one-man-show de Tapie, qui vient d'être mis en examen dans l'affaire OM-VA. Le Lay demande à plusieurs hauts responsables de la chaîne s'il convient de repousser l'émission. Ceux-ci lui conseillent de l'annuler. Elle sera pourtant maintenue. Pour Guillaume Durand, ce retour sur le devant de la scène prendra des allures de chemin de croix. Tapie censure lui-même deux des cinq reportages que la productrice, Pascale Breugnot, a eu le tort de lui montrer. D'emblée, Tapie agresse le journaliste qu'il sait en situation de faiblesse, menace de quitter le plateau. Les mots lui sortent de la bouche avec une spontanéité évidente et pourtant chacun d'eux est calculé. Durand a le trac, est débordé. Tapie lui dit en direct qu'il n'est « pas du genre à se mettre le nez dans la farine avant une émission ». Durand, que rien d'habitude ne démonte et surtout pas la provoc, aurait pu s'arrêter, inciter Tapie à préciser sa pensée, lui demander s'il voulait faire allusion à la cocaïne, qui il visait et dans quel but. Tapie, qui n'aurait pu en dire plus, aurait été coincé. Mais Durand n'a pas osé. Il était dominé. L'émission a vite tourné à l'entreprise de promotion.

Plus tard, au cours d'une émission sur les banlieues rapidement organisée par TF1 pour contrer France 2, qui en a programmé une sur le même thème, Patrick Poivre d'Arvor a la surprise de voir arriver Tapie sur son plateau, alors qu'il ne l'a pas invité. C'est Le Lay qui l'avait envoyé ! Mais aucun téléspectateur n'apercevra ce soir-là l'ex-ministre de la Ville sur TF1. PPDA ne lui donne pas la parole et demande à la régie de ne pas le cadrer. Alors Tapie ira, furieux, rejoindre France 2 – où il fera un tabac ! C'est la goutte d'eau qui fait déborder le vase. Claude Bébéar, le médiatique président d'AXA, qui était présent sur le plateau de TF1 et a vu arriver Tapie impromptu, fait savoir qu'il coupera toute publicité à TF1 si la chaîne continue à le soutenir aussi ostensiblement. D'autres grands patrons font des démarches analogues. De son côté, Étienne Mougeotte met sa démission dans la balance à propos d'un *7 sur 7* avec Tapie qu'Anne Sinclair avait programmé le 14 mai 1994, juste avant l'ouverture officielle de la campagne des élections européennes! Martin Bouygues, le président du groupe, et sa sœur Corinne, qui dirige la régie publicitaire de TF1, inciteront alors Patrick Le Lay – qui commençait lui-même à se poser des questions – à lever le pied. De fait, à partir de la mi-juin, TF1 traitera Tapie avec beaucoup plus de distance.

L'autre ne se laisse pas démonter. Il se rue sur France 2 qui, en quête d'audience, prendra immédiatement le relais! C'est au journal de Paul Amar que Tapie accordera sa première interview après les mesures sévères (rétrogradation en deuxième division) prises à l'encontre de l'OM par les instances du football. Pour une fois, l'audience du journal de France 2 approche celle de TF1. Tapie, en pleine tourmente, trouve pourtant le temps d'appeler Jean-Claude Narcy pour lui dire :

– T'as vu, ton journal? France 2 t'a cartonné. Quand je suis pas là, c'est pas facile, hein!

Un jour, pour une énième mise en examen, Tapie est filmé de fort méchante humeur à son arrivée dans le bureau du juge. Il traite un journaliste qui l'attend de « cloporte » en l'insultant. Ses propos crus sont parfaitement audibles sur TF1, mais France 2 a recouvert la bande son d'un commentaire gentillet. Un mois plus tôt, c'était le contraire! Pendant quelques semaines, la chaîne publique va en rajouter, organisant par exemple un débat Tapie-Le Pen. Ce débat, tout miel, n'a rien à voir avec celui de 1989. Le Pen, face à Tapie, ressemble à un grand-père attendri. L'autre le ménage, en préparation sans doute des futurs accommodements. Croyant faire un « coup » en sortant des gants de boxe d'un sac Décathlon, Paul Amar, le présentateur, a tout faux. Il y perdra son poste.

Bref, Tapie a rendu fous les grands médias. Cela ne date ni de l'affaire VA-OM, ni de ses démêlés avec le Crédit Lyonnais, mais à partir de l'été 1993, lorsque commencera l'hallali, la couverture médiatique des moindres faits et gestes du député, la reproduction de chacun de ses propos deviendra inouïe : les médias ont flairé l'odeur du sang. Tapie en prison? Tapie ruiné? Tapie largement élu par les Français et bientôt maire de Marseille? Il y a là tous les ingrédients d'un gigantesque roman-photo. A regarder les journaux télévisés, il semble que ce soit le seul sujet qui intéresse les Français. Au point que *le Canard enchaîné* pourra noter, avec bonheur, que le 6 juin 1994, anniversaire du débarquement en Normandie, « est une date historique car pour la première fois depuis des mois, Tapie n'est pas apparu à la télé ». Il est vrai qu'il était ce jour-là au *Club de la presse* d'Europe 1...

Par nature, la télévision est en première ligne. Mais le phénomène

Tapie a posé exactement les mêmes problèmes à la radio et dans la presse écrite, sous des formes parfois différentes. Du 1er janvier au 27 novembre 1993, *le Parisien* a placé 33 fois Tapie à la une (dont 18 fois dans le cadre de l'affaire VA-OM). Contre 22 fois pour Édouard Balladur, Premier ministre. Les hebdomadaires ont réalisé la plupart de leurs meilleures ventes quand ils mettaient Tapie en couverture. Ils ne s'en sont pas privés. Comment traiter Tapie? Comme à TF1, au *Nouvel Observateur*, à *l'Événement du Jeudi*, au *Canard enchaîné*, à *l'Équipe*, à l'*AFP* et dans la plupart des journaux, les rédactions sont divisées entre pro- et anti-tapistes, souvent pour de bonnes raisons. Au-delà du combat contre Le Pen, beaucoup de journalistes jugent amusante et utile la présence de Bernard Tapie en raison de son impertinence, de son courage et même de ses outrecuidances, qui secouent une société convenue, snob, empesée, et surtout hypocrite. Les journalistes économiques savent bien que des grands patrons ayant pignon sur rue – à commencer par Bernard Arnault, son ennemi personnel – en ont fait plus que Tapie sans jamais être inquiétés; que Jean Peyrelevade a fait nommer administrateurs du Crédit Lyonnais trois de ses quatre grands créanciers *, réservant ses foudres pour le quatrième : Tapie. Les journalistes sportifs sont tout à fait conscients qu'en matière de dopage et de corruption Tapie n'a pas agi autrement que bon nombre d'autres dirigeants du vélo ou du foot. Et que lui, au moins, a su offrir la victoire à ses équipes, avec force et panache. Qu'il a su remplir les stades, apporter l'émotion et faire vibrer les foules. Les journalistes politiques, eux, mesurent parfaitement les qualités du député, sa capacité à gagner les élections et à secouer les vieux appareils sclérosés.

Il en résulte une forme d'indulgence combative que traduira bien Elizabeth Schemla lorsqu'elle publiera dans le *Nouvel Observateur* un commentaire en décalage complet avec d'autres articles, dans le même numéro, consacrés à Tapie : « Ses agissements voyous et ses fautes évidentes ne nous indignent pas moins que ces vertueux qui (...) veulent aujourd'hui nous convaincre qu'il est l'empereur des ordures. L'acharnement de ses contempteurs finit par les rendre suspects. Tout autant que leur victime désignée. (...) Ah! Ce qu'il les titille, ce qu'il les agace, ce parvenu total, grande gueule plébéienne, surdoué de la séduction et de la communication, qui a acquis de l'argent sans créer de richesses, obtenu un portefeuille ministériel sans légitimité de parti et conquis les électeurs sans avoir de courant ou de clan. Quel rival insupportable! (...) Tapie le galeux est d'abord un homme d'action, pas un théoricien, un meneur, pas un diplomate, un type qui se coltine Le Pen, pas un chef de parti recalé du suffrage universel. »

Mais les rédactions sont parfois divisées pour des raisons qui

* Jean-Luc Lagardère, François Pinault et Bernard Arnault.

tiennent simplement aux relations directes entre les journalistes et Tapie. Depuis très longtemps, celui-ci a parfaitement compris le fonctionnement de la presse dont il maîtrise tous les rouages. A la différence de la plupart des grands patrons qui, à la manière de Pierre Suard, P-DG d'Alcatel-Alsthom, se payent des journaux pour acquérir de l'influence, Tapie est à la fois plus efficace et plus économe : « Pourquoi acheter un journal, dit-il, quand on peut acheter un journaliste? » En 1979, il n'avait pas voulu mettre d'argent dans *Forum International* et s'il s'est publiquement porté candidat à la reprise du *Monde*, en 1984 [1], c'était sans doute par provocation. La seule tentation qu'il ait eue (outre son acquisition de 1,7 % du capital de TF1) a été, en 1985, de relancer *Magazine hebdo*, un journal très marqué à droite.

De même, plus malin que tous les patrons persuadés qu'il suffit de passer un coup de fil au P-DG d'un journal pour être sûr d'y être bien traité, Tapie a toujours ratissé plus large, à la manière des hommes politiques *. Il cultive des relations directes avec tous les journalistes qu'il considère comme importants, c'est-à-dire ceux qui peuvent lui être utiles ou nuisibles. Il ne les achète pas, au sens littéral du terme, mais sait les flatter, les rendre dépendants. En maniant la carotte : invitations aux matchs de l'OM ou sur le *Phocéa*, attentions particulières, coups de fil personnels, activités partagées. Il confie à certains ses petits secrets, demande des conseils à d'autres et, toujours, négocie les informations qu'il détient. Seuls les « bons journalistes », selon ses critères, recueillent des *scoops*. Les « mauvais » ont droit au bâton : éviction du stade, réplique cinglante en conférence de presse, privation de toute information, envoi sur de fausses pistes. Mais aussi menaces physiques et, bien entendu, procès bruyamment annoncés, mais qui ne vont pas tous à leur terme.

Toutes ces explications sont pourtant réductrices. S'il suffisait de flatter et de menacer les journalistes pour bénéficier d'un traitement de faveur comme celui de Tapie pendant l'affaire VA-OM ou pour ridiculiser le Crédit Lyonnais alors qu'on lui doit plus de 1,2 milliard de francs, d'autres s'y seraient essayés avant lui, avec la même efficacité. Auprès de ceux qu'il veut séduire, Tapie a un don, un vrai : il est si présent, si chaleureux, si affectueux et si *vivant* qu'il en devient peu à peu indispensable, si l'on n'y prend garde. Tout n'est pas calcul en lui, ce serait trop simple : Tapie donne une part de lui-même avec une sincérité non feinte. On a compris qu'il ne ment jamais, mais profère des vérités successives et contradictoires, auxquelles il croit dur comme fer. De la même manière,

* Ça lui arrive pourtant, comme lorsqu'il avait appelé le financier franco-britannique Jimmy Goldsmith, alors propriétaire de *l'Express*, à propos d'une enquête de Jacques Derogy. Sur ordre du patron, l'article de ce pionnier du grand journalisme d'investigation sera complètement caviardé, provoquant le départ de Derogy.

il est capable de donner des preuves d'affection véritable à chacun de ceux qui peuvent lui être utiles! Il les emmène alors dans une sorte de tourbillon. La grande peur est d'être soudain laissé au bord du chemin, ou trompé. Car si M. Bernard ne supporte pas qu'on le trahisse, lui trahit toujours. Utilise sans vergogne toutes les confidences engrangées pendant les moments d'intimité. Avec lui, la rupture est inévitable et toujours douloureuse. C'est une rupture de couple, un rêve d'enfance brisé. Voilà pourquoi les haines qu'il suscite auprès de ceux qui l'ont trop aimé sont aussi excessives que celles d'une femme blessée. Les journalistes, bien sûr, n'ont pas l'exclusivité de ce rapport de forces amoureux. Tapie y entraîne tous ceux qu'il trouve sur sa route, qu'il s'agisse du rubricard du *Provençal*, de Patrick Le Lay ou du président de la République.

CHAPITRE 9

Tour de France

> « Le monde politique est un des milieux dont le niveau intellectuel est parmi les plus faibles (...) Si nous, dans le business, on commettait un dixième d'erreurs qu'ils font, on serait en faillite. »
>
> A Michel Drucker, le 13 juin 1991.

– Merci de me rappeler, monsieur le Président. Je voulais vous demander conseil. Car ce genre de convention, je ne sais pas très bien comment ça fonctionne.

– Allons Bernard, voyons, vous vous débrouillerez très bien.

– Surtout, Président, ne vous inquiétez pas. Je n'ai pas l'intention de vous prendre comme conseiller en image.

– Ah ah! Pourquoi pas, finalement? Moi, je veux bien. Si j'avais un conseil à vous donner, ce serait d'être modéré. Très modéré. Pour une fois, gommez vos aspérités. Ne heurtez pas les gens. Ils n'en ont pas envie en ce moment...

– Mais Pasqua, sa sortie contre l'immigration?

– Ne l'attaquez pas. Il n'y a rien dans son projet de loi : on aurait pu le signer. Ne vous emballez pas. Non, je vous le répète, faites-vous le plus lisse possible pendant cette convention. Ils vous veulent, ils ont besoin de vous. Laissez-vous emporter par la vague.

Installé dans la salle à manger de son hôtel particulier de la rue des Saints-Pères dont les fenêtres donnent sur le jardin, au milieu duquel est plantée une maison-jouet Fisher-Price, Tapie a appuyé sur le bouton du haut-parleur de son téléphone. Guy Sitbon, journaliste au *Nouvel Observateur*, écoute, médusé, la conversation entre ce député pas comme les autres et le chef de l'État. Le lendemain, samedi 19 juin 1993, se tient la convention nationale du MRG qui doit introniser Bernard Tapie. Officiellement, celui-ci brigue la tête de liste aux élections européennes de juin 1994 et espère jouer un rôle lors de l'élection présidentielle de 1995. En réalité, il vise plus haut. Tapie avait invité à déjeuner Sitbon, pour sentir l'air du temps à la veille de cette échéance importante. Déjà, le jour précédent, un certain 17 juin qui fera date, il l'avait fait venir dans la matinée avenue de Friedland avec quelques journalistes amis, avant d'aller déjeuner avec Charles Villeneuve, de TF1.

Avant les grands moments, Tapie aime recueillir les avis des uns et des autres, même s'il n'en fait qu'à sa tête. Il écoute, enregistre. Comme une éponge. Puis, quand il est en situation, il reproduit. L'idée, parfois totalement inventée par un autre, devient la sienne. Rien ne l'en fera démordre. Ainsi, avait-il tenu plusieurs années auparavant un meeting à Aix-en-Provence. Laurent Carenzo, l'un des « chieurs du mardi », lui avait préparé une note. Il avait imaginé que Tapie buvait du café au lait, quand il était môme, le matin, avec ses parents, sur la table de la cuisine. Tapie avait ressorti l'histoire telle quelle, avec des trémolos dans la voix. Et depuis cette date, il ne se souvient même plus s'il prenait au petit déjeuner du chocolat ou des céréales : pour lui, c'est forcément du café au lait !

Pour François Mitterrand, cette convention est importante. Au nez et à la barbe de son dauphin Laurent Fabius, Michel Rocard a ravi le poste de Premier secrétaire du Parti socialiste. Avec son numéro deux, Jean-Paul Huchon, Rocard laboure le terrain pour préparer sa candidature à l'élection présidentielle. Mitterrand est bien décidé à faire le maximum pour torpiller leur projet. Le fer de lance de son attaque anti-Rocard, ce sera Bernard Tapie, soutenu par le MRG. Pendant longtemps, c'est Pierre Bérégovoy qui a piloté directement, depuis Matignon, la constitution d'un nouveau pôle de centre gauche, réformiste, en dehors du Parti socialiste. Mais depuis son suicide, le 1er mai, le chef de l'État est en première ligne.

Pour que ses plans aient une chance d'aboutir, il faut que Tapie soit à la hauteur des espoirs qu'il a placés en lui. Il est si imprévisible ! Quand la secrétaire particulière du chef de l'État lui fait part de son coup de fil, François Mitterrand le rappelle donc immédiatement. Pour lui baliser le terrain radical. Le chef de l'État connaît tous les arcanes du MRG qu'il a toujours tenu sous sa coupe. Il sait qui a le vent en poupe, qui est marginal. Qui sera fidèle et qui trahira. Bref, il explique jusque dans les moindres détails à Bernard Tapie sur qui il doit s'appuyer s'il veut être le patron dans la boutique. Ces tractations, bien sûr, auraient dû rester secrètes.

Jusque-là, Tapie avait conservé un profil bas. Il est entré par la petite porte au MRG, prenant bien soin de ne pas effrayer les instances dirigeantes des radicaux de gauche, notamment le président Jean-François Hory, qui lui avait permis d'adhérer au parti. Mais les résultats des élections législatives de mars dernier ont déstabilisé cette belle unité de façade. La gauche a subi une défaite historique, le PS et le MRG ne recueillant ensemble que 19,24 % des suffrages au premier tour, soit... 15 points de moins qu'en 1988. Le gouvernement socialiste n'était plus que l'ombre de lui-même. Le 24 mars, le dernier Conseil des ministres avait été d'une tristesse épouvantable. François Mitterrand avait entériné la fin de la gauche au pouvoir dans un discours émouvant. Ce jour-là, Pierre Bérégovoy, dont l'image convenue avait finalement explosé après la révélation du prêt d'un million de francs sans intérêt que lui avait accordé Roger-Patrice Pelat, avait passé un ultime mot à Bernard Tapie : « Cher Bernard, ton regard me plaît. Mais tu remarques qu'ils ne me lâcheront plus. Que faire? A toi. » Le petit mot griffonné était simplement signé : « Pierre » *. Il ne lui restait qu'un peu plus d'un mois à vivre...

Le dimanche suivant 28 mars, la gauche est balayée. Les grands leaders du MRG, Michel Crépeau et Jean-Michel Baylet sont battus. Ainsi que Jean-François Hory, malgré le soutien qu'était personnellement venu lui accorder François Mitterrand en Bourgogne. Bernard Tapie est l'un des rares radicaux de gauche à sauver sa tête. Grâce à son accord électoral avec le Front national, il réussit l'exploit de devancer le RPR Hervé Fabre d'Aubrespy à Gardanne, dans les quartiers nord de Marseille. La légitimité des urnes aidant, Bernard Tapie fait monter la pression. Puisque la gauche est au plus mal, c'est le moment d'en devenir le leader. Que vaut d'ailleurs ce ramassis de caciques, incapables d'attirer des voix? Le président du MRG, ce devrait être lui! François Mitterrand n'est pas loin de partager ses vues, lui qui ne reconnaît de vrai talent aux hommes politiques que s'ils ont reçu la consécration des urnes. Mais il redoute l'impatience de Tapie qui lui fait souvent perdre du temps à force de vouloir trop en gagner. Il lui conseille la prudence. Le fruit tombera lorsqu'il sera mûr.

L'élève a suivi les conseils de son maître. Au parc floral de Vincennes, Bernard Tapie fait un tabac à la convention nationale du MRG. Il y a là, envoyées en estafettes par le président de la République, quelques grandes figures mitterrandiennes : Laurent Fabius et Jack Lang sont présents dès le matin. Martin Malvy, Jean Poperen et Ségolène Royal les rejoignent l'après-midi. Maurice Benassayag, le conseiller politique de l'Élysée qui a organisé dans les moindres détails le déroulement de la manifestation pour le président, est très actif. Égaré dans un coin, le rocardien Alain Richard est plus isolé. Personne ne s'y trompe : l'objectif

* Lorsqu'à la fin de son émission *les Coulisses du destin*, le 23 février 1994, Guillaume Durand a demandé à Tapie ce qui l'avait le plus ému, le député a sorti ce mot de sa poche. Il l'a montré et lu, les larmes aux yeux. Émotion vite surmontée puisque, pendant le générique de fin, on a clairement vu Tapie donner le mot au journaliste en lui disant : « Tenez, je vous le laisse. »

est bien de faire plonger Michel Rocard, afin de préparer la candidature de Jacques Delors, ou... d'un autre, à la présidence de la République. A la tribune, Bernard Tapie caresse la salle dans le sens du poil : « Pour vous avoir entendu réagir à certains mots : laïcité, humanisme, solidarité, on voit que ce n'est pas du cinéma, que ce sont les valeurs pour lesquelles vous vous battez. » Sincère et émouvant. Il conclut : « J'aime gagner, c'est un peu la maladie des mégalomanes. Je reconnais ce défaut et je m'en excuse. » La salle est chavirée par tant de modestie. Certains affichent pourtant publiquement leur hostilité : « Ce qui se gagne dans la rue se perdra dans la rue », lance François Doubin, qui n'y a, il est vrai, jamais été. C'est le président en titre du MRG, Jean-François Hory, qui aura le dernier mot. Lui, n'a qu'un seul objectif en tête : imposer Bernard Tapie comme tête de liste aux européennes aux radicaux les plus réticents, parmi ceux qui comptent, comme Michel Crépeau et Émile Zuccarelli. L'argument décisif n'est pas très intellectuel : « Si j'ai dans mon écurie quelqu'un qui peut gagner, je ne vois pas bien pourquoi j'irais parier sur quelqu'un d'autre. »

Depuis longtemps, Jean-François Hory a peaufiné sa stratégie : il aidera Bernard Tapie, l'épaulera dans ses candidatures aux élections, en échange de quoi le score du MRG s'améliorera et le nombre de ses adhérents grimpera. Ensuite, on verra. Si Tapie veut briguer la présidence du MRG à sa place, il se défendra. Hory est moins sot qu'il n'y paraît. Il ne lui a pas échappé que les hommes politiques ont tous le goût du pouvoir. Lui aussi. Il ne se fait aucune illusion sur Tapie, mais trouve qu'il a le mérite d'avancer à visage découvert : dès qu'il voit une porte entrebâillée, il la pousse. A Hory de verrouiller la sienne.

Le patron du MRG se découvre d'ailleurs plus d'atouts qu'il ne le croyait. Car l'affaire OM-Valenciennes explose. Pendant tout l'été, jour après jour, Tapie devra se défendre des coups portés par le procureur Éric de Montgolfier et le juge Bernard Beffy. De lui-même, il fera une croix sur ses ambitions à la tête du MRG. La tactique de Jean-François Hory est validée : plus Tapie est attaqué, plus le président du MRG lui apporte son soutien... et plus le rapport de forces interne bascule en sa faveur.

Hory ne peut utiliser Tapie que dans la mesure où il a, en échange, quelque chose à lui offrir. Il sait parfaitement que celui-ci, s'il s'en sort, le laissera froidement tomber. Mais, en attendant, Tapie ira au charbon, pour gonfler le nombre des adhérents du MRG. Il ira labourer les circonscriptions en poussant les idées radicales. Hory imagine donc un « Tour de France des radicaux ». Jadis, Tapie a fait courir Hinault. A lui de mouiller son maillot!

Le 2 novembre 1993, le jour même où le juge Beffy transmet à Éric de Montgolfier une demande de levée d'immunité parlementaire de Tapie dans les trois affaires VA-OM, Hory lance donc l'opération. Il revendique déjà alors un « effet Tapie » sur son parti : « Nous avions 6 500 adhérents en mars dernier, nous en avons 13 402 aujourd'hui. Nous ferons bientôt du MRG la première force militante de gauche. »

Dès la première étape, le 5 novembre dans les Landes, Tapie donne le ton. Accueilli par le maire radical Alain Dutoya dans sa bonne ville d'Hagetmau où, avant d'être couronnés, sont passés François Ier et Henri IV, Charles de Gaulle et François Mitterrand, le roi n'est pas son cousin. Au premier bistrot, il rencontre un chef des ventes et ses stagiaires. Ils connaissent le livre de Tapie par cœur et lui récitent les trois commandements du parfait vendeur. Tapie les charme, les fait rire. Dans une usine, sourire ravageur et marteau en main, il fait mine de garnir un fauteuil à la place d'une ouvrière : « Les 32 heures, c'est des conneries. Pour le coup, il s'agit bien de partager la misère et non pas la richesse. On est à côté de la plaque. » C'est là que lui vient l'idée de rendre le chômage illégal pour les jeunes de moins de 25 ans : « Les chefs d'entreprise, on n'a qu'à leur dire que le travail pour les jeunes est obligatoire. Et qu'en plus, il sera gratuit. C'est à l'État de prendre en charge la totalité de leur salaire. Il y en a marre de financer l'inactivité. » Il fera de ce thème son slogan tout au long de sa future campagne pour les élections européennes. Les Français n'en reviennent pas et les radicaux encore moins.

Couverts par la presse et par la télévision, les déplacements de Bernard Tapie occupent la scène politique. Il provoque, il dérange les politiciens de gauche assommés par la défaite et qui ont laissé depuis le mois de mars un boulevard entièrement libre au nouveau Premier ministre, Édouard Balladur. Le 23 novembre, à Marseille, Michel Rocard sort du bois pour la première fois, inquiet de voir l'ascension du MRG et s'énervant de constater qu'à gauche Tapie occupe seul les ondes. Il lance : « Il faudrait beaucoup plus que Bernard Tapie pour mettre de l'eau dans le gaz entre les socialistes et les radicaux de gauche dont nous sommes les alliés depuis le Front populaire. »

Michel Rocard, une fois de plus, se trompe. La donne au MRG est totalement bouleversée par l'arrivée de Tapie. Car, pour la première fois, un leader de ce parti ne se laisse pas démonter par les attaques du patron du PS. Au contraire, elles le stimulent. Il sillonne la France, accompagné de Noëlle Bellone et de Muriel, sa secrétaire, au volant de sa Safrane noire automatique, ABS, immatriculée 566 KGF 75. Le téléphone portable sonne sans cesse. Mais chaque soir, au plus tard à 21 heures, il quitte tout le monde et rentre chez lui, à Paris. Sauf en cette soirée d'hiver où, après une journée passée à Rennes, il est contraint de s'arrêter à 3 heures du matin à cause du mauvais temps. Il dormira quelques heures dans un hôtel d'autoroute. Surmené, parfois il dérape. Comme ce samedi 26 novembre où, en déplacement à Lille, il répond à un journaliste qui lui demande :

– Conduirez-vous une liste aux municipales de Marseille en 1995?

– Ça, c'est absolument sûr. D'ailleurs, ma liste sera élargie à tous ceux qui veulent vivre une belle aventure pour cette ville.

Chapitré par ses collègues du MRG, inquiets de le voir se découvrir trop tôt, il rectifiera dans l'après-midi, devant les étudiants de Sciences-Po :

– J'ai dit que je serai dans une liste. Mais je n'ai pas dit à quelle place et avec qui. D'ici là, il faut que je passe quelques chicanes. La route ne manque pas d'embûches. Si je ne suis pas capable de surmonter les problèmes d'aujourd'hui, la question ne se posera même plus. Dans le cas contraire, on me fera sûrement confiance.

Bernard Tapie a raison d'afficher davantage de prudence. Car, au sein même du MRG, rien n'est encore gagné. La scission se profile entre deux clans rivaux. D'un côté, les supporters de Tapie, généralement nouveaux venus, sans mandats électoraux. Au départ les moins nombreux. Mais ils entrent en force, puisque pendant le « Tour de France », le MRG doublera le nombre de ses adhérents, avec 7 000 nouveaux membres, tous acquis à Tapie. De l'autre côté, les anti-tapistes : plus anciens, ils doivent leur carrière au Parti socialiste. On y trouve par exemple les ex-ministres Michel Crépeau, élu de La Rochelle, Roger-Gérard Schwartzenberg, élu à Villeneuve-Saint-Georges. Et puis, il y a ceux qui se mettent en congé comme François Doubin ou qui démissionnent carrément comme le 28 novembre, Jean-Jacques Kérourédan, conseiller municipal de Rennes, membre du comité directeur du MRG et président de sa fédération de Bretagne. Dans une lettre ouverte à Jean-François Hory, il affirme : « Le populisme, fût-il prétendument de gauche, me paraît fort dangereux pour la démocratie (...) Mieux vaudrait Madonna que Bernard Tapie. » Jean-François Hory se moque de ce genre d'états d'âme. Son deal avec Tapie est clair. Il continue à ramener de nouveaux adhérents au MRG et sera tête de liste aux élections européennes.

Poursuivi par les juges, traqué par le fisc, mis en examen plus souvent qu'à son tour, pourchassé par les journalistes, Tapie a jusque-là incroyablement tenu le coup. Mais soudain, en janvier 1994, c'est le clash. Il est à bout. Il n'en peut plus de ces déplacements incessants qui l'éloignent de son domicile et l'empêchent de se consacrer entièrement à se défendre et à contre-attaquer. Comme à Marseille, lorsqu'il est en campagne, il prend parfois les foules en horreur, ne supporte plus de serrer des mains, déteste les vieux, les jeunes, les enfants morveux qu'il doit embrasser. Sa levée d'immunité parlementaire quelques jours plus tôt à l'Assemblée à la demande des juges Persyn et Vandingenen dans l'affaire Testut, l'a complètement déstabilisé, beaucoup plus qu'il ne l'a montré. Début janvier, il s'est rendu dans le Tarn et à Nevers. Là, il est allé se recueillir sur la tombe de Pierre Bérégovoy. Il a réfléchi : si ça continue à ce rythme, il finira comme lui. Ils auront sa peau. Hory compris, qui l'exploite comme il exploitait Basile Boli lorsqu'il l'obligeait à jouer malgré ses blessures. Sa décision est prise : il jette l'éponge.

Hory ne l'entend pas ainsi. Il a prévu une dizaine de déplacements en province au mois de janvier. Pas question de laisser Tapie lever le pied. Il terminera son « Tour de France ». Le mercredi 12 janvier 1994, les deux hommes dînent ensemble. Hory est en colère. Il a tout risqué, jusqu'à sa place de président pour aider Tapie et voilà que celui-ci menace de le laisser tomber. Le président du MRG traite Tapie comme Tapie a traité Bernard Hinault ou Basile Boli. Il lui met le marché en main :

– Tu termines ton Tour de France, sinon tu ne seras pas tête de liste aux européennes.

– Allons, Jean-François, calme-toi. Tu ne comprends pas. J'en peux plus. Laisse-moi souffler jusqu'à la fin du mois. Dès le mois de février, je te promets, on recommence.

– OK. Mais n'essaie pas de jouer au plus malin. Je ne te ferai pas de cadeau.

Voilà comment dès le début de février, Bernard Tapie reprendra son bâton de pèlerin pour aller dans les villes convaincre ses supporters de rejoindre les radicaux de gauche. Il attire les gens, il les amuse, et ça marche. Comme le jour où une femme, qui n'a pas toute sa tête, l'apostrophe dans un meeting :

– Monsieur Tapie, dès que je suis debout pour travailler, je tombe.

A la tribune, Tapie est interloqué. Il hésite un instant, grimace, prend la foule à témoin et répond :

– Eh bien, relevez-vous.

Rires dans l'assistance.

– Mais je n'y peux rien. Je suis spasmophile. Dès qu'il faut que je travaille, je tombe.

– Ah bon. Eh bien, si j'étais vous, je mettrais un casque.

La salle est pliée en deux. Tapie quittera la réunion sous les applaudissements. Le 16 avril 1994, une réunion du bureau national entérinera le nom de Bernard Tapie comme tête de liste du MRG aux élections européennes.

CHAPITRE 10

Deux poids, deux mesures

« J'aurais honte d'avoir pris un franc à Testut pour financer l'achat d'un joueur. Je ne me regarderais plus dans la glace. »

Interview au *Monde*...

Le TGV Paris-Béthune fonce à 300 kilomètres à l'heure ce mercredi 13 octobre 1993. Sur les sièges du carré de première, à l'avant du train, une femme d'une cinquantaine d'années, cheveux longs auburn tirés en arrière, tout de noir vêtue, tente de se reposer. A ses côtés, une jeune fille brune, jolie et timide et un garçon, un peu plus jeune. Ils semblent inquiets, tendus et n'échangeront que quelques mots pendant tout le voyage. A la main, la femme porte un petit sac de voyage Lacoste, couleur bleu roi. Un sac pour un prisonnier : son mari, Élie Fellous, le P-DG de BT Finance qui a démissionné deux jours plus tôt de la présidence de Testut, avant d'être écroué dans l'après-midi sur le chef d'inculpation de faux, usage de faux et abus de biens sociaux, à la prison de Longuenesse, près de Saint-Omer, à une demi-heure de voiture de la gare.

La veille, sa femme avait fait exactement le même trajet. Mais à son arrivée, Fellous n'était plus dans sa cellule. Il avait parcouru le chemin inverse. Les policiers l'avaient emmené à l'aube pour une perquisition à son domicile parisien. Cinq heures durant, ils avaient vidé les tiroirs, ouvert les dossiers, saisi tous les papiers.

Présenté à Tapie par son banquier – Pierre Despessailles – et par la « banquière » – Gilberte Beaux – dont il avait été un collaborateur à la Générale Occidentale, Élie Fellous est arrivé dans le Groupe cinq ans plus tôt, à la veille de l'élection de Bernard Tapie comme député des Bouches-du-Rhône. Tout de suite nommé président de La Vie claire, Élie Fellous devient en même temps administrateur de l'OM où il retrouvera son cousin Claude Ghidalia, responsable de la société RMGP qui gère les intérêts publicitaires du club. Il est bientôt propulsé directeur financier, c'est-à-dire numéro deux du groupe. En 1989, c'est lui qui prépare l'introduction controversée en Bourse de Bernard Tapie Finance (BTF). Et quand Tapie sera nommé ministre de la Ville en avril 1992, c'est lui qui reprendra tous ses mandats. Il mène de front ses activités personnelles auxquelles il a associé son fils Alain : tous deux gèrent des portefeuilles boursiers d'entreprises et de riches particuliers.

Né en Tunisie en 1936, financier de formation, Fellous devient à 28 ans, l'un des plus jeunes directeurs de banque de Tunisie. Mais la guerre des Six-Jours brise sa carrière. Après la grande manifestation anti-israélienne du 5 juin 1967, Élie Fellous décide, comme beaucoup de juifs tunisiens, de quitter son pays pour s'exiler en France. A 31 ans, Fellous est secrétaire général de *Jeune Afrique*, puis rejoint en 1971, le groupe Générale Occidentale. C'est là qu'il remettra de l'ordre dans la BOIC, la banque qui fusionnera plus tard avec la SBC du Crédit Lyonnais pour former la trop illustre SDBO.

Cet homme aux cheveux blancs coupés court et à la petite moustache, qui a passé toute sa carrière à monter des coups sans jamais être noyé dans une structure, a conservé un train de vie modeste. Il habite au deuxième étage d'un appartement de taille moyenne, dans le quinzième arrondissement de Paris. Quand il a été convoqué par les juges de Béthune, il s'attendait à une simple confirmation de sa mise en examen. Pour un homme comme lui, d'origine simple, qui a été naturalisé français en 1978 (par Raymond Barre) et qui a réussi, comme on dit, à la force du poignet, l'emprisonnement constitue un choc terrible. Le juge Benoît Persyn décide pourtant de l'incarcérer, seul dans sa cellule, sans qu'il soit tenu compte de l'avis de l'adjoint du procureur, qui s'est prononcé en faveur d'une simple mesure de contrôle judiciaire...

Les deux jeunes juges d'instruction qui travaillent depuis des mois sur le dossier Testut pensent qu'ils ont ferré un gros poisson. Ils ne peuvent faire tomber Tapie tout de suite. L'incarcération de Fellous est pour eux une façon d'atteindre le député et peut-être de le faire craquer. Car, peu à peu, Élie Fellous s'est attaché à Bernard Tapie. Désormais, il ne lui ménage plus sa fidélité. Même politiquement, Fellous est sur la même longueur d'onde que son patron. Jeune, Fellous était proche du PC, attiré par les thèses marxistes. Il croit au combat que mène Tapie contre Le Pen.

Pour Fellous, tout a commencé avec la plainte qu'il a lui-même déposée le 1er avril 1993 contre Bruno Flocco, le directeur général de Testut qu'il vient de révoquer. Flocco, comme beaucoup de collaborateurs de Tapie, est âpre au gain. Il touche un salaire de 100 000 F par mois comme patron de Testut et un autre de 70 000 F chez Trayvou. Mais cela ne lui suffit pas. Il se prend au jeu. Il se met à mener grand train. Et rêve d'étendre son influence sur la région. En 1990, il est même en piste pour reprendre l'équipe de foot du LOSC (Lille Olympique Sporting Club). Pour lui, tous les moyens sont bons : il détourne pour plus de 3 millions de francs *. Quand Fellous découvre le pot aux roses, il somme Flocco de rembourser. Celui-ci refuse. Fellous porte plainte. Plus tard, le juge d'instruction trouvera un trou de 6 millions de francs supplémentaires. Bruno Flocco sera donc mis en détention provisoire de mai à août 1993, à la maison d'arrêt de Béthune.

Pour assurer sa défense, Flocco fait appel à un avocat très particulier : Me Jacques-Philippe Lammens. Sympathisant du Front national, il est connu à Lille pour posséder des terrains dans le triangle d'or de la ville, qu'il refuse obstinément de céder à la municipalité. Avec sa mèche blanche et ses yeux bleu très clair il a l'air illuminé quand il lance : « J'abattrai le mythe Tapie, parce que c'est le mythe du veau d'or. » Et surtout parce que c'est une bonne façon de se faire sa propre pub. Lammens va donc contre-attaquer violemment. Et publiquement. Sur ses conseils, Flocco accuse à son tour Élie Fellous et Bernard Tapie de malversations financières sur Testut. Il porte plainte contre X, pour trafic d'influence, abus de pouvoir, faux et usage de faux. Une plainte contre Tapie, dont les juges sont trop contents de se saisir, alors que l'opinion est chauffée à blanc par l'affaire OM-Valenciennes. Mais l'avocat a la folie des grandeurs. Il exige de chaque journaliste qu'il publie sa photo. A la fin, il réclamera la une des magazines en contrepartie de ses confidences ou d'un simple accès au dossier. Seul *Minute* cédera à ses extravagances **.

Cette plainte est une occasion inespérée pour les deux jeunes juges béthunois, Benoît Persyn et Philippe Vandingenen, âgés de 32 ans chacun, en poste pour la première fois, de mettre leur nez dans les comptes de Bernard Tapie et de coiffer leur collègue Beffy qui, avec le procureur Éric de Montgolfier, mène la danse à Valenciennes. Ils partent en chasse, fouillent les locaux de Bernard Tapie Finance, les bureaux des commissaires aux comptes du Groupe et même la SDBO. Ils amassent les documents comptables, les correspondances privées et les notes confidentielles, travaillent d'arrache-pied, ne perdent pas un instant. Ils découvrent vite que Tapie a plusieurs fois vidé Testut de sa substance. Dans le courant du mois d'août, ils décrètent la mise en examen du président de Testut, Élie Fellous, de son directeur finan-

---

* Bruno Flocco a notamment cédé le terrain proche de l'usine de Testut pour 800 000 francs à des hommes de paille qui l'ont revendu le même jour 1,6 million de francs à un promoteur.

** Après la mise en examen de Bernard Tapie, le 22 décembre 1993, Bruno Flocco changera d'avocat, au profit du bâtonnier Stasi, le frère de l'ex-ministre Bernard Stasi. « Surpris » et « peiné » Lammens s'interroge sur un « éventuel changement de stratégie » de son ex-client. « Veut-il maintenant ménager Bernard Tapie? »

cier, Alain Soury, et de son directeur juridique, Bernard Gachet, pour faux, usage de faux et abus de biens sociaux.

Le temps va se gâter, pour ceux-ci et pour Tapie, quand il apparaîtra que le président de la chambre commerciale du tribunal de grande instance de Béthune, Alain Liénard, est lui aussi décidé à sanctionner la voltige financière des dirigeants de Testut, à commencer par Tapie. Il s'est autosaisi de l'affaire pendant l'été, alors que tout le monde était en vacances. Le député de Gardanne n'a qu'un seul allié : le parquet qui, pendant toute l'instruction, freinera des quatre fers *.

Petit et roux, crâne dégarni, regard pétillant d'intelligence, Liénard est, manque de chance pour Tapie, un vrai magistrat. Autrefois militant d'extrême gauche, il a été muté de Lille à Béthune, après une affaire difficile où il a été désavoué en appel. Les avocats de Tapie mettront longtemps à comprendre son indépendance d'esprit et sa détermination, il est vrai inattendues dans le cadre des juridictions de commerce.

Le 4 août, Alain Liénard réclame une expertise complémentaire. Celle-ci relève rapidement des éléments constitutifs d'abus de biens sociaux. Entre début 1991 – date à laquelle Tapie emprunte 1,6 milliard de francs pour acheter Adidas – et mi-1993 – où il récupère du cash en revendant l'entreprise –, Testut a été pillée. Achats et ventes successifs, à des prix différents, de la société Trayvou entre Testut et Bernard Tapie Finance, emprunt obligataire – inutile, en apparence – de 100 millions de francs, découverts bancaires systématiques, virement de 21 millions en faveur de l'OM pour l'achat du joueur Chris Waddle, financement de la campagne électorale de Léon Schwartzenberg pour Énergie Sud, la liste de Tapie aux élections régionales, etc. Testut, bien évidemment, est étranglée : ses frais financiers atteignent 29 % de son chiffre d'affaires !

Liénard croit tenir Tapie. Son jugement, en date du 17 septembre, ne laisse pas de place à la moindre équivoque. La situation de Testut est désespérée : c'est la SDBO qui porte artificiellement la société à bout de bras. « La banque est d'ailleurs parfaitement consciente de ce que l'exploitation [de Testut] ne se poursuit plus que grâce à ses concours », écrira le juge, puisqu'il est mentionné dans une note interne du 22 janvier 1992 : « le feu est dans la maison... le rejet de plus de 6 millions de francs de règlements va mettre sur la place publique la situation tendue du groupe »; le 10 décembre 1992 : « cette affaire est nulle ! Il ne reste plus qu'à espérer une revente »; et surtout le

* Depuis l'affaire de Bruay-en-Artois, au cours de laquelle le juge Pascal avait pourchassé de sa vindicte personnelle et sociale un notaire, accusé à tort du meurtre d'une adolescente, le parquet de Béthune est réputé pour sa prudence et sa docilité absolues à l'égard des puissants.

10 février 1993 : « cette affaire est au bord du dépôt de bilan, payons les chèques ».

Si Tapie n'injecte pas de fortes sommes d'argent frais dans Testut (au moins 240 millions de francs), Liénard annonce qu'il prononcera sa mise en règlement judiciaire. Le président de la chambre de commerce de Béthune prendra sa décision un mois plus tard, le 13 octobre, au vu du dossier.

A ce moment-là, le soufflé de l'affaire VA-OM est un peu retombé. Toute la Nomenklatura française s'est convaincue que Tapie ne trébuchera pas sur un match de foot acheté, mais sur ses aller-retour lucratifs entre Testut et Trayvou et les financements électoraux illégaux. Aussi, le 13 octobre, la salle du tribunal de Béthune est-elle archicomble. Réquisitionnés pour la circonstance, les employés de Testut sont plantés debout, tout au fond, derrière les bancs de bois. Jeans délavés, blousons rembourrés et chaussures épaisses, les gros bras sont là, silencieux, pour montrer que les juges tiennent entre leurs mains le sort de Tapie, mais aussi celui de vrais ouvriers, moustachus et « syndiqués ». Ils ont déjà survécu au règlement judiciaire de 1983, puis aux charrettes qui ont divisé par deux les effectifs. Depuis le matin, les « Testut » attendent, attentifs au seul mot d'ordre de leurs délégués : la sauvegarde de l'outil de travail. Étranges délégués, qui, de la CGT à FO, évitent toute critique à l'égard de leurs patrons qu'on voit pourtant, depuis quelques mois, plus souvent en prison qu'au charbon. Mais dans cette région sinistrée, la peur du chômage permet depuis des années de faire avaler toutes les couleuvres...

Là-bas, à Paris, Bernard Tapie tourne dans son bureau comme un lion en cage. Il sursaute à chaque sonnerie de téléphone et file dans le bureau voisin où se trouvent les secrétaires : « C'est qui? Merde! C'est pas normal que ce soit si long. Ils avaient dit 17 heures. » Il boit un verre d'eau, mâchonne du réglisse, il ne tient pas en place. Si Alain Liénard prononce la mise en redressement judiciaire de Testut, il sait qu'il est cuit. Le tribunal, en effet, manipule une bombe : il suffit qu'une seule société de son groupe saute pour que Tapie explose, compte tenu du statut particulier de la SNC, la holding de tête que Tapie contrôle avec sa femme. En cas de faillite, les « actions en responsabilité » obligeraient Tapie à combler, sur ses biens propres, la totalité du passif de Testut. La SDBO qui le couve depuis l'origine serait, dans cette hypothèse, poursuivie pour « soutien abusif » : elle a accordé à Testut un découvert de 84 millions de francs, ainsi qu'un autre de 78 millions à Trayvou sans autorisation officielle de la part de ses propres responsables. Pis : compte tenu des plaintes déposées, cette fois-ci au pénal, pour abus de biens sociaux dans la gestion de Testut, ses dirigeants, y compris Tapie, pourraient être poursuivis pour « banqueroute frauduleuse ». Une accusation dont Tapie pourrait difficilement se relever, compte tenu de l'ampleur des sanctions pénales et financières encourues.

Plus moyen de chercher à gagner du temps par des promesses ou des manœuvres dilatoires. Pour une fois, le flambeur est pris au piège. Il va jouer son tapis en payant les 240 millions de francs * que le juge Liénard exigeait pour remettre la société à flot. Alors qu'il se refusait jusque-là à engager le moindre centime, au point que le tribunal s'était demandé si Bernard Tapie Finance n'était pas, financièrement, aux abois – ce que personne n'imaginait à l'époque. Où Tapie a-t-il puisé l'argent? Dans la plus-value de 428 millions de francs récupérée lors de la vente d'Adidas, affirme-t-il. En réalité, il l'a trouvé dans la trésorerie placée en SICAV qu'il a réussi à conserver dans son groupe. Cette plus-value sur Adidas était inexistante, mangée depuis longtemps par le coût des emprunts, mais on ne le saura que plus tard. Quant à la SDBO, elle a dû accepter de remettre au pot 90 millions de francs : 40 millions sous forme d'abandon de créances à quoi s'ajoute un crédit de 50 millions, consenti à Testut au taux avantageux de 6 %.

Le curseur de la balance Testut étant à nouveau réglé sur le zéro, le juge Liénard ne peut que constater la viabilité de l'entreprise. Or, à la différence des tribunaux normaux qui sanctionnent et réparent les fautes, la fonction des tribunaux commerciaux est de défendre l'intérêt social des sociétés, éventuellement contre leurs dirigeants. L'intérêt social de Testut étant bien sauvegardé par cette injection, soudaine et massive de capitaux, la mise en redressement judiciaire n'avait plus lieu d'être. Jamais la cour d'appel de Douai ne l'aurait entérinée.

A 17 h 52, arrive enfin le coup de téléphone tant attendu :

– Alors?

Entendant la réponse de son avocat, Tapie hurle, tape la main contre le mur :

– Ouaouh, c'est génial! On est sauvé! Putain, c'est la première bonne nouvelle depuis trois mois!

Le joueur a les larmes aux yeux. La chance est revenue. Il exulte :

– Ils ont manqué le coup de grâce. Maintenant ils ne pourront plus m'avoir.

Et pourtant... Tapie n'en a pas fini avec Testut. Notamment à cause de M. Géniteau, un administrateur judiciaire breton qui possède quelques actions Testut et compte bien s'en servir pour le faire trébucher. Sa plainte au pénal s'appuie notamment sur la découverte de la rédaction d'un faux conseil d'administration de Testut, le 29 décembre

---

* Testut devrait ainsi rembourser l'emprunt de 100 millions de francs émis en décembre 1990 et le crédit de 50 millions de francs sur 15 ans accordé par la SDBO. Trayvou devrait rembourser les 77 millions de francs de l'emprunt contracté auprès de la même banque peu avant l'été. « Bientôt, Testut ne devrait plus avoir à payer un centime de frais financiers », assure-t-on au sein du Groupe Tapie.

1992, destiné à camoufler une partie des pertes réelles de l'entreprise *. Les deux juges Benoît Persyn et Philippe Vandingenen vont utiliser cette plainte, associée à celle de Flocco, pour conduire, froidement, l'instruction pénale à son terme.

Ce sont eux qui ont estimé indispensable de réclamer, le 8 octobre précédent, trois jours avant l'incarcération d'Élie Fellous, la levée de l'immunité parlementaire de Bernard Tapie, afin de pouvoir le mettre en examen. Ils veulent, affirment-ils, confronter Tapie et Fellous. Celui-ci pourtant, ne restera que 15 jours en prison. Le mercredi 27 octobre, la cour d'appel de Douai acceptera sa mise en liberté, en échange d'une caution d'un million de francs et d'un contrôle judiciaire. Fellous n'a pas le droit de quitter le pays. La procédure de levée d'immunité parlementaire visant Bernard Tapie ne sera pas interrompue. Le gibier, c'est Tapie et lui seul. Tous les moyens sont bons désormais pour le chasser.

---

* L'historique des déconvenues des sociétés Testut et Trayvou au sein du Groupe Tapie est le suivant :

Au printemps 1988, Tapie rachète Trayvou à Testut pour un franc symbolique au travers de la Financière et Immobilière Bernard Tapie, l'une des sociétés qui gèrent son patrimoine.

En mai 1989, Tapie souscrit majoritairement (pour 50 millions) à une augmentation de capital de 78 millions de francs de Testut. En 1989, bénéficiaire de plus de 30 millions de francs, Testut finance la campagne d'Énergie Sud (Léon Schwartzenberg, pour 190 000 francs et prête 21 millions de francs à l'Olympique de Marseille.

En 1990, Testut contracte un emprunt obligataire de 100 millions de francs pour financer l'achat de Lutrana et de... Trayvou. Lutrana finance elle-même son rachat en souscrivant pour 25 millions à l'emprunt obligataire. Testut se met à porter les énormes ardoises de Trayvou. Trayvou perd 28 millions de francs, ses fonds propres sont négatifs (– 43 millions), son endettement (93 millions) est aussi élevé que son chiffre d'affaires.

En janvier 1991, Tapie rétrocède Trayvou à Testut. La société a alors perdu 28 millions de francs, plus du quart de son chiffre d'affaires.

En 1991, la communauté du Béthunois, dont le président est Jacques Mellick, finance la construction du nouveau siège social de Testut, pour 14 millions de francs.

Le 29 décembre 1992, un conseil d'administration de Testut se tient dont Bruno Flocco assure que le compte rendu est un faux antidaté. Cet acte entérine la cession pour un franc symbolique (pour la deuxième fois!!!) de Trayvou à la SNC Bernard Tapie, détenue par Tapie et sa femme. Selon le document, Testut renonce aux 41 millions que Trayvou lui doit et reprend 10 millions de passif de cette société sinistrée. En outre, Testut accepte de reprendre Trayvou en location-gérance, moyennant le versement d'un loyer de 8 millions de francs pendant quinze ans. Cela pour une société dont les fonds propres sont négatifs de 120 millions au moins!

En 1992, Testut affiche 90 millions de pertes, hors plus-values.

CHAPITRE 11

La chasse est ouverte

« J'ai mauvaise réputation, mais bien meilleure que dans dix ans. »

Signature, mai 1984.

La pluie qui tombe sans discontinuer depuis plusieurs jours vient enfin de s'interrompre. Une vingtaine de minutes avant 16 heures, ce mardi 7 décembre 1993, les parlementaires arrivent place du palais Bourbon, devant les gardes républicains au garde-à-vous, puis pénètrent, un à un, dans l'hémicycle. Philippe Séguin, président de l'Assemblée nationale, ouvre la séance : « On vient de m'annoncer la mort de M. Houphouët-Boigny. Je vous demande une minute de silence. » « Ça commence bien », lance l'impertinent Philippe Alexandre, chroniqueur politique de RTL, dans les tribunes de presse. Les députés se lèvent. Le silence est pesant. Bernard Tapie pense-t-il en cet instant poignant aux petits secrets partagés avec le vieux lion de la brousse, il y a quatorze ans, autour d'un empereur déchu encombré de châteaux? Tout cela est si loin. Au dernier rang, dans les sièges attribués aux non-inscrits, Bernard Tapie se rassied, à côté de Christianne Taubira-Delannon, la jolie élue de Guyane. Tout près de lui, Julien Dray. Sur les bancs des invités, trois femmes dignes. En deuil, Dominique est entourée de Raymonde, la mère de Bernard, et de Nathalie, sa fille qui, un peu plus tard, ira « vomir ».

Le moment est solennel. Les députés sont venus voter la levée d'immunité parlementaire de Bernard Tapie *, une procédure exceptionnelle sous la Cinquième République. La première fois, c'était en 1959. Le Sénat s'était prononcé en faveur de la levée d'immunité parlementaire d'un jeune élu de la Nièvre, pour outrage à magistrat. Il

* L'immunité parlementaire est un principe posé par l'arrêté du 23 juin 1789 de l'Assemblée nationale, repris sous tous les régimes. Avant 1958 l'immunité s'appliquait même en dehors des sessions. « Aucun membre du Parlement ne peut, pendant la durée des sessions, être poursuivi ou arrêté en matière criminelle ou correctionnelle qu'avec l'autorisation de l'Assemblée dont il fait partie. »

s'appelait François Mitterrand, c'était à cause de l'affaire de l'Observatoire. Entre Mitterrand et Tapie, il y avait eu Pierre Lagaillarde, Marc Auriol et Georges Bidault, pour leur soutien à l'OAS. Dans la période récente, avaient été levées les immunités de Jean-Michel Boucheron, ex-député socialiste pour recel d'abus de biens sociaux, et d'Éric Boyer, président du conseil général de la Réunion, pour corruption.

« Je souhaite que ce débat se déroule dans la sérénité et la dignité. » Philippe Séguin est en porte à faux. Depuis le départ, cette mascarade l'indispose. « Il a fallu cette affaire pour se rendre compte que l'immunité parlementaire était totalement dépassée, avait-il d'ailleurs déclaré quelques jours plus tôt (...) dans la presse. Aucun critère réellement objectif ne permet d'étayer la décision de lever cette immunité puisque nous n'avons pas la possibilité d'aborder le fond de l'affaire. (...) L'immunité parlementaire, qui a été conçue pour protéger les députés, se retourne contre eux par un terrible paradoxe, puisque la décision que nous prendrons apparaîtra comme un pré-jugement, une condamnation. » Vient à la tribune, dans un silence de mort, Dominique Bussereau, rapporteur de la commission qui a demandé la levée de l'immunité parlementaire de Bernard Tapie. Bussereau est un partisan de la droite pure et dure, un antitapiste convaincu, un chevalier de l'ordre nouveau parti en guerre contre l'homme de gauche qui s'est abusivement enrichi. C'est un esprit simple. Entre les deux hommes qu'un fossé sépare, depuis le début, tout s'est très mal déroulé.

Devant les quinze membres de la commission ad hoc * que certains députés appelleront « Haddock », comme le capitaine, car y figurent quelques amateurs de bonnes bouteilles, la première audition, le jeudi 4 novembre, avait mal commencé. Après que Jacques de Limouzy, le président, eut parlé d'une procédure « déplaisante » mais « banale », Bussereau avait ouvert le feu à propos des contrats de prestation de services passés entre BTF et Testut. Tapie l'avait coupé avec son sourire enjôleur :

– Vous me demandez de répondre dans le détail sur des actes, premièrement que je n'ai pas commis, deuxièmement que je n'ai pas connus. Il était donc temps qu'on se voie !

Mais sa décontraction sonne faux. Il tente alors de jouer la connivence politique : « Ne soyez pas dupes ! (...) On peut dire ici certaines choses que l'on ne dirait pas dans la presse. Un vrai combat est engagé

* Parmi les quinze membres de la commission, on compte 7 RPR (Raymond Max-Aubert, Corrèze; Raoul Béteille, Seine-Saint-Denis; Philippe Bonnecarrère, Tarn; Louis de Brossia, Côte-d'Or; Ernest Chenière, Oise; Jacques de Limouzy, Tarn; Jean-Luc Reitzer, Haut-Rhin); 6 UDF (Dominique Bussereau, Charente-Maritime; Philippe Houillon, Val-d'Oise; Édouard Landrain, Loire-Atlantique; Philippe Mathot, Ardennes; Jean-Guy Branger, Charente-Maritime; Gérard Vignoble, Nord); un socialiste (Jack Lang, Loir-et-Cher) et un communiste (Jean-Claude Lefort, Val-de-Marne).

entre le pouvoir judiciaire et le pouvoir politique. Et si on s'attaque à moi, c'est parce que je semble le plus fragile, dans la mesure où je n'appartiens pas à une famille politique puissante (...). Mais ne vous y trompez pas : ce que l'on vous propose aujourd'hui, c'est une ouverture, un préambule. » Tapie tombe complètement à plat. Goguenard, Ernest Chenière (RPR) commente :

– Je note avec intérêt que Bernard Tapie se présente devant nous comme le bouc émissaire dans un combat où s'affronteraient la justice et la classe politique...

– A la façon dont vous dites cela et dont mon collègue de gauche sourit, je suis un paranoïaque. (...) Eh bien, je vais vous montrer qu'il s'agit d'une chasse à l'homme juridico-médiatico-politique.

Tapie explique alors que Testut « n'a jamais été en retard de paiement d'une seule traite, d'un seul salaire, d'un seul chèque, d'une seule obligation » et que lui-même y a injecté 240 millions de francs. « Et vous appelez cela de la parano? (...) Ce que le juge veut, ce n'est pas m'inculper, c'est me mettre en prison! Il veut aller au bout du spectacle! C'est son seul objectif. Vous pouvez sourire! Si c'était vous, Monsieur, cela ne me ferait pas sourire. »

Estomaqué, Ernest Chenière bégaie qu'il n'a pas traité Tapie de paranoïaque, s'embrouille et marmonne :

– Dans un État de droit, un juge ne peut pas emprisonner un parlementaire sans des motifs précis et graves.

Jacques de Limouzy sort soudain de sa torpeur :

– Cela entre pourtant dans le domaine des possibilités. C'est arrivé à des gens très bien. Il faut que vous sachiez ce que vous faites ici. Il ne faudra pas venir me voir ensuite!

Mais Tapie n'est pas quitte. Il s'est égaré sur un terrain glissant. Pressé par ses collègues, il est obligé de reconnaître qu'il n'y a pas contre lui « un complot politique ». Un « geste politique » tout au plus.

Quand on lui demande pourquoi Testut a financé la campagne du bon professeur Léon, il renvoie un missile Exocet : « Si je demande à chacun de vous de me dire comment vous avez financé votre campagne électorale, vous serez peut-être plus en difficulté que moi. »

Tous les députés de droite protestent, avec des airs de vierges effarouchées. Limouzy, lui, se marre :

– Je crois que vous les avez touchés au vif!

– Pardonnez-moi! Écoutez-moi! (...) Schwartzenberg n'avait pas d'argent, je vous assure. Il lui manquait 190 000 F. Il s'est adressé à moi. (...) Je n'ai pas obligé une de mes sociétés à donner cette somme. Les autres n'ont pas voulu le faire. Je me souviens avoir fait la démarche auprès du président de La Vie claire. (...) Il a refusé. Le président de Testut a accepté. Peut-être aimait-il bien M. Schwartzenberg?

Après cette première audition, la commission a entendu Élie Fellous, nommé président de Testut quand Bernard Tapie était devenu ministre. Puis les deux juges d'instruction de Béthune à l'origine de la procédure. Enfin, le mercredi 17 novembre, la commission « Haddock » de l'Assemblée nationale avait décidé par dix voix pour, quatre contre et une abstention de proposer la levée de l'immunité parlementaire de Bernard Tapie dans le cadre de l'affaire Testut.

Trois conclusions ont été tirées.

1) Tapie est le P-DG de Testut jusqu'à sa démission en avril 1992. Ensuite, il continue d'assumer ses « responsabilités pleines et entières ».

2) Le problème posé est sérieux. Il appartient à la justice de se prononcer.

3) Une non-levée « retarderait l'instruction de près de trois mois » *(sic)*. Une levée permettra à Bernard Tapie de « faire pleinement valoir ses droits » (re-*sic*).

Devant les députés réunis, ce 7 décembre 1993, Dominique Bussereau annonce le verdict de la commission : il y a présomption d'abus de biens sociaux, selon l'article 26, alinéa 2 de la Constitution, sur la base de cinq éléments *. Mais il dévoile surtout ses vraies motivations : « La commission ne pouvait prendre le risque qu'une décision de non-levée apparaisse comme un privilège ou une auto-amnistie par défaut. » Les députés de droite applaudissent.

Il est 16 h 30 environ. Bussereau a fini son réquisitoire. La salle semble acquise. Les bancs de gauche protestent, mais mollement.

Raymond Barre et Georges Marchais sont venus. Barre a déjà jugé la procédure « pas normale » : « A dix jours de la fin de la session, je ne vois pas pourquoi l'Assemblée nationale aurait à intervenir dans cette affaire. Que les magistrats prennent leurs responsabilités [1] ! » Marchais est plus mal à l'aise. Secrétaire général du PCF, il juge « inutile » la demande de levée de l'immunité parlementaire de Bernard Tapie : « Je comprends mal pourquoi nous devrions nous précipiter (...) [2]. » Jacques Chirac, lui aussi, est venu, mais il est vite reparti. Laurent Fabius, bien entendu, est absent. Au premier rang, les sièges du gouvernement sont vides.

A 16 h 30, Jean-Pierre Soisson prend, si l'on peut dire, la parole. Il

---

* Il apparaît que Testut :

– a versé 190 269 F pour la campagne de Léon Schwartzenberg aux élections régionales,

– a versé 0,5 % de son chiffre d'affaires à BT Services pour des prestations infondées,

– a effectué une avance de trésorerie à SNC FIBT de 11,273 millions de francs avec des intérêts de 12 %, à un moment où cela portait préjudice à la société,

– a versé, en 1989, 21 millions de francs à la FIBT en vue de financer l'acquisition d'un joueur pour l'OM.

De son côté, la FIBT a procédé à des achats-reventes de Trayvou causant un préjudice à Testut, moyennant une location-gérance de 6 millions de francs.

ânonne, s'embrouille, hoquette et tente vaguement de plaider pour un report du vote : « A qui fera-t-on croire qu'un délai de quelques jours serait de nature à remettre en cause l'ordre public? (...) L'Assemblée n'a pas à statuer à deux semaines de la fin de la session. » Personne n'écoute, tout le monde rigole. Le spectacle est pitoyable.

La tribune de presse n'est pas plus digne. Un journaliste politique du *Monde*, toujours suffisant, explique à ses confrères ce qu'il faut entendre. La plupart s'ennuient. Ils sont venus pour l'hallali, ils veulent du sang. Aucun d'entre eux ne doute que plusieurs députés ont commis des irrégularités au moins égales à celles pour lesquelles on accroche Tapie aujourd'hui. Sans parler des patrons, même parmi les plus en vue.

Louis de Brossia (Côte-d'Or, RPR) attaque à 16 h 55 : « Si nous ne votions pas ce soir, nous déconsidérerions le travail de la commission. Tout autre chef d'entreprise aurait été mis en examen depuis longtemps. » Le plus drôle est que personne n'a ri, en entendant pareille incongruité.

Louis Mexandeau prend la parole à 17 heures pour défendre Bernard Tapie, au nom des socialistes. Aussi franc-maçon et aussi embrouillé que Soisson. « Décidément, c'est le jour », remarque un journaliste. Mexandeau part dans ses habituelles envolées lyriques. Lorsqu'on égratigne Tapie, explique-t-il, c'est Jaurès qu'on assassine...

Enfin Tapie. Le moment est venu, que tout le monde attend. Il se lève, tendu, prend un dossier sur sa table et descend les marches de l'hémicycle d'un pas lourd, avant de monter à la tribune. C'est la première fois qu'il y intervient. Il fait face à une assemblée hostile. Et agressive. On ne le laissera même pas s'expliquer. Le ton de Tapie est grave. Lui aussi, pour une fois, cherche ses mots. Sa bouche est sèche. Il est simplement ému, intimidé. Comme un petit garçon s'attendant à être puni. « Il n'y a eu que 4 levées d'immunité accordées pendant la Cinquième République. C'est une procédure grave, exceptionnelle. Dans les quatre cas il y a eu soit atteinte à la sûreté de l'État, soit pillage de la République, soit fuite à l'étranger... Je ne me reconnais pas dans ces fautes-là. Moi, je ne sais toujours pas ce que les juges me reprochent. » Parlant de ses affaires, il a la maladresse de dire qu'Élie Fellous est le « vrai dirigeant de l'entreprise ». Lisant le discours écrit par Deck, Szpiner et Bercoff, il se risquera même, dans l'hilarité générale, à l'imparfait du subjonctif : « je suis dans l'impossibilité de dire le moindre mensonge sans que cela se retournât contre moi ». Balladur, qui utilise lui aussi à mauvais escient l'imparfait du subjonctif, ne fait, lui, jamais rire...

Tapie se lancera ensuite dans la description approximative de ce qui s'est passé chez Testut en répondant point par point aux attaques de la commission *. C'est un désastre. Les députés voulaient du Grand Guignol. Que voient-ils? Un homme perdu, mal à l'aise, qui défend les détails d'un dossier avec des arguments que la plupart d'entre eux ne comprennent même pas. Déstabilisé, Bernard Tapie est mauvais. Ce n'est pas son registre : roublard, il séduit; sincère, il ennuie. Les commentaires désobligeants fusent. Tapie la terreur supplie qu'on l'écoute : « C'est un peu de ma vie qui se joue en ce moment. » Il souffre, s'énerve. Jacques Lafleur, le député néo-calédonien éclate de rire. Il lui lance : « Je suis content de vous amuser, Monsieur. » Le flambeur se ressaisit sur la fin : « J'ai fait dans ma vie beaucoup de choses. J'en ai raté pas mal. Je n'ai jamais été aussi fier que le jour où les électeurs des Bouches-du-Rhône m'ont permis d'entrer dans cet hémicycle. » Il est de plus en plus ému. Mais c'est trop tard. L'Assemblée ne l'écoute guère. Il tente sa dernière sortie. « Je resterai un homme debout, un homme qui marche sans peur vers son destin, la conscience tout à fait en paix. J'irai voir les juges. Je prouverai que je n'ai commis aucune faute. Je mettrai toute mon énergie pour que triomphe la vérité et elle triomphera. Et je continuerai. Puisque vous devez me juger, alors jugez-moi. »

Son ami, Émile Zuccarelli, député de Haute-Corse, franc-maçon lui aussi, fera une ultime tentative pour le défendre. Il parle de l'homme Tapie. « On a tout dit de lui. Du mal, du bien. Mais il est un homme comme vous et moi. Avec ses espérances et ses regrets, ses qualités et ses défauts. Un homme, dans toutes ses imperfections. Juge-t-on un homme parce qu'il est différent? Le débat n'est pas là. Quel que soit l'homme il a droit à un jugement équitable. » Les plaidoiries sont terminées.

---

* L'argumentaire de Tapie est le suivant :

1) Concernant le financement de la campagne de Léon Schwartzenberg, Testut réalise 400 millions de francs de chiffre d'affaires chaque année. Soit 4 milliards en dix ans. Que sont 190 000 F, comparés à 4 milliards?

2) Concernant le prêt à l'OM, pas un centime n'est sorti de Testut pour aller à l'OM. La société s'est seulement portée caution bancaire pour l'achat d'un joueur. Cela l'a obligée à bloquer 21 millions de francs pendant deux mois, mais lui a rapporté des intérêts de 2 %.

3) Concernant le versement de 0,5 % à la société mère, c'est le tarif le plus bas pratiqué dans la profession.

4) Quant aux aller-retour sur Trayvou, l'opération a été beaucoup plus complexe qu'on a bien voulu le dire. « J'étais président du groupe Testut. Je voulais consolider le département pesage du groupe. Une société m'appartenait en propre. Il fallait qu'elle aille chez Testut. Ses prévisions de résultats lui donnaient une valeur de 40 millions de francs. Testut prend donc un emprunt obligataire et un fonds en compte courant pour l'acquérir. Or, il s'avère que Trayvou, contrairement aux prévisions, est déficitaire. Le prix est donc modifié de 40 millions de francs à 1 franc. Cette affaire s'est donc faite à mon détriment. (...) De toute façon, Testut, comme les autres sociétés appartient à ma société en nom collectif. Je suis donc responsable de toutes ses dettes. Je ne peux pas lui porter préjudice puisque ce sont mes deniers personnels ! »

Pendant tout son discours, « en trois points », comme il l'a annoncé d'emblée, Bernard Tapie, qui avait choisi comme défenseur trois francs-maçons notoires, a multiplié les appels aux « frères », en particulier en joignant ses deux mains en losange, signe d'appel de détresse. Comme s'il était, lui aussi, un « frère », appelant à la solidarité. Bernard Tapie, avec son univers mental très XIXe siècle, est fasciné par la franc-maçonnerie, dont il a longtemps pensé qu'elle le protégerait. Mais il n'est pas franc-maçon. Au début de ses ennuis judiciaires à Cœur Assistance, pendant les années soixante-dix, il avait demandé à son ami Antoine Nabhan, franc-maçon lui-même, de lui ouvrir les portes de la Grande Loge de France. Puis il avait essayé, en vain, le Grand-Orient. La ficelle était un peu grosse : Tapie pensait ainsi calmer les ardeurs du directeur de la police nationale de l'époque et surtout de l'inspecteur de police James, de la direction centrale de la police judiciaire, alors accroché à ses basques, qui grimpait sur des arbres pour compter les voitures garées dans sa propriété de Cormeilles-en-Parisis ! Avant toute initiation, Tapie avait donc fait savoir aux deux policiers, tous deux maçons, qu'il était en contact ! Ce qui avait fait désordre. Et l'avait empêché d'aller plus loin. Mais Tapie est resté proche des milieux francs-maçons dans une relation ambiguë, analogue à celle qu'il entretient avec les juifs. D'où, par exemple, ses rapports compliqués avec Henri Emmanuelli, qui lui a souvent sauvé la mise par-derrière, tout en l'accablant par-devant.

Frère ou pas, le moment est venu. Lorsque, à 18 h 30, la séance va reprendre, Bernard Tapie est assis, au fond de l'hémicycle qu'il n'a pas quitté. Il mastique un chewing-gum, faussement décontracté. Il est tendu comme un arc. Le verdict tombe, pire que tout ce qu'il avait imaginé : 525 votants, 504 suffrages exprimés. 432 votes pour la levée d'immunité parlementaire et 72 contre *. Édouard Landrain (UDF) votera même pour la levée d'immunité alors qu'il s'y était opposé en commission ! Tapie se lève, la démarche lourde, avec son costume aux larges épaules et

* Au sein du RPR, seul Jean-Luc Reitzer, membre de la commission ad hoc, opposé à la levée d'immunité, a voté contre. Chirac et les ténors gaullistes ont voté pour. Sur 7 abstentionnistes, 4 sont de la région PACA, zone électorale de Tapie (Emmanuel Aubert, Jean-Michel Couve, Pierre Delmar, Bernard Leccia). A l'UDF, Valéry Giscard d'Estaing a voté pour. Il y a eu trois votes contre et 11 abstentions. Raymond Barre, Jacques Chaban-Delmas et Michel Noir n'ont pas participé au vote. Au PS, tout le monde s'est prononcé contre, sauf deux non-votants. Au PC, tout le monde a voté pour. Y compris Georges Marchais, obligé de se démentir. Dans le groupe de Bernard Tapie, Jean Royer, député-maire de Tours a voté pour. L'Assemblée n'a jamais voté la levée d'immunité de Jacques Farran, inculpé par trois fois puis condamné, pour avoir mis en coupe réglée les Pyrénées-Orientales. François Léotard a été ministre d'État, bien avant que ne soit prononcé son non-lieu, au sujet de sa piscine et de son mur, construits, semble-t-il, de ses propres mains. Édouard Chammongon est toujours député de la Guadeloupe bien que condamné à une peine de prison ferme pour ingérence.

sa grosse cravate noire à pois jaunes. Jean Glavany, le porte-parole du Parti socialiste, vient lui serrer la main. Quelques rangs plus bas, Jacques Mellick se lève, échange quelques mots avec lui. « Monsieur alibi » a l'air bouleversé. Tapie quitte l'Assemblée nationale par la petite porte, sans rencontrer un seul journaliste.

Le même jour, une dépêche AFP révèle que Tapie s'est fait prendre pour excès de vitesse à 206 km/h, le 29 octobre. Le soir, engoncé dans un manteau bleu marine avec écharpe, il assiste à la défaite de l'équipe de France de football devant la Bulgarie, au Parc des Princes, qui lui barre la route de la Coupe du monde aux États-Unis. La France avait sa qualification en poche, mais elle a pris les deux derniers matchs par-dessous la jambe au point de se faire battre, au Parc, par la modeste équipe d'Israël. C'est une Bérézina pour le football français et pour ses dirigeants. Mais Tapie est ailleurs. Il répète à tous ses amis cette même litanie : « Ce qu'ils veulent, c'est me mettre en prison. » Quelque temps plus tard, recevant Jean-François Hory, président du MRG, Mitterrand aura ce commentaire, frappé au coin du bon sens : « Tapie vaut mille fois mieux que beaucoup de ceux qui le combattent... »

CHAPITRE 12

La Belle de Mai à la hussarde

« Guy Hermier, c'est pas le parti communiste. Il ne cesse d'expliquer qu'il est contre la droite, en faisant tout pour qu'elle gagne. »

A *Libération*, le 6 juillet 1994.

« Tout peut arriver. » Bernard Tapie s'est préparé à toutes les éventualités. L'an dernier, il avait promis : « Je passerai Noël au gouvernement. » Cette fois, il risque de devoir accrocher les guirlandes derrière les barreaux. Dominique est aux cent coups. Ses parents sont affolés. Car le député doit se rendre, le mercredi 22 décembre, à la convocation des juges, dans le cadre de l'affaire Testut. Tout le monde s'y attend : les juges Benoît Persyn et Philippe Vandingenen vont ordonner la mise en détention du député. Comme ils l'avaient fait quelques semaines plus tôt avec Elie Fellous. Sinon, pourquoi auraient-ils réclamé la levée de son immunité? Ce n'est pas l'idée d'aller faire un séjour en prison qui terrorise Tapie. Un caïd comme lui y trouverait tout de suite ses marques et son pouvoir! Peut-être même pourrait-il continuer, par avocats interposés, à amuser la galerie et à confondre ses détracteurs. Mais il est convaincu qu'une incarcération, fût-elle momentanée, sonnerait le glas de ses ambitions politiques. Ses deux avocats du moment, Francis Szpiner et Francis Debacker, ainsi que plusieurs de ses conseillers, lui assurent le contraire : s'il est incarcéré, ce sera pour une courte durée. Et politiquement, cela lui fera gagner une image de martyr : il grimpera dans les sondages. La contre-attaque juridique est prête. Une telle décision ne pourrait que se retourner contre les juges.

Les deux analyses ne sont pas contradictoires. Pour les élections cantonales, législatives, voire municipales, un court séjour en détention préventive, bien médiatisé, ne serait sans doute pas rédhibitoire. Mais il le serait à coup sûr pour une élection présidentielle, en 1995 ou 2002. Failli, divorcé et taulard, voilà qui serait lourd à porter dans une campagne électorale fortement personnalisée, comme elles le sont toujours lorsqu'il s'agit du pouvoir suprême. Or, c'est bien ce que vise Tapie depuis au moins dix ans.

Autant dire que le flambeur n'en mène pas large quand il arrive, à 9 heures du matin, devant le palais de justice de Béthune. La veille, en fin d'après-midi, il est venu de Paris au volant de sa Safrane, presque aussi vite que le chauffeur de Jacques Mellick. Il a dormi le soir aux Chartreuses-Val-Saint-Esprit à Gosnay, un quatre-étoiles luxueux et calme, où les footballeurs de Lens viennent parfois se mettre au vert. Le matin, il s'est rendu au palais, à l'arrière d'une Mercedes noire, conduite par un chauffeur. L'ambiance est lugubre. C'est un hiver très dur qui s'annonce. Il pleut sans discontinuer depuis plusieurs semaines. L'air est glacial. Un brouillard dense couvre la petite ville, blottie autour de son beffroi. Un temps de chien. Un temps à se faire envoyer en prison. Pour éviter la meute des journalistes venus l'accueillir à l'entrée du palais, le député a emprunté un souterrain, relié à la gendarmerie adjacente. Puis, il a gravi rapidement les marches du grand escalier qui mène, en haut à gauche, au bureau des deux juges. Il répondra à toutes leurs questions. Michel Scarbonchi, un des vice-présidents du MRG, vient manifester le soutien du parti. C'est un personnage étrange, fidèle et fantasque, ami de Raul Alfonsin, l'ancien président argentin. Il ne paye pas de mine mais est toujours là dans les moments difficiles, lorsque les autres se détournent. Il a préparé une déclaration, au cas où Tapie serait incarcéré. Accompagné de Valérie Trenson, sa blonde et jolie directrice de cabinet, Jacques Mellick, « Monsieur alibi » est lui aussi venu au tribunal de sa ville, sans doute pour garantir l'indépendance des juges.

Six heures plus tard, la montagne accouchera d'une souris. A 15 heures précises, Bernard Tapie prend congé des deux juges, rejoint la gendarmerie en sens inverse, par le souterrain des « prévenus », s'engouffre dans la Mercedes noire qui s'éloigne à grande vitesse. Journalistes, cameramen et photographes sont frustrés. Ils ont fait en vain le pied de grue depuis le matin, coincés à l'entrée du bâtiment sévèrement gardé par la police, sous une pluie glacée qui n'a cessé de tomber et qui fait déborder les rivières de la Belgique et du nord de la France. Ils n'ont même pas une déclaration de Tapie à se mettre sous la dent. Celui-ci s'est engagé auprès des juges à rester muet. Seul spectacle de la journée : un retraité, sans doute illuminé, qui s'est promené en brandissant une pancarte sur laquelle il avait écrit : « Contre les jaloux, incapables et envieux, vas-y Bernard. »

A l'instant même où Tapie quitte le palais, Me Philippe Leleu, son avocat béthunois, apparaît en haut des marches, tout sourire. Et annonce : « Bernard Tapie vient d'être mis en examen pour abus de biens sociaux et complicité. Cette mise en examen est dans la logique du dossier et de la levée d'immunité parlementaire. » Elle n'est assortie d'aucune caution, ni surtout d'aucune mesure coercitive. Pas de mise en détention, ni même de contrôle judiciaire ou encore de garde à vue. Bernard Tapie est libre. Entièrement libre d'aller et venir à sa guise, pendant toute la durée de l'enquête que s'apprêtent à poursuivre les juges Persyn et Vandingenen.

Cette simple mise en examen paraît bien douce. Surpris, parfois déçus, les journalistes assaillent l'avocat de leurs questions. Celui-ci leur répond calmement. Selon lui, l'audition de Tapie a eu lieu dans un climat serein et dans le respect de la présomption d'innocence. Tout s'est parfaitement déroulé. Vite dit. La réalité est un peu différente. On apprendra que le parquet a intimidé les deux juges du siège, quelques jours auparavant, en leur transmettant des réquisitions écrites précises. La Chancellerie ne souhaitait pas que soit prise la moindre mesure coercitive à l'égard de Bernard Tapie, député de Gardanne.

Ce non-événement est lourd de signification. La preuve est ainsi faite que le gouvernement Balladur n'a aucune intention de faire tomber Bernard Tapie, contrairement à ce que celui-ci ne cesse d'affirmer depuis l'arrivée de la droite au pouvoir. Pourquoi le Premier ministre se mettrait-il en avant? Au sein de son gouvernement, certains ministres, et non des moindres, aiment bien Bernard Tapie. Comme Nicolas Sarkozy qui acceptera un rééchelonnement des dettes fiscales de l'OM, pour éviter que le « gouvernement de parisiens » soit impliqué dans la mort du club marseillais. Ou comme Charles Pasqua qui a joué les intermédiaires dans l'affaire Tranchant * et peut-être dans l'affaire VA-OM. Sans parler d'Alain Madelin, lui aussi fils d'ouvrier, qui n'a cessé d'entretenir des relations amicales avec Tapie depuis 1986, mais ne pèse, il est vrai, plus grand-chose dans le gouvernement.

François Mitterrand a-t-il fait un geste auprès d'Édouard Balladur pour qu'il épargne son protégé? Ce n'était sans doute pas la peine. Le Premier ministre a décidé, une fois pour toutes, d'être lisse et de ne rien faire qui puisse dégrader le climat serein – très favorable pour lui – de la seconde cohabitation. Pas question de provoquer le chef de l'État par des mesures brutales et infamantes à l'endroit de Bernard Tapie, avant tout jugement sur le fond. D'autant que l'intérêt personnel de Balladur correspond dans cette affaire très exactement à la stratégie du chef de l'État.

* Un élément de la négociation aurait été l'assurance donnée par Pasqua à Tapie que la droite, revenue au pouvoir, ne le poursuivrait pas de sa vindicte. Tapie, qui a été longtemps très proche de Tranchant et connaît nombre de ses secrets, en particulier dans le monde des casinos et de l'importation des bandits-manchots, semble avoir trouvé les arguments pour se faire entendre et respecter par le ministre de l'Intérieur. Plusieurs révélations sur les méthodes étranges de Georges Tranchant, pour prendre le contrôle de nouveaux casinos, ont été opportunément publiées dans la presse.

Tous deux souhaitent écarter Rocard de la course à la présidentielle. Faute de Rocard, Jacques Delors se présentera, pense-t-on alors. Or, face à Delors, Balladur est mieux placé, à droite, que Chirac. Donc, tout ce qui nuit à Rocard sert indirectement le Premier ministre. Et Tapie, à l'évidence, nuit à Rocard. A plus forte raison s'il vient à l'idée du député de Gardanne de se présenter à l'élection présidentielle. Tout ce qui divise la gauche sert la candidature d'Édouard Balladur.

De plus, Édouard Balladur mesure parfaitement la popularité de Tapie, auprès des jeunes et dans les quartiers difficiles. Il n'a aucune envie d'altérer sa cote personnelle ou de susciter des révoltes dans les banlieues en donnant le signal de la mise à mort. D'autant que Tapie aurait vite fait de crier au complot politique en le montrant du doigt. Tout ce que Balladur déteste. Bref, il a beaucoup plus à perdre qu'à gagner d'une incarcération de Bernard Tapie. La gestion du dossier se fera donc en finesse et dans la durée.

Difficile en tout cas d'affirmer que le dossier Testut est insuffisant pour justifier l'incarcération du très médiatique député. Car, au même moment, l'homme d'affaires Cyril de Rouvre, maire de Chaumont, patron de l'écurie Ligier, est en prison pour avoir arrangé les comptes de sa société afin de mieux la vendre à Gaumont. Difficile de comprendre l'absence de toute mesure annexe de contrôle alors que Patrick Poivre d'Arvor a été mis sous contrôle judiciaire (on sait pourtant où le trouver tous les soirs!) pour avoir bénéficié des largesses de Pierre Botton, qui invitait son « ami » dans tous les bons endroits.

C'est donc un homme rasséréné qui franchit à 18 h 10 le portail de la rue des Saints-Pères. Doublement rasséréné : en rentrant de Béthune, au volant de sa Safrane, il a entendu une bonne nouvelle sur France Info. La cour d'appel de Douai a estimé que « pas plus que Testut, la société Trayvou n'est en cessation de paiement », infirmant ainsi le jugement de la chambre commerciale de Béthune. La discrétion n'a plus lieu d'être. A peine a-t-il garé sa Safrane dans la cour qu'il fonce vers une équipe de télévision. Il est euphorique. Tout n'est cependant pas terminé. A 19 h 40, les juges Benoît Persyn et Philippe Vandingenen moins rapides, sur l'autoroute, que le député pénètrent à leur tour rue des Saints-Pères, accompagnés des policiers du SRPJ de Lille. Ils sont venus faire une perquisition qui durera une heure et demie. Sans doute pour ne pas perdre la face. Mais c'est une « perquisition de principe », à l'issue de laquelle les juges repartiront les mains vides. Perquisition qui « ressemble plutôt à une visite guidée de l'hôtel particulier », selon un des participants. Bernard et Dominique sont détendus. Dans ce genre de circonstances qu'habituellement il exècre, Tapie restera d'un calme olympien. Le prince de l'instant savoure ces moments. Les juges se sont couchés et lui va pouvoir passer Noël en famille! Il ne s'énervera qu'un peu plus tard dans la soirée quand on lui dira que des journalistes l'attendent encore à la sortie de son domicile.

Tapie est sauvé. Tout semble s'arranger pour lui. Il va pouvoir poursuivre son Tour de France des radicaux. Même l'affaire VA-OM, qui avait tenu les Français en haleine pendant tout l'été, semble retomber comme un beau soufflé. Le 30 décembre, Pierre Méhaignerie, garde des Sceaux, juge qu'il n'est « pas opportun » de saisir l'Assemblée nationale d'une demande de levée d'immunité parlementaire dans le cadre de cette affaire. Le juge Beffy transmet cependant à Éric de Montgolfier une requête pour obtenir l'autorisation de prendre des « mesures coercitives » contre Bernard Tapie, requête que le procureur enverra immédiatement au procureur général et que recevra le président de l'Assemblée nationale le 5 janvier 1994. Mais le lundi 10 janvier, le bureau de l'Assemblée renvoie Beffy et Montgolfier dans leurs buts. Il refuse d'étudier la requête « en raison de son imprécision », annonce Philippe Séguin. Alors, au lieu de savourer discrètement sa victoire sur le procureur qui l'a défié publiquement, comme souvent lorsqu'il est euphorique, Tapie commet une nouvelle bourde. Il accorde à *France-Soir* une interview que le journal titre : « Tapie flingue à tout va. » A juste titre, car on y lit que le juge Beffy « n'a plus aucun dossier », que le garde des Sceaux « ne fait pas son boulot » tandis que le procureur Éric de Montgolfier est qualifié de « barjo ». Celui-ci, grandiloquent, réplique « par un vieil adage : “ plus que ta conscience, magistrat, crains le garde des Sceaux ” ». Entre les deux allumés, Pierre Méhaignerie ne sait plus où donner de la tête : « Trop, c'est trop », pleurniche-t-il en rappelant « une dernière fois » Montgolfier à ses obligations de réserve et en annonçant qu'il poursuivrait Tapie pour outrage à magistrat à la fin de la session extraordinaire du Parlement *. Bref, tout le monde est revenu sur le terrain médiatique où le député de Gardanne n'a pas grand-chose à craindre.

Ses amis ne s'y trompent pas. Pour son cinquante et unième anniversaire, le 26 janvier, il a réuni une vingtaine d'invités, dont l'indispensable Bernard Steinitz et Pierre Landereau, son vieux copain garagiste. Dans la cour, trône sa fameuse Porsche de collection, qui a valu jusqu'à 5 millions de francs à la grande époque de la spéculation, et que Tapie avait mise à l'abri en attendant des jours meilleurs. Aux yeux de Dominique, qui a eu cette idée, le retour de la Porsche symbolise que ces jours, enfin, sont arrivés.

Ce même mercredi 26 janvier, Silvio Berlusconi annonce qu'il quitte la présidence de son groupe industriel pour se lancer dans la politique, à droite. Et prendre le pouvoir, que la démocratie-chrétienne en pleine débandade s'apprête à laisser en jachère à la gauche. Son parti s'appelle Forza Italia.

Tapie commentera, longuement, et favorablement, cette initiative dans *le Quotidien de Paris* du lendemain. Mais les objectifs politiques du

---

* Bernard Tapie sera condamné en septembre 1994 à 10 000 francs d'amendes pour cet excès de langage.

patron de l'OM sont pour l'instant plus limités que ceux du président du Milan AC. Tapie veut devenir maire de Marseille, lors des élections municipales alors prévues pour mars 1995. Déjà, Tapie se comporte comme un parrain dans sa ville. En 1992, le député avait notamment entrepris diverses démarches pour faire libérer un certain Francis Vanverberghe, détenu aux Baumettes depuis quatre ans sans jugement. Le conseiller de Philippe Marchand, ministre de l'Intérieur, qui l'a reçu, n'avait pas réalisé tout de suite qu'il s'agissait de Francis le Belge, truand notoire, l'un des grands parrains du milieu marseillais, condamné pour proxénétisme, recel de malfaiteurs, détention d'armes et trafic de drogue. Sa brouille avec Gaëtan Zampa, au début des années soixante-dix, s'est soldée par sept morts, dans l'entourage des deux caïds. Le Belge a écopé de douze ans de prison dans le cadre de la *french connection.* Il est sorti en 1984. Quatre ans plus tard, il est arrêté à Bruxelles, condamné pour détention de faux papiers et extradé en France, direction les Baumettes.

Faut-il accabler Tapie et voir dans cette démarche la preuve par neuf de sa collusion avec le Milieu? A lui seul, cet indice ne serait pas suffisant. La détention de Francis le Belge est effectivement profondément anormale, ne serait-ce qu'au regard du droit européen pour lequel « tout prévenu doit être jugé dans un délai raisonnable ». Et si le député Tapie semble plus attentif au sort des pensionnaires des Baumettes et de l'Évêché qu'à celui des congrégations, il n'est pas le seul dans ce cas à Marseille! Le Belge sera libéré sur décision de la chambre d'accusation de la cour d'appel d'Aix-en-Provence, en novembre 1992. Pour sortir, il a dû verser une caution de 1,5 million de francs. Celle-ci a été réglée en partie par Bernard Pardo, ancien joueur de l'OM. Membre de la bande à Courbis, Pardo sera plus tard emprisonné pour détention et trafic de drogue. Quant à Francis le Belge, il sera repris à Paris, fin 1993, dans un vaste coup de filet lancé par la police marseillaise sur instruction de Charles Pasqua.

Pour atteindre la mairie, le député de Gardanne doit s'implanter au cœur de la ville. Les élections cantonales vont lui donner l'occasion de se roder et d'investir le quartier historiquement le plus populaire de Marseille : la Belle de Mai. Le conseiller général sortant est communiste rénovateur : le canton est facile à prendre. La gauche n'y a jamais perdu une élection depuis le début du siècle. Pour le conquérir, Bernard Tapie passe un accord avec l'aile dure du Parti communiste, contre Guy Hermier, le modéré qui le combat depuis son arrivée à Marseille. En échange, il favorise l'élection de deux conseillers généraux communistes, qui battront la droite, grâce au désistement des candidats du MRG.

Cet accord électoral entre le MRG et les staliniens du PC, pardessus la tête des socialistes est, en partie, l'œuvre de Benoît Bartherotte, ancien associé du milliardaire rouge Jean-Baptiste Doumeng. Bartherotte avait aidé Tapie à faire déguerpir Jean-Edern Hallier de Marseille lors des élections législatives de 1989. Mais ils s'étaient brouillés un peu plus tard, à cause des chantiers navals de La Ciotat. Bartherotte était à la pointe du combat pour sauver la construction navale lourde, avec le soutien du PC et de la CGT locale. Tapie avait, lui, envisagé de réaliser une opération immobilière fructueuse sur le site. Ne comprenant pas que Bartherotte s'y oppose, il lui avait demandé, alors qu'il le ramenait dans son avion à Paris :

– Benoît, t'es bolchevique ou t'es curé?

Bartherotte n'avait rien voulu savoir. La Ciotat restera son combat. Avec le PC et contre tous, y compris Tapie. Fils d'une grande famille bordelaise, Bartherotte entretient des contacts tout aussi étroits avec certains dirigeants du Front national, à commencer par Jean-Marie Le Pen lui-même, qu'avec les communistes grand teint. C'est un poseur de bombes intellectuelles, un monteur de canulars, qui brûle de voir exploser le système. Il adore les extrêmes et exècre le marais. Réconcilié avec Tapie, il s'est activé dans la coulisse, au moment des élections législatives de 1993, pour faire aboutir les accords croisés entre Bernard Tapie et Jean-Marie Le Pen, sur le dos du numéro deux du Front : Bruno Mégret *. Et depuis lors, il est devenu le mentor politique de Bernard Tapie. Avec la certitude que son avenir passe par des alliances contre nature, avec les communistes purs et durs et avec une partie du Front national, tous unis – provisoirement – contre un establishment jugé mou et déconsidéré.

Pas si fou. Le 27 mars, au second tour des élections cantonales, Tapie fait un triomphe : il est élu avec 68 % des voix. Il a attiré sur son nom tous les suffrages de gauche. Plus surprenant : les candidats MRG, même inconnus, qui se réclament de lui, ont reçu, eux aussi, le soutien des électeurs. Grâce à Tapie, le MRG se libère de l'emprise du PS et acquiert une véritable indépendance. Au moins à Marseille. Cette victoire n'est, en soi, pas surprenante : le nombre des abstentions, la sociologie de la circonscription et les alliances électorales passées ne laissaient aucun doute sur l'élection du conseiller général de la Belle de Mai.

Qu'importe si l'équilibre droite-gauche à Marseille n'a pas été modifié puisque à droite certains candidats recueillent jusqu'à 75 % des voix. Qu'importe si Tapie choisit les circonscriptions au gré des facilités électorales. Le résultat médiatique est là : toutes les télés, toutes les radios annoncent sa victoire à grand fracas. Et sur place, le patron de l'OM apparaît désormais comme le nouveau fédérateur de la gauche. Le seul capable d'occuper le vide laissé par l'effondrement des socialistes. Il devient le pivot de la gauche à Marseille. Chacun devra désormais se déterminer par rapport à lui. La mairie est à portée de main.

---

* La collusion entre Tapie et Jean-Marie Le Pen, à l'occasion des élections législatives de mars 1993, est parfaitement détaillée dans *La main droite de Dieu* un livre rédigé par trois jeunes auteurs : Emmanuel Faux, Thomas Legrand et Gilles Perez (Le Seuil).

Pour les socialistes, c'est un séisme. Jusqu'au second tour des cantonales, la plupart d'entre eux pensaient qu'il n'y aurait pas d'autre solution pour les municipales que de soutenir le maire sortant, Robert Vigouroux. L'élection de Tapie sonne tel un coup de tonnerre.

Désormais, des responsables locaux du PS comme Michel Pezet ou Marius Masse sont persuadés que Tapie va emporter la mairie. Ils basculent de son côté. Mais une forte opposition demeure. Lucien Weygand, président du conseil général refuse d'embaucher Marc Fratani, l'attaché parlementaire de Tapie, alors que celui-ci voulait se constituer un petit cabinet de quelques collaborateurs pour une délégation politique de la ville. Le même Weygand demande à Marius Masse, élu socialiste, en charge de la riche délégation de la route, de démissionner du conseil général. Tapie ne lèvera pas le petit doigt pour le défendre. Les socialistes marseillais vont ainsi apprendre à leurs dépens que Bernard Tapie, en politique comme ailleurs, ne renvoie jamais l'ascenseur. Par principe royal. On lui doit tout, il ne doit rien. Le soutien des électeurs lui suffit.

Quelques mois plus tard, le 27 mai, jour même où, en pleine campagne pour les élections européennes, le Crédit Lyonnais fait saisir les 100 millions de francs de trésorerie de BT Finance, un sondage CSA-*Le Parisien* annonce que 57 % des Français souhaitent que Tapie maintienne sa candidature, contre 31 % qu'il la retire. 44 %, surtout des jeunes et des ouvriers, pensent qu'il est « victime d'un complot de la part de certains journalistes, hommes politiques ou magistrats ». L'analyste politique Roland Cayrol donne la morale de l'histoire, estimant qu'on est en train d'assister à la naissance d'une sorte de héros populiste à la française dont les déboires renforcent la popularité. Il écrit : « Il y a un changement d'image. Pendant des années, Tapie était le symbole de l'ambition individuelle et du profit. Il est aujourd'hui une sorte de Robin des bois ou de Mandrin. D'où le surnom (récent) de Nanard. Il a maintenant le profil d'un héros populiste à la française. »

CHAPITRE 13

Le « cadeau » du Lyonnais

« Le crédit, je l'évite au maximum. Je n'aime pas être prisonnier de quelqu'un. »

Au *Journal du dimanche*, le 3 août 1985.

– Tu vas te planter, Jean. Tu ne te rends pas compte. Il faut avoir fait son droit pour comprendre que le Crédit Lyonnais a marqué des points sur Tapie. Le grand public, lui, va croire que tu lui as fait une fleur. Tes clients vont être furieux.

– Peut-être as-tu raison, Alain. Mais je n'avais pas le choix.

L'endroit ne se prête guère à cette conversation : Jean Peyrelevade a invité son vieux complice et conseiller Alain Minc, avec Sophie, son épouse, à venir écouter un concert salle Pleyel quelques jours après la signature, le 13 mars 1994, d'un accord entre le Crédit Lyonnais et Bernard Tapie. A l'entracte, Minc a estimé de son devoir de mettre en garde son ami de dix ans. Cette fois, il risque gros face à un joueur du calibre de Tapie. Quatre mois auparavant, Peyrelevade a finalement accepté de prendre la présidence du Crédit Lyonnais que lui offrait Édouard Balladur pour l'inciter à laisser son poste de président de l'UAP à Jacques Friedmann.

Devenir à 55 ans, le patron de la plus grande banque française, quand on y a été bloqué pendant six années à un rang subalterne simplement parce qu'on est né à la Belle de Mai, à Marseille, d'une famille modeste et qu'on s'affichait socialiste, voilà qui aurait été ressenti, par tout autre que Jean Peyrelevade, comme la consécration d'une carrière brillante et habile. Or, pendant six mois, il a essayé d'éviter cette nomination piège. Il aurait préféré rester à la tête de l'UAP. Son rêve est de présider une grande entreprise ou une banque privée, pour se dégager de la tutelle de l'État actionnaire. Pas de jouer les pompiers. De ce point de vue, la présidence du Crédit Lyonnais est un cadeau empoisonné. Gérée depuis plusieurs années en dépit du bon sens, la banque s'est compromise avec des clients sulfureux, a pris des risques insensés, s'est lancée dans une stratégie aventureuse de prises de participations industrielles tous azimuts, s'est mouillée plus que de raison dans l'immobilier, frappé de plein fouet par la crise. Tout ceci va coûter très cher et la banque n'a aucune chance d'être bientôt privatisée. Mais le message de l'entourage de Balladur pour que Jean Peyrelevade accepte enfin la proposition a été très net : ce sera la présidence du Lyonnais ou rien.

Aussi Peyrelevade balise-t-il le terrain. Le jour même de sa nomination, il annonce l'ampleur du désastre dans la lettre qu'il écrit au Premier ministre : « La banque va connaître deux années de pertes successives : près de 2 milliards de francs en 1992, 3 à 4 milliards en 1993, selon les prévisions actuelles. » Quelques lignes plus bas il fixe les objectifs : « il est impératif que les années 1994 et 1995 soient pour le moins équilibrées ». Le nouveau P-DG du Lyonnais ne le sait pas encore : la tâche à laquelle il s'apprête à s'atteler sera bien plus délicate encore qu'il ne s'y attendait. Car c'est un déficit deux fois supérieur, de près de 7 milliards de francs que la banque enregistrera en 1993. Sans compter 18 milliards de francs de pertes potentielles qui seront logées dans une structure extérieure à laquelle l'État apportera sa garantie... Après des années de laxisme où n'importe quel industriel un peu connu ou bien vu du gouvernement n'avait qu'à tendre la sébille, voilà que Peyrelevade annonce un grand ménage. Le Crédit Lyonnais va remettre ses compteurs à zéro. Il évacuera donc les mauvais payeurs et les clients à risques. Bernard Tapie est en tête de liste. Le Lyonnais, via la SDBO, est devenu son seul banquier (à l'exception d'un petit compte aujourd'hui crédité d'1 million de francs qu'il a conservé à la FinterBank) et l'ardoise s'élève à plus d'un milliard de francs. Tout à coup, Peyrelevade se découvre.

– Tu sais, Alain, j'ai beaucoup réfléchi. J'ai hésité quinze jours avant de signer cet accord avec Tapie. Il voulait du temps, on voulait notre argent. Il a peut-être la part belle en apparence, mais c'est le seul espoir pour la banque de récupérer un jour sa mise. L'accord permet enfin de prendre en gage ses biens personnels. Désormais, nous passerons avant tous ses autres créanciers.

Alain Minc hoche la tête, dubitatif. Intellectuel brillant, écrivain à succès, il n'a pas été un excellent patron. Mais il est doué d'une étonnante intuition, d'un vrai sens politique qui, associés à un carnet d'adresses superbe, lui permettent d'être le consultant des plus grosses pointures du monde des affaires. Il a, lui, tout de suite compris qu'avec Bernard Tapie Jean Peyrelevade est entré dans une partie de poker menteur dont il est loin de connaître toutes les règles. Ce ne sont pas celles des affaires. La bataille sera politique et médiatique. Face à ce champion, Peyrelevade, qui n'a rien d'une bête de télé, saura-t-il la gérer?

Les inquiétudes de Minc étaient justifiées. Fraîchement débarqué au Lyonnais, Peyrelevade fera plusieurs faux pas dont Tapie se servira immédiatement contre lui. Comme lorsqu'il laisse la SDBO prêter de l'argent à l'OM, alors aux abois, en anticipation sur la vente de trois joueurs à des clubs italiens. Tapie se rue chez le président du tribunal de commerce de Marseille qui lui confirme la bonne nouvelle : si l'OM tombe, le Lyonnais court le risque d'être appelé en comblement de passif ! Jusque-là, Tapie disposait d'informations et de moyens de pressions sur Jean-Yves Haberer, ce qui ne lui est plus d'aucune utilité. Il croit déjà « tenir » Peyrelevade à cause de cette imprudence. Il n'aura de cesse, par la suite, d'essayer de piéger le nouveau président du Lyonnais, en se méprenant totalement sur sa psychologie.

Entre Tapie et le Lyonnais, les négociations, en réalité, ont été mal engagées, six mois avant l'arrivée de Peyrelevade. En septembre 1993, Jean-Yves Haberer, président depuis 1988, est encore en poste, mais tout Paris bruisse de son prochain limogeage. Les critiques s'intensifient dans la presse et dans les milieux professionnels sur la façon dont Haberer a géré la banque. Ancien directeur du Trésor, ex-major de l'ENA, cet inspecteur des Finances est ce qu'on appelle en France une grande intelligence. Ce qui ne l'a pas empêché d'être l'inventeur de l'emprunt Giscard, l'un des plus coûteux pour les finances publiques que l'État français ait jamais émis. C'est en réalité une intelligence abstraite, abonnée à l'erreur. Une intelligence vagabonde. Mégalo, imbu de lui-même *, Haberer, à la présidence du Lyonnais est prêt à prendre tous les risques pour en faire la plus grande banque d'Europe. Dès le premier jour, il affiche sa détermination. « Vous êtes gris, lance-t-il à l'état-major de la banque réuni dans la salle du Conseil d'administration. Gris, sans audace, sans imagination [1]. » Pierre Bérégovoy est séduit : enfin un banquier qui n'est pas frileux.

Mais Haberer était-il ambitieux pour le Lyonnais ou pour lui-même? Sa folie des grandeurs aurait dû être un signal d'alarme. Une de ses premières décisions a été de se doter d'un bureau de ministre, avec salon, cuisine et salle de bains attenante. Horreur : il entend le bruit du métro, qui n'avait pourtant dérangé aucun de ses éminents prédécesseurs. Haberer fait donc construire une immense dalle flottante, sous ses augustes pieds simplement pour éliminer les vibrations. Il commande des fourneaux aux couleurs jaune et bleu du Lyonnais. Avec l'argent des autres, il dépense sans compter : pour lui-même, pour ses grands clients, comme François Pinault et Bernard Arnault. Et bien sûr, pour Bernard Tapie. Haberer couvre de sa haute stature, dès son arrivée, toutes les largesses de la SDBO.

Cet ancien libéral giscardien, rejeté par ses amis politiques depuis

* « Il manque à M. Peyrelevade, dans sa culture, d'être passé par l'ENA et de savoir comment fonctionne le service public », dira Haberer, sans se rendre compte de l'énormité de ses propos, à la commission d'enquête parlementaire sur le Crédit Lyonnais. Jean Peyrelevade n'est, en effet, « que » polytechnicien.

qu'il s'est mis, en 1981, au service du gouvernement de Pierre Mauroy, entretient avec Pierre Bérégovoy une relation étroite. Béré le défend en toute occasion, notamment face aux fonctionnaires de la direction du Trésor, qui s'affolent de ses débordements. Haberer est prêt à rendre tous les services. Lâché par la droite, il ne veut rien refuser à la gauche. Le président du Crédit Lyonnais avalise les montages de l'achat et de la revente d'Adidas.

Il faudra attendre la cessation de paiements de Testut pour que ce patron cassant, autoritaire et sûr de lui, commence à donner les premiers signes d'inquiétude. Il est vrai que la maison brûle. La SDBO risque d'être poursuivie pour soutien abusif et gestion de fait. Cette fois encore, la banque est donc appelée à la rescousse. Tant et si bien que ses engagements envers Tapie atteindront 1,5 milliard de francs lors de la clôture des comptes, le 31 décembre 1993. En face, les garanties apportées par Tapie sont des plus fragiles. A la direction du Crédit Lyonnais, on avoue déjà un solde négatif de 300 à 600 millions de francs à supporter par la SDBO. Dans son rapport de juin 1994, la Cour des comptes l'estimera, elle, à plus d'un milliard de francs... Compte tenu des agios sur les prêts à découvert, cette somme serait majorée de 100 millions supplémentaires dès le 25 septembre 1994. La spirale est infernale. Jean-Yves Haberer décide de tenter de l'enrayer.

– Maître, trouvez-nous une solution. Nous devons rompre peu à peu nos liens avec Bernard Tapie. Il nous faut, surtout, récupérer autant que possible notre argent.

Quand Jean Veil reçoit, fin septembre 1993, un coup de fil de Jean-Yves Haberer pour l'aider à se sortir du guêpier dans lequel il a mis le Crédit Lyonnais, cet avocat, jeune et ambitieux, à l'œil clair et pétillant d'intelligence, n'est pas vraiment surpris. Il s'est déjà opposé à Bernard Tapie lorsqu'il a défendu Georges Tranchant dans son conflit sur Toshiba. Il connaît bien les dessous financiers du groupe Tapie ou de ce qu'il en reste. Jean Veil est ravi. Pour le fils de Simone Veil, ministre d'État du gouvernement Balladur, s'attaquer à Tapie est un moyen rêvé de faire sa propre publicité. Tapie, sa personnalité et ses méthodes lui déplaisent souverainement. Il va s'amuser à jouer au chat et à la souris. C'est du moins ce qu'il croit.

Car la souris, c'est lui, comme il va vite s'en rendre compte. En effet, alors qu'il sait mieux que personne que, depuis la revente sans plus-value d'Adidas, Bernard Tapie n'a pas le premier sou pour rembourser ses dettes, Jean-Yves Haberer promet – verbalement – à Bernard Tapie de ne pas toucher à ses biens personnels, qu'il s'agisse de ses meubles ou de ses œuvres d'art *. Seuls les petits trinquent, lorsqu'ils ne peuvent rembour-

* L'explication officielle est que la prise en gage d'objets personnels est un monopole du Crédit municipal, le Mont-de-piété. Sans doute le Crédit Lyonnais aurait-il pu y songer plus tôt!

ser leurs dettes, dans la France de Tapie, d'Haberer et de Bérégovoy. Le député est tranquille. Il est assuré de pouvoir continuer à vivre comme auparavant dans son hôtel particulier de la rue des Saints-Pères, avec sa collection de tableaux de Rubens, Degas, Chagall, Modigliani ou Fragonard, dont on ne sait pas encore si ce sont des originaux ou des copies.

La négociation s'engage donc sur des bases pour le moins biaisées, en tout cas jusqu'à l'arrivée de Peyrelevade, qui jouit d'une réputation de patron indépendant et inflexible. Il avait refusé d'obéir aux ordres de Pierre Bérégovoy alors ministre de l'Économie et des Finances, lors du raid manqué sur la Société Générale à l'automne 1988. Sa défection avait fait voler en éclats les projets de renationalisation rampante de Bérégovoy et lui avait donné, du même coup, ses lettres de noblesse au sein de l'establishment financier parisien. Très vite, Peyrelevade affiche la couleur. Il est déterminé à rompre toute relation d'affaires avec Tapie et à récupérer le maximum d'argent. Il s'appuiera, comme son prédécesseur, sur les conseils de Jean Veil, épaulé par François Gille et les services juridiques de la banque. Bien entendu, Peyrelevade restera en retrait.

C'est une étrange négociation. Entre le débiteur ruiné et sa banque, le plus flambant est Tapie. Face à des banquiers parfaitement au fait de sa situation financière désespérée, jamais il n'a fléchi, jamais il n'a laissé transparaître la moindre inquiétude. Alors qu'il n'avait aucune alternative. Il se trompe sur les dates, confond crédits et créances, raconte n'importe quoi, mais reste inflexible sur la trame de la négociation : il demande du temps. Pendant les six mois que dureront les discussions *, les dirigeants du Lyonnais verront Tapie leur parler politique, se recommander de Mitterrand et de Charles Pasqua, menacer de dévoiler chaque jour quelques nouvelles turpitudes et, bien sûr, « d'aller tout raconter à la télé ». Du jamais vu, pour un banquier ! Il paraît d'autant plus décontracté que les négociateurs du Lyonnais, genre cérémonieux, ont l'air de petits garçons coincés. Ils lui donnent des « Monsieur le ministre... » longs comme le bras.

Jean Veil interrompt un jour les dirigeants du Lyonnais, leur lançant devant Tapie :

– Pendant que vous y êtes, appelez-le « Excellence ».

Tapie intervient.

– Pourquoi vous dites ça?

– Parce que c'est comme ça que j'appelle ma mère quand je veux me moquer d'elle.

Cette filiation met l'homme politique Tapie mal à l'aise. Il n'ose pas trop dénigrer l'avocat adverse. Autour de la table, Jean Veil est ainsi le seul à ne pas paraître totalement paralysé. Face à Tapie, il se met le plus

* Discussions rendues d'autant plus difficiles que Bernard Tapie et Élie Fellous n'avaient pas le droit de se rencontrer, par décision judiciaire.

souvent possible sur son terrain, jouant lui aussi du rapport de forces. Ainsi, le 24 février, pour le déstabiliser, il l'attaque bille en tête :

– Vous avez fait quelque chose de vraiment moche. Vous n'auriez pas dû.

– Quoi ?

– Je vous le dirai quand la négociation sera terminée. C'est déjà assez compliqué comme ça.

Le genre de choses que Tapie n'oublie pas. Le 13 mars suivant, jour de la signature de l'accord entre Tapie et le Lyonnais, Tapie revient à la charge :

– Au fait, c'était quoi ce que je n'aurais pas dû faire ?

– L'émission de Guillaume Durand, le 23 février.

– Ben quoi. C'était super. J'ai fait un audimat du feu de Dieu !

– Oui, mais vous n'auriez pas dû suggérer que le journaliste « se met le nez dans la farine ». Ce sont des méthodes dignes de Le Pen.

Tapie explose :

– Vous rigolez ? Si c'était à refaire, je recommencerais. Je suis le seul qui tient en laisse les journalistes. Ce sont des mange-merde *. Avec moi, ils sont coincés. Les hommes politiques devraient me tresser des couronnes. Je fais une œuvre de salubrité publique.

Jean Veil peut bien multiplier les coups de pique : le taureau n'en a cure. Il est arrivé exactement là où il voulait en venir. Début mars, Peyrelevade et ses conseillers capitulent en rase campagne. L'accord ne fait pas illusion longtemps. Dans *Libération* daté du mercredi 16 mars, Renaud de La Baume et Renaud Lecadre ne s'y trompent pas. Ils présentent le deal comme extrêmement favorable à Tapie, parlent d'un « cadeau » de 400 millions de francs, sous la forme d'un abandon de créances de la banque en sa faveur. Disent que l'homme d'affaires vient de réaliser là un des plus beaux coups de sa vie. *Les Échos* publient un article d'une autre tonalité. On y lit que l'objectif de l'accord est de laisser à Tapie le temps de réaliser ses biens dans les meilleures conditions, afin de pouvoir rembourser sa banque. Au total, le risque du Crédit Lyonnais dont *les Échos* relaient ici la pensée, se situerait entre 0 et 500 millions de francs.

A la lecture de *Libération*, les clients du Crédit Lyonnais réagissent très mal. Le standard de la banque explose. Pourtant, personne ne connaît encore le vrai contenu du protocole d'accord, qu'un rapport de la Cour des comptes qualifiera de « très défavorable aux intérêts du Crédit Lyonnais ». C'est une litote. Ce protocole est en effet incroyable. Le projet consiste à créer une société civile (détenue à 80 % par le couple Tapie et à 20 % par la SDBO) qui serait dotée de tous les biens personnels des Tapie et de gager auprès de la banque, non plus les tableaux et les meubles mais les titres de cette société. Pour acheter les meubles et les

* « Mange-merde » est l'expression favorite de Bernard Tapie pour désigner les journalistes, dont il est un des principaux centres d'intérêt !

tableaux du couple, la SDBO aurait « prêté » à cette société-écran 360 millions de francs. Dans cette somme sont intégrés 60 millions de francs de crédits nouveaux par rapport à la valeur d'acquisition des biens afin, note le rapport de la Cour des comptes, « d'amorcer le fonctionnement de la société, et notamment lui permettre de financer le train de vie de M. et Mme Tapie pendant les cinq ans à venir * ». En outre, Tapie exige de rester dans son hôtel particulier tout au long de cette période. Enfin, le prêt ne serait remboursé par Tapie qu'au bout des cinq ans, sur la valeur de la revente de ses sociétés industrielles et de ses biens patrimoniaux. Avec les intérêts capitalisés, ce sont donc 480 millions de francs supplémentaires que le Crédit Lyonnais risque dans l'opération. Sans qu'en échange Bernard Tapie fasse la moindre concession.

Le prêt accordé à Tapie (480 millions de francs avec les intérêts) est largement supérieur au montant des gages qu'il apporte : 310 millions de francs, soit 150 millions pour la valeur de BTF et 160 millions de meubles. Un chiffre dont le Lyonnais mettra du temps à se rendre compte qu'il ne repose que sur du vent. En outre, la SDBO accorde un prêt supplémentaire de 60 millions de francs. Par ailleurs, Tapie obtient les cinq années de délai qu'il recherchait. Enfin, il n'est dans l'obligation de ne rembourser aucun des intérêts (consentis à un taux de 6 % seulement), avant la fin de la période. Cerise sur le gâteau : la SDBO accordera à Bernard Tapie un crédit supplémentaire de 8 millions de francs, pour lui permettre de vivre décemment entre le 13 mars et le 31 mai 1994, date prévue de la signature définitive de l'accord. Un prêt remboursable dix-huit mois plus tard et assorti, lui aussi, d'un taux dérisoire de 6 %... Alors que Tapie n'a jamais remboursé un centime du prêt que la SDBO lui a accordé pour l'achat de son hôtel particulier !

Comme l'avait pressenti Minc, Jean Peyrelevade a fait une énorme erreur : les arrangements comme celui-ci restent toujours secrets. Le promoteur immobilier Michel Pelège, un autre grand débiteur du Lyonnais, a été sauvé, de la même manière, quelques mois plus tôt, avec assez d'argent pour relancer une affaire. Mais Tapie n'est pas Pelège. Il est tous les jours sous les feux de l'actualité, sans lesquels il dépérirait. Peyrelevade n'a regardé que son intérêt de banquier – et encore ! – sans réaliser que pour les millions de petits clients du Crédit Lyonnais, immédiatement informés, le « cadeau » fait à Tapie serait jugé insupportable, eux qui sont harcelés par leur banque dès que leur compte est à découvert de quelques milliers de francs. Le président du Crédit Lyonnais et ses conseillers ne mettront pas longtemps à se rendre compte de l'urgente nécessité de rectifier le tir.

---

* Selon Jean-Michel Quatrepoint, dans *la Lettre A*, le Crédit Lyonnais assure à Bernard Tapie des revenus de 250 000 F par mois, soit 3 millions de francs par an. Et selon *Libération* du 25 mai 1994, une clause garantit à Tapie de conserver un minimum de 10 millions de francs d'actifs. De quoi voir venir...

CHAPITRE 14

Le banquier se rebiffe

> « Le Lyonnais ne va pas perdre un centime. Dans trois semaines toutes les filiales seront désendettées après une recapitalisation de 150 millions de francs réalisée sur les fonds propres de BTF. Elles auront un endettement zéro et pas seulement vis-à-vis du Lyonnais. »
>
> Au *Figaro*, le 18 mars 1994.

Dans son hôtel particulier de la rue des Saints-Pères, Bernard Tapie s'excite sur son éternel téléphone portable. Au bout du fil, Marc Fratani, son conseiller très particulier. Tapie l'interroge sur le climat qui prévaut à Marseille, où le président du tribunal de commerce, Fernand Arnaud, vient d'ordonner à un juge-enquêteur, Bernard Nouaille, de « recueillir tous les renseignements sur la situation économique, financière et sociale de l'OM en vue d'une éventuelle ouverture d'une procédure de règlement judiciaire ». S'il va au bout de sa procédure, Tapie est fini. Il s'est porté personnellement caution pour le passif du club et n'a bien entendu pas le premier sou pour payer la facture qui s'annonce lourde. Avec trois mois de retard, le club a publié ses comptes de la saison 1992-1993, l'année où l'OM a gagné la Coupe d'Europe. Le total des dettes dépasse les 400 millions de francs, remboursables à échéance d'un an ! Le déficit a atteint 123 millions de francs. N'importe quelle autre entreprise aurait déposé son bilan. Mais Tapie s'y refuse. Les Marseillais ne lui pardonneraient jamais la descente, mécanique, de l'OM en deuxième division, comme Bordeaux il y a quelques années. C'en serait fini, croit-il, de la course à la mairie.

Tapie est donc aux cent coups, ce mardi 17 mai, à 13 heures, lorsqu'on sonne à la porte d'entrée. Depuis quelque temps, les visites impromptues apportent rarement de bonnes nouvelles. Maria, la fidèle servante, se précipite. Elle a pour mission de refouler les importuns. Dans la rue, un porteur envoyé par le Crédit Lyonnais, avec une lettre à remettre de toute urgence et en main propre au propriétaire des lieux. Sur un ton glacial, les responsables de la banque annoncent à Bernard Tapie que l'accord signé le 13 mars est caduc. La lettre est signée de François Gille et de Dominique Bazy, numéros deux et trois du Crédit Lyonnais. Peyrelevade, bien entendu, n'apparaît pas. Tapie saute sur son téléphone, mais ne parviendra à joindre aucun des dirigeants de la banque. Il comprend soudain que Jean Peyrelevade vient de baisser son impérial pouce, donnant le signal de la mise à mort. Prenant de vitesse la brochette de juges, de policiers et d'agents du fisc, tous en compétition pour mettre à terre le gladiateur, qui a suffisamment amusé la foule.

Longtemps engagé à gauche, Peyrelevade est passé par la filière des grandes études (Polytechnique), de la politique (à la SFIO et au PS) et des cabinets ministériels – en aidant Pierre Mauroy à faire ses premiers pas à Matignon. Jaloux de son indépendance, aimant plus le vrai pouvoir que ses apparences, il a vite préféré être patron que ministre. Dans les affaires, sa rigueur morale, son courage et sa capacité de résistance aux pressions ont pesé plus lourd que ses erreurs, lui permettant de devenir un *parrain*, respecté de tous, sans avoir jamais renié ni ses amis ni ses opinions.

Le banquier est introverti, fidèle, rancunier et calculateur. Un brin prétentieux aussi, à force d'être adulé. Il est né en 1939, dans une modeste famille d'enseignants, à la Belle de Mai, le quartier populaire de Marseille, où Bernard Tapie s'est fait élire conseiller général, en mars, avec 68 % des voix. Ses parents et sa fille habitent toujours là. Un beau dimanche de mai, venu saluer la naissance de son troisième petit-enfant, le président du Crédit Lyonnais aura l'estomac noué en passant devant la permanence de Tapie. Il aime Marseille et se rend compte, ce jour-là, qu'il ne supporte pas l'ombre portée de Tapie sur sa ville dans laquelle il n'exclut pas, le moment venu, de jouer un rôle.

Peyrelevade aime l'argent, le pouvoir et la réussite, mais s'en tient à un train de vie de cadre supérieur. Son appartement de Neuilly surplombe la bruyante avenue Charles-de-Gaulle et, à Carqueiranne dans le Var, sa maison borde l'autoroute. Comme Tapie, le président du Lyonnais s'intéresse à la politique, comme lui il s'adonne au vélo et au foot. Sachant cela, en mai 1991, Tapie l'avait invité à la finale de la Coupe d'Europe des clubs champions, à Bari. Mais Peyrelevade l'avait poliment éconduit : « Je préfère regarder le match devant la télé, en famille. » Jamais il n'a voulu mettre les pieds dans la loge présidentielle de l'OM ni, bien entendu, sur le *Phocéa* qui, ces dernières années, ont pourtant vu défiler quelques vertueuses consciences.

Les deux hommes ne se sont rencontrés qu'une seule fois, en 1993. Leurs routes, pourtant, se sont croisées à plusieurs reprises. D'abord dans les années soixante-dix, autour de Jean-Baptiste Doumeng, le milliardaire rouge dont Peyrelevade, alors obscur cadre du Crédit Lyonnais, s'occupait des financements. Et plus tard, après 1988, lorsque Peyrelevade, nommé par Michel Rocard à la présidence de l'UAP, s'est retrouvé au capital de Bernard Tapie Finance. Il n'a eu de cesse d'en sortir à tout prix. Il y parviendra en juin 1990, à la veille de l'achat d'Adidas, en laissant échapper une grosse plus-value. Trois ans plus tard, l'UAP avait participé au sauvetage de Tapie. Peyrelevade s'est fait avoir. Le Lyonnais lui avait demandé de porter quelques mois une partie des titres Adidas à sa place. Il avait accepté, sans mesurer qu'on avait voulu le mouiller dans l'opération... pour la rendre plus présentable du fait même de son indépendance notoire.

A la tête d'un difficile redressement, Peyrelevade n'a aucune raison de protéger Tapie. Tout se passe même comme si cette conscience de gauche avait voulu dresser une ligne Maginot entre lui et cet autre homme d'affaires d'une gauche qu'il considère comme dévoyée. Il lui faut avant tout calmer ses clients, choqués par l'accord signé le 13 mars. Insultes, refus de payer, fermetures de comptes : depuis deux mois, les agences du Lyonnais ont tout vu et tout entendu. Nommé pour réparer les dégâts de ses deux prédécesseurs, Peyrelevade se rend compte du désastre commercial. Il va donc changer complètement de stratégie. On s'étonne. Pourquoi assure-t-il aujourd'hui qu'il n'y a plus un instant à perdre alors qu'il disait vouloir donner du temps à Tapie pour récupérer le plus d'argent possible? Pourquoi, quinze jours avant les élections européennes où Tapie est tête de liste, étale-t-il ce conflit privé sur la place publique?

Juridiquement, Bernard Tapie lui a fourni tous les prétextes dont il avait besoin. Il n'a rempli aucune des conditions suspensives de l'accord avec le Lyonnais qui devait mettre la main sur Terraillon et La Vie claire. La banque aurait trouvé des acheteurs pour ces deux entreprises, tandis que Tapie aurait procédé de son côté à la cession de Testut. Serait restée une dette de 400 millions de francs, gagée sur l'hôtel particulier, le *Phocéa* et les meubles de Bernard Tapie. Auparavant, Tapie devait réduire le capital de BTF, avant de recapitaliser ses filiales. S'appauvrir pour enrichir ses sociétés? Le contraire de ce que Tapie a toujours fait.

Surtout, l'évaluation des meubles et tableaux faite en 1993 par Jean-Pierre Dillée, un expert proche de Tapie, devait être confirmée auprès d'une autorité indépendante et reconnue : Me Jacques Tajan. Or, celui-ci n'a été contacté par personne : ni par Tapie, ni par les dirigeants du Crédit Lyonnais. Il déclarera quelques jours plus tard : « Je n'ai jamais vu cela en trente ans de métier. Je me retrouve au centre d'une histoire sans avoir été prévenu par quiconque (...). Le plus incroyable est que quelqu'un du Crédit Lyonnais m'a téléphoné la semaine dernière pour me dire que j'avais été nommé commissaire-priseur expert des meubles de Tapie, mais que la procédure étant caduque, je n'étais plus rien! J'ai donc pris connaissance de ma mission le jour où on me la retirait [1]. »

Jean Peyrelevade n'aurait-il pu trouver un prétexte plus solide que le retard pris dans la transmission d'une expertise pour dénoncer l'accord? En réalité les responsables du Lyonnais sont soudain pris de panique. Les œuvres d'art de Tapie existent-elles vraiment? Ne s'agit-il pas d'un patrimoine fictif, constitué avec la complicité d'antiquaires et d'experts, dans le seul but de gager les prêts qui lui ont été consentis par la SDBO, en toute connaissance de cause? Ou bien Tapie aurait-il été roulé par son copain Steinitz qui, pendant des années, a fait sa fortune en vendant des meubles et des objets d'art, à des clients moyen-orientaux peu regardants?

Surtout, le patron du Crédit Lyonnais craint que le fisc, créancier privilégié, ne passe avant lui, alors que Tapie, au téléphone, ces dernières semaines, lui avait dit qu'il « n'avait aucun souci à se faire de ce côté-là ». Car Peyrelevade, en même temps que tous les Français, découvre soudain que Tapie traîne un énorme contentieux fiscal *.

L'affaire a débuté le 8 décembre 1993, lorsque le procureur de Paris, saisi deux mois auparavant par la Direction générale des impôts, d'une vieille fraude fiscale concernant le *Phocéa*, avait demandé une enquête préliminaire de la police judiciaire. A deux jours près, le délit était prescrit et les poursuites devenaient impossibles. Cette décision du parquet va avoir des répercussions considérables. Pour la première fois, la justice va mettre son nez dans la gestion du *Phocéa*, que Bernard Tapie utilise, au vu de tous, à des fins personnelles. Son fils Stéphane l'a même utilisé, avec quelques amis, pour aller aux Antilles!

En avril, l'enquête préliminaire de la brigade financière sur Alain Colas Tahiti (ACT), la société propriétaire du *Phocéa*, se conclut par l'ouverture d'une information contre X pour abus de biens sociaux, complicité, recel, abus de confiance et présentation de comptabilités et de bilans inexacts. Le système était simple comme bonjour : Tapie payait des prix de journée dérisoires à ACT, la rendant lourdement déficitaire. Et comme les déficits remontaient dans ses sociétés personnelles, il les

---

* Payer des impôts a toujours donné des boutons à l'homme d'affaires comme au député. Avant 1977, il ne faisait aucune déclaration. Plus tard, il inventera les montages les plus sophistiqués qui lui permettent d'être peu ou pas imposable (comme en 1990) au titre de ses revenus, sans être assujetti à l'impôt sur les grandes fortunes! Pas plus qu'il n'est taxé sur les éléments de son train de vie. *Le Canard enchaîné* révélera même, le 8 juin, que Tapie n'a payé que 1 370 francs de taxe d'habitation pour son hôtel particulier en 1991. Il a déclaré 117 236 F de « salaires et traitements nets », mais une perte de 2 408 300 F au titre des « déficits industriels et commerciaux ». Ses plus-values (10 227 656 F) ont été taxées forfaitairement à 17,5 %. Rebelote en 1992. Tapie n'a aucun revenu imposable, sa taxe d'habitation est limitée à 1 563 F. Le plafonnement de cette taxe, instaurée pour aider les ménages à petits revenus, fait le lait de nombreux milliardaires : « Au Sénat notamment, quelques élus grands industriels ou gros propriétaires terriens n'ont pas oublié d'en profiter », écrit *le Canard.*

déduisait de ses autres revenus, échappant ainsi à l'impôt. Mais il y a plus grave. Quelques heures avant son départ à la retraite forcée, le 30 juin 1992, Pierre Despessailles a fait accorder par la SDBO un prêt de 80 millions de francs à Alain Colas Tahiti « aux fins exclusives de permettre à l'emprunteur de financer ses besoins d'exploitation ». Or, une grosse partie de ce prêt est partie à l'OM et sur d'autres sociétés appartenant à Bernard Tapie. Il y a là les éléments d'un délit d'abus de biens sociaux.

L'instruction est confiée à Eva Joly, un juge réputé au Palais pour ses compétences financières et sa ténacité. Norvégienne de naissance, protestante et très légaliste, c'est elle qui avait envoyé en prison l'homme d'affaires Cyril de Rouvre, patron de l'écurie Ligier. Un mois plus tard, son dossier s'alourdira d'une plainte de la Commission des infractions fiscales (CIF), composée de personnalités indépendantes qui demandent à l'unanimité le lancement de poursuites contre Bernard Tapie pour infraction aux articles 1741 et 1743 du Code général des impôts *. Alertée à son tour, la Direction nationale des renseignements et des enquêtes douanières délivre une citation contre Bernard Tapie. Immatriculé à l'origine à Tahiti, le *Phocéa* le fut à nouveau à Marseille en 1987. Tapie a maintenu son classement en « navire marchand » ce qui lui a permis de ne pas payer de TVA sur l'importation ni de taxes sur le gazole. Il aurait ainsi escamoté 16 millions de francs. Problème pour le Crédit Lyonnais : cette simple contravention douanière peut aboutir « à la confiscation des marchandises litigieuses ». Que restera-t-il à la banque si la douane et le fisc saisissent les biens qu'elle a pris en gage?

C'est le tohu-bohu médiatique. Le vendredi 13 mai, Philippe Alexandre révèle, sur RTL, l'avis de la Commission des infractions fiscales. L'après-midi, *le Monde* annonce la plainte pour fraude fiscale déposée par le ministère du Budget.

Pour Tapie, qui est en Martinique où il entame sa campagne électorale pour les élections européennes, le coup est rude. Il ne peut pas contre-attaquer. Noëlle Bellone s'y risque à sa place : « Il s'agit, une fois de plus, d'essayer, par tous les moyens dont disposent ceux qui veulent l'abattre, de jeter un discrédit sur toutes les activités passées de M. Tapie. » Mais personne ne l'écoute. Noëlle Bellone est pourtant concernée au premier chef : « la voix de son maître » a récupéré au vol la présidence d'Alain Colas Tahiti, tout comme celle de BTF, quand Élie Fellous, sous contrôle judiciaire, a dû renoncer à ses responsabilités au sein du groupe. Femme de paille ou femme d'affaires, Noëlle Bellone est

* Le premier article du Code des impôts vise « quiconque s'est frauduleusement soustrait ou a tenté de se soustraire frauduleusement à l'établissement ou au paiement total ou partiel des impôts visés dans la présente codification ». Le second vise « quiconque a sciemment omis de passer ou de faire passer des écritures ou a passé ou fait passer des écritures inexactes ou fictives au livre-journal et au livre d'inventaire ».

la femme à tout faire, dans l'univers professionnel de Tapie. Elle a été tour à tour secrétaire et secrétaire générale, directrice de la communication et présidente. Mais aussi chef de cabinet de Tapie quand il était ministre et chef de cabine quand il utilisait son avion personnel ! Plusieurs passagers, convoyés lors de matchs à Marseille, se souviennent en effet de l'avoir vue passer les petits fours dans le Falcon 20, en cédant à toutes les exigences de Laurent, 14 ans, qui, en bon fils de milliardaire, piquait des colères parce que le Coca n'était pas assez frais et qu'il n'y avait pas de cacahouètes !

Pendant l'été, Noëlle Bellone sera mise en examen à son tour par le juge Eva Joly, puis démissionnera de toutes ses fonctions dans les sociétés personnelles de Bernard Tapie. Mais elle n'abandonnera pas le navire sans jeter une bouteille à la mer : elle rédigera à la hâte un livre à sa défense et à la gloire de son maître qui, pendant dix ans, l'a si délicieusement bousculée, avec son air canaille et ses mauvaises manières. Pour lui dire, au moment de sa mise en examen : « Noëlle, il faut que tu le saches, dans ce domaine-là, c'est chacun pour soi. »

Arrivé en Guyane depuis Fort-de-France pour y poursuivre sa campagne électorale aux côtés de Christianne Taubira-Delannon, troisième sur sa liste, Tapie contre-attaque enfin sur les ondes de RFO. « Si un jour on apprend que l'on n'est pas autorisé à monter sur le bateau d'une société qui vous appartient à 100 %, à ce moment-là il faut arrêter de fabriquer des bateaux (...). Je demande qu'on me foute un peu la paix à ce sujet. » Après avoir lui-même fait l'éloge de ses « capacités de résistance », Tapie poursuit : « Tous ces procès, c'est la meute organisée pour freiner la montée dans les sondages de la liste Tapie (...). J'ai subi 18 motifs d'inculpation en un an. J'avais passé toute ma vie personnelle sans apercevoir un juge d'instruction *(sic)*. Ce qui n'est plus le cas depuis l'arrivée de la droite au pouvoir. » Paroles, paroles... Pour Jean Peyrelevade, c'est l'occasion rêvée de reprendre l'offensive. Mais, cette fois-ci, il livrera bataille sur le terrain politique, celui de son adversaire. Il ne lui fera plus de cadeau. De toute façon, il n'a plus le choix. Sa marge de manœuvre est désormais très limitée.

Car le vendredi 29 avril 1994, l'Assemblée nationale a pris la décision de créer une commission d'enquête parlementaire sur le Crédit Lyonnais. Un mois plus tôt, le 30 mars, alors que Bernard Tapie était reçu pendant une heure à l'Élysée par François Mitterrand pour parler « de la politique, de la ville, du chômage et des jeunes », Jean-Yves Haberer, en raison de ses fautes de gestion au Crédit Lyonnais, avait été limogé... de la présidence du Crédit National où il avait été recasé à la sauvette. Délices de la gestion par l'État de ses entreprises nationales ! Nicolas Sarkozy était monté en première ligne, rendant publiquement Haberer responsable de « 27 milliards de francs de pertes ».

Appuyé par François Mitterrand, Jean-Yves Haberer avait alors commis l'imprudence de réclamer une commission d'enquête. Le gouvernement avait saisi la balle au bond, en acceptant cette requête, pourtant purement formelle de la part du chef de l'État... Une commission d'enquête parlementaire sur le Lyonnais?

Apprenant que le groupe parlementaire auquel il appartient, République et Liberté, a droit à un siège dans cette commission, Bernard Tapie se porte aussitôt candidat pour l'occuper, en concurrence avec le juge Jean-Pierre Michel, député de Haute-Saône, qu'il appelle le soir même :

– Vous êtes candidat, mais moi aussi. Car ce dossier m'intéresse beaucoup, je le connais bien.

Michel reste sur ses positions, sans dire à Tapie qu'il a évidemment le soutien de Philippe Séguin, président de l'Assemblée nationale. Comment Tapie peut-il espérer être à la fois juge et partie? Ce genre de détail ne l'effleure pas : c'est une de ses forces, mais aussi une immense faiblesse. Il se fâche :

– Puisque c'est comme ça, les députés MRG vont quitter le groupe!

La menace est réelle. Avec moins de 20 membres, le groupe République et Liberté disparaîtrait. Les deux hommes prennent rendez-vous pour le mardi suivant. Entre-temps, ils se rangeront aux arguments de leurs collègues et trouveront un compromis : Jean Royer, le maire de Tours, qui a voté pour la levée de l'immunité parlementaire de Tapie, siégera à leur place dans cette commission.

Il faut donc s'attendre à un travail crédible venant d'une commission dont la plupart des membres vont prendre leur travail au sérieux *. Théoriquement, bien sûr, Peyrelevade n'est pas concerné. Mais il va devoir témoigner. Surtout, le Lyonnais va rester sous les feux de la rampe pendant des semaines, alors que sa situation est on ne peut plus fragile. En outre, la Cour des comptes planche de son côté sur le dossier Tapie-SDBO. Peyrelevade ne peut plus prêter le flanc à la critique. Il attaque donc, mettant en demeure Bernard Tapie de rembourser les 350 millions de francs de passif exigible. Sur le total, 150 millions de francs viennent à échéance dès le 30 juin. A cela, il ajoute les 42 millions de francs du prêt accordé en 1986 pour l'acquisition de l'hôtel particulier – devenus 96 millions avec les intérêts capitalisés, car Tapie n'a jamais payé un centime – ainsi que les 80 millions de francs prêtés à la société exploitante du *Phocéa*.

Quel revirement! Jean Peyrelevade, comme il l'a fait écrire, avait-il délibérément caché son jeu, dans un premier temps, pour endormir Tapie et obtenir de lui qu'il signe un document dans lequel il faisait entrer ses

* Le rapporteur de la commission d'enquête sur le Crédit Lyonnais n'est autre que François d'Aubert, le député UDF qui poursuit depuis des années la banque de sa vindicte. Il a même consacré aux dérapages du Lyonnais un ouvrage monumental : *L'Argent sale*.

meubles et ses tableaux en garantie de son passif, alors qu'ils en avaient été exclus par Jean-Yves Haberer, son prédécesseur à la tête du Lyonnais? A-t-il été plus machiavélique encore en introduisant une clause suspensive à la formulation ambiguë, dans le seul but de pousser Tapie à la faute et de dénoncer un contrat dont l'encre était à peine sèche? Pour Tapie, en tout cas, tout est clair. La férocité de Peyrelevade à son égard s'explique par ses visées sur... la mairie de Marseille! N'est-il pas président de l'association Technopole Marseille-Provence qui vise à assurer la promotion de l'économie de Marseille et de sa région? Élémentaire! A l'Élysée, on a aussi une explication bien ficelée : Peyrelevade, en affaiblissant Tapie, travaillerait délibérément pour Michel Rocard tout en s'attirant les faveurs de l'establishment des affaires, « exactement comme dans l'affaire de la Société Générale ». Il aurait fait durer le suspense pour accabler le député en pleine campagne pour les élections européennes. Ce genre d'attaques laisse de marbre le président du Crédit Lyonnais. Peyrelevade n'a besoin de personne pour avoir envie d'en découdre avec Tapie. On dirait même qu'il y prend du plaisir.

CHAPITRE 15

Des repreneurs cousus de fil blanc

« L'argent facile n'est jamais honnête. »

Au *Figaro*, 15 février 1989.

« On ne touche pas à l'OM. Si le club doit tomber, il tombera tout seul. Personne ne doit pouvoir accuser le gouvernement d'avoir fait quoi que ce soit contre Marseille. » Dès septembre 1993, la consigne est venue d'en haut. D'Édouard Balladur en personne, parfaitement relayé par Nicolas Sarkozy, son ministre du Budget. Aussi, le 8 octobre, Paul Henry Watine, trésorier-payeur général des Bouches-du-Rhône, prend-il son petit déjeuner avec Bernard Tapie à l'hôtel Sofitel du Vieux Port. Il est venu lui annoncer que le fisc était prêt à lui accorder des délais de paiement sur les dettes fiscales et sociales (URSSAF) de l'OM qui s'élèvent alors à 84,5 millions de francs *. Balladur s'est montré le plus rusé : en cas de refus, Tapie s'apprêtait à saisir le prétexte pour politiser la chute inéluctable de son club et accuser en vrac le gouvernement, les Parisiens, la droite et l'establishment. Rassemblant ainsi autour de lui tous les Marseillais qui conspuent chaque semaine le Paris-Saint-Germain, à l'origine, croient-ils, de tous leurs malheurs. Tapie criera d'ailleurs au complot quelques mois plus tard, en février 1994, lorsque le juge Beffy le mettra finalement en examen dans l'affaire VA-OM pour « corruption et subornation de témoins », avec contrôle judiciaire, amende de 250 000 F et « sommation » de quitter la présidence de l'OM avant le 20 avril **. « L'objectif véritable du juge Beffy est maintenant clair, commentera le jongleur. Sa décision de m'interdire d'être président de l'OM n'a évidemment rien à voir avec la recherche de la vérité (...). Il veut porter un coup fatal au club champion

* Le jour même où le gouvernement lui fait cette fleur, Bernard Tapie donnera une interview au *Monde* (daté du 9 octobre) dans laquelle il se déclare victime d'un complot organisé par « la droite » et « les rocardiens ».

** Saisie par Tapie, la chambre d'accusation de la cour d'appel de Douai lèvera d'ailleurs l'interdiction faite à Tapie par le juge Beffy de présider l'OM. Personne, nulle part, ne doit pouvoir accuser le gouvernement...

d'Europe, aujourd'hui numéro deux du Championnat de France, détruire l'OM et satisfaire ainsi aux exigences non dissimulées de ceux qui n'ont pas supporté que l'OM gagne la Coupe d'Europe. » Pour Tapie, tout est simple. Le juge Beffy ne s'est pas remis de la tête victorieuse de Basile Boli dans les filets du Milan AC. Il n'est pas seulement antimarseillais : c'est un mauvais Français! Que n'aurait-il pas dit si le gouvernement, rien qu'en exigeant son dû, avait obligé l'OM à déposer son bilan ce qui, mécaniquement, aurait entraîné sa descente en deuxième division!

Tapie a tout de suite compris qu'Édouard Balladur ne lui ferait pas le cadeau politique de faire tomber son club. Pourquoi ne pas profiter de cette indulgence du Premier ministre envers l'OM? Il va diminuer les dettes courantes du club, tout en chargeant la barque des dettes publiques! Jusqu'au jour où, se rendant compte que Tapie s'est servi des subventions des collectivités locales pour rembourser en priorité les autres créanciers, le ministère du Budget les fera bloquer. Sarkozy veut bien faire des efforts, mais n'aime pas qu'on le prenne pour un imbécile. Ne rien faire pour couler Tapie, ne rien faire, non plus pour le sauver : entre le protégé du Premier ministre et celui du président, le jeu subtil durera neuf mois, par administration fiscale interposée : finalement, le 31 mai 1994, le ministère du Budget accordera à l'OM un délai de trois ans pour payer ses 70 millions de francs d'arriéré d'impôts. « Ce dossier a été traité comme tous ceux d'entreprises en difficulté, affirme alors un porte-parole, dans le souci de la survie de l'OM. »

Le gouvernement n'a pas besoin de se compromettre. La survie de l'OM? Depuis ce sombre match avec Valenciennes, elle est entre les mains des autorités du football, en France et à l'étranger. Pendant des mois, la Fédération française (FFF), la Ligue des clubs professionnels, la Fédération internationale (FIFA) et l'UEFA (qui organise les compétitions européennes), tour à tour sévères puis complaisantes feront du combat anti-Tapie l'enjeu de leurs luttes internes. Dans un premier temps, tout excités d'avoir osé porter plainte contre l'OM, les dirigeants français vont pousser la vraie justice à assumer ses responsabilités. Alors que la corruption est avérée – ce qui entraîne normalement la sanction sportive de relégation en deuxième division – ils autorisent le club marseillais à rester en première division, pour la saison 1993-1994 : la morale est une chose, mais l'OM remplit les stades et fait rentrer l'argent!

Le 24 juillet, première journée du Championnat, les supporters marseillais sont en délire. Deux jours plus tôt, Jean-Pierre Bernès, directeur général de l'OM, incarcéré à Loos-lez-Lille depuis le 6 juillet, a été remis en liberté. En prison, pas plus qu'à l'hôpital où il s'était réfugié dans les premiers jours de « l'affaire », il n'a chargé son patron, comme certains l'espéraient et d'autres le craignaient. Une résistance d'autant plus surprenante que Bernès est au bout du rouleau, soigné pour une dépression nerveuse, en butte à de sérieux problèmes familiaux. Dès sa sortie de prison, il a rejoint d'un coup d'aile le *Phocéa* où l'attendait Tapie, en famille. Harcelé par les journalistes, le chef de clan s'est énervé, envoyant par le fond une caméra de FR3 qui filmait les retrouvailles ce qui lui vaudra, en septembre 1994, une condamnation à quatre mois de prison avec sursis. La première depuis bien longtemps *...

Pour ce premier match de la saison, Bernès-qui-n'a-pas-craqué est là, au Stade vélodrome d'où ont été exclues les équipes de télévision du service public dont les journalistes seront molestés en direct **. Soudain, partie d'on ne sait où, la clameur monte, embrasant tout le stade : « Ber-nès, Ber-nès. » Tapie pousse en avant le directeur de l'OM, voûté, brisé, pour un long tour d'honneur et d'indécence, avec un pauvre sourire sur son visage d'épagneul perdu. Il donnera sa démission le lendemain, mais continuera de recevoir 100 000 F de salaire chaque mois jusqu'à ce que la Ligue, début 1994, y mette le holà. Bernès bouc émissaire, l'OM tirée d'affaire sur le plan sportif? L'illusion ne durera que quelques jours, avant que ne tombe la foudre. Jean-Marie Godefroy (dit João) Havelange, indéboulonnable président de la Fédération internationale de football, lance, depuis Tokyo, un ultimatum à la Fédération française : des « décisions » devront être prises, faute de quoi la France sera écartée de toutes les compétitions internationales, y compris des matchs de qualification de Coupe du monde. João Havelange, 77 ans, avec son mètre quatre-vingt-douze, son regard bleu acier et sa carrure d'ancien international de water-polo, est le parrain de la planète foot. Ce Brésilien d'origine belge, francophone et francophile, a rang de chef d'État et traite d'égal à égal avec les dirigeants du globe. Il est craint, sinon respecté. Attaqué dans son pays pour népotisme, il osera humilier publiquement le roi Pelé et déjouera une tentative de putsch interne à la FIFA, d'un revers de main. Devant lui, les dirigeants du football français sont comme des petits garçons.

Deux jours plus tard, après avoir entendu Jean Fournet-Fayard et Noël Le Graët, venus, le doigt sur la couture du pantalon, défendre à Zurich un club qu'ils accablent à Paris, l'UEFA décide, à l'unanimité, d'exclure l'OM des compétitions européennes. Pour le club, cette décision est grave, puisque son budget tient grâce aux importantes recettes que génèrent les grandes compétitions européennes. Pour Tapie, c'est une gifle brutale, sans appel. Sans appel? C'est mal le connaître. Plus question, comme jadis au Bourget, d'encaisser les coups sans réagir. Le patron de l'OM va lancer deux requêtes en annulation contre l'UEFA devant le tri-

---

* Tapie aurait commis cet acte de façon moins spontanée qu'on ne l'a dit. Car il y aurait eu à bord du *Phocéa* ce jour-là, un personnage important et discret, proche de Tapie depuis longtemps, mais dont la présence sur une pellicule à côté du député de Gardanne aurait pu être compromettante.

** Le club sera condamné le 16 juin 1994 à payer 10 000 F de dommages et intérêts aux syndicats CFDT et SNJ ainsi qu'à Michel Partage, journaliste à FR3 Méditerranée.

bunal civil de Berne. Celles-ci seront jugées recevables... La justice suisse allait-elle mettre son nez dans la cuisine du football mondial, dont les instances ont leur siège sur son territoire?

Le jeudi 9 septembre, alors qu'Israéliens et Palestiniens signent enfin un traité de reconnaissance mutuelle, débute une folle journée où, pour la première fois, Tapie va montrer qu'il a perdu la tête et toute la France avec lui. Tout commence par le vol régulier d'Air Inter Paris-Marseille qu'empruntent ensemble Bernard Tapie, Jean-Claude Gaudin et Robert Vigouroux. Tout à l'heure, le maire de Marseille et le président de la région, sollicités pour compenser le manque à gagner de l'OM, joueront l'entente cordiale dans l'intérêt du club marseillais. Mais, dans cet avion, les deux hommes salueront à peine leur rival et ne lui diront pas un mot.

En début d'après-midi, Vigouroux lit le communiqué élaboré après deux heures de discussions : « Nous connaissons le rôle joué par le club dans l'équilibre social et économique de la ville, du département et de la région (...). Nous sommes conjointement solidaires pour mettre au point toute solution financière et garantir un emprunt lancé par le club (...). Nous poursuivrons notre partenariat avec l'OM. »

Tapie, en réalité, n'a rien obtenu. Lancées par le canal des clubs de supporters et dans les colonnes du *Provençal*, les souscriptions publiques tournent au fiasco. Et, pourtant, le flambeur va jouer les matamores. Apprenant qu'à Berne le juge Jurg Kurt a suspendu la décision de l'UEFA d'exclure Marseille de la Coupe d'Europe, il réunit la presse, entouré de plusieurs joueurs dont Barthez, Casoni, Di Méco, Voeller et Boli. Il est radieux et péremptoire : « Je reste, l'OM jouera la coupe d'Europe, il n'y a plus de problème. » Dehors, plus de mille « supporters » sont venus, rameutés par le réseau des petits caïds et des patrons de bar. Jean Fournet-Fayard et Noël Le Graët sont hués. Ainsi que Canal Plus, Paris-SG ou Monaco, qui a accepté de remplacer l'OM au pied levé. Sans oublier Jacques Glassmann, désigné comme tête de Turc, alors que Bernès est acclamé ! La musique de « We are the champions » retentit. Tapie apparaît sur l'estrade, décorée d'une énorme banderole « Fiers d'être Marseillais ». La clameur monte quand il annonce la décision de Berne : « On est encore ensemble pour un bon moment. »

Bien sûr, le champion, dont les bureaux parisiens ont fait l'objet d'une nouvelle perquisition du juge Beffy, est en direct dans le journal de TF1 qui consacrera ce soir-là vingt-trois minutes au football contre seize à la paix au Proche-Orient signée le jour même entre Ithzac Rabin et Yasser Arafat. Vingt-trois minutes de délire : « Il n'est pas question pour moi de retirer ma plainte, affirme Tapie : des milliers de gens sont morts pour que la justice soit équitable (...). Toutes les dictatures s'arrêtent parce que quelqu'un reste debout (...). J'ai des ennemis parce que je reste debout. » PPDA lui rappelle qu'il a déjà parlé un peu vite de Gestapo à propos des méthodes de la justice française, mais

Tapie n'en a cure. On apprendra plus tard que, ce soir-là, le président de l'OM s'est contenté de paraphraser les propos que lui avait tenus la veille François Mitterrand. Lui aussi, par principe, accepte mal cette justice sportive qui s'impose aux États *. Un débat que Jean Fournet-Fayard ce soir-là se gardera bien de trancher : « Le droit et moi, ça fait deux, dit le président de la FFF en fuyant la caméra. Je suis pharmacien ! »

Toute la soirée, Fournet-Fayard essayera de joindre Tapie pour qu'il retire sa plainte. En vain. Seul le chef de l'État pourrait lui faire changer de position. Et encore...

Le coup de fil de François Mitterrand arrivera à 7 h 30 le lendemain, dans une suite de l'hôtel Sofitel du Vieux Port où Tapie a installé son QG de crise : « Bernard, vous vous êtes beaucoup engagé. Il serait bon que vous sortiez par le haut de cette situation. » Pas de consigne, mais des arguments. Dès cet instant, Tapie a sans doute décidé de céder. Il a subi de fortes pressions de TF1 qui risque des milliards si la France est exclue des compétitions internationales et menace de le lâcher. En outre, il sait qu'il risque de se scier politiquement. Mais il va faire durer le plaisir jusqu'à midi, devant un petit groupe de journalistes conviés au spectacle. En pantalon de jogging et en tee-shirt, entouré de Marc Fratani, de Jean-Louis Levreau et de Muriel, son assistante discrète et efficace, le patron de l'OM va faire danser les responsables du football français. Il montre à tout le monde un fax du président de la Ligue qui fait appel à son « patriotisme » : « Regardez, il se couche, ce pauvre Le Graët. Je les ai tous à mes pieds, ces mecs. »

Tapie s'est fixé un objectif raisonnable : il ne négociera le retrait de sa plainte qu'en contrepartie d'un feu vert de la Fédération internationale à la participation de Marseille aux deux « supercoupes » dont celle qui oppose, à Tokyo, le champion d'Europe et le champion d'Amérique latine de l'année précédente (São Paulo) et fait entrer une dizaine de millions de francs dans les caisses. A midi, Fournet-Fayard l'appelle depuis Zurich et supplie :

– Je vous en prie, il faut envoyer un fax tout de suite, sinon ils iront jusqu'au bout. Ils vont exclure la France du Mundial !

– Calmez-vous et changez de ton, Fournet. Vous me prenez pour qui ? Je veux que tout soit écrit noir sur blanc. Allez me chercher Blatter.

Sepp Blatter est le secrétaire général de la FIFA, avec lequel Tapie

* L'article 57 des statuts de la FIFA interdit aux clubs de porter devant une cour de justice les litiges avec les Fédérations ou autres associations. Or, l'OM dépend de la Fédération française de foot, elle-même soumise aux statuts de la FIFA. Changer cette règle serait ouvrir la boîte de Pandore : on imagine ce que deviendrait le football mondial si le roi du Maroc pouvait porter plainte devant une juridiction marocaine contre la FIFA pour une faute d'arbitrage !

était en relations étroites lorsqu'il contrôlait Adidas. Mais Fournet-Fayard revient bredouille.

– Pas de Blatter, pas de fax, tranche Tapie qui raccroche.

Blatter appellera un quart d'heure plus tard. Le patron de l'OM va alors dicter, depuis sa chambre, le télégramme suivant, adressé à João Havelange :

« Monsieur le président,

Je vous demande de considérer que les effets de l'action judiciaire que j'avais entreprise au tribunal de Berne concernant ma *(sic)* non-participation à la Coupe d'Europe des clubs champions de cette année sont nuls et non avenus. »

C'est une reddition sans conditions apparentes *. Après ses propos de la veille au soir, sur TF1, comment Tapie-debout annoncera-t-il qu'il s'est couché? Le plus naturellement du monde : « Je ne tenais pas à provoquer la déconfiture du foot français, explique-t-il au cours d'une conférence de presse. Après une longue nuit de réflexion, j'ai eu Fournet-Fayard au téléphone. J'ai joué collectif. »

Il s'est surtout fait rouler par Havelange, qui ne respectera pas les engagements de son numéro deux. La FIFA interdit à l'OM de participer aux supercoupes et même de disputer le moindre match international amical. C'est l'étranglement financier programmé. Or Tapie doit à tout prix éviter le dépôt de bilan. En raison de ses cautions, celui-ci l'entraînerait dans une faillite qui risquerait de le rendre inéligible et sonnerait de toute façon le glas de sa carrière politique à Marseille. L'OM va donc vendre en urgence ses meilleurs joueurs, dont Marcel Desailly au Milan AC et Paulo Futre à la Reggiana, pour respectivement 6,5 et 4,5 millions de dollars, sommes que lui avancera la SDBO en attente du règlement effectif. Pendant toute la saison 1993-1994, l'OM va se battre sur le terrain, en compensant ses faiblesses techniques par une violence systématique, qui lui vaudra d'ailleurs plusieurs sanctions. Mais le député sait bien que, s'il veut s'en sortir, il lui faut trouver un repreneur qui le débarrasse de l'OM avec son déficit abyssal et ses cautions.

D'autant qu'en parallèle l'instruction sur les détournements de fonds progresse. La brigade financière remet le 2 février au juge Philippon un rapport de 90 pages d'où il ressort que 80 millions de francs ont quitté l'OM de 1987 à 1990 par le biais de « fausses factures et de paiements injustifiés ».

---

* Dans une interview à *Neuer Zuercher Zeitung* (Zurich) recueillie une semaine plus tôt, Gerhard Aigner, secrétaire général de l'UEFA a dit : « Tapie se présente comme un sauveur et se pose comme un héros. D'un autre côté, il se laisse grassement payer pour retirer sa plainte. Il a dû toucher des sommes énormes bien plus importantes en tout cas que celles qu'il aurait perçues s'il avait participé à la Coupe d'Europe. »

A la veille du second tour des élections cantonales, le samedi 26 mars (la nouvelle ne sera annoncée que le lundi) Tapie est mis en examen pour « faux et usage de faux, abus de confiance et abus de biens sociaux » dans le cadre du dossier des comptes de l'OM, celui qu'Henri Nallet et Michel Vauzelle avaient longtemps cherché à étouffer. Jean-Pierre Bernès, Alain Laroche (directeur administratif et financier) et Michel Hidalgo, en tant que manager général, seront eux aussi mis en examen. Pour Bernès, jusque-là silencieux, c'est la goutte d'eau. Dans un entretien à *France-Football*, il sort de son silence en proférant des menaces voilées : « Tout le monde a perdu la mémoire, y compris Tapie (...), personne ne croit que je suis seul et que les autres sont blancs (...). Je ne veux pas payer pour les autres. »

Tout cela sent le roussi. D'autant que, le 22 avril, près d'un an après le match OM-Valenciennes, la Fédération française sanctionne, in fine, l'OM et les joueurs corrompus. L'Olympique de Marseille est relégué en deuxième division pour la saison 1994-1995. Tapie est chassé de la présidence de l'OM et interdit de toute fonction officielle dans le football français. Bernès est radié à vie. Quant à Burruchaga, Eydelie et Robert ils ne pourront rejouer avant 1996. La décision est annoncée tard dans la soirée pour que Tapie ne puisse réagir à chaud dans les journaux télévisés. Devant quelques journalistes réunis chez lui, il parle « d'assassinat prémédité ». Plus tard, dans *le Journal du dimanche*, il menacera ouvertement le président de la Ligue : « J'estime que M. Le Graët mène depuis le début une guerre qui n'a rien à voir avec le football. Par conséquent, je vais le combattre personnellement, en dehors de ses fonctions (...). Pour lui, les problèmes commencent. »

Façon de parler. Car c'est bien Tapie qui, à l'OM, est fait aux pattes. La situation financière est inextricable. Le mardi 31 mai, le jour même où le ministère du Budget accorde à l'OM un délai de trois ans pour payer ses arriérés d'impôts, la Direction nationale de contrôle de gestion (DNCG) de la Ligue, appelée à statuer sur le sort du club mesure l'étendue du désastre : une perte de 123 millions de francs en 1992-93 (celle de la victoire en Coupe d'Europe !) et plus de 400 millions de francs de dettes, dont 381 millions viennent à échéance le 30 juin. Les intérêts des emprunts contractés atteignent 9,04 % du chiffre d'affaires ! Devant le « tribunal » du football, Tapie et Laroche contestent ces chiffres, assurant que la vente de joueurs a suffi à redresser les comptes. Mais la Ligue n'en croit pas un mot. Elle va placer le club sous haute surveillance, lui interdisant notamment l'achat de joueurs. Et exigeant qu'on lui présente un repreneur pour l'OM. Un vrai. Depuis des mois Tapie affirme en effet régulièrement qu'il a trouvé l'oiseau rare qui va reprendre l'OM pour « assurer son avenir ». Il fait savoir qu'il a déjeuné avec Jean-Luc Lagardère, qu'il a pris langue avec AXA et même avec LVMH, le géant du luxe présidé par Bernard

Arnault, son ennemi personnel. Des contacts ont été pris avec Jean-Louis Dutaret et Jean-Noël Tassez, patrons de la Sofirad (holding publique) et de sa filiale Radio Monte-Carlo (RMC). Pourtant, devant la DNCG, Alain Laroche viendra accompagné de représentants d'une entreprise canadienne « aux ramifications internationales » d'un tout autre genre. Un épisode qui va faire rire la France entière.

La société s'appelle Platinor et recherche des métaux au Canada. Mais le journaliste de *l'Équipe* qui cherchera à la joindre tombera sur une maison particulière au bord de la baie James, louée pour deux mois, dont les propriétaires sont « partis en Europe ». Forcément : le 1er juin, le repreneur est à Marseille. A 17 h 30, Alain Laroche le présente à la presse. Ghislain Gingras a un fort accent québécois, l'air d'un hibou ahuri mais semble d'une nature optimiste : il veut tripler son chiffre d'affaires de 400 millions de dollars en un an. Les journalistes pouffent. Les « supporters » du service d'ordre s'énervent. Tout se terminera dans la confusion. Très vite, on apprendra que Gingras n'a jamais employé plus de trois salariés, qu'il a fait l'objet de poursuites au Canada pour diverses escroqueries, y compris dans sa propre famille. Quant à Maurice Bazon, qu'Alain Laroche a présenté comme le conseiller technique du Canadien, il sera reconnu à la télé par le propriétaire de l'hôtel du Parc, à Annemasse, comme le client indélicat qui, en mars dernier, lui avait laissé un chèque sans provision de près de 10 000 F! Une âme charitable payera la note, en liquide, dès que l'information aura été diffusée...

Pour tous ceux, au gouvernement et au Crédit Lyonnais, qui suivent Tapie à la trace, accumulant les informations et les indices, c'est une preuve : le gibier est aux abois. Comment expliquer, sinon, qu'Alain Laroche – devant la réprobation générale dont celle appuyée des Marseillais, Bernard Tapie fera très vite porter le chapeau à son numéro deux – n'ait pas trouvé pour l'OM de « repreneur » plus présentable que Gingras? Comment Tapie et Laroche ont-ils pu imaginer un instant que celui-ci tiendrait le choc plus de quelques heures face aux médias, mais surtout face aux enquêteurs de tout bord? A commencer par l'administration fiscale, qui s'efforce de vérifier depuis quelques mois si Tapie n'a pas l'intention de se racheter l'OM à lui-même, depuis l'étranger, avec de l'argent qu'il aurait pu avoir mis à l'abri en Suisse ou ailleurs.

Car le fisc est à l'affût, comme Pierre Martinez, le grand flic du Crédit Lyonnais. Ou Tracfin, le service qui tente de démonter les circuits du blanchiment de la drogue et qui, de son côté, craint que l'argent sale ne jette son dévolu sur l'OM. Or, derrière le folklore Gingras, il y a une réalité beaucoup plus inquiétante. Dans son montage, du côté français, figurent plusieurs sociétés dont les dirigeants ont fait l'objet d'une « déclaration de soupçon » de Tracfin et qui ont des comptes ouverts... à la SDBO. A la tête de la Sigestra, on trouve un certain Aladino Ferrari qui s'est fait remarquer en souscrivant une assurance-vie de 6 millions de francs en liquide. Il contrôle de nombreuses sociétés (petites compagnies aériennes, conseil, immobilier, cinéma) qui ont en commun de générer des pertes régulières. Les services de police remarqueront aussi, dans le montage Gingras, la société EGH à laquelle participe un ancien président de grande société française ayant eu des contacts avec le Milieu ainsi qu'une très haute personnalité libanaise. C'est Marc Fratani qui a apporté sur un plateau à Alain Laroche Gingras et ses étranges acolytes. Qui se ressemble s'assemble. Tapie va le reprocher à son attaché parlementaire, pourtant si dévoué, jusqu'à ce que celui-ci se rebiffe. Les deux hommes finiront par se brouiller pendant l'été.

Nouvelle échéance, nouveau « repreneur ». Bernard Tapie est venu clore à Marseille sa campagne pour les élections européennes. La veille du scrutin, il organise à la hâte une conférence de presse alors qu'il n'a plus le droit d'apparaître. Alain Laroche explique qu'une holding financière d'investissement (International Sport Investment), créée le 10 mai, dont le siège est à Cardiff et dont le principal actionnaire est une banque de Dubaï, reprendrait l'OM en y injectant 20 millions de dollars. Michel Hidalgo sera consultant du nouvel OM. Le président de cette fort bienveillante société : Bernard Dalmon, ancien collaborateur de Michel Baroin, l'ex-patron franc-maçon de la GMF, décédé depuis en Afrique lors d'un étrange accident d'avion. Dalmon s'occupait du *Journal* et du *Courrier du Parlement*, a été un collaborateur du ministre du Logement, Hervé de Charette. Et a besoin d'argent, pour renflouer *les Nouvelles littéraires*.

Mais, cette fois-ci, la télévision et les journaux feront preuve d'une grande réserve. TF1 ne dira même pas un mot, le soir, de ce nouveau repreneur miracle. A juste titre : toutes les sociétés citées par Alain Laroche ne sont que des boîtes aux lettres. D'ailleurs, dès les élections passées, Dalmon reconnaîtra qu'il a « juste voulu rendre service ». Michel Hidalgo, qui avait demandé un salaire de 200 000 francs par mois pour participer à ce montage, sautera dans un avion pour assister au Mundial américain, sans demander son reste. Quant à la banque de Dubaï, elle restera inconnue, si tant est qu'elle ait jamais existé.

Mais Tapie n'en a pas fini. Au lendemain de son élection, il lance encore ses filets partout, sans s'apercevoir qu'il est étroitement surveillé. Beaucoup de ceux qu'il sollicite vont rendre compte de leurs conversations auprès d'un ministre qui centralise les informations le concernant. Jean-Noël Tassez, patron de RMC, ancien communiste nommé par la gauche est de ceux-là. Un jour Tapie lui dit :

– Tu es maqué avec Alcatel, via Radio-Nostalgie. Tu vas voir la gonzesse *. Tu lui dis de me filer cinquante plaques et elle aura tout.

– Tout quoi?

– Tout ce qu'elle veut, l'an prochain à Marseille. Je lui signe un papier, si elle veut.

La Lyonnaise des Eaux a été approchée de la même manière : en contrepartie d'une injection de fonds dans l'OM, Tapie se serait dit prêt à revoir, dès son élection à la mairie, les contrats de distribution d'eau!

Un autre jour, Tapie propose à Tassez de lui confier la vente des colifichets de l'OM si RMC apporte 50 millions de francs. Tassez transmet immédiatement l'information à qui de droit. On lui révèle un petit détail qui lui avait échappé. Retour de Tassez qui s'étonne auprès de Tapie :

– Tu m'as promis une activité que tu as déjà vendue!

– Tu vois, Jean-Noël : si t'avais signé, je t'aurais pris pour un con!

Pas gêné du tout. Comme s'il ne s'était agi que d'une bonne blague. Finalement, le 15 juin, Tapie demandera à Tassez l'autorisation d'utiliser le label RMC, sans que la radio apporte un centime, pour donner plus de respectabilité à un nouveau montage en préparation. A plusieurs interlocuteurs, Tapie parlera d'un « Russe » passionné par le football. Le lendemain, c'est en vainqueur, fort de plus de 12 % des voix des Français, que Tapie accompagnera Alain Laroche à la réunion d'appel de la DNCG. Celle-ci se montre soudain beaucoup plus conciliante : elle donne à l'OM un délai supplémentaire pour lui présenter un nouveau dossier de reprise. Pourtant, de nouveau « repreneur », sérieux, suspect ou folklorique, il n'y en aura pas. Le lundi 27 juin, à la veille de la deuxième levée d'immunité parlementaire de Bernard Tapie, le tribunal de commerce de Marseille, au vu d'un rapport de Bernard Nouaille, juge-enquêteur que le député a rencontré la semaine précédente, jugera « qu'il n'y a pas lieu » de déposer le bilan de l'OM **.

Le tribunal a pris en compte plusieurs éléments. Au report des échéances fiscales, s'est ajouté un accord avec TF1 à qui l'OM doit 50 millions de francs. Cette dette est effacée. En contrepartie, TF1 diminuera de 10 millions ses versements à l'OM, pendant 5 matchs de coupe d'Europe. Encore faut-il que l'OM joue 5 matchs! Surtout, à la veille de l'échéance, la Société marseillaise de crédit, présidée par Jean Matouk,

---

* Il s'agit sans doute de Françoise Sampermans, présidente de *l'Express*, et membre du comité de direction d'Alcatel-Alsthom.

** Pour mémoire, le club de Brest avait été mis en liquidation le 6 décembre 1991 avec un trou de 150 millions de francs composé de créances envers le fisc et l'URSSAF (15 millions chacun), d'emprunts (40 millions), d'un découvert de 20 millions et de 20 millions de factures non réglées. François Yvinnec, son président, a été écroué le 23 janvier 1992, après avoir été inculpé de « banqueroute par moyen ruineux ».

un obligé de l'Élysée, a accordé à l'OM un prêt de 6 millions de dollars (35 millions de francs) garanti par une obligeante et discrète banque britannique. Le tribunal de commerce s'est en outre laissé convaincre que la descente en deuxième division de l'OM, loin d'achever le club, risquait de le sauver. L'OM a pu vendre tous ses grands joueurs et tourner dès lors sur un petit budget, assis sur les seuls talents – considérables – de Tapie comme découvreur de nouveaux footballeurs. De fait, l'OM est en tête de la deuxième division et le Stade vélodrome est encore plein de supporters. Mais peut-être y a-t-il d'autres raisons à la clémence du tribunal. Certains magistrats auraient été menacés par le Milieu, dit-on à Marseille.

Quoi qu'il en soit, Tapie est sauvé *. Pendant quelques heures, mais quelques heures seulement, l'ex-patron de l'OM savourera la divine surprise. Quelques jours plus tôt, le lundi 20 juin, il avait été reçu par Édouard Balladur, comme toutes les têtes de liste des élections européennes appelées à siéger à Strasbourg. Rocard, sous le choc de l'échec, s'était fait représenter et Philippe de Villiers, furieux que Tapie ait été invité, s'était abstenu. Le protégé de Mitterrand avait retrouvé avec plaisir ces lieux qui lui étaient familiers du temps de Bérégovoy. L'entrevue s'était passée on ne peut mieux. Balladur l'avait accueilli avec un brin de compassion :

– Alors, monsieur le député, toutes ces saisies, ce n'est pas trop difficile?

– Oh! Vous savez, Monsieur le Premier ministre, du moment que j'ai pu installer ma mère dans les bergères de Marie-Antoinette, venant d'où je viens... Maintenant, c'est gagné, ils peuvent bien les reprendre!

Balladur a ri de bon cœur. La conversation s'est engagée sur l'Europe, mais a vite bifurqué sur la politique, la vraie. Tapie a expliqué ce jour-là au Premier ministre qu'il soutiendrait le candidat de gauche à l'élection présidentielle, quel qu'il soit : « Mais j'ai bien peur qu'elle se joue à droite. Dans ce cas, vous avez un boulevard devant vous. » Balladur a esquissé un petit sourire. « Il faut en tout cas que vous sachiez, a poursuivi Tapie, d'une manière ou d'une autre, je risque de faire l'élection à droite. Et qu'entre Chirac et vous, si rien ne me fait changer d'avis d'ici là, c'est vous que je choisirai. » Édouard Balladur n'en attendait pas moins, après tant de discrète sollicitude...

* Jean-Louis Levreau le vice-président de l'OM a même annoncé fin septembre que le club dégagerait un bénéfice entre 25 et 30 millions de francs au 30 juin 1995.

CHAPITRE 16

Jusqu'au dernier meuble

« Chaque fois que [Pierre Despessailles] m'a prêté de l'argent, celui-ci a été garanti par une valeur au moins égale au double du montant prêté. »

Gagner.

En cet après-midi du jeudi 19 mai 1994, les boutiques de luxe du faubourg Saint-Germain servent leurs derniers clients, tandis qu'afflue la faune qui envahit chaque soir le Quartier latin. Seuls les vigiles et les détectives privés, perdus dans la foule des passants habituels de la rue des Saints-Pères, remarquent un étrange ballet. Une camionnette, suivie d'un camion à l'enseigne Trimetal, a franchi l'immense portail, dont les deux battants grands ouverts laissent entrevoir la cour pavée de l'hôtel particulier de Bernard Tapie. A l'intérieur, des hommes chargent des meubles. Leurs allées et venues vont durer deux heures, avant que leur cargaison soit installée. A 21 h 30, le camion ressort, prend la rue des Saints-Pères à contresens, se dirige vers le périphérique, direction port de Gennevilliers, impasse des Petits-Maris. Arrivé dans ce no man's land lugubre, le camion s'engouffre dans un grand entrepôt qui a ouvert furtivement ses portes : les établissements Milmar.

Depuis son départ de la rue des Saints-Pères, le camion a été pris en filature par des motards qui font la planque devant l'entrepôt. Un semi-remorque rouge des établissements Milmar arrive à son tour. Une heure plus tard, il ressort de l'entrepôt, conduit par un nouveau chauffeur. Une R 25 et une R 5 turbo l'accompagnent. Les motards prennent en chasse ce véhicule. Piégés. Ils avaient été repérés. C'est dans un autre camion qu'une partie des meubles de Bernard Tapie sera emportée, loin des regards indiscrets.

C'est Pierre Martinez, l'ancien patron de la brigade financière du Quai des Orfèvres, qui a eu l'idée d'organiser la planque et la poursuite. Depuis quelques jours, les dirigeants du Crédit Lyonnais l'ont averti : ils allaient faire sauter l'accord du 13 mars avec Bernard Tapie. Il faut être prêt à tout. Les meubles et objets d'art sont-ils des chefs-d'œuvre authentiques, gagés pour 350 millions de francs, ou bien des pièces de second ordre, voire des copies sans valeur? Dans sa déclaration fiscale 1992, le député a lui-même inscrit ses meubles pour 300 000 F! Pierre Martinez veut en avoir le cœur net : puisque Tapie n'a pas respecté les conditions suspensives, le Lyonnais va saisir les meubles, afin de les faire expertiser et éventuellement les vendre, avant que le fisc ne s'en empare.

Martinez a été embauché par Jean-Yves Haberer au Crédit Lyonnais en octobre 1991, comme chargé de mission à la direction générale. Il est devenu responsable des missions spéciales, à commencer par la lutte contre le blanchiment de l'argent de la drogue. Les enquêtes financières n'ont plus de secret pour ce diplômé en science criminelle de l'Institut de criminologie de Paris, qui a débuté comme jeune commissaire à Lyon à l'âge de 30 ans. Pierre Martinez connaît Bernard Tapie depuis qu'il a enquêté sur lui, au moment de Cœur Assistance. A l'époque l'affaire lui avait paru banale. Plus tard, il a examiné la plainte qu'avaient déposée les actionnaires minoritaires lors du rachat de Wonder, ainsi que les conditions de la reprise de Manufrance. Mais sans donner suite.

Peu à peu, au Lyonnais, Martinez s'est pris de passion pour Tapie. Comme beaucoup de juges et de policiers, il rêve de coincer ce joueur, ruiné et impénitent, qui espère encore se refaire en prétendant aux plus hautes fonctions de la République. L'impunité dont Tapie a trop longtemps bénéficié l'exaspère. Il n'a qu'une obsession : mettre la main sur ses comptes en Suisse, qu'il espère bien garnis, dévoiler ses sociétés-écrans domiciliées dans des paradis fiscaux, bref, démontrer que derrière la belle gueule de l'homme politique se cache un escroc de haut vol, un Maxwell à la française. Depuis des mois, Pierre Martinez enquête. Il n'a encore rien trouvé sur Tapie que la justice ne sache déjà. Mais il a appris à le connaître, à devancer ses pensées. Cette traque du chasseur, face à un animal aussi rusé que lui, l'excite. Il se met à son niveau, tente de se glisser dans sa personnalité, d'anticiper ses actes. Quand François Gille et Dominique Bazy lui font part de leur intention de saisir le tribunal de grande instance de Paris afin d'obtenir l'autorisation de la saisie conservatoire des meubles et objets d'art installés rue des Saints-Pères, Pierre Martinez frémit. Il craint que Tapie ne soit averti par ses indics du Palais de justice ou par le commissaire de police de son quartier, avec qui il est en contact. Il est sûr que l'autre va chercher à se dérober en faisant déménager ses meubles. Il faut l'en empêcher.

A la grande surprise, teintée de réprobation, de vieilles barbes du Lyonnais, Martinez fait donc appel à l'ex-commissaire Pierre Ottavioli qui dirige l'agence de « privés » Sécu-Europe. Pendant plusieurs jours, ses détectives font la planque dans un hôtel de la rue des Saints-Pères, en face de chez Tapie. Ils suivent le moindre de ses déplacements. Dès que le premier camion entre dans la cour, ils comprennent que Martinez avait vu juste.

Plus tard, Tapie dira que ce n'est pas lui qui a tenté de soustraire ainsi une partie de ses biens personnels à ses banquiers. Il affirmera que c'est sa femme, alertée par un coup de fil, qui a donné cet ordre idiot. Le samedi 21 mai, invité au journal de 20 heures sur TF1, il donnera sa version des faits : le conducteur de la camionnette était le frère de sa femme « qui a emmené chez sa mère quelques meubles auxquels elle est personnellement attachée ». Hors antenne, il précise qu'avertie d'une saisie imminente, Dominique aurait « pris peur ». Croyant à une saisie-arrêt, exécutoire immédiatement, elle aurait sans réfléchir appelé son frère, qui dirige l'entreprise de transports rapides Milmar. Elle lui aurait confié « deux meubles bas, deux commodes, un tapis, des gaines et un lustre », objets qui « lui rappelaient des souvenirs ». Bref, dit Tapie, « elle a eu un geste de femme ». Ce qu'appréciera sans doute Antoinette Fouque! Quelques jours plus tard, le 25 mai, lors du lancement à Paris de sa campagne, il précisera : « En tout, il n'y en avait pas pour plus de 10 millions de francs. »

Pour valider sa défense, la famille de Dominique est appelée à la rescousse. Dans *le Journal du dimanche* du 26 mai, Patrick Nokovitch, P-DG de Milmar s'insurge : « Ce n'est pas parce qu'on transporte trois meubles qu'on fait un déménagement. Il s'agissait de quelques bricoles, c'était prévu depuis deux mois et c'est un transport de famille à famille. Tout ça est vraiment très exagéré, comme tout ce qui touche à Bernard Tapie. » Entre la femme de Tapie et son frère, les versions divergent donc : la première évoque la réaction instinctive de panique; le second parle d'un déménagement banal préparé de longue date. Qu'importe. Dans l'esprit de tous et même des Marseillais pourtant habituellement si indulgents envers Bernard Tapie, le déménagement de ses meubles restera comme un épisode peu glorieux de son histoire à rebondissements, dans l'affolement de la curée.

Pour la première fois, dans la bataille médiatique qui l'oppose depuis quelques mois à Bernard Tapie, le Crédit Lyonnais a incontestablement marqué un point. La banque sort de son silence. Dans un communiqué, elle annonce qu' « ayant décidé au début de l'année de rompre ses relations avec le Groupe Bernard Tapie, le Crédit Lyonnais a (...) entamé une négociation avec lui pour préserver au mieux les intérêts propres de la banque ». Signalant qu'il n'a pas satisfait à ses obligations, elle poursuit : « Dans ces conditions, le Crédit Lyonnais ne peut que constater que l'accord avec Bernard Tapie est caduc et prendre toutes les mesures nécessaires pour protéger [ses] intérêts. »

Comment Tapie a-t-il pu commettre cette erreur de débutant? Et si, dans cette partie de poker, Martinez avait, pour une fois, vu plus loin que lui? Celui-ci savait que le commissaire du septième arrondissement risquait de le prévenir. Surtout, s'agissant d'un député, la Chancellerie a prévenu l'Élysée et Matignon. Martinez pouvait donc prévoir que Michel Charasse informerait Tapie sans tarder. Ce qui semble avoir été le cas. Cette planque, dès lors, pourrait bien avoir été organisée dans la seule intention de prendre Tapie la main dans le sac. Tapie sait parfaitement que le Crédit Lyonnais dispose d'une liste exhaustive de ses meubles évalués par l'expert Jean-Pierre Dillée à 300 millions de francs. La banque estime alors à 70 millions de francs la valeur du mobilier et des œuvres d'art soustraits par Tapie. Les rumeurs se mettent à circuler : si Bernard Tapie a voulu planquer justement ces pièces-là, c'est qu'il s'agissait de copies, dont la valeur réelle est sans commune mesure avec l'estimation de Jean-Pierre Dillée. On sait par exemple que le bureau du Régent, censé figurer sur la liste, est à Matignon. Pour le reste? Quelles ont été les relations exactes, pendant huit ans, entre Tapie et Bernard Steinitz, l'un des plus grands antiquaires de France, qu'il présente comme son meilleur ami?

Bernard Steinitz se considère comme « un juif né en 1933, année de l'arrivée d'Hitler au pouvoir (...). Ce qui détermine ce que je suis devenu [1] ». Sa mère est née dans la ville d'Auschwitz. Ses parents sont venus à pied de Pologne en France. Né à Dijon, « Bourguignon et fier de l'être », il est arrêté en 1942 avec sa famille. Un gendarme le fait sortir du camp de transit. Bernard Steinitz garde de cette époque « la peur de manquer, ce qui explique cette frénésie d'acquisitions ». A 22 ans, il s'installe dans un garage à Marseille mais dilapide tout ce qu'il gagne au jeu et aux courses.

Petite taille, grandes ambitions. Steinitz monte à Paris, en 1963, pénètre dans la « secte des marchands de Drouot » et achète un magasin rue Rossini, à deux pas. A l'époque, les Américains découvrent les antiquités. Il suffisait d'acheter et de revendre pour gagner : tout prenait de la valeur. Steinitz est un gros fournisseur des princes arabes, qui achètent cher des pièces chargées, sans être trop regardants sur leur qualité et leur pedigree. Il a la réputation de « nettoyer le marché ». Fournisseur de Bernard Tapie, il devient son ami lorsque celui-ci lui propose de garantir son découvert de 2,5 millions de francs auprès de sa banque, la SDBO. En 1976, il entre alors dans le « groupe des six », qui réunit les plus grands antiquaires de Paris, mais s'en fait exclure en 1991. En 1986, il installe ses ateliers à Saint-Ouen, sur les terrains de Wonder... dont Tapie est propriétaire. Il a signé une promesse de vente pour acheter les 23 000 m^2 des usines désaffectées au prix bien modeste de 20 millions de francs. Steinitz cédera plus tard gratuitement à la ville de Saint-Ouen un hectare sur deux pour y implanter 800 places de parking, 150 logements HLM, des immeubles de bureaux et des boutiques. Les terrains qui lui restent, idéalement situés, à côté des Puces, en seront valorisés. Mais la crise l'a frappé de plein fouet. Son découvert à la SDBO atteindrait aujourd'hui

120 millions de francs. Aussi, en novembre 1993, met-il soudain en vente, aux enchères, 1 500 lots amassés pendant une quarantaine d'années. La vente, cependant, ne rapportera pas les 50 millions qu'il en attendait.

Toutes les pièces que Steinitz a vendues à Tapie pendant ces années-là étaient-elles authentiques? Certaines étaient-elles des faux ou plus simplement mises en dépôt chez lui en attendant d'être vendues? Tapie s'est-il fait rouler par son « ami »? Ou bien auraient-ils monté ensemble un mécanisme connu dans les milieux de l'art, qui consiste à payer volontairement au prix fort des biens certifiés comme des pièces de grande valeur, alors qu'il s'agit de second choix? Généralement, dans ce genre d'escroqueries, le vendeur rétrocède à l'acheteur une partie du prix, en Suisse ou ailleurs, après rétribution des experts complaisants et des intermédiaires aveugles *. Ce système permet de se constituer un patrimoine dont la valeur est très élevée, même si elle est fictive. Grâce à quoi, on peut emprunter des fortunes, surtout si, d'aventure, la banque prêteuse est de mèche! Or le nouvel état-major du Lyonnais sait parfaitement que Bernard Steinitz et Pierre Despessailles, l'ex-directeur général de la SDBO, sont pour Tapie des amis très proches. Ils sont de toutes les fêtes et faisaient même partie du tout petit nombre de ceux qu'il avait invités à son mariage sur le *Phocéa*, en mai 1987, au large de la Grèce.

La banque a un terrible doute. Elle va tout faire pour connaître la valeur réelle des meubles et des objets d'art de Bernard Tapie. Après les évaluations des experts anglo-saxons Christie's et Sotheby's en août 1994 situées entre 30 et 50 millions de francs, le Crédit Lyonnais estimera pour sa part leur prix entre 50 et 70 millions de francs. Tapie est pris au piège. Il se croyait le plus fort. En juin, il affirmait à qui voulait l'entendre qu'il ne paierait pas un centime au Crédit Lyonnais. La meilleure défense, c'est l'attaque : « Si Peyrelevade est encore président à la fin de l'année, je me coupe les couilles [2] », assure-t-il alors, toujours aussi sûr de lui. Il rugit, il se débat. En campagne électorale à Nancy, il s'indigne : « Après avoir tenté de me mettre au cachot, on essaye de me mettre sur la paille. » Mais il va devoir affronter la réalité. Par petites touches, il se construit un nouveau personnage. Pendant les années quatre-vingt, les années-fric, il a été riche. Pendant les années quatre-vingt-dix, celles de la crise et du chômage, qu'importe s'il redevient pauvre. « Ça n'a rien de grave. Un jour peut-être je serai privé de tous les apparats de la richesse (...). Ce ne sera pas suffisant pour m'empêcher de faire de la politique. » Le soir, sur FR3, il renchérit : « Si un jour je suis ruiné complètement (...) ne vous faites pas de mauvais sang pour moi, ce n'est pas grave. Ma femme s'en moque, je m'en moque, mes enfants s'en moquent. »

---

* Les intermédiaires, note *la Lettre A* du 25 août 1994, « touchent plus sur une copie vendue un million de francs que sur une œuvre authentique vendue 500 000 F ».

Le samedi 21 mai, au 20 heures sur TF1, il en rajoute une louche, laissant entendre qu'il est victime d'un complot : « La semaine dernière on a fait mon bateau, cette semaine c'est mes meubles, la semaine prochaine on va me faire ma troisième demande de levée d'immunité parlementaire. » Mais sa ritournelle est de moins en moins convaincante.

La machine de guerre du Crédit Lyonnais est désormais lancée, Bernard Tapie ne parviendra plus à s'échapper. D'autant que le fisc vient épauler la banque. Le jeudi 16 juin, le Trésor public procède à son tour à une saisie conservatoire des meubles de Bernard Tapie. Dans le dépôt de Gennevilliers, l'opération se déroule sans anicroche. Mais quand les inspecteurs se présentent rue des Saints-Pères, Bernard Tapie, hors de lui, s'oppose lui-même à la saisie. Il appelle plusieurs responsables de Bercy qui refusent de le prendre au téléphone, sauf Pierre Mariani, le directeur de cabinet de Nicolas Sarkozy. Celui-ci lui confirme qu'il s'agit d'une opération normale, différée en raison des élections. Mariani ordonne aux huissiers de retourner rue des Saints-Pères. Tapie, alors, les laissera entrer. Il ne s'agit que d'une saisie conservatoire de la banque et du fisc, dit-on alors : le député restera dans ses ors. C'est mal connaître l'acharnement du trio d'enfer que sont devenus Peyrelevade, Martinez et Veil qui vont endormir l'adversaire.

Me Bousquet, l'avocat de Tapie (et de Bouygues), avait un mois pour déposer une demande de mainlevée sur la saisie. Mais il a laissé passer la date, à la grande joie des responsables du Crédit Lyonnais. Le défenseur de Tapie, en engageant une procédure pour faire appliquer dans son intégralité l'accord du 13 mars entre son client et la banque, a estimé que celle-ci gèlerait toute initiative jusqu'au jugement en première instance prévu le 26 octobre. Lourde erreur !

Quelques semaines plus tard, alors qu'une grosse chaleur s'est abattue sur Paris, le tribunal, à la requête du Crédit Lyonnais, autorisera l'emport des meubles. Cette fois, les camions viendront vider l'hôtel particulier. Humiliation suprême. Bernard Tapie assiste au déménagement, sous l'objectif de dizaines de photographes. Il n'a pas pu aller naviguer, comme chaque été sur le *Phocéa*, saisi par le fisc, en cale sèche à Marseille. En raison du contrôle judiciaire strict que lui a infligé le juge Joly, il ne peut quitter la France. Il se retrouve seul dans les grandes pièces vides, où sur les murs pendent lamentablement quelques crochets X entourés d'une triste ombre grise. Pourtant, Tapie n'a pas encore vu la fin de son voyage au bout de l'enfer.

CHAPITRE 17

La bouée de sauvetage européenne

« A 8 %, ils doivent compter avec moi, à 10 %, ils me demanderont d'être Premier ministre. A 12 %, ils sont aux abois parce que c'est moi qui choisis le taulier. »

Le Canard enchaîné.

Tapie est là. Ils sont tous là réunis dans la grande salle du Palais ducal à Nevers où Pierre Bérégovoy était passé en coup de vent, un an auparavant, avant d'aller se suicider. Pour cet anniversaire, ce dimanche 1er mai 1994, François Mitterrand a invité 300 personnes, dont tous les grands dirigeants du Parti socialiste. Il y a là Michel Rocard, Laurent Fabius, Pierre Mauroy, Jacques Delors, Olivier Stirn, Henri Nallet, Roland Dumas, ainsi que plusieurs anciens membres du gouvernement de Pierre Bérégovoy, dont... le député de Gardanne, champion des mises en examen.

Michel Charasse qui, répondant aux attaques contre l'Élysée, avait fustigé la responsabilité des juges et des journalistes le jour même de la mort de Béré, est absent... Une absence qui sera largement interprétée, mais n'a aucune signification politique : il est cloué sur son lit d'hôpital à la suite d'une opération au tibia. Édith Cresson n'a pas répondu à l'appel. Quant à Marie-Noëlle Lienemann, proche de cœur et de sensibilité de Pierre Bérégovoy, elle s'étonne : « Où sont Élisabeth Guigou, Martine Aubry et Ségolène Royal? »

Dans la salle, les invités sont mal à l'aise. Cette cérémonie lugubre ouvre des plaies encore mal cicatrisées. Ils n'ont pas oublié comment les socialistes avaient fait peser sur l'ex-chef du gouvernement la responsabilité de la défaite aux élections législatives de 1993. Un échec qu'ils ont intégré, dans lequel ils se sont vautrés au point d'être incapables, depuis un an, de faire entendre la voix de l'opposition face à un nouveau Premier ministre triomphant, Édouard Balladur. Le discours du chef de l'État se déroule, plat et morne. Revient dans toutes les mémoires cette solitude terrible dans laquelle s'était retrouvé Pierre Bérégovoy après avoir quitté Matignon. Béré qui avait téléphoné à plusieurs reprises au chef de l'État. Mais que, pas une seule fois, celui-ci n'avait rappelé, en tout cas jusqu'à l'avant-veille de sa mort. Alors qu'il le contactait volontiers auparavant, en particulier chez lui, le week-end lorsqu'il voulait tuer le temps, pour parler de la pluie et du beau temps. Comme on sonne un subalterne. Après la défaite électorale, le désintérêt de François Mitterrand vis-à-vis de Pierre Bérégovoy était devenu royal.

Au départ, les socialistes avaient voulu organiser cette commémoration eux-mêmes, mais le président, en jouant de son emprise sur Gilberte Bérégovoy, avait exigé d'en être le maître de cérémonie. Toujours pour exorciser le drame dont il ne supporte pas qu'on le tienne pour responsable *. Pourtant, très vite, personne ne pensera plus à la mémoire de Pierre Bérégovoy. Le monde politique a les yeux braqués sur Nevers pour savoir si le président va confirmer ou non l'intention qu'on lui prête de pousser Bernard Tapie dans les pattes de Michel Rocard, afin de le faire trébucher aux prochaines élections européennes et le disqualifier pour la présidentielle. Chaque mot va compter. Chaque signe sera analysé.

Car Bernard Tapie occupe toujours, à lui seul, le devant de la scène. Trois jours plus tôt, le jeudi 28 avril dans l'après-midi, le président de la République italienne, Oscar Luigi Scalfaro, a reçu Silvio Berlusconi pour le charger de former le nouveau gouvernement, le cinquante-troisième depuis la guerre. Toute l'Europe s'inquiète de l'arrivée au pouvoir en Italie de *Sua Emittenza* grâce à sa mainmise sur la télévision et à son alliance avec les néo-fascistes et les nationalistes de la Ligue lombarde. Et tous les commentateurs comparent le populisme de Silvio Berlusconi en Italie à celui de Bernard Tapie en France. C'est alors qu'un article de Patrick Jarreau, en une du *Monde*, démontre point par point le soutien actif dont bénéficie Tapie de la part de François Mitterrand pour faire chuter Rocard. Le journaliste dévoile la stratégie de l'Élysée. Les signaux envoyés sont clairs. Mitterrand a d'ailleurs invité Tapie à Nevers le 1er mai. Jarreau cite « un proche de Rocard », caustique : « Si l'image que veut donner l'Élysée, c'est Mitterrand et Tapie entourant la veuve de Pierre à la sortie de la cathédrale, ça le regarde [1]. » Mais des signaux, il y en a beaucoup d'autres. Catherine Lalumière, fidèle du chef de l'État, a en effet accepté de figurer en troisième position, juste derrière Jean-François Hory, sur la liste de Bernard Tapie aux élections européennes. Ex-ministre socialiste, ex-membre du comité directeur du PS, elle n'a pas obtenu le renouvellement de son mandat de secrétaire générale du Conseil de l'Europe. Quand Tapie lui a proposé de le rejoindre, elle a téléphoné,

---

* L'Élysée fera faire par Serge Moati un film à la mémoire de Bérégovoy tout entier dévoué à sa gloire et à sa thèse : le président n'a jamais abandonné son ex-Premier ministre. Tous les témoignages n'allant pas dans ce sens en ont été écartés.

pour demander conseil, à Anne Lauvergeon, une des plus proches collaboratrices de François Mitterrand. Celle-ci a informé le chef de l'État de son coup de fil. « Qu'elle fasse comme elle l'entend », lui a répondu Mitterrand. Lauvergeon a répercuté : « Le président ne voit pas d'inconvénient à... » Lalumière a donc dit oui. Tout comme André Sainjon, député sortant, écarté par Rocard. Le syndicaliste CGT a rendu visite à Michel Charasse par l'entremise d'Élisabeth Guigou. Charasse ne l'a pas dissuadé, et Sainjon a rejoint Tapie. Noël Mamère fera de même. L'ancien vice-président de Génération Écologie s'était vu proposer par Michel Rocard le 6 avril de figurer sur la liste officielle du PS. Mais Rocard l'avait rappelé six jours plus tard pour se décommander : il n'y avait plus de place.

La constitution de la liste Énergie radicale pour les élections européennes est scrutée, analysée par les commentateurs les plus avertis. Maurice Benassayag qui a suivi pas à pas François Mitterrand depuis le congrès d'Épinay, qui a participé au lancement de SOS-Racisme et à la montée en puissance de Bernard Tapie, avant de devenir conseiller politique à l'Élysée, a refusé de figurer sur sa liste. La ficelle serait trop grosse. Ce ne serait plus un signe, mais un aveu : François Mitterrand aurait demandé à Benassayag de s'abstenir. Élisabeth Badinter, Philippe Campinchi, président de l'UNEF-ID ou enfin Fodé Scylla, président de SOS-Racisme, se sont, eux aussi, tenus à l'écart. Comme Bernard Kouchner qui a finalement préféré rejoindre la liste Rocard, après avoir beaucoup hésité *. Quelques-uns, enfin, ont été délibérément écartés. La candidature de Jean-Pierre Soisson qui voulait joindre au MRG les divisions de son puissant « mouvement des réformateurs » et réclamait deux places sur la liste Tapie, l'une pour lui, l'autre pour l'ex-socialiste, ex-RPR Gilbert Baumet, spécialiste de l'obtention de dérogations pour l'ouverture de grandes surfaces, a été écartée d'un commun accord par Jean-François Hory et Bernard Tapie qui jugent Soisson trop marqué à droite. « En plus, il sent le faisan ! » lâchera même Tapie devant quelques oreilles radicales. Quant à ce pauvre Léon Schwartzenberg, qui lui a fait des appels du pied, Tapie l'a envoyé balader : pas question de pardonner à ce piètre politicien, toujours populaire, qui l'avait publiquement traité de voyou. Léon ira sur la liste Sarajevo et, décidément accroché, y restera même après la retraite sonnée par Bernard-Henri Lévy !

Derrière le soutien de Mitterrand à Tapie, les bons observateurs de la vie politique subodorent une opération de grande envergure : après Tapie, pour faire exploser Rocard, le deuxième étage de la fusée sera Jack Lang qui pourrait se porter candidat à l'élection présidentielle à la rentrée. Il aurait vu, dit-on, Jacques Delors à Bruxelles pour obtenir un nihil obstat. Une candidature leurre : le vrai but de toute l'opération étant de réconcilier Tapie, Lang, Fabius et Rocard le moment venu, sur une

* Bernard Kouchner avouera plus tard qu'il a cependant voté pour la liste Tapie !

candidature du président de la Commission européenne. *Libération* titre à son tour en une sur « l'opération Tapie ». Les fuites sont identifiées. Michel Charasse a été trop bavard. Jean-François Hory s'est prévalu du président qu'il a rencontré en tête à tête à son domicile, avant d'être reconduit au siège du MRG dans une voiture présidentielle. Bernard Tapie, lui-même, a fait savoir qu'il avait été reçu par François Mitterrand à cinq reprises au cours des deux derniers mois et qu'il avait déjeuné plusieurs fois avec les conseillers de l'Élysée, il y a quelques semaines.

Mitterrand a perdu la main. Le prince de l'équivoque, le sphinx dont nul ne peut à coup sûr interpréter les pensées, se retrouve démasqué. Presque ridicule. Aucun doute ne peut subsister. Mitterrand est bel et bien décidé à torpiller le PS et son Premier secrétaire, Michel Rocard, en prenant fait et cause pour Bernard Tapie. Les premiers effets de cette stratégie se font déjà sentir dans les sondages. Selon une enquête BVA-*Paris-Match* du 5 mai, Jacques Delors devance largement Michel Rocard en cas d'élection présidentielle, quel que soit le candidat de droite. Quant aux européennes, Bernard Tapie ne cesse de gagner du terrain sur la liste du PS, en obtenant 9,5 % des intentions de vote (devant Le Pen), contre 18,5 % seulement pour Michel Rocard.

La façon dont la presse a démonté sa stratégie met le président de la République en fureur. Il est loin le temps où Serge July, le patron de *Libération*, relevait la saveur de sa cuisine sans en dévoiler tous les ingrédients! Et voilà que la télé elle-même dit qu'il pousse Tapie contre son propre camp simplement parce que les socialistes ont choisi pour les représenter un candidat dont il ne veut, lui, à aucun prix...

Rentré le jeudi 28 avril dans la soirée du Turkménistan, François Mitterrand organise sa contre-attaque médiatique dès le lendemain. Il convoque à la hâte ses collaborateurs, sauf Charasse, toujours à l'hôpital. Il les réunit le samedi 30 avril à 11 heures et leur passe un sérieux savon. « Qu'est-ce que c'est que ce cirque? » leur lance-t-il, « ahuri de ce qu'il lit dans la presse ». Pendant trois quarts d'heure, François Mitterrand leur fait ainsi la morale. Contre toute vraisemblance et avec un cynisme total, il certifie que ce n'est pas lui qui a organisé un hommage à Pierre Bérégovoy à Nevers pour saboter celui qu'avait préparé le PS. Il assure que sa seule ligne de conduite a été celle dictée par Gilberte Bérégovoy. Quant à inviter Bernard Tapie à la cérémonie, comment aurait-il pu en avoir l'idée? Comment imaginer également qu'il ait pu épauler Catherine Lalumière et Noël Mamère, qui ont eu maille à partir en Gironde avec son fils Gilbert? Qu'on se le tienne pour dit : la seule liste que soutient François Mitterrand est celle du Parti socialiste et aucune autre! La preuve : Benassayag a refusé de rejoindre Tapie. « J'approuve sa démarche », lance le chef de l'État. Avant de conclure devant ses collaborateurs médusés par tant d'aplomb : « Je soutiens la liste socialiste aux européennes (...). C'est une fumisterie que de prétendre que je préférerais avoir un successeur de droite plutôt que de gauche. Et si celui-ci devait être Michel Rocard, je l'accueillerais avec plaisir ici. » Avant de rompre les rangs, les conseillers de l'Élysée sont bien entendu sommés d'aller répéter les propos du président.

Le lendemain, à Nevers, Mitterrand traduit ses paroles en actes. Tout est réglé dans le moindre détail. Tapie est là, certes, mais à l'écart. Après son discours, le président réunit les « proches » dans une petite salle du Palais ducal. Un photographe est présent, pour immortaliser les retrouvailles. Mais quelques ténors du PS s'éclipsent sans attendre. Le président s'en étonne, demande qu'on les récupère. Michel Rocard, victime d'une campagne de rumeurs – au demeurant fondées – déclenchée par l'Élysée, selon laquelle il aurait joué contre Béré dès l'origine des affaires Pechiney et Société Générale, revient sur ses pas. Mais Martin Malvy, son lieutenant, demeure introuvable. En revanche, Bernard Tapie est très ostensiblement tenu à l'écart par Roland Dumas et Hubert Védrine, sur instructions de François Mitterrand. Tapie ne s'en offusque pas. Il connaît le dessous des cartes. Il sort du Palais par la petite porte, rejoint le public et... signe des autographes. Pauvre Béré ! Quant à Mitterrand, la photo terminée, il demande qu'on aille récupérer Tapie et Dumas : « On les avait mis au piquet. Bah, c'est fini maintenant. »

La veille à 2 h 30 du matin, s'était achevée la réunion du bureau national du MRG, avec plus d'une journée de retard sur les prévisions. Car jusqu'au dernier moment, la liste que s'apprête à présenter Bernard Tapie à la Mutualité, a fait l'objet de discussions serrées. Trois semaines plus tôt, le 8 avril, la réunion à huis clos du comité directeur du MRG à l'Assemblée avait déjà été houleuse. L'ordre du jour en était justement la désignation des candidats du MRG et celui de la tête de liste. Auparavant, pour éviter les surprises, un déjeuner réunissant tous les anciens présidents du parti avait pour objet de départager ceux qui étaient favorables à Tapie de ceux qui au contraire auraient préféré voir le trop médiatique membre du MRG relégué à la deuxième place, derrière Jean-François Hory. D'emblée, celui-ci, qui soutient Tapie, est apostrophé par Jean-Michel Baylet : « Tu vas trop vite, trop loin, tu ne le contrôleras pas. » Émile Zuccarelli est pragmatique : « OK pour Tapie, si Michel Scarbonchi est en position éligible. » Chacun défendra ainsi son « protégé ». Mais Michel Crépeau, François Doubin et Roger-Gérard Schwartzenberg restent irréductibles. Le premier menace : « Si c'est Tapie, je rentre chez moi et je soutiens Rocard. » Le second surenchérit : « Moi, je me mets en congé du parti. » Les caciques du MRG terminent leur repas sans avoir trouvé de terrain d'entente. Ils se rendent donc divisés et en retard dans la salle où les radicaux font le pied de grue. Hory et Baylet disparaissent 20 minutes, avec Tapie. Hory revient :

– Venez, il faut qu'on voie Tapie.

Tapie fait son numéro à Michel Crépeau qui lui répond, en bon radical :

– OK. Si tu réussis, je dirai que je t'ai soutenu, si tu échoues, je dirai que je t'avais prévenu...

Tapie rigole. Au moins, c'est clair. Mais les discussions n'en finissent pas. Et soudain, Tapie s'énerve :

– Vous m'emmerdez! Si le MRG ne veut pas de moi, je ferai ma liste tout seul. Mais regardez bien ce sondage. Avec moi, le MRG obtiendra 12 % des voix.

Hory blêmit. Le comité directeur se réunit avec 1 heure et demie de retard, ce 8 avril. Pour faire passer Tapie, Jean-François Hory imagine alors de procéder à un vote par acclamations. Ainsi personne ne saura exactement combien Tapie a recueilli de voix. A son nom, les acclamations fusent. Sauf à la tribune où, à gauche du président, Crépeau, Schwartzenberg et Doubin demeurent silencieux. Qu'importe : Hory dispose d'un gros paquet de mandats. Bernard Tapie sera tête de liste.

Il lui faut encore faire le forcing devant le bureau national du MRG, quelques semaines plus tard, pour que sa liste soit définitivement constituée. Le psychodrame se poursuit. La désignation de chaque candidat donne lieu à des discussions sans fin. Les opposants à Tapie tirent leurs dernières cartouches. Tout à coup, Tapie se lève :

– J'en ai marre. J'ai besoin de faire des voix et vous me mettez des gens qui ne m'en apportent pas une. Je rentre chez moi!

Il se lève, sort. Et rentre chez lui. Tout le monde sait qu'il part en vacances le lendemain au Maroc. Les dirigeants du MRG prennent peur, l'appellent et vont à Canossa. Tapie obtient ce qu'il souhaitait : la liberté de choisir qui bon lui semble. Il peaufinera les derniers éléments de sa liste, depuis sa maison de Marrakech.

Bernard Tapie, à la Mutualité, debout à la tribune, tourné vers les colistiers, présente sa liste avec l'allant d'un président de club de foot avec ses joueurs. Une liste truffée de candidats d'ouverture pour favoriser l'émergence d'un « pôle réformiste », indépendant du Parti socialiste avant l'élection présidentielle. Une liste balai, composée de personnalités qui n'ont pas trouvé de place ailleurs. Bernard Tapie est, cette fois, parti en campagne électorale. Son objectif? A l'en croire, il s'agit de « permettre de réinstaller, après François Mitterrand, un président de gauche ». Son style? Réussir, une fois encore, à « bouffer un peu d'espace aux technocrates » de la politique. Sa méthode? Professionnelle. « Ils s'imaginaient que j'allais leur présenter un coureur cycliste, un footballeur et deux ou trois chanteurs, entrelardés de quelques radicaux de gauche (...). Parce que ça fait des points dans l'audimat. » Eh bien tant pis pour eux, car « elle a plutôt une bonne gueule, ma liste, non? »

« Oui, les radicaux sont mitterrandistes! » Tapie et Hory affichent tout de suite la couleur. Dans leur liste, parmi les douze premiers, on trouve Catherine Lalumière, Christianne Taubira-Delannon, député République et Liberté de Guyane, Noël Mamère, André Sainjon, Pierre

Pradier, co-fondateur et directeur général de Médecins du monde, Christine Barthet, écologiste venue du PS. Tapie commente : « Le côté casting m'a emmerdé. Ce qui me plaît c'est de réunir des gens différents, des gens qui pensent autrement la même chose (...) Qu'on soit à 12 %, 14 % ou 16 %, ça n'a pas d'importance mais il y a une liste, il faut qu'on soit devant, c'est celle du Front national. Cette fois on va les amener à moins de 10 %. »

Quinze jours plus tard, Tapie annoncera même la présence en treizième position sur sa liste d'Antoinette Fouque, co-fondatrice du Mouvement de libération de la femme. Psychanalyste, figure de proue du mouvement féministe français, native de Marseille, elle ne connaissait pas Tapie et n'a jamais brigué un mandat politique. Peut-être qu'à 58 ans Antoinette en avait assez de faire tapisserie, si l'on ose dire. De Tapie, elle explique sans rire, mais en faisant rire tout le monde : « Je ne l'ai jamais entendu tenir de propos misogynes, agressifs ou grossiers sur les femmes (...) c'est un homme de cœur, plutôt un homme chaleureux qu'un machiste. »

Une dizaine de jours plus tard, le 25 mai, Tapie présentera son programme pour l'Europe au Pavillon Gabriel. Jean-François Hory et André Sainjon sont assis à ses côtés, entourés de Catherine Lalumière et de Christianne Taubira-Delannon. Les journalistes sont venus pour l'interroger sur le rocambolesque déménagement de ses meubles, saisis par le Crédit Lyonnais. Mais à ces questions-là, il ne répondra pas. Jusqu'au 12 juin, il ne parlera que de l'Europe. La liste Sarajevo, lancée par Bernard-Henri Lévy, a droit à quelques piques prémonitoires. « Je me demande si cette liste cousue de fil rose va aller jusqu'au bout. » Il parle de tout et de rien, s'oppose à la levée de l'embargo sur les armes pour la Bosnie, jugeant « ahurissant que le Parti socialiste prenne le relais » [des intellectuels] : « C'est contre toute la doctrine du PS depuis des années (...) Sur cette question, nous sommes en parfaite harmonie avec le président de la République. » La monnaie unique? Il y est plus que favorable. L'Angleterre? Elle n'a qu'à décider une bonne fois pour toutes si elle veut, ou non, faire partie de l'Europe. Alors que tous les candidats émettent des réserves, concernant leur adhésion à l'Europe, Tapie se déclare ouvertement pour une Europe fédérale. C'est un message simple, compréhensible, identifiable.

De plus en plus serré – le stress le fait grossir, il n'a pas le temps de renouveler sa garde-robe – dans son costume et sa chemise à rayures bleu ciel et jaune, cravaté, Bernard Tapie est épuisé. Car il lui faut en même temps contrer les attaques du Crédit Lyonnais. Il lève les yeux au ciel, fait des grimaces, se caricature. Les questions sur la Bosnie l'ennuient. Il passe la parole à Catherine Lalumière qui s'exprime longuement sur le sujet, pense à autre chose. Un journaliste l'agresse :

– Monsieur Tapie, pourquoi parlez-vous de la Yougoslavie, alors que l'on sait que la seule chose qui vous intéresse, en ex-Yougoslavie, c'est l'achat de joueurs?

Réprobations dans la salle, Tapie répond :

– Je vous plains. Allez, une autre question?

– Que pensez-vous de l'arrivée au pouvoir de Silvio Berlusconi?

– Madelin et Longuet, autrefois, c'était pas mieux. Maintenant, ils se comportent comme des libéraux-démocrates. Alors, Berlusconi, on verra.

Un seul sujet l'intéresse, son unique thème de campagne, qu'il évoquera à chaque occasion jusqu'au 12 juin : « Il faut déclarer le chômage des jeunes illégal. Parce que, quand un jeune est privé de travail, il est sans structure. Et il finit par se faire une société à lui. C'est ce qui se passe dans les banlieues. Les jeunes abandonnent l'envie de l'effort, de la ponctualité, le respect de la hiérarchie. Un jeune qui n'a pas bossé pendant quatre ans, les contraintes du travail lui deviennent insupportables. Voilà pourquoi, il faut qu'un homme de plus de 50 ans soit son tuteur. A mi-temps, payé 80 % de son salaire. Ça coûtera 65 milliards de francs à l'État. Mais c'est une priorité. »

Le jeudi 9 juin au soir, à Marseille, devant une assistance acquise d'avance, il répétera la même chose, sous un tonnerre d'applaudissements. Sous les sunlights, après un film publicitaire digne des conventions républicaines américaines, après avoir fendu la foule du fond de la salle, il montera sur l'estrade, sous les acclamations.

– Je lance un pari : à Marseille, il y aura trois fois plus d'électeurs qui voteront en faveur de Bernard Tapie que dans le reste de la France.

Quelques instants plus tôt, pourtant, dans l'avion d'Air Inter qui l'emmenait à Marseille, il s'était laissé aller : « Ça fait cinq ans que j'ai l'impression d'être comme un skieur qui descend tout schuss, sans savoir où il va retomber. Le skieur passe une bosse, puis une autre. Mais il ne sait pas comment ça va se terminer. En général, ces trucs-là, ça finit au fond du précipice [2]. »

Tapie poursuivi par les juges et par ses banquiers, Tapie harcelé par les journalistes, Tapie au bord du gouffre : Tapie qui continue de séduire les électeurs. Le 12 juin, sa liste recueille 12,04 % des voix... et treize élus. Un score que lui-même n'osait espérer. Les listes traditionnelles s'effondrent : Baudis pour la droite UDF-RPR ne recueille que 25,37 % des suffrages et Rocard pour la gauche socialiste que 14,47 %... soit 2,43 % seulement de plus que Tapie.

Les Français ont sanctionné la politique politicienne, telle qu'elle leur est servie depuis vingt ans, par les mêmes. Comme souvent lors de ces élections sans risques, qui offrent l'occasion d'un vote protestataire. La preuve : à droite le franc-tireur Philippe de Villiers, avec 12,43 % des voix, bénéficie de la même vague de fond contre l'establishment.

A minuit, sur TF1, Poivre organise un duplex avec Tapie qui est à

Marseille. Soudain, il donne la parole à Léon Schwartzenberg, son ancien colistier aux élections régionales, qui attaque :

– Bernard Tapie, vous avez licencié des ouvriers et marchandé vos joueurs de football, est-ce que vous êtes un homme de gauche?

– Oui, cher Léon, les résultats le prouvent.

– Avec quoi tu les as obtenus, tes résultats? Avec ta grande gueule... Tu simplifies les problèmes, espèce de salaud... Si tu es un homme de gauche, Léon Blum, Jaurès et Mendès France doivent se retourner dans leur tombe.

– C'est pas parce que je t'ai payé ta campagne...

– Tu n'as pas payé ma campagne, tu m'as fait invalider!

– Arrête, Léon, tu ferais mieux de ne pas te tromper de cible (...).

PPDA donne alors la parole à Robert Wurtz, la tête de liste communiste, qui attaque bille en tête Tapie, qui commence à s'énerver. Wurtz évoque sa commode qui vaut autant qu'une école maternelle et ses 37 milliards de centimes de meubles.

Tapie apostrophe alors PPDA :

– Il y en a qui mettent des gants de boxe, vous vous avez consacré 3 minutes à mon programme et 70 minutes aux faits divers. Vous avez organisé ce débat alors que je suis à 1 000 km et que je ne peux pas répondre...

PPDA donne la parole à une jeune fille qui se dit écœurée par ce qu'elle vient d'entendre. Et quand PPDA donne la parole à un chômeur, le nouveau député européen a disparu, laissant sa chaise vide.

CHAPITRE 18

Le refuge marseillais

« Je ne serai jamais candidat à la mairie de Marseille. C'est un métier qui ne me plairait pas. »

A *Objections*, sur France Inter, le 28 septembre 1990.

Le jour vient de se lever en cette matinée du 29 juin 1994. Paris s'éveille. Dans son grand lit, rue des Saints-Pères, Bernard Tapie dort avec son masque et ses boules Quiès. Comme un bébé. Il a pris un petit cachet, comme tous les soirs. Il est seul à son étage. L'année scolaire n'est pas encore terminée, et pourtant Dominique a emmené Sophie, sa petite dernière, à Ibiza, chez leur ami Roland Dana. Elle n'a que 6 ans et ils ont voulu l'épargner. Au cas où... Le couple a fait preuve d'une prudence prémonitoire. A 6 h 05, on sonne à la porte de l'hôtel particulier. Pas de réponse. On tambourine. Toujours rien. Une voiture de police commence à pousser le portail à double battant. Ce n'est qu'un avertissement. Réveillée en sursaut, entendant les cris « police, ouvrez », Maria, la fidèle employée de maison qui n'oublie jamais de dire son fait aux importuns et fusille les journalistes de son regard noir, vient finalement déverrouiller la porte. Deux voitures s'engouffrent dans la cour. Le déplacement a des airs de raid du GIGN. Les policiers apostrophent Maria :

– Où est Bernard Tapie? Conduisez-nous dans sa chambre!

– Attendez, restez là, je vais le réveiller.

– Pas question! Où est-il?

Maria conduit les policiers jusqu'au pied du lit où le député de Gardanne dort toujours aussi profondément.

– Réveillez-vous, monsieur Tapie, vous devez nous suivre!

Tapie sort brutalement de sa torpeur entouré de quatre hommes. Il est en caleçon et en tee-shirt, mine défaite, cheveux hirsutes. Hébété. Il lui faudra dix secondes pour comprendre qu'il a devant lui des policiers, qui sont venus l'arrêter. Il attaque :

– Qu'est-ce que c'est que cette connerie! Sortez de ma chambre! D'abord, qui êtes-vous?

– Police. Nous agissons sur commission rogatoire du juge Eva Joly. Nous devons vous conduire au Palais de justice.

Tapie, cette fois-ci, est complètement réveillé :

– Foutez-moi le camp de là!

– Allez, suivez-nous, ça ne sert à rien de résister.

– Vous venez chez les gens, à 6 heures du matin, comme la Gestapo et vous voudriez pas qu'on résiste! Vous êtes des fascistes, je me souviendrai de vos gueules! Vous me le paierez cher, tous autant que vous êtes!

Tapie est comme un lion pris en cage. Il s'est levé, et s'apprête à faire le coup de poing. Les policiers eux aussi s'énervent. Ils se sont réveillés deux heures plus tôt et n'apprécient pas de se faire couvrir d'injures et menacer. Même par un député. C'est la bousculade. L'un des policiers lui passe des menottes. On l'assoit sur une chaise, entravé :

– Vous allez vous calmer, maintenant? Sinon on vous coffre.

Mais Tapie n'est pas calmé. Pas du tout :

– Ah! Elle veut me voir au saut du lit, votre juge. Eh bien, puisqu'elle vient me chercher à 6 heures du matin, elle me verra à poil.

Le député refusera obstinément de s'habiller. Les policiers demandent à Maria de préparer ses vêtements :

– Je n'obéis qu'à mon patron, rétorque-t-elle.

– Laissez mes vêtements, Maria. Laissez-les se démerder, ces fascistes!

Tapie ne cédera pas. Tout au plus a-t-il accepté d'enfiler des mules. Et c'est en tee-shirt et en caleçon qu'il embarquera dans le fourgon de police qui l'attend dans sa cour. Maria a été chercher son chapelet qu'elle lui glisse dans la main. Il ne le lâchera plus, pendant tout le trajet. Il s'est brutalement calmé. Il est blême. Prostré. Il voit les motards qui entourent le véhicule, la voiture suiveuse, comme s'il était un criminel. La prison qu'il a toujours évitée, peut-être est-elle au bout de cette route, dans ce petit matin blafard. Soudain, le chapelet de Maria au creux de sa main, Tapie se surprend à prier.

Quelque chose cloche. Il devrait depuis longtemps être arrivé au Palais de justice, qui n'est pas si loin de la rue des Saints-Pères. S'agirait-il de faux policiers, d'un enlèvement? Pourtant, après une route interminable, le fourgon s'arrête rue du Château-des-Rentiers, au fond du treizième arrondissement de Paris. Devant l'immense immeuble de la brigade financière. Les policiers ont fait le détour, avant de le livrer au juge, pour lui dresser un procès-verbal pour « outrage à des représentants de la loi dans l'exercice de leur fonction ». Comme au début de sa vie d'homme, quand il ne cessait d'insulter les policiers et collectionnait les « outrages ». Mais les policiers l'ont aussi conduit « chez eux » pour le convaincre de s'habiller. Ils n'ont aucune envie de présenter Bernard

Tapie en petite tenue au juge Eva Joly. Ses vêtements l'ont suivi. Tapie cède. Il s'habille.

Retour dans le fourgon, direction le Palais de justice. La juge Eva Joly est aimable et distante. Elle l'interroge sommairement, puis lui signifie sa mise en examen pour « abus de biens sociaux » dans le cadre de la gestion du *Phocéa* *. Celle-ci est assortie d'un contrôle judiciaire : Tapie doit lui remettre son passeport et a interdiction de quitter la France jusqu'à nouvel ordre. A partir du 19 juillet, date de son entrée en fonction comme député européen, il aura droit de se rendre... en Belgique. Cependant, le juge ne lui réclame pas un centime de caution, ce qui apparaît comme une prévenance envers un homme financièrement aux abois. Et surtout, alors que tout le monde s'attendait à une incarcération, en tout cas à une longue garde à vue, elle le laisse repartir, libre!

A 11 h 30, Bernard Tapie sort du bureau du juge. Il quitte le Palais de justice par une porte dérobée. La meute de journalistes et de cameramen qui font le pied de grue n'y verront que du feu. A son arrivée aussi, il évite les photographes. Il est revenu dans une voiture banalisée et s'est fait déposer en amont, dans la rue des Saints-Pères. Chez lui, à midi, il retrouve Dominique. Alertée à 7 heures par Maria, elle a sauté dans l'avion Ibiza-Paris, via Barcelone, de 8 h 05. Son frère et ses parents sont venus de Marseille, par les premiers vols. Comme dans toutes les circonstances difficiles de sa vie, le clan Tapie se soude. Le chef de famille est sonné, comme un boxeur. Il restera enfermé, hagard, toute la journée. A Patrick Poivre d'Arvor qui l'appelle pour lui demander de venir s'expliquer dans son journal, il promet « d'essayer ». Mais il le rappellera un peu plus tard :

– Je n'ai pas le courage, Patrick. Je suis épuisé. Demain.

– Tu ne vas pas ailleurs? lui demande PPDA, jamais trop prudent.

– T'inquiète pas, je vais nulle part. On verra demain.

Effectivement, Tapie, ce soir-là, n'apparaîtra pas à la télévision. Pour ne pas montrer son visage défait et son teint gris, que n'aurait pu masquer le maquillage.

La veille, il était pourtant apparu en grande forme à Soir 3, le journal de Christine Ockrent. Chemise ouverte, l'air décontracté, il avait affirmé qu'il ne se présenterait pas à l'élection présidentielle. Son candidat? Celui qui serait le mieux placé à gauche : Jacques Delors, Michel Rocard, Jack Lang ou, pourquoi pas... Bernard Kouchner. En face de lui, la belle Christine se marre. Ce clin d'œil à son intention l'amuse. Kouchner partage sa vie depuis longtemps et elle sait mieux que quiconque que

* C'est presque tout l'état-major du groupe Tapie qui sera mis en examen dans cette affaire : Élie Fellous, Fabien Domergue, Bernard Tapie, Noëlle Bellone, mais aussi Michel Gallot et Pierre Despessailles, ex-président et ex-directeur général de la SDBO, ainsi que le commissaire aux comptes d'Alain Colas Tahiti, Brahim Benaicha, chez lequel les enquêteurs trouveront la comptabilité complète de l'OM!

même s'il en crève d'envie, elle ne le laissera pas se lancer, ce coup-ci, dans la course à la présidence.

La performance de Bernard Tapie, face à Christine Ockrent, est d'autant plus remarquée que le député a passé à l'Assemblée une journée éprouvante : on votait sur une deuxième demande de levée d'immunité parlementaire concernant ses abus de biens sociaux sur le *Phocéa*. Il avait gardé un goût si amer de la première qu'il avait songé à démissionner plutôt que d'avoir à affronter une nouvelle fois les députés hostiles. C'est du moins ce qu'il avait laissé croire, à TF1. Histoire d'entretenir le suspense et de ridiculiser la chaîne avec laquelle il vient de se brouiller. C'était pourtant logique. Élu européen, conseiller général à la Belle de Mai, conseiller de la région Provence-Alpes-Côte d'Azur et député de Gardanne, il tombe sous le coup de la loi limitant le cumul des mandats. Il lui faudra bien de toute façon renoncer à l'un d'entre eux. Pourquoi pas à celui de député, puisque ses collègues de l'Assemblée nationale lui sont résolument hostiles? Mais reculer devant l'obstacle n'est pas son style. Le matin, il convoque les journalistes à l'Assemblée. Tout le monde s'attend à l'annonce de sa démission : il ne parlera que de l'indispensable interdiction du chômage des jeunes! L'après-midi, il monte à la tribune de l'Assemblée devant un hémicycle bien rempli, bien décidé à en découdre.

C'est Jean-François Hory qui a préparé son discours. Rien à voir avec celui de Szpiner, trop technique. Celui-ci est politique. Le ton est grave, posé. Tapie réfute un à un les arguments développés par le juge Eva Joly. Il minimise d'abord la portée de la fraude qui lui est reprochée. « Si j'avais cherché à éluder les charges fiscales françaises liées à l'utilisation du *Phocéa*, j'aurais tout simplement pu, comme le font de très nombreux propriétaires de grands bateaux dans le monde – dont certains patrons de journaux qui instruisent régulièrement mon procès –, immatriculer le *Phocéa* dans un quelconque paradis fiscal. Je ne l'ai pas fait. » Mais il prend aussi du recul. « Je m'appelle Bernard Tapie, en effet. Je n'ai pas l'intention de m'en excuser, même si c'est la seule raison qu'on a de m'accuser (...) Y a-t-il jamais eu dans toute l'histoire de la République une seule demande de levée d'immunité pour motif fiscal? Je ne le crois pas. Croyez-vous pour autant qu'aucun parlementaire n'a jamais eu de désaccord avec l'administration fiscale? Vous ne le croyez pas. »

Le ton est donné. Ce n'est pas l'éventuelle fraude fiscale qu'on juge aujourd'hui dans l'hémicycle, explique-t-il, mais un député pas comme les autres. Cette fois-là, contrairement à ce qui s'était passé sept mois auparavant, les parlementaires se taisent. Ils écoutent. « C'est peu dire que, depuis ma première élection, il y a plus de cinq ans, je n'ai jamais été accepté par une partie importante du monde politique dans lequel j'étais pourtant fier d'entrer. Je n'étais pas conforme au modèle dominant. »

Discours chaleureux, discours plus convaincant que le précédent, où

Tapie, sous la plume d'Hory qui le connaît désormais parfaitement, donne cette fois le change, se défend, sort enfin ses tripes. Pour la gloire. Cela ne modifiera en rien le résultat du vote, pire que la première fois : sur 475 députés votants, 465 se prononcent en faveur de la levée d'immunité parlementaire. Une condamnation sans appel. Les socialistes n'ont pas voulu se mouiller. A la suite d'une réunion houleuse qui s'est tenue dans la matinée, opposant pro- et anti-Tapie, le groupe PS a décidé de s'abstenir plutôt que de se diviser. Quelques minutes avant le vote à l'Assemblée, Martin Malvy a pris la parole en leur nom : « Cette mascarade n'est pas digne de notre assemblée. Nous condamnons la méthode. Nous ne participerons pas au vote. » Les socialistes quittent alors l'hémicycle d'un pas martial. On ne comptera pas leurs voix sur Bernard Tapie. Jean-François Hory accuse le coup, furieux de cette dérobade. Le joueur, lui, s'en moque. Socialistes ou pas, le résultat pour lui est le même. Désormais, le juge Eva Joly, a tout le loisir de le mettre en examen. Tapie sait que, cette fois, madame le juge ne traînera pas. Dans trois semaines, le 19 juillet, il sera de nouveau protégé par son immunité parlementaire de député européen. D'ici là, il lui faut trouver un stratagème pour échapper à la justice *, mais sans avoir l'air de fuir. Tapie commet alors une grosse bourde. Lui, qui est d'un naturel si méfiant, n'imagine pas qu'il est sur écoutes judiciaires. « Des écoutes de surveillance destinées à s'assurer de la présence du député en vue d'une convocation du juge [1] », dira plus tard la police. Or, les fonctionnaires chargés d'écouter Tapie n'en croient pas leurs (grandes) oreilles, ce 28 juin, en fin d'après-midi. La conversation entre Jean-François Hory et Bernard Tapie est sans équivoque : le député s'apprête à quitter la France jusqu'au 19 juillet.

C'est Hory qui ouvre le piquant dialogue [2] :

– Je vais pas te laisser en rade (...) Moi, je pense que dans tous les cas, il faut jouer notre coup. Je vais faire la note que tu dois remettre, la faire porter au juge si elle te convoque. Et puis, par ailleurs, pour faire baisser la pression, faire jouer notre coup au Rwanda, si possible dès demain matin, quoi, l'annoncer à la presse.

Tapie acquiesce :

– Ah ! Il faut absolument qu'on se tire là-bas.

L'idée d'Hory et de Tapie est de partir ensemble en mission humanitaire au Rwanda, avec les représentants en Europe du Front de libération patriotique. Cependant, l'organisation de leur voyage est encore loin d'être ficelée. C'est Hory qui s'en est chargé :

– Je leur téléphone tous les trois quarts d'heure (...) Et eux, ils sont d'accord (...) Ils attendent la confirmation écrite.

* Il n'y a pas d'immunité parlementaire européenne lorsque la mise en examen a été antérieure à la période où le député est protégé. Si Tapie évite le juge jusqu'au 19 juillet, il est tranquille.

Pendant quelques instants Hory et Tapie parlent du juge Eva Joly, en des termes peu amènes. Puis Hory conseille Tapie :

– Il faut pas la laisser faire, même si c'était pour une simple mise en examen. (...) Il vaut mieux t'extrader. Enfin t'extrader, façon de parler, faire le truc au Rwanda, que courir le risque de ça. Mais il faut surtout avoir une réponse juridique toute prête et faire le truc au Rwanda, en disant qu'on se tient à la disposition de toutes les autorités qui auront besoin de s'entretenir avec toi. Il faut le faire soft, hein (...) Il faut pas que ça ait l'air trop Bob Denard *.

– Non, il ne faut pas que j'apparaisse en fuite. Il faut que quand elle me demande, je dise : j'y vais pas.

– Oui, mais en tous les cas, il faut que tu dises juridiquement pourquoi. Il faut que notre voyage au Rwanda si on veut le jouer, il faut l'annoncer avant, parce que sinon ça fait...

– Ben, y'a plus que demain.

Mais demain, Bernard Tapie n'aura rien le temps de faire, ni d'annoncer. Car, avertie par les écoutes téléphoniques de ce rocambolesque projet de mission humanitaire, le juge Eva Joly dépêchera les flics à 6 h 05 du matin.

Cette fois-ci, le député ne peut plus faire un pas. Il fera appel de son interdiction de quitter le territoire français. Député européen, il représente théoriquement tous les citoyens de la Communauté. Il doit pouvoir s'y déplacer librement. Il obtient gain de cause. Ce qui lui permettra au moins d'aller à Ibiza.

La belle affaire ! Début juillet, Bernard Tapie est cerné, par la justice mais aussi par sa banque. Le Crédit Lyonnais lui a coupé les vivres. Il n'a ni carte de crédit, ni carnet de chèques, et Dominique non plus. Il ne lui reste plus, en France, que son compte sur la Finterbank, crédité de 1 million de francs, mais qui fera l'objet d'une saisie. Il s'agit d'une sympathique petite banque, ne disposant que d'un guichet en France. *France-Soir* la cite comme « l'exemple » dans un dossier consacré aux circuits du blanchiment de l'argent de la drogue. Elle est issue d'une mystérieuse fondation laissée à sa mort par un administrateur du *Corriere della Sera* et est liée, depuis 1986, au groupe cimentier italien Italmobiliare présidé par Carlo Pesenti, gros actionnaire du Banco Ambrosiano, principale banque de la loge P2. Son siège est à Lugano, en Suisse, où elle dispose d'un statut de « banque étrangère ». Ses actionnaires sont cachés derrière de discrètes sociétés offshore. Elle finançait l'escroc Bernie Cornfeld, à la fin des années soixante. Elle a ressurgi lorsque sa filiale française a prêté 35 millions de francs à Jean-Dominique Fratoni, le « Napoléon des tapis verts ». Et c'est par son agence de Chiasso qu'ont transité en 1983 plusieurs cen-

* Mercenaire longtemps à la solde de l'Afrique du Sud et des régimes africains de droite. Initiateur de plusieurs coups d'État.

taines de milliers de marks provenant d'un trafic d'héroïne entre l'Italie et l'Allemagne.

La Finterbank a rendu des services à toutes les sociétés de l'ex-groupe Tapie, y compris à l'OM. Elle a déjà sauvé la mise au député lui-même : en 1991, il avait vendu trois immeubles appartenant à Terraillon à l'insu de l'administrateur judiciaire et sans désintéresser les créanciers. Un délit pénal. Heureusement pour Tapie, la Finterbank s'est portée caution sans tarder et le député n'a pas été poursuivi. Pour la petite histoire, c'est enfin par un chèque sur la Finterbank Zurich (France) que le député a apporté une contribution de 20 000 francs à sa propre campagne lors des élections législatives de mars 1993...

Tapie a un besoin urgent de liquidités, simplement pour vivre. La vente au fils du P-DG de Volvo-Maroc de sa villa El Borj, à Marrakech, lui a donné un peu d'air. Il en a retiré 1,3 million de francs qui a échappé au Crédit Lyonnais. Mais la vie est devenue impossible rue des Saints-Pères, où il est épié par les journalistes et surtout par les policiers. Pour régler ses affaires, il s'appuie sur des « amis ». On lui apporte des enveloppes contenant du « courrier ». Lui-même fait émettre certains de ses fax depuis la Suisse, où il n'a plus le droit de se rendre.

Son salut? Il ne peut venir que de Marseille. Marseille, où son image s'est ternie après le déménagement de ses meubles, la descente de l'OM en deuxième division et la saga des repreneurs bidons. Mais Marseille, où près de 30 % des électeurs ont tout de même voté pour lui aux élections européennes. Marseille où l'OM tient vaillamment sa place en tête de deuxième division. Marseille où le président du tribunal de commerce sous influence fait tout son possible pour lui sauver la mise...

Le moment est venu de quitter Paris. De s'y faire oublier. Depuis longtemps, il promettait aux Marseillais de venir s'installer dans leur ville, sans jamais s'y résoudre. S'il veut devenir maire, lors des municipales de juin 1995, il lui faut, cette fois, tenir parole. Les Marseillais n'éliront pas un Parisien à l'Hôtel de ville.

Au mois de février 1994, quand Tapie était encore persuadé qu'il parviendrait à se sortir des griffes du Lyonnais, il avait tenté d'acheter, pour 41 millions de francs, « les Alpines », une maison de maître située sur la corniche, sur les hauteurs du Roucas Blanc, le plus beau quartier de la ville, face à la mer. Fidèle à lui-même, il avait imaginé de revendre immédiatement une partie de l'immense terrain, à des fins de promotion immobilière. Mais le propriétaire avait été intraitable et Tapie avait dû renoncer. Il n'avait pas réussi davantage à mettre la main sur l'appartement qu'il visait dans le complexe des jardins de Thalassa, avec végétation luxuriante, piscine et tennis. Il élira finalement domicile villa Turquoise, une résidence début du siècle de 450 m^2

sur deux étages, avec piscine sur le toit, intégrée dans un parc de 1 100 m^2. Elle doit son nom aux céramiques bleu turquoise qui ornent sa façade. Et son hall s'ouvre sur un grand escalier en marbre de Carrare. Loin de ses électeurs des quartiers nord, le député s'installe dans le huitième arrondissement, le quartier le plus huppé de Marseille, où se regroupent les consulats. La propriétaire cherchait en vain à vendre sa villa pour 11 millions de francs. Elle a accepté de la louer à Bernard Tapie pour un an, contre 500 000 F payés d'avance.

Exactement ce qui lui convenait. En août 1995, si le nouveau maire de Marseille s'appelle Bernard Tapie, il habitera l'Hôtel de ville. Sinon, il quittera cette ville qu'il n'a jamais pu supporter. Pour ne plus y revenir.

ÉPILOGUE

« Moi à l'Élysée ? Vous voulez rire ! »

Au *Figaro*, le 26 janvier 1990.

L'Airbus d'Air Inter s'est posé à Ibiza. Costume vert et chemise orange, disert et décontracté, Bernard Tapie débarque, mêlé à la troupe de vacanciers. Dominique est à ses côtés, ainsi que que Roland Dana et sa femme, l'air plus soucieux. Ils ont invité le couple Tapie dans cette île où, ensemble, ils ont passé autrefois leurs vacances, en compagnie de Pierre Despessailles et de Didier Calmels. Et voilà que Dana, ce dimanche 7 août, ne peut même plus mettre les pieds dans sa propre maison ! Un de ses amis à qui il doit 3 millions de francs n'a rien trouvé de mieux que de la louer pendant tout le mois, pour rentrer au moins partiellement dans ses fonds.

Ils iront donc dans l'une des sept villas de grand luxe que Callixte Bragantini, un Français d'origine sicilienne, s'est fait construire à Port Roig, face à Formentera. La dernière, avec ses 2 000 m^2 construits, est pharaonique. Outre les hammams et la salle de musculation, il y a même un casino privé, avec table de roulette. Curieux hôte. Grand joueur de poker, capable de perdre un million de francs en une nuit, Bragantini fut le roi de la cassette pornographique au moment où cette activité était réputée servir au blanchiment de l'argent sale. Entouré de gardes du corps, Callixte prend soin, dans les restaurants, de ne jamais tourner le dos à une porte. C'est un homme prudent qui vient de passer un an en prison pour de simples condamnations fiscales. Les policiers n'ont toujours pas compris pourquoi il a demandé lui-même à être poursuivi à la place de ses seconds couteaux, ni pourquoi il a refusé de payer une caution de 2 millions de francs. Comme s'il avait voulu se mettre lui-même à l'abri derrière les barreaux ! Récemment libéré, Bragantini ne peut plus mettre les pieds à Ibiza où il a laissé une ardoise de 80 millions de francs.

Sitôt arrivé, Tapie se rue sur le combiné. Silence. La ligne a été coupée depuis longtemps. Le député s'affole :

– Il me faut le téléphone, c'est pas possible !

Roland Dana appelle le vice-consul de France. Une ligne peut être établie dans la journée, mais Tapie ou pas, la Telefonica exige des cautions bancaires. Or, ni Dana ni Tapie n'ont de cartes de crédit! Ils remueront ciel et terre, pendant deux jours, avant d'obtenir satisfaction. Le jeudi suivant, ils iront dîner à Cana Juana, le meilleur restaurant de l'île. Le couple britannique qui les accompagne paiera discrètement l'addition.

Les Tapie n'ont plus de chéquier, ni aucun moyen officiel de paiement. Les quinze jours qu'ils passent à Ibiza, à faire trempette, sont leur seul refuge au milieu d'un été meurtrier. Ils ont été bouleversés par le déménagement complet de leurs meubles, le 28 juillet. Depuis, le moindre acte de la vie courante est devenu un casse-tête. Plus question d'habiter rue des Saints-Pères. Où aller? A Marseille, bien sûr. En attendant d'emménager dans la villa Turquoise, ils vivront à bord du *Phocéa*, à quai. Maria, l'employée de maison, les accompagnera pour les aider à installer leur nouvelle maison. Mais Tapie sera obligé de lui donner congé car elle ne veut pas quitter Paris. Et de toute façon, le couple Tapie n'a tout simplement plus les moyens de la payer.

De quoi vivent-ils? Officiellement, des indemnités associées à ses quatre mandats électifs. Plafonnées; elles ne dépassent pas 65 000 francs par mois. Contraint par la loi d'en abandonner un, il compte renoncer à celui de député européen, mais attendra le tout dernier moment pour s'y résoudre. Les policiers qui le suivent à la trace sont cependant convaincus que Tapie reçoit, en outre, via des amis bien disposés à son égard, de l'argent liquide en provenance de l'étranger. Si tant est qu'il ait constitué un pactole en Suisse, au Maroc ou ailleurs, il lui serait en effet impossible de faire revenir officiellement de grosses sommes, sauf à payer un arriéré d'impôts sur ses revenus non déclarés à l'étranger, dont le total, pénalités comprises, dépasserait le montant du capital rapatrié!

Groggy, dégrisé comme un joueur lessivé au petit matin, Bernard Tapie est devenu un paria. Il ne peut plus se rendre à l'improviste avenue de Friedland, n'ayant pas le droit de rencontrer Noëlle Bellone, présidente en titre des sociétés industrielles dont il est toujours actionnaire. Il ne peut plus apparaître sur le banc de touche de l'OM. Il a été ridiculisé par les expertises successives de ses meubles, réalisées par Jean-Pierre Dillée puis par Christie's et Sotheby's. Il est sous le coup d'une plainte déposée, contre lui et Dominique, pour « détournement de biens saisis ». Le Crédit Lyonnais les soupçonne en effet d'avoir remplacé deux toiles de Chagall et une de Modigliani par des imitations.

Tapie avait délibérément surévalué ses meubles et ses tableaux, pour garantir ses prêts auprès de la SDBO. Et voilà qu'il se découvre tel un arroseur arrosé. Lui-même s'est fait piéger : son « ami » Bernard Steinitz, avec qui il a monté tant de coups, lui a fait payer, pendant des années, du mobilier bien au-dessus de sa vraie valeur!

A Marseille aussi, Tapie semble avoir perdu la main. Fin août, il se brouille avec Marc Fratani, à qui il reproche d'avoir été chercher Ghislain Gingras pour reprendre l'OM. L'autre l'a trouvé saumâtre. Le ton est rapidement monté, Tapie ayant attaqué son attaché parlementaire à propos de ses « relations douteuses » :

– Tu peux me dire de quoi j'aurai l'air, comme maire de Marseille, avec un type comme toi à mes côtés?

Pour la première fois, Fratani s'est braqué :

– Et tu crois que tu es une bonne relation, toi? Tu peux critiquer mes amis, mais je ne connais personne qui ait été aussi souvent mis en examen que toi!

Ambiance... Les deux hommes ont failli en venir aux mains et se sont menacés réciproquement d'aller « voir un proc » pour régler leur différend.

Fratani osera alors lever un coin du voile sur les contacts Tapie-Le Pen. *Le Canard enchaîné* [1] publie des écoutes téléphoniques où il apparaît qu'entre les deux tours des élections législatives de 1993 Daniel Savastano affirme avoir été « dans l'appartement de Jean-Marie Le Pen, il y a moins d'un mois », pour mettre au point les accords de maintien des candidats du Front face à Tapie. Quel crédit accorder à quelqu'un comme Savastano, proche de Tapie mais aussi du truand Fargette? Le *Canard* interroge Marc Fratani : « Il y a entre Tapie et Le Pen des parcours parallèles. Il peut y avoir un concours de circonstances qui pousse leurs routes à se croiser » répond l'attaché parlementaire. Si cet accord a eu lieu, ajoute-t-il, « il aurait été politiquement justifié ».

Fratani n'invente rien. Conseillé par Benoît Bartherotte, Tapie mijote en effet, en préparation des prochaines élections municipales, à Marseille et ailleurs, une stratégie d'alliances secrètes, sans plus de complexes vis-à-vis des communistes purs et durs que de certains membres du Front national.

Il n'y a plus que la politique pour sauver Tapie. Mieux que personne, il sait qu'approche l'hiver de tous les dangers. Les affaires vont quitter les médias pour les prétoires, où le flambeur est moins à l'aise. Tout va converger : l'action qu'il a engagée contre le Crédit Lyonnais, où il risque la ruine; l'affaire VA-OM, où il ne risque pas grand-chose; l'affaire des comptes de l'OM plus dangereuse pour lui; l'affaire Testut, qui lui a valu sa première levée d'immunité parlementaire; l'affaire du *Phocéa*, rapidement bouclée, qui fera jurisprudence sur les délits d'abus de biens sociaux dans les sociétés familiales. Mais compte tenu des délais de procédure et des multiples appels que le député ne manquera pas d'interjeter en cas de condamnation, il ne devrait pas courir le risque d'être déclaré inéligible avant les prochaines échéances électorales. Sauf grain de sable, lié à la désignation d'un mandataire de justice nommé par le président du tribunal de commerce de Paris, chargé de mettre Testut, Terraillon et La Vie claire sous surveillance jusqu'à ce que les trois sociétés trouvent un repreneur.

De toute façon, Tapie a déjà imaginé une parade. Au cas où il ne pourrait se présenter à la mairie de Marseille, Dominique le ferait à sa place. Il est convaincu qu'il mettrait les rieurs de son côté et que, pour faire un pied de nez à Paris, aux juges et aux politiciens, les Marseillais plébisciteraient sa femme! Car Tapie n'a pas renoncé. Ce serait mal le connaître. Comme tout joueur obsédé par l'idée de « se refaire », sûr de sa bonne étoile, il est plus que jamais persuadé que la politique va le sauver. A Marseille, il garde toutes ses chances, en ratissant large, de l'extrême gauche à l'extrême droite, face aux Parisiens, face aux partis traditionnels et face à Robert Vigouroux dont chacun attend qu'il soutienne Édouard Balladur à l'élection présidentielle, forçant ainsi une alliance avec Jean-Claude Gaudin. Le Milieu lui est acquis. Seule la bourgeoisie lui est résolument hostile. Pour conquérir le marais, Tapie compte sur son talent, sur la remontée en première division de l'OM et sur le journal local qu'il va créer : *la Dépêche de Marseille.*

Mais il n'y a pas que Marseille. D'ici là, il a déjà programmé sa candidature à l'élection présidentielle, convaincu que le boulevard laissé libre, à gauche, lui en donne l'opportunité! Il se voit déjà au second tour. Sinon, de toute façon, il négociera ses voix au prix fort, en termes politiques, mais aussi d'immunité personnelle, à l'occasion de la traditionnelle amnistie qu'octroie le nouveau Président, celle dont il a déjà bénéficié en 1981. Haï par la Nomenklatura, pourchassé par les juges, Bernard Tapie conservera-t-il le soutien des électeurs qui, jusque-là, ne lui ont jamais fait défaut? Les révélations de François Mitterrand, sur son engagement à Vichy, sur ses liens durables avec René Bousquet, n'ont pas entamé la popularité du chef de l'État, quand bien même elles ont arraché au peuple de gauche ses dernières illusions. Or Mitterrand n'a plus que deux héritiers, d'eau et de feu. L'eau claire, c'est Jacques Delors, aux valeurs judéo-chrétiennes affirmées, garant d'une certaine éthique. Le feu, c'est Bernard Tapie, avec son absence de scrupules, son amoralité conquérante au service d'une ambition que rien ne borne. La gauche française saura-t-elle se ressaisir? Voudra-t-elle au contraire aller au bout de son chemin de croix?

Avant de tirer sa révérence, le chef de l'État a soigneusement dégagé le chemin à son fils spirituel. A-t-il compris, le premier, à quel point Tapie accompagne, lui aussi, les dérives de la société française, dont il est une manière de papier réactif? Cette force, plébéienne et incontrôlée, démasque le délabrement de la classe politique, sans courage et sans idées, dont les Français, majoritairement, se détournent; la gangrène de la corruption, qui ronge le milieu des affaires, jusqu'au cœur du grand establishment, comme les tribunaux de commerce dont nul ne croit plus à l'indépendance; le dévoiement du sport professionnel, ivre de milliards au sommet et de frustrations à la base, chez les supporters; le cirque médiatique où l'image évacue tout débat; et les juges, qui se lèvent comme un dernier rempart, sans mesurer à quel point l'esprit de revanche qui anime certains d'entre eux est liberticide.

Tapie est un mutant, dont la trajectoire révèle comment peut tourner le futur débat politique dans une société latine, toujours plus portée à chercher le père, le chef ou le caïd, qu'à défendre le bien commun, dès lors qu'elle est envahie par la force des médias et affectée par la déliquescence des idées. S'il doit être mis à mort, ce sera moins pour ce qu'il est – d'autres, toujours impunis, font pire que lui – que pour les grondements, annonciateurs de cataclysmes, qu'il laisse entrevoir. Le flambeur est un menteur. Mais c'est un menteur qui dit la vérité. Celle que personne ne veut entendre.

REMERCIEMENTS

Pour avoir bien voulu, en nous consacrant trois minutes ou huit heures, participer à cette enquête, nous tenons à remercier (par ordre alphabétique):

Pascal AUCHLIN, journaliste à *l'Hebdo de Lausanne*, aujourd'hui en Guyane;
Michel AVELINE, conseiller de Robert Vigouroux pendant les élections municipales de 1989;
Benoît BARTHEROTTE, ex-partenaire et conseiller de Bernard Tapie;
Michel BASSI, ex-directeur de la rédaction du *Provençal* et président de la SFP;
Éric BAYER, qui a participé au Tour de France du MRG;
Nicolas BAZIRE, directeur de cabinet d'Édouard Balladur;
Gilberte BEAUX, représentante du Groupe Tapie au conseil de surveillance d'Adidas;
Maurice BENASSAYAG, conseiller politique de François Mitterrand;
Paul BENMUSSA, patron du restaurant Chez Edgard, ami de Pierre Bérégovoy;
Valérie BERNIS, directrice de la communication d'Édouard Balladur;
Claude BERTRAND, directeur de cabinet de Jean-Claude Gaudin à la région PACA;
Jean-Louis BIANCO, ex-secrétaire général de l'Élysée, colistier de Bernard Tapie lors des élections régionales;
Christian BLANC, P-DG d'Air France, ex-président de la RATP;
Jean-Louis BORLOO, ex-avocat de Tapie;
Bernard BOSSON, ministre des Transports;
Alain BOUBLIL, ex-directeur de cabinet de Pierre Bérégovoy;
Isabelle BOUILLOT, directrice du Budget au ministère de l'Économie et des Finances;
Patrice BOURGEOIS, chef d'entreprise papetière;
Didier CALMELS, ex-syndic de faillite;
Michel CALZARONI, conseiller de Gérard Longuet, ministre de l'Industrie;
Joël CANICAVE, directeur de campagne de Bernard Tapie;
Laurent CARENZO, journaliste à Télé Monte-Carlo, un des « chieurs du mardi »;
Jacqueline CHABRIDON, directrice de la communication d'Air France, ex-Crédit Lyonnais, ex-RATP;
Alain CHAILLOU, correspondant de TF1 à Hong Kong, précédemment à New York;
Michel CHARASSE, conseiller de François Mitterrand, sénateur, ex-ministre du Budget;
Edmonde CHARLES-ROUX, écrivain, conseillère du *Provençal*;
Jean-Michel CHAUFOUR, président d'Estérel;
Teura COLAS, veuve d'Alain COLAS ex-propriétaire du *Phocéa*;
Jean-Claude COLLIARD, ex-directeur de cabinet de François Mitterrand;
Claude COLOMBANI, ex-conseiller juridique;
Michèle COTTA, ex-directrice de l'information à TF1;
Noël COUEDEL, ex-journaliste à *l'Équipe*, directeur de la rédaction du *Parisien*;
Nicolas CRESPELLE, ex-conseiller de Bernard Tapie;
Jean-Louis CROQUET, président de Médiavision;
Édouard DANA, publicitaire;
Roland DANA, ex-président de *Forum International*, homme d'affaires;
Jean-Michel DARROIS, avocat d'affaires;
Laurent DAVENAS, procureur à Évry;
Jean DEFLASSIEUX, ex-président du Crédit Lyonnais;
André DELHAYE, avocat, conseiller municipal de Béthune;
Jacques DELORS, président de la Commission européenne;
François DOUBIN, MRG, ex-ministre du Commerce et de l'Artisanat, ex-président d'honneur du MRG;
Julien DRAY, député socialiste;
Tony DREYFUS, avocat d'affaires;
Olivier DROUIN, journaliste à *l'Événement du jeudi*;
Alain DUMAIT, député PR;
Guillaume DURAND, journaliste à TF1;

Laurent Fabius, député, ex-Premier secrétaire du PS;
Gabriel Farkas, ex-journaliste à *France-Soir*;
Élie Fellous, ex-P-DG du Groupe Bernard Tapie;
André Flajolet, conseiller régional, maire RPR de Saint-Venant;
Bruno Flocco, ex-P-DG de Testut;
Marc Fratani, attaché parlementaire de Bernard Tapie;
Ange Galula, ancien rédacteur en chef de *Forum International*;
Hervé Gattegno, journaliste au *Méridional*, puis au *Nouvel Observateur* et au *Monde*;
Jean-Claude Gaudin, président de la région PACA;
André Gauron, membre du CSA, ex-chargé de mission de Pierre Bérégovoy;
Jean-Louis Gentile, ex-chargé de mission au cabinet de Jean-Louis Bianco, ministre des Affaires sociales;
Michel Gonod, journaliste à *Paris-Match*;
Jean-Edern Hallier, écrivain, fondateur de *l'Idiot international*;
Ian Hamel, journaliste à *l'Hebdo de Lausanne*;
Daniel Hechter, tête de liste de Bernard Tapie dans le Var lors des élections régionales de 1992;
Bernard Hene, procureur-adjoint du tribunal de grande instance de Béthune;
Albert Hini, adjoint de Robert Vigouroux à la mairie de Marseille;
François Hollande, ex-député socialiste, conseiller référendaire à la Cour des comptes, deloriste;
Alexandre Hory, directeur de la communication du MRG;
Jean-François Hory, président du MRG;
Jean-Paul Huchon, directeur de cabinet de Michel Rocard;
Loïc de La Cochetière, directeur général d'une imprimerie, ex-membre du CIRI, ex-conseiller d'Alain Madelin au ministère de l'Industrie;
Liliane Lacourt, directrice de la communication de Peugeot;
Jacques-Philippe Lammens, avocat de Bruno Flocco;
Roger Lancry, ancien secrétaire général de la fédération CGT du Livre;
Pierre Landereau, garagiste;
Frédérique Lantiéri, journaliste à *l'Événement du jeudi*;
Serge Leibovici, psychanalyste;
Maurice Lévy, P-DG de Publicis;
Alain Liénard, président de la chambre commerciale du tribunal de grande instance de Béthune;
Frédéric Lionel-Dupont, hôtelier;
Charles-Émile Loo, « parrain » politique à Marseille;
Guillaume Malaurie, journaliste à *l'Événement du jeudi*;
Philippe Marchand, ex-ministre de l'Intérieur;
Pierre Mariani, directeur de cabinet de Nicolas Sarkozy;
Alain Marsaud, sénateur RPR, ancien juge;
Jean-René Martin, ami d'enfance de Tapie;
Pierre Martinez, ancien directeur de la brigade financière, conseiller au Crédit Lyonnais;
Pierre Mauroy, ex-Premier secrétaire du Parti socialiste;
Alain Minc, écrivain, conseiller et lobbyist;
Françoise Monard, directrice de la communication de la BNP, ex-chargée de mission auprès de Bernard Kouchner;
Éric Montès, ex-conseiller de Tapie au ministère de la Ville;
Antoine Nabhan, homme d'affaires, ex-directeur médical de Cœur Assistance;
Henri Nallet, ex-garde des Sceaux;
Jean-Charles Naouri, P-DG d'Euris, ex-directeur de cabinet de Pierre Bérégovoy;
Sydney Nata, homme d'affaires et écrivain, ex-associé de Tapie dans Cœur Assistance;
Alex Panzani, correspondant de TF1 et de *l'Événement du jeudi* à Marseille;
Georges Pébereau, président de Marceau-Investissements, ex-P-DG de la CGE;
Michel Pébereau, P-DG de la BNP;
Jean-Louis Pelletier, avocat de Jean-Pierre Bernès;
Jean Peyrelevade, P-DG du Crédit Lyonnais;
Michel Pezet, avocat, ex-responsable de la fédération socialiste des Bouches-du-Rhône;
Lucien Pfeiffer, retraité, inventeur des Sicomi, ex-président de Prêt-à-bail;
Christian Pierret, député des Vosges, directeur du développement au groupe Accor;
Jacques Pilhan, conseiller en communication de François Mitterrand;
Baudoin de Pimodan, directeur général d'EEM, ex-membre de la direction du Crédit Lyonnais;
Jean-Luc Pinon, agent immobilier, ex-capitaine et skipper du *Phocéa*;
Michel Polacco, journaliste à France Inter;
Patrick Poivre d'Arvor, journaliste, présentateur à TF1;
David Pujadas, journaliste à TF1;
Jean-Michel Quatrepoint, journaliste, patron de *la Lettre A*;
Pierre Reboud, directeur de cabinet de Lucien Weygand, président du conseil général des Bouches-du-Rhône;
Jean-Loup Reverier, journaliste au *Point*;

Claude Richard, avocat;
Jacques Rocaserra, adjoint de Robert Vigouroux à la mairie de Marseille;
François Rousselle, journaliste au *Point*;
Dominique Saint-Pierre, député européen MRG;
Roland Sanguinetti, directeur de la communication de Matra-Hachette;
Nicolas Sarkozy, ministre du Budget, porte-parole du gouvernement;
Michel Schneider, conseiller à la Cour des comptes;
Louis Schweitzer, P-DG de Renault, ex-directeur de cabinet de Laurent Fabius;
Jacques Séguéla, publicitaire;
Guy Sitbon, journaliste au *Nouvel Observateur*;
Guy Sorman, écrivain;
Solange Stricker, conseillère en communication;
Willy Stricker, ex-directeur de la communication de la CGE, ancien président de *l'Express.*
Maurice Szafran, journaliste à *l'Événement du jeudi*;
Francis Szpiner, avocat;
Bernard Tapie, homme d'affaires, député, conseiller régional, conseiller général, ex-président de l'OM;
Henri Tobo, responsable CGT à Béthune;
Valérie Trenson, directrice de cabinet de Jacques Mellick;
Daniel Vauvilliers, directeur commercial de marques automobiles importées;
Jean Veil, avocat du Crédit Lyonnais;
Robert Vigouroux, maire de Marseille;
Lucien Weygand, président du conseil général des Bouches-du-Rhône.

Nous n'oublions pas ceux qui nous ont aidés mais qui, en raison de leurs rapports avec Bernard Tapie ou du fait de leurs professions, ont souhaité que leurs noms ne soient pas cités.

Nous remercions enfin ceux, heureusement peu nombreux, qui ont refusé de nous rencontrer, en dépit de nos nombreux appels. Par leur méfiance, ils nous ont montré quelques pistes à suivre :

Noëlle Bellone, responsable de la communication de Bernard Tapie et fugace présidente de BTF. Elle a changé de position alors que ce livre était presque terminé;
Corinne Bouygues, responsable de la régie publicitaire de TF1, sans raison avouée;
Marie-France Brière, productrice de l'émission *Ambitions*, sans raison avouée;
Yvette Chassagne, ex-présidente de l'UAP, sans raison avouée;
Jean-Claude Darmon, grand argentier du football, en raison d'un pacte de silence qui le lie à Tapie;
Jean-Claude Dassier, patron des sports à TF1, sans raison avouée;
Henri Emmanuelli, Premier secrétaire du Parti socialiste, qui a sans doute trop souvent accablé et sauvé Tapie pour pouvoir tenir un discours cohérent;
Jacques Fayard, ex-président des produits électroniques grand public de Thomson, qui a travaillé des années en sous-main pour Tapie mais ne veut pas que cela se sache;
Bernard Kouchner, ami de Tapie et colistier de Rocard aux élections européennes de 1994, peut-être en raison de ses contradictions;
Noël Le Graët, président de la Ligue des clubs de football professionnels, sans raison avouée;
Patrick Le Lay, président de TF1, ami de Bernard Tapie, sans raison avouée;
Ivan Levaï, éditorialiste à France Inter, semble vouloir occulter l'époque où il dirigeait *le Provençal.*
Alain Madelin, ministre des Entreprises, sans doute parce qu'il n'a aucun intérêt politique à évoquer son amitié avec Tapie;
Jacques Mellick, député-maire de Béthune, peut-être parce qu'il a déjà tout dit et son contraire;
Michel Platini, sans raison avouée;
Anne Sinclair, sans raison avouée;
Bernard Steinitz, sur lequel il y a encore beaucoup à apprendre;
Jean-Noël Tassez, président de Radio Monte-Carlo, peut-être en raison de son double jeu.

NOTES

PROLOGUE

1. « Le plus beau jour de ma vie »

1. *Les Liaisons dangereuses de Pierre Bérégovoy*, Plon.

3. Le marionnettiste

1. *Une jeunesse française, Mitterrand, 1934-1947*, Fayard.
2. *Mitterrand et les 40 voleurs*, Albin Michel.
3. *Le Président*, Le Seuil.
4. *Le Rouge et le Noir*, Grasset, 1984.

PREMIÈRE PARTIE

L'enfance de l'art : Tapie avant Tapie

1. Tremblement de père

1. *Le Mythe Tapie*, La Découverte.
2. *Les Coulisses du destin*, TF1.
3. *Gagner*, Robert Laffont.
4. *Les Enfants de Gaston – la bataille pour Marseille*, J.-C. Lattès.
5. *Paris-Match*, 24 janvier 1986.

2. Le Petit Chose

1. *Le Figaro-Magazine*, 29 septembre 1984.
2. *L'Aventure Tapie – Enquête sur un citoyen modèle*, Le Seuil.
3. *Gagner*, *op. cit.*

3. Le tombeur

1. *L'Aventure Tapie*, *op. cit.*
2. *Ibid.*
3. *Gagner*, *op. cit.*

4. Le meneur

1. Revue *Commentaires*, printemps 1994.

5. Vedette ou voyou?

1. *Playboy*, 1986.
2. *Télé 7 jours*, 1990.
3. *Le Point*, 1981.
4. *Le Nouvel Observateur*, 17 octobre 1986.

6. Faillite...

1. *Paris-Match*, 24 janvier 1986.
2. *Gagner*, *op. cit.*
3. *Ibid.*
4. *Ibid.*
5. *Ibid.*
6. *Ibid.*
7. *Ibid.*
8. *Ibid.*

7. Passion

1. *Gagner*, *op. cit.*
2. *Marie-Claire*, juin 1994.
3. *Gagner*, *op. cit.*
4. *Télé 7 jours*, mars 1985.
5. *Gagner*, *op. cit.*
6. *Confidences*, 1987.
7. *Marie-Claire*, avril 1994.
8. *Ibid.*
9. *Confidences*, 1987.
10. *Ibid.*
11. *Tapie, les secrets de sa réussite*, *op. cit.*

9. Le réveil du fisc

1. *Gagner*, *op. cit.*

DEUXIÈME PARTIE
Portrait du sauveur en prédateur

1. Passeport pour la fortune

1. *Tapie, les secrets de sa réussite*, *op. cit.*
2. *Gagner*, *op. cit.*
3. *L'Aventure Tapie...*, *op. cit.*

2. Comme une araignée dans sa toile

1. Entretien avec les auteurs.

3. Haro sur Bokassa!

1. *Commentaires*, printemps 1994.
2. *Gagner*, *op. cit.*
3. *Ibid.*

4. Naufrage à Manufrance

1. *Tapie, les secrets de sa réussite*, *op. cit.*
2. *Le Matin*, 2 décembre 1980.
3. Entretien avec un des auteurs, en 1990.

5. De La Vie claire à Terraillon

1. *Le Matin de Paris*, 2 décembre 1980.
2. *L'affaire Tournesol.*
3. *Tapie, les secrets de sa réussite*, *op. cit.*
4. *Gagner*, *op. cit.*
5. *Le Dauphiné libéré*, édition Haute-Savoie, du 23 juin 1994.

6. Du Club Méditerranée au Phocéa

1. *Bernard Tapie, les secrets de sa réussite*, *op. cit.*
2. *Le Livre d'or de la voile*, Solar.

7. De Toshiba à Testut

1. *Tapie, les secrets de sa réussite*, *op. cit.*
2. *Ibid.*
3. *Gagner*, *op. cit.*

8. La petite reine

1. *Black Boli*, Grasset.
2. *L'Équipe*, 25 juillet 1994.
3. *Le Figaro*, 9 septembre 1984.
4. *Le Monde*, 7 février 1987.

9. Les copains d'abord

1. *Tapie, les secrets de sa réussite*, *op. cit.*
2. *Ibid.*
3. *L'Aventure Tapie...*, *op. cit.*

10. Wonder Kid

1. Selon une lettre de l'intersyndicale au ministère du Travail.
2. *Gagner*, *op. cit.*

11. Les coups fourrés du Petit Prince

1. *Le Figaro*, 18 mars 1994.
2. *Enquête sur l'affaire Boussac*, Robert Laffont.
3. *Histoire secrète des dossiers noirs de la gauche*, Alain Moreau.

12. OPA sur l'OM

1. *Figaro Méditerranée*, 5 novembre 1988.

13. Le sorcier du petit écran

1. *Le Mythe Tapie...*, *op. cit.*
2. *Tapie, les secrets de sa réussite*, *op. cit.*
3. *L'Aventure Tapie...*, *op. cit.*
4. *La Télé. Dix ans d'histoires secrètes.*

14. La dolce vita

1. *Télé 7 jours*, 9 septembre 1987.

TROISIÈME PARTIE
Apothéose par les urnes

1. A l'assaut de Marseille

1. *L'Événement du jeudi*, 23 juin 1994.
2. *Le Quotidien de Paris.*
3. *L'Événement du jeudi*, 7 juillet 1988.

2. Le loup de mer n'a pas de dents

1. *Le Nouvel Économiste*, décembre 1993.

3. Demain, on rase gratis!

1. *L'Idiot international*, mars 1989.

4. Hors course

1. *Le Mythe Tapie...*, *op. cit.*
2. Entretien avec les auteurs.
3. *Les Enfants de Gaston...*, *op. cit.*

5. Le borgne aux poings, en direct

1. *Le Mythe Tapie...*, *op. cit.*

6. Jeu de billard à trois bandes

1. *Le Nouvel Observateur* du 26 juillet 1990 publie un article révélant les dessous de l'affaire.
2. *Ibid.*
3. *Ibid.*
4. *Le Point*, 16 juillet 1990.
5. *Les Échos*, 10 juillet 1990.

7. *Les comptes obliques du ballon rond*

1. *L'Équipe*, 29 janvier 1987.
2. *Le Nouvel Observateur*, 29 novembre 1990.
3. *L'Équipe*, 30 octobre 1990.
4. *Le Point*, 30 avril 1994.
5. Black Boli, *op. cit.*
6. France Inter, 20 avril 1990.
7. *Le Journal du dimanche*, 17 novembre 1990.
8. *Le Nouvel Observateur*, 1er août 1991.

QUATRIÈME PARTIE
Plus dure sera la chute

1. *Démission*

1. *Les Liaisons dangereuses de Pierre Bérégovoy, op. cit.*

2. *Sans foi ni loi*

1. *Le Point*, 4 juillet 1992.

3. *Le retour de Stavisky*

1. *National Hebdo*, 29 octobre 1992.
2. *Le Point*, 31 octobre 1992.

5. *Le milliardaire en chemise*

1. *L'Expansion*, 4 mars 1993.
2. *Ibid.*
3. *Ibid.*

6. *Le prix d'une coupe d'Europe*

1. *L'Équipe*, 13 avril 1994.
2. *Les Nouveaux Condottiere*, Calmann-Lévy.
3. *Le Monde*, 9 octobre 1993.

7. *La main dans le sac*

1. *Le Journal du dimanche*, 4 juillet 1993.
2. *Tapie, l'homme d'affaires*, Le Seuil.
3. *Le Canard enchaîné*, 22 septembre.
4. *Le Journal du dimanche*, 4 juillet 1993.

8. *Le droit de ne pas savoir*

1. *France-Soir*, 7 décembre 1984.

11. La chasse est ouverte

1. *Heure de vérité* du dimanche 28 novembre 1993, Antenne 2.
2. *Le Parisien*, 3 décembre 1993

13. Le « cadeau » du Lyonnais

1. *Le Nouvel Économiste*, 13 juillet 1994.

14. Le banquier se rebiffe

1. *Libération*, 25 mai 1994.

16. Jusqu'au dernier meuble

1. *Libération*, 2 novembre 1993.
2. Entretien avec les auteurs.

17. La bouée de sauvetage européenne

1. *Le Monde*, 29 avril 1994.
2. Entretien avec un des auteurs.

18. Le refuge marseillais

1. *Le Monde*, 1er juillet 1994.
2. *Le Canard enchaîné*, 6 juillet 1994.

ÉPILOGUE

1. *Le Canard enchaîné*, 31 août 1994.

BIBLIOGRAPHIE SOMMAIRE

Bernard Tapie, *Gagner*, Robert Laffont.
Christophe Bouchet, *L'Aventure Tapie, enquête sur un citoyen modèle*, Le Seuil, 1992.
Isabelle Musnik, *Tapie, les secrets de sa réussite*, Plon.
Jeanne Villeneuve, *Le Mythe Tapie, chronique des années quatre-vingt*, La Découverte.
Philippe Reinhard, *Tapie ou la politique au culot*, France-Empire.
Christophe Bouchet, *Tapie, l'homme d'affaires*, Le Seuil, 1994.
Serge Raffy, *Les Enfants de Gaston, la bataille pour Marseille*, Jean-Claude Lattès.
Franz-Olivier Giesbert, *Le Président*, Le Seuil, 1990.
Basile Boli, *Black Boli*, Grasset, 1994.
Jean Montaldo, *Mitterrand et les 40 voleurs...*, Albin Michel, 1994.
Charles Villeneuve, *Les Liaisons dangereuses de Pierre Bérégovoy*, Plon, 1993.
Marie-Ève Chamard et Philippe Kieffer, *La Télé, dix ans d'histoires secrètes*, Flammarion.
Catherine Nay, *Le Noir et le Rouge*, Grasset.
Me Soulier et Me Buffard, *Carton rouge*, Edition n° 1.
Jean-Michel Quatrepoint, *Histoire secrète des dossiers noirs de la gauche*, Alain Moreau.
Patrick Lamm, *Enquête sur l'affaire Boussac*, Robert Laffont.
Christine Kerdellant, *Les Nouveaux Condottiere*, Calmann-Lévy.
Le Livre d'or de la voile, Solar.
Pierre Péan, *Une jeunesse française*, Fayard.
Emmanuel Faux, Thomas Legrand, Gilles Perez, *la Main droite de Dieu*, Le Seuil, 1994.

INDEX DES PRINCIPAUX NOMS CITÉS

TABLE

PROLOGUE

Première partie

L'ENFANCE DE L'ART : TAPIE AVANT TAPIE

Deuxième partie

PORTRAIT DU SAUVEUR EN PRÉDATEUR

Troisième partie

APOTHÉOSE PAR LES URNES

Quatrième partie

PLUS DURE SERA LA CHUTE

Cet ouvrage a été réalisé par la
SOCIÉTÉ NOUVELLE FIRMIN-DIDOT
Mesnil-sur-l'Estrée
pour le compte des Éditions Grasset
en novembre 1994

Imprimé en France
Première édition, dépôt légal : octobre 1994
Nouveau tirage, dépôt légal : novembre 1994
N° d'édition : 9591 - N° d'impression : 28847
ISBN : 2-246-48871-0